KB063028

최신개정5판

국가·지방자치단체 및 공공기관의

공공계약 법규 및 실무

강인옥 · 최두선 · 최기웅 지음

光文閣
www.kwangmoonkag.co.kr

최신 개정 5판 머리말

우리나라에는 수년간 지속된 코로나 위기로 인한 재난과 경제위기를 전 국민의 노력으로 극복해야 하는 과제가 있다. 공공계약 분야에서도 이를 뒷받침하기 위한 국가 차원의 노력이 법 제도의 개선을 통해 나타나고 있으므로, 계약업무를 담당하고 있는 공직자에게 실무 차원에서 바뀐 제도를 안내할 필요가 있게 되었다.

이번 개정에서는 이 점을 고려해서

첫째, 법규 개정 사항을 충실히 반영하였다. 재공고 입찰과 수의계약, 입찰보증금, 계약의 이행보증, 검사 및 선금지급 등 관련 제도를 위기 대응에 적합하도록 규정 내용을 대폭 완화하는 등 기업을 뒷받침하기 위한 많은 법규 개정 사항이 있었다.

둘째, 유권해석과 실무사례를 보완하였다. 계약실무에 직접 도움이 되도록 하기 위하여 최근 유권해석과 실무사례 등을 보완하였고, 그중 유권해석은 중요한 것 위주로 다시 선별, 수록하였다.

셋째, 내용을 전반적으로 다듬었다. 매번 개정판을 발행할 때마다 염두에 두는 것으로, 실무에 바로 사용할 수 있는 책이 될 수 있도록 전체적으로 쉽고 단순한 문장을 사용하였다.

이번 개정에서도 네이버 예산회계실무 카페 멤버의 도움이 있었다. 특히 예산회계실무카페 부매니저인 조양제(미르a), 스탭인 한길옥(빛고을길라잡이), 김근숙(독희), 정호영(보이루), 오대석(오대장), 계약의 달인 김종욱, 김재곤(괄목상대)님의 도움에 감사드린다. 이 책의 출판을 위해 도움과 수고를 아끼지 않으신 광문각의 박정태 회장님을 비롯한 임직원께도 감사의 말씀을 드린다.

2024년 2월
저자 일동

최신 개정 4판 머리말

이번 개정 작업의 목표는 계약업무 담당 공직자들의 업무에 직접 도움을 줄 수 있도록 현장 중심의 개정을 하는 것이었다. 계약업무담당자는 물론 처음 계약업무를 담당해야 하는 공직자들도 이 책을 길잡이로 하여 바로 업무를 수행할 수 있도록 하는데 개정 작업의 초점을 두었다.

이를 위한 주요 개정 사항은 세 가지로 요약할 수 있다.

첫째, 근거 법령뿐만 아니라, 인포그래픽, 각종 도표와 그림, 실무사례를 적극 활용하여 이해를 돕고 살아있는 지식을 업무에 바로 적용하도록 체계적으로 설명하였다.

둘째, 실무에 필요한 부분을 더욱 보완하였다. 공공계약의 종류, 나라장터이용과 관련한 다수공급자계약 2단계 경쟁제도, 대형공사계약, 채권압류 및 공탁업무 처리요령 등을 추가 보완하였다. 질의회신 부분은 중요한 것 위주로 간략하게 정리하였다.

셋째, 최신 개정 3판을 발간한 이후 계약관련법규에 변화가 있었다. 최근 건설산업기본법의 개정 시행에 따른 건설업무 영역폐지 등, 교재 전반에 걸쳐 바뀐 계약법규와 제도를 반영하였다.

이 책은 벌써 네 번째 개정을 하게 되었다. 공공계약 분야의 필독서가 되었다는 자부심과 함께 막중한 책임감을 몸으로 느끼며, 앞으로도 더욱 공공계약제도의 올바른 정착과 발전에 도움을 줄 수 있도록 계속 노력해 갈 것을 약속드린다.

이번 개정에서도 네이버 예산회계실무 카페 회원들의 도움을 받았다. 특히 예산회계실무 카페의 부매니저인 조양제(미르a), 스텝인 김근숙(독희), 한길옥(빛고을길라잡이), 정호영(보이루) 님의 도움에 감사드린다. 이번 개정판을 출간하는데 도움과 노력을 아끼지 않으신 광문각의 박정태 회장님을 비롯한 임직원 여러분께도 감사드린다.

2021년 5월
저자 일동

최신 개정 3판 머리말

공공계약 분야의 올바른 제도 정착을 통해 효율적이고 투명한 국가 운영을 하려면, 계약업무 담당 공직자들의 업무 환경 개선이 무엇보다 중요하다고 생각한다. 이 점을 고려하여 최신 개정 3판에서는 계약업무 담당 공직자들의 업무에 직접 도움을 주는 현장 중심의 개정을 단행하였다.

주요 개정 사항은 세 가지로 요약할 수 있다.

첫째, 계약 담당자의 관점에서 보면, 계약을 체결하기 위해서는 각종 심사, 심의 등 계약의 사전 준비 절차가 필요하며, 이는 계약업무의 실질적인 시작이 되는 중요한 업무이다. 이 점을 고려하여 'chapter 2. 품의와 사전 절차 이행'을 새로이 추가하였다.

둘째, 계약업무에는 여러 서류가 필요하므로, 계약 담당자가 쉽게 참조할 수 있도록 '부록 3. 계약 구비서류'를 추가하였다. 물품·용역·공사 계약의 종류에 따라 필요한 서류를 참고할 수 있다.

셋째, 개정 증보판을 발간한 이후 계약 분야에 많은 변화가 있었다. 교재 전반에 걸쳐 바뀐 계약법규와 제도를 추가하고, 미진했던 부분을 보완하였다.

이번 개정의 취지를 살리다 보니 지면이 800페이지를 넘게 되었다. 방대한 원고 정리와 교정 업무 등을 전력을 다해 도와주신 부산 서구청의 조양제 팀장님과 이 책의 출판을 위해 도움과 노력을 아끼지 않으신 광문각의 박정태 회장님과 임직원 여러분께 깊은 감사의 말씀을 드린다.

2019년 8월
저자 일동

개정증보판 머리말

필자들은 항상 한결같은 마음으로 계약업무의 발전을 위하여 실용적인 연구와 교육에 힘써 왔다고 자부한다. 특히, 8만여 명의 회원들과 함께 운영·지원하고 있는 네이버의 대표 카페인 '예산회계 카페'를 통해 계약업무 담당자들과 함께 호흡하면서 계약 현장에서 필요한 지식을 함께 공유하고 있다. 독자들께도 이 카페에 참여하여 계약과 관련한 지식을 공유하고 업무에 도움을 받으시기를 권유 드린다.

이 책을 출판한 지 벌써 6년이 지남에 따라, 그동안 계약 환경에도 많은 변화가 있어서 이에 따른 내용과 연구 성과를 최신 개정판에 담았다. 최신 개정판에서도 초판처럼 계약업무 담당자들의 업무에 도움을 줄 수 있도록 서술하였다. 중요한 개정 사항은 세 가지로 요약할 수 있다.

첫째, 조달청에서 운영하고 있는 나라장터는 공공기관과 기업의 모든 조달업무를 인터넷을 통해 처리하는 국가종합전자조달 시스템을 말하는데, 계약업무에서 차지하는 비중이 절대적이다. 이 점을 고려하여 'Chapter 4. 나라장터의 이해'를 신설하였다.

둘째, 국가 행정 환경의 변화에 따라 계약 관련 법규에 많은 변화가 있었다. 교재 전반에 걸쳐 예규 등 법규 개정 사항을 반영하였다.

셋째, 계약 실무에서 법규 해석과 관련하여 쟁점이 되는 것들에 대한 최근의 유권해석 사례를 체계적으로 정리하여 부록 3으로 정리하였다.

집필하는 동안 협력을 통하여, 서로의 지식을 공유하고 발전시키는 계기가 된 것도 나름의 성과였다고 생각한다. 앞으로도 이 책의 계속적인 보완 작업과 공공 계약 분야의 올바른 제도 정착을 위하여 함께 노력할 것을 약속드린다.

이 책의 출판을 위해 도움과 수고를 아끼지 않은 광문각 박정태 회장님을 비롯한 임직원 여러분께 감사의 말씀을 드린다.

2017년 2월
저자 일동

머리말

공공계약의 중요성은 아무리 강조해도 지나침이 없다. 각 기관에서 필요로 하는 물자 구매 또는 시설 공사를 발주하거나 국·공유재산의 매각, 청사 임대 등 수입과 지출의 원인이 되는 중요한 행위는 계약을 통해서 이루어지기 때문이다. 이런 중요한 업무를 수행하는 계약 업무 담당자는 그 중요성만큼 업무 부담도 크다. 감사 업무를 담당하고 있는 감사관의 입장에서도 계약 감사 분야는 중요한 분야일 수밖에 없다.

계약 업무는 계약 체결 전과 계약 체결 후 그리고 준공(납품) 후로 구분할 수 있다. 계약 체결 전에는 계약 대상 목적물의 종류와 규모 등에 따라 계약 방법을 결정한다. 그리고 시장거래 실례가격 등을 조사해서 구매를 위한 예정가격을 작성하고 입찰과 낙찰 절차 등 계약 상대방을 결정하기 위해 필요한 절차를 수행하게 된다. 계약 체결 후에는 계약 내용대로 적합하게 이행되어야 하고 경우에 따라 설계 변경이나 물가 변동 기타 계약 내용의 변경으로 인한 금액 조정을 한다. 준공(납품) 후에는 대가 지급, 지체상금 징수, 하자보수 등의 사후관리 업무를 한다.

계약 업무에는 항상 계약 상대방이 있고 각 단계마다 첨예한 이해관계가 얽혀 있는 업무이기 때문에 조금만 주의를 게을리해도 민원이 발생할 소지가 많다. 문제가 된 경우에는 소속기관의 업무에 지장을 초래하는 것은 물론이고 해당 직원이 신분상으로 징계 책임을 지거나 경우에 따라서는 개인의 재산으로 변상해야 하는 경우까지 발생한다.

이런 문제점들을 방지하기 위하여 국가기관의 경우에는 국가계약법규, 지방자치단체의 경우에는 지방계약법규, 그리고 공공기관의 경우에는 공기업·준정부기관 계약사무규칙 등이 제정되었다. 그런데 계약 업무 담당자나 감사관의 입장에서 보면 규정이 매우 방대하고 난이한 점이 없지 않다. 특히 초보자인 경우에는 업무의 중요성을 고려하면 당황스러운 점이 있는 것도 사실이다. 따라서 계약 업무 담당자나 감사관은 전반적인 계약의 체계와 방법론을 숙지하고 실무에 적용할 수 있도록 계약 업무의 순서에 따라 관련 업무를 장악할 필요가 있다.

이 책은 이러한 점을 고려하여 국가, 지방자치단체 및 공공기관에 근무하는 회계업무 담당자는 물론이고, 감사 업무를 담당하고 있는 감사관들에게도 업무

수행에 도움을 줄 목적으로 집필되었다. 계약이 올바로 진행되도록 하는 것과 그것이 잘되었는가를 판별하는 기준은 동일하다. 즉 관련 계약 법 규정에 맞는 올바른 계약 방법의 선정, 계약 상대방 결정과 이행, 대가 지급 등의 적정성은 계약 업무 담당자나 감사관에게 공통의 관심사이기 때문이다.

이 책은 필자들이 공공계약법규 및 실무에 관한 강의를 하면서 정리한 내용을 중심으로 관련 법규와 판례, 유권해석과 감사 사례 등 각종 실무 사례를 계약의 흐름에 따라서 정리했다.

제1장에서는 공공계약의 정의를 통해 공공계약의 근거 법규와 법적 성격 등을 정리하고, 제2장에서는 계약 방법의 선정을 위해 계약의 종류를 설명하였다. 그리고 계약의 상대방을 결정하기 위하여 제3장, 제4장, 제5장, 제6장에서는 추정가격과 예정가격, 입찰 절차, 나라장터의 이용 및 낙찰자 결정 방법을 설명하였다. 제7장과 제8장에서는 계약의 체결 및 이행, 계약금액의 조정을, 제9장, 제10장과 제11장에서는 검사·대가 지급 및 지체상금, 하자보수와 부정당 업자 제재, 대형공사 계약을 서술하였다. 부록에서는 최근에 질문이 많은 내용을 정리하였는데, 자치단체 계약 업무 처리 절차 예시, 계약 업무 관련 법원의 명령 등이다. 특히 규정만으로는 결정하기 어려운 분야에 대한 유권해석 기관의 유권해석을 정리하여 부록에 포함시켰다.

국가·지방자치단체 및 공공기관의 계약 업무를 동일한 체계에서 한 권의 책으로 정리한 것은 이것이 최초의 시도라고 생각한다. 집필하는 과정에 어려움도 많았지만 정리하고 나니 그만큼 보람이 크다. 필자들은 모두 학문적 기반과 실무적 기반을 고루 갖추고 있어서 계약 분야의 책을 집필하기 위한 최적의 필진을 구성하였다고 자부한다. 또한, 집필 기간 동안 협력을 통하여 많은 지식을 공유하고 축적하게 된 것도 중요한 성과 중의 하나였다. 앞으로도 계약 분야의 올바른 제도 정착을 위해 함께 노력할 것이다.

이 책의 출판을 위해 수년간의 집필 기간 동안 묵묵히 지켜봐 주시고 도움과 수고를 아끼지 않은 광문각의 박정태 회장님을 비롯한 임직원 여러분께 감사의 말씀을 드린다.

2013년 3월
저자 일동

CONTENTS

CONTENTS

CONTENTS

CONTENTS

CHAPTER 10 검사, 대가 지급 및 지체상금 ························· 499

공공계약의 의의

CHAPTER 01

이 책에 사용된 법령명의 약어

- 「국가를 당사자로 하는 계약에 관한 법률」: 국계법

- 「국가를 당사자로 하는 계약에 관한 법률 시행령」: 국계령

- 「국가를 당사자로 하는 계약에 관한 법률 시행규칙」: 국계칙

- 「특정 조달을 위한 국가를 당사자로 하는 계약에 관한 법률 시행령 특례규정」: 특례령

- 「지방자치단체를 당사자로 하는 계약에 관한 법률」: 지계법

- 「지방자치단체를 당사자로 하는 계약에 관한 법률 시행령」: 지계령

- 「지방자치단체를 당사자로 하는 계약에 관한 법률 시행규칙」: 지계칙

- 「공공기관의 운영에 관한 법률」: 공운법

- 「공공감사에 관한 법률」: 공감법

- 「조달사업에 관한 법률」: 조달법

- 「조달사업에 관한 법률 시행령」: 조달령

- 「국가재정법」: 국재법

- 「국가재정법 시행령」: 국재령

- 「지방재정법」: 지재법

- 「지방재정법 시행령」: 지재령

- 「지방회계법」: 지회법

- 「지방회계법 시행령」: 지회령

- 「중소기업제품 구매촉진 및 판로지원에 관한 법률」: 판로법

- 「회계관계직원 등의 책임에 관한 법률」: 회책법

- 「건설산업기본법」: 건산법

- 「건설산업기본법 시행령」: 건산령

- 「건설산업기본법 시행규칙」: 건산칙

- 「건설기술 진흥법」: 건기법
- 「엔지니어링산업 진흥법」: 엔산법

- 「지방자치단체 출자·출연 기관의 운영에 관한 법률」: 지출법
- 「공기업·준정부기관 계약사무규칙」: 공계칙
- 「기타 공공기관 계약사무 운영규정」: 기타 공공기관 계약규정
- 「정부 입찰·계약 집행기준」: 정부 입찰계약기준
- 「지방자치단체 입찰 및 계약 집행기준」: 지방 입찰계약기준
- 「지방자치단체 입찰시 낙찰자 결정기준」: 지방 낙찰자 결정기준
- 「지방자치단체 회계관리에 관한 훈령」: 지자체 회계관리 훈령

공공계약 인포그래픽

공공계약(공익을 위한 재화와 용역의 공급)

국가
지자체
공공기관

사인
(개인
단체
법인)

공사 · 용역 · 물품 · 임차 계약

사인계약(이해관계에 따른 재화와 용역의 공급)

사인(私人)

사인(私人)

홍길동네 주택신축공사 계약

1. 공공계약의 개념 및 특징

국가 및 지방자치단체가 국가 발전과 공공복리 추구를 목적으로 법인·단체·개인 등과 체결하는 계약을 공공계약이라고 하며 공공기관[1]이 사인과 체결하는 계약도 그 내용에 따라 공공계약에 포함될 수 있으며, 이윤 추구나 이해관계를 목적으로 하는 사인 간의 계약과는 구별된다. 공공계약은 공공재의 생산 또는 공익 추구를 목적으로 하며 민법에 따른 순수한 사법상의 계약과 다르게 계약체결 과정을 국민에게 공개하고 투명하게 집행함으로써 절차적 정당성의 요건을 갖추고 있으며, 일정 자격을 갖춘 사업자에게 계약상대자의 자격을 부여하고 있다.

국유재산법, 물품관리법(국가, 지방은 공유재산 및 물품관리법), 토지보상법 등 개별 법령에 따라 체결하는 계약은 넓은 의미에서 공공계약에 포함되나 본서에서는 언급하지 않으며, 공공계약에 대한 다툼은 민사소송의 대상이 된다.

> **핵심 체크**
>
> ○ 예산회계법 또는 지방재정법에 따라 지방자치단체가 당사자가 되어 체결하는 계약은 사법상의 계약일 뿐, 공권력을 행사하는 것이거나 공권력 작용과 일체성을 가지는 것은 아니라고 할 것이므로 이에 관한 분쟁은 행정소송의 대상이 될 수 없다.(대법원 1996. 12. 20. 96누14708)
>
> ○ 부정당업자 입찰참가자격 제한은 행정법에 따른 처분에 해당되어 이에 대한 다툼은 행정소송 대상이 된다.(대법원 1991. 11. 22. 91누551)
>
> ○ 대법원은 기타 공공기관으로 볼 수 있는 수도권매립지관리공사의 부정당업자 제재를 사법상 통지로 보고 있어(대법원 2010. 11. 26. 2010무137) 기타 공공기관의 경우에는 대법원의 실질설에 따를 경우에는 행정소송 형식설에 따를 경우에는 민사소송 대상이 됨으로 전문 변호사의 자문을 통하여 대응을 해야 할 것으로 본다.

---

[1] 공공기관운영법 제4조에 따른 공공기관, 지방공기업, 지방자치단체 출자·출연기관 등을 포함한다.

공공계약 법규는 신의성실의 원칙을 근간으로 하고 있으며 서로 대등한 입장에서 당사자 간의 합의로 체결한 계약은 강행법규성을 포함하고 있으나 국가계약법령과 지방계약법령 등 공공계약 법령은 대부분 계약담당공무원 등이 계약 과정에 지켜야 할 절차와 기준으로 구성되어 있어 실체법으로서의 규범력이 있다기보다는 절차법적 성격이 강하고 계약담당공무원을 구속하는 내부적 훈시규정에 해당하여, 법령에 위반된 계약이라도 원인무효인 경우를 제외하고는 대외적으로 유효하다.

법원도 지방자치단체가 사인과 사법상 계약을 체결함에 있어 국가계약법령이나 지방계약법령에 따른 계약서를 따로 작성하는 등 그 요건과 절차를 거치지 아니한 계약은 효력이 없다고 보나(대법원 1993.6.8. 선고 92다49447), 적격심사기준 등 계약예규는 단순한 내부규정에 불과하므로 이를 위반하였다고 하여 낙찰자 결정이 당연히 무효가 되는 것은 아니라고 판시하고 있다. 다만, 관련 법령 위반 시 행정기관 내부적으로 회계관계직원[1]의 책임까지 면제되는 것은 아니다.

> ○ 국가계약법령이나 그 세부 심사규정은 국가가 사인과의 사이의 계약관계를 공정하고 합리적·효율적으로 처리할 수 있도록 관계 공무원이 지켜야 할 계약사무 처리에 관한 필요한 사항을 규정한 것으로 국가의 내부 규정에 불과하다 할 것이다.
>
> ○ 따라서 입찰 절차에서 법규에 어긋나게 적격심사를 하였다 하더라도 그 사유만으로 당연히 낙찰자 결정이나 그에 기한 계약이 무효가 되는 것은 아니고, 이를 위배한 하자가 입찰 절차의 공공성과 공정성이 현저히 침해될 정도로 중대할 뿐 아니라 상대방도 이러한 사정을 알았거나 알 수 있었을 경우 또는 누가 보더라도 낙찰자의 결정 및 계약 체결이 선량한 풍속, 기타 사회질서에 반하는 행위에 의하여 이루어진 것임이 분명한 경우 등 이를 무효로 하지 않으면 그 절차에 관하여 규정한 국가계약법의 취지를 몰각하는 결과가 되는 특별한 사정이 있는 경우에 한하여 무효가 된다고 해석함이 타당하다.
> (대법원 2001.12.11. 2001다33604)

계약담당공무원은 계약사무 집행 시에 계약법규를 준수해야 할 의무가 있으나 이러한 계약법규들은 입찰자나 계약 상대자를 직접 규율하는 것이 아니므로 동

---

1) 회계관계직원 등의 책임에 관한 법률 제2조에 정의된 "회계관계직원"을 말한다.

계약법규를 입찰자나 계약 상대자에게 적용하기 위해서는 입찰 공고서나 계약서에 이를 반영하여야 한다.

최근 지방법원 판례를 살펴보면 공고문을 잘못 작성한 경우 입찰의 공정성에 영향을 미침으로 계약 체결 이전에 입찰을 취소하고 새로운 공고를 해야한다고 판결함으로서 공고문의 중요성을 강조하고 있음을 알 수 있다.

> 〈판례〉
> ○○ 인프라 구축사업 입찰공고 시 "지방자치단체 입찰 시 낙찰자 결정기준" 제20호('13. 6.19.)를 적용하여야 함에도 공고문에 명시된 대로 제438호('12.12.24.)를 적용하여 개찰함으로써 다수의 입찰 참가자들의 정당한 이익을 침해하거나 입찰의 공정성에 영향을 미칠 우려가 있었다고 할 것이므로 발주청이 계약 체결 이전에 공고를 취소하고 새로운 공고에 따른 입찰 절차를 진행한 것은 정당하다.(광주 지방법원 2013카합 1055)

1) 계약의 성립과 효력

(1) 계약의 개념

계약은 일정한 법률 효과의 발생을 목적으로 하는 2인 이상의 당사자가 청약과 승낙이라는 의사표시의 합치로 성립하는 법률행위[1]를 말한다.

계약은 크게 전형계약[2]과 비전형계약으로 구별되며, 전형계약은 민법전에 규정되어 있으며 유명계약(有名契約)이라고도 한다. 민법에서는 증여, 매매(賣買), 교환(交換), 소비대차(消費貸借), 사용대차(使用貸借), 임대차(賃貸借), 고용(雇傭), 도급(都給), 여행계약, 현상광고(懸賞廣告), 위임(委任), 임치(任置), 조합(組合), 종신정기금(終身定期金), 화해(和解)에 이르기까지 도합 15종의 전형계약을 규정하고 있다. 민법전에 규정되어 있지 않은 그 밖의 계약을 비전형계약(非典型契約) 또

---

1) 법률상 권리의 발생·변경·소멸을 수반하는 행위를 의미한다.
2) 우리 모두의 백과사전 위키백과 발췌(글로벌 세계대백과 〈전형계약〉, 김형배 2006 〈민법학강의〉 5판 서울 신조사 1010쪽, 글로벌 세계대백과 〈유명계약·무명계약·혼합계약〉)

는 무명계약(無名契約)이라고 한다. 계약의 구체적 내용은 당사자의 합의에 의해서 자유로이 정할 수 있는 것이 원칙이다. 그러나 이와 같은 계약 내용은 천차만별 · 불완전 · 불명료하게 되어 계약의 해석이나 이행을 둘러싸고 당사자 간에 분쟁이 생기기 쉽다. 그리하여 민법은 공통점을 갖는 계약만을 모아서 형식화(形式化)하고, 명칭을 붙이고, 계약 내용에서도 완전 · 명료를 목적으로 해서 일반적인 기준을 정하고 있다. 채권계약에 관한 민법의 규정들은 원칙적으로 임의규정에 지나지 않기 때문에 계약 당사자가 민법 내의 전형계약과 그 명칭 및 내용을 달리하는 계약을 체결하는 것은 자유이다. 따라서 비전형계약도 계약으로서 유효하며, 공공계약은 대부분 전형계약으로서 민법 제664조에 규정되어 있는 도급계약이다.

(2) 계약의 성립과 효력 요건

계약이 성립하려면, 2개 이상의 의사표시[1]가 객관적 · 주관적으로 합치되는 합의가 있어야 한다. 계약이 효력을 발생하려면 일반적 요건으로서 당사자가 권리능력 및 행위 능력을 가지고 있어야 하고, 의사표시의 의사와 표시가 일치하고 사기 · 강박에 의한 것이 아니어야 하며, 또한 그 내용이 확정 · 가능 · 적법하고 사회적 타당성이 있어야 한다.

계약은 일반적으로 위와 같은 여러 요건을 갖추면 그 효력이 발생된다.

보통의 경우에는 계약은 성립과 동시에 효력이 발생되나, 정지 조건 · 시기(始期)와 같은 효력의 발생을 막게 되는 사유가 있으면, 계약의 성립 시기와 효력 발생 시기가 달라질 수 있다.

(3) 공공계약의 기본원리

공공계약은 국가가 사경제 주체로서 행하는 사법상의 법률행위이고 계약 당사자가 서로 일정한 급부를 할 것을 약속하는 쌍무계약이라 할 수 있다. 따라서 사법상 계약인 공공계약은 기본적으로 민법상의 계약 일반원칙인 계약자유의 원칙, 신의성실의 원칙, 사정변경의 원칙, 권리남용 금지의 원칙이 적용된다.

---

1) 민법 제1편 제5장 제2절 의사표시

① 계약 자유 및 신의성실의 원칙: 계약 당사자는 상호 대등한 입장에서 합의에 따라 계약을 체결하고, 신의성실의 원칙에 따라 계약의 내용을 이행하도록 규정하고 있다.(국계법 제5조, 지계법 제6조, 공계칙 제5조)

② 사정변경 및 권리남용 금지의 원칙: 계약 체결 당시의 사회 사정이 계약 체결 후 현저히 변경되면 계약은 그 구속력을 잃는다는 사정변경의 원칙은 천재지변이나 물가변동 등 계약기간 중 발생한 사정을 고려할 수 있도록 규정하고 있으며, 계약 상대자의 이익을 부당하게 제한하는 특약이나 조건은 무효로 하고 있다.(국계법 제5조, 지계법 제6조, 공계칙 제5조)

계약 자유의 원칙	민법상의 계약일반원칙	신의성실의 원칙
계약에 의한 법률관계의 형성은 법의 제한에 저촉되지 않는 한, 완전히 각자의 자유에 맡겨지며, 법도 그러한 자유의 결과를 될 수 있는 대로 존중한다는 원칙		모든 사람이 사회 공동생활의 일원으로서 상대방의 신뢰에 반하지 않도록 성의 있게 행동 할 것을 요구하는 법 원칙 信義則이라고도 함
사정변경의 원칙		**권리남용 금지의 원칙**
계약 체결 당시의 사회 사정이 계약 체결 후 현저히 변경되면 계약은 그 구속력을 잃는다는 원칙		信義則에 반하는 권리의 행사는 허용되지 아니하며, 권리가 남용되면 이에 대한 법적 효과를 부여할 수 없다는 원칙

2) 계약의 자유와 그 한계

(1) 계약 자유의 원칙

계약에 의한 법률관계의 형성은, 법의 제한에 부딪치지 않는 한, 완전히 각자의 자유에 맡겨지며, 법도 그러한 자유의 결과를 가능한 승인한다는 원칙을 말하며 체결의 자유, 내용 결정의 자유, 방식의 자유를 포함한다.

(2) 계약 자유의 원칙에 대한 제한

① 계약 체결의 자유와 그 제한

㉠ 공법상의 체약[1] 강제

- 독점기업의 체약의무:

  국민 대중의 일상생활에 있어서 대단히 중요한 우편·통신·운송 등의
  사업을 경영하거나, 또는 우리의 생활에 필수 불가결한 수도·전기·가
  스 등의 재화를 공급하는 공익적 독점기업은 정당한 이유 없이는 급부제
  공을 거절하지 못한다.

  독점기업이 법률에 의하여 그에게 부과된 체약의무를 이행하지 않으면
  관계법령이 정하는 공익적 제재를 받게 되고, 사법상으로는 불법행위에
  의한 손해배상의무가 발생하게 된다.

- 공공적·공익적 직무담당자의 체약의무:

  공증인·집행관·법무사 등의 공공적 직무와 의사·치과의사·한의사·
  약사 등의 공익적 직무에 관하여는, 정당한 이유 없이 직무의 집행을 거
  절할 수 없다는 공법적 의무가 부과되어 있다.

㉡ 사법상의 체약강제

  지상권 설정자가 지상물의 매수를 청구한 때, 전세권자와 전세권 설정자가
  부속물의 매수를 청구한 때, 임차인과 전차인이 부속물의 매수를 청구한
  때에는 상대방의 승낙이 있었던 것이 되어 지상물 또는 부속물에 관한 매
  매가 성립한 것으로 다루어진다.

② 계약 내용 결정의 자유와 그 제한

㉠ 강행법규에 의한 제한

  강행법규에 위반하는 사항을 목적으로 하는 계약은 그 효력이 인정되지 않
  는다.(「민법」 제105조)

---

1) 체약: 계약이나 조약, 약속 따위를 맺음.

ⓒ 사회 질서에 의한 제한

선량한 풍속 기타의 사회 질서에 위반하는 사항을 내용으로 하는 계약이나 당사자의 궁박, 경솔 또는 무경험으로 인하여 현저하게 공정을 잃은 계약은 무효이다.(「민법」 제103조, 제104조)

ⓒ 규제된 계약과 계약 내용의 제한

물가의 안정과 국민 경제의 정상적 발전을 위하여 일정한 중요 물자의 가격이 법령으로 규제되어 있어서 규제된 계약의 성립으로 볼 수 있으며 그 한도에서 계약 내용 결정의 자유는 제한을 받는다고 말할 수 있다.(「물가안정에 관한 법률」 제2조)

③ 계약 방식의 자유와 그 제한

㉠ 계약을 어떠한 방식으로 체결하느냐는 원칙적으로 자유이다. 따라서 구두로 체결할 수 있을 뿐만 아니라, 서면의 작성 · 공정증서의 작성 등의 일정한 방식에 따라서 체결할 것을 약정할 수 있다.

> ※ 지방계약은 계약예규인 계약일반조건에 통지 · 정보 제공 등의 방법과 효력을 기술하고 있으며, 구두에 따른 통지 · 신청 · 청구 · 요구 · 회신 · 승인 또는 지시 등(이하 "통지 등"이라 한다)은 문서로 보완되어야 효력이 있다라고 규정하고 있다.

㉡ 예외적으로 법률관계의 명확을 꾀하고 증거를 보전하며 당사자로 하여금 신중을 꾀하게 하려고 법률의 규정에 의하여 일정한 방식을 요구하는 경우가 있다.

- 증여의 의사가 서면으로 표시되지 않은 경우에는 각 당사자가 이를 해제할 수 있다.(「민법」 제555조)
- 「건설산업기본법」(이하 "건산법"이라 함)에 의하면, 건설공사의 도급계약의 당사자는 계약 체결에 있어서 일정 사항을 서면으로 명시하여야 한다.(건산법 제22조) 그러나 이 규정은 단속 규정이어서 그에 위반하여도 계약의 효력에는 영향이 없다.

2. 공공계약 법규 및 집행기관

1) 공공계약 기본법규

국가, 지방자치단체, 공공기관이 체결하는 계약에서는 각각 기본법규가 적용되며 하위 규정으로 행정규칙(훈령·예규·고시)을 두고 있다. 중앙행정기관 등 국가기관은 기본법규로서 「국가계약법」을 직접 적용받으며 공기업·준정부기관은 「공기업·준정부기관 계약사무규칙」, 당해연도 예산 규모 200억 원 이상의 기타 공공기관[1]은 「기타 공공기관 계약사무 운영규정」을 직접 적용받으며, 위 규칙 등에 규정되지 아니한 사항은 「국가계약법」을 준용한다.

지방자치단체, 교육자치단체는 기본법규로서 「지방계약법」을 직접 적용받으며 지방공기업은 「지방공기업법」, 지방자치단체 출자·출연기관은 「지방 출자출연법」을 직접 적용받으며, 위 법령에 규정되지 아니한 사항은 해당 개별 법률의 규정에 따라 「지방계약법」을 준용한다.

※ 공기업 계약규칙에서 국가계약법규와 달리 규정하고 있는 사항

공공기관 특례사항

① 계약방법의 원칙(일반경쟁원칙)이 적용되지 않는 예외사항(공계칙 제6조 ⑤)
② 수의계약에 의할 수 있는 경우(공계칙 제8조)
③ 지명경쟁입찰의 사유(공계칙 제9조)
④ 입찰보증금 등의 면제사유(공계칙 제10조)
⑤ 대가의 검사 전 지급(공계칙 제13조)
⑥ 수입의 원인이 되는 공공기관계약에서 대가선납의 예외사항(공계칙 제14조)

---

[1] 기타 공공기관이란 「공공기관의 운영에 관한 법률」 제5조 제5항에 규정된 공공기관을 말한다.

2) 공공계약 기타 법규

기본법규 이외에도 기획재정부 계약예규, 행정안전부 계약예규가 있고, 교육청별 학교회계규칙이 있다. 중소기업제품 공공구매와 관련해서는 「판로지원법」, 지방자치단체가 조달청에 의뢰하는 계약 및 정부가 행하는 물자(군수품 제외)의 구매·공급·관리와 주요 시설 공사계약과 관련해서는 「조달사업법」, 그 밖에 「건설산업기본법」, 「전기공사업법」, 「엔지니어링기술진흥법」 등에도 계약에 관한 별도 규정이 있어 해당 분야의 계약에 있어서는 「국가계약법」 및 「지방계약법」보다 우선적으로 적용하는 특별법으로 작용한다.

기타 공공계약에 관하여 위 관계법령 및 행정규칙 등으로 정하지 않은 사항은 계약에 관한 일반법인 민법과 그 일반원리를 적용한다.

【계약법령 적용 순서】

① 개별법	② 지방계약법(국가계약법)	③ 민법
지방(국가)계약의 특별법 (판로지원법, 조달사업법 등)	민법의 특별법	사적 계약에 관한 일반법 * 제3편(채권)

지방계약법
- 제4조(다른 법률과의 관계) 지방자치단체를 당사자로 하는 계약에 관하여는 다른 법률에 특별한 규정이 있는 경우 외에는 이 법에서 정하는 바에 따른다.
  ※ 국가계약법 제3조, 공공기관의 운영에 관한 법률 제2조
- 제41조(계약에 관한 법령에 대한 협의) 중앙행정기관의 장은 지방자치단체의 계약에 관한 법령을 입안(立案)할 때에는 행정안전부 장관과 미리 협의하여야 한다.
  ※ 국가계약법 제34조

【재정 관련 법령】

기관명	법 규	비고
국가	·국가재정법·국가회계법·국가계약법·국고금관리법 ·예산회계에 관한 특례법·국유재산법·물품관리법 ·국가채권 관리법 ·국가회계기준에 관한 규칙 ·국고금관리법 등의 위임사항 등에 관한 규칙 ·국고금관리법의 관직지정에 관한 규칙	
공공기관	·공공기관의 운영에 관한 법률 ·공기업·준정부기관 계약사무 규칙, 회계기준 ·기타공공기관 계약사무 운영 규정 ·공공기관의 회계감사 및 결산감사에 관한 규칙 ·기타공공기관의 혁신에 관한 지침	
지방자치단체	·지방재정법·지방회계법·지방계약법·지방교부세법 　지방보조금법(2021.1.12.제정) ·지방자치단체 기금관리 기본법 ·공유재산 및 물품관리법 ·지방자치법·한국지방재정공제회법 ·지방자치단체 예산편성 운용에 관한 규칙 ·지방재정투자사업 심사규칙 ·지방재정법 시행령 제33조제1항의 규정에 의한 지방자치단체 　경비부담의 기준 등에 관한 규칙 ·지방자치단체 회계기준에 관한 규칙 ·지방자치단체 업무추진비 집행에 관한 규칙 ·지방자치단체 예산성과금 운영규칙 ·지방보조금 관리기준 ·지방자치단체 물품관리 운영기준 ·지방자치단체 공유재산 운영기준	
교육자치단체	·초·중등교육법 ·지방교육재정교부금법 ·지방교육자치에 관한 법률 ·지방자치단체의 교육경비 보조에 관한 규정 ·교육비특별회계 회계기준에 관한 규칙	
지방공기업 등	·지방공기업법 ·지방자치단체 출자·출연 기관의 운영에 관한 법률 ·지방자치단체출연 연구원의 설립 및 운영에 관한 법률	
공통	·대한민국 헌법 ·국가균형발전 특별법 ·보조금 관리에 관한 법률 ·회계 관계 직원 등의 책임에 관한 법률 ·정부기관 및 공공법인 등의 광고시행에 관한 법률 ·조달사업에 관한 법률 ·전자조달의 이용 및 촉진에 관한 법률 ·중소기업제품 구매촉진 및 판로지원에 관한 법률	

【공공계약법 적용 대상기관】

구분		국가계약	지방계약	공공기관 계약

법령		• 국가계약법·령·규칙
		• 기재부 계약예규
		[공통]
		 - 정부 입찰·계약 집행기준
		 - 예정가격작성기준
		 - 적격심사기준
		 - 협상에 의한 계약체결 기준
		  (물품·용역)
		 - 공동계약 운용요령
		 - 경쟁적 대화에 의한 계약
		  체결 기준(물품·용역)
		 - 종합계약집행요령
		[물품]
		 - 물품구매(제조)계약일반조건
		 - 물품구매(제조)입찰유의서
		[용역]
		 - 용역계약 일반조건
		 - 용역입찰유의서
		[공사]
		 - 입찰참가자격 사전심사요령
		 - 공사계약 일반조건
		 - 공사입찰유의서
		 - 일괄입찰 등에 의한 낙찰자
		  결정기준
		 - 종합심사낙찰제 심사기준
			• 지방계약법·령·규칙
			• 행정안전부 예규
			[공통]
			 - 지방자치단체 입찰시
			  낙찰자 결정기준
			  (공사·용역·물품)
			 - 지방자치단체 입찰
			  및 계약집행기준
			  (공사·용역·물품)
			
			[낙찰자 결정기준]
			 - 적격심사
			 - 종합평가
			 - 일괄입찰 pq
			 - 문화재 수리
			 - 협상계약
			 - 경쟁적 대화
			 - 품질
			 - 건설업역 개편
				• 공공기관운영법·령
				• 공기업·준정부기관
				  계약사무규칙
				• 기타공공기관 계약
				  사무 운영규정
				
				• 국가계약법령
				
				※ 적용 우선순위
				[공기업·준정부기관]
				① 공기업·준정부
				  기관 계약사무
				  규칙
				② 국가계약법령
				
				[기타공공기관]
				① 기타공공기관
				  계약사무운영규정
				② 공기업·준정부
				  기관 계약사무
				  규칙
				③ 국가계약법령

적용대상	직접적용	• 국회, 법원, 헌법재판소
		  중앙선거관리위원회
		• 헌법 또는 정부조직법
		  그 밖의 법률에 따라 설치된
		  중앙행정기관
			• 지방자치단체
			• 교육자치단체
			 - 시·도, 시·군·구
			  교육청
			 - 공립 초·중·고등학교
				• 공기업
				• 준정부기관
				• 기타 공공기관
				  (예산 규모 200억 원
				  이상)

	준용	• 공기업
		• 준정부기관
		• 기타 공공기관
		  (예산규모 250억 원 이상)
		• 사학기관
		• 국가보조금 집행 민간
			• 지방공기업(일부 준용)
			• 지방자치단체 출자·
			  출연 기관(일부 준용)
			• 지방보조금 집행 민간
			  (일부 준용)	

공통사항		• 조달사업법령에 따라 일정금액 이상의 수요물자 구매 및 시설공사 등 조달 요청 의무화 • 판로지원법령에 따라 중소기업제품 구매촉진을 위한 중소기업자와의 우선 조달계약 제도 적용 • 건설산업기본법령 등 특별법 적용 • 위 관계 법령 및 규정 등으로 정하지 않은 사항은 계약에 관한 일반 법인 민법 적용		

【지방계약 관련 법령(참고자료)】

구분	종 류	소관부처
기본법	계약 결정 방법, 입찰 및 계약절차, 보증금, 검사·대가지급 등	
	○ 지방재정법, 지방회계법 ○ 지방계약법·시행령·시행규칙	행안부
개별법	계약이행 자격, 중소기업제품 구매, 하도급 계약 등	
	○ 공유재산 및 물품 관리법	행안부
	○ 건설산업기본법　○ 건설기술진흥법 ○ 시설물의 안전관리에 관한 특별법 ○ 건축사법　○ 건축법　○ 건축서비스산업 진흥법	국토부
	○ 폐기물관리법　○ 건설폐기물의 재활용촉진에 관한 법률 ○ 가축분뇨의 관리 및 이용에 관한 법률 ○ 녹색제품 구매촉진에 관한 법률	환경부
	○ 공중위생관리법　○ 장애인복지법 ○ 국민건강보험법　○ 국민연금법　○ 사회복지사업법	복지부
	○ 엔지니어링산업 진흥법 ○ 전기공사업법　○ 전기사업법　○ 전력기술관리법	산자부
	○ 소프트웨어산업 진흥법　○ 정보통신공사업법	과정부
	○ 근로기준법　　○ 최저임금법　○ 임금채권보장법 ○ 산업안전보건법　○ 고용보험법　○ 산업재해보상보험법 ○ 고용보험 및 산업재해보상보험의 보험료징수 등에 관한 법률	고 용 노동부
	○ 국세징수법　○ 국세기본법　○ 인지세법　○ 부가가치세법	기재부
	○ 소방시설공사업법　○ 소방시설법	소방청
	○ 조달사업법　○ 전자조달의 이용 및 촉진에 관한 법률	조달청
	○ 중소기업진흥에 관한 법률 ○ 중소기업제품 구매촉진 및 판로지원에 관한 법률	중소벤처 기 업 부
	○ 문화재보호법　○ 문화재 수리등에 관한 법률 ○ 매장문화재보호 및 조사에 관한 법률	문화재청
	○ 하도급거래 공정화에 관한 법률	공정위
계약 관련 행정 규칙	○ 지방자치단체 입찰 및 계약집행기준 ○ 지방자치단체 입찰시 낙찰자 결정기준	행안부
	○ 국가종합 전자조달시스템입찰참가자격 등록규정 ○ 국가종합 전자조달시스템전자입찰특별 유의서 ○ 국가종합전자조달시스템을이용한 계약사무처리요령	조달청
	○ 공공발주사업에 대한 건축사의 업무범위와 대가기준 ○ 엔지니어링사업대가의 기준 ○ 건설기술용역 대가 등에 관한 기준 ○ 전력기술관리법 운영요령 ○ 공공디자인 용역 대가 산정 기준 등 부처별 대가기준	국토부 산자부 기 타

3) 계약예규

공공계약은 앞서 살펴본 바와 같이 국가계약법과 지방계약법을 기본법으로 하고 하위 규정으로서 「정부 입찰·계약 집행기준」 등 기획재정부 계약예규와 「지방 자치단체 입찰 및 계약집행기준」 등 행정안전부 계약 예규, 「공기업·준정부기 관 계약사무규칙」(기재부령) 및 「기타 공공기관 계약사무 운영규정」(기획재정부 훈령) 등이 있다.

국가계약과 지방계약의 예규 운용상 차이점은, 국가계약의 경우 「정부 입찰· 계약 집행기준」에 공통사항을 정하고 나머지는 15개 예규로 각각의 내용을 정하 고 있는 반면, 지방계약은 「지방자치단체 입찰 및 계약집행기준」과 「지방자치단 체 입찰시 낙찰자 결정기준」에 각 장별로 세부내용을 규정하고 있으며, 지방계 약법 시행령 제42조 제4항에 따라 시·도별로 일반용역 적격심사기준을 따로 정하여 운용함으로써 지역의 특성과 성질을 반영하고 있다는 점이다.

사업담당자 및 계약담당자는 공공계약에 적용되는 계약예규의 내용을 잘 파악 하여 목적물에 맞는 계약 방법을 선택함으로써 절차상의 하자를 예방하고 민원 을 사전에 예방할 수 있을 것이다.

【기획재정부 계약예규 주요 내용】

계약 예규명	주요 내용	비 고
정부 입찰·계약 집행기준	• 국가계약법령에서 위임된 사항을 종합적으로 규정 - 제한경쟁입찰의 대상·운용기준 - 수의계약 집행기준 및 소액수의계약 체결절차 - 선금 지급, 물가변동 조정율 산출 등	• 공통사항, 필수 검토
예정가격 작성기준	• 원가계산에 의한 예정가격 작성에 관한 사항 규정 - 원가계산의 비목별 가격결정 원칙, 제조·공사·학술연구용역 원가계산 방법, 표준시장단가에 의한 예정가격 작성방법 등	• 예정가격을 원가 계산에 의해 작성 하는 경우

• 공사계약 일반조건 • 용역계약 일반조건 • 물품구매(제조) 계약 일반조건	• 계약에 필요한 일반적인 사항을 규정, 계약문서 중 하나임 - 계약문서의 구성, 계약보증금의 처리, 계약금액의 조정 - 납품, 검사, 대가 지급, 지체상금, 계약의 해제 또는 해지, 분쟁해결 방법 등	
• 공사입찰 유의서 • 용역입찰 유의서 • 물품구매(제조) 입찰 유의서	• 입찰 참가자가 유의해야 할 사항 규정, 계약문서 중 하나임 - 계약문서의 구성, 입찰참가신청방법, 입찰보증금, 입찰서 작성·제출, 입찰무효 사유 - 재입찰·재공고입찰, 낙찰자 결정, 계약 체결 등	• 입찰의 방법으로 계약상대자를 결정하는 경우
입찰 참가자격 사전심사요령	• 입찰 참가자격 사전심사제도 운영요령 규정 - 사전심사기준 마련 시 고려사항, 사전심사 절차, 방법 등	• 입찰 참가자격 사전 심사를 하는 계약사항(추정가격 300억 원 이상 공사 및 문화재수리 공사는 의무)
적격심사기준	• 적격심사에 의한 낙찰자 결정 시 심사기준 등 규정 - 적격심사 절차, 심사항목 및 배점한도, 심사방법, 낙찰자 결정기준 등	• 적격심사 낙찰제에 의한 계약사항
협상에 의한 계약체결 기준	• 협상에 의한 계약체결에 필요한 기준 등 규정 - 입찰절차, 제안서 평가 방법, 협상적격자 선정 및 가격협상 방법 등	• 협상에 의한 계약사항 ※ 물품·용역, 지식기반사업
공동계약 운용요령	• 공동계약 운용에 필요한 사항 규정 - 공동계약의 유형, 공동수급체 대표자 선임, 공동수급체 구성방법, 공동도급내용의 변경 등	• 공동계약사항 ※ 주로 공사계약에 해당
종합계약 집행요령	• 국가기관 중 2개 기관 이상이 관련되는 공사 등에 대한 집행요령 규정 - 관련기관 협의체 구성, 협정서 작성, 계약 및 입찰공고방법 등	※ 공사·용역·물품 계약 해당
일괄입찰 등에 의한 낙찰자 결정기준	• 설계·시공 일괄입찰 또는 대안입찰과 관련한 낙찰자결정 기준 규정	※ 공사계약만 해당
종합심사낙찰제 심사기준	• 국가계약법 시행령 제42조 ④에 규정된 공사·용역 종합심사낙찰제 대상 낙찰자 결정방법 규정 - 심사방법·항목·배점한도 등 심사기준, 입찰공고방법 등	※ 공사·용역·문화재 수리 계약만 해당

【행정안전부 계약예규 주요내용】

예규명	주요 내용
지방자치단체 입찰 및 계약집행기준	• 지방계약법령에서 위임된 사항을 종합적으로 규정 – 제1장 입찰 및 계약 집행기준 　• 제1절 총칙 　• 제2절 선금 및 대가 지급 　• 제3절 내역입찰 집행 　• 제4절 지명입찰업체 선정 　• 제5절 공사 이행보증 운용 　• 제6절 공사 손해보험 운용 　• 제7절 물가변동 조정률 산출 　• 제8절 실비 산정 　• 제9절 보험료 사후정산 요령 등 　• 제10절 대형공사 설계비 보상 　• 제11절 재해복구계약 운영요령 　• 제12절 신기술·특허공법 선정기준 　• 제13절 2단계 입찰의 규격·기술평가위원회 구성·운영 – 제2장 예정가격 작성요령 – 제3장 계약심사 운영요령 – 제4장 제한입찰 운영요령 – 제5장 수의계약 운영요령 – 제6장 공동계약 운영요령 – 제7장 종합계약 운영 요령 – 제8장 입차 유의서 – 제9장 계약 일반조건 – 제10장 일괄입찰등의공사입찰특별유의서 – 제11장 일괄입찰 등의 공사계약 특수조건 – 제12장 계약분쟁조정위원회 운영요령 – 제13장 과징금부과심의위원회 운영요령 – 부칙
지방자치단체 입찰시 낙찰자 결정기준	• 낙찰에 관련된 사항을 모아 장별로 규정 – 제1장 입찰참가자격 사전심사기준 – 제2장 적격심사 세부기준 　제2장의1 시설공사 적격심사 세부기준 　제2장의2 기술·학술연구용역 적격심사 세부기준 　제2장의3 물품 적격심사 세부기준 – 제3장 종합평가 낙찰자 결정기준 – 제4장 일괄입찰 등에 입찰참가자격 사전심사기준 – 제5장 일괄입찰등에 의한 낙찰자 결정기준 – 제6장 문화재 수리 종합평가 낙찰자 결정기준 – 제8장 경쟁적 대화에 의한 낙찰자 결정기준 – 제9장 설계공모 낙찰자 결정기준 – 제10장 품질 등에 의한 낙찰자 결정기준 – 제11장 건설업역 개편에 따른 낙찰자 결정기준 – 부칙

4) 공공계약의 집행기관

(1) 계약집행기관의 이원화(국계법 제6조, 지계법 제7조, 공계칙 제7조)

현행 공공계약의 집행기관은 집중형과 분산형을 혼용하고 있으며 수요기관에서 자체 집행하는 것이 원칙이나 정부조달물자 또는 일정 금액 이상의 공사계약은 중앙조달기관인 조달청에 요청하도록 의무화(조달사업법 및 같은법 시행령 제11조)하고 있다.

【의무 조달 요청】

구분	국가기관	지방자치단체	공공기관
근거 법령	• 조달사업법 제11조, 같은 법 시행령 제11조, 제28조		• 공공기관운영법 제44조
의무 조달 요청 대상	• 추정가격 1억 원(외국산 물품은 20만 달러) 이상인 수요물자 구매계약 • 조달청장에 의해 체결된 다음의 수요물자 구매계약-제3자를 위한 단가계약 - 다수공급자계약 - 국가계약법 제22조에 따른 단가계약 • 추정가격 30억 원 (전문·전기·정보통신·소방공사는 3억 원) 이상의 공사계약	• 조달청장에 의해 체결된 다음의 수요물자 구매계약 - 제3자를 위한 단가계약 - 다수공급자계약 • 추정가격이 100억 원 이상 공사는 조달청장에게 공사 원가의 사전검토를 요청	• 기재부 고시금액 이상의 중소기업 자간 경쟁제품 구매계약 ※ 지방출자출연 기관은 판로 지원법 미적용
	• 수요기관의 장의 요청에 따라 조달청장이 체결한 수요물자 또는 공사관련 장기계속계약의 제2차 이후의 계약 • 그 밖에 다른 법령에서 조달청장에게 구매를 요청하도록 하거나 공사의 계약 체결을 위탁하고 있는 것		

다만, 천재지변 등 부득이한 사유로 계약 체결을 요청할 수 없거나 국방 또는 국가기밀의 보호 등으로 계약 체결을 요청하는 것이 부적절한 경우 등 아래 사유에 해당하면 수요 기관의 장이 직접 구매하거나 공사계약을 체결할 수 있다.

- 천재지변, 긴급한 행사, 그 밖에 이에 준하는 사유가 있는 경우
- 국방과 관련이 있거나 국가기관의 행위를 비밀리에 하여야 하는 경우
- 재해 또는 사고로 인한 긴급 복구공사를 하는 경우
- 시공·감독, 하자보수 등에 필요한 기술의 특수성을 고려할 때 수요 기관의 장이 직접 공사계약을 체결할 필요가 있다고 인정되는 특수공사를 하는 경우로서 조달청장과 미리 협의한 경우
- 기획재정부령으로 정하는 바에 따라 조달청장이 수요 기관에 수요물자의 구매를 위임하는 경우
- * 조달사업법 시행령 제11조 ②

또한, 추정가격이 100억 원 이상인 공사에 대해서는 지방자치단체장은 조달청장에게 공사원가의 사전검토를 요청하여야 하나 다음의 경우는 예외를 두고 있다.

- 천재지변, 긴급한 행사 또는 그 밖에 이에 준하는 사유가 있는 경우
- 재해 또는 사고로 인해 복구공사를 하는 경우
- 조달청장에게 해당 공사의 계약체결을 요청한 경우
- 그 밖에 공사의 특성 또는 긴급성 등으로 사전검토를 요청하지 못할 부득이한 사정이 있는 경우
- ※ 조달사업법 시행령 제28조 단서

 핵심 체크

< 유권해석 >

지방자치단체의 장이 조달청장에게 요청하여 조달사업을 발주하는 경우 국가계약법과 지방계약법 중 어느 법률을 적용하여야 하는지?
– 지방자치단체의 장이 조달청장에게 요청하여 조달사업을 발주하는 경우 지방계약법을 적용 [법제처 07-0318, '07. 12. 7.]

국가 및 지방계약에서는 계약금액을 여러 가지 사항의 기준으로 삼는 경우가 많은데 그중 기본이 되는 금액이 국가계약법 제4조 및 지방계약법 제5조에 따른 고시금액이다. 여기서 유의할 점은 국가계약과 지방계약의 고시금액이 서로 다

르고 적용하는 기준도 다르다. 따라서 고시금액은 기획재정부 장관이 고시하는
금액으로 이해해서는 안 되고 해당 조문을 잘 확인하여야 한다.

- 「국가를 당사자로 하는 계약에 관한 법률 등의 기획재정부 장관이 정하는
  고시금액」
- 「국제입찰에 의하는 지방자치단체의 공사 및 물품·용역의 범위에 관한 고시」

(2) 계약사무의 위임·위탁

공공계약을 체결하고자 하는 기관의 장은 계약사무를 소속 공무원에게 위임하
여 처리하거나 국가 또는 지방자치단체의 기관이나 다른 기관의 장 또는 다른
관서 소속 공무원에게 위탁 처리할 수 있다.

중앙관서의 장은 그 소관에 속하는 계약사무를 처리하기 위하여 필요하다고
인정하면 그 소속 공무원 중에서 계약에 관한 사무를 담당하는 공무원(이하 "계
약관"이라 한다)을 임명하여 그 사무를 위임할 수 있으며, 그 소속 공무원에게
계약관의 사무를 대리(代理)하게 하거나 그 사무의 일부를 분장(分掌)하게 할 수
있다.

지방자치단체의 경우 지방자치단체의 장은 그 소관에 속하는 계약사무를 처리
하기 위하여 재무관 또는 분임재무관에게 계약에 관한 사무를 위임하여 처리할
수 있다.

【재무관이 분임재무관에게 위임할 수 있는 계약사무의 범위 예시】

구 분	공 사		물품제조·구매, 용역		조달구매	
	광 역	기 초	광 역	기 초	광 역	기 초
본 청	추정가격 10억 원 이하	추정가격 1억 원 이하	추정가격 5억 원 이하	추정가격 5천만 원 이하	금액제한 없음	금액제한 없음
제1관서	추정가격 2천만 원 이하	추정가격 5백만 원 이하	추정가격 1천만 원 이하	추정가격 200만 원 이하	금액제한 없음	금액제한 없음

※ 위 기준은 지자체마다 다를 수 있으며·지방의회는 직무위임 범위를 별도로 정하여 운영

(3) 계약의 대행(지계법 제8조)

① 지방자치단체의 장은 그 관할구역 안의 시설물의 설치 및 유지·관리와 물품의 구매 등을 위하여 해당 지역주민들의 대행요구가 있는 경우, 해당 지방자치단체 외의 자로부터 계약대행을 요청받아 이를 대행할 수 있다.

② 계약을 대행하는 지방자치단체의 장은 계약이행에 소요되는 직접경비와 그 사무관리에 필요한 경비를 계약이행 전에 대행을 요청한 자에게 청구하고 이를 사후정산(事後精算)하여야 한다.

3. 공공계약의 절차

공공계약의 절차는 품의, 계약체결, 계약이행, 대가지급 순으로 이루어지고 있으며 물품·용역·공사계약별로 거쳐야 하는 절차가 다르고 국가계약 및 지방계약 적용기준에 따라 그 절차가 일부 다를 수 있다.

또한, 국가계약은 재정관리 시스템으로 디브레인(dBrain, 디지털 예산회계 시스템)을 사용하고 있고 지방계약은 이호조(+e-호조, 지방재정관리 시스템)를 사용하고 있다.

【계약의 절차】

품의 → 사전절차 이행 → 계약체결 → 계약이행 → 완료 → 검사 → 대가지급

각 단계별 주요 절차를 살펴보면, 품의단계에서는 가용 예산액을 먼저 확인하고, 기본구상, 타당성조사, 계획수립, 계약 시행건의 등 해당기관 전결권자의 결재를 받아 이행해야 하며 사전절차 이행 단계에서는 인·허가, 공공건축 건축기획업무 수행, 공공건축 사업계획 사전검토 등 관련 법률에 따라 그 대상과 기준에 따라 절차를 먼저 이행해야 한다. 지방계약법 적용대상 기관은 계약심사, 일상감사 및 일부 지자체는 행정감사를 받아야 하며 병무청 등은 해당기관 자체 회

계규정을 적용 받는 경우도 있음으로 내부 규정을 확인하여야 한다. 자체 회계규정에 따른 절차를 이행하지 않을 경우 절차적 정당성에 대한 다툼이 발생할 수도 있음으로 이 또한 유념해야 한다.

계약체결 단계에서는 이행자격(등록증, 면허증, 신고증 등)을 확인하여야 하며 채권 양도·양수, 하자보증금 자동채권 설정 등 필요한 내용을 규정하는 특약을 정하여 계약을 체결하여야 하며 조달청에서는 훈령으로 채권양도 규정 등 계약에 관한 행정규칙을 별도로 정하고 있다.

계약 체결 이후 계약이행 단계에서는 계약 상대자는 계약조건에 따라 성실히 계약을 이행하여야 하고, 계약 내용 및 계약조건대로 이행하지 않을 경우 국가계약법령 및 지방계약법령에 따라 부정당 제재 등 불이익을 받게 된다. 또한, 발주기관은 계약보증금 등 여러 수단을 통해 계약 업체가 계약상 의무를 이행하도록 하는 담보 장치를 마련하고 감독자를 두어 설계서 및 과업지시서대로 이행하는지 확인을 하여야 한다.

계약완료·검사·대가지급 단계를 살펴보면 계약 상대자가 계약을 완료하면 문서로 완료 신고서를 제출하여야 하며 발주기관은 완료 신고서를 접수한 날로부터 14일(신속집행 특례지침 적용 계약은 7일)이내 검사를 완료하고 그 결과를 계약 상대자에게 통지하며, 검사에 합격한 경우 계약 상대자는 대금청구를 하게 된다. 발주기관에서는 대금청구서가 접수되면 세금계산서, 하자보증서 등 증빙서류를 확인하고 5일(국가계약법 시행령 제58조, 지방계약법 시행령 제67조, 신속집행 특례지침 적용 계약은 3일) 이내에 대금을 지급하여야 한다.

【지방계약법 적용 기관 검사 및 검수자】

구분	검사 및 검수		입회
	검사	검수	
물품매입·제조·기타	사업 담당자	물품 출납원	계약 담당자
공사·용역·특수한 기술 (전결규정에 따름)	지정 직원	–	계약 담당자
관급자재	감독	물품출납원 (책임감리원)	

※ 근거 규정: 국가계약법 제14조, 지방계약법 제17조, 해당기관 물품관리 조례 등 기관 마다 기준이 다름

1) 공공계약의 일반 절차

품의	기본구상, 타당성조사 기본계획수립, 시행건의 등	• 가용예산 확인, 적용법령, 과업달성 여부 검토 • 기초금액 작성(1인수의 계약) • 계약방법 결정(수의, 입찰, 2단계 등)
사전절차이행	인·허가 사전절차 이행 계약심사·일상감사 건설기술심의 공공건축 사전검토 설계의 경제성 검토	• 토지형질변경 등 필요시 사전 이행 • 지방계약 전체 적용·국가계약은 자체규정 적용 • 건설기술진흥법, 건축서비스법 등 건설기술심의 • PQ 세부평가서 협의
계약체결	1인견적 수의계약	• 계약상대자가 발주기관에 계약금액 희망가격 제시 • 계약상대자와 수의시담 계약금액 결정
	2인견적 수의계약(지방계약) 소액수의 계약(국가계약)	• G2B 등 지정정보처리장치로 견적서 제출 • 낙찰하한율 적용 계약 상대자 결정
	입찰	• G2B 등 지정정보처리장치로 견적서 받음 • 예정가격 이하 낙찰 하한율 적용 계약상대자 결정
계약이행	설계서 과업지시서 규격(사양)서	• 공사는 설계서(도면, 시방서, 물량내역서 등)대로 이행 • 용역계약은 과업지시서 대로 계약이행 • 물품계약은 규격서 대로 제조·납품
완료	공사 준공 신고서 용역 완료 신고서 물품납품 완료 신고서	• 공사계약은 계약 상대자가 준공신고서 제출 • 용역·물품계약은 계약 상대자가 완료신고서 제출
검사	14일 이내 검사 실시	• 통지받는 날부터 14일 이내 검사 실시 • 국가계약법 제55조, 지방계약법 제17조 • 신속집행 적용 계약은7일 이내 검사 실시
대가지급	정당한 채권자에게 대가 지급	• 대금 청구를 받은 날로부터 5일 이내 지급 • 국가계약법 시행령 제58조, 지방계약법 시행령 제67조 • 신속집행 적용계약은 대금 청구일로부터 3일 이내 지급

2) 입찰 및 수의계약 흐름도

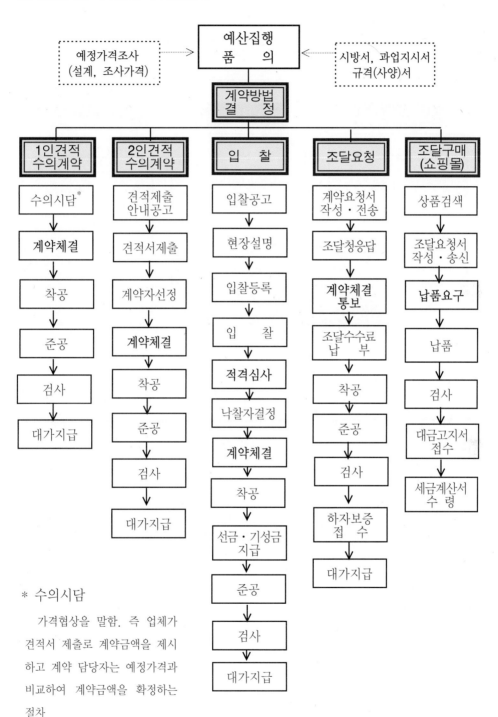

* 수의시담

가격협상을 말함. 즉 업체가
견적서 제출로 계약금액을 제시
하고 계약 담당자는 예정가격과
비교하여 계약금액을 확정하는
절차

3) 건설산업 체계 및 공사 시행과정

(1) 건설산업 체계

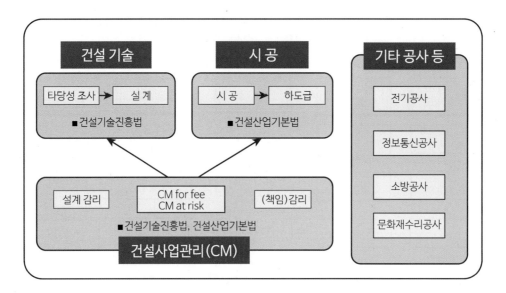

우리나라 건설산업은 크게 타당성 조사·설계·감리 등을 포함하는 건설기술 분야, 건설·전기·정보통신·소방·문화재수리공사 등을 포함하는 시공분야와 건설공사에 관한 기획, 타당성 조사, 분석, 설계, 조달, 계약, 시공관리, 감리, 평가 또는 사후관리 등에 관한 관리를 수행하는 건설사업관리(CM: Construction Management) 분야로 구분할 수 있다.

국가계약과 지방계약에서는 설계·시공일괄입찰(턴키입찰), 기본설계기술제안 입찰의 경우를 제외한 대부분의 공사가 설계와 시공을 분리 발주하고 있어 건설기술 분야와 시공 분야는 업무영역상 분리하여 발주되는 체계이며, 시공 분야 중 건설공사, 전기공사, 정보통신공사, 소방공사, 문화재수리공사 등은 근거 법령이 달라 의무적으로 분리하여 발주되는 체계이다.

또한, 건설사업관리 분야는 CM for fee와 CM at risk(시공책임형 건설사업관리, 「건설산업기본법」 제2조 제9호)의 두 가지 방식이 있는데, CM for fee는 발주과정에서 조력자 역할을 수행하는 순수 기술자문 방식이고 시공과정에서는 책임감리의 역할을 수행하는 방식이고, CM at risk는 시공 이전 단계에서는 종합공사를 시공하는 업종을 등록한 건설업자가 건설공사에 대하여 시공 이전 단계에서 건설사업관리 업무를 수행하고 아울러 시공 단계에서 발주자와 시공 및 건설사업관리에 대한 별도의 계약을 통하여 종합적인 계획, 관리 및 조정을 하면서 미리 정한 공사 금액과 공사기간 내에 시설물을 시공하는 방식이다.

(2) 건설공사의 시행과정

건설공사의 시행과정은 「건설기술진흥법 시행령」 제67조에서 규정하고 있으며, 국가계약의 경우 「국가재정법」 제38조에 따라 총사업비 500억 원 이상이고 국가의 재정지원 규모가 300억 원 이상인 신규 공사는 기획재정부의 예비타당성조사를 거쳐야 하고, 지방계약도 「지방재정법」 제37조에 따라 사전에 그 필요성과 타당성에 대한 심사를 하여야 한다고 되어 있는 등 일정 금액 이상 대형공사는 기획재정부·행정안전부 등 중앙행정기관의 통제·관리를 받는다.

【건설공사의 시행 절차】

구분	절차	주체	주요 내용
계획 수립	기본구상	발주청	· 공사의 필요성, 공사비 등 사업의 기본적 내용 검토
	예비타당성조사	기획 재정부	· 경제적·정책적 타당성 검토(총사업비 500억 원 이상)
	사업추진 결정	기획 재정부	· 예비타당성조사 통과시 사업 추진, 예산 배정
	타당성조사	발주청	· 시행공사의 경제, 기술, 사회 및 환경 등 종합적 측면에서 적정성 검토
	건설공사 기본계획 수립	발주청	· 공사 목표, 공사기간, 재원조달계획, 시설물유지관리계획, 환경보전계획 등 수립
설계 시공	공사수행방식 결정	발주청	· 기본계획 수립·고시 후 건설기술 공모방식, 일괄입찰방식, 기본설계 기술제안입찰방식 등 결정 · 실시설계 후 대안입찰방식, 실시설계 기술제안입찰방식 등 결정
	기본·실시설계	발주청	· 주요 구조물의 형식, 지반(地盤)·토질, 개략 공사비, 실시설계 방침 등을 포함한 기본설계 실시 · 기본설계를 토대로 실시설계(설계도, 시방서 등 작성)

	설계의 경제성 등 검토(설계VE)	발주청	·설계 대상 시설물의 주요 기능별로 설계내용에 대한 대안별 경제성과 현장 적용의 타당성 검토
	입찰 및 계약	발주청 조달청	·30억 원 미만의 공사는 발주청 직접 입찰·계약 ·30억 원 이상 공사는 조달청 계약 요청 의무화 * 국가계약 해당
	공사관리	발주청	·시공자가 공사관리계획과 환경오염 방지대책 등을 적절히 이행하는지 관리·감독
평가	시공평가	발주청	·품질·공정·시공·하도급·환경관리 등의 적정성 평가 (총공사비 100억 원 이상, 건기법 제50조)
	사후평가	발주청	·예상 공사비, 공사기간과 실제로 투입된 공사비, 공사기간 등 비교·분석(총공사비 300억 원 이상, 건기법 제52조)

품의 및 사전 절차 이행

CHAPTER 02

예산집행품의 인포그래픽

예산서

- 청사 전기요금   500천 원
- 기본업무 수행 급량비   10,000천 원
- 스마트학교 신축   5,221,000천 원

→

예산집행품의

- 예산집행 의사를 결정하는 행위
- 전결권자의 결제로서 허락을 받는 행위

- 김과장: 이번 달 전기요금을 21일까지 지출할 수 있도록 품의하세요.
- 부서회계 담당자: 과장님 공공요금은 품의를 생략할 수 있습니다.

- 김과장: 지난달 급량비를 5일까지 지출할 수 있도록 품의하세요.
- 부서회계 담당자: 네 과장님 품의 후에 이용 식당에 지출토록 하겠습니다.

- 김과장: 스마트학교 신축 계획을 수립하세요.
- 부서회계 담당자: 네 과장님 종합계획을 수립하도록 하겠습니다.

1. 품의

품의는 예산집행품의의 줄임말로 지방계약의 경우에는 「지방자치단체 회계관리에 관한 훈령」 제11조를 근거로 하고 있으며, 국가계약에서는 따로 규정이 없으나 해당 기관 전결규정에 따라 예산집행에 대한 품의를 하여야 한다.

사전적 의미의 품의는 웃어른이나 상사에게 말이나 글로 여쭈어 의논함을 말하고 행정부의 각 부처나 해당 기관의 내부 의사결정 절차에 따라 전결권자의 결재를 받는 제도로서 세출예산에 대한 지출의사를 결정하는 행위를 일컫는다. 지출의 원인이 되는 계약에서 넓은 의미의 품의는 기본구상, 타당성 조사, 계획수립, 계약시행 건의 등을 포함한다.

계약 종류별로 예산집행품의 내용을 살펴보면 다음과 같다.

구분	예산집행품의 내용	비고
물 품	• 물품구매 계획서 ▷ 구매목적, 품명, 규격, 단위, 수량 단가, 예산과목 ◦ 물품매입(수리 · 제조)품의 및 요구서 ▷ 품명, 규격, 단위, 수량단가, 예산과목	
용 역	• 용역시행 계획서 ▷사전검토항목, 사업목적, 사업개요 용역명, 과업규모, 용역기간, 사업비 예산과목, 추진상 문제점, 행정사항 등	해당 지자체 규정에 맞게 적의 작성
공 사	• 사업추진 계획서 • 시행건의 공문 ▷건명, 개요, 사업비, 공사기간, 입찰 참가자격, 계약방법, 예산과목, 하자담보책임기간 및 비율, 감독, 그 밖에 계약에 필요한 사항	〃

<계약의뢰 공문 작성 사례>

관내 야간 보행자의 불편을 최소화하고, 안전한 야간 보행환경을 조성하고자 「2024년 보안등 보수공사(단가계약)」을 다음과 같이 계약의뢰 합니다.

1. 공 사 명: 2024년 보안등 보수공사(단가계약)
2. 공사위치: 서구 관내 일원
3. 공사개요: 램프교체 등 35개 공종
4. 공사금액: 금134,095,000원(금일억삼천사백구만오천원)
5. 공사기간: 착공일로부터 ~ 2024. 12. 31.까지
6. 이행자격: 「지방계약법」 제13조 및 같은 법 시행규칙 제14조의 자격을 갖추고 「전기공사업법」 제4조에 따라 전기공사업을 등록한 업체로서 입찰공고일 전일부터 입찰일까지 법인등기부상 본점 소재지(개인사업자인 경우에는 사업자등록증 또는 관련 법령에 따른 허가·신고·면허·등록·신고 등 관련 서류에 기재된 사업장의 소재지, 신규사업자는 입찰공고일 이후를 포함)가 부산광역시에 있어야하며, 입찰 참가자는 입찰서 제출 마감일(적격심사 대상자는 적격심사서류 제출일, 낙찰자는 계약 체결일)까지 해당 입찰 참가 자격을 계속 유지하여야 합니다.
7. 계약방법: 지방계약법 시행령 제30조에 따라 2인 견적서 제출 수의계약
8. 예산과목: 건설과, 도시 조명관리, 전기시설물 관리, 보안등 유지관리, 시설비 및 부대비, 시설비(401-01) (2024년 예산)
9. 하자담보 책임기간 및 하자보수 보증금율: 1년, 2%
10. 공사감독 및 준공검사 공무원: 지방공업서기 홍길동(지계령 제66조에 따라 겸직)

붙임 1. 공사 발주계획보고 사본 1부.
　　　2. 설계도서 1부(별송). 끝.

예산집행품의 단계에서 가장 중요하게 고려되어야 할 사항은 ❶ 계약의 종류 ❷ 계약의 방법 ❸ 이행 자격이라고 볼수 있다.

1) 계약의 종류

공공계약에서는 공사, 용역, 물품의 정의를 따로 두고 있지 않으나 2014년 행정안전부에서 계약의 정의를 지방계약법에 명시하고자 한 적이 있다. 당시 여러 가지 상황으로 인해 법령을 개정하지 못하였으며 현재까지 입법 예고만 남아 있는 상태다.

(지방계약법 시행령 개정안 2014.5.2~6.11 입법예고)

【 안 2조 】
○ "시설공사"란 「건설산업기본법」, 「전기공사업법」, 「정보통신공사업법」, 「소방시설공사업법」, 「문화재 수리 등에 관한 법률」 및 기타 다른 법률에서 규정하고 있는 공사를 말한다.

○ "물품제조 · 구매"란 국내에서 생산 또는 공급되는 내자 물품과 국외에서 생산 또는 공급되는 외자 물품을 제2조 제5호의 시설공사를 하지 않아도 그 계약 목적을 달성할 수 있는 사항을 말한다.

○ "용역"이란 기술용역, 엔지니어링용역, 학술연구 · 시설분야 · 폐기물처리 · 육상운송 · 기타 일반용역 등 제2조 제5호의 시설공사를 하지 않고 물질적 재화의 생산이나 소비에 필요한 노무를 제공하는 것을 말한다.

위에서 설명한 바와 같이 계약에 대한 명시적 정의는 없으나 행정안전부 입법예고 내용과 같은 개념으로 공공계약에서 관례처럼 적용되고 있다.

(1) 공사의 종류

공사는 건설공사(종합공사 · 전문공사), 전기공사, 정보통신공사, 소방공사, 문화재수리공사 등 관련 법률에 규정된 내용에 따라 구분하며 국가 및 지방계약법령에서는 계약 상대자 결정 시 공사 종류별, 규모별로 심사기준을 달리 정하고 있으므로 공사의 종류 및 개념을 이해할 필요가 있다.

【공사의 종류】

공사 종류		내용	근거법령
건설공사	종합공사	종합적인 계획, 관리 및 조정을 하면서 시설물을 시공하는 건설공사로서 2개 이상의 전문공사로 구성된 복합공사를 의미	「건설산업기본법」
	전문공사	시설물의 일부 또는 전문 분야에 관한 건설공사	
전기공사		「전기공사업법」 제2조에 따라 전기설비(전기사업법 제2조 제16호), 전력 사용 장소에서 전력을 이용하기 위한 전기계장설비, 전기에 의한 신호표지 등 「전기공사업법」 제2조 제1호에 해당하는 설비 등을 설치·유지·보수하는 공사 및 이에 따른 부대공사	「전기공사업법」
정보통신공사		「정보통신공사업법」 제2조에 따른 정보통신 설비의 설치 및 유지·보수에 관한 공사와 이에 따르는 부대공사	「정보통신공사업법」
소방공사		「소방시설공사업법」 제2조에 따라 소방시설을 신설, 증설, 개설, 이전 및 정비하는 공사	「소방시설공사업법」
문화재수리공사		「문화재수리 등에 관한 법률」 제2조에 따라 지정문화재(무형문화재는 제외), 임시지정문화재, 주위의 시설물 또는 조경의 보수·복원·정비 및 손상 방지를 위한 공사	「문화재수리 등에 관한 법률」
그 밖의 다른 법령에 따른 공사		환경관련공사 · 폐기물처리시설 설치공사 · 건설폐기물처리시설 설치공사 · 대기오염 방지시설, 소음·진동 방지시설, 수질 오염 방지시설 설치공사 · 하수처리시설, 분뇨처리시설 설치공사 · 가축분뇨처리시설 설치공사 산지복구공사 지하수개발공사 등	「폐기물관리법」 「건설폐기물의 재활용 촉진에 관한 법률」 「환경기술 및 환경산업 지원법」 「하수도법」 「가축분뇨의 관리 및 이용에 관한 법률」 「산지관리법」 「지하수법」

(2) 물품계약의 종류

물품계약은 이미 만들어진 완성품을 시중에서 구매하는 물품구매 계약과 발주기관이 별도 주문한 규격에 맞게 계약 상대자가 만들어서 납품하는 물품제조계약으로 구분된다.

통계청의 한국표준산업분류에 따르면 제조업은 '원재료(물질 또는 구성요소)에 물리적, 화학적 작용을 가하여 투입된 원재료를 성질이 다른 새로운 제품으로 전환시키는 산업활동'이라고 되어 있어 원재료를 다른 제품으로 전환시키는 과정이 포함된 경우는 물품제조계약, 제조활동이 없는 경우는 물품구매계약으로 분류된다.

관련 법규에서 물품제조계약의 대상을 살펴보면, 조달청의 「조달청 내자구매 업무 처리규정」 제23조에서 다음에 해당하는 경우 '입찰 참가자격을 제조자로 한정할 수 있다'라고 규정되어 있으므로 이를 참조하여 물품제조계약을 구분하면 될 것이다.

① 발주자(수요기관 또는 조달청)의 규격서, 시방서, 도면(승인도면 포함)에 따라 제조하여 납품하는 물품
② 시중유통물품(기성규격)을 상당부분에 걸쳐 별도의 가공, 제조공정을 거쳐야 하는 물품
③ 예정가격을 원가계산에 의해서 작성하는 물품
④ 기타 필요에 따라 입찰 참가자격을 제조자로 한정하는 물품

한편, 물품제조계약은 발주처가 요구하는 성능을 발휘할 수 있도록 물품을 제조하는 활동이 포함되므로 당연히 당해 제조업을 영위하는 자만 입찰에 참여할 수 있다.

(3) 용역의 종류

지방자치단체가 체결하는 용역계약은 기술용역, 학술용역, 일반용역으로 분류하며 세부내용은 다음과 같다.
① 기술용역이라 함은 「건설기술진흥법」 제2조 제3호, 「엔지니어링산업진흥법」 제2조 제1호, 「건축사법」 제2조 제3호 및 제4호, 「전력기술관리법」 제2조 제3호 및 제4호, 「정보통신공사업법」 제2조 제5호, 「소방시설공사업법」 제2조 제1호 가목 및 다목, 「주택법」 제24조 제1항, 「측량·수로조사 및 지적에 관한 법률」 제2조 제1호와 이에 준하는 용역을 말한다.

② 학술연구용역이라 함은 학문분야의 기초과학과 응용과학에 관한 연구용역 및 이에 준하는 용역을 말한다.

③ 일반용역이라 함은 기술용역과 학술연구용역을 제외한 모든 용역을 말한다.

국가기관이 체결하는 용역계약은 지방계약과는 다소 차이가 있으며 기술용역계약과 일반용역계약으로 구분한다. '기술용역'은 「건설기술진흥법」, 「엔지니어링산업 진흥법」, 「건축사법」, 「전력기술관리법」, 「정보통신공사업법」, 「소방시설공사업법」, 「공간정보의 구축 및 관리 등에 관한 법률」 등에 규정한 용역 및 이에 준하는 용역이며, 이를 제외한 용역은 '일반용역'으로 분류한다.

【용역의 종류】

용역 종류		내용
기술용역	「건설기술진흥법」에 의한 건설기술용역	• 다른 사람의 위탁을 받아 아래 건설기술에 관한 업무를 수행 (건설공사의 시공 및 시설물의 보수·철거 업무는 제외) ‣건설공사에 관한 계획·조사(지반조사 포함)·설계(건축설계 제외)·감리·시험·평가·측량(수로조사 포함)·자문·지도·품질관리·안전점검 및 안전성 검토 ‣시설물의 운영·검사·안전점검·정밀안전진단·유지·관리 ‣건설공사에 필요한 물자의 구매와 조달 ‣건설장비의 시운전(試運轉) ‣건설사업관리 ‣건설기술에 관한 타당성의 검토 ‣정보통신체계를 이용한 건설기술에 관한 정보의 처리 ‣건설공사의 견적
	「엔지니어링산업진흥법」에 의한 기술용역	• 과학기술의 지식을 응용하여 수행하는 사업이나 시설물에 관한 다음의 용역 ‣연구, 기획, 타당성 조사, 설계, 분석, 계약, 구매, 조달, 시험, 감리, 시험운전, 평가, 검사, 안전성 검토, 관리, 매뉴얼 작성, 자문, 지도, 유지 또는 보수 및 그에 대한 사업관리 ‣견적(見積) ‣설계의 경제성 및 기능성 검토 ‣시스템의 분석 및 관리
	기타 개별법에서 정한 기술용역	• 「건축사법」에 의한 설계·공사감리 • 「전력기술관리법」에 의한 설계·공사감리 • 「정보통신공사업법」에 의한 설계·감리 • 「소방시설공사업법」에 의한 감리·하자보수 • 「공간정보의 구축 및 관리 등에 관한 법률」에 의한 측량

	학술용역	• 「학술진흥법」 제2조 등에 따른 학술로서 '학술연구분야분류표'(한국연구재단 발표, 홈페이지에서 확인 가능)에 따른 학문 분야 및 과정 등에 대한 연구, 조사, 검사, 평가, 개발 등 지적 활동을 통하여 국가 또는 지방자치단체 등의 정책이나 시책 등의 자문에 제공되는 용역
일반 용역	정보통신 용역	• 정보의 수집·가공·저장·검색·송신·수신 및 그 활동과 이에 관련되는 기기·기술·역무 기타 정보화를 촉진하기 위한 일련의 수단을 도급받아 대행하는 용역으로, 소프트웨어 사업 및 관련 장비 유지보수용역으로 구분
	시설관리 용역	• 시설물 관리업무, 시설물 경비업무, 청소 등 위생관리 업무 및 이에 준하는 업무를 도급받아 대행하는 용역(「시설물의 안전 및 유지관리에 관한 특별법」, 「경비업법」 등)
	폐기물 처리용역	• 쓰레기, 연소재 등 폐기물을 허가받은 폐기물처리업자가 수집, 처리장소로 운반하여 소각·파쇄·고형화·재활용·매립 등의 방법에 따라 처리하는 용역
	운송용역	• 운송장비를 이용하여 인원 또는 화물 운송업무를 도급받아 대행하는 용역
	기타 일반용역	• 전시·행사대행, 보험, 광고·디자인, 장비 유지·보수, 교육, 의료서비스 등

2] 계약의 방법

계약담당공무원은 계약을 체결하려면 일반경쟁에 부쳐야 한다. 다만, 계약의 목적, 성질, 규모 등을 고려하여 필요하다고 인정되면 참가자의 자격을 제한하거나 참가자를 지명(指名)하여 경쟁에 부치거나 수의계약(隨意契約)을 할 수 있다.

공공계약에서 경쟁입찰에 부치는 경우 계약이행의 난이도, 이행실적, 기술능력, 재무상태, 사회적 신인도 및 계약이행의 성실도 등 계약수행능력을 사전에 평가(PQ[1])하여 적격자만을 입찰에 참가하게 할 수 있으며, 계약이행능력 및 일자리창출 실적 등을 심사하여 낙찰자를 결정하거나 각 입찰자의 입찰가격, 공사수행능력 및 사회적 책임 등을 종합적으로 심사하여 낙찰자를 결정한다.

---

1) 입찰참가자격 사전심사(Pre-qualification)

【기관별 계약 방법 근거 법령】

구 분	법 령
국 가	• 국가계약법 제7조, 국가계약법 시행령 제42조
지방자치단체	• 지방계약법 제9조, 지방계약법 시행령 제42조
공기업·준정부기관	• 공기업·준정부기관 계약사무 규칙 제6조
기타공공기관	• 기타공공기관 계약사무 운영규정 제5조

이외에도 목적물별 계약의 종류, 경쟁 형태에 따른 계약 방법 및 낙찰자 결정 방법 등이 다르고 어떤 방식을 선택하느냐에 따라 관련 절차가 달라지므로 계약 체결 전에 관계 법령을 충분히 검토하여 목적물에 맞는 적정한 방법을 선택하여 그에 따라 계약을 체결하여야 한다.

【계약의 종류 및 입찰·낙찰자 결정 방법】

계약 목적물별	계약 체결 형태별	경쟁 형태별	낙찰자 결정 방법
• 공사계약 - 종합, 전문, 전기, 정보통신, 소방, 문화재 공사 등 • 물품계약 - 물품구매계약 - 물품제조계약 • 용역계약 - 기술용역, 학술용역, 일반용역	• 확정계약, 개산계약, 사후원가검토조건 부계약 • 총액계약, 단가계약 제3자 단가계약, 다수공급자계약 • 단년도계약, 장기계 속계약, 계속비계약 • 단독계약, 공동계약	• 경쟁입찰계약 - 일반경쟁계약 - 제한경쟁계약 - 지명경쟁계약 • 수의계약 - 1인견적 수의계약 - 2인견적 수의계약 *소액수의계약(국가)	• 적격심사낙찰제 • 종합심사(평가)낙찰제 • 일괄입찰/대안입찰/ 기술제안입찰 • 희망수량경쟁입찰 • 2단계 경쟁입찰 • 협상에 의한 계약 • 품질 등에 의한 낙찰자 결정 (종합낙찰제) • 경쟁적 대화 계약 체결기준 • 건설업역 개편에 따른 낙찰자 결정기준 • 설계공모 등

물품·용역계약은 판로법에 계약 방법이 규정되어 있으므로 국계법이나 지계법보다 우선 적용해야 하며, 먼저 중소기업자 간 경쟁제품과 비경쟁제품으로 구분하고, 금액기준으로 한 번 더 구분하여 계약의 방법을 정해야 한다.

59

【중소기업자 간 경쟁제품 및 중소기업자 우선조달제도(판로법)】

구분	중소기업자 간 경쟁제품		중소기업자와의 우선조달제도	
대상	중소기업 경쟁제품 (중소기업벤처기업부 매년 고시)		물품 또는 용역	
추정가격	1천만 원 미만	중소기업자와 1인 수의계약 (중견기업, 대기업 제외)	2천만 원 이하	대기업, 중소기업 1인 수의계약
	1천만 원 이상 ~2천만 원 이하	직접생산증명서 보유한 중기업체와 1인 수의계약	2천만 원 초과 ~1억 원 이하	소기업·소상공인 간 g2b 2인 수의계약
	2천만 원 초과 ~1억 원 이하	공공구매종합정보망 조합 추천 업체(소기업·소상공인 5개 업체)와 지명 경쟁방식 계약	2천만 원 초과 1억 원 이하 목적물이 특별한 경우	소기업·소상공인 ·대기업 간 g2b 2인 수의계약
		직접생산증명서 보유 - 소기업·소상공인 제한 g2b 2인수의 또는 - 중소기업자간경쟁계약	1억 원 초과 고시금액 미만 목적물이 평범한 경우	중소기업자 간 (소기업·소상공인 포함)제한경쟁입찰
	1억 원 초과	직접생산증명서 보유한 중소 기업자간 제한 또는 지명경쟁 입찰	고시금액 이상	제한 및 일반입찰

3) 이행 자격

  공공계약에서 이행 자격은 기본적으로 그 내용은 동일하며 다른 법령의 규정에 의하여 허가·인가·면허·등록·신고 등을 요하거나 자격요건을 갖추어야 할 경우에는 해당 허가·인가·면허·등록·신고 등을 받았거나 당해 자격요건에 적합하여야 하며 「소득세법」 제168조·「법인세법」 제111조 또는 「부가가치세법」 제8조에 따라 해당 사업에 관한 사업자등록증을 교부받거나 고유번호를 부여받아야 한다. 유의할 점은 사업자등록증이나 고유번호증이 없는 개인과는 공공계약이 불가하며, 사업자등록증의 업태·종목은 국세를 부과하기 위한 기준이며 공공계약의 이행 자격이 아님을 알아야 한다.

| 유권해석 |

① 건설산업기본법 제9조 단서 및 같은 법 시행령 제8조에 따라 발주자의 공사예정금액 종합공사 5천만 원, 전문공사 1천 5백만 원 미만인 건설공사는 건설업을 등록하지 아니한 일반사업자가 건설공사를 수행할 수 있으며 사업자등록증 상 업태 및 종목의 기재여부와는 상관이 없음 (2017.7.27. 국민신문고 국토부 건설산업과)

② 사업자등록증의 업태 및 종목 질의와 관련하여 사업자등록은 부가가치세 업무의 효율적인 운영을 위하여 납세의무자의 사업에 관한 일련의 사항을 신고·수리하는 행위로서 사업자등록 발급이 해당 사업자에게 특정 사업을 허용하거나 그 업종의 사업 경영을 할 권리를 인정하는 것은 아님(2019.1.23. 기재부 부가가치세제과 77)

(1) 공사계약 필요자격

건설업을 하려는 자는 「건설산업기본법」 제9조에 따라 업종별로 국토교통부 장관에게 등록을 하여야 하며 전기공사, 정보통신공사 등 도급공사를 하고자 하는 자는 개별 법령에서 정한 필요자격을 갖추고 허가·인가·면허·등록·신고 등을 하여야 한다.

【공사계약에 필요한 자격요건】

구분	자격요건	근거규정
타당성조사	• 건설기술용역업 등록	• 「건설기술 진흥법」 제26조
설계	• 엔지니어링사업자 신고	• 「엔지니어링산업 진흥법」 제21조
	• 기술사사무소 개설등록	• 「기술사법」 제6조
감리	• 건축사사무소 개설신고	• 「건축사법」 제23조
건설공사	• 종합·전문건설업 등록	• 「건설산업기본법」 제9조
전기공사	• 전기공사업 등록	• 「전기공사업법」 제4조
정보통신공사	• 정보통신공사업 등록	• 「정보통신공사업법」 제14조
소방시설공사	• 소방시설업 등록	• 「소방시설공사업법」 제4조
문화재수리공사	• 문화재수리업 등록	• 「문화재 수리 등에 관한 법률」 제14조

(2) 물품계약 필요 자격

물품의 경우 공사나 용역에 비해 관련 법령에서 입찰·수의계약 시 계약상대
자로 결정되기 위한 자격요건을 규정하고 있는 경우가 많지 않으나, 일부 물품
의 경우 다음과 같이 자격요건을 제한하는 사항이 있다.

【물품계약에 필요한 자격요건】

구분		자격요건	근거 규정
물품	유류	석유판매업 등록	「석유 및 석유대체연료 사업법」 제10조
	의료기기	의료기기 판매업 신고	「의료기기법」 제17조
	인쇄물 등 중소기업자 간 경쟁 제품	경쟁제품은 면허제도는 아니나 생산 공장, 생산시설·인력 등 직접생산 여부 확인 필요(중소벤처기업부)	「판로지원법」 제9조

G2B로 계약을 진행할 경우 참가자격을 공고문에 명시해야 하며 조달청 입찰
에 참가하고자 하는 자는 국가종합전자조달시스템 입찰 참가자격 등록규정에 따
라 세부품명번호(제2조 ① 제2호의 10자리 분류번호)를 등재해야 한다.

(3) 용역계약 필요 자격

용역계약에 있어 국가 또는 지방자치단체 등이 실시하는 입찰 또는 수의계약
의 상대자로 결정되기 위해서는 다음 표와 같이 기본적으로 각각의 용역 관련
법령에서 정하고 있는 자격요건을 갖추고 있어야 한다.

【용역계약에 필요한 자격요건】

구분	인가, 허가, 신고 등 자격명	근거 규정
건설기술	• 건설기술용역업 등록 • 엔지니어링사업자 신고 • 기술사사무소 개설등록	‣「건설기술 진흥법」 제26조 ‣「엔지니어링산업 진흥법」 제21조 ‣「기술사법」 제6조
	• 측량업 등록(측지측량업, 지적측량업, 공공측량업, 일반측량업, 연안조사 측량업, 항공촬영업, 공간영상도화업, 영상처리업, 수치지도제작업, 지도제작업, 지하시설물측량업)	‣「공간정보의 구축 및 관리 등에 관한 법률」 제44조
	• 안전진단전문기관 등록	‣「시설물의 안전 및 유지관리에 관한 특별법」 제28조
건축	• 건축사사무소 개설신고	‣「건축사법」 제23조
전력	• 전력시설물의 설계업, 공사감리업 등록	‣「전력기술관리법」 제14조
	• 전기안전관리대행사업자 등록	‣「전기사업법」 제73조의5
소프트웨어	• 소프트웨어사업자 신고	‣「소프트웨어산업진흥법」 제24조
시설관리	• 공중위생영업 신고 • 경비업 허가 • 저수조청소업 신고 • 근로자파견사업 허가	‣「공중위생관리법」 제3조 ‣「경비업법」 제4조 ‣「수도법」 제34조 ‣「파견근로자보호 등에 관한 법률」 제7조
건설폐기물	• 건설폐기물 처리업 허가	‣「건설폐기물의 재활용촉진에 관한 법률」 제21조
폐기물	• 폐기물처리업 허가	‣「폐기물관리법」 제25조
석면조사	• 석면조사기관 지정	‣「산업안전보건법」 제120조
보험	• 보험업 허가	‣「보험업법」 제4조

2. 사전 절차 이행

1) 계약심의

국계령 제94조와 지계법 제32조에서는 입찰 참가자격요건 등 계약과 관련한 사항을 자문 또는 심의하는 계약심의위원회에 관한 규정을 두고 있는데, 국계법이 '자문에 응하도록 하기 위하여 설치·운영할 수 있다'고 임의규정으로 되어 있는 반면, 지계법은 '심의하기 위하여 설치·운영한다', '특별한 사유가 없는 한 심의결과를 반영하여야 한다'고 되어 있어 심의결과가 법령에 맞지 않는 부분을 제외하고는 강제력을 부여하고 있다.

그리고 지계법에서는 사전이행 절차로서 계약 체결 방법, 낙찰자 결정 방법을 심의할 수 있도록 규정되어 있다.

【국가계약 및 지방계약의 계약심의위원회 심의 대상】

구분	관계 법령	심의 대상
국가 계약	국가계약법 시행령 제94조	① 발주기관이 입찰 참가자격요건, 부정당업자의 입찰 참가자격 제한, 그 밖에 계약과 관련하여 질의한 사항 ② 입찰 참가자 또는 계약 상대자가 입찰, 계약체결 및 계약이행과 관련하여 질의하거나 시정을 요구한 사항
지방 계약	지방계약법 제32조, 시행령 제108조	① 아래 규모 이상의 계약과 관련된 다음 사항 　· 시·도: 추정가격 70억 원 이상 공사, 20억 원 이상 물품·용역계약 　· 시·군·구: 추정가격 50억 원 이상 공사, 10억 원 이상 물품·용역계약 - 입찰에서 입찰참가자의 자격 제한에 관한 사항 - 계약체결 방법에 관한 사항 - 낙찰자 결정방법에 관한 사항 - 관련 업체가 구매규격 사전공개와 관련하여 이의제기한 사항 ② 부정당업자의 입찰 참가자격 제한에 관한 사항 ③ 부정당업자에 대한 과징금 부과에 관한 사항 ④ 그 밖에 지방자치단체의 장이 심의가 필요하다고 인정하는 사항

따라서 발주 부서의 담당자는 해당 기관에 위 계약심의위원회가 설치되어 있는지 혹은 다른 명칭의 심의절차가 운영되고 있는지 여부, 해당 계약 사항이 계약심의위원회를 거쳐야 하는 사항인지 여부 등을 확인하여 해당 절차가 누락되는 일이 없도록 하여야 한다.

※ 중앙행정기관 등은 계약심의회(국방부), 계약 사전심사 실무위원회(병무청), 계약심사협의회(조달청), 물품선정위원회(교육청) 등 다른 명칭으로 위 제도를 운영하기도 함

감사원 지적 사례

○ 지방계약법 제32조 제1항 및 같은 법 시행령 제108조 ①의 규정에 따르면 지방자치단체의 장은 추정가격 10억 원 이상의 물품·용역계약의 입찰참가자의 자격 제한 및 계약체결 방법 그리고 낙찰자 결정방법에 관한 사항을 결정하려면 계약심의위원회 심의를 거치도록 되어 있음

－ 그리고 같은 법 시행령 제25조 제1항 제4호 사목의 규정에 따르면 특정인의 기술용역 또는 특정한 품질·성능 등으로 인하여 경쟁을 할 수 없는 경우로서 특허를 받았거나 실용신안등록 또는 디자인등록이 된 물품을 제조하게 하거나 구매하면서 적절한 대용품이나 대체품이 없는 경우 수의계약을 할 수 있도록 되어 있음

－ 그런데도 □□시 발주부서는 계약부서에 제조품 구매계약(계약금액 1,654백만 원)을 위한 계약체결방법, 사업비의 합리적인 산정 여부 및 설계·공법 등의 심사를 받지도 아니한 채 △△공법 특허를 보유한 업체들 중 ◇◇를 제외하고는 관급공사 실적이 없다는 사유로 ◇◇와 수의계약을 하는 것으로 방침을 결정

－ 또한, △△공법과 관련된 특허는 전체 구입물품 중 극히 일부에 불과하고 일반물품과 분리구매가 가능할 뿐만 아니라 위 특허조차 위 업체 외에도 2~4개 업체가 특허권자로 등록되어 있어서 경쟁구매가 가능한데도 □□시는 '13. 12월 조달청에 수의계약을 요청하여 계약을 체결

※ 한편, 발주부서는 계약상대방으로 ◇◇를 선정한 후 뒤늦게 계약심의위원회에 심의를 요청하였으나 계약부서는 심의요청 1년 전 이미 공법 및 특정업체가 선정되었다는 사유로 심의를 거부

⇨ □□시에 앞으로 계약업무를 철저히 하도록 하고, 관련자에게 주의를 촉구하도록 함 [2015. 4. 24. "○○보 제작·설치 수의계약 및 재료비 정산 부적정"(주의)]

2) 계약심사

지방계약에서는 지방재정법 제3조에 따라 지방자치단체 재정을 건전하고 효율적으로 운영하기 위하여 지방자치단체가 발주하는 사업(공사·용역·물품 등)의 입찰·계약을 하기 위한 기초금액·예정가격, 설계변경 증감금액의 적정성을 심사·검토하는 제도를 두고 있다.

※ 국가계약법령에는 계약심사제도와 관련한 규정이 없으나 병무청과 같이 유사한 제도(「병무청 계약 사전심사 업무처리 규정」)를 운영하고 있는 경우도 있으므로 국가기관의 계약담당자는 해당 기관의 절차를 필히 확인할 필요가 있음

● **계약심사**

가. 관련 규정
  ▶ 지방재정법 제3조, 지방계약법시행령 제10조 제3항, 제74조 제8항
  ▶ 지방자치단체 입찰 및 계약집행 기준 제3장 계약심사 운영요령

나. 심사절차

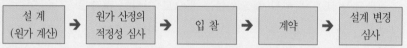

| 설 계
(원가 계산) | ➡ | 원가 산정의
적정성 심사 | ➡ | 입 찰 | ➡ | 계약 | ➡ | 설계 변경
심사 |

다. 대상 사업
  ▶ 의무적 계약심사대상 사업
  ① 시·도 심사대상

심사 내용	의무적 심사 대상 사업
원가심사	□ 공사 : 추정금액 5억 원(종합공사가 아닌 공사는 3억 원) 이상 □ 용역 : 추정금액 2억 원 이상 □ 물품 : 추정금액 2천만 원 이상
설계변경 심　사	□ 계약금액 20억 원 이상 공사의 1회 설계변경이 당해 계약 금액의 10% 이상 증가하는 경우(2회 이후 설계변경의 경우 누적금액)

  ② 시·군·구 심사대상

심사 내용	의무적 심사대상 사업
원가심사	□ 공사 : 추정금액 3억 원(종합공사가 아닌 공사는 2억 원) 이상 □ 용역 : 추정금액 7천만 원 이상 □ 물품 : 추정금액 2천만 원 이상
설계변경 심　사	□ 계약금액 5억 원 이상 공사의 1회 설계변경이 당해 계약금액의 10% 이상 증가하는 경우(2회 이후 설계변경의 경우 누적금액)

③ 신기술이나 특허공법을 공사설계에 포함하여 수의계약 체결 내지 지명경쟁 입찰 시
　- 사전에 계약심사를 통해 신기술 등의 반영 필요성과 효율성을 검토하여야 함.
▶ **임의적 계약심사 심사대상 사업**
① 지방자치단체의 장은 심사대상 금액이나 심사범위를 확대하여 운영할 수 있다.
　이 경우 지방자치단체의 규칙 등으로 그 내용을 정해야 한다.
② 설계변경 심사 중 설계변경 여부에 대한 타당성 심사는 사업부서가 요청하는 경우 심사부서에서 검토
　※ 조달요청, 협상계약, 천재지변 등 예외조항 있음

3) 일상감사

공공 감사에 관한 법률 제22조 및 같은 법 시행령 13조에 따르면 계약업무를 집행하는 부서의 장은 업무 수행 감사기구의 장에게 일상감사를 의뢰하여야 하고 감사부서의 장은 그 업무의 적법성·타당성 등을 점검·심사하여야 한다고 되어 있다. 지방계약에서는 일상감사 규정이 행정감사규칙으로 통합되어 운영하는 지자체가 있으며 각 기관마다 조례나 규칙의 내용이 다름으로 일상감사 대상·기준 등을 확인하여 계약 체결 전에 일상감사를 받아야 한다.

4) 건설기술심의

국가계약법령 및 지방계약법령에서는 설계와 시공을 분리하지 않거나, 설계와 시공을 분리하더라도 설계에 대한 대안 또는 검토제안서를 제출하여 입찰하는 기술형공사(일괄입찰, 대안입찰, 기본설계 기술제안입찰, 실시설계 기술제안입찰)와 관련하여 국가계약[1]은 중앙건설기술심의위원회, 지방계약[2]은 지방건설기술심의위원회의 심의를 거쳐 입찰 방법, 낙찰자결정 방법 등을 정하도록 하고 있고, 기타 새로운 기술·공법 사용과 관련한 설계변경 관련 사항 역시 기술심의위원회 심의를 받도록 하고 있다.

---

1) 국가계약법 시행령 제80조
2) 지방계약법 시행령 제96조

【건설기술심의위원회 심의대상】

구분	심의대상
기술형 공사 관련	• 입찰 방법, 실시설계 적격자의 결정 방법 및 낙찰자 결정 방법에 관한 사항 • 기술제안서 또는 설계의 적격 여부 및 점수평가에 관한 사항 등
설계 변경 관련	• 새로운 기술·공법을 사용함으로써 공사비의 절감, 시공기간의 단축 효과 등이 현저할 것으로 인정되어 설계변경을 하는 경우 새로운 기술·공법 등의 범위와 한계에 대하여 제기된 이의에 관한 사항

그리고 지방계약과 관련하여 지방건설기술심의위원회에서 자체 심의하는 것이 곤란하다고 판단되는 등 다음 사유에 해당하는 경우에는 중앙건설기술심의위원회[1]에 심의를 요청하여야 한다.

○ 심의대상 대형공사 등이 전문성이 필요하여 지방건설기술심의위원회에서 자체 심의하는 것이 곤란하다고 판단하는 경우
○ 심의대상 대형공사 등이 국가시책사업으로서 고도의 전문성이 필요하다고 판단되어 관계 중앙행정기관의 장이 해당 지방자치단체의 장에게 요청하는 경우
○ 해당 지방건설기술심의위원회의 심의과정에서 뇌물수수 등으로 물의가 발생하거나 공정성에 시비가 있어 행정안전부장관이 해당 지방자치단체의 장에게 요청하는 경우

따라서 발주 부서의 담당자는 해당 계약 사항이 건설기술심의위원회를 거쳐야 하는 사항인지 여부 등을 확인하여 해당 절차가 누락되는 일이 없도록 하여야 한다.

※ 국방부는 국방·군사시설·건설공사에 관한 설계사항을 심의하기 위하여 특별건설기술심의위원회를 둘 수 있도록 되어 있음

【건설기술 심의 평가의 종류 및 대상】

〈부산시 기준〉

평가 종류 (대상)	평가 및 검토 대상	시행 근거
① 설계의 경제성 (VE) 검토	• 총공사비 100억 원 이상 기본설계·실시설계 • 총공사비 100억 원 이상으로 총공사비 또는 공종별 공사비 증가가 10%이상 발생되어 설계변경이 요구되는 공사 • 전기공사 20억 원 이상 사업	• 「건설기술 진흥법 시행령」 제75조 • 국토교통부 「설계공모, 기본설계 등의 시행 및 설계의 경제성 등 검토에 관한 지침」 • 부산광역시 설계의 경제성 등 검토에 관한 시행지침

---

1) 지방계약법 시행령 제96조 제5항

② 건설공사 시공평가	• 총공사비 100억 원 이상인 시공중인 건설공사	• 「건설기술 진흥법」 제50조, 시행령 제82조 및 제83조, 시행규칙 제44조
③ 건설사업 관리용역 평가	• 감독 권한대행 등 건설사업관리 용역	• 국토교통부 「건설기술용역 및 건설공사 시공평가지침」 • 부산광역시 건설공사 시공평가 지침
④ 설계용역 평가	• 계약금액 2억 원 이상 기본설계 또는 실시 설계(계약금액이 기재부장관이 고시하는 금액이상)	• 부산광역시 감독 권한대행 등 건설사업관리 용역평가 시행지침
⑤ 건설공사 사후평가	• 총공사비 300억 원 이상 건설공사	• 「건설기술 진흥법」 제52조, 시행령 제86조, 시행규칙 제46조 • 국토교통부 「건설공사 사후평가 시행 지침」(국토부 고시 제2018-545호)
⑥ 사업수행능 력평가 (PQ) 세부평가서 (기준) 협의	• 건설기술용역(설계 및 건설사업관리): 용역비 2.2억 원 이상 (추정가격) • 시특법 정밀점검 및 정밀안전진단 용역: 용역비 1억 원 이상 (추정가격)	• 「건설기술 진흥법」 제35조, 시행령 제52조, 시행규칙 제28조 • 국토교통부 「건설기술용역업자 사업수행능력 세부 평가기준」 • 「부산시 사업수행능력평가기준」 (설계, 건설사업관리, 정밀안전진단)

5) 물품 및 용역의 구매규격 사전공개(지방계약만 해당)

계약담당자는 지계법 제9조의2, 같은 법 시행령 제32조의2에 따라 입찰에 부치는 경우에는 입찰공고 전에 물품 및 용역의 구매규격을 업계에 사전공개 열람하도록 하여 구매 규격에 관한 의견을 제시할 수 있도록 함으로써 입찰 참여 기회균등과 공정한 경쟁을 유도하여야 한다. 다만, 다음의 경우에는 사전공개절차를 생략할 수 있다.

- 긴급한 수요로 구매하는 물품 또는 용역
- 구매를 비밀로 하여야 하는 물품 또는 용역
- 추정가격이 5천만 원 미만인 물품 또는 용역
- 해당 연도에 1회 이상 구매규격 사전공개를 실시한 물품 또는 용역
- 시행령 제25조에 따른 수의계약에 의하여 구매할 수 있는 물품 또는 용역
- 음식물(재료 또는 가공품인 경우를 포함한다) 또는 농·축·수산물

구매 규격 사전공개는 5일간으로 하고, 지정정보처리장치(나라장터, 학교장터 등)을 통해 공개한다. 다만, 긴급을 요하는 경우에는 3일간 공개할 수 있다.

계약담당자는 규격 사전공개 결과 업계의 의견이 있을 때에는 그 의견을 받은 날부터 14일 이내에 그 내용을 검토하여 필요한 조치를 하고 지체 없이 그 결과를 의견을 제출한 자에게 통지하여야 한다. 다만, 제출된 의견이 지계법 시행령 제108조 제1항 각호의 어느 하나에 해당하는 계약에 관한 것이면 지계법 제32조에 따른 계약심의위원회의 심의를 거쳐 의견을 제출받은 날부터 50일 이내에 통지하여야 한다.

- 물품 제조·구매계약: 규격서, 사양서, 시방서 등
- 용역계약: 과업지시서, 제안요청서 등
- 협상계약: 실적평가 여부와 그 기준

6) 기타

중앙행정기관이나 지방자치단체에서는 국가 및 지방계약법령상 규정된 위 5가지 절차 외에도´별도 규정이나 조례를 통해 각종 심의절차를 마련해 운영할 수 있으므로 관련 절차가 누락되는 일이 없도록 검토하여 처리하여야 한다.

일례로 서울특별시의 경우 다음과 같은 사전심의 절차를 운영 중이다.

【서울특별시의 계약 전 사전심의 절차】

사전절차명	주요 내용
계약심사단	• 변호사·회계사 등으로 계약심사단을 구성하여 민간투자사업, 민간위탁사업 등 계약(협약) 체결 전 법률·회계상 적정성 심사
학술용역심의	• 내·외부 위원으로 심의회를 구성하여 학술용역과제의 필요성·타당성, 용역비의 적정성 등을 심의(조례)
정보화심의	• 정보화사업 담당부서에서 정보화사업의 사업내용 및 예산규모의 적정성, 기술적 실현가능성, 중복투자 및 통합·연계가능 여부 등 심사(규칙)
기술용역 타당성 심사	• 기술심사담당부서에서 모든 기술용역에 대해 초기 단계에서 기술용역 시행 필요성 및 용역비 산정의 적정성, 리스크 관리의 적정성 등을 검토(시장방침)
홍보물·영상물·간행물 심의	• '서울특별시 홍보물·영상물 및 간행물 심의위원회'에서 각종 홍보물·영상물 및 간행물 제작의 필요성 여부 등 심의(조례)
신기술활용 심의위원회	• 건설신기술활용심의위원회에서 설계에 반영된 신기술의 적정 여부, 신기술의 사전성능검증 필요 여부 등 심의(조례)

공공계약의 종류

CHAPTER 03

03 공공계약의 종류

공공계약의 종류 인포그래픽

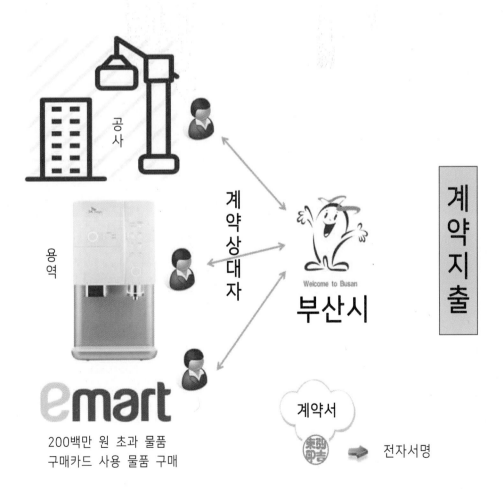

공사

용역

계약상대자

부산시

Welcome to Busan

계약지출

e mart

200백만 원 초과 물품
구매카드 사용 물품 구매

계약서

전자서명

1. 세입의 원인이 되는 계약과 지출의 원인이 되는 계약

1) 세입의 원인이 되는 계약

공공계약은 크게 세입의 원인이 되는 계약과 지출의 원인이 되는 계약으로 구분된다.

세입의 원인이 되는 계약은 물품 매각이나 국·공유재산의 매각, 청사임대 등이 이에 해당된다. 세입의 원인이 되는 경쟁 입찰은 예정가격 이상으로서 최고가격으로 입찰한 자를 낙찰자로 결정하며(국계령 및 지계령 제41조) 다른 법령에서 별도로 정한 경우에는 그 규정을 적용해야 한다.

세입의 원인이 되는 계약에서 유의할 사항 중 하나는 입찰보증금은 지출의 원인이 되는 계약과 동일하게 관련 규정을 적용받으나 계약보증금은 재산의 매각·대부·용역의 제공, 기타의 경우 등 대가를 미리 선납 받는 경우에는 그 대가 부분에 대하여는 계약보증금이 사실상 필요 없게 된다는 점이다.

세입의 원인이 되는 계약 중에는 경매에 의한 경우가 있다. 경매는 예정가격을 제시하여 입찰하게 하고 최고입찰액을 발표한 후 다른 응찰자가 없을 때까지 다시 입찰하게 하여 최고가격의 입찰자를 낙찰자로 결정하게 하는 방법이다.

지금까지 열거한 내용 이외에는 세입의 원인이 되는 계약이라도 지출의 원인이 되는 계약과 동등한 규정을 적용받게 된다.

【세입의 원인이 되는 계약과 지출의 원인이 되는 계약 구분】

구 분	세입의 원인이 되는 계약	지출의 원인이 되는 계약
경쟁 입찰의 낙찰자 결정	예정가격 이상으로 최고 가격 낙찰자	적격심사 · 2단계입찰 · 협상에 의한 계약 등
계약보증금	대가를 일시에 선납 받는 경우 불필요	필요
대가지급	• 선납원칙	• 계약이행 후 지급 • 필요시 선금지급
입찰보증금	• 필요(면제 가능)	• 필요(면제 가능)
예정가격	• 작성 • 일반재산인 경우 2인 이상 감정평가	• 작성 • 생략 가능 　- 수의계약(지정정보장치 견적서제출 제외) 　- 협상계약 　- 개산계약 　- 일괄입찰
하자보증	불필요	필요
지체상금(국) 지연배상금(지)	부과	부과
계약담당공무원	계약관, 재무관, 경리관, 지출원, 출납원, 업무담당자 등	

2) 지출의 원인이 되는 계약

지출의 원인이 되는 계약은 계약 목적물, 계약 체결 형태, 경쟁 형태, 낙찰자 결정 방법 등의 각 분류기준에 따라 아래와 같이 구분할 수 있다. 금액기준으로 낙찰자를 선정할 경우 그 기준은 추정가격이 된다.

계약 목적물별	계약 체결 형태별	경쟁 형태별	경쟁 입찰의 낙찰자 결정 방법
• 공사계약 　- 종합공사 　- 전문공사 　- 전기공사 　- 정보통신공사 　- 소방공사 　- 문화재수리공사 　- 환경관련공사 등	• 확정계약, 개산계약 사후원가검토조건부계약 • 총액계약, 단가계약 • 장기계속계약, 계속비계약, 단년도계약 　단년도 차수계약(지계법) • 회계연도 시작전계약 • 단독계약, 공동계약	• 경쟁 입찰계약 　- 일반경쟁 입찰 　- 제한경쟁 입찰 　- 지명경쟁 입찰 • 수의계약 　- 금액에 의한 구분	• 공사 　- 적격심사 낙찰제 　- 종합평가 낙찰제 　- 일괄 · 대안입찰 　- 기술제안, 공모 • 용역,물품 　- 적격심사 낙찰제

물품제조·구매계약	종합계약	내용에 의한 구분	2단계 경쟁 입찰

• 물품제조·구매계약
• 용역계약
  – 기술용역
  – 일반용역
  – 학술연구용역(지방)
• 기타계약
  – 임대차
  – 산림사업 등
  * 국계령 제26조제1항
    제5호가목6)
	• 종합계약
	• 혼재된 계약
	  – 공사·용역·물품 혼합
		– 내용에 의한 구분	– 2단계 경쟁 입찰
			– 희망수량 경쟁 입찰
			– 협상에 의한 계약
			– 경쟁적 대화 계약
			– 품질등 낙찰자결정
			– 유사물품 복수경쟁
			– 설계공모

2. 계약 목적물에 따른 구분

1) 공사계약

(1) 건설공사 : 「건설산업기본법령」(국토교통부)

※ 종류: 종합공사(토목, 건축, 토목건축, 산업·환경설비, 조경)

전문공사(실내건축, 토공, 습식·방수, 석공 등)

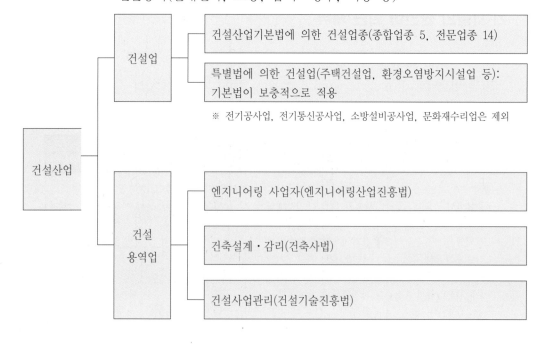

① 건설업의 업종과 업무 내용(2021.1.1. 이전 기준)

건설업 구분	업 종	업무 내용
종합건설업	1. 토목공사업 2. 건축공사업 3. 토목건축공사업 4. 산업 · 환경설비공사업 5. 조경공사업	도로, 하천, 철도, 댐, 택지조성 등 건축공사 및 부수되는 시설물 토목공사와 건축공사 산업생산시설, 소각장, 하수처리시설 수목원, 공원 · 숲 · 생태공원 등
전문건설업	1. 실내건축공사업 2. 토공사업 3. 습식 · 방수공사업 4. 석공사업 5. 도장공사업 6. 비계, 구조물해체공사업 7. 금속구조물 · 창호 · 온실공사업 8. 지붕판금 · 건출물조립공사업 9. 철근, 콘크리트공사업 10. 기계설비공사업 11. 상 · 하수도설비공사업 12. 보링, 그라우팅공사업 13. 철도, 궤도공사업 14. 포장공사업 15. 수중공사업 16. 조경식재공사업 17. 조경시설물설치공사업 18. 강구조물공사업 19. 철강재설치공사업 20. 삭도설치공사업 21. 준설공사업 22. 승강기설치공사업 23. 가스시설시공업(1 · 2 · 3종) 24. 난방시공업(1 · 2 · 3종) 25. 시설물유지관리업	인테리어, 칸막이, 목공사 굴착, 성토, 절토, 흙막이 미장, 방수, 다듬기, 줄눈, 타일, 조적 돌쌓기, 돌붙임, 돌포장, 석재공사 도장, 뿜칠, 차선도색, 경기장바탕 비계, 구조물해체, 파일, 말뚝 창호, 철물, 온실설치 지붕, 판금공사, 건축물조립 철콘구조물, 2차선 미만 도로포장 건물내 기기설비, 무대장치, 냉장 상 · 하수도기기설비, 옥외용수관 보링, 그라우팅, 착정공사 레일, 침목, 건늘목보관공사 아스팔트, 콘크리트, 선택층 수중공사, 부표, 항로표지 조경수목, 잔디, 지피식물, 초화류 조경석, 인조목, 파고라, 놀이기구 철구조물 하수급, 육교, 철탑, 수문 교량, 건물의 철구조물조립, 설치 케이블카, 리프트 항만, 운하, 하천준설 엘리베이터, 기계식주차설비 1종, 2종, 3종 1종, 2종, 3종 점검, 정비, 개량, 보수, 보강

※ 1) 2008.1.1. 종합 건설업과 전문건설업 겸업 허용

2) 2021. 1월 부터 공공공사 업역 폐지(민간공사는 2022년부터), 10억 미만 도급공사는 종합에 하도급 금지(건설산업기본법 제29조 ④)

업무영역(칸막이) 폐지

2018.12.31. 건산법을 개정하여 업종의 등록기준을 충족하는 등 일정한 자격요건의 구비를 전제로, 종합·전문업체가 상호 공사(종합 ↔ 전문)의 원·하도급이 모두 가능하도록 업역 전면 폐지(시행: 2021.1.1.)

 - 전문 건설업체의 종합공사 수주를 보다 용이하게 하도록 공종 간 연계성, 시공기술 유사성, 발주자 편의성과 함께 겸업실태, 현실여건 등을 종합적으로 고려하여 현 28개(시설물 유지관리업 제외)업종에서 14개로 통합

 ○ 대업종화 및 주력분야 공시제 도입(2022년 공공, 2023년 민간)

 ○ 각 전문업체는 2022.1월부터 대업종으로 자동 전환되며, 신규 업종 등록 시 대업종 기준으로 진문건설업종 선택가능 2024.1월부터 진문업체긴 공동도급(킨소:시엄) 허용 (전문업체→ 종합공사 수주기회 확대)

현업종 · 주력분야 명칭	대업종 명칭
1. 토공사	1. 지반조성 · 포장공사업
2. 포장공사	
3. 보링 · 그라우팅 · 파일공사	
4. 실내건축공사	2. 실내건축공사업
5. 금속구조물 · 창호 · 온실공사	3. 금속창호 · 지붕건축물조립공사업
6. 지붕판금 · 건축물조립공사	
7. 도장공사	4. 도장 · 습식 · 방수 · 석공사업
8. 습식 · 방수공사	
9. 석공사	
10. 조경식재공사	5. 조경식재 · 시설물공사업
11. 조경시설물설치공사	
12. 철근 · 콘크리트공사	6. 철근 · 콘크리트공사업
13. 구조물해체 · 비계공사	7. 구조물해체 · 비계 공사업
14. 상 · 하수도설비공사	8. 상 · 하수도설비공사업
15. 철도 · 궤도공사	9. 철도 · 궤도공사업
16. 강구조물공사	10. 철강구조물공사업
17. 철강재설치공사	
18. 수중공사	11. 수중 · 준설공사업
19. 준설공사	
20. 승강기설치공사	12. 승강기 · 삭도공사업
21. 삭도설치공사	
22. 기계설비공사	13. 기계가스설비공사업
23. 가스시설공사(1종)	
24. 가스시설공사(2종)	14. 가스난방공사업
25. 가스시설공사(3종)	
26. 난방공사(1종)	
27. 난방공사(2종)	
28. 난방공사(3종)	

* 현재 총 29개 전문건설업종 중 시설물 유지관리업은 별도로 '23년 말까지 종합 또는 전문건설업으로 업종전환하고, 업종전환하지 않은 경우에는 '2024.1월 등록말소

② 건설산업기본법에 따른 건설업무 영역 폐지(상호시장 진출허용)

㉠ 건설 업무영역 개편 추진 경과

- 1976년 전문건설업 도입 후 40여 년간 유지해 온 종합·전문건설업 간 칸막이식 업역규제[*]는 공정경쟁 저하, 서류상 회사 증가, 기업성장 저해 등의 부작용 발생

    * 복합공사(원도급)는 종합건설, 단일공사(하도급)는 전문건설업자만 시공할 수 있도록 하는 제도(건산법 16조)로 선신국에는 사례가 없는 갈라파고스 규제

- 건설산업 혁신 방안의 일환으로 종합·전문건설업 간 상호 시장 진출이 가능하도록 업역 규제를 폐지하는 「건설산업기본법」 개정[*]

    * 2018.12.31. 개정, 공공기관 2021. 1. 1. 민간은 2022. 1. 1. 시행

    * 2020.10. 8. 건설산업기본법 시행령 및 시행규칙 개정

- 건설 사업자의 업무영역을 법령으로 엄격히 제한해 오던 '칸막이' 제거로 상호 시장 진출이 허용되어 발주자가 역량 있는 건설업체를 직접 선택할 수 있도록 건설 산업구조 전면 개편

    → 상호 시장 진출 시 직접 시공을 원칙으로 하여 하도급 단계를 축소하고 시공 효율을 높이는 등 성장 잠재력을 확충하고 글로벌 경쟁력 강화

※ 유의사항

1. 종합 건설사업자가 유지보수 등 전문공사에 참여할 경우 등록기준 확인 기준업
   종은 해당 공사의 주된 공사를 구성하는 전문 업종을 기준으로 등록기준 확인
2. 건산법시행규칙 제13조의4에 따라 종합업체에서 전문공사에 참여하여 등록기준
   을 확인할 때 **자본금**은 확인하지 않음
3. 주된 공종의 판단은 발주자가 건설공사의 세부내역(해당 공사의 내용과 범위,
   시공 기술상의 특성, 현지 여건 등)을 검토하여 결정
   * 부대공사 판단기준: 건산령 제21조, 건설공사발주 세부기준 제5조 및 별표1
4. 상호 시장 진출 시 직접 시공이 원칙인데, 직접 시공 여부는 건산법 시행규칙 제
   25조의6에 따라 노무비지급, 자재 납품, 장비사용 내역 등 직접 시공을 증빙할
   수 있는 서류를 통해 확인

ⓛ 건설 업무영역 개편 세부내용

• 건설공사의 시공자격 및 수급인 등의 자격제한(법 제16조, 제25조)

□ 종합건설업과 전문건설업 간 업무영역 진출 허용(건산법 제16조①)
  ㅇ 건설공사를 도급받으려는 자는 해당 건설공사를 시공하는 업종을 등록
     하여야 하나, 다음의 어느 하나에 해당하는 경우에는 해당 건설 업종
     을 등록하지 아니하고도 도급받을 수 있음
  - 2개 업종 이상의 전문공사를 시공하는 업종을 등록한 건설사업자가 그
    업종에 해당하는 전문공사로 구성된 종합공사를 도급받는 경우

예시) 토공사·포장공사 및 상하수도설비공사로 구성된 종합공사를 토목 공사업자
및 토목건축공사업자 뿐 만아니라, 토공사업·포장공사업 및 상하수도설비공
사업을 모두 보유한 전문건설업자도 도급 가능

  ㅇ 전문공사를 시공할 수 있는 자격을 보유한 건설사업자가 전문공사에 해
     당하는 부분을 시공하는 조건으로 하여, 종합공사를 시공할 수 있는 자
     격을 보유한 건설사업자가 종합적인 계획, 관리 및 조정을 하는 공사를
     공동으로 도급받는 경우(주계약자형 공동도급)

<blockquote>
예시) 토공사 · 포장공사 및 상하수도설비공사가 복합된 종합공사를 토공사업 · 포장공사업 및 상하수도설비공사업을 모두 보유한 전문 건설업자가 주계약자로 도급이 가능하고, 이 중 전문공사인 토공사만을 시공하는 조건으로 토목공사업자가 부계약자로 도급 가능
</blockquote>

○ 전문공사를 시공하는 업종을 등록한 2개 이상의 건설사업자가 그 업종에 해당하는 전문공사로 구성된 종합공사를 공정관리, 하자책임 구분 등을 고려하여 국토교통부령으로 정하는 바에 따라 공동으로 도급받는 경우(분담 이행 방식으로 2024년부터 시행)

○ 종합공사를 시공하는 업종을 등록한 건설사업자가 제8조 제2항 및 시행령 별표 1에 따른 종합건설업종의 업종별 업무 내용에 포함되는 전문공사를 도급받는 경우(건산법 시행규칙 제13조의3)

<blockquote>
예시) 1개의 전문공사인 건축물 방수공사를 전문건설사업자인 습식 · 방수공사업자뿐만 아니라, 건축공사업자 또는 토목건축공사업자도 도급 가능
</blockquote>

– 다만, 영세업체 보호를 위해 2억 원 미만인 전문공사는 2024년부터 종합공사를 시공하는 업종을 등록한 건설사업자의 원도급이 허용

○ 제9조 ①에 따라 등록한 업종에 해당하는 건설공사와 그 부대공사를 함께 도급받는 경우

○ 제9조 ①에 따라 등록한 업종에 해당하는 건설공사를 이미 도급받아 시공하였거나 시공 중인 건설공사의 부대공사로서 다른 건설 공사를 도급받는 경우

○ 발주자가 공사 품질이나 시공상 능률을 높이기 위하여 필요하다고 인정한 경우로서 기술적 난이도, 공사를 구성하는 전문공사 사이의 연계 정도 등을 고려하여 대통령령으로 정하는 경우(시행령 제19조)

– 다음 각 목의 어느 하나에 해당하는 자가 그 신기술 또는 공법이 적용되는 건설공사(해당 신기술 또는 특허권이 설정등록된 공법이 적용되

는 공사의 공사예정금액이 전체 공사예정금액의 100분의 70 이상인
경우로 한정한다)를 도급받는 경우

가. 「건설기술 진흥법」 제14조에 따른 신기술을 개발한 건설사업자
나. 「특허법」 제87조에 따른 특허권 설정등록을 한 건설사업자
다. 「특허법」 제100조에 따라 특허권자로부터 전용실시권을 설정받은 건설사업자
라. 「특허법」 제102조에 따라 특허권자로부터 통상실시권을 허락받은 건설사업자

- 종합공사를 시공할 수 있는 자격을 보유한 건설사업자가 해당 종합공
  사의 부대공사(법 제16조 ②에 따른 부대공사를 말한다)로서 다른 종
  합공사를 함께 도급받는 경우

□ 부대공사의 범위와 기준(법 제16조 ②, 시행령 제21조)
○ 부대공사의 범위
- 주된 공사를 시공하기 위하여 또는 시공함으로 인하여 필요하게 되는
  종된 공사
- 2종 이상의 전문공사가 복합된 공사로서 공사예정금액이 3억 원 미만
  이고, 주된 전문공사의 공사예정금액이 전체 공사예정금액의 2분의 1
  이상인 경우 그 나머지 부분의 공사
- 별표 1에 따른 건설업종 중 기계설비공사업 및 가스시설시공업에 속한
  공사 간의 복합된 공사를 그중 주된 공사에 관한 업종의 건설사업자가
  도급받는 경우 나머지 업종에 속한 공사

○ 부대공사 인정하는 기준
- 주된 공사와 부대공사의 공사 종류 간에 종속성(從屬性) 및 연계성(連
  繫性)이 인정될 것
- 건설공사의 업종별 업무 내용 및 시공기술의 난이도 등을 고려할 때 주
  된 공사의 건설사업자가 시공할 수 있고 주된 공사의 건설사업자가 부대
  공사를 시공하더라도 공사의 품질이나 안전에 지장을 초래하지 않을 것

① 건설공사 발주 세부기준(국토교통부고시)

「건설산업기본법」 제8조(건설업의 종류) 및 제16조(건설공사의 시공자격), 같은 법 시행령 제21조(부대공사의 범위와 기준)③ 및 같은 법 시행규칙 제13조의4(시공자격 판단을 위한 등록기준 확인 절차 등) ②에 따른 부대공사의 범위와 기준, 건설공사의 시공자격 등을 정함

② 종합·전문업종간 상호시장 진출을 위한 건설공사실적 인정기준(국토교통부고시 제2020 - 1121호),국토교통부령 제765호 건설산업기본법 시행규칙 일부개정령 부칙 제6조(건설공사실적 인정에 관한 특례)에 따라 필요한 사항을 정함

□ 종합 ↔ 전문 상대 시장 진출 시 시공자격 판단을 위한 등록기준 확인 절차(법 제16조 ③ 및 ④, 시행규칙 제13조의4)

ㅇ 법 제16조 제1항 제1호, 제3호 및 제4호에 따라 종합공사 또는 전문 공사를 도급받으려는 건설사업자는 해당 공사를 시공할 수 있는 건설업의 등록기준을 갖추었음을 증명하는 서류를 첨부하여 도급계약 체결 전(입찰계약의 경우에는 입찰 참가 등록 마감일까지)에 발주자에게 제출

- 서류를 제출받은 발주자는 해당 건설업의 등록기준 충족 여부를 확인(입찰계약의 경우 낙찰자 선정을 위한 평가서류 제출 마감일까지 확인)해야 하고, 건설사업자는 이를 시공 중에 유지해야 함.

- 법 제16조 제1항 제1호 및 제3호의 경우: 영 제13조 및 영 별표 2의 건설업 등록기준에 따라 해당 종합공사를 시공하는 업종의 기술 능력과 자본금을 갖추었음을 증명하는 다음 각 목의 서류

가. 기술 능력: 기술인력 보유현황에 관한 서류 및 고용·산업재해보상보험가입증명원

나. 자본금: 다음의 어느 하나에 해당하는 서류

1) 법인인 경우: 최근 결산일 기준 재무제표 또는 재무관리상태진단 보고서(법 제49조② 각 호 외의 부분에 따른 공인회계사, 세무사 또는 전문경영진단기관이 진단한 보고서만 해당한다. 이하 같다)

2) 개인인 경우: 영업용 자산액 명세서와 그 증명서류 또는 재무관리 상태 진단보고서

- 법 제16조 제1항 제4호의 경우: 영 제13조 및 영 별표 2의 건설업 등록기준에 따라 해당 전문공사를 시공하는 업종의 기술능력 및 시설·장비를 갖추었음을 증명하는 다음 각 목의 서류

> 가. 기술 능력: 기술인력 보유현황에 관한 서류 및 고용·산업재해보상보험가입증명원
>
> 나. 시설·장비: 다음의 어느 하나에 해당하는 서류
>   1) 자기 소유인 경우: 등록증 또는 등기증명서
>   2) 임대차(임대인 소유의 시설·장비를 직접 임대차하는 경우로 한정한다. 이하 같다)의 경우: 임대차계약서 및 임대인의 자기소유임을 증명하는 서류 사본

> 예시 1) 토공사·포장공사 및 상하수도설비공사가 복합된 종합공사를 토공사업·포장공사업 및 상하수도설비공사업을 모두 보유한 전문 건설업자가 도급받고자 하는 경우 시행령 별표 2에 따른 토목 공사업의 등록기준을 충족하고 입찰에 참가하여야 하며, 도급 계약을 체결한 경우에는 공사를 완료할 때까지 토목공사업의 등록기준을 충족하고 있어야 함.

ㅇ 국토교통부 장관은 법 제16조 제1항에 따른 건설공사의 시공자격 판단을 위한 세부기준을 정하여 고시(건설공사 발주지침(안) 참고)

□ 종합 ↔ 전문 상호 시장 진출 시 상대 업종 실적인정 특례 마련(시행 규칙 부칙 제6조)

ㅇ 종합공사를 시공하는 업종을 등록한 건설사업자는 전체 실적의 2/3를 전문공사 실적으로 인정하고, 전문공사를 시공하는 업종을 등록한 건설사업자는 원·하도급 실적 전부 인정

- 다만, 종전 업종에서 취득한 실적은 최근 5년간만 인정되도록 할 예정

- 종합공사를 시공하는 업종을 등록한 건설사업자가 전문공사를 도급받으려는 경우: 종합공사 실적 중 3분의 2를 전문공사 실적으로 인정
- 전문공사를 시공하는 업종을 등록한 건설사업자가 전문공사로 구성된 종합공사를 도급받으려는 경우: 전문공사 실적 전부를 종합공사 실적으로 인정
- 실적 인정을 받기 위한 세부적인 절차, 인정받은 실적의 관리 및 건설 공사실적을 업종별로 구분하는 기준에 대해서는 국토교통부장관이 정하여 고시

▢ 건설공사 수급인 등의 제한 개정(건산법 제25조)
  ○ 발주자는 공사 내용에 상응하는 업종을 등록한 건설업자에게 도급·하도급을 해당 공사를 시공할 수 있는 자격을 갖춘 건설업자에게 도급·하도급

• 건설공사의 하도급 제한(건산법 제29조)

▢ 일괄하도급 금지(건산법 제29조 ① 및 영 제31조)
  ○ 건설사업자는 도급받은 건설공사의 전부 또는 주요 부분의 대부분[*]을 다른 건설사업자에게 하도급할 수 없음.
    * 주요 부분의 대부분 하도급: 도급받은 공사(여러 동의 건축공사인 경우 각 동의 건축공사) 중 부대공사를 제외한 주된 공사의 전부를 하도급하는 경우
  ○ 다만, 건설사업자가 공사현장에서 인력·자재·장비·자금이 관리, 시공관리·품질관리·안전관리 등을 수행하고 이를 위한 조직체계 등을 갖추어 도급받은 건설공사를 계획·관리·조정하는 경우로써 아래 요건의 어느 하나에 해당하는 경우에는 일괄 하도급을 예외적으로 허용
    - 도급받은 공사를 전문공사를 시공하는 업종별로 분할하여 각각 해당 전문공사를 시공할 수 있는 자격을 보유한 2인 이상의 건설사업자에게 분할하여 하도급하는 경우
    - 도서지역 또는 산간벽지에서 행하여지는 공사를 당해 도서지역 또는

산간벽지에서 행하여지는 공사를 당해 도서지역 또는 산간벽지가 속하는 시·도에 있는 2인 이상의 중소건설사업자 또는 법 제48조에 따라 등록한 협력 업자에게 분할하여 하도급하는 경우

▫ 전문공사 하도급 제한(건산법 제29조 ② 및 영 제31조의2)

○ 전문공사를 도급받은 수급인은 그가 도급받은 전문공사를 하도급할 수 없음. 다만 다음의 요건을 모두 충족하는 경우 건설공사의 일부를 하도급할 수 있음.

 − 발주자의 서면 승낙을 받을 것

 − 공사의 품질이나 시공상의 능률을 높이기 위하여 필요한 경우로서 하도급하는 공사의 금액이 도급받은 전체 공사금액의 100분의 20을 초과하지 않으면서 아래 각목의 요건에 해당할 것(종합공사를 시공하는 업종을 등록한 건설사업자가 전문공사를 도급받은 경우로 한정)

가. 「건설기술 진흥법」 제14조에 따른 신기술이 적용되는 공사를 그 기술을 개발한 건설사업자에게 하도급 하는 경우

나. 「특허법」 제87조에 따라 특허권이 설정된 공법을 적용하는 공사를 그 특허를 출원한 건설사업자에게 하도급하는 경우

다. 교량 및 이와 유사한 시설물의 철구조물을 제작하여 조립·설치하는 공사를 그 공사를 시공할 수 있는 자격을 보유한 건설사업자에게 하도급 하는 경우

라. 점보드릴(암석에 구멍을 뚫는 기계), 쉴드기(터널 굴착에 사용되는 전용기계) 등 그 조작을 위하여 상근 전문인력을 보유해야 하는 건설기계를 이용하여 시공해야 하는 공사를 그 건설기계와 그 건설기계 조작을 위한 상근 전문인력을 모두 보유하고 있는 건설사업자에게 하도급하는 경우

마. 「특허법」 제87조에 따른 특허권 또는 「실용신안법」 제21조에 따른 실용신안권이 설정된 자재(자재의 제작과정에 해당 권리가 설정된 경우를 포함한다)를 설치하는 공사를 그 자재의 제작·설치에 대한 전문성과 제작·설치를 위한 상근 전문인력을 모두 보유하고 있는 건설사업자에게 하도급하는 경우

바. 그 밖에 주된 공사에 부수되는 종된 공사로서 전문적인 시공기술·공법·인력
이 필요하거나 특수한 자재를 제작·설치하는 공사를 그 공사에 대한 전문성이
있다고 발주자가 인정하는 건설사업자에게 하도급하는 경우

□ 재하도급 제한(건산법 제29조 ③ 및 규칙 제25조의7)

ㅇ 하수급인은 하도급받은 건설공사를 다른 사람에게 다시 하도급할 수 없
음. 다만, 아래의 어느 하나에 해당하는 경우 하도급 가능

- 종합공사를 시공하는 업종을 등록한 건설사업자가 하도급받은 경우로
서 공사품질이나 시공상 능률을 높이기 위하여 필요하다고 인정하여
발주자의 서면승낙을 받아 그가 하도급받은 건설공사 중 전문공사에
해당하는 건설공사를 그 전문공사를 시공하는 업종을 등록한 건설사업
자에게 다시 하도급하는 경우

- 전문공사를 시공하는 업종을 등록한 건설사업자가 하도급받은 경우 하
도급받은 전체 공사금액 중 100분의 20 이내에 해당하는 금액의 공사
를 다시 하도급하기 위해 건설산업기본법 시행규칙 제25조의7에서 정
하는 요건을 모두 충족하고, 수급인의 서면 승낙을 받은 경우

□ 소규모 건설공사 종합건설사업자 하도급 제한(건산법 제29조 ④)

ㅇ 건설사업자는 1건 공사의 금액이 10억 원 미만인 건설공사를 도급받은
경우에는 그 건설공사의 일부를 종합공사를 시공하는 업종을 등록한
건설사업자에게 하도급할 수 없음.

예시) 10억 원 미만의 공사를 도급받은 경우에는 건설공사의 일부를 그 전문공사를
시공하는 업종을 등록한 건설사업자에게만 하도급 가능

□ 종합공사 전문업자 도급시 하도급 제한(건산법 제29조 ⑤ 및 영 제31조의2)

ㅇ 2개 업종 이상의 전문공사를 시공하는 업종을 등록한 건설사업자가 그
업종에 해당하는 전문공사로 구성된 종합공사를 도급받는 경우에는 그

건설공사를 하도급할 수 없음.

ㅇ 다만, 발주자가 공사의 품질이나 시공상 능률을 높이기 위하여 필요하
다고 인정하여 서면승낙한 경우로서 하도급하는 공사의 금액이 도급받
은 전체 공사금액의 100분의 20을 초과하지 않으면서 아래 각호의 요
건에 해당하는 경우에는 하도급할 수 있음.

> 가. 「건설기술 진흥법」 제14조에 따른 신기술이 적용되는 공사를 그 기술을 개발
> 한 건설사업자에게 하도급하는 경우
> 나. 「특허법」 제87조에 따라 특허권이 설정된 공법을 적용하는 공사를 그 특허를
> 출원한 건설사업자에게 하도급 하는 경우
> 다. 교량 및 이와 유사한 시설물의 철구조물을 제작하여 조립·설치하는 공사를
> 그 공사를 시공할 수 있는 자격을 보유한 건설사업자에게 하도급하는 경우
> 라. 점보드릴(암석에 구멍을 뚫는 기계), 쉴드기(터널 굴착에 사용되는 전용기계)
> 등 그 조작을 위하여 상근 전문인력을 보유해야 하는 건설기계를 이용하여
> 시공해야 하는 공사를 그 건설기계와 그 건설기계 조작을 위한 상근 전문인
> 력을 모두 보유하고 있는 건설사업자에게 하도급하는 경우
> 마. 「특허법」 제87조에 따른 특허권 또는 「실용신안법」 제21조에 따른 실용신안권
> 이 설정된 자재(자재의 제작과정에 해당 권리가 설정된 경우를 포함한다)를
> 설치하는 공사를 그 자재의 제작·설치에 대한 전문성과 제작·설치를 위한
> 상근 전문인력을 모두 보유하고 있는 건설사업자에게 하도급 하는 경우
> 바. 그 밖에 주된 공사에 부수되는 종된 공사로서 전문적인 시공 기술·공법·인
> 력이 필요하거나 특수한 자재를 제작·설치하는 공사를 그 공사에 대한 전문
> 성이 있다고 발주자가 인정하는 건설사업자에게 하도급하는 경우

▢ 하도급 통보 의무(건산법 제29조 ⑥ 및 영 제32조)

ㅇ 도급받은 공사의 일부를 하도급(다시 하도급하는 것을 포함)한 건설사
업자와 다시 하도급하는 것을 승낙한 자는 발주자(감리가 있는 경우에
는 감리자에게 통보 가능)에게 30일 이내에 통보해야 함.

 - 하도급의 통보 사항은 도급계약뿐만 아니라 하도급계약 등을 변경하거

나 해제하는 때에도 통보해야 함.

ㅇ 다만, 발주자가 하도급을 서면으로 승낙한 경우와 하도급을 하려는 부
분이 그 공사의 주요 부분에 해당하는 경우로서 발주자가 품질관리상
필요하여 도급계약의 조건으로 사전승인을 받도록 요구한 경우에는 발
주자에게 하도급 통보를 하지 아니함.

③ **건설공사 금액의 하한**(시공능력 평가액 1천2백억 원 이상 업체, 건산법 제47조)

종합공사를 시공하는 업종을 등록한 건설사업자가 도급받아서는 안 되는 1건
공사의 공사예정금액으로 한다.

※ 하한금액: 해당 업체의 최근 년도 시공능력평가액의 1/100에 해당하는 금
액으로 한다. 다만, 지방자치단체와 「공공기관 운영에 관한 법률」에 따라
기획재정부 장관이 지정하여 고시한 공공기관 중 공기업과 준정부기관 및
「지방공기업법」에 따른 지방공기업 중 지방직영기업과 지방공사 · 공단이
발주하는 건설공사의 경우 하한금액이 아래의 금액을 초과할 수 없다.

ㄱ 토목공사, 건축공사 및 토목건축공사: 200억 원

ㄴ 산업환경설비공사: 180억 원

ㄷ 조경공사: 20억 원

④ **건설업 등록 대상 예외**

ㄱ 경미한 건설공사를 업으로 하는 자는 건설업 면허 없이 가능(건산령 제8조)

● 1건 공사의 공사 예정금액이 5천만 원 미만인 종합건설공사

● 1건 공사의 공사 예정금액이 1천 5백만 원 미만인 전문공사
다만 가스시설공사, 철강재설치공사 및 강구조물공사, 삭도설치공사, 승
강기설치공사, 철도 · 궤도공사, 난방공사는 공사금액에 관계없이 해당
건설업 등록자가 수행

● 조립 · 해체하여 이동이 용이한 기계설비 등의 설치공사
(해당 기계설비 등을 제작 · 공급하는 자가 직접 설치하는 경우에 한함)

※ 하도급 공사의 경우 경미한 규모라도 면허등록자와 계약체결 하여야 함
(법제처21-0072,2021.4.28.)

⑤ 건설공사의 직접 시공

㉠ 70억 원 미만 건설공사 직접 시공(건산법 제28조의2조 ①)
- 도급금액이 3억 원 미만인 경우: 100분의 50
- 도급금액이 3억 원 이상 10억 원 미만인 경우: 100분의 30
- 도급금액이 10억 원 이상 30억 원 미만인 경우: 100분의 20
- 도급금액이 30억 원 이상 70억 원 미만인 경우: 100분의 10
- 직접 시공의 예외
  - 발주자가 공사의 품질이나 시공상 능률을 높이기 위하여 필요하다고 인정하여 서면으로 승낙한 경우
  - 수급인이 도급받은 건설공사 중 특허 또는 신기술이 사용되는 부분을 그 특허 또는 신기술을 사용할 수 있는 건설사업자에게 하도급하는 경우

㉡ 직접 시공계획서 통보(건산법 제28조의2 제2항)
- 건설공사를 직접 시공하는 자는 계약을 체결한 날부터 30일 이내에 직접 시공계획을 발주자에게 통보
- 직접 시공계획 통보의 예외
  - 전문공사를 시공하는 업종을 등록한 건설업자가 전문공사를 도급받은 경우
  - 다음 요건을 모두 갖춘 경우에는 해당 공사의 직접 시공계획을 통보하지 아니할 수 있다.
    - 1건 공사의 도급금액이 4천만 원 미만일 것
    - 공사기간이 30일 이내일 것
  ※ 감리자가 있는 건설공사로서 도급계약을 체결한 자가 기한 내에 감리자에게 직접 시공계획을 통보한 경우 발주자에게 통보한 것으로 본다.

㉢ 직접 시공계획 미이행 시 계약해지(건산법 제28조의2 ③)
발주자는 건설업자가 직접 시공계획을 통보하지 아니한 경우나 직접 시공계획에 따라 공사를 시공하지 아니한 경우에는 그 건설공사의 도급 계약 해지 가능

⑥ 영업정지처분 등을 받은 후의 계속 공사(건산법 제14조)

- 영업정지처분 또는 등록말소처분을 받은 건설업자 및 그 포괄 승계인은 그 처분을 받기 전에 도급계약을 체결하였거나 허가·인가 등을 받아 착공한 건설공사에 대하여는 이를 계속 시공할 수 있음. 건설업 등록이 폐업신고에 따라 말소된 경우에도 시공할 수 있음.

- 이 경우 영업정지처분 또는 등록말소처분을 받은 건설업자 및 그 포괄 승계인은 그 저분 내용을 지체 없이 해당 건설공사의 발주자에게 통지하여야 하며, 건설업자가 하수급인인 경우에는 그 처분의 내용을 발주자 및 수급인에게 알려야 함.

- 건설업자가 건설업 등록이 말소된 후 건설공사를 계속하는 경우에는 해당 공사를 완성할 때까지는 건설업자로 간주함.

- 발주자의 도급계약 해지권
  - 건설공사의 발주자는 특별한 사유가 있는 경우를 제외하고는 해당 건설업자로부터 영업정지처분 또는 등록말소처분의 통지를 받은 날 또는 그 사실을 안 날부터 30일이 지나는 날까지 도급계약을 해지할 수 있음.

유권해석

1. 건설업에 대한 영업정지의 의미, 2. 영업정지처분 등을 받은 후의 계속공사 여부

1. 건설산업기본법 제82조 또는 제83조의 규정에 의한 영업정지처분을 받은 경우에는 동 정지처분 기간동안은 건설업을 영위할 수 없고, 이 경우 영업의 정지란 일반적으로 도급계약의 체결 및 입찰, 견적등 이에 부수되는 행위의 정지로 보는 것이므로 공사의 도급계약은 물론 입찰·견적에 참가하기 위한 요건으로서 발주자가 실시하는 현장설명에 참가하거나 입찰참가자격사전심사를 신청하는 것까지도 금지되는 것으로 보아야 할 것이며

2. 동법 제14조제1항에 의거 영업정지처분을 받기 전에 도급계약을 체결하였거나 관계법령에 의하여 허가·인가 등을 받아 착공한 건설공사에 대하여는 이를 계속하여 시공할 수 있도록 규정되어 있으나, 이 경우도 발주자가 동조제4항의 규정에 의하여 당해 공사의 도급계약을 해지하지 아니하는 경우에 한합니다.

(국토교통부 2017.12.06.)

(2) 전기공사

법 령	전기공사의 종류
전기공사업법 시행령 제2조제2항	• 발전·송전, 변전 및 배전 설비공사 • 산업시설물, 건축물 및 구조물의 전기설비공사 • 도로, 공항 및 항만 전기설비공사 • 전기철도 및 철도신호 전기 설비공사 • 그 밖의 전기설비공사

① 전기공사 시공자격

㉠ 전기공사는 전기공사업자가 아니면 도급받거나 시공할 수 없음. (전기공사업법 제3조)

㉡ 그러나 아래의 경우에는 **경미한 공사로서** 공사업자가 아닌 경우에도 시공에 참여할 수 있음.

• 꽂음접속기, 소켓, 로제트, 실링블록, 접속기, 전구류, 나이프스위치, 그 밖에 개폐기의 보수 및 교환에 관한 공사

• 벨, 인터폰, 장식전구, 그 밖에 이와 비슷한 시설에 사용되는 소형 변압기(2차측 전압 36볼트 이하의 것으로 한정한다)의 설치 및 그 2차측 공사

• 전력량계 또는 퓨즈를 부착하거나 떼어내는 공사

• 「전기용품 및 생활용품 안전관리법」에 따른 전기용품 중 꽂음접속기를 이용하여 사용하거나 전기기계·기구(배선기구는 제외한다. 이하 같다) 단자에 전선[코드, 캡타이어케이블(경질고무케이블) 및 케이블을 포함한다. 이하 같다]을 부착하는 공사

• 전압이 600볼트 이하이고, 전기시설 용량이 5킬로와트 이하인 단독 주택 전기시설의 개선 및 보수 공사. 다만, 전기공사기술자가 하는 경우로 한정

㉢ 국가·지자체가 그 수요에 의한 전기공사로서 아래의 공사는 직접 시공할 수 있음(전기공사업법 제3조 ②)

• 전기설비가 멸실되거나 파손된 경우 또는 재해, 그 밖의 비상시에 부득이

하게 하는 복구공사

- 전기설비의 유지에 필요한 긴급 보수공사

② 전기공사의 하도급

법 령	하도급계약 및 통보	하도급승인	하 도 급 적정성심사
전기공사법 제14조	① 대통령령으로 정하는 경우에는 하도급 및 재하도급 가능 ② 하도급 및 재하도급 계약 통지	×	×

※ 국계법, 지계법에 따라 발주자의 승인 없이 하도급한 경우 부정당 제재

㉠ 전기공사는 일괄 하도급이 금지되어 있으며, 아래의 요건을 모두 충족한
경우에 한하여 일부 하도급이 가능(「전기공사업법」 제14조 ①)

- 도급받은 전기공사 중 공정별로 분리하여 시공하여도 전체 전기공사의
완성에 지장을 주지 아니하는 부분을 하도급하는 경우
- 수급인이 동법 제17조의 규정에 의한 시공관리책임자를 지정하여 하수
급인을 지도·조정하는 경우

㉡ 또한, 전기공사 재하도급은 하도급받은 전기공사의 공정에 전기 기자재의
설치 부분이 포함되는 경우로서 전기 기자재를 납품하는 공사업자가 그
전기 기자재를 설치하기 위하여 전기공사를 하는 경우에 한하여 가능(「전
기공사업법」 제14조 ②)

※ 기자재를 납품하는 자도 반드시 전기공사업을 등록한 자이어야 하며 무
등록자인 경우는 불가능

㉢ 하도급 및 재하도급 통지

- 수급인(하수급인)이 그가 도급받은 전기공사를 하도급(재하도급) 주고자
하는 때에는 미리 해당 전기공사의 발주자(재하도급일 경우에는 발주자 및

수급인)에게 이를 서면으로 통지하여야 함. (「전기공사업법」 제14조 ③, ④)

- 통지를 받은 발주청 및 수급인은 해당 공사를 하는 것이 부적당하다고 인정하는 경우 그 사유가 있음을 안 날로부터 15일 이내 또는 그 사유가 발생한 날부터 30일 이내에 하도급자 또는 재하도급자의 변경을 서면으로 요구해야 함. (「전기공사업법」 제15조 ①)
- 발주자 또는 수급인은 수급인 또는 하수급인이 정당한 사유 없이 하도급자 및 재하도급자 변경 요구에 따르지 아니하여 진기공사 결과에 중대한 영향을 초래할 우려가 있다고 인정되는 경우에는 그 전기공사의 도급계약 또는 하도급계약을 해지할 수 있다. (「전기공사업법」 제15조 ②)

③ 전기공사의 시공관리 및 시공관리책임자

㉠ 전기공사를 효율적으로 시공하고 관리하게 하기 위하여 전기공사업자는 전기공사기술자 중에서 시공관리책임자를 지정하여야 하며 전기공사의 규모에 따라 시공관리할 수 있는 전기공사기술자의 구분은 다음과 같음. (「전기공사업법」 제16조, 제17조, 시행령 제12조)

【전기공사 기술자의 시공관리 구분 】

전기공사 기술자의 구분	전기공사의 규모별 시공관리 구분
1. 특급 또는 고급 전기공사기술자 2. 중급 전기공사기술자 3. 초급 전기공사기술자	• 모든 전기공사 • 「전기공사업법 시행령」 별표 1에 따른 사용전압이 100,000볼트 이하인 전기공사 • 「전기공사업법 시행령」 별표 1에 따른 사용전압이 1,000볼트 이하인 전기공사

㉡ 전기공사업자는 시공관리책임자의 지정 사실을 그 전기공사의 발주자(하수급인 경우에는 발주자 및 수급인, 재하도급인 경우에는 발주자와 수급인 및 하수급인)에게 통지하여야 함.

④ 전기공사의 분리 발주

㉠ 전기공사는 다른 업종의 공사와 분리 발주해야 하며 이를 위반할 경우 5백만 원 이하의 벌금에 처함. 다만, 아래 사유에 해당하면 예외 (「전기공사업법」 제11조 ①, 제43조)

- 공사의 성질상 분리하여 발주할 수 없는 경우
- 긴급한 조치가 필요한 공사로서 기술관리상 분리하여 발주할 수 없는 경우
- 국방 및 국가안보 등과 관련한 공사로서 기밀 유시를 위하여 분리하여 발주할 수 없는 경우

㉡ 시공책임형 전기공사관리는 「건설산업기본법」에 따른 시공책임형 건설사업관리 등 다른 업종의 공사관리와 분리발주하여야 한다. 다만, 아래 사유에 해당하면 예외(「전기공사업법」 제11조 ③)

- 공사의 성질상 분리하여 발주할 수 없는 경우
- 긴급한 조치가 필요한 공사로서 기술관리상 분리하여 발주할 수 없는 경우
- 국방 및 국가안보 등과 관련한 공사로서 기밀 유지를 위하여 분리하여 발주할 수 없는 경우

(3) 정보통신 공사 : 「정보통신공사업법」(이하 "동법"이라 함)

법 령	정보통신공사의 종류
정보통신공사업법 시행령 제2조제2항	• 통신설비공사: 통신선 선로, 교환설비, 전송설비 등 • 방송설비공사: 방송국 설비, 방송전송선로 • 정보설비공사: 정보제어, 정보망설치, 정보매체설비 • 기타설비공사: 정보통신전용 전기시설설비

① 정보통신공사업 등록(동법 제14조, 제15조)

정보통신공사업을 경영하려는 자는 기업진단보고서, 정보통신기술자의 명

단과 해당 정보통신기술자의 경력수첩 사본, 사무실 보유 증명서를 갖추
어 공사업자의 주된 영업소의 소재지를 관할하는 시·도지사에게 등록을
하여야 함.

② **정보통신공사 시공자격**(동법 제3조)

정보통신공사는 정보통신공사업자가 아니면 도급을 받거나 시공할 수 없
음. 다만, 아래 사유에 해당하면 정보통신공사업자가 아니어도 시공 가능
- 「전기통신사업법」 제5조에 따라 과학기술정보통신부장관의 허가를 받은
  기간통신사업자가 허가받은 역무를 수행하기 위하여 공사를 시공하는 경우
- 동법 시행령 제4조 제1항에 해당하는 경미한 공사를 도급받거나 시공하
  는 경우
- 통신구(通信溝) 설비공사 또는 도로공사에 딸려서 그와 동시에 시공되는
  정보통신 지하관로(地下管路)의 설비공사를 동법 시행령 제4조 제2항에
  해당하는 공사를 도급받거나 시공하는 경우

③ **정보통신공사의 분리 발주**(동법 제25조)

건설공사, 전기공사, 소방공사 등 다른 공사와 분리 발주하여야 하며 이를
위반할 경우 5백만 원 이하의 벌금에 처함. 다만, 아래 사유에 해당하면
예외(「정보통신공사업법 시행령 제25조)
- 특허공법 등 특수한 기술에 의하여 행하여지는 터널·댐·교량 등 대형
  공사로서 분리하여 도급계약을 체결하여서는 하자책임구분이 명확하지
  아니하거나 하나의 목적물을 완성할 수 없는 경우
- 도로공사에 부수되어 그와 동시에 시공되는 정보통신 지하관로의 설비공
  사로서 분리하여 도급계약을 체결하여서는 하나의 목적물을 완성할 수
  없는 경우
- 천재지변·비상재해로 인한 긴급복구공사로서 분리하여 도급계약을 체결
  하기가 곤란한 경우

- 국방 및 국가안보 등과 관련하여 기밀유지가 요구되는 공사로서 분리하여 도급계약을 체결하기가 곤란한 경우
- 통신구설비공사로서 분리하여 도급계약을 체결하기가 곤란한 경우
- 동법 시행령 제4조 제1항 각 호에 해당하는 경미한 공사인 경우

④ 하도급의 제한(동법 제31조)

법 령	하도급계약	하도급승인	하 도 급 적정성심사
정보통신 공사업법 제31조 제33조 제31조의6	● 기술상 분리하여 시공할 수 있는 독립된 공사 하도급시 50% 초과 하도급 금지. 다만 아래사항 예외 - 발주자가 공사의 품질이나 시공상의 능력을 높이기 위하여 필요하다고 인정하는 경우 - 공사에 사용되는 자재를 납품하는 공사업자가 그 납품한 자재를 설치하기 위하여 공사하는 경우 ● 재하도급 금지. 다만, 기술상 분리하여 시공할 수 있는 독립된 공사로서 하도급 금액의 50% 미만의 범위에서 가능	하도급 및 재하도급 발주자 서면 승인 정보통신 기술자 미배치 승인	하도급 계약의 적정성 심사(31조의6)

※ 국계법, 지계법에 따라 발주자의 승인 없이 하도급한 경우 부정당 제재

(4) 소방시설공사 : 「소방시설공사업법」(이하 "동법"이라 함)

법 령	소방시설업의 종류
소방시설 공사업법 제2조 시행령 제2조	● 전문 소방시설설계업: 모든 특정소방대상물 소방시설의 설계 ● 일반 소방시설설계업 - 기계분야: 연면적 3만 제곱미터 미만 특정 소방대상물 기계분야 소방설계 - 전기분야: 연면적 3만 제곱미터 미만 특정 소방대상물 기계분야 소방설계 ● 전문 소방시설공사업 - 특정소방대상물에 설치되는 기계분야 및 전기분야 소방시설의 공사·개설·이전 및 정비

2. 계약 목적물에 따른 분류

- 일반 소방시설공사업
- 기계분야: 연면적 1만 제곱미터 미만의 특정 소방대상물에 설치되는 기계분야 소방시설의 공사·개설·이전 및 정비
- 전기분야: 연면적 1만 제곱미터 미만의 특정 소방대상물에 설치되는 기계분야 소방시설의 공사·개설·이전 및 정비

- 소방공사감리업: 소방시설공사에 관한 발주자의 권한을 대행하여 소방시설공사가 설계도서와 관계 법령에 따라 적법하게 시공되는지를 확인하고, 품질·시공 관리에 대한 기술지도를 하는(이하 "감리"라 한다) 영업

- 방염처리업: 「화재예방, 소방시설 설치·유지 및 안전관리에 관한 법률」 제12조제1항에 따른 방염대상물품에 대하여 방염 처리(이하 "방염"이라 한다) 하는 영업

① 소방시설공사업 등록(동법 제4조)

특정 소방 대상물의 소방시설공사 등을 하려는 자는 업종별로 자본금(개인인 경우에는 자산 평가액을 말한다), 기술인력 등 대통령령으로 정하는 요건을 갖추어 시·도지사에게 소방시설업을 등록하여야 한다.

② 하도급의 제한

법 령	하도급계약 및 통지	하도급승인	하 도 급 적정성심사
소방시설공사업법 제22조 제21조의 3 제22조의 2 제22조의 4	• 하도급 계약 및 계약해지 통지 • 하도급 금지, 다만 아래내용에 해당하는 경우 일부를 한 번만 하도급 가능 - 소방시설공사업과 다음 각 호의 어느 하나에 해당하는 사업을 함께 하는 소방시설공사업자가 소방시설공사와 해당 사업의 공사를 함께 도급받은 경우를 말한다. 1. 「주택법」 제4조에 따른 주택건설사업 2. 「건설산업기본법」 제9조에 따른 건설업 3. 「전기공사업법」 제4조에 따른 전기공사업 4. 「정보통신공사업법」 제14조에 따른 정보통신공사업	하도급계약 공개	하도급계약의 적정성 심사(법 제22조의 2)

※ 국계법, 지계법에 따라 발주자의 승인 없이 하도급한 경우 부정당 제재

③ 소방시설공사 분리 발주(동법 제21조)

소방시설공사는 다른 업종의 공사와 분리하여 도급하여야 한다. 다만, 공사
의 성질상 또는 기술관리상 분리하여 도급하는 것이 곤란한 경우로서 다음
에 해당하는 경우 다른 업종의 공사와 분리하지 아니하고 도급할 수 있다.

- 「재난 및 안전관리 기본법」 제3조 제1호에 따른 재난의 발생으로 긴급하
  게 착공해야 하는 공사인 경우
- 국방 및 국가안보 등과 관련하여 기밀을 유지해야 하는 공사인 경우
- 제4조 각 호에 따른 소방시설공사에 해당하지 않는 공사인 경우
- 연면적이 1천 제곱미터 이하인 특정 소방 대상물에 비상경보설비를 설
  치하는 공사인 경우
- 다음 각 목의 어느 하나에 해당하는 입찰로 시행되는 공사인 경우

> 가. 「국가를 당사자로 하는 계약에 관한 법률 시행령」 제79조제1항제4호 또는
>   제5호 및 「지방자치단체를 당사자로 하는 계약에 관한 법률 시행령」 제95
>   조제4호 또는 제5호에 따른 대안입찰 또는 일괄입찰
> 나. 「국가를 당사자로 하는 계약에 관한 법률 시행령」 제98조제2호 또는 제3호
>   및 「지방자치단체를 당사자로 하는 계약에 관한 법률 시행령」 제127조제2
>   호 또는 제3호에 따른 실시설계 기술제안입찰 또는 기본설계 기술제안입찰

- 그 밖에 문화재수리 및 재개발·재건축 등의 공사로서 공사의 성질상 분
  리하여 도급하는 것이 곤란하다고 소방청장이 인정하는 경우

④ 소방시설공사의 완공검사(동법 제14조)

- 소방시설공사의 완공검사는 소방본부장 또는 소방서장의 완공검사를 받아
  야 한다. 다만, 제17조 제1항에 따라 공사감리자가 지정되어 있는 경우에는
  공사감리 결과보고서로 완공검사를 갈음한다.
- * 동법 제17조 제1항: 자동화재탐지설비, 옥내소화전설비 등 대통령령으
  로 정하는 소방시설을 시공할 때에는 소방시설공사의 감리를 위하여 감
  리업자를 공사감리자로 지정하여야 한다.

(5) 문화재공사 :「문화재수리 등에 관한 법률」

① 문화재 수리업자

문화재 수리업, 문화재실측설계업 또는 문화재감리업을 하려는 자는 대통령령으로 정하는 기술능력, 자본금 및 시설 등의 등록 요건을 갖추어 시·도지사에게 등록하여야 함. (문화재수리 등에 관한 법률 제14조)

㉠ 종합문화재 수리업: 보수단청업

㉡ 전문문화재 수리업: 조경업, 보존과학업, 식물보호업, 단청공사업, 목공사업, 석공사업, 번와공사업

㉢ 문화재 실측설계업

㉣ 문화재 감리업

(6) 환경 관련 시설물 시공

① 폐기물처리시설의 설치, 오·폐수처리시설의 설치 등 환경과 관련되는 시설물을 설치하기 위하여는 해당 법령에서 정하고 있는 내용에 따라 관련 자격을 갖추어야 하며, 대표적인 환경 관련 시설물의 설치업자를 구분하면 아래와 같다.

구 분	자 격 요 건
● 건설폐기물처리업자 「건설폐기물법 제21조」	① 건설폐기물 수집·운반업 ② 건설폐기물 중간처리업
● 폐기물처리업자 「폐기물관리법 제25조」	① 폐기물 수집·운반업 ② 폐기물 중간처분업 ③ 폐기물 최종처분업 ④ 폐기물 종합처분업 ⑤ 폐기물 중간재활용업 ⑥ 폐기물 최종재활용업 ⑦ 폐기물 종합재활용업
● 소음·진동 방지시설업자 「소음·진동관리법 제11조」	①「환경기술 및 환경산업 지원법」제15조에 따른 환경전문공사업자(설계·시공) ②「환경기술 및 환경산업 지원법」제15조 제2항에 따른 환경전문공사업자(설계)

• 개인하수처리시설을 설계·시공업자 등 「하수도법」	① 개인하수처리시설 설계·시공업(제51조) ② 분뇨수집·운반업(제45조) ③ 공공하수도 관리대행업(제19조의2) ④ 기술진단전문기관(제20조의2)

2) 용역계약

용역계약은 기술용역계약과 일반용역계약으로 구분할 수 있다. '기술용역'은 「건설기술진흥법」, 「엔지니어링산업 진흥법」, 「건축사법」, 「전력기술관리법」, 「정보통신공사업법」, 「소방시설공사업법」, 「공간정보의 구축 및 관리 등에 관한 법률」 등에 규정한 용역 및 이에 준하는 용역이며, 이를 제외한 용역은 '일반용역'으로 분류한다. 지방계약은 명시적 규정은 없으나 ① 기술용역 ② 학술연구용역 ③ 일반용역으로 분류하고 있다.

핵심 체크

※ 용역의 구분
- 기술용역: 「엔지니어링산업진흥법」 제2조 제1호 및 「건설기술진흥법」 제2조 제3호와 이에 준하는 용역
- 일반용역: 「지방자치단체 입찰 및 계약집행기준」 제14장 용역계약 일반조건 제1절 3호에 의한 기술용역과 학술용역 이외의 용역
- 학술연구 용역: 정책의 개발 및 연구, 수요·공급의 예측
- 시설분야 용역: 청소 위생관리, 시설물 경비, 시설물 관리
- 폐기물처리 용역: 생활폐기물, 사업장 폐기물
- 육상·해상 운송 용역
- 기타 일반 용역(전시회, 방역, 광고, 무연분묘 개화장)

※ 용역계약에 대하여도 단일사업을 부당하게 분할하거나 시기적으로 나누어 계약을 할 수 없음. (지방자치단체 입찰 및 계약집행기준)

(1) 엔지니어링사업(엔지니어링산업 진흥법 제2조)

사업이나 시설물에 관한 연구, 기획, 타당성 조사, 설계, 분석, 계약, 구매, 조달, 시험, 감리, 시험운전, 평가, 검사, 안전성 검토, 관리, 매뉴얼 작성, 자문, 지도, 유지 또는 보수, 사업관리 등의 활동을 수행하는 사업을 말하며

엔지니어링 사업을 수행하기 위해서는 관련 법령에 따라 신고하여야 한다.

발주청은 추정가격이 국가계약법 제4조제1항에 따라 고시하는 금액 이상인 엔지니어링사업을 할 때에는 그 사업에 참여하려는 자로부터 기술·경영능력, 그 밖의 사항을 포함한 사업수행능력을 나타내는 서류를 받아 사업수행능력을 평가하여야 한다.

【 엔지니어링 기술의 기술 부문 및 전문 분야 구분표 】

기술 부문	전문 분야			
기계부문	1) 일반산업기계	2) 차량	3) 용접	4) 금형
선박부문	조선			
항공우주부문	항공			
금속부문	금속			
전기부문	1) 전기설비	2) 전기전자응용		
정보통신부문	1) 정보통신	2) 정보관리	3) 철도신호	
화학부문	화공			
광업부문	1) 자원관리	2) 광해방지		
건설부문	1) 도로·공항 5) 농어업토목 9) 수자원개발 13) 품질시험	2) 항만·해안 6) 도시계획 10) 상하수도	3) 철도 7) 조경 11) 토질·지질	4) 교통 8) 구조 12) 측량·지적
설비부문	설비			
환경부문	1) 대기관리 5) 자연·토양환경	2) 수질관리	3) 소음·진동	4) 폐기물처리
농림부문	1) 농림	2) 시설원예		
해양·수산부문	해양			
산업부문	1) 생산관리 5) 가스 9) 프로젝트매니지먼트	2) 포장·제품디자인 6) 섬유	3) 산업안전 7) 나노융합	4) 소방·방재 8) 체계공학
원자력부문	1) 원자력·방사선 관리		2) 비파괴검사	

(2) 건설기술 용역(건설기술진흥법 제2조)

건설공사에 관한 계획, 조사, 설계(건축설계 제외), 설계 감리, 시공, 안전점검, 정밀안전 진단 및 안정성 검토, 시설물의 유지·보수철거·관리 및 운용과 건설공사물자의 구매 및 조달, 시험·평가·자문 및 지도 공사감리, 시운전, 건설사업관리, 건설기술 타당성 검토, 건설기술정보 처리, 건설공사의 견적을 위탁받아 수행하는 용역을 말한다.

건설기술용역에서 설계 등의 용역업자가 되기 위하여는 관련 법령에 의한 등록(신고)을 하여야 하며, 설계 등의 용역업자와 건설기술자는 관계 법령에 따라 성실하고 정당하게 그 업무를 수행해야 하는 것은 물론이다.

발주청은 예정 용역사업비가 「국가를 당사자로 하는 계약에 관한 법률」 제4조 제1항에 따라 고시하는 금액 이상인 건설기술용역 사업을 시행할 때에는 입찰을 하기 전에 사업수행 능력평가를 실시하여 입찰 참가자를 선정해야 한다.

(3) 건설사업관리(건설기술 진흥법 제2조 제4호)

발주청은 건설공사를 효율적으로 수행하기 위하여 필요한 경우에는 건설공사에 대하여 건설기술 용역업자로 하여금 건설사업관리를 하게 할 수 있으며 그 대상은 다음과 같다.

- 설계·시공 관리의 난이도가 높아 특별한 관리가 필요한 건설공사
- 발주청의 기술인력이 부족하여 원활한 공사 관리가 어려운 건설공사
- 기타 건설공사로서 그 건설공사의 원활한 수행을 위하여 발주청이 필요하다고 인정하는 건설공사

또한, 총공사비가 200억 원 이상인 건설공사로서 100m 이상 교량공사, 공항 건설공사, 공공하수처리시설공사, 하수관리 건설공사 등은 감독권한대행 건설사업관리를 의무적으로 적용하여야 한다. (건설기술진흥법 시행령 제55조)

(4) 건축설계 및 감리 용역(건축사법 제2조)

건축설계용역이란 건축물의 대수선, 건축설비의 설치 또는 공작물의 축조를 위한 도면, 구조계산서 및 공사시방서, 기타 국토교통부령에서 정하는 공사 서류를 작성하고 그 설계도서에서 의도한 바를 해설하며 지도·자문하는 행위를 말한다.

이러한 행위를 할 수 있는 자는 「건축사법」에서 건축사로 정해 놓고 있다.

건축사는 「건축사법」 제19조에 따라 아래와 같은 업무를 수행한다.

> **핵심 체크**
>
> - 건축물의 설계와 공사감리
> - 건축물의 조사 또는 감정(鑑定)에 관한 사항
> - 「건축법」 제27조에 따른 건축물에 대한 현장조사, 검사 및 확인에 관한 사항
> - 「건축법」 제35조에 따른 건축물의 유지·관리 및 「건설산업기본법」 제2조제8호에 따른 건설사업관리에 관한 사항
> - 「건축법」 제75조에 따른 특별건축구역의 건축물에 대한 모니터링 및 보고서 작성 등에 관한 사항
> - 「건축사법」 또는 「건축법」과 법령에 따른 명령이나 기준 등에서 건축사의 업무로 규정한 사항
> - 「건축서비스산업 진흥법」 제23조에 따른 사업계획서의 작성 및 공공건축 사업의 기획 등에 관한 사항
> - 「건축법」 제2조제1항제12호의 건축주가 건축물의 건축 등을 하려는 경우 인가·허가·승인·신청 등 업무 대행에 관한 사항
> - 그 밖에 다른 법령에서 건축사의 업무로 규정한 사항

※ 「건축법」 제2조제1항제4호에 따른 전화 설비, 초고속 정보통신 설비, 지능형 홈네트워크 설비, 공동시청 안테나, 유선방송 수신시설에 관한 공사의 설계·감리 업무는 현재 「건축사법」 제23조제1항에 따라 건축사사무소의 개설신고를 한 건축사만 할 수 있으나 「정보통신공사업법」 개정으로 2024. 7. 19.부터는 「정보통신공사업법」 제2조제7호에 규정된 정보통신공사 용역업자도 이행할 수 있으며 개정된 법 시행 이전에 건축사 자격을 취득한 자도 2026. 7. 19까지 설계감리 자격이 주어지며, 「건축법」 제2조제1항제4호에 따른 건축설비 중 정보통신설비 및 전력시설물이 복합된 설비의 종류 및 해당 설비의 설계·감리 수행과 관련한 규정을 마련하기 위한 관계 법률의 개정이 이 법 시행일부터 2년이 되는 날까지 이루어지지 아니하는 경우에는 그 기한을 2028 .7. 19.일까지 자격이 주어진다.

① **건축감리**(국토교통부 건축공사감리 세부기준)

건축공사의 감리는 감리자가 건축사가 되며, 감리 대상은 도시지역 및 준 도시지역 내의 건축물, 농림, 준농림, 자연환경 보전지역 내의 3층 이상 또는 200㎡ 이상 건축물, 기타 건축허가 구역 또는 지역의 건축물이 여기에 해당된다.

공사감리자는 수시 또는 필요한 때 공사현장에서 감리업무를 수행하여야 하며, 아래의 건축 등의 공사감리에 있어서는 「건축사법」 제2조의 제2호에 따른 건축사보(「기술사법」 제6조에 따른 기술사사무소 또는 「건축사법」 제23조 제8항 각 호의 건설기술용역업 등에 소속되어 있는 자로서 「국가기술자격법」에 따른 해당 분야 기술계 자격을 취득한 자와 「건설기술진흥법 시행령」 제4조에 따른 건설사업 관리를 수행할 자격이 있는 자를 포함한다) 중 건축분야의 건축사보 1인 이상을 전체 공사기간 동안, 토목·전기·기계분야의 건축사보 1인 이상을 각 분야별 해당 공사기간 동안 각각 공사현장에서 감리업무를 수행하게 하여야 한다. 이 경우 건축사보는 해당 분야 건축공사의 설계, 시공, 시험, 검사, 공사 감독 또는 감리업무 등에 2년 이상 종사한 경력이 있는 자이어야 한다.

  ㉠ 바닥면적의 합계가 5천 제곱미터 이상인 건축공사. 다만, 축사 또는 작물 재배사의 건축공사는 제외한다.
  ㉡ 연속된 5개 층 이상(지하층을 포함한다)으로서 바닥면적의 합계가 3천 제곱미터 이상인 건축공사
  ㉢ 아파트의 건축공사
  ㉣ 준다중 이용 건축물 건축공사

② **감리의 종류**

㉠ 비상주감리

  공사감리자가 당해 공사의 설계도서, 기타 관계 서류의 내용대로 시공되는지의 여부를 확인하고, 수시로 또는 필요할 때 시공과정에서 건축 공사현장을 방문하여 확인하는 행위

2. 개별목적형 입찰분류

105

ⓛ 상주감리

공사감리자가 당해 공사의 설계도서, 기타 관계 서류의 내용대로 시공되는
지의 여부를 확인하고, 건축분야의 건축사보 한 명 이상을 전체 공사기간
동안 배치하여 건축 공사의 품질관리·공사관리 및 안전관리 등에 대한 기
술지도를 하는 행위

ⓒ 책임상주감리

공사감리자가 다중이용 건축물에 대하여 당해 공사의 실계도서, 기타 관계
서류의 내용대로 시공되는지 여부를 확인하고, 「건설기술 진흥법」에 따른
건설기술용역업자(공사시공자 본인이거나 「독점규제 및 공정거래에 관한
법률」 제2조에 따른 계열회사인 건설기술 용역업자는 제외한다)나 건축사
(「건설기술 진흥법 시행령」 제60조에 따라 건설사업관리기술자를 배치하는
경우만 해당한다)를 전체 공사기간 동안 배치하여 품질관리, 공사관리, 안
전관리 등에 대한 기술지도를 하며, 건축주의 권한을 대행하는 감독업무를
하는 행위

3) 물품계약

물품은 구매계약과 제조계약으로 구분된다. 이미 만들어진 완성품을 구매하는
물품구매계약과 별도 주문한 규격·사양에 맞게 계약 상대자가 새로 제작한 제
조품을 납품하는 물품제조계약으로 구분되며, 공공계약에서는 조달청의 제3자
를 위한 단가계약과 다수공급자 계약제도의 활용도가 높다.

(1) 다수공급자계약 제도(MAS)

다수공급자 계약이란 조달청이 각 수요기관에서 공통적으로 필요로 하는 수요
물자를 구매할 때 수요기관의 다양한 수요를 충족하기 위하여 필요하다고 인정
되는 경우에 품질·성능 또는 효율 등이 같거나 비슷한 종류의 수요물자를 수요
기관이 선택할 수 있도록 2인 이상을 계약 상대자로 하여 체결하는 계약이다.

조달청에서는 다수공급자계약 업무처리기준을 제정하여 수요기관에서 적용하고 있으며, 물품·용역·개인용 컴퓨터·레미콘·아스콘·외자 물품에 대하여 다수공급자계약 업무처리기준을 각각 운용하고 있다. 수요기관에서 가장 많이 이용하고 있는 「물품 다수공급자계약 업무처리기준」에 따른 2단계경쟁 대상은 수요기관의 1회 납품요구 대상 구매예산이 수요물자가 중소기업자 간 경쟁제품인 경우에는 1억 원 이상, 수요물자가 중소기업자간 경쟁 제품이 아닌 경우에는 5천만 원 이상으로 정하고 있다.

2023. 7. 1. 개정된 내용을 살펴보면 계약담당공무원은 계약물품의 특성, 단가 등을 고려하여 구매업무심의회의 심의를 거쳐 세부품명별 2단계경쟁 기준금액을 달리 정하여 나라장터에 공고할 수 있으며, 중소기업자 간 경쟁 제품이 아닌 수요 물자에 대하여 중소기업이 제조하는 품목인 경우(계약 상대자가 해당 계약품목의 제조자이면서 중소기업인 경우)에는 예외적으로 1회 납품요구대상 구매예산이 5천 만 원 이상에서 1억 원 미만까지 2단계경쟁을 거치지 않고 납품 요구할 수 있다.

조달청 다수공급자계약 업무처리기준

- 개인용 컴퓨터와 모니터에 대한 다수공급자계약 2단계경쟁 업무처리기준
- 레미콘·아스콘 다수공급자계약 2단계경쟁 업무처리기준
- 물품 다수공급자계약 업무처리기준
- 용역 다수공급자계약 업무처리규정
- 외자 다수공급자계약 업무처리기준

---

(2) 제3자를 위한 단가계약

제3자를 위한 단가계약이란 조달청이 각 수요기관에서 공통적으로 필요로 하는 수요물자의 제조·구매 및 가공 등의 계약을 할 때 미리 단가만을 정하여 계약 체결하고, 각 수요기관에서 계약 상대자에게 직접 납품요구하여 구매하는 제도로서, 단가계약물품의 신속 공급이 가능하며, 수요기관이 수요물자를 편리하게 구매할 수 있는 제도이다.

단가계약은 수요기관(조달청 포함)이 필요에 의해 직접 계약을 체결하나 제3
자 단가계약은 조달청이 제3자인 수요기관을 위해 계약을 체결하고 수요기관이
이용한다는 점에서 차이가 있다. 따라서 제3자 단가계약은 수요기관이 나라장터
종합쇼핑몰(http://shopping.g2b.go.kr/)에 등재된 제품을 금액 관계없이 자
유롭게 쇼핑을 할 수 있는 편리한 제도이다.

한편, 지방계약법령(법 제26조, 시행령 제80조)에서는 조달사업법상 조달청
장이 이미 단가계약을 체결한 품목 외에 시·군·구에 공통적으로 필요한 물품
에 대하여는 시·도지사가 시·군·구의 요청에 따라 제3자를 위한 단가계약을
체결할 수 있도록 하고 있다.

제3자를 위한 단가계약의 주요 대상은 행정사무자동화 기기, 우수조달물품 등
계약자 규격으로 제조·공급되는 물품(예: 전자복사기, 팩스 등)으로 수의계약
에 의한 우수 조달물품이 대부분을 차지한다.

제3자 단가계약과 다수공급자계약의 차이점

< 조달청 >
기본적으로 다수공급자계약은 제3자 단가계약의 한 유형이나 제3자 단가계약은 입찰
을 통해 1개 품목에 1개 업체를 선정하여 계약하는 반면 다수공급자계약은 입찰참가
자격에 대한 적격성 심사를 통과한 모든 업체와 계약한다는 점이 다르다.
< 수요기관 >
제3자단가: 금액 관계없이 나라장터 종합쇼핑몰(http://shopping.g2b.go.kr/)에 자유롭게
　　　　　구매
다수공급자: 경쟁제품 1억 원 이상, 비경쟁 제품 5천만 원 이상 2단계 경쟁으로 업체 선정

3. 계약 체결 형태에 따른 구분

1) 확정계약, 개산계약, 사후원가검토조건부계약

계약금액을 계약 시 확정하는지 계약 체결 후에 확정하여 사후정산하는지에 따라 확정계약과 개산계약·사후원가검토조건부계약으로 나눌 수 있다.

구분	확정계약	개산계약	사후원가검토조건부계약
개념	• 계약금액을 확정하여 계약을 체결하는 계약 방법 • 정부계약의 원칙, 통상적인 계약 형태	• 미리 가격을 정할 수 없을 때 개략적인 금액으로 계약을 체결하고 계약이행이 완료된 후 정산하는 형태의 계약 방법	• 예정가격을 구성하는 일부 비목별 금액을 결정할 수 없는 경우 계약이행이 완료된 후 해당 비목의 원가를 검토하여 정산하는 방식의 계약 방법
근거 법령	• 국가계약법 제11조 • 지방계약법 제14조	• 국가계약법 제23조, 시행령 제70조 • 지방계약법 제27조, 시행령 제81조~86조의 2	• 국가계약법 시행령 제73조 • 지방계약법 시행령 제89조

(1) 확정계약

계약체결 전에 예정가격을 미리 작성하고 입찰(또는 시담)을 통해 계약상대자를 결정하는 형태로서, 예정가격 범위 내에서 계약금액을 확정하여 계약을 체결하는 통상적인 계약 방법이며, 공공계약의 대부분은 확정계약을 체결하고 있다.

유권 해석

• 확정계약에서의 사후정산
- 국계령 제70조의 개산계약, 제73조의 사후원가검토조건부계약과 계약서에 일부 비목에 대하여 정산하기로 정한 계약을 제외하고 총액 확정계약으로 체결된 계약에서는 계약상대자의 비용지출내역으로 계약금액을 정산하지 않는 것이 원칙임. 따라서 확정계약서에서 계약상대자가 계약금액보다 비용을 적게 지출하였다고 하여 그 차액을 반납토록 하는 것은 확정계약의 성질에 비추어 타당하지 않다고 할 것임 (계약제도과-1158, '12. 9. 4.)

다만, 국가계약법령에서는 개산계약과 사후원가검토조건부계약에 대해서만 규정하고 있을 뿐 확정계약이라는 용어는 별도로 사용하고 있지 않으나, 국가계약법 제11조에 따르면 '계약담당공무원 등은 계약을 체결할 때에 계약금액, 이행기간 등을 명백하게 기재한 계약서를 작성하여야 하며 담당공무원과 계약 상대자가 계약서에 기명하고 날인하거나 서명함으로써 계약이 확정된다'고 되어 있어 확정계약을 원칙으로 하고 있음을 알 수 있다. 그러나 실제 계약서에는 '확정계약'이라고 별도로 표기하시 않으며 세약금액 정산 등 별도의 조건 없이 계약금액을 명시하였다면 확정계약이 체결된 것이다.

(2) 개산계약

미리 예정가격을 정할 수 없을 때 개산가격을 정하여 개략적인 금액으로 계약을 체결한 이후 계약금액을 정산하는 조건으로 체결하는 계약의 형태이며 "개발시제품의 제조계약, 시험·조사·연구 용역계약, 정부투자 기관 및 정부출연기관, 지방자치단체 출연기관, 출자기관, 지방공기업 등과 법령의 규정에 의한 위탁 또는 대행계약은 개산계약으로 체결할 수 있다.

개산계약의 대상 등을 국가계약과 지방계약별로 살펴보면, 국가계약에서는 시제품 제조 등 4가지 경우를 개산계약의 대상으로 정하고 있으나, 지방계약은 4가지 경우 외에 예산조기집행이 필요한 경우를 추가하면서 특히 재해복구공사·용역과 예산조기집행 관련 공사·용역에 대해서는 금액 기준으로 그 대상을 정하여 운영하고 있다.

그리고 개산계약 체결 및 정산과 관련하여 국가계약법령에서는 개산계약 체결 내용을 감사원에 통지하고, 정산 결과에 대하여는 소속 중앙관서의 장의 승인을 얻도록 하고 있으나 지방계약법령에서는 그와 같은 내용을 규정하고 있지 않다.

【국가 및 지방계약법령의 개산계약 대상 비교】

국가계약법령	지방계약법령
• 개발시제품(開發試製品)의 제조계약 • 시험·조사·연구 용역계약 • 공공기관 위탁·대행 계약 • 시간적 여유가 없는 긴급한 재해복구를 위한 계약	• 개발시제품(開發試製品)의 제조계약 • 시험·조사·연구용역의 계약 • 중앙행정기관, 다른 지방자치단체, 공공기관, 지방공기업, 지방자치단체 출연·출자기관 또는 지방자치단체 조합과의 위탁·대행 등 계약 • 시간적 여유가 없는 긴급한 재해복구를 위한 개산가격 30억 원 미만(「건설산업기본법」에 따른 종합공사 외의 공사는 6억 원)의 도로, 하천, 상하수도, 농경지 피해복구공사 및 해당 공사와 관련된 2억 원 미만의 설계·감리 등의 용역계약

 핵심 체크

【계약 절차】

개산가격 결정 ➡ 원가검토에 필요한 기준 및 절차 결정·열람(입찰 공고, 입찰설명서, 수의시담문서) ➡ 계약이행 후에 정산 절차, 원가계산기준 등에 따라 정산

유의 사항

- 개산계약에 있어 계약이행 완료 후 정산 처리는 계약 체결 시점을 기준으로 함
- 정산을 항목별로 할 것인지, 총액을 기준으로 할 것인지 여부를 미리 정해야 함
- 정산을 하는 경우 정산단가 금액에 낙찰률을 곱함
- 개산금액은 견적금액 등을 참고하여 작성
- 개산계약이라도 이행에 따른 기성 대가는 지급을 하되 정산에 따른 감액예산금액에 대한 유보율을 마련, 일정 부분 지급 유보

(3) 긴급재해복구공사의 개산계약제도(지방자치단체)

- 설계가 확정되기 전 우선 표준금액을 기준으로 계약을 체결한 후 공종별 우선순위에 따라 설계와 시공을 동시에 진행
- 정산기준·절차를 입찰공고문에 미리 공개

- 설계가 완료된 시점에서 낙찰률을 곱하여 정산을 하고 확정계약으로 전환
- 지방자치단체인 경우에 적용됨.

확정 · 개산계약 비교

【확정계약】

① 설계입찰 ➡ ② 설계용역계약 ➡ ③ 설계 ➡ ④ 시공 · 감리입찰 ➡ ⑤ 시공 · 감리계약 ➡ ⑥ 시공 · 감리

【개산계약】

① ┌ 설계입찰 ┐ ➡ ② ┌ 설계용역 개산계약 ┐ ➡ ③ ┌ 설계 ┐
  ├ 시공입찰 ┤   ├ 시공개산계약 ┤   ├ 공종별 우선순위에 따라 시공 ┤
  └ 감리입찰 ┘   └ 감리개산계약 ┘   └ 감리 ┘

➡ ④ 설계가 완성되는 시점에서 정산 후 확정계약으로 변경

① 대상: 긴급한 재해복구사업에 한정(지계령 제82조)

- 30억 원 미만 종합공사(전문 · 소방 · 전기공사 등은 6억 원 미만)
  ※ 1인 견적 또는 2인 이상 전자견적에 의한 수의계약도 개산계약 적용
  가능
- 2억 원 미만 재해복구공사와 관련된 설계 · 감리 등 용역

개산계약 대상

① 도로공사
② 하천공사: 석축, 옹벽, 호안블록, 벽돌쌓기, 제방축조 등
③ 상 · 하수도공사: 간이 상수도, 관로교체 포함
④ 지계법 제8조 지자체가 계약을 대행하는 농경지 피해복구공사
⑤ 재회복구 공사와 관련된 설계 · 감리 등의 용역
⑥ 그 밖에 단체장의 장이 정하는 복구공사

② 개산예정가격의 작성(지계령 제8조 ③)

- 아래의 방법 중 어느 하나의 방법으로 개산 기초금액을 결정(해당 자치단체에서 조사한 물량 기준)

  - 건설공사표준품셈 또는 적산자료 등을 이용하여 산정한 공종별 단가
  - 표준설계도가 있는 경우 표준설계도에 의한 가격
  - 엔지니어링 사업대가기준, 실적공사비, 견적공사비 등
  - 기타 자치단체에서 추정하여 계상한 단가

- 개산기초금액이 확정되면 기초금액의 ±3% 범위 내에서 15개 복수 예비가격 작성하여 지정정보처리장치에서 개산예정가격 결정

③ 입찰방법(지계령 제83조)

- 재해복구공사는 설계와 감리용역보다 7일 정도 경과 후 공고에 부친다.
- 입찰공고에는 긴급입찰공고(공고기간 5일)를 적용하되 지방계약법 시행령 제36조에 있는 내용 이외에 아래사항을 필히 명시

  - 개산기초금액의 작성기준
  - 확정 금액으로 정산하기 위한 정산기준 및 절차
  ※ 정산기준은 공사의 경우 국토교통부 장관이 정하는 『건설공사표준품셈』 등을 따르고 설계 · 감리용역의 경우 『엔지니어링사업대가기준』, 『건설공사감리대가기준』 등에 의한다.

④ 원가검토에 필요한 절차 및 기준(지계령 제81조)

- 사후정산을 위하여 입찰 전에 계약 목적물의 특성, 계약수량 및 이행기간 등을 고려하여 원가검토에 필요한 기준 및 절차 등을 정하여야 하며, 이를 입찰에 참가하려는 자가 열람할 수 있도록 하여야 한다.

⑤ 낙찰자 결정 방법(지계령 제84조)

- 적격심사 등의 방법에 의하여 낙찰자 결정
- 낙찰자는 개산예정가격으로 적격심사를 실시하여 낙찰자 결정

⑥ 계약이행 방법(지계령 제85조)

- 계약담당자는 가능한 설계자로 하여금 공정별 우선순위 등에 따라 구분
  하여 설계서를 작성토록 함.
  – 이 경우 시공업자에게 공정별 우선순위에 따라 설계가 진행된 부분부터
    시공에 착수토록 함.
- 시공업자는 시공 전에 투여되는 자재, 장비 등의 수량 및 규격, 품질 등
  에 대하여 설계자와 설계검사자·감독자의 협의를 거쳐 시공 감독자의
  승인을 서면으로 거쳐야 함.
- 계약담당자 또는 공사감독공무원은 설계업자와 시공업체가 긴밀한 업무
  협의를 통하여 설계·시공이 이루어지도록 하되, 설계·시공업체 간 담
  합행위는 철저히 감독하여야 함.

⑦ 개산계약의 정산(지계령 제86조)

- 설계서 등에 의하여 사업물량이 확정되면 계약담당자는 지체없이 원가
  계산 및 원가검토를 하여 원가계산금액을 확정
- 원가계산금액*에 입찰 당시 낙찰률을 곱하여 계약금액 확정·정산
  * 설계금액을 원가계산 및 검토하여 최종 확정한 금액을 말함.
- 설계 확정 후 미시공된 잔여 공사 시공 부분에 대하여는 확정계약으로
  전환하여 사업을 추진

⑧ 수의계약의 합리적 활용(국계령 제26조, 지계령 제25조)

- 입찰에 부칠 여유가 없는 불가피한 경우로 한정하여 실시

구분＼금액	~2천만 원	~5천만 원	~8천만 원	~1억 원	~2억 원	~억 원
응급복구*	금액 제한 없이 1인 견적 수의계약					
종합공사	1인견적 수의계약 또는 단가계약	2인 이상 전자견적 수의계약 또는 단가계약	2인 이상 수의　전자견적 계약		개산　계약 (일반　입찰)	
전문공사						
기타공사						
용역·물품						

* 응급복구: 응급복구를 위한 장비임차·자재구입, 이재민 구호 물품·시설, 방역·소독, 시설물 붕괴 예방 긴급조치 등(지계칙 제30조)

(4) 사후원가검토조건부계약

- 예정가격을 구성하는 일부 품목에 대한 금액을 거래실례가격, 원가계산 등에 의하여 정확하게 결정할 수 없을 때 계약이행 후 동 품목에 대하여 사후 정산하는 계약으로서 주로 외국의 첨단 부품을 수입하거나 제작에 장기간이 소요되는 특수 물품 조달 시에 이용되는 계약 방법이다.

① 계약이행 절차

ㄱ 사후 원가검토 계약 대상 품목 결정

ㄴ 구매결의 및 입찰유의서에 동 내용 명시

ㄷ 입찰 또는 시담 전에 참가자에게 미리 알림

ㄹ 계약서에 사후 정산기준 명시

ㅁ 계약이행 후 사후 정산에 필요한 증빙자료를 제출받음.

ㅂ 대가지급 시 일부 금액 유보

ㅅ 사후원가검토 및 감액 금액 결정

개산계약과 사후원가검토조건부계약과의 차이점

사후원가검토조건부계약은 입찰 전에 금액을 결정할 수 있는 예정가격 비목에 대해서는 확정계약을 하고 확정이 불가능한 비목에 대해서만 사후정산한다는 점에서 계약금액 전체를 사후정산하는 개산계약과 구별된다. 즉 사후원가검토조건부 계약은 확정계약과 개산계약이 혼용된 형태라고 볼 수 있다.

② 조달청의 사후원가검토조건부계약 관련 규정

국가 및 지방계약법령에서는 사후원가검토조건부계약의 구체적인 대상과 정산 방법 등을 규정하고 있지 않다.

그러나 다음과 같이 「조달청 내자구매업무 처리규정」(조달청 훈령) 등 조달청 내부규정에서 관련 내용을 상세하게 규정하고 있으므로 사후원가검토조건부계약을 체결하고자 하는 경우 이를 참조하여 계약 방법 등을 결정할 필요가 있다.

※ 「조달청 내자구매업무 처리규정」 등은 조달청이 처리하는 업무에 대해서만 적용되는 규정으로서 국가기관·지방자치단체 등이 조달청에 계약 요청을 한 경우에는 당해 계약 건에 대해서는 동 규정의 적용을 받으나 그 외의 경우는 준수 의무가 없음. 그러나 조달 요청을 하지 않은 기관이 직접 사후원가검토조건부계약을 체결할 때에는 위 규정 등을 통해 중앙조달기관인 조달청의 처리 기준 및 절차를 참조함으로써 오류 또는 분쟁 소지를 줄일 수 있을 것임

2) 총액계약과 단가계약

(1) 총액계약

총액계약은 계약 목적물 전체에 대하여 단가가 아닌 총액으로 계약을 체결하는 방식으로 대부분의 공공계약은 총액계약 형태로 이루어진다. 다만, '총액계

약'이라는 용어는 국가·지방계약법령에 명시되어 있지 않으며 '단가계약'에 대응
되는 개념으로 사용되는 용어이다.

(2) 단가계약

단가계약은 일정한 기간 계속하여 제조, 수리, 가공, 매매, 공급, 사용 등의
계약을 할 필요가 있을 때에는 당해연도 예산의 범위 안에서 단가에 대하여 체
결하는 계약 방법이다.

즉, 단가계약은 수요 빈도가 많은 품목에 대하여 단가에 의하여 입찰 또는 수의
계약을 위한 가격협상을 실시하고 예정 수량을 명시하여 계약을 체결하며, 정부
의 각종 사무용품 등의 납품이나 도로 등의 유지·보수 계약에 많이 활용되고, 일
정 기간 동안 계약 목적물의 안정적인 공급을 가능하게 하는 등의 장점이 있다.

 핵심 체크

공사의 연간단가 계약제도(국계법 제22조, 지계법 제25조, 지계령 제79조)

① 대상공사

신호등 수리, 차선도색, 관로복구, 도로·하천 보수·복구 등

② 공사의 연간단가 계약 절차

㉠ 매년 반복적으로 발생하는 보수·수리·복구공사에 대하여 연간 추정물
    량을 산출(최근 3년간 실적치를 산술평균)하여 예산의 범위 내에서 추정
    가격 산정

㉡ 추정 물량에 대한 거래실례가격 등을 적용하여 예정가격 산정

㉢ 입찰공고 및 계약서에 대금정산 절차·기준을 반드시 명시

    ※ 가능한 공동도급에 의한 경쟁입찰 실시로 발주자의 위험부담 최소화

ㄹ 적격심사 등에 의한 낙찰자 결정(거리, 장비 보유상황에 의한 지명경쟁
입찰: 국계법시행령 제23조, 지계법시행령 제22조)
ㅁ 계약 체결 시 계약 상대자에게 산출내역서를 첨부토록 하여 계약 체결
ㅂ 산출내역서 단가에 따라 사후정산 실시

총액계약과 단가계약의 차이점

단가계약은 해당 물품의 추정단가에 조달 예정수량을 곱한 금액을 추정가
격으로 산정하며, 계약보증금에 있어서도 매회별 이행예정량 중 최대량에
계약단가를 곱한 금액의 100분의 10 이상을 계약보증금으로 납부하게 하
는 등 총액계약과는 여러 가지 차이가 있다.

구 분	총액계약	단가계약
추정가격	총 소요 금액	추정단가 × 조달 예정수량
계약보증금	계약금액의 100분의 10 이상	매회별 이행예정량 중 최대량에 계약 단가를 곱한 금액의 100분의 10 이상

3) 장기계속계약, 단년도계약, 계속비계약, 단년도차수계약

계약이행기간을 기준으로 1회계연도(1. 1.~12. 31.) 내에 계약 체결 및 이행이
완료되는 단년도 계약과 계약의 이행에 수년이 소요되는 다년도 계약으로 나누고
있다. 지방계약에서는 같은 회계연도 내에 전체 예산의 확보가 예상되는 경우로
서 설계서·규격서 등이 미리 확정된 경우에는 총액으로 입찰하여 낙찰된 자와
예산이 확보되는 범위에서 시기별로 나누어 계약을 체결할 수 있는 단년도 차수
계약 제도를 두고 있으며, 다년도 계약에는 장기계속계약과 계속비계약이 있다.

(1) 장기계속계약

임차, 운송, 보관, 전기, 가스, 수도의 공급 기타 그 성질상 수년간 계속하여 존속할 필요가 있거나 그 이행에 수년을 요하는 경우 체결하는 계약으로서, 사업 내용은 확정되었으나 장기간 계속될 사업으로 업체가 바뀔 경우 하자보수가 곤란하거나 예산확보가 불확실한 경우 또는 사업의 조속한 추진이 필요해 국회·지방의회의 의결을 거쳐야 하는 계속비 또는 국고채무부담행위로 계약을 체결하기 어려운 경우 등에 주로 활용된다.

(2) 계속비계약

계속비계약은 국가재정법 제23조 및 지방재정법 제42조에 따른 계속비사업(완성에 수년도를 요하는 공사나 제조 및 연구개발사업)에 대하여 그 경비의 총액과 연부액(年賦額, 연도별 필요금액)을 정하여 미리 국회 또는 지방의회의 의결을 얻은 후 체결하는 계약을 말한다.

계속비계약은 총액으로 한 번만 계약을 체결하면서 연도별 필요 금액인 연부액을 부기(簿記, 덧붙여 적음)하고 매년마다 연차별 계약을 체결하는 것은 아니다.

(3) 단년도계약

단년도계약은 당해연도 세출예산에 계상된 예산을 재원으로 계약하는 통상적인 계약 방식으로서, 당해 회계연도에 이행이 완료되는 것을 원칙으로 하나 지출원 인행위가 이루어진 경우(계약 체결)에는 다음연도까지 이행 완료하게 할 수 있다.

(4) 단년도 차수계약(지방자치단체)

같은 회계연도 내에 전체 예산의 확보가 예상되는 경우로서 설계서·규격서 등이 미리 확정된 경우에는 총액으로 입찰하여 낙찰된 자와 예산이 확보되는 범위에서 시기별로 나누어 계약한다.

【장기계속계약 및 계속비계약 비교】

구분	장기계속계약	계속비계약
근거법령	• 국가계약법 제21조, 국가계약법 시행령 제69조, 지방계약법 제24조, 지방계약법 시행령 제78조	좌동
사업내용 확정여부	• 확정	• 확정
총예산 확보 여부	• 미확보(해당 연도분만 확보)	• 확보(총액과 연부액을 국회 또는 지방의회 의결로 미리 편성)
입찰 및 입찰보증금	• 총 공사(제조, 용역)을 기준으로 예정가격 작성 및 입찰 실시 (국가계약법 시행령 제8조 제2항, 제16조 제6항, 지방계약법 시행령 제9조 제2항, 제16조 제6항) • 입찰보증금도 총 공사(제조, 용역) 금액 기준으로 납부	좌동
계약체결	• 각 회계연도 예산의 범위 안에서 차수별로 각각 계약 체결 – 계약서에 총 공사(제조, 용역) 금액 부기 – 2차 이후 계약은 부기된 총 제조금액에서 이미 계약된 금액을 공제한 금액 범위 안에서 계약을 체결할 것을 부관으로 약정	• 총 공사(제조, 용역)금액으로 계약 체결 – 차수계약이 없고, 계약서에 매 회계연도 연부액 부기
계약보증금	• 부기한 총 공사(제조, 용역)금액을 기준으로 납부 – 연차별 계약이 완료된 때에는 이행이 완료된 연차별계약금액에 해당하는 분 반환 (국가계약법 시행령 제50조 제3항, 지방계약법 시행령 제51조 제7항)	• 총 공사(제조, 용역) 금액 기준으로 납부
인지세	• 부기한 총 공사(제조, 용역)금액 기준으로 납부	• 총 공사(제조, 용역) 금액 기준으로 납부
국공채 매입	• 해당 계약금액 기준으로 납부	• 총 공사(제조, 용역) 금액 기준으로 납부
선금	• 각 연차별 계약금액을 기준으로 지급 (「정부 입찰·계약 집행기준」 제34조 제6항, 「지방자치단체 입찰 및 계약집행기준」 제6장 제2절)	• 계약금액 중 해당년도 이행금액을 기준으로 지급 (「정부 입찰·계약 집행기준」 제34조 제6항, 「지방자치단체 입찰 및 계약집행기준」 제6장 제2절)

지체상금	• 연차별 계약기간 및 계약금액을 기준으로 부과	• 준공기한 경과 후 총 제조금액을 기준으로 부과
물가변동으로 인한 계약금액조정 적용대가	• 부기한 총 공사(제조, 용역) 금액을 기준으로 산정 (국가계약법 시행령 제64조 제1항, 지방계약법 시행령 제73조 제1항)	• 총 공사(제조, 용역) 금액 기준으로 산정
준공(납품)완료 처리	• 연차계약별로 처리	• 총 공사(제조·용역) 계약 이행완료 후 처리
하자보수보증금 납부	• 연차계약별로 해당 차수의 계약금액을 기준으로 산정 - 다만 연차계약별로 하자담보책임을 구분할 수 없는 경우에는 총 제조의 준공검사 후 총 공사금액을 기준으로 산정 (국가계약법 시행령 제62조 제3항, 지방계약법 시행령 제71조 제3항)	• 총 공사의 준공검사 후 총 공사금액을 기준으로 산정 - 다만 전체 공사목적물이 아닌 기성부분(성질상 분할할 수 있는 공사에 대한 완성부분에 한함)에 대하여 발주기관이 인수하여 사용관리 중인 경우에는 그 기성부분의 금액을 기준으로 산정

4) 단독계약과 공동계약

(1) 단독계약

계약의 상대자를 1인으로 하여 체결하는 계약의 형태를 말한다.

(2) 공동계약

공동계약은 공사·제조, 기타의 계약에 있어 필요하다고 인정할 때에 계약 상대자를 2인 이상으로 하여 체결하는 계약 방법으로, 시공능력, 실적, 기술보유, 면허 등에서 상대적으로 대기업에 비해 열위에 있는 중소기업의 수주기회 확대 및 기술지원을 위해 1983년 3월 구 예산회계법 시행령(2007. 1. 1. 폐지)에 공동도급 규정이 마련됨으로써 처음 도입되었다.

위와 같은 도입 취지를 반영하여 국가계약법 시행령 제72조 제2항 및 지방계약법 시행령 제88조 제2항에 '계약의 목적 및 성질상 공동계약에 의하는 것이 부적절하다고 인정되는 경우를 제외하고는 가능한 한 공동계약에 의하여야 한다'고 규정하고 있는 등 중소기업 보호를 위해 공동계약을 적극 권장하고 있다.

이러한 공동계약은 2인 이상의 업체가 결합함으로써 제조기술 및 자본의 보완 또는 계약불이행에 대한 위험부담을 분산시킬 수 있는 장점이 있으나 계약 상대자가 다수이다 보니 계약이행 및 납품과정에 하자 책임 등을 가리기 어려워 분쟁이 발생할 소지가 있다.

이에 따라 국가·지방계약법규에서는 공동계약에 관한 별도의 규정을 두고 있는데, 국가계약은 「공동계약 운용요령」(기획재정부 계약예규)에서, 지방계약은 「지방자치단체 입찰 및 계약집행기준」(행정안전부 예규) 제7장 '공동계약 운영요령', 제8장 '주계약자 공동도급 운영요령'에서 공동계약의 유형, 구성원의 책임관계, 공동수급체 구성 방법 등을 별도로 상세히 규정하고 있다.

여기서는 공동계약의 개략적인 개념과 핵심적으로 알아야 할 내용 위주로 작성하였으므로 공동계약을 추진할 경우에는 꼭 위 예규를 잘 살펴 처리해야 한다.

【공동계약의 형태 및 비교】

구 분	공동이행 방식	분담이행 방식	주계약자관리 방식
구성방식	• 출자비율로 구성	• 분담 내용으로 구성 (면허분담 가능)	• 주계약자 종합조정·관리 • 부계약자는 분담 내용으로 구성
대표자	• 공동 수급체 총괄관리	• 공동 수급체 총괄관리	• 주계약자가 총괄관리
이행 및 하자책임	• 구성원 연대책임 (1차-구성원, 2차-보증기관)	• 구성원 각자 책임 (1차-구성원, 2차-보증기관)	• 구성원 각자 책임(원칙) (1차-구성원, 2차-보증기관) * 하자구분이 곤란한 경우 구성원 연대책임
하도급	• 구성원 전원 동의 시 하도급 가능	• 각자 책임하에 일부 하도급 가능	• 부계약자 중 전문건설업자는 직접시공 의무
실적인정	• 금액- 출자비율로 산정 • 규모- 실제 시공부분	• 구성원별 분담시공 부분	• 주계약자--낙찰자 결정기준 제1장 <별표 1> 제1절 4-나-5), 6)에 따라 실적 인정 • 부계약자- 분담시공부분

※ 계약 목적 달성을 위해 공동이행 방식과 분담이행 방식을 혼합하여 공동 수급체를 구성할 수 있음
※ 주계약자 관리방식은 2010년부터 2억 원 이상 100억 원 미만 공사에 대하여 모든 자치단체에 적용가능

지역의무공동도급제도

- 공동계약에 의하는 경우로서 건설업 등의 균형 발전을 위하여 필요하다고 인정하는 공사의 경우에는 공사현장을 관할하는 특별시·광역시·특별자치시·도 및 특별자치도에 주된 영업소가 있는 자 중 1인 이상을 공동 수급체 구성원으로 하는 제도(지계법 제29조, 지계령 제88조)
  - ※ 다만, 지역안 공사의 이행에 필요한 자격을 갖춘 자가 10인 미만인 경우에는 지역의무공동 도급의 대상이 될 수 없으며
  - ※ 국제입찰에 의하는 경우로서 외국 건설업자(「건설산업기본법」 제9조에 따라 건설업의 등록을 한 외국인 또는 외국법인을 말한다)가 계약 상대자에 포함된 경우는 제외

- 지역의무공동도급으로 입찰공고하는 공사는 지역 업체의 최소 시공 참여비율을 40% 이상 49% 이내로 정하여 입찰공고 해야 함.
  다만, 해당 공사의 지역 업체 최소 시공 참여비율 이상에 해당하는 시공능력평가액을 갖춘 지역 업체가 입찰공고일 전일 기준 10인 미만인 경우와 40% 이상 지역 업체로 제한할 경우 입찰 참가자격에 필요한 면허·등록 등 자격을 갖춘 지역 업체가 입찰공고일 전일 기준 10인 미만에 해당하는 경우 지역의무공동도급으로 발주할 수 없음.
  - 위 규정에도 불구하고 지역 여건 등을 고려하여 지역 업체 최소 시공 참여비율을 조정할수 있음.
  - ※ 지역의무공동도급 시 지역 업체와 지역외 업체는 독점규제 및 공정거래법상 계열회사와는 공동 수급체가 될 수 없음.

 핵심 체크

【 질의 회신 】
① 수의계약의 경우에도 공동계약이 가능한지 여부
➡ 수의계약의 경우에도 계약의 목적·성질상 공동계약에 의함이 곤란하다고 인정되는 경우 외에는 공동계약이 가능한 것임
② 용역물품계약의 경우에도 지역의무공동도급 적용이 가능한지 여부
➡ 지계령 제88조 제3항의 규정에서 정한 지역의무공동도급제도는 공사입찰에 한하여 적용되는 것이며, 용역 및 물품계약은 적용되지 않음

※ 엔지니어링 사업 및 건설기술 용역 등 기술용역은 지역 업체 가점 부여(지방계약)

【기관별 지역의무공동도급 제도】

구분	대상 공사	지역 업체 최소 시공 참여비율
국가기관	83억 원 미만, 균형 발전이 필요한 사업	30%
공기업·준정부기관	249억 원 미만, 균형 발전이 필요한 사업 단, 전문공사와 그 밖에 공사 관련 법령에 따른 공사는 10억 원 미만	30%
지방자치단체	지역제한경쟁이 아닌 계약, 균형발전이 필요한 사업	40~49%

※ 국계령 제72조, 지계법 제29조, 공계칙 제6조

5) 종합계약 및 회계연도 개시 전 계약

(1) 종합계약

① 동일 장소에서 중앙행정기관, 다른 지방자치단체, 공기업, 출자출연기관이 공동으로 계약을 체결하는 방식

   예 지상 및 지하의 구조물 및 매설물 공사

② 예산낭비를 막고, 공사기간 단축 등을 위해 도입

(2) 회계연도 개시 전의 계약

① 임차, 운송, 보관, 기타 그 성질상 중단할 수 없는 계약에 있어서는 회계연도 개시 전에 해당 연도의 확정된 예산의 범위 안에서 미리 계약을 체결하는 방식(지방계약: 회계연도 시작 전 계약)

② 효력은 해당 회계연도 개시 이후에 발생

   예 차량용 및 난방용유류단가계약, 업무용전산장비 유지보수, 청사경비용역계약 등 성질상 중단이 곤란한 사업은 회계연도 개시 전 계약 체결

핵심 체크

【 질의 회신 】

입찰공고문에 예산이 확정되지 않아 추후 예정가격의 변경될 수 있음을 명시하고, 입찰공고
후 확정된 예산으로 인해 예정가격이 변경되는 경우가 발생하면 지방계약법 시행령 제33조
제2항에 따라 원래의 입찰공고를 취소하고 다시 공고하거나 변경공고를 할 수 있으므로 충
분한 검토를 거쳐야 함 [재정관리과-670, ´14. 2. 24.]

6) 유사 물품의 복수 경쟁입찰

유사한 종류의 물품 중에서 품질·성능 또는 효율 등이 일정 수준 이상인 물품
을 지정하여 구매하고자 하는 경우 부칠 수 있는 경쟁 방법으로서 유사 물품별로
별도로 작성된 예정가격에 대한 입찰금액의 비율이 가장 낮은 자를 낙찰자로 결정

예시

〈유사물품 A의 예정가는 5천만 원, B의 예정가는 6천만 원인 경우로서 A는 4천 5백
만 원 B는 5천 3백만 원 가격을 제시한 경우〉

- A제품 : 4천 5백만 원 / 5천만 원 = 90%
- B제품 : 5천 3백만 원 / 6천만 원 = 88%

※ 따라서 B제품이 낙찰되어 B제품 구매 계약

7) 2단계 경쟁입찰

물품의 제조·구매 또는 용역 계약(청소, 경비 등 단순한 노무에 의한 용역
계약은 제외)에서 미리 적절한 규격 등을 작성하기 곤란하거나 그 밖에 계약의
특성상 필요하다고 인정되는 경우에는 먼저 규격입찰 또는 기술입찰을 실시한
후 가격입찰을 실시하여 가장 낮은 가격으로 입찰한 자를 낙찰자로 결정

* 규격(또는 기술) 적격자가 2인 이상이어야 가격입찰 가능

3. 계약 체결 형태에 따른 구분

8) 규격·가격 분리 동시입찰

물품의 제조·구매 또는 용역 계약(청소, 경비 등 단순한 노무에 의한 용역 계약은 제외)에서 미리 적절한 규격 등을 작성하기 곤란하거나 그 밖에 계약의 특성상 필요하다고 인정되는 경우에 규격입찰서와 가격입찰서를 2개의 봉투에 각각 넣어 동시에 제출하게 하여 적격자를 선정하는 방법(규격을 먼저 개봉한 다음 가격 개봉)

* 규격·가격 분리 동시입찰은 규격(또는 기술) 적격자가 1인뿐이라도 낙찰자 결정이 가능하나 2단계 경쟁입찰은 불가능함.

9) 협상에 의한 계약 체결

물품(단순 물품구매 제외)·용역(청소·경비 등 단순한 노무용역 제외)계약을 체결할 때에 계약이행의 전문성·기술성·창의성·예술성, 공공시설물의 안전성 등의 이유로 필요하다고 인정되는 경우에는 다수의 공급자들로부터 제안서를 제출받아 평가한 후 협상 절차를 통하여 가장 유리하다고 인정되는 자와 계약을 체결하는 제도(국계령 43조 및 43조의2, 지계령 제43조 및 제44조)

협상에 의한 계약 대상

- 엔지니어링 사업(건설기술용역은 고난도·고기술을 요하는 경우에 한함), 정보통신산업, 정보화 사업, 산업디자인에 관한 사업, 문화산업, 온라인디지털콘텐츠산업, 기초과학 및 응용과학에 관한 학술연구용역, 기념탑, 기념비, 위령탑, 조각상 등 예술성·창작성이 수반되는 조형물 사업(지방계약만 해당), 공간정보사업(지방계약만 해당), 그 밖에 각 중앙관서의 장이 이에 해당한다고 인정하는 사업(국가계약만 해당)

(1) 협상 절차

협상기준 및 절차 작성·열람·입찰 공고(입찰공고 시 협상계약이라는 뜻을 명시해야 함) ➡ 참가자에게 제안요청서 등 필요한 서류 교부 ➡ 제안서 제출

➡ 심사위원회명단 작성(정수의 3배수) ➡ 입찰 참가자가 심사위원 추천 ➡ 심사위원 확정(불참자를 예상 115% 확정) ➡ 제안서 평가 ➡ 협상 적격자 선정 ➡ 가격 및 조건협상 ➡ 계약 체결

(2) 심사위원들의 심사결과 처리

① 심사위원은 7인 이상 10인 이내로 하되 전문성이 있는 다른 국가기관이나 지자체의 공무원, 전문기관 및 단체의 임직원, 대학교수 등으로 하며 용역 내용에 따라 수시로 달리함.

   * 지방계약: 특별한 사유가 없는 한 다른 시·도(주된 근무지 기준)의 위원을 20% 이상 선정해야 한다. 다만, 서울특별시 및 제주특별자치도는 해당 시·도의 위원으로만 평가위원회를 구성 가능

② 심사위원들이 참가자별로 평가한 심사결과는 참가자별로 최고 점수자와 최저 점수자의 평가결과를 배제하고 나머지 심사위원의 평가결과를 합산, 산술평균(중위평가)

③ 심사위원들의 평가 결과 종합점수가 70점 이상이 되어야 협상의 적격자가 됨.

④ 공무원들이 심사위원으로 참여하는 경우에는 소속기관 공무원은 심사위원으로 참여할 수 없음.

(3) 협상 요령

① 기술제안서(설계제안서) 협상

- 계약담당자는 협상 대상자가 제안한 사업 내용, 이행 방법, 이행 일정 등 제안서 내용을 대상으로 협상 실시
- 계약담당자는 협상 대상자와 협상을 통해 제안서 내용 일부 조정 가능

② 가격협상

- 협상 대상자와의 가격협상 시 기준가격은 해당 사업 추정가격에 부가가치세를 더한 금액(예정가격을 작성한 경우에는 예정가격) 이하로서 협상 대

상자가 제안한 가격으로 한다.

- 계약담당자는 협상 대상자가 제안한 내용을 가감 조정하는 경우에는 그 가감되는 내용에 상당하는 금액을 해당 사업 추정가격에 부가가치세를 더한 금액(예정가격을 작성한 경우에는 예정가격) 안의 범위에서 조정하여 계약금액을 결정할 수 있다. 다만, 제안 내용의 가감 조정이 없는 경우에는 가격협상 시 협상 대상자가 제안한 가격을 조정할 수 없다. (지방)

(4) 제안서 평가

제안서는 제안서평가위원회를 구성하여 기술능력과 입찰가격을 종합적으로 평가한다. 국가계약과 지방계약의 평가항목 및 배점 한도를 살펴보면 다음 표와 같으며 중앙관서의 장 또는 지방자치단체의 장은 이를 기준으로 세부평가기준을 정할 수 있다.

그 경우 사업의 특성·목적 및 내용 등을 고려하여 필요한 때에는 분야별 배점 한도를 가감 조정할 수 있는데, 국가계약이 분야별 배점한도를 10점의 범위 내에서 가감 조정할 수 있되 기획재정부 장관과 협의하면 10점의 범위를 초과하여 조정할 수 있도록 한 반면 지방계약은 분야별 배점 한도를 10점의 범위에서 가감 조정할 수 있다고만 되어 있어 10점을 초과하여 분야별 배점한도를 조정할 수 없다.

그에 따라 국가계약은 기획재정부 장관과의 협의 없이는 기술능력 평가 70~90점, 입찰가격 평가 10~30점의 범위 내에서 가감 조정할 수 있고, 지방계약은 정량적 평가분야 10~30점, 정성적 평가분야 50~70점, 입찰가격 평가 분야 10~30점으로 가감 조정할 수 있으며, 예를 들어 지방계약에서 정량적 평가 분야와 정성적 평가 분야의 배점을 각각 6점씩 감하여 14점과 54점으로 하고 입찰가격 평가 분야의 배점을 32점(+12점)으로 하는 것은 입찰가격 평가분야의 조정 한도인 10점을 초과하여 조정한 것이므로 불가능하다.

【국가계약의 제안서 평가항목 및 배점 한도】

구분	평가항목	배점한도	비고
계		100	
기술 능력 평가	• 기술 · 지식능력 • 인력 · 조직 · 관리기술 • 사업수행계획 • 지원기술 · 사후관리 • 수행실적 • 재무구조 · 경영상태 • 상호협력 • 외주근로자 근로조건 등	80	• 각 평가항목의 배점 한도는 30점을 초과 하시 못함
입찰가격 평가		20	

주: 입찰가격 평점산식 등 상세한 기술능력 및 가격 평가 방식은 「협상에 의한 계
약체결기준」 [별표]에서 정하고 있음.

주1) 입찰가격 평점산식

가) 입찰가격을 추정가격의 100분의 80 이상으로 입찰한 자에 대한 평가

· 평점 = 입찰가격평가 배점한도 $\times \left(\dfrac{최저입찰가격}{해당입찰가격} \right)$

* 최저입찰가격: <u>유효한 입찰자</u> 중 최저 입찰가격으로 하되, 입찰가격이 추정가
격의 100분의 60 미만일 경우에는 100분의 60으로 계산

* 해당 입찰가격: 해당 평가 대상자의 입찰가격

➡ 위 밑줄 친 유효한 입찰자는 협상 적격자만을 의미하는 것이 아니고 형
식 요건을 갖춘 모든 입찰자를 의미한다.

【지방계약의 제안서 평가항목 및 배점 한도】

구분		평가항목 (예시)	배점한도	비고
계			100	
기술 능력 평가	정량적 평가분야 (계량화)	• 수행경험(실적) • 경영상태 • 기술인력 보유상태 또는 핵심 　인력 • 신인도	20	• 계약담당자(또는 사업담당자) 　가 평가 • 평가항목별 배점한도는 전체배 　점의 30%를 초과할 수 없다.

	• 용역근로자 보호지침 • 그밖에 필요한 사항		
정성적 평가분야	• 기술·지식능력 • 사업수행계획 • 지원기술·사후관리 • 상호협력 관계 • 그밖에 필요한 사항	60	• 평가위원이 평가
가격 평가	입찰가격 평가분야	20	

주: 1. 입찰가격 평점산식 등 상세한 기술능력 및 가격 평가 방식은 「지방자치단체 입찰
시 낙찰자 결정기준」 제7장 '협상에 의한 계약 낙찰자 결정기준' [별표 1] 참고
2. 계약담당자는 디자인 사업·설계, 행사기획·운영 등 해당 사업의 특성상 기술능
력을 위주로 심사할 필요성이 있는 경우에는 같은 예규, 제7장 협상에 의한 계약
낙찰자 결정기준, [별표 2] 제안서 평가절차 및 평가항목을 적용할 수 있음. 이 경
우에는 정량적 평가를 통과한 업체에 한하여 정성적 평가와 가격평가를 실시함.

10) 설계공모에 의한 낙찰자 결정

지방계약법 시행령 제42조의 4 규정에 따라서 상징성, 기념성, 예술성 등의
창의성이 요구되는 설계용역을 할 때에는 설계공모를 통하여 가장 높은 점수를
받은 자를 낙찰자로 결정할 수 있다.

4. 경쟁 형태에 따른 구분

공공계약은 원칙적으로 일반경쟁 입찰에 의해야 한다. 다만, 계약의 목적·성
질·규모·지역 특수성 등을 고려하여 필요하다고 인정되면 제한입찰, 지명입
찰, 수의계약에 의할 수 있다.(국계법 제7조, 지계법 제9조, 공계칙 제6조)
공공기관에 있어서 다음의 경우에는 이 원칙을 적용하지 않을 수 있다.(공계
칙 제6조 제5항)

① 「자본시장과 금융투자업에 관한 법률」에 따른 방법으로 증권에 관한 거래를 하는 경우

② 부동산의 매입 또는 임차계약을 할 때 경쟁을 시킬 수 없는 부득이한 사유가 있는 경우

③ 「해외건설촉진법」 제6조 제6항에 따른 공공기관이 같은 법 제2조제1호에 따른 해외공사를 수주하거나 수행할 때 발주자의 요구 사항을 이행하여야 하거나 계약기간을 준수하여야 하는 등의 사유로 경쟁을 시킬 수 없는 부득이한 사유가 있는 경우

계약담당공무원이 계약 방법을 선택할 때에는 법령에서 정한 규정의 범위 내에서 계약 방법 간의 장·단점을 검토하여 해당 계약의 목적·성질·규모 등에 비추어 가장 적절한 계약 방법을 선택해야 한다.

【계약의 방법】

구분	일반경쟁계약	제한경쟁계약	지명경쟁계약	수의계약
개념	• 불특정 다수를 대상으로 경쟁입찰을 실시하여 유리한 조건을 제시한 자와 계약하는 방법 • 입찰 방식의 기본원칙	• 계약의 목적, 성질 등에 비추어 필요한 경우 경쟁 참가자의 자격을 일정한 기준에 의하여 제한하여 입찰을 실시하고 그 낙찰자와 계약을 체결하는 방법	• 계약의 목적, 성질 등에 비추어 필요한 경우 신용과 실적 등에 있어 적당하다고 인정되는 특정 다수인을 지명하여 입찰에 참가시키고 그 낙찰자와 계약을 체결하는 방법	• 계약 상대자를 결정함에 있어 경쟁입찰에 의하지 않고 특정인을 계약 상대방으로 선정하여 계약하는 방법
근거법령 및 관련규정	• 국가계약법 제7조, 시행령 제12조~제13조 • 지방계약법 제9조, 시행령 제13조~제14조	• 국가계약법 제7조, 시행령 제21조~제22조 • 지방계약법 제9조, 시행령 제20조~제21조	• 국가계약법 제7조, 시행령 제23조~제24조 • 지방계약법 제9조, 시행령 제22조~제23조	• 국가계약법 제7조, 시행령 제26조~제32조 • 지방계약법 제9조, 제33조, 시행령 제25조~제32조

장점	• 단순하고 공정한 절차 • 가격경쟁에 따른 예산절감 • 공평한 입찰참가 기회 부여	• 참가자격을 사전에 제한하여 부적격자 참여 배제 • 일반경쟁·지명경쟁 단점 보완	• 입찰 참가자를 지명하여 부적격자 참여 사전배제 • 일반경쟁에 비해 절차 간소화	• 자본, 신용, 경험이 많은 업체 선택 가능 • 입찰공고의 생략 등 계약 행정 업무의 편의도모
단점	• 부적합자 응찰로 경쟁 과열과 공사 부실화 우려 • 입찰 등 계약 준비기간 장기화	• 객관적 제한 기준 설정의 어려움 • 자격제한에 대한 관련 업체 반발 가능성	• 특정인만 참가함으로 담합 소지 • 지명에 있어 객관성 및 공정성 확보 어려움	• 경쟁을 지나치게 제한하여 기술개발 저해 우려 • 정책 목적 달성 수단으로 악용 특혜 시비 발생

1) 일반입찰계약

(1) 의의

일반입찰계약이란 계약의 목적 등을 공고(정보처리장치 게재, 통지 등)하여 일정 자격을 갖춘 불특정 다수의 희망자를 경쟁시켜 가장 유리한 조건을 제시한 자를 낙찰자로 선정하고 그와 계약을 체결하는 방법을 말한다.

일반경쟁계약이라고 해서 희망하는 모든 사람이 입찰에 참여할 수 있는 것은 아니다. 즉 일반경쟁계약이라 해도 계약이행에 필요한 기본 자격요건을 갖추어야 하거나 필요한 인허가를 받아야 하는 등 모든 계약 방법에 있어 공통적으로 적용되는 제한 사항이 있다.

(2) 입찰의 참가자격

① 자격 제한의 필요성과 한계

일반입찰은 누구든지 참가할 수 있도록 하는 것이 바람직하지만, 부적격자의 참가로 인한 입찰질서 혼란 및 계약이행의 부실화 등을 예방하기 위하여 공정성을 해치지 않는 한도에서 최소한의 제한은 불가피하다.

그러나 이러한 제한은 극히 예외적 사항으로서 법령에 특별한 규정이 있는 경우를 제외하고는 부당하게 입찰 참가를 제한할 수 없다.(국계칙 제17조, 지계칙 제17조)

② 입찰의 참가자격

㉠ 입찰 참가 자격요건

계약담당자는 다음의 자격요건을 갖춘 자에 한하여 경쟁 입찰에 참가하게 한다.(국계령 제12조 ①, 지계령 제13조 ①)

- 필요시 허가·인가·면허·등록·신고 등 법정 자격요건을 갖출 것
- 필요시 보안요건에 대한 관계기관의 적합판정을 받았을 것
- 「소득세법」 제168조·「법인세법」 제111조 또는 「부가가치세법」 제8조에 의한 사업자등록증 등의 소지자일 것

다만, 국가·지방자치단체·공공기관이 경쟁입찰에 참가하는 경우 및 수입의 원인이 되는 계약을 체결하는 경우에는 위 자격요건(3가지 모두)은 적용하지 아니한다.(국계칙 제18조, 지계칙 제18조)

중소기업협동조합이 물품의 제조·구매 경쟁 입찰에 참가하는 때에는 위 첫째 자격요건(허가·인가·면허 등)은 적용하지 않는다.(국계령 제12조 제2항, 지계령 제13조 제2항)

【입찰 참가자격 요건】

입찰 참가자격 요건 (국가계약법 시행령 제12조, 시행규칙 제14조 지방계약법 시행령 제13조, 시행규칙 제14조)	예시
• 다른 법령의 규정에 의하여 허가·인가·면허·등록·신고 등을 요하거나 자격요건을 갖추어야 할 경우에는 당해 허가·인가·면허·등록·신고 등을 받았거나 당해 자격요건에 적합할 것	• 공사계약: 건산법에 따른 건설업 등록 • 물품계약: g2b 세부품명번호등록 • 용역계약: 건설기술진흥법에 따른 건설기술 용역업 등록
• 보안측정 등의 조사가 필요한 경우에는 관계기관으로부터 적합판정을 받을 것	• 방산업체, 방위사업청 위촉 전문연구기관, 방위사업 계약업체 또는 협력업체
• 「소득세법」 제168조·「법인세법」 제111조 또는 「부가가치세법」 제8조의 규정에 의하여 당해 사업에 관한 사업자등록증을 교부받거나 고유번호를 부여받을 것	• 세법에 따라 관할 세무서에 사업자등록을 한 자

ⓛ 입찰 참가 배제 요건

- 부정당업자 제재를 받고 제재기간 중에 있는 자(국계령 제76조, 지계령 92조)
- 계속공사의 수의계약을 체결하지 않는 자(국계령 제15조)
- 입찰 참가 기준 시점

입찰 참가 기준 시점

- 제조·구매·용역의 경우, 입찰 참가 신청서류 접수(등록) 마감일
- 공사의 경우, 제조와 동일하나 현장 설명 참가가 의무인 경우에는 현장 설명일
- 부정당 업자 제재 또는 영업정지 중인 경우, 위 서류 접수 마감일 및 현장 설명일 전일까지 제재·정지 기간이 만료되면 입찰 참가 가능

---

2) 제한입찰계약

(1) 의의

제한입찰계약이란, 일정한 지역, 도급한도액 또는 시공능력, 계약실적 또는 기술능력 등의 객관적 기준에 따라 입찰 참가자의 자격을 제한하여 경쟁입찰에 참가시키고, 그 낙찰자와 계약을 체결하는 방법을 말하는데, 이는 일반경쟁입찰과 지명경쟁입찰의 단점을 보완한 방법이며, 실제 가장 활용도가 높은 편이다.

(2) 제한입찰의 범위와 구분

① **국가계약**(국계법 제7조 제1항 단서)

구분	제한 대상	분야	세부 대상	제한 요건
가. 실적 능력	① 일정 금액 이상의 공사계약	공사	• 추정가격 30억 원 이상 건설공사(전문공사 제외) • 추정가격 3억 원 이상 전문·그 밖의 공사	• 시공능력평가액 • 공사실적

구분	제한 대상	분야	세부 대상	제한 요건
	② 특수한 기술·공법이 요구되는 공사계약	공사	• 터널공사 등 30개 특수 기술을 요하는 공사 • 스폼공법 등 3개 특수 공법을 요하는 공사 ※「정부 입찰·계약 집행기준」 제4조 참조	• 기술 보유 상황 • 공사실적
	③ 특수한 설비·기술이 요구되는 물품제조계약	물품	• 특수한 품질 또는 성능의 보장을 위하여 특수한 설비와 기술을 필요로 하는 경우 • 한국산업표준(KS) 인증 물품을 제조하는 경우	• 설비·기술 보유 상황 • 물품제조실적(추정가격 2억 원 이상 계약에 한정)
	④ 특수한 성능·품질이 요구되는 물품구매계약	물품	• 한국산업표준 인증 물품 • 환경표지 인증 물품 • 품질인증을 받은 재활용제품	• 품질인증 등 여부
	⑤ 특수한 기술이 요구되는 용역계약	용역	-	
나. 지역	① 일정 금액 미만의 계약	공사	• 추정가격 83억 원 미만 건설공사(전문공사 제외) • 추정가격 10억 원 미만 전문·그 밖의 공사	• 본점 또는 사업장 소재지
		물품 용역	• 추정가격 2.2억 원 미만의 물품제조·구매, 용역	
	② 특정 지역 소재자 생산물품 구매	물품	• 지방중소기업 특별지원지역에 입주한 자 • 「농어촌정비법」에 따른 농공단지에 입주한 자	• 특정지역 소재자 해당 여부
다. 중소 기업	① 중소기업자 간 경쟁제품 구매	물품 용역	• 중소벤처기업부 장관이 지정·공고한 중소기업자 간 경쟁제품	• 중소기업자
	② 공동사업을 통한 중소기업자 간 경쟁제품 구매		• 소기업·소상공인이 중소기업협동조합과 함께 공동사업을 하여 제품화한 경쟁 제품(물품·용역)	• 공동사업에 참여한 소기업 또는 소상공인
	③ 중소기업자와의 우선조달계약		• 고시금액(2.2억 원) 미만의 물품 제조·구매 또는 용역 ※ 지방계약과 문구는 다르나 내용은 동일	• 추정가격 1억 원 미만 - 소기업·소상공인·벤처기업·창업자 • 추정가격 1억 원 이상 - 중소기업자

② 지방계약(지계법 제9조 제2항)

제한의 종류	계약 목적물	제 한 요 건	비 고
1. 해당 계약 목적물과 동일한 종류의 실적으로 제한	공사	• 추정가격 30억 원 이상 종합공사 • 추정가격 3억 원 이상 전문·그밖의 공사	• 해당 계약목적물의 규모 또는 양의 1/3이내 단, 계약목적물의 특성, 안전성, 난이도 등 고려 규모 또는 양의 1/3 이상 1배 범위에서 최소 실적기준 정할 수 있음 • 해당 계약목적물의 금액의 1배 이내
		• <별표 1> 특수한 기술·공법이 요구되는 공사	
	물품 용역	• <별표 1> 추정가격 2.2억 원 이상 특수한 설비·기술이 요구되는 물품제조 • 추정가격 2.2억 원 이상 특수한 기술이 요구되는 용역	
2. 기술보유 상황으로 제한	공사	• <별표 1> 특수한 기술·공법이 요구되는 공사	
	물품 용역	• <별표 1> 특수한 기술이 요구되는 물품제조·용역	
3. 시공능력 평가액으로 제한	공사	• 추정가격 30억 원 이상 종합공사 • 추정가격 3억 원 이상 전문·그밖의 공사	
4. 지역 제한	공사	• 추정가격 100억 원 미만 종합공사 • 추정가격 10억 원 미만 전문공사 • 추정가격 10억 원 미만 혁신도시 건설 전문공사 • 추정가격 5억 원 미만 전기·그 밖의 공사	• 법인 본점 • 개인사업장 소재지
	물품 용역	• 추정가격 3.3억 원 미만 시·도(세종시 제외) 일반용역·물품 • 추정가격 5.0억 원 미만 세종시, 시·군·구 일반용역·물품 • 추정가격 3.3억 원 미만 기술용역 • 추정가격 1.5억 원 미만 안전점검 및 정밀안전진단 용역	
5. 설비 제한	물품	• 특수한 설비가 요구되는 물품제조	
6. 유자격자 명부에 따른 제한	공사	• 시·도지사가 공사 성질별·규모별 유형화 및 제한 기준을 정하여 등록한 사업자로 제한	
7. 물품 납품 능력	물품	• 특수한 성능·품질이 요구되는 경우 해당 인증 등을 받은 물품인지 여부	
8. 중소기업자	물품	•「중소기업제품 구매촉진 및 판로지원에 관한 법률」제4조에 따라 중소기업자와 우선적으로 조달계약을 체결하여야하는 경우 및 같은 법 제6조 중소기업청장이 지정·고시한 물품의 제조·구매하는 경우 중소기업기본법 제2조의 중소기업자로 제한	

제한의 종류	계 약 목적물	제 한 요 건	비 고
9. 소기업 · 소 상공인	물품	• 「중소기업제품 구매촉진 및 판로지원에 관한 법률」 제7조의 2 제2항 제1호에 따른 제한경쟁입찰 방법에 따라 물품 제조 · 구매 계약을 체결하는 경우에는 같 은 항에 따른 공동사업에 참여한 소기업 또는 소상 공인(해당 물품 등을 납품할 수 있는 소기업 또는 소상공인)	

※ "4"의 경우 입찰 참가자가 법인인 경우 법인등기부상 본점 소재지를 말하며 개인
사업자인 경우 사업자 등록증 또는 관련 법령에 따른 허가 · 인가 · 면허 · 등록 ·
신고 등 관련 서류에 기재된 사업장 소재지를 말함.

– 다만, 개인사업자가 사업장 소재지는 다르지만 사업의 종류가 동일한 복수의 사
업자 등록증을 보유하고 있는 경우에는 해당 개인사업자가 그중 한 곳을 지정한
사업장 소재지를 주된 영업소로 본다.

【별표 1】

특수한 기술 · 공법 · 설비 등이 필요한 공사와 물품의 제조 · 구매

1. 특수한 기술이 필요한 공사

① 터널공사 ② 활주로공사 ③ 지하철공사 ④ 저수 · 유조 하천공사, 수중작업을 수반하는 공사 ⑤ 댐 축조공사 ⑥ 취수장 · 정수장 · 유조지 · 오수처리징 공사로서 수중작업을 수반하는 공사 ⑦ 송 · 배수관공사 ⑧ 수중관 · 사이폰 · 저수지 또는 제방공사 ⑨ 매립지 등 연약지반 파일 · 우물통 공사를 수반하는 공사 ⑩ 독크 축조공사 ⑪ 간척(방조제) · 매립공사 ⑫ 항만법 제2조 항만시설공사, 어촌 · 어항법 제2조 어항시설공사 ⑬ 장대교(길이 100m 이상) 제작 · 가설공사 ⑭ 철도 · 철도궤도공사 ⑮ 정밀 시공이나 위험을 수반하는 기계설치공사 ⑯ 발전 · 변전 · 송전 · 배전설비공사 ⑰ 전기철도 · 전차시설공사 ⑱ 정밀시공 · 고위험 전기기계 설치공사 ⑲ 신호집중제어 · 특수제어장치 설치공사 ⑳ 자동신호 · 연동장치공사 ㉑ 원형차량감지기 설치공사 ㉒ 문화재보수공사 ㉓ 차선도색공사 ㉔ 도로봉합제 이용 신축이음 · 균열보수공사 ㉕ 상수도관 세척갱생공사 ㉖ 하수도 흡입준설공사 ㉗ 심정공사 ㉘ 산간벽지 등 특수지역에서 시공하는 군사시설공사 ㉙ 하천환경정비사업 ㉚ 그 밖의 특수한 기술이 필요한 공사로서 해당 지방자치단체 계약심의위원회에서 필요하다고 인정하는 공사(입찰공고에 명시)

국가 계약	①~㉙ : 지방계약과 동일 ㉚ 기타 특수한 기술이 요구되는 공사로 각 중앙관서의 장이 특별히 인정하는 공사

2. 특수한 공법이 필요한 공사

지방 계약	① 스폼공법 · 철골공법에 따른 공사 ② 피 · 시공법 등 관련 중앙행정기관의 장이 특수공법으로 지정 · 고시한 공법에 따른 공사
국가 계약	① 스폼공법 또는 철골공법에 의한 공사 ② 피 · 시공법 등 중앙관서장이 특수공법으로 지정 · 고시한 공법에 의한 공사 ③ 특수 설계 또는 특수 사양에 의한 선박 공사[주]

주: 국가계약은 '특수 설계 또는 특수 사양에 의한 선박 공사'를 특수 공법을 요하는 공사
로 정하고 있으나 지방계약은 이를 '특수 설계 · 특수 사양에 따른 선박의 제조'라는 명칭
으로 특수한 설비 등이 필요한 물품의 제조 · 구매로 규정하고 있음.

3. 특수한 설비 등이 필요한 물품의 제조 · 구매

① 특수한 품질 · 성능보장을 위해 특수한 설비와 기술을 필요로 하는 경우
② 특수한 품질 · 성능보징을 위해 법령에 따른 특정 인증 획득이 필요한 경우
㉮ 『산업표준화법』 제15조에 따른 인증을 받은 물품
㉯ 『환경기술 및 환경산업 지원법』 제17조에 따라 환경 표지의 인증을 받은 물품
㉰ 『자원의 절약과 재활용 촉진에 관한 법률』 제33조에 따른 기준에 적합하고 『산업기
술혁신촉진법 시행령』 제17조 제1항 제3호에 따른 품질인증을 받은 재활용 제품
㉱ 『자연재해대책법』 제61조에 따라 지정 · 고시된 방재 신기술을 활용한 물품
③ 특수 설계 · 특수 사양에 따른 선박의 제조

| 국가
계약	① 특수한 품질 또는 성능의 보장을 위하여 특수한 설비와 기술을 필요로 하는 경우 ② 시행령 제23조 제1항 제6호(『산업표준화법』 제15조에 따른 인증을 받은 제품 또는 같은 법 제25조에 따른 우수한 단체표준제품)에 의한 물품을 제조하는 경우

(3) 제한의 기본원칙

① 계약 목적물의 난이도, 규모의 대소, 수급상황 등을 적정하게 고려하여 제
한의 범위를 정한다.
② 각 항목을 중복적으로 제한할 수 없는 것이 기본원칙임

핵심 체크

① 동일실적 ② 기술의 보유상황 ③ 시공능력평가액 제한 ④ 지역제한
⑤ 설비제한 ⑥ 유자격자 명부에 따른 제한 ⑦ 물품의 납품능력 ⑧ 중소기업자
⑨ 벤처기업 ⑩ 소상공인 ⑪ 소기업 ⑫ 창업기업

* 지방계약 기준

〈예외〉특수한 기술이나 공법이 요구되는 공사(별표 1에 해당하는 공사)의 ④와①, ④와② 또는 ⑧, ⑨, ⑩, ⑪, ⑫와 각 호의 어느 하나와는 중복하여 제한할 수 있다. [예시) 중소기업자+동일 실적, 중소기업자+기술의 보유상황, 중소기업자+지역제한, 중소기업자+설비제한 등]

(4) 제한 경쟁입찰에서의 제한 기준일

① **지역 제한**: 입찰자는 입찰공고일 전일부터 입찰일(입찰자가 입찰하는 날을 말한다)까지, 낙찰자는 계약 체결일까지 주된 영업소가 공사현장(물품·용역은 납품소재지)을 관할하는 시·도에 있어야 한다.

※ 국가계약법령의 경우에는 주된 사무소(본점)를 이전한 경우 90일이 경과해야 지역제한입찰 참여가 가능함.

② **지역제한 이외의 제한 기준일**: 지역제한, 실적제한 이외의 제한기준일은 입찰 참가 신청서류의 접수 마감일을 기준으로 하며, 입찰 참가자는 입찰서 제출 마감일까지 해당 입찰 참가자격을 계속 유지해야 한다.

(5) 부당하게 제한해서는 아니 되는 사항

국가계약의 제한 금지사항

• 「정부 입찰·계약 집행기준」 제5조 제4항

④ 계약 담당 공무원은 시행령 제21조 제1항에 의하여 제한 경쟁입찰에 참가할 자의 자격을 제한하는 경우에 이행의 난이도, 규모의 대소, 수급 상황 등을 적정하게 고려하여야 한다. 다만, 다음 각호와 같이 경쟁 참가자의 자격을 제한하여서는 아니 된다.

1. 시행령 제21조 제1항 각호 또는 각호 내의 사항을 중복적으로 제한하는 경우. 다만, 시행령 제21조 제1항 제6호에 규정된 사항에 의하여 제한하는 경우에는 동항 제2호에 규정된 사항과 중복하여 제한할 수 있음

2. 특정한 명칭의 실적으로 제한함으로써 유사한 실적이 있는 자의 입찰 참가 기회를 제한하는 경우

가. 농공단지 조성공사에 있어 농공단지 조성 실적이 있는 업체만으로 제한함으로써 사실상 공사 내용이 동일한 공업단지나 주택단지 등의 조성 실적

이 있는 자의 입찰 참가를 배제

나. 종합문화예술회관 공사에 있어 종합문화회관 건립 단일공사 관람석 OOO석 이상 준공 실적이 있는 업체로 제한함으로써 시민회관, 강당 등 사실상 내용이 같은 공사 실적이 있는 자의 입찰 참가를 배제

3. 특정기관이 발주한 준공 실적만을 요구하고 다른 기관 및 민간의 실적을 인정하지 않는 경우(예: 국가기관, 지방자치단체 및 공기업 · 준정부기관 등의 실적만을 인정함으로써 다른 공공기관 및 민간 실적을 배제)

4. 해당 공사이행에 필요한 수준 이상의 준공실적을 요구하는 경우(예: 동일 공사에서 교량이 2개 이상 있을 경우 합산한 규모의 실적 업체로 제한하여 1개 규모의 실적 보유 업체를 배제)

5. 물품의 제조 · 구매 입찰 시 부당하게 특정 상표 또는 특정 규격 또는 모델을 지정하여 입찰에 부치는 경우와 입찰 조건, 시방서 및 규격서 등에서 정한 규격 · 품질 · 성능과 동등 이상의 물품을 납품한 경우에 특정 상표 또는 모델이 아니라는 이유로 납품을 거부하는 경우(예: 특정 수입 품목의 모델을 내역서에 명기하여 품질 및 성능 면에서 동등 이상인 국산품목의 납품을 거부)

6. 지역제한 경쟁입찰을 하는 경우에 본점이 공사의 현장 · 납품지 등이 소재하는 시 · 도의 관할구역 안에 있는 자로 제한하여야 함에도 시 · 군 · 자치구의 관할구역 안에 있는 자로 제한하는 경우

7. 일반 경쟁입찰이 가능함에도 과도하게 실적 등으로 제한하는 경우[예: 빗물 펌프장(유수지) 공사에서 펌프 용량으로 실적 제한]

8. 관련 법령 등에 의해 1개의 등록만으로 시공이 가능함에도 2개 이상의 등록을 요구하는 등 등록요건을 강화하는 경우

9. 교량이나 도로공사 발주 시 공사의 실적을 평가하는데 주요한 기준의 규모(또는 양)로 제한하지 아니하고, 폭 등 독특한 실적만으로 제한하는 경우 및 폭, 연장, 경간장, 공법 등을 모두 제한하는 경우

10. 창의성이 요구되는 건축설계 등 문화예술 관련 용역에 대해서 용역 수행 실적으로 제한하는 경우

11. 시행령 제73조의 2에 의한 건설사업관리용역을 발주함에 있어 시공 단계의 건설사업관리 용역이 해당 용역의 주요 부분임에도 불구하고 건설사업관리 실적만을 요구하는 등 시공 단계의 건설사업관리 용역실적을 인정하지 않는 경우

지방계약의 제한 금지사항

• 「지방자치단체 입찰 및 계약 집행기준」 제1장 입찰 및 계약집행기준 제1절 총칙
7. 계약 담당자 주의사항

나. 입찰 및 계약 시 금지해야 할 사항

 1) 부당한 방법으로 입찰 참가자격을 제한하는 사례

  가) 입찰 참가자격을 대표자의 본적·주소 등으로 제한하거나 해당 지역에
    일정 기간 이상 거주한 자(업체)로 제한하는 사례

  나) 공사의 지역의무공동도급 시 지역 업체 수를 과도하게 제한하는 사례
    (예: 3개 사 이상 지역 업체 참여 의무화 등)

  다) 입찰공고·특수 조건 등에서 해당 지역 업체에게 의무적으로 하도급하
    게 하거나 자재납품업체를 해당 지역 업체로 제한하는 사례

 2) 특수한 기술·공법 등이 꼭 필요하지 않음에도 불구하고 무차별적으로 제
   한하는 사례

 3) 해당 계약이행에 불필요한 등록·면허·자격요건 등으로 제한하는 사례

 4) 동일한 종류의 공사 실적을 인정하지 아니하는 사례

  ▪ 하수관거공사 입찰에 택지조성공사·경지정리공사의 하수관거 공사 실적
    을 인정하지 아니하는 사례

  ▪ 농공단지조성공사 입찰에 공업단지·주택단지 조성공사의 실적을 제외하
    거나 인정하지 아니하는 사례

 5) 국가·지방자치단체·정부투자기관 등 특정기관이 발주한 실적만 인정하고
   지방공기업·지방자치단체 출자·출연법인, 민자·민간 실적 또는 해외 실
   적을 인정하지 아니하는 사례. 하도급 계약을 승인하는 경우에도 이와 같다.

 6) 특정한 명칭의 실적으로 제한하여 실제 동일 실적에 해당되는 실적을 인정
   하지 아니하거나 입찰 참가를 제한하는 사례

 7) 입찰공고나 설계서(도면·시방서·물량내역서·현장설명서)·규격서·사양
   서 등에 부당하게 특정 규격·모델·상표 등을 지정하여 입찰에 부치거나
   계약을 하고 품질·성능 면에서 동등 이상의 물품을 납품하더라도 이를 인
   정하지 아니하는 사례(특히, 특정 업체와의 수의계약 및 협상에 의한 계약
   을 체결하기 위해 특정 규격·사양 등을 명시하는 사례) 다만, 국민의 생명
   보호, 건강, 안전, 보건위생 등 특별한 사유가 있을 경우는 예외로 한다.

 8) 관련 법령 등에 따라 1개의 등록만으로 계약이행이 가능함에도 2개 이상의
   등록을 요구하는 등 과도하게 자격요건을 강화하는 사례

 9) 교량·도로 등의 공사 발주 시 실적평가의 주요 기준을 규모·양으로 제
   한하지 아니하고 폭 등 독특한 실적만으로 제한하는 사례, 또는 폭·연장
   ·경간·공법 등을 모두 제한하는 사례

10) 창의성이 요구되는 건축설계 등의 특정 용역에 대해서 과도하게 용역 수행 실적으로 제한하는 경우

11) 건설사업관리 용역을 발주함에 있어서 감리용역이 주요 부분인데도 건설사업관리 실적만 요구하고 감리용역 실적은 인정하지 아니하는 사례

12) 시행령 제18조 제4항에 따른 2단계 입찰 및 시행령 제43조에 따른 협상에 의한 계약에 의할 경우 평가기준 및 절차(외부 전문가를 위원으로 선정하여 평가하는 경우를 포함한다) 등을 정함에 있어 특정 업체에 유리한 평가기준 적용 등 공정성, 객관성, 적합성 등이 결여되는 사례

13) 법 제22조 및 시행령 제75조의 그밖에 계약 내용의 변경에 따른 계약금액 조정 신청 시 계약 담당자가 계약금액 조정신청을 거부하거나 인정하지 아니하는 사례

14) 현장대리인(「건설산업기본법」 등 공사 관련 법령에 따른 기술자 배치기준에 적합한 자를 말한다)을 불필요하게 현장에 상주시키는 사례

15) 특수한 기술이나 공법*이 요구되지 않음에도 실적을 지역 제한이나 기술의 보유 상황과 중복하여 제한하는 사례

   * 제4장 제한입찰 운영요령 별표 1 특수한 기술·공법·설비 등이 필요한 공사와 물품의 제조·구매

   ※ 예시) 특수한 기술이 요구되는 공사가 아닌 일반 도로공사를 발주하면서 지역과 기술보유상황 및 실적으로 중복 제한

16) 규모(양)로 제한하는 경우 특별한 사유가 없는데도 공사·용역·물품 규모의 1/3을 초과하거나, 금액으로 제한하는 경우 추정가격의 1배를 초과하여 제한하는 사례

   ※ 예시) 추정가격 4억 원의 물품 구매 시 납품실적 10억 원 이상 보유자로 입찰 참가자격을 과다 제한

17) 규모(양)와 금액으로 또는 규모(양)와 다른 규모(양)로 이중 제한하는 사례

   ※ 예시 1) 200병상 및 2억 원 이상

      2) 도로 5km 및 교량 2km

18) 과도한 시설요건으로 제한하거나 필요하지 않은 특수한 설비요건을 요구하는 사례

   ※ 예시) 기계설비공사 자격이 있는 업체를 참여토록 하면 자격이 충분한데도 불필요한 특수 설비요건을 갖춘 업체로 과다하게 제한

19) 수의계약 시에도 규격서나 시방서 등에 특별한 이유가 없는 한 표준시방서를 명시하고 재무관(계약부서)에서 수의계약 대상 제품(규격)을 효율성·안전성·경제성을 고려하여 최종 선택해야 함에도 사업부서에서 특별한 경우(에너지 효율 등 특수한 기술 개발제품이 필요하거나 자재선정심의위원회를 통해 기술개발제품 등을 설계에 반영한 경우 등) 이외에 특정 제품 규격이나 인증번호 등을 명시하여 수의계약 체결을 요구하는 사례

20) 계약 목적(물)과 관련이 없는 실적 제한이나 법령·예규에 근거가 없는 실적건수로 제한하는 사례

　※ 예시 1) 전기공사를 발주하면서 전기공사와 관련 없는 생물안전실 100㎡ 이상 허가 실적이 있는 □□도내 업체로 제한

　　예시 2) "○○설치공사 실적이 최근 5년간 5건 이상 있는 업체"로 제한

21) 신기술·특허공법 보유자 또는 물품공급·기술지원사가 발주기관과 당초 협의한 내용과 다르게 부당한 요구를 하여 낙찰자와 신기술·특허 보유자 또는 물품공급·기술지원사가 간 협약이 체결되지 않거나 발주자가 발주 전에 협약을 체결하지 않아 낙찰자가 계약을 체결할 수 없는 경우 부정당 업자로 입찰 참가자격 제한 조치 및 입찰보증금을 자치단체에 귀속하는 사례

22) 신기술·특허공법 보유자 또는 물품공급·기술지원사가 발주 전에 사용협약또는 물품공급·기술지원협약을 체결하지 아니하고 낙찰자로 하여금 직접 신기술·특허 보유자 또는 물품공급·기술지원사와 체결한 사용협약서 또는 물품공급·기술지원협약서를 제출하게 하는 사례

23) 발주기관이 신기술·특허공법 보유자 또는 물품공급·기술지원사와 협약을 체결 시 하도급대금 등에 대해 신기술·특허 사용협약서 규정과 달리 협약을 체결하는 사례

　※ 예시) 발주기관이 협약 내용을 공고 시 하도급 계약금액으로 결정할 경우 하도급계약의 적정성 심사대상이 되는 비율(82%)보다 높게 책정 (예: 90%)

24) 신기술·특허공법이 사용되는 공사의 전부 또는 일부가 기술 보유자의 기술력을 활용하지 아니하면 시공과 품질 확보가 불가능하거나, 기술 보유자가 보유한 특수 장비 등을 직접 사용하지 아니하면 시공과 품질 확보가 불가능한 경우 이외에 발주기관이 계약 상대자에게 신기술·특허공법 보유자와 하도급 계약을 체결하도록 강요·유도하는 사례

　※ 예시) 계약 상대자가 신기술·특허 개발자로부터 기술 지원만 받으면 직접 시공이 가능한데도 하도급 계약 체결

25) 현장 설명 참가자에 한하여 투찰이 가능하도록 제한하는 사례

　※ 다만, 300억 원 이상 공사입찰 시 현장 설명을 하는 경우에 현장 설명에 참가한 자만을 입찰에 참여해야 함.

26) 전문성, 기술성, 창의성, 예술성, 안정성 등이 요구되지 않는 물품, 용역을 협상에 의한 계약으로 체결하는 사례

　※ 예시) 단순노무용역 등

27) 발주기관이 계약체결 이후 과업을 변경 시 계약 목적 달성을 위해 필요한 최소한의 과업만을 변경하지 않고 빈번하게 과업 변경을 계약 상대자에게 요구하는 사례 또는 계약금액 감액 시 업체의 적정 대가를 보장하지 않는 사례

28) 하도급자 승인 조건으로 특정 기관에 납품한 실적을 요구하거나 특정 업체와의 하도급을 요구하는 사례

29) 계약체결 부대비용 등 계약체결 및 이행 과정에서 발생하는 비용 중 발주기관이 부담할 부분을 계약상대자에게 전가하는 행위

30) 신기술·특허 사용 협약 및 물품공급 기술지원 협약 시 낙찰률을 고려하지 않고 협약을 체결하는 사례

31) 물품·공사·용역 등을 구성하는 재료비·노무비·경비의 책정기준 및 일반관리비율 및 이윤율을 입찰공고의 내용에 명시하지 않는 사례

32) 낙찰자가 계약을 체결하지 않는 경우 입찰보증금을 귀속하도록 규정하고 있음에도 관련 법령에 따른 등록기준 미달 등으로 인해 적격심사 대상자에서 제외된 자에 대해 입찰보증금을 귀속하는 사례

33) 협상에 의한 계약 시 계약이행과 무관하거나 발주기관 소재 지역업체만 유리한 평가항목을 포함하여 평가하는 사례

34) 계약담당자가 낙찰자 통과점수 미달로 인하여 입찰참가자의 심사서류 제출을 생략하게 하거나 심사 포기서를 제출하게 한 입찰참가자에 대하여 부정당업자 입찰참가자격 제한 조치를 하는 사례

3) 지명입찰계약

(1) 의의

① 지명입찰계약이라 함은 계약담당공무원이 계약의 성질 또는 목적에 비추어 특수한 설비·기술·자재·물품 또는 실적이 있는 자가 아니면 계약의 목적을 달성하기 곤란한 경우 등으로서 해당 자격을 가진자를 지명하여 경쟁입찰에 참가시키고, 그 낙찰자와 계약을 체결하는 방법이다.

② 지명입찰은 특수한 설비를 보유한 자, 실적 및 경영상태가 우량한 업체를 지명하기 때문에 계약이행의 신뢰성을 확보할 수 있고 절차를 간소화할 수 있는 장점이 있으나, 특정인을 지명함으로써 선량한 다수의 업체가 입찰참가 기회를 상실하는 동시에 특혜 시비, 담합을 용이하게 할 수도 있으므로 신중하게 접근하여야 한다.

(2) 지명입찰계약의 대상

① 국가계약(국계령 제23조)

- 계약의 성질 또는 목적에 비추어 특수한 설비·기술·자재·물품 또는 실적이 있는 자가 아니면 계약의 목적을 달성하기 곤란한 경우로서 입찰대상자가 10인 이내인 경우
- 추정가격 4억 원 이하 건설공사(전문공사 제외)
- 추정가격 1.6억 원 이하 전문공사 또는 그 밖의 공사 관련 법령에 의한 공사
- 추정가격 1억 원 이하 물품 제조
- 추정가격이 5천만 원 이하인 재산을 매각 또는 매입할 경우
- 예정임대·임차료의 총액이 5천만 원 이하인 물건을 임대·임차할 경우
- 공사나 제조의 도급, 재산의 매각 또는 물건의 임대·임차 외의 계약으로서 추정가격이 5천만 원 이하인 경우
- 「산업표준화법」 제15조에 따른 인증을 받은 제품 또는 같은 법 제25조에 따른 우수한 단체표준제품
- 법 제7조 단서 및 이 영 제26조의 규정에 의하여 수의계약에 의할 수 있는 경우
- 품질인증을 받은 재활용제품 또는 환경표지의 인증을 받은 제품을 제조·구매하는 경우
- 중소기업자간 경쟁제품을 중소기업자로부터 제조·구매할 경우
- 중소기업협동조합이 추천하는 소기업 또는 소상공인(해당 물품 등을 납품할 수 있는 소기업 또는 소상공인)으로 하여금 조합과 공동사업을 통해 제품화한 중소기업자간 경쟁제품에 해당하는 물품·용역을 제조·구매하는 경우

② 지방계약(지계령 제22조)

- 계약의 성질 또는 목적에 비추어 특수한 설비·기술·자재·물품 또는 실적이 있는 자가 아니면 계약의 목적을 달성하기 곤란한 경우로서 입찰대상자가 10인 이내인 경우
- 추정가격 3억 원 이하 종합공사
- 추정가격 1억 원 이하 전문공사, 전기공사, 정보통신공사, 소방시설공사, 그 밖의 공사 관련 법령에 따른 공사
- 추정가격 1억 원 이하 물품 제조·구매 계약
- 추정가격 2억 원 이하 용역계약
- 추정가격이 5천만 원 이하인 재산을 매입하는 경우
- 예정임차료의 연액(年額)(보증금이 있는 경우 보증금을 연 임대료로 환산한 금액 포함)이 5천만 원 이하인 재산이나 물품을 임차하는 경우
- 제1호부터 제4호까지의 규정 외의 계약으로서 추정가격이 5천만 원 이하인 경우
- 「산업표준화법」 제15조 인증제품, 제25조 우수단체 표준제품 또는 「녹색제품 구매촉진에 관한 법률」 제2조의2 제2호의 제품
- 지계법 제9조 제1항 단서와 이 영 제25조 제1항 및 같은 조 제3항에 따라 수의계약에 의할 수 있는 경우
- 품질인증을 받은 재활용제품 또는 환경표지의 인증을 받은 제품을 제조·구매하는 경우
- 지계령 제79조 제1항 제2호에 따른 단가계약을 체결하려는 경우
- 중소기업자간 경쟁제품을 중소기업자로부터 제조·구매할 경우
- 「자연재해대책법」 제61조에 따라 지정·고시된 방재신기술을 활용한 물품을 제조하게 하거나 구매하는 경우

- 「중소기업제품 구매촉진 및 판로지원에 관한 법률」제7조의2제2항제2호에 따라 지방자치단체의 장의 요청으로 「중소기업협동조합법」제3조에 따른 중소기업협동조합이 추천하는 소기업 또는 소상공인(해당 물품 등을 납품할 수 있는 소기업 또는 소상공인을 말한다)으로부터 물품 또는 용역을 제조하게 하거나 구매하는 경우

(3) 지명기준

지명경쟁입찰에 참가할 자를 지명할 때에는 다음의 기준에 의하여 지명하되, 경쟁 원리가 적정하게 이루어지도록 하여야 한다.

구분	지명기준
물품의 제조·구매·수리·가공, 용역 등	• 계약의 성질 또는 목적에 비추어 특수한 기술, 기계, 기구, 생산설비 및 판매망 등 납품능력을 가지고 있는 자에게 행하게 할 필요가 있는 경우에는 그 기술, 기계, 기구, 생산설비 및 판매망 등 납품능력을 가진 자를 지명 • 유류 단가계약, 폐기물의 운반·처리 등 특정한 위치에 있는 자가 아니면 계약목적을 달성하기 곤란한 경우에는 특정 위치를 기준으로 지명(지방계약만 해당)
공사	• 특수한 기술의 보유가 필요한 경우에는 그 기술을 보유한 자를 지명하되, 신용과 실적 및 경영상태를 기준으로 업체를 지명 • 시공능력을 기준으로 지명하는 경우에는 추정가격의 2배 이내에서 지명 • 시설물 보수·복구공사 단가계약은 해당 공사현장에 접근하기 쉬운 자 또는 해당 공사의 수행에 필요한 장비를 보유(임차 포함)한 자를 지명(지방계약만 해당) ※ 지명업체 선정기준(「정부 입찰·계약 집행기준」6조, 「지방자치단체 입찰 및 계약 집행기준」제1장 제3절)

지명대상	선정기준
시공능력평가액을 기준으로 지명하려는 경우	➡ 시공능력평가액 순위에 따라 지명
특수한 기술을 요하는 공사로서 전문적인 기술 보유자가 아니면 계약 목적 달성이 곤란한 경우	➡ 기술 보유자 중에서 시공능력 평가액 순위에 따라 지명
특수한 공법을 요하는 공사로서 동종 공사 실적 보유자가 아니면 계약 목적 달성이 곤란한 경우	➡ 실적 보유자 중에서 시공능력 평가액 순위에 따라 지명
시설물의 보수·복구 단가계약의 경우 (지방계약만 해당)	➡ 해당 공사현장에 접근이 용이한 자나 필요 장비 보유자(임차 포함)를 지명
3억 원 이하 종합공사, 1억 원 이하 전문·그 밖의 공사에서 지역 업체만을 지명하려는 경우	➡ 해당 지역 업체의 시공능력 평가액 순위에 따라 지명

(4) 지명 및 통지 절차(국계령 제24조, 지계령 제23조)

① 5인 이상을 지명하여 2인 이상의 입찰 참가신청을 받아야 함.

② 지명 대상자가 5인 미만인 경우 대상자 모두 지명

③ 입찰공고의 내용을 각 입찰 대상자에게 통지하고 입찰 참가 여부 확인

④ 입찰 참가 통지는 현장 설명일(현장 설명을 하지 아니하는 경우는 입찰서 제출 마감일) 7일 전까지 하며, 긴급을 요하는 경우에는 입찰서 제출 마감일 5일 전까지 통지

⑤ 국가계약에서는 지방계약과 달리 지명경쟁계약을 체결한 때에 그 내용을 소속 중앙관서의 장에게 보고하여야 하며, 각 중앙관서의 장은 이를 감사원에 통지

4) 수의계약(지방계약)

(1) 의의

수의계약이란 계약담당공무원이 선택한 특정인과 계약을 체결하는 방법을 말한다. 이 방법은 긴급히 계약을 체결할 필요가 있는 경우, 계약금액이 소액인 경우, 계속 공사로 인해 새로운 입찰절차가 필요하지 않거나, 계약 상대자가 1인밖에 없거나, 중소기업 보호 등의 경우에 한정적으로 운용된다.

이 방법은 자본과 신용이 있고 경험이 풍부한 상대자를 선정할 수 있으며 입찰 절차의 생략으로 행정 간소화를 기할 수 있는 장점이 있으나, 계약담당자의 자의성이 개입될 우려가 있고, 예산절감을 기대하기 어려운 단점도 있다.

한편, 공공계약은 일반경쟁이 원칙이고 계약의 목적·성질 등을 고려하여 필요하다고 인정되는 경우 수의계약에 의할 수 있도록 되어 있으므로 수의계약 사유에 해당된다고 하여 반드시 수의계약에 의해야 하는 것은 아니며 어떤 계약 방법을 택할 것인지는 발주기관이 계약 목적물의 특성 등 제반 여건을 고려하여 판단하여야 할 것이다.

(2) 수의계약 상대자의 자격

수의계약 상대자의 자격요건은 경쟁 입찰참가자의 요건과 동일하다.
(국계령 · 지계령 제32조)

(3) 수의계약 상대자의 자격 제한

계약담당공무원은 부득이한 사유가 없는 한 경쟁 입찰 참가자격이 제한된 부
정당업자와 또는 영업정지 중인 자, 부도 파산 상태에 있는 자와 계약을 체결하
여서는 안 된다.

(4) 수의계약의 유형별 구분(국계령 제26조, 지계령 제25조)

구분	유형	주요내용				견적서 제출방법
		종합공사	전문공사	전기 등 그 밖의 공사	용역 물품 기타	
2인 이상 견적 제출	금액 기준	추정 가격 4억 원 이하	추정가격 2억 원 이하	추정가격 1.6억 원 이하	추정 가격 1억 원 이하	• 지정정보처리장치에 의한 계약 • 예외: 국계령 및 지계령 제30조 제2항
1인 견적 제출 가능	금액 기준	추정가격 2천만 원 이하, 다만 아래 경우 5천만 원 이하 - 여성기업 - 장애인기업 - 취약계층 30% 고용 사회적 기업 등				• 지정정보처리장치에 의하지 않고 수의계약 가능
	하자 곤란 등	• 하자 구분 곤란, 혼잡, 마감공사 및 특허공법 등에 따른 수의계약				
	천재지변 등	• 천재지변, 작전상의 병력 이동, 긴급한 행사 등 입찰에 부칠 여유가 없는 경우 등 • 계약을 해제 · 해지한 경우 • 재공고입찰 결과 입찰이 성립하지 아니 하거나 낙찰자가 없는 경우 • 지정정보처리장치를 이용하여 견적서를 제출받았으나 견적서 제출자가 1인뿐인 경우로서 다시 견적서를 제출받더라도 견적서 제출자가 1인뿐일 것으로 명백히 예상되는 경우				

산림사업 및 임대차 계약은 기타 계약에 포함이 되며, 현재 공공계약에서 기타계약에 대한 정의를 규정하고 있지 않으나 추정가격 5천만 원 초과 시 입찰로 진행하여야 한다.

- 국가계약법 시행령 제26조 ① 제5호 가목(6)
- 지방계약법 시행령 제25조 ① 제5호 바목

(5) 금액기준에 따른 2인 이상 견적서 제출 수의계약(지방계약 기준)

① 지정정보처리장치에 일정 기간 수의계약 안내공고를 해야 한다.

   ※ 국가계약 3일(공휴일·토요일 제외) 이상

   ※ 지방계약 3일(공휴일·토요일 제외) 이상

② 공사의 경우에는 설계서, 물량내역서, 그밖에 견적서 제출에 필요한 서류를 작성·비치하고, 아래의 경우를 제외하고는 물량내역서를 지정정보처리장치에 게재해야 한다.

   ㉠ 추정가격 2천만 원 이하인 소액공사

   ㉡ 공사의 특성상 설계서, 물량내역서, 그밖에 견적서 제출에 필요한 서류가 작성되지 아니한 경우

③ 다음 각 호의 어느 하나에 해당하는 방법으로 견적서 제출 대상을 제한할 수 있다.

   ㉠ 공사현장·납품 소재지를 관할하는 시·군(다만, 광역시 관할구역 안에 있는 군의 경우 물품·용역은 해당 군으로 제한할 수 없다)

   ㉡ 광역시 안에 자치구와 군이 혼합되어 있는 경우 군을 제외한 자치구만을 대상으로 제한(공사의 경우에만 한정한다)

   ㉢ 공사현장·납품 소재지를 관할하는 시·군과 인접 시·군(인접 시·군 중 일부 인접 시·군만 제한 가능)

   ㉣ 공사현장·납품 소재지를 관할하는 시·군과 인접 자치구(자치구 전부나 일부 자치구)

   ㉤ 공사현장·납품 소재지를 관할하는 시·도 또는 관할시·도와 인접 시·도(인접 시·도 중 일부 시·도만 제한 가능)를 포함한 지역

ⓑ 공사현장이 섬 지역(제주특별자치도, 교량·방파제 등으로 육지와 연결된 섬은 제외한다)에 소재하는 경우에는 해당 섬 지역(추정가격 5천만 원 이하인 공사에 한한다). 단, 해당 섬 지역에 자격을 갖춘 자가 1인뿐인 경우에는 해당 섬 지역으로 제한할 수 없다.

④ 지역사업자는 안내공고일 전일 기준 해당 지역에 소재한 자(발주기관에서 필요하다고 인정한 경우에는 지점을 포함한다)로 한다.

⑤ "④"에도 불구하고 「재난 및 안전관리 기본법」 제60소에 따라 특별재난지역으로 선포된 지역의 재난복구사업은 다음과 같이 제한할 수 있다. 다만, 재난복구 확정예산이 해당 지방자치단체의 당초예산(일반회계 기준)을 초과하는 경우에는 해당 시·군과 인접 시·군으로 확대 제한해야 한다.

가) 재난 발생일 전에 소재지를 해당 지역에 이전한 경우에는 안내공고일 전일 기준 해당 지역에 소재한 자로 제한

나) 재난 발생일 이후에 소재지를 해당 지역에 이전한 경우에는 전입일의 다음 날부터 기산하여 90일 범위 안에서 해당 발주기관이 정한 기준일 이상 지난 자로 제한

⑥ 계약의 특성상 계약목적 달성을 위하여 필요한 경우 다음 각 호의 어느 하나에 해당하는 방법으로 견적서 제출대상을 제한할 수 있다.

㉠ 실적[시공실적, 용역수행실적, 납품실적, 단, 특수한 기술(안전을 위해 필요한 석면 해체 등)이 요구되는 경우에 한함]

㉡ 규격

㉢ 재질·품질

㉣ 인력 보유 상황이나 기술인력 보유 상황

㉤ 장비·시설 보유 상황

㉥ 시공여유율(안내공고일 현재 이행 중인 계약건수 또는 계약금액을 기준으로 제한)

㉦ 제조공장·처리장

㉧ 그밖에 계약담당자가 계약목적 달성을 위하여 필요하다고 인정하는 내용

⑦ ③·④·⑤의 각 호는 ⑥의 각 호와 중복하여 제한할 수 있다.

⑧ 수의계약 안내공고 및 계약의 집행에 관한 사항은 "제2장 예정가격 작성요령", "제11장 입찰유의서" 및 지정정보처리장치 관리자의 "국가종합전자조달시스템 전자입찰 특별유의서", "국가종합전자조달시스템 이용약관" 등을 준용한다. 다만, 견적서 제출자가 「중소기업기본법」에 따른 중소기업자로서 「중소기업 범위 및 확인에 관한 규정」에 따른 중소기업 확인서를 제출해야 할 경우에는 계약 체결일까지 중소기업 확인서를 제출하여야 하며, 중소기업 확인은 계약 체결일까지 발급된 자료로 계약상대자 결정에 고려한다.

⑨ 예정가격 이하로서 예정가격 대비 견적가격을 공사는 87.745%, 용역·물품은 88%(추정가격 2천만 원 이하인 용역·물품은 90%) 이상으로 제출한 자(다만, 「출판문화산업 진흥법」 제22조에 해당하는 간행물을 구매하는 경우에는 예정가격 대비 견적가격을 90% 이상으로 제출한 자)중 최저가격을 제출한 자부터 순서대로 〈별표 1〉의 배제 사유에 해당하지 아니한 자를 계약 상대자로 결정한다.

⑩ 국내·외 수학여행·수련활동 등(항공, 버스임차, 숙식 포함 가능)을 위한 계약의 경우 계약담당자는 안전과 품질에 관련된 별도의 결격사유로 제한할 수 있다.

⑩ 계약담당자는 배제 사유에 대한 신속한 판단을 위하여 〈별지 1〉에 따른 각 서를 징구하고 우선 계약을 체결할 수 있다.

⑪ 계약담당자는 선순위 견적서 제출자가 계약 체결 이전에 부적격자로 판명되어 계약 상대자 결정이 취소되거나 계약 상대자 결정 대상에서 제외한 경우(계약포기서를 제출한 경우를 포함한다)에는 사업기간, 견적률 등을 고려하여 차 순위자 순으로 배제 사유에 해당하지 아니한 자를 계약 상대자로 결정할 수 있다.

⑫ 계약담당자는 계약 체결 이후에 해당 계약을 해제·해지한 경우에는 차 순위자 순으로 배제 사유가 없고 잔여계약 이행분에 대하여 계약 체결을 동의하는 자와 최초 계약 상대자의 견적률(예정가격 대비 견적서 제출 금액의 비율을 말한다)을 적용하여 계약을 체결할 수 있다.

⑬ 「건설산업기본법」에 따른 공사를 발주하는 경우 종합공사와 전문공사의 구분은 같은 법 제16조와 같은 법 시행령 제21조에 정한 바에 따른다.

⑭ 견적서 제출자의 무효에 관하여는 시행규칙 제42조를 준용한다.

(6) 금액기준에 따른 1인 견적서 제출 가능 수의계약(지방계약 기준)

① 계약담당자는 1인으로부터 견적서를 제출받아 제출된 견적가격이 거래실례가격, 통계 작성 승인을 받은 기관이 조사·공표한 가격, 감정가격, 유사거래 실례가격 등과 비교 검토 후 품질 등을 고려하여 최종 계약금액을 결정한다.

② 계약담당자는 【별표 1】의 배제 사유가 있는 자와 수의계약을 체결해서는 아니 된다.

③ ②의 결격사유에 해당되는지 여부를 확인하기 위하여 【별지 1】에 따른 각서를 징구하고 우선 계약을 체결할 수 있다.

(7) 하자 구분 곤란 등에 따른 1인 견적서 제출 가능 수의계약(지방계약 기준)

① 대상 공사

구 분	구체적 범위	수의계약 제외대상
① 하자에 대한 책임 구분이 곤란한 경우	• 금차공사가 시공 중인 전차공사 또는 하자보수보증기간 내에 있는 전차공사와 그 수직적 기초를 공통으로 할 경우와 전차시공물의 일부를 해체 또는 변경하여 이에 접합시키는 경우	• 하천축제·하천호안·도로포장·도로개설·상·하수도 접합·조경·토공·준설과 이에 유사한 토목공사 • 동일 구조물 이외에서 이루어지는 전기, 정보통신 공사 등 • 전차공사의 공동 수급체 구성원 중 일부가 시공 과정에서 탈퇴하고 다른 구성원으로 재구성하여 전체 공종의 50% 이상 시공한 경우 ※ 잔존구성원 시공은 제외함

② 작업상 혼잡 등의 경우	• 금차공사가 시공 과정상 다른 공사와 시간적·공간적으로 중복되는 공사	• 금차공사기간 대비 전차공사 잔여 공사기간 비율이 40% 미만인 공사
③ 마감공사의 경우	• 기시공물에 대한 뒷마무리공사와 성토·옹벽·포장 등의 부대시설 공사로서 2종 이상의 전문공사가 복합된 공사인 경우에는 금차공사 예정금액이 2억 원 미만이고 마감공사의 공사예정금액이 금차공사 전체 예정금액의 2분의 1 미만인 공사	• 마감공사 예정금액이 금차공사 예정금액의 1/2 이상인 경우 • 2종 이상 전문공사가 복합되면서 2억 원 이상인 공사 • 전차공사의 공동 수급체 구성원 중 일부가 시공 과정에서 탈퇴하고 다른 구성원으로 재구성하여 전체공종의 50% 이상 시공한 경우 ※ 잔존 구성원 시공은 제외함
④ 특허공법·신기술·새로운 전력기술 공사 등으로 사실상 경쟁이 불가능한 경우	• 특허공법에 따른 공사, 건설기술관리법 제18조에 따라 고시된 신기술, 「환경기술 및 환경산업 지원법」 제7조에 따라 인증받은 신기술 또는 전력기술관리법 제6조의2에 따른 전력기술 공사로서 입찰적격자가 한정되어 입찰이 실질적으로 곤란한 경우	

※ 특허·신기술(이하 이 장에서 "특허 등"이라 한다)이 공사 전체(해당 공사 추정가격 대비 특허 등의 적용 부분이 85.72% 이상인 경우)에 적용되어 수의계약을 체결하려는 경우 사업부서에서는 설계 전에 특허 등의 반영 필요성과 유사 기술과의 비교자료 등을 첨부하여 계약 담당자(재무관 등)와 사전 협의해야 한다.

② 수의계약 배제 대상

계약담당자는 【별표 1】의 배제 사유가 있는 자와 계약을 체결해서는 아니 되며, 결격사유에 해당되는지 여부를 확인하기 위하여 【별지 1】에 따른 각서를 징구하고 우선 계약을 체결 할 수 있다.

③ 계속 공사에 대한 수의계약 시 계약금액 결정 방법

구 분	계 약 금 액
원칙	계약 상대방이 제출한 견적금액이 해당 예정가격에 제1차 공사의 낙찰률을 곱한 금액의 범위 이내일 경우에는 그 금액으로 계약을 체결한다.
예외	① 제1차 공사의 낙찰률이 100분의 87.75 미만인 경우로서 계속 공사의 추정가격이 10억 원(전기·정보통신·소방공사는 3억 원, 전문·설비공사 등은 1.5억 원) 미만인 공사는 해당 예정가격에 100분의 87.75를 곱한 금액을 계약금액으로 한다. ② 제1차 공사의 낙찰률이 100분의 86.75 미만인 경우로서 계속공사의 추정가격이 50억 원 미만 10억 원(전기·정보통신·소방공사는 3억 원, 전문·설비공사 등은 1.5억 원) 이상인 공사는 예정가격에 100분의 86.75를 곱한 금액을 계약금액으로 한다. ③ 제1차공사의 낙찰률이 100분의 85.5 미만인 경우로서 계속공사의 추정가격이 100억 원 미만 50억 원 이상인 공사는 예정가격에 100분의 85.5를 곱한 금액을 계약금액으로 한다.

(8) 천재지변 등에 따른 1인 견적서 제출 가능 수의계약(지방계약 기준)

① 천재지변, 감염병의 발생 및 유행, 작전상의 병력 이동, 긴급한 행사, 원자재의 가격급등 그 밖에 이에 준하는 경우로서 입찰에 부칠 여유가 없는 경우

- 천재지변 등 비상재해를 판단함에 있어서 「재난 및 안전관리 기본법」 제3조에 규정된 "재난"의 정의를 참작하여 판단
- '긴급'이란 긴급 입찰공고에 의한 경쟁입찰에 의하더라도 계약 목적의 달성이 곤란한 경우를 말한다.(국가·지방계약 공통)
- 지방계약은 「지방자치단체 재해복구예산 집행요령」에 수의계약 대상을 규정하고 있다.

② 입찰에 부칠 여유가 없는 응급복구, 응급복구와 관련한 장비임차와 자재구입, 이재민 구호를 위한 물품·의약품 등의 조달과 임시구호 시설 설치, 방역·소독 등의 용역, 시설물 붕괴 우려 등을 예방하기 위한 응급조치의 경우

입찰에 부칠 여유가 없는 응급복구라 함은 홍수, 폭설, 해일 등의 자연재해와 시설물 붕괴 등의 예기치 못한 재해를 총칭하는 것이며, 이러한 재해에 해당하는지 여부는 발생 사실의 인과관계에 따라 판단한다.

③ 국가기관, 다른 지방자치단체(「지방자치법」 제176조에 따른 지방자치 단체조합을 포함한다)와 계약을 하는 경우

④ 해당 물품을 제조·공급한 자가 직접 그 물품을 설치·조립(시험 가동을 포함한다) 또는 정비하는 경우

> 물품을 설치·조립 또는 정비하는 계약을 제조·공급과 분리하여 발주하는 경우에 해당물품을 제조·공급한자가 직접 설치·조립 또는 정비하는 것이 계약금액 및 이행 기간에 있어서 지자체에 유리한 경우에 한해 적용한다.

⑤ 특허를 받았거나 실용신안·디자인 등록이 된 물품을 제조하게 하거나 구매하는 경우로서 적절한 대용품이나 대체품이 없는 경우

> 단순히 특허, 실용신안·디자인 등록이 된 것만으로는 수의계약 사유에 해당하지 아니하고, 이를 대체할 대용품이나 대체품이 없을 것을 추가적인 요건으로 한다. 또한, 특허권자가 반드시 제조시설을 보유하거나 직접 생산하여야 하는 것은 아니다. 대체품이 있는지는 당해 계약의 목적이나 물품의 특성을 고려하여 판단·결정하여야 한다

⑥ 해당 물품의 생산자나 소지자가 1인뿐인 경우로서 다른 물품을 제조하게 하거나 구매해서는 사업목적을 달성할 수 없는 경우

> 시중에 생산자나 소지자가 1인뿐이라는 것을 증명할 객관적인 방법이 없으므로 특정상표나 모델을 지정하여 입찰을 부치고, 유찰 또는 입찰 미성립을 이유로 수의계약을 체결할 수 있는지 여부가 문제될 수 있다. 이에 대하여 행안부 지방자치단체 입찰 및 계약집행기준에 부당하게 특정상표 또는 특정규격 또는 모델을 지정하여 입찰에 부치는 경우와 입찰조건, 시방서 및 규격서 등에서 정한 규격·품질·성능과 동등이상의 물품을 납품한 경우 특정상표 또는 모델이 아니라는 이유로 납품을 거부(예 : 특정 수입품목의 모델을 내역서에 명기하여 품질 및 성능면에서 동등이상인 국산품목의 납품을 거부)하는 행위를 하지 못하도록 하고 있다.
> 이러한 요건은 위 수의계약 사유를 해석함에 있어서 '사업목적을 달성'할 수 있는지 여부의 판단을 통해서 결정하여야 할 것이다. 이와 관련하여 대법원 판례 등(대법원 2000.8.22. 선고 99다 35935, 청주지방법원 제1민사부 2012다 5828 손해배상(기), 2013.6.4. 선고) 에서는 물품의 제조·구매 입찰시 특정 상표 또는 특정 규격(모델)을 지정하여 입찰에 부치는 것을 일률적으로 금지하는 것이 아니라, 부당하게 특정 상표 또는 특정 규격(모델)을 지정하여 입찰에 부치는 사례가 없도록 하라고 규정하고 있으므로, 이 사건 입찰 목적물 중 그린 배토정리기, 갱모아 등이 일본 쓰시아사의 특정 제품이라고 하더라도 계약의 목적 달성을 위하여 불가피한 경우에는 이를 입찰 목적물로 삼을 수 있는 것이다」 라고 판시한 바가 있다.
> 이러한 판례를 근거로 시중에 생산자나 소지자가 1인뿐이라는 객관적인 증명방법이 없는 실정에서 '사업목적 달성'을 위하여 특정상표나 모델을 지정하여 입찰을 부치고, 유찰 또는 입찰 미성립 시 1인견적 수의계약을 허용하는 제도개선이 필요하다.

⑦ 특정인의 기술·품질이나 경험·자격이 필요한 조사·설계·감리·건설사업관리·특수측량·훈련·시설관리·교육·행사·정보 이용·의상(의류) 구매계약을 체결하거나 관련 법령에 따라 디자인 공모에 당선된 자와 설계용역계약을 체결하는 경우

> "특정인이라 함은 당해 기술·용역업무를 수행하는 데 있어서 법률적·제도적 또는 능력의 측면에서 그 사람이 아니면 수행하기 곤란하다고 판단되는 경우를 의미하는 것으로 조달청에서 해석하고 있으므로, 구체적인 경우에 있어서는 당해 계약 목적물의 특성 등을 고려하여 판단하여야 할 것이다.

⑧ 특정인과의 학술연구를 위한 용역계약을 할 필요가 있는 경우

> "특정인이라 함은 당해 학술연구 업무를 수행하는 데 있어서 법률적·제도적 또는 경험·능력의 측면에서 그 사람이 아니면 수행하기 곤란하다고 판단되는 경우를 의미하는 것으로 조달청에서 해석하고 있으므로, 구체적인 경우에 있어서는 당해 계약 목적물의 특성 등을 고려하여 판단하여야 할 것이다.

⑨ 특정인의 토지·건물 등 부동산을 매입하거나 특정인의 재산을 임차하는 경우

> 특정인의 토지를 매입하지 못할 경우 ○○동 주민센터 등을 건립할 수 없는 경우와 청사 신축으로 기획관리실 등 해당 부서 사무실을 임시로 마련하여야 할 경우 등 이와 유사한 사유 등에 적용된다.

⑩ 이미 조달된 물품 등의 부품 교환·설비 확충 등을 위하여 조달하는 경우로서 해당 물품 등을 제조·공급한 자 외의 자로부터 제조·공급을 받게 되면 호환이 되지 아니하는 경우

> 기존 물품을 제조·공급한 자가 최초 입찰에서는 저가로 계약을 체결하고, 향후 부품 교환 등에 있어서 호환성을 이유로 수의계약을 함에 있어서 계약금액을 과도하게 요구할 가능성을 배제할 수 없으므로 최초 조달 시 부품공급이 원활한 범용제품을 선택해야 할 필요가 있다.

⑪ 특정한 장소나 위치에 있는 사업장을 보유한 자와 그 사업장의 이용과 관련한 계약을 체결하지 않으면 계약 목적을 달성하기 곤란한 물품의 제조·구매 또는 용역계약을 체결하는 경우

⑫ 「매장문화재 보호 및 조사에 관한 법률」 제11조에 따른 문화재 발굴(조사) 용역으로서 시공 중인 건설공사의 지연이 예상되는 등 긴급한 사유가 있거나 시굴조사 후 정밀 발굴조사로 전환되는 등 문화재 발굴의 연속성 유지가 필요한 경우

⑬ 「방위사업법」에 따른 방산물자를 방위산업체로부터 제조·구매하는 경우

⑭ 「농·어촌 정비법」에 따른 농공단지에 입주한 공장(새마을공장을 포함한다)이 직접 생산하는 물품을 이들로부터 제조·구매할 경우

> 수의계약 대상 물품의 직접 생산 여부를 확인해야 하며 smpp.go.kr 또는 계약 상대자가 제출한 공장등록증, 공장(전·후·내부) 및 작업현장 사진, 현지출장 등으로 확인할 수 있다.

⑮ 「지역균형개발 및 지방중소기업 육성에 관한 법률」 제50조에 따른 지방중소기업특별지원지역에 입주한 공장이 직접 생산하는 물품을 이들로부터 구매하는 경우

> 수의계약대상 물품의 직접생산 여부를 확인해야 하며 smpp.go.kr 또는 계약상대자가 제출한 공장등록증, 공장(전·후·내부) 및 작업현장 사진, 현지출장 등으로 확인할 수 있다.

⑯ 「중소기업진흥에 관한 법률」 제2조 제1호에 따른 중소기업자가 직접 생산한 다음 각 호의 어느 하나에 해당하는 제품을 그 생산자로부터 제조·구매하는 경우로서 주무부 장관으로부터 인증·지정된 유효기간[해당 물품에 대한 인증 또는 지정 유효기간이 3년을 넘는 경우에는 3년을 말하며, 주무부 장관이 인증 또는 지정 유효기간을 연장한 경우에는 연장된 기간(3년을 넘는 경우에는 3년을 말한다)을 포함한다] 이내에 해당하는 경우

　가. 「판로지원법」 제15조 성능 인증 제품
　나. 「소프트웨어산업 진흥법」 제13조 품질 인증 제품
　다. 「산업기술혁신 촉진법」 제16조 신제품 인증 제품
　라. 「산업기술혁신 촉진법」 제15조의2, 「환경기술 및 환경산업 지원법」 제7조

또는 「건설기술진흥법」 제14조 인증 또는 지정·고시된 신기술을 이용하여 제조한 제품으로서 주무부 장관이 상용화 단계에서 성능을 확인한 제품

마. 「조달사업법 시행령」 제18조에 따라 지정·고시된 우수 조달물품

바. 「조달사업법 시행령」 제18조의2에 따라 지정·고시된 우수 조달 공동상표의 물품(2.1억 원 미만에 한정한다.)

사. 「중소기업 기술혁신 촉진법」 제9조 제1항 제3호에 따른 지원을 빋아 개발이 완료된 제품으로서 당초의 수요와 연계된 자가 구매를 협약한 제품

⑰ 비상재해가 발생한 경우로서 지방자치단체가 소유하는 복구용 자재를 재해를 당한 자에게 매각하는 경우

⑱ 지역사회의 개발을 위하여 그 지역주민의 다수를 참여시키는 것이 필요한 경우로서 추정가격이 2천만 원 미만인 공사나 추정가격이 5천만 원 미만인 묘목 재배를 행정안전부령이 정하는 그 지역의 주민이나 대표자와 직접 계약을 하는 경우

> 지방계약법 시행규칙 제31조 조건을 충족하여야 한다.

⑲ 국가보훈처장이 지정하는 국가유공자 자활집단촌의 복지공장에서 직접 생산하는 물품을 그 생산자로부터 제조·구매하거나 이들에게 직접 물품을 매각·임대하는 경우

> 수의계약 대상 물품의 직접 생산 여부를 확인해야 하며 smpp.go.kr 또는 계약 상대자가 제출한 공장등록증, 공장(전·후·내부) 및 작업 현장 사진, 현지 출장 등으로 확인할 수 있다.

⑳ 지방자치단체의 해외 사무소에서 사용하는 물품을 현지에서 구매하는 경우

㉑ 물품의 가공·하역·운송 또는 보관을 하게 할 때 입찰에 부치는 것이 불리하다고 인정되는 경우

㉒ 「사회복지사업법」에 따라 설립된 법인이 직접 생산하는 물품의 제조·구매 또는 직접 수행하는 용역계약을 하거나 이들에게 직접 물품을 매각·임대하는 경우

> 수의계약 대상 물품의 직접 생산 여부를 확인해야 하며 smpp.go.kr 또는 계약 상대자가 제출한 공장등록증, 공장(전·후·내부) 및 작업 현장 사진, 현지 출장 등으로 확인할 수 있다.

㉓ 「국가유공자 등 단체 설립에 관한 법률」 제1조에 따라 설립된 단체 중 상이(傷痍)를 입은 사람들로 구성된 단체가 직접 생산하는 물품의 제조·구매 또는 직접 수행하는 용역계약을 하거나 이들에게 직접 물품을 매각·임대하는 경우

> 수의계약 대상 물품의 직접 생산 여부를 확인해야 하며 smpp.go.kr 또는 계약 상대자가 제출한 공장등록증, 공장(전·후·내부) 및 작업 현장 사진, 현지 출장 등으로 확인할 수 있다.

㉔ 「중증장애인 생산품 우선구매 특별법」 제9조 제1항에 따라 지정받은 중증장애인 생산품 생산시설이 직접 생산하는 물품의 제조·구매 또는 직접 수행하는 용역계약을 하거나 이들에게 직접 물품을 매각 또는 임대하는 경우

> 수의계약 대상 물품의 직접 생산 여부를 확인해야 하며 smpp.go.kr 또는 계약 상대자가 제출한 공장등록증, 공장(전·후·내부) 및 작업 현장 사진, 현지 출장 등으로 확인할 수 있다.

㉕ 다른 법령에 따라 국가나 지방자치단체의 사업을 위탁받거나 대행할 수 있는 자와 해당 사업에 대한 계약을 하는 경우

> < 예시문 >
> 산림자원법 제23조(산림사업의 대행 등) ① 국가 또는 지방자치단체는 다음 각 호의 산림사업을 산림조합 또는 산림조합중앙회에 대행하게 하거나 위탁하여 시행할 수 있다.
> 1. 산림병해충·산사태·산불 등 재해의 예방·방제 및 복구사업
> 2. 산림자원의 조성·육성·관리를 위하여 제27조제1항에 따른 설계·감리를 실시하여야 하는 사업
> 3. 국가 또는 지방자치단체의 산림시책 수행을 위하여 필요한 사업으로서 대통령령으로 정하는 사업

㉖ 시험지와 비밀문서의 인쇄 등 지방자치단체가 그 행위를 비밀리에 할 필요가 있는 경우

㉗ 접적 지역 등 특수 지역에서의 공사로서 사실상 입찰이 불가능한 경우

국가 및 지방계약법에서 "접적지역" 정의를 규정하지 않고 있어 포괄적으로 해석하기 쉬우며 「선박 안전법 시행규칙」 제17조에 접적 지역을 대연평도, 소연평도, 대청도, 소청도 및 백령도 부근 해역으로 정의하고 있으며

「접경지역 지원 특별법」 제2조에 "접경지역"이란 1953년 7월 27일 체결된 「군사정전에 관한 협정」에 따라 설치된 비무장지대 또는 해상의 북방한계선과 잇닿아 있는 시·군과 「군사기지 및 군사시설 보호법」 제2조제7호에 따른 민간인통제선 이남(以南)의 지역 중 민간인통제선과의 거리 및 지리적 여건 등을 기준으로 하여 대통령령으로 정하는 시·군을 말한다. 다만, 비무장지대는 제외하되 비무장지대 내 집단취락지역은 접경지역으로 본다. 규정되어 있음으로 이에 준하여 해석하면 될 것으로 보나 국가계약법 및 지방계약법에 따른 "접적지역"에 대한 정의를 규정할 필요는 있다.

※ '사실상 경쟁이 불가능한 경우'라 함은 금차공사가 접적지역, 도서지역, 고산벽지 또는 이에 준하는 특수지역의 공사로서 입찰적격자가 한정되어 경쟁이 실질적으로 곤란한 경우를 말한다.(국가계약만 규정)

㉘ 시행령 제27조에 따라 계약을 해제·해지하는 경우의 수의계약

지방계약법 시행령 제27조 제2항에서 계약을 해제·해지하는 경우 "보증금과 기한을 제외하고는 최초 입찰에 부칠 때에 정한 가격과 그 밖의 조건을 변경할 수 없다"라고 규정하고 있으며 여기서 "가격과 그 밖의 조건"이란 기초금액에 반영된 설계단가, 입찰참가자격, 입찰조건 등을 말하며 잔여공사를 수의계약 방법으로 체결할 경우 잔여물량은 잔여계약금액 범위 내에서 이행이 되어야 한다.(조달청 2010.8.24.)

㉙ 시행령 제26조에 따라 재공고입찰을 할 때 입찰이 성립하지 아니하거나 낙찰자가 없는 경우(재공고입찰에서 정한 자격과 조건을 갖춘 자 중에서 우선적으로 수의계약 상대자를 결정한다.)

재공고 입찰에서 정한 자격 및 조건을 갖춘 자 중에서 우선적으로 수의계약 상대자를 결정한다고 규정하는 바, 이 경우 입찰의 사전심사(적격심사)를 거쳐야만 하는 것은 아니며 구체적인 경우 상기 규정에 따른 자격 및 조건 충족 여부는 발주청이 판단할 사항이다.
(행정안전부 2013.06.17.)

㉚ 지정정보처리장치를 이용하여 견적서를 제출받았으나 견적서 제출자가 1인뿐인 경우(시·군·구로 지역제한을 한 경우는 제외한다)로서 다시 견적서를 제출받더라도 견적서 제출자가 1인뿐일 것으로 명백히 예상되는 경우

> 시·도로 제한하여 견적서 제출 안내공고를 하였으나 견적서 제출자가 없는 경우, 다시 견적서를 제출받더라도 견적서 제출자가 없을 것으로 예상되는 경우에는 관내 대상 업체가 없거나, 입찰 조건이 매우 까다로운 경우로 예상되므로 입찰 조건을 다시 한번 살펴보거나, 전국으로 입찰할 것을 고려함이 타당할 것으로 사료된다
> (행정안전부 2017.8.30.)

㉛ 시행령 제95조 제1항 제4호에 따른 대안입찰, 같은 항 제5호에 따른 일괄입찰 또는 제127조 제2호·제3호에 따른 기술제안입찰로 발주되었으나 시행령 제26조 제1항에 따라 재공고 입찰 결과 입찰자가 1인뿐인 경우

> 재공고 입찰 결과 입찰자가 없는 경우는 수의계약이 불가능

※ 다른 법률에 따라 수의계약을 할 수 있는 경우

국가보훈처 「고엽제후유의증 등 환자지원 및 단체설립에 관한 법률」
제13조의2 등 관련 해석(법제처 안건번호16-0114, 2016.4.4.)

「국가를 당사자로 하는 계약에 관한 법률」 제7조 제1항 단서 및 같은 법 시행령 제26조 제1항 제4호에서 수의계약을 체결할 수 있는 단체로 고엽제전우회를 규정하고 있지 않은 경우에도 국가는 「고엽제후유의증 등 환자지원 및 단체설립에 관한 법률」 제13조의 2 제2항 제1호에 따라 고엽제전우회가 직접 생산하는 물품을 구매하는 경우 수의계약을 체결할 수 있다.

<이유>
이 사안은 국가계약법 제7조 제1항 단서 및 같은 법 시행령 제26조 제1항 제4호에서 수의계약을 체결할 수 있는 단체로 고엽제전우회를 규정하고 있지 않은 경우, 국가는 고엽제법 제13조의 2 제1항 제1호에 따라 고엽제전우회가 직접 생산하는 물품을 구매하는 경우 수의계약을 체결할 수 있는지에 관한 것이라 하겠다.

먼저, 국가계약법 제3조 및 지방계약법 제4조에서 다른 법률에 특별한 규정이 있는 경우를 제외하고는 같은 법에서 정하는 바에 따른다고 규정하고 있으므로, 국가를 당사자로 하는 계약에 관하여 다른 법률에 특별한 규정이 있는 경우에는 그 다른 법률이 우선적으로 적용된다고 할 것이다(법제처 2008. 5. 9. 회신 08-0100 해석례 참조). 그런데 고엽제법 제13조의 2 제2항 제1호에서는 국가는 고엽제전우회가 직접 생산하는 물품을 구매하는 경우에는 고엽제전우회와 수의계약을 할 수 있다고 규정하고 있는바, 해당 규정은 국가를 당사자로 하는 계

약에 관하여 계약의 방법으로 수의계약을 규정하고 있는 것으로서 국가계약법 제3조에서 규정하고 있는 "다른 법률"의 "특별한 규정"에 해당한다고 할 것이므로, 이 경우 국가계약법보다 고엽제법이 우선적으로 적용된다고 할 것이다.

㉠ 구비서류

- 수의계약 요청 사유서 작성(별지 서식)
- ⑤번 항목으로 수의계약 시 연관성 대비표 작성(별지 서식)
- 수의계약 각서(별지 서식)
- 표준시방서 작성

㉡ 계약 방법

- 계약 상대자의 이행 자격, 신용도, 기술능력, 경험, 접근성 등을 고려하여 가장 적합하다고 판단되는 자를 선정한다.
- 계약 상대자와 협상을 통하여 계약금액 결정
  - 계약 상대자로부터 견적서를 받는다.
  - 거래실례가격, 유사거래실례가격, 감정가격, 다른 업체 견적가격 등을 기준으로 예정가격을 작성한다.
  - 예정가격[1] 이하(세입의 원인이 되는 경우 예정가격 이상) 범위 안에서 상대자와 협의하여 계약금액을 적정하게 결정한다.
  - 계약 상대자가 제출한 가격 자료 출처 등이 불분명한 경우에는 보완 요구를 할 수 있다.
  - 계약 상대자와 가격 협의(수의시담)가 되지 않을 경우 다른 업체와 협의를 진행한다.

---

1) 예정가격(±3% 범위 내 15개) 작성: 재무관이 15개 중 1개 선택

기초금액과 복수 예비가격

구간	범위(±2%)	구간	범위(±3%)
1	102.000~101.735	1	97.00000000~97.37500000
2	101.734~101.469	2	97.37500000~97.75000001
3	101.468~101.202	3	97.75000002~98.12500002
4	101.201~100.935	4	98.12500003~98.50000003
5	100.934~100.668	5	98.50000004~98.87500004
6	100.667~100.401	6	98.87500005~99.25000005
7	100.400~100.134	7	99.25000006~99.62500006
8	100.133~99.867	8	99.62500007~100.00000000
9	99.866~99.600	9	100.00000001~100.42857142
10	99.599~99.333	10	100.42857142~100.85714285
11	99.332~99.066	11	100.85714285~101.28571428
12	99.065~98.799	12	101.28571429~101.71428571
13	98.798~98.532	13	101.71428572~102.14285714
14	98.531~98.266	14	102.14285715~102.57142857
15	98.265~98.000	15	102.57142858~103.00000000

지방+3%
국가+2%

기초금액

국가+2%
지방-3%

〈별지 서식〉

수의계약 요청 사유서

계약건명	
소요예산	
계약업체	
수의계약 법적근거	
수의계약 사 유	

담당 :   직급 :   성명 :   (서명 또는 인)

팀장 :   직급 :   성명 :   (서명 또는 인)

부서장 :   직급 :   성명 :   (서명 또는 인)

상기와 같이 수의계약 요청서를 제출합니다.

년   월   일

○○ 재무관(분임재무관)   귀하

〈별지 서식〉

발명 및 기술과 계약 물품의 연관성 대비표

제품명		업체명	
등록번호		등록일	
권리자		유효기간	
발명 및 기술 고안내용			

발명 및 기술과 계약물품 대비

구분	요청물품	계약물품	대비결과

상기 본인은 위 내용이 사실과 다름이 없음을 확인합니다.

년   월   일

제출 업체명

대표자   (서명 또는 인)

○○ 재무관(분임재무관) 귀하

수의계약 각서

업 체 명	
대 표 자	
소 재 지	
업종(등록)	

　　상기 본인(법인)은 귀 기관과 수의계약을 체결함에 있어서 붙임 배제 사유 중 어느 사유에도 해당되지 않으며 차후에 이러한 사실이 발견된 경우 계약의 해제·해지 및 부정당 업자 제재 처분을 받아도 하등의 이유를 제기하지 않겠습니다.

붙임: 〈별표 1〉 수의계약 배제 사유 1부.

2024 ．　　．　　．

　　　　　　업체명 :

　　　　　　대표자 :　　　　　　　　　　　　(인)

재무관 또는 분임재무관 귀하

수의계약 배제사유

① 견적서 제출 마감일 현재 부도 · 파산 · 해산 · 영업정지 등이 확정된 경우

② 입찰 참가자격 제한기간 중에 있는 자(법 제31조 제5항에 해당되는 경우 예외)

③ 견적서 제출 마감일을 기준으로 시행령 제92조 또는 다른 법령에 따라 부실이행, 담합행위, 입찰 · 계약 서류의 허위 · 위조 제출, 입찰 · 낙찰 · 계약이행 관련 뇌물 제공으로 부정당 업자 제재 처분을 받고 그 종료일로부터 6개월이 지나지 아니한 자(법 제31조 제5항에 해당되는 경우 예외)

④ 공사 또는 기술용역의 경우 기술자 보유현황이 관련 법령에 따른 업종등록 기준에 미달하는 자

   ※ 기술자 보유현황의 심사는 「낙찰자결정기준」 제2장 시설공사 적격심사 세부기준 【별지 2】의 그밖에 해당 공사 수행능력상 결격여부, 제3장 기술용역 적격 심사 세부기준 【별표】의 기술인력 평가방법을 준용한다. 이때 '입찰공고일'은 '안내공고 일'로 '적격심사서류 제출마감일'은 '견적서 제출마감일'로 본다.

⑤ 견적서 제출 마감일 기준 최근 3개월 이내에 해당 지방자치단체의 입찰 · 계약 및 그 이행과 관련하여 10일 이상 지연배상금 부과, 정당한 이행명령 거부, 불법하도급, 5회 이상 하자보수 또는 물의를 일으키는 등 신용이 떨어져 계약 체결이 곤란하다고 판단되는 자

⑥ 견적서 제출 마감일 기준 최근 3개월 이내에 해당 지방자치단체와의 계약 및 그 이행과 관련하여 정당한 이유 없이 계약에 응하지 아니하거나 포기서를 제출한 사실이 있는 자

   ※ 정당한 이유 없이 계약을 체결하지 아니하는 경우는 시행령 제92조 제1항 제6호에 따른 입찰 참가자격 제한에는 해당되지 아니하나 수의계약 배제사유에 해당됨.

⑦ 수의계약 체결일 현재 지계법 제33조에 해당하는 자

   1. 지방자치단체의 장 또는 지방의회의원의 배우자인 사업자(법인은 대표자)

   2. 지방자치단체의 장 또는 지방의회의원(배우자 포함)의 직계 존 · 비속인 사업자

   3. 지방자치단체의 장 또는 지방의회의원이 자본금 총액의 50%이상을 소유한 자

   4. 지방자치단체의 장 또는 지방의회의원 가족(배우자, 직계존 · 비속)의 합산금액이 자본금 총액의 50% 이상을 소유한 사업자

   5. 지방자치단체의 장 또는 지방의회의원 소유업체의 계열회사 등

   > 지방의회의원 가족 등 관계자는 해당자치단체와의 수의계약체결 등을 제한 하고 있으나 사실상 제한자 여부 파악이 곤란한 문제를 해결하기 위해 가족관계증명서, 법인등기부등본, 사업자등록증 등을 제출토록 시행령에 반영함 (지계령 제33조의2, 2019. 6. 25. 조문신설)

⑧ 발주기관이 제한한 자격요건 등을 충족하지 아니한 자

⑨ 그밖에 계약담당자가 계약이행능력이 없다고 판단되는 명백한 증거가 있는 자

⑩ 재난복구공사(용역)의 경우 결격 여부 심사일 현재 계약금액 5천만 원 이상 해당 업종 관급공사 또는 계약금액 2천만 원 이상 관급용역이 3건 이상인 자 (단, 제3절의 "1"에 따른 2인 이상 견적서 제출 수의계약에 한한다)

(9) 지정정보처리장치를 이용하지 않고 견적서를 받을 수 있는 수의계약(지방계약기준)

① 적용 대상

지계령 제30조 제2항에 따라 품질 확인·예산절감의 필요성이 큰 경우 등에 해당되어 지정정보처리장치를 이용하지 않고 2인 이상으로부터 직접 견적서를 받을 수 있는 수의계약은 다음과 같다.(국가기관의 경우는 국계령 제30조 ②, 국계칙 제33조를 참조한다)

㉠ 품질 확인 등이 필요한 추정가격 5천만 원 이하 물품·용역계약

- 음식물(재료·공산품 구입 포함)의 구입, 농·축·수산물의 구매 등 품질을 우선적으로 고려해야 하는 경우
- 국내·외 연수 등 안전과 품질을 우선적으로 고려해야 하는 경우(학교 등 교육기관에서 시행하는 수학여행·수련활동을 제외한다)
- 기존 시설물을 계속적으로 유지·보수하는 경우로서 전자견적에 따라 수의계약을 하는 경우 호환이 되지 않는 등 사실상 유지·보수가 곤란하거나 예산낭비가 우려되는 경우
- 학문적 전문성 등 전문지식을 활용하는 학술연구용역을 수의계약으로 발주하는 경우
- 「중소기업제품 구매촉진 및 판로지원에 관한 법률 시행령」 제8조에 따라 중소기업청장이 지정고시한 물품 중 중소기업협동조합이 공공구매종합정보망(www.smpp.go.kr)을 통해 2인 이상 추천하는 경우
- 그밖에 계약의 목적·성질상 지정정보처리장치로 전자견적을 제출받아 수의계약을 체결하는 경우 사실상 계약 목적 달성이 어려운 경우

㉡ 행정안전부 장관이 지정·고시한 지정정보처리장치의 장애·오류 등 불가피한 사유로 일정 기간 이용할 수 없는 경우

② 지정정보처리장치를 이용하지 않는 경우 견적서 제출 대상을 지역으로 제한할 수 없다.

③ 지정정보처리장치를 이용하지 않는 경우 계약 상대자의 결정은 계약담당자가 견적서 제출자의 가격·품질 등을 종합 고려하여 가장 적정하다고 판단되는 자를 계약 상대자로 결정한다.

④ 계약담당자는 배제 사유가 있는 자와 계약을 체결해서는 아니 되며, 계약 대상자가 배제 사유에 해당되는지 여부를 확인하기 위하여 각서를 제출하게 하고 우선 계약을 체결할 수 있다.

(10) 보험료 사후정산 등의 규정 준용

수의계약에 따른 공사·용역·물품에 있어서 국민건강보험료와 국민연금보험료 등의 사후정산은 공사입찰계약의 보험료 사후정산 등을 준용한다.

(11) 수의계약 내역 공개

① 공통사항

수의계약을 체결한 경우 계약정보 공개 시 아래의 공개내역서 서식을 첨부하여야 한다.

【수의계약 공개내역서】

사 업 명					
계약 개요	계약일자	계약기간	예정가격 (추정금액)(A)	계약금액 (B)	계약률(%) (B/A)
계약 상대자	업 체 명	대표자	주		소
수의계약 사유	※ 관련 법령 근거 및 구체적인 사유를 반드시 명시				
사 업 장 소	※ 공사 등 현장이 있는 사업				
기 타					

② 다만, 지정정보처리장치를 이용하여 2인 이상 견적서를 제출받아 수의계약
을 체결하였거나 다른 법령 등에 따라 공개할 수 없는 사유에 해당되는 경
우에는 수의계약 내역을 공개하지 아니할 수 있다.

③ 그 밖의 공개와 관련한 사안은 「지방자치단체 입찰 및 계약집행기준」 제1장
제1절 "8. 계약정보의 공개"를 준용한다.

감사 사례

제목 : 국외 어학연수사업 수의계약 부적정

● A교육청에서 관내 초·중학생을 대상으로 뉴질랜드 어학연수 사업을 추진하면서,

• 지계법 제9조 등2)에 따라 추정가격 50백만 원 이하의 용역이거나 특정인의 기술·
경험을 요하여 경쟁이 불가능한 경우 등 예외적으로 수의계약이 가능한 경우 이외
에는 지방계약법에서 정한 절차에 따라 일반 공개경쟁을 거쳐 계약하는 것이 타당

• 그러나 A교육청에서는 사업비가 112백만 원으로 50백만 원을 넘고, 연수내용
이 현지학교 스쿨링(Schooling), 홈스테이(Homestay) 및 현장 체험학습 등으
로서 이와 같은 유학 알선 서비스 영위업체도 275개에 달하는 등 경쟁이 가능
한데도 B문화교류원과 수의계약 체결

• 그 결과 용역계약의 공정성이 훼손되고 위 업체에 특혜를 제공하였다는 민원 야기

---

5) 공사의 분할발주·계약 금지

(1) 개요

계약담당자는 동일 구조물공사 및 단일공사로서 설계서 등에 의하여 전체 사
업 내용이 확정된 공사는 이를 시기적으로 분할하거나 공사량을 분할하여 계약
할 수 없고 일괄하여 계약해야 한다.(국계령 제68조, 지계령 제77조)

동일 구조물공사란 천연 또는 인조의 재료를 사용하여 그 사용목적에 적합하
도록 만들어진 기능이 상호 연결되는 일체식 구조물(부대 공작물 포함)로써 동
일인이 계속하여 시공함이 적합한 시설물을 말한다.

---

2) 「지계법」 제9조 및 같은 법 시행령 제25조 제1항

단일공사란 해당연도 예산상 특정 단일사업으로 책정된 공사와 그 시공지역에서 이와 관련하여 시공되는 부대공사를 말하며, 예산상 특정되지 아니한 경우에도 예산집행과정에서 특정되는 공사는 단일공사로 본다.

(2) 분할발주·계약이 허용되는 경우

다음에 해당하는 공사의 경우에는 분할발주·계약할 수 있다.

(국계령 제68조 단서, 지계령 제77조 단서, 지방자치단체 입찰 및 계약 집행기준 제1장 제1절 5. 분할계약의 금지 나. 분할발주가 가능한 공사)

① 다른 법령의 규정에 의하여 다른 업종의 공사와 분리 발주할 수 있도록 규정된 공사(전기공사, 정보통신공사 등: 전기공사업법 제11조, 정보통신공사업법 제25조)

감사 사례

제목: 계속 공사의 수의계약금액 부당 산정

- A공단에서 ○○항 154kV 전력인입 선로복구공사 및 지중선로 이설공사를 계약하면서

- 국계령 제31조 등[3])에 따라 시설물 하자 책임 구분 곤란 사유로 수의계약을 체결하는 경우 계속공사 계약금액은 제1차 공사 낙찰률이 86.75% 미만이고 계속공사 추정가격이 50억 원 미만 10억 원 이상인 경우 그 예정가격에 86.75%를 곱한 금액 이하로 계약해야 하는 데도

- 위 공단에서는 2008년 1월 및 4월 1차 공사의 낙찰률이 86.75% 미만인 위 복구공사 및 이설공사가 장래 시설물의 하자 발생 책임 구분이 곤란하다는 사유로 직전 시공자인 B(주)와 수의계약하기로 결정하고도, 복구공사는 예정가격의 99.44%인 17억 9,000만 원에, 이설공사는 예정가격의 97.31%인 32억 6,000만 원에 견적서를 제출한 위 회사와 위 견적서 금액대로 계약 체결

- 그 결과 최소 5억 8,237만여 원(복구공사 2억 2,850만 원, 이설공사 3억 5,387만여 원) 만큼 고가로 계약 체결

---

3) 국계령 제31조의 규정과 위 공단「계약규정」제50조,「정부입찰·계약 집행기준」(2008. 12. 29. 회계예규 2200.04-159-8) 제9조 제2항 제2호

② 공사의 성질·규모 등에 비추어 분할하여 시공함이 효율적인 공사(도로, 하천, 철도, 지하철, 농지개량, 공업단지조성, 항만공사 등)

③ 하자 책임 구분이 용이하고 공정관리에 지장이 없는 공사로서 분리 시공함이 효율적이라고 인정되는 공사

6) 물품 및 용역의 구매규격 사전공개[지방계약만 해당]

(1) 계약담당자는 지계법 제9조의2, 지계령 제32조의2에 따라 입찰에 부치는 경우에는 입찰공고 전에 물품 및 용역의 구매규격을 업계에 사전공개 열람하도록 하여 구매규격에 관한 의견을 제시할 수 있도록 함으로써 입찰 참여 기회 균등과 공정한 경쟁을 유도하여야 한다. 다만, 다음의 경우에는 사전공개 절차를 생략할 수 있다.

① 긴급한 수요로 구매하는 물품 또는 용역

② 구매를 비밀로 하여야 하는 물품 또는 용역

③ 추정가격이 5천만 원 미만인 물품 또는 용역

④ 해당 연도에 1회 이상 구매규격 사전공개를 실시한 물품 또는 용역

⑤ 시행령 제25조에 따른 수의계약에 의하여 구매할 수 있는 물품 또는 용역

⑥ 음식물(재료 또는 가공품인 경우를 포함한다) 또는 농·축·수산물

(2) 구매규격 사전공개는 5일간으로 하고, 지정정보처리장치(나라장터, 학교장터 등)을 통해 공개한다. 다만, 긴급을 요하는 경우에는 3일간 공개할 수 있다.

(3) 계약담당자는 규격사전공개 결과 업계의 의견이 있을 때에는 그 의견을 받은 날부터 14일 이내에 그 내용을 검토하여 필요한 조치를 하고 지체 없이 그 결과를 의견을 제출한 자에게 통지하여야 한다. 다만, 제출된 의견이 시행령 제108조 제1항 각 호의 어느 하나에 해당하는 계약에 관한

것이면 법 제32조에 따른 계약심의위원회의 심의를 거쳐 의견을 제출받은 날부터 50일 이내에 통지하여야 한다.

- 물품제조 · 구매계약: 규격서, 사양서, 시방서 등
- 용역계약: 과업지시서, 제안요청서 등
- 협상계약: 실적평가 여부, 평가기준

7) 물품 · 용역 · 공사가 혼재된 계약의 집행

(1) 계약담당자는 물품, 용역, 공사 중 2개 이상이 혼재된 계약을 발주하려는 경우에는 사업의 계획 단계부터 다음의 사항을 고려하여 분할발주 여부를 검토하여야 한다.

① 계약 목적물의 일부에 공사가 포함된 계약을 발주함에 있어 「건설산업기본법」, 「전기공사업법」, 「정보통신공사업법」 등 공사 관련 법령의 준수 여부

② 물품 · 용역 · 공사 등 각 목적물 유형별 독립성 · 가분성

③ 하자 등 책임 구분의 용이성

④ 계약이행관리의 효율성

⑤ 각 발주 방식에 따른 해당 시장의 경쟁 제한 효과

(2) 계약담당자는 "(1)"에 따라 계약을 분할발주하지 않는 경우 예정가격을 작성함에 있어 다음 사항을 유의하여야 한다.

① 예정가격 산정에 있어 설치비용 등 부수적인 목적물에 대한 비용이 누락되었는지 여부

② 공사가 혼재된 계약의 예정가격 산정에 있어 공사 부분에 대한 의무적 가입이 요구되는 보험의 보험료 및 환경보전비, 폐기물처리비, 안전관리비 등을 「건설산업기본법」 제22조 제7항 등 관련 법령에서 정한 바에 따라 계상하였는지 여부

8) 하도급 관련 사항의 공고[정부 입찰계약기준, 지방 입찰계약기준]

(1) 계약담당자(사업담당자)는 입찰공고 시 하도급과 관련하여 계약 상대자가 숙지하여야 할 다음의 사항을 공고하여야 한다.

① 건설산업기본법 등 개별법령상 하도급 관련 규정을 준수하여야 한다는 사항

② 해당 계약에 있어서 하도급이 가능한지 여부

③ 관련 법령상 하도급 규정을 위반하거나 발주기관의 승인 없이 하도급을 하는 경우 입찰 참가자격 제한을 받을 수 있다는 사항

④ 하도급이 가능한 계약의 이행에 있어 하도급 승인 절차

(2) 계약담당자(사업담당자)는 "(1)-④"의 하도급 승인 절차와 관련하여 과업의 내용 및 계약의 난이도 등을 고려하여 필요하다고 인정하는 경우 계약 체결 시에 구체적인 업무범위를 정하여 하도급을 사전적으로 승인할 수 있다.

(3) 계약담당자(사업담당자)는 "(1)-④"의 하도급 승인을 함에 있어서 하도급을 받을 자의 실적 부족을 이유로 승인을 거부하여서는 아니 된다. 다만, 입찰공고 시 사전에 하도급받을 자의 요건을 명시한 경우는 그러하지 아니한다.

(4) "(1)" 내지 "(3)"에도 불구하고 하도급의 가부, 하도급 승인 등에 대해 다른 법령에서 정하고 있는 경우에는 **그 규정에 따른다.**

나라장터의 이용

CHAPTER 04

04 나라장터의 이용

1. 나라장터 개요

1) 나라장터(G2B[1])란

① 공공기관과 기업의 모든 조달업무를 온라인을 통해 처리하는 국가종합전자조달시스템(KONEPS[2])을 말한다.

② 조달청 나라장터는 모든 발주기관과 조달기업이 이용하는 공공조달 단일창구이며 입찰공고, 입찰, 계약, 대금지급 등 조달 프로세스 전 과정을 전자화하여 통합 제공하는 역할을 하고 있다.

③ 조달업체는 나라장터 1회 등록으로 모든 공공기관의 입찰 참여가 가능하다.

2) 나라장터 발전 과정

(1) 준비 및 시스템 구축(1997~2002)

① 국가계약법시행령 개정 법적 근거 마련(2000)

② 입찰 행정의 투명성 확보를 위해 조달청 시스템 완료(2001)

③ 물품구매, 용역, 시설공사까지 범위 확대 및 보증업무 전자(2002)

---

1) G2B(Government to Business)
2) KONEPS: Korea ON-line e-Procurement System

(2) 나라장터 시스템 확산(2003~2012)

① CRM, 표준연계 시스템, 웹 콜센터(2004)

② PDA를 이용한 전자입찰(2005)

③ 온라인 쇼핑몰 개편(2006)

④ 웹 표준화, 장애인 접근성 개선(2009)

⑤ 전자입찰에 지문인식 시스템 도입(2010)

(3) 차세대 나라장터 시스템 구축(2013~)

① 전자정부 프레임워크 적용(2013)

② My Work Place, Bid Center(2013)

③ 나라장터 민간 개방, Open-API 제공(2013)

④ 하도급 관리 시스템 구축(2013)

⑤ 전자입찰 가상화 서비스 제공(2013)

3) 나라장터의 특징

(1) 모든 공공기관과 조달 기업이 이용하는 공공조달 단일 창구

① 조달 기업은 분야별 면허 등 자격 요건을 미리 나라장터에 등록하면 1회 등록만으로 모든 공공기관의 입찰에 참가할 수 있다.

② 조달 기업은 나라장터 한 곳에서 모든 공공기관의 입찰 정보를 획득할 수 있다.

(2) 입찰공고, 입찰, 계약, 대금지급 등 조달 프로세스 전 과정을 전자화

입찰부터 계약, 대금 지급까지 조달 전 과정이 인터넷에서 편리하게 처리되고, 166종의 관련 서류를 전자화해 빠르게 처리함으로써 공공기관, 조달 기업 모두 효율적인 조달업무를 수행할 수 있다.

4) 나라장터 구성

(1) 나라장터 구성

나라장터 구성은 나라장터 포털 시스템과 통합 공고 시스템을 중심으로 이용 기관인 공공기관과 조달업체가 있으며, 나라장터와 연계된 보증기관, 정부기관 의 전자문서 유통 시스템 및 회계 시스템 등과 연계되어 있다.

【나라장터 구성도】

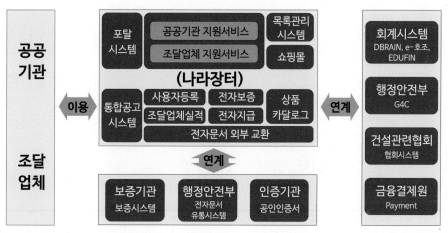

(2) 나라장터 연계 현황

연계 분야	연계 기관	연계 정보
자체 전자조달 시스템 보유 기관 연계	방위사업청, 한국철도공사 등 23개 기관	조달업체 등록정보, 입찰공고 정보, 낙찰자 정보, 부정당업자 제재 정보, 보증서 중계 정보
공공기관	행안부,국세청,근로복지공단, 한국자산관리공사 등 45개 기관	국세 및 지방세 완납증명서, 사업자등록증, 법인등기부등본, 계약 정보·발주 정보, 물 품목록 정보
보증사	서울보증보험, 건설공제조합 등 23개 기관	입찰 정보·계약 정보·계약/입찰/선금/하 자/지급/상품대금보증서 발급
협회	대한건설협회, 한국건설기술 협회 등 13개 기관	경영 상태, 시공능력 평가액, 시공 실적, 기 술인 보유현황 등 심사자료

신용평가기관	한국기업평가, 한국신용정보 등 10개 기관	신용평가등급, 연체/체납 등 신용 정보
업체	삼성전자, LG전자, 현대제철, 더존 등 75개 업체	물품목록정보, 납품요구서, 세금계산서, 대금청구서 등 나라장터에서 생성된 전자문서 송신 등
제품 인증기관	(사)자원순환산업인증원, 국가기술표준원 등 8개 기관	물품 적격심사 관련 인증 정보 수신
금융기관	금융결제원, 농협, 우리/하나 /신한카드 등 8개 기관	대금 이체요청 정보, 대금지불 확인 정보, 국공채매입, 네트워크론
시스템 연계	시도행정, 지방재정, 국가재정시스템 등 18개 기관	계약정보, 검사검수, 대금지급, 관세체납정보등
공인인증기관	한국정보인증, 한국전자인증 등 5개 기관	인증서 유용성 정보, 인증서 폐기목록 등

5] 나라장터 주요 기능

(1) 나라장터의 주요 기능

나라장터의 주요 기능은 전자입찰, 전자계약, 전자지불 및 쇼핑몰로 구분할 수 있으며 그 내용은 표와 같다.

【나라장터 시스템 주요 기능】

전자입찰	전자계약	전자지불	e-쇼핑몰
●입찰공고 등록/조회 ●가격조사/견적 요청 ●개찰/낙찰자 선정 ●적격/계약 이행 능력 심사	●계약서 작성/서명 ●보증/인지세/채권 ●계약관리	●납품 검사/검수 ●대금청구 ●지급관리 /계좌이체 ●재정 시스템 연계 ●수수료 관리	●목록/상품 등록 ●적정성 평가 ●상품 조회/주문 ●납품 관리

(2) 나라장터 등록 이용 기관

나라장터 2013년 기준 등록 이용 기관은 수요 기관 4만 6천 개소, 조달업체 26만 7천 개소 58만여 명의 이용자를 보유하고 있다.

(3) 종합 쇼핑몰 이용 실적

종합 쇼핑몰 이용 실적은 2013년도 말 기준 총 13.9조 원으로 이 중 MAS2단계 계약이 6.7조 원으로 48%, 일반 단가는 5.4조 원으로 39%, 제3자 단가는 1.8조 원으로 13%를 차지하고 있다.

(4) 나라장터 전자입찰 집행 실적

나라장터 전자입찰 집행 실적은 2013년도 말 기준 27만 9천 건, 2천 3백만 명이 이용했다.

* 최근 추세: 2010년 248천 건, 2011년 289천 건, 2012년 292천 건

6) 나라장터 관련 주요 법령 및 운영 규정

① 나라장터 이용 근거법은 국가계약법, 지방계약법, 조달사업법이 있다.
② 전자거래의 근거법은 전자거래기본법과 전자서명법이 있다.
③ 전자조달의 근거법은 전자조달의 이용 및 촉진에 관한 법률(약칭 전자조달법)이 2013.3.22.자 제정되었고, 같은 법 시행령과 시행규칙은 2013.9.23.자 시행되었다.
④ 전자조달관련 조달청고시는 국가종합전달조달시스템 전자입찰특별유의서, 국가종합전자조달시스템 이용약관, 국가종합전자조달시스템 계약사무처리요령 등이 있다.

2. 전자입찰 집행

1) 전자입찰이란

① 입찰이란 계약의 상대자가 될 것을 희망하는 자가 계약의 내용에 관하여 다수인과 경쟁을 통하여 일정한 내용을 표시하는 행위이다.

② 나라장터의 전자입찰은 공공기관이 입찰을 시행하는 경우, 업체기 기관을 방문하지 않고 사무실이나 안방에서 나라장터에 접속하야 전자적으로 입찰에 참여하는 입찰 방식이다.

2) 입찰공고

(1) 입찰공고 방법

입찰공고는 지정정보처리장치(나라장터, www.g2b.go.kr)를 이용하여 공고한다. 다만, 필요한 경우 일간신문에 게재하는 방법을 병행할 수 있다.

(2) 입찰공고 시기

① 일반 입찰공고는 그 입찰서 제출 마감일의 전일부터 기산하여 7일 전에 해야한다. 긴급을 요하는 경우 및 재공고 입찰의 경우에는 5일 전까지 공고할 수 있다.

② 소액 수의 경쟁은 기재부 계약예규 및 행안부 예규에 따라 3일 안내공고를 해야 한다.

③ 협상에 의한 계약의 공고 기간은 그 입찰서 접수 마감일의 전일부터 기산하여 10부터 40일 전에 해야 한다. 긴급을 요하는 경우 및 재공고 입찰의 경우에는 10일 전까지 공고할 수 있다.

【입찰공고 기간 산정】

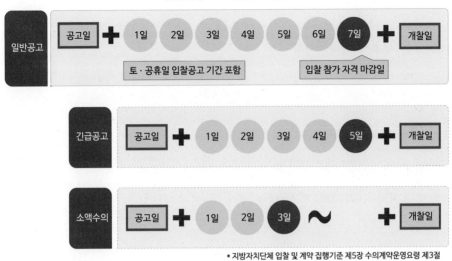

* 지방자치단체 입찰 및 계약 집행기준 제5장 수의계약운영요령 제3절

【협상에 의한 계약 공고 기간】

(3) 입찰공고서의 내용

① 입찰에 부치는 사항

② 입찰 일시 및 장소

③ 입찰 참가자격

④ 낙찰자 결정 방법

⑤ 입찰 무효에 관한 사항

⑥ 기타 필요한 사항

(4) 입찰공고서 체크 포인트

① 법령 및 예규 적용 기준이 공고일 현재인지 여부

② 공고서와 규격서의 평가 방법 불일치 여부 확인

③ 과도한 제한 여부(부당한 제한 확인)

④ 필수 공고 내용의 누락 여부

⑤ 공고 내용 중 상호 모순되는 내용의 여부

⑥ 낙찰자가 면세사업자인 경우 부가세 부분의 설명 여부(공고서 입력)

⑦ 공동계약의 가능 여부(공동 이행 방식, 분담 이행 방식)

⑧ 정산 조건이 있는 경우 정산 사항, 기준에 대한 명시 여부

(5) 공고의 종류

① 공고의 종류에는 최초 공고, 변경 공고, 재공고, 취소 공고가 있다

② 변경 공고는 물품구매 입찰유의서 제14조에 의거 입찰이 연기되거나, 공공
내용이 변경되는 경우에 실시한다.

③ 재공고는 물품구매 입찰유의서 제15조에 의거 경쟁입찰에서 2인 이상의
유효한 입찰자가 없거나 낙찰자가 없는 경우 또는 낙찰자가 계약을 체결하
지 않는 경우 실시한다. 재공고 입찰은 기한을 제외하고는 최초 입찰 시
정한 가격, 조건을 변경할 수 없다.

【입찰공고의 종류】

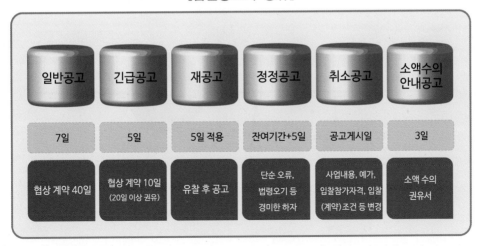

일반공고	긴급공고	재공고	정정공고	취소공고	소액수의 안내공고
7일	5일	5일 적용	잔여기간+5일	공고게시일	3일
협상 계약 40일	협상 계약 10일 (20일 이상 권유)	유찰 후 공고	단순 오류, 법령오기 등 경미한 하자	사업내용, 예가, 입찰참가자격, 입찰(계약)조건 등 변경	소액 수의 권유서

3) 전자조달의 이용 및 촉진에 관한 법률

(1) 입찰의 전자적 공고(법 제6조)

> ① 수요 기관의 장 또는 계약담당자는 입찰을 전자적으로 처리하려는 경우에는 입찰에 관한 사항을 전자조달시스템을 통하여 공고하여야 한다.

【전자 입찰공고 의무화】

지정정보 처리장치	지방자치단체 공사 및 구매 입찰	➡	국가종합전자조달시스템
	교육부, 교육청의 단체급식 식재료 입찰	➡	단체급식 식재료 전자조달시스템
	교육부, 교육청의 2천만 원 이하 소액 구매	➡	교육기관 전자조달시스템

전자적 공고의 방법 및 시기는 시행령 제4조, 시행규칙 제2조의 제1항에 규정되어 있다.

【입찰 참가 기준 시점】

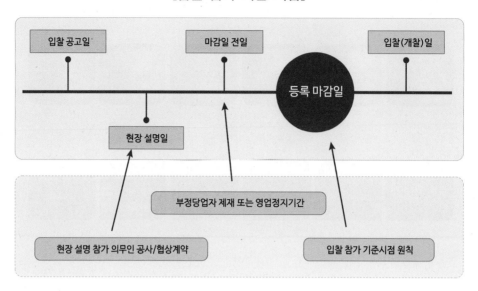

① 전자입찰서의 제출 마감은 전자입찰서의 접수 시작일로부터 최소 48시간 이상
이 되도록 정하여야 한다.(시행규칙 제2조의 2항)

② 전자입찰서 제출 마감 일시는 근무일 오전 10시부터 오후 5시까지로 한다.(시
행규칙 제2조의 3항)

③ 개찰 일시는 전자입찰서 제출 마감 일시부터 1시간이 지난 후 실시한다.(시행
규칙 제2조의 4항)

(2) 전자적 공고의 방법 및 시기 등(시행령 제4조 제3항)

③ 전자조달시스템에 게시된 내용과 붙임 파일 형태의 입찰공고문의 내용이 다른
경우에는 입찰공고문의 내용이 우선한다. 다만, 입찰공고일은 전자조달시스템
에 게시한 날과 입찰공고문에 적힌 입찰공고일이 다른 경우에는 전자조달시스
템의 게시한 날이 우선한다.

【입찰공고문 적용 우선순위】

[공고일반]

공고종류	실공고	게시일시	2016/05/19 13:26
입찰공고번호	20160521124 - 00	참조번호	2016-19

입찰개시일시	2016/05/19 15:00	입찰마감일시	2016/05/24 15:00
개찰(입찰)일시	2016/05/24 16:00	개찰장소	국가종합전자조달시스템(나라장터)
입찰참가자격등록 마감일시	2016/05/24 15:00 조달청 입찰참가등록 가능시간은 평일 09:00~18:00 이며, 토요일, 일요일 및 공휴일은 업무처리가 불가합니다. 본 입찰에 참여하는 업체는, 물품분류로 투찰체할 할 경우 해당물품을 입찰참가자격등록 마감일시까지 나라장터에 제조 (공급)물품으로 등록하여야 합니다.		

[첨부파일]

No.	문서구분	파일명
1	공고서	20160521124-00_1463625971317_밑엎기계장비(궤도형 굴착기) 구매 입찰 재공고.hwp
2	규격서	20160521124-00_1463625971324_2016년 굴삭기 입찰 규격서.hwp
-	안내사항	안전입찰 유의사항 안내.html

(3) 전자적 형태의 입찰서 제출(법 제7조)

> 전자조달 이용자는 전자조달시스템을 이용하여 경쟁입찰 또는 수의계약 대상자 결정에 참가할 때에는 대통령령으로 정하는 바에 따라 전자적 형태의 입찰서 또는 견적서를 제출하여야 한다.

① 전자조달 이용자는 법 제7조에 따른 전자적 형태의 입찰서를 지정한 기간 내에 전자조달시스템을 이용하여 제출해야 한다.(시행령 제5조 제1항)

② 전자조달 이용자는 같은 입찰에 대해서는 같은 컴퓨터에서 하나의 입찰서 만을 제출할 수 있다.(시행령 제5조 제2항)

③ 전자조달 이용자는 전자조달시스템으로 제출한 전자입찰서를 교환·변경 하거나 취소할 수 없다.(시행령 제5조 제3항)

(4) 공동 수급 협정서의 제출(시행규칙 제3조)

> ① 전자조달 이용자는 법 제7조에 따라 전자입찰에 참가할 때 공동 수급체를 구성 하여 전자입찰에 참가하는 경우에는 전자입찰서의 제출 마감일 전일까지 공동 수급 협정서를 전자조달시스템을 통하여 제출하여야 한다.
>
> ② 제1항에 따른 공동 수급 협정서는 전자조달시스템을 이용하여 전자입찰서를 제 출한 후에는 제출할 수 없다. 제출된 공동 수급 협정서의 내용을 변경하려는 경우에도 또한 같다.

(5) 전자입찰서의 취소 신청 등(시행령 제5조 제3항, 시행규칙 제4조)

전자입찰서의 입찰금액 등 중요한 입력사항에 오류가 있는 경우 전자입찰의 취소를 수요기관의 장이나 계약담당자에게 신청할 수 있다.

> ① 전자조달 이용자는 영 제5조 제3항 단서에 따라 전자입찰에 취소를 신청할 때에는 제2조 제1항 제4호에 따라 공고한 개찰 일시 이전까지 별지 제1호 서식의 전자입찰 취소 신청서를 수요 기관의 장 또는 계약 담당자에게 전자조달시스템을 이용하거나 직접 또는 팩스 전송 등의 방법으로 제출
> ② 전자조달 이용자는 제1항에 따라 전자입찰 취소 신청서를 직접 또는 팩스 전송 등의 방법으로 제출할 때에는 전자조달시스템에 등록된 도장을 찍어야 한다.

(6) 전자조달 이용자의 이용자 등록(법 제17조, 시행령 제11조)

① 전자조달시스템을 이용하여 수요 기관 또는 수요 기관 외의 자와 계약을 전자적으로 체결하려는 자는 대통령령으로 정하는 바에 따라 전자조달시스템에 이용자 등록을 하여야 한다.(법 제17조 제1항)

② 법 제7조에 따라 전자입찰에 참가하려는 자는 전자입찰서 제출 마감일 전날까지 법 제17조 제1항에 따른 이용자 등록을 하여야 한다.(시행령 제11조 제1항)

(7) 전자문서의 송신·수신(법 제11조)

> ① 법 제6조부터 제10조까지의 규정에 따라 전자조달시스템을 통하여 전자적 형태로 작성, 송신·수신 또는 저장된 문서에는 전자서명법 제2조 제3호에 따른 공인 전자서명이 있어야 한다.
> ② 전자문서는 전자조달시스템에 입력된 때 송신 및 수신된 것으로 본다.
> ③ 전자문서 및 전자거래기본법 제6조 제2항 제1호 단서에도 불구하고 전자조달시스템 외의 전산장비에 입력된 전자문서는 그 출력 여부에 상관없이 수신되지 아니한 것으로 본다.
> ④ 전자문서 및 전자거래기본법 제7조 제2항 및 제3항에도 불구하고 전자조달시스템에 입력된 전자문서는 그 송신자의 진의와는 관계없이 송신된 것으로 본다.

4) 국가종합전자조달시스템 전자입찰 특별유의서

(1) 전자입찰의 참가 방법(제7조)

① 항3호 전자입찰서의 제출은 시스템에 의하여 입찰서를 송신함으로써 완료되며, 입찰자는 입찰 후 보낸 문서함에서 입찰서가 이상 없이 제출되었음을 확인하여야 한다.

① 항4호 전자입찰서의 제출 시각은 전자조달법 제11조에 따라 전자 입찰서가 전자조달시스템 문서접수 지원 서버에 접수된 시각으로 한다.

(2) 전자입찰의 예정가격의 결정(제12조)

① 복수 예비가격을 작성하여 시스템에서 예정가격을 결정할 경우에는 전자입찰자가 선택한 예비가격 번호 중 가장 많이 추첨된 번호순으로 4개를 선정하여, 해당 각 번호의 예비가격을 산술 평균하여 예정가격을 결정한다.

② 제1항의 규정에 따라 예정가격을 결정할 때 동일한 빈도로 추첨된 예비가격 번호가 2개 이상인 경우에는 그중에서 낮은 번호부터 선택되며 예정가격이 결정된다.

(3) 입찰의 취소(제13조)

① 낙찰자 선정 통보 이전에 수요 기관 등의 예산 사정, 사업계획의 변경 등 불가피한 사유가 있을 때에는 해당 입찰을 취소할 수 있다.

② 전자입찰자가 정상적으로 전자입찰서를 제출하였으나 PC나 전자조달시스템의 오류 등으로 인하여 공정한 입찰의 집행이 곤란하다고 판단될 경우 해당 입찰 전체를 취소할 수 있다.

③ 전자입찰자는 제1항 및 제2항의 조치에 대하여 이의 제기나 그로 인한 손해배상을 청구할 수 없다.

2. 전자입찰 진행

【입찰공고 적용의 우선순위】

5) 국가종합전자조달시스템 이용 약관

(1) 이용 기관의 역할과 책임(제7조)

① 수요기관의 장은 소속 업무 담당자를 이용자로 등록하게 하고, 시스템 이용 방법을 숙지하도록 하여야 한다. 또한, 등록된 인증서 및 이용자를 관리하여야 한다.

② 수요기관 등의 이용자가 전자조달 시스템을 통해 수행한 조달업무는 수요기관 등의 장이 수행한 것으로 본다.

③ 컴퓨터 백신프로그램 설치 등 수요기관 등의 시스템 보안책임은 수요기관의 장에게 있으며 운영자가 전자조달시스템을 통하여 제공하는 정보를 이용할 경우 입찰조건, 관련규정 및 기준의 적용 등 이용에 필요한 사항을 수요기관의 장은 확인하여야 하고, 이에 따른 책임은 수요기관의 장에게 있다.

(2) 입찰 예정가격의 작성 및 관리(제10조)

① 입찰 예정가격은 해당 공고의 예정가격을 작성하는 권한이 있는 자가 작성

② 재무관은 이용자로 등록한 후 입찰 예정가격을 작성

【예정가격 작성 알고리즘】

① 복수 예비 가격 작성 〉 ② 랜덤 저장 버튼 클릭 〉 ③ 번호와 금액이 섞임 〉 ④ 암호화 후 저장 〉

(3) 입찰 참가자격 확인(제11조)

> ① 입찰 참가자격을 입찰 집행 시에 확인 · 판정하거나 입찰 시간의 단축 등을 위하여 입찰 종료 후에 확인 · 판정할 수 있음. 다만, 입찰 집행 시에 부적격으로 판정한 입찰자의 입찰은 개찰 결과 부적격으로 표시되고, 동 입찰자가 추첨한 예비가격은 추첨 결과에 반영되지 않는다.
>
> ② 수요 기관 등의 장은 입찰자가 고의 또는 과실로 변경 등록을 하지 않은 경우에 대비하여 낙찰 예정자로부터 입찰 참가자격에 관한 서류를 제출받아 확인해야 함. 국가계약법 및 지방계약법 시행규칙의 규정에 따라 변경 등록을 하지 않은 입찰자의 입찰은 무효이다.

① 입찰 참가자격의 요건 증명에 관한 규정은 다음과 같다.

  * 국가계약법 시행규칙 제14조 제3호
  * 지방계약법 시행규칙 제14조 제3호

② 상호, 법인의 명칭, 대표자 성명 등의 변경 등록 규정은 다음과 같다.

  * 국가계약법 시행규칙 제44조 제6호
  * 지방계약법 시행규칙 제42조 제5호

(4) 전자입찰의 예정가격(제22조)

복수예비가가 적용된 전자입찰의 예정가격은 입찰자가 입찰서 송신 시 추첨한 예비가격 추첨결과에 따라 결정되며, 무효인 입찰서를 제출한 입찰자가 추첨한 번호 또는 입찰취소를 신청하여 승인된 입찰자가 추첨한 번호도 예정가격 결정에 반영될 수 있다.

2. 전자입찰 진행

6) 나라장터에서 SMS가 송신되는 경우

(1) 취소 공고 게시(to 투찰 업체)

(2) 변경 공고 게시(to 투찰 업체)

(3) 최종 낙찰자 선정(to 낙찰자)

(4) 낙찰자 없음(to 투찰 업체)

(5) 유찰(to 투찰 업체)

(6) 재입찰 처리(to 투찰 업체)

(7) 지명/실적 경쟁 자료 등록(to 대상 업체)

(8) 현장/과업 설명회 결과 접수 완료(to 대상 업체)

(9) PQ 심사결과 공개(to 대상 업체)

(10) 개찰 완료(to 투찰 업체)

(11) 적격심사 대상 통보서 송신(to 대상 업체)

3. 전자계약 이용 방법

1) 전자계약이란

(1) 전자계약이란 일정한 법률 효력을 목적으로 두 사람 이상의 당사자가 전자적 의사표시로 합의하여 성립하는 법률 행위를 말한다.

(2) 나라장터에서의 전자계약이란 낙찰 업체와 공공기관이 계약을 체결하는 경우, 업체가 기관을 방문하지 않고 사무실이나 안방에서 나라장터에 접속하여 전자적으로 체결하는 계약을 말한다.

2) 계약 분류 및 낙찰자 결정 방법

(1) 계약은 목적물, 체결 형태별, 체결 방법에 따라 다음과 같이 분류할 수 있다.

① 계약의 목적물: 공사계약, 용역계약, 물품의 제조 · 구매계약

【계약의 목적물에 의한 분류】

② 계약 체결 형태: 확정·개산계약, 단독·공동도급계약, 장기계속·단년도·계속비 계약, 총액·단가계약, 회계연도 시작 전 계약, 종합계약

③ 계약체결 방법: 경쟁입찰계약(일반, 제한, 지명), 수의계약(금액과 내용으로 구분)

(2) 낙찰자 결정 방법에는 최저가 낙찰제, 적격심사 낙찰제, 희망 수량 경쟁, 2단계 경쟁, 협상에 의한 계약, 소액 경쟁으로 구분할 수 있다.

【계약 방법 및 낙찰자 결정 방법】

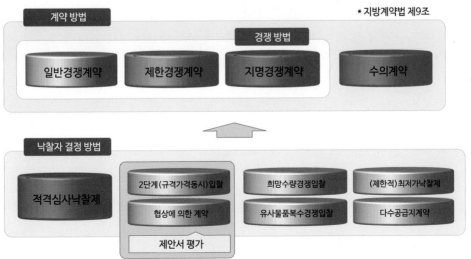

3) 전자조달의 이용 및 촉진에 관한 법률

(1) 계약 대상자의 전자적 공고(제8조)

> 수요 기관의 장 또는 계약담당자는 전자입찰 결과 계약대상자로 결정된 자를 전자조달시스템을 통하여 공고할 수 있다.

(2) 전자계약서의 작성 및 계약의 성립(제9조)

> ① 수요 기관의 장 또는 계약담당자는 전자조달시스템을 이용하여 계약 대상자와 계약을 체결하려는 경우에는 계약의 목적, 계약금액 등 그밖에 필요한 사항이 입력된 전자적 형태의 계약서를 전자조달 시스템을 통하여 작성하여야 한다.
> ② 다음 각 호의 순서에 따른 요건을 모두 갖춘 때에는 제1항에 따른 계약의 성립한다.
> 1. 수요 기관의 장 또는 계약담당자는 전자계약서를 계약 대상자에게 전자조달 시스템을 통하여 송신할 것(※ 계약서 초안)
> 2. 계약 대상자는 수요 기관의 장 또는 계약담당자에게 제1호에 따라 수신한 전자계약서의 내용에 동의한다는 뜻을 전자조달시스템을 통하여 송신할 것(※ 계약응답서 제출)
> 3. 수요 기관의 장 또는 계약담당자는 제2호에 따라 수신한 전자계약서를 확정하여 계약 대상자에게 전자조달시스템을 통하여 송신할 것(※ 최종 계약체결 승인 통보)

(3) 보증금의 전자적 납부(제10조)

> ① 수요 기관의 장 또는 계약담당자는 입찰 참가자 또는 계약 상대자로 하여금 계약 법률 등에 따른 입찰보증금, 계약보증금, 하자보수보증금 등을 전자조달시스템을 이용하여 납부하게 할 수 있다.
> ② 제1항에 따른 납부의 방법 및 절차 등에 관하여 대통령령으로 정한다.

※ 보증금의 전자적 납부 방법 및 절차 등은 시행령 제8조 참조

(4) 제3장~제7장

① 제3장 전자조달시스템의 운용 및 관리(법 제12조~제15조)
② 제4장 전자조달 이용자 정보의 관리 및 보호(법 제16조~제20조)
③ 제5장 전자조달 업무의 촉진 및 지원(법 제21조~제24조)
④ 제6장 보칙(법 제25조: 이용 수수료~ 제26조: 포상금)
⑤ 제7장 벌칙(제27조~제31조)

4) 계약의 체결

(1) 계약보증금

① 물품: 계약금액의 10% 이상
② 공사 및 용역: 계약금액의 15% 이상(공사의 연대보증인 제도 폐지)

(2) 계약 체결 시 유의 사항

① 계약은 계약 당사자의 권리의무 변동 효과가 발생
② 계약 내용 및 계약 조건과 규격(시방)은 명확하고 상세하게 기재
③ 계약 이행 과정에서 분쟁의 소지가 없도록 주의

3. 전자계약 이해방법

【계약체결 흐름도】

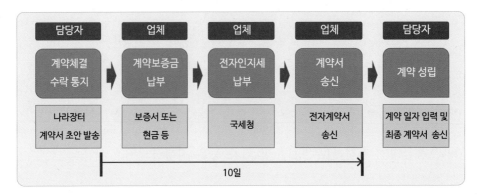

- 정당한 이유 없이 계약을 체결하지 아니한 경우, 입찰보증금 국고 귀속 및 부정당 업자 제재 조치
- 3천만 원 이하(지방계약법 5천만 원) 계약서 생략 가능, 5천만 원 이하 계약 계약보증금 면제 가능

(3) 계약서의 내용

① 물품(시설, 용역) 계약서
② 계약물품명세서
③ 계약 일반 조건 및 특수 조건
④ 입찰유의서
⑤ 규격서 및 과업 지시서
⑥ 기타 계약에 필요한 사항

【계약 문서】

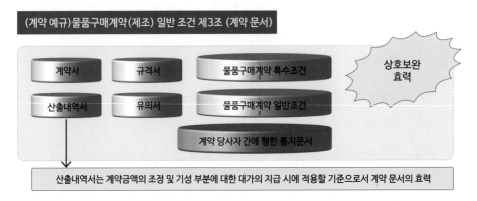

> **물품구매계약 추가 특수조건**
> • 해당 계약의 적정한 이행을 위하여 필요한 경우 물품구매계약 특수조건을 정하여 계약을 체결
> • 계약 상대자의 계약상 이익을 제한하는 내용이 있는 경우 특수조건의 동 내용은 효력이 불인정

(4) 계약서의 효력

계약서의 효력은 계약서를 작성하고 계약 당사자가 기명·날인(전자문서에 전자서명)함으로써 확정된다.

5) 전자계약의 구성 요소

(1) 계약의 구성 요소는 계약 당사자, 계약 문서, 계약 도장(서명), 계약 시점이며, 효율적인 정보처리를 위하여 나라장터 전자계약시스템을 활용하여 전자계약을 구현한다.

【전자계약 구성도】

6) 전자문서의 인지세 과세

(1) 전자문서의 인지세 과세는 2011.1.1.부터이며, 전자문서에 대한 인지세 납부 방법 등에 대한 근거는 국세청 고시(제2014-1호, 2013.12.31.)이다.

(2) 인지세법 제3조에 의한 도급 문서의 인지세액은 다음과 같다.

① 1천만 원 초과~3천만 원 이하: 2만 원

② 3천만 원 초과~5천만 원 이하: 4만 원

③ 5천만 원 초과~1억 원 이하: 7만 원

④ 1억 원 초과~10억 원 이하: 15만 원

⑤ 10억 원 초과: 35만 원

(3) 변경 계약 시 인지세액은 납부한 인지세액을 차감하여 산정한다.

7) 전자계약의 안정성

(1) 최첨단 위·변조 방지 기술 적용으로 계약서를 복사하는 경우 복사본에 "사본"이라는 이미지가 나타나 복사본을 구별할 수 있다.

(2) 관인 이미지는 전자문서 내에 암호화되어 첨부된다.

(3) 출력 화면은 워터마크 기술 적용으로 계약정보 변경이 원천적으로 차단(출력 후 변조하여도 본문 정보가 워터코드에 저장되어 있으므로 위·변조 여부 검증 가능)

※ 워터마크 솔루션
텍스트나 이미지 등의 정보에 공급자, 사용자 혹은 구매자 정보를 은닉하는 기술로써 원본 확인 및 위·변조 여부 확인 가능

관인 이미지

복사할 경우
"사본"
으로 표시됨

워터코드로서 계약서 본문 정보를 포함하고
있어 내용 변조 여부 확인 가능

8) 전자계약의 이점

(1) 대면 접촉 감소로 계약업무의 불필요한 오해를 사전 차단할 수 있다.

(2) 도장 날인이 전자서명 한 번으로 계약업무 효율성을 제고할 수 있다.

(3) 업체의 기관 방문에 소요되는 인력·시간 비용을 절감할 수 있다.

9) 전자계약 이용 실적

(1) 나라장터 전자계약 이용 실적은 2013년도 말 기준 71만 3천 건, 1만 3천 기관이 이용했으며, 매년 상승 추세에 있다.

※ 최근 추세: 2010년 555천 건, 2011년 657천 건, 2012년 700천 건

4. 　**전자입찰 및 전자계약 업무처리 절차**

1) 계약 일반 절차

> G2B 시스템 전자계약은 사전 규격 공개, 입찰공고, 개찰 및 적격 심사의 과정을 거쳐 낙찰자를 선정하는 입찰 절차를 거친 후 계약을 체결하게 된다.

【일반 계약 절차】

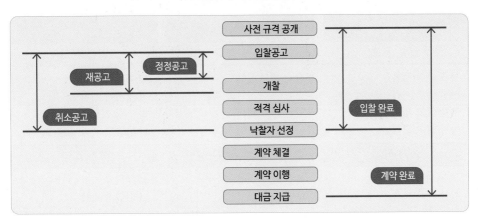

(1) 입찰공고 과정에서는 공고문의 오류, 수정 및 유찰 등의 사유로 취소 공고, 정정 공고 및 재공고의 절차를 거쳐 낙찰자를 선정한다.

【공고의 종류】

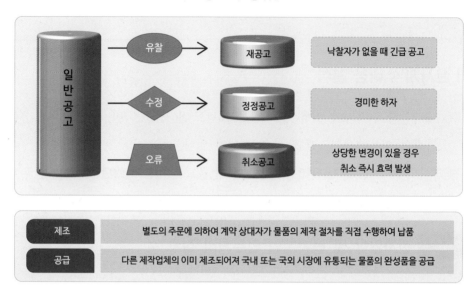

(2) G2B 시스템의 수요 기관의 메뉴는 입찰공고 입력, 예가 작성, 계약관리, 변경관리, 공사(용역)관리 등 대 메뉴로 구성되어 있으며, 그 아래로 세부 메뉴가 있다.

【나라장터 계약 목적물별 세부 메뉴】

물 품	공 사	용 역
입찰 공고	입찰 공고	입찰 공고
발주 계획 등록 사전 규격 관리 입찰 공고 입력 나의 공고 관리	발주 계획 등록 사전 규격 관리 입찰 공고 입력 나의 공고 관리	발주 계획 등록 사전 규격 관리 입찰 공고 입력 나의 공고 관리
예가 작성	예가 작성	예가 작성
복수 예가 작성 단일 예가 작성	복수 예가 작성 단일 예가 작성	복수 예가 작성 단일 예가 작성

물 품	공 사	용 역
계약체결	**계약관리**	**계약관리**
구매 계약서 작성	신규 공사계약서 작성	신규 용역계약서 작성
변경 계약서 작성	장기 공사계약서 작성	장기 용역계약서 작성
계약 응답서 접수	계약 응답서 목록	계약 응답서 접수
계약 보증서 접수	계약/공사 이행보증서 접수	계약/용역 이행보증서 접수
계약체결 승인 통보	공사계약 체결 통보	용역계약 체결 통보
계약관리대장	공사계약서 수신 목록	용역계약서 수신 목록
계약 해지 처리	공사계약 실적 검색	계약실적 및 통계 조회
계약 이관	공사계약 해지(중단)	용역계약 해지(중단)
일반용역착수계 접수	계약 이관	계약 이관
	계약 이관 이력 조회	계약 이관 이력 조회
검사검수 및 납품 확인	**변경관리**	**변경관리**
검사/검수요청서 접수	공사계약 변경요청 작성	용역계약 변경요청 작성
검사 처리	공사계약 변경요청 응답서 목록	용역계약 변경요청 응답서 목록
검수 처리	공사계약 변경요청서 접수 목록	용역계약 변경요청 접수 목록
물납영수증 전송	공사 변경 계약서 작성	용역 변경 계약서 작성
물납영수증 반려 접수	공사 변경 응답서 접수	용역 변경 계약응답서 접수
중앙조달물납영수증	공사 변경 계약체결 통보	용역 변경 계약체결 통보
관급자재 단가 조회	추가 계약/공사 이행보증서 접수	추가 계약/공사 이행보증서 접수
	계약변경 이력 조회	용역계약 변경 이력 조회
대금지급	**공사관리**	**용역관리**
대금지급 요청서 접수	착공계 접수	착수계 접수
유보해지 의뢰서 접수	기성/준공 접수	기성/완수검사. 검수
선금신청서 접수	대금청구서 접수	대금청구서 접수
보증서 접수	세금계산서 접수	세금계산서 접수
세금계산서3.0	지급결의	지급결의
(구)세금계산서	보증서 접수	보증서 접수
지출결의 취소	지출결의 취소	손해배상공제증권 접수
		지출결의 취소

(3) 수요 기관의 메뉴 중 나의 공고 관리와 일반 보고서 버튼을 클릭하면 세부
메뉴가 있다.

① 나의 공고 관리 메뉴는 공고 일반, 공통, 기초 금액, 적격 심사, 개찰, 낙
찰자 결정 등의 기능을 수행한다.

② 일반 보고서 조회 메뉴는 입찰공고서, 입찰조서, 개찰조서 등의 보고서를
출력하여 열람할 수 있다.

【수요 기관 계약 성질별 세부 메뉴】

나의 공고 관리 버튼 메뉴	일반 보고서 버튼 메뉴
나의 공고 관리	**일반 보고서 조회**
공고 일반	**입찰참가**
공고 상세	입찰 조서
변경 공고	협정서 접수 현황
취소 공고	조합 공동 참여 현황
재공고	전자입찰 취소 신청서
공고 입력 내역 확인	**입찰참가자격 관련**
공통	법인등기부등본/사업자등록사항 조회
입찰 공지 입력	고용보험가입여부/중소기업관련정보 조회
SMS 발송 내역 조회	조세포탈여부 조회
입찰정보 변경	대표자/투찰자 부정당제재 내역 조회
일반 보고서 조회	**예정가격**
입찰 정보 상세	예비가격 추첨 현황
나라장터 이용수수료 고지 요청 및 내역 조회	예정가격 추첨 조서
입찰보증서 조회	예가 별도 산출 조서
입찰보증금 납부결과 조회	단일 예가 조서
기초 금액	**개찰 결과**
기초 금액	개찰 조서
예가	개찰 결과 보고서
PQ검사	낙찰 예정자 등록 자료
PQ 신청서 접수	낙찰 결과 보고서
PQ 심사결과 등록	**기타**
현장 설명	입찰공고서
현장설명 참가 등록	입찰서 출력
현장설명 결과 접수	설계서 전자 열람 이력 조회
입찰 집행	
지명경쟁 등록	
실적 심사	
개찰	
첨부복부화	
적격 심사	
적격심사 대상 통보	
적격심사	
적격 보고서	
낙찰자 선정	

2] 전자입찰 공고

전자입찰은 입찰공고서를 보고 G2B 시스템에 주요 사항을 입력 및 게시하고, 공고 문상의 기초 금액을 시스템에 입력하고 복수(단일) 예비가격을 입력하는 단계이다.

【전자입찰 절차】

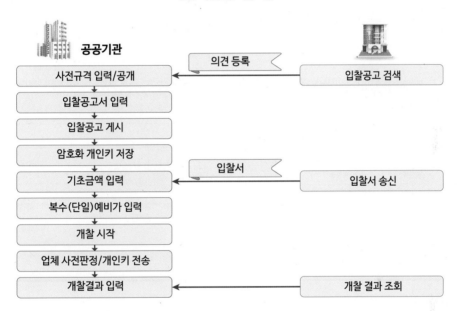

(1) 발주계획 등록

① 공공조달 시장에 참여하고자 하는 기업인들에게 충분하고 편리한 정보 제공을 통한 기업의 영업활동 지원을 위해 공공기관의 발주 정보 제공 방식을 표준화하여 제공

- 관련 근거: 국가 및 지방계약법 시행령(제92조 및 제124조)은 나라장터를 통해 분기별 발주 정보를 사전 공개토록 규정

- 예외: 소액 수의공고, 모의공고

시설 발주계획 등록　　온라인 매뉴얼

| 업무구분 | 시설 | *업무유형 | ⊙ 신규　○ 장기　○ WTO |

[기본정보]

*기관명	서울특별시 강서구	*발주시기	2014 년 03 월
*조달방식	자체조달	*계약방법	일반
*공종	건축	*경쟁여부	⊙ 비협정　○ 협정 *국제입찰대상여부
*공사명	문화체육시설 건립공사		
*공사지역	서울특별시		

[공사규모]

*발주도급금액	1,067,695,120 원	*발주관급자재비	55,028,660 원
	*노무를 제공하고 수취하는 공사관련 금액		*발주기관이 제공하는 공사자재 금액
*발주기타금액	0 원	*발주합계금액	1,122,723,780 원
			(일십일억이천이백칠십이만삼천칠백팔십 원)
발주금차도급금액	원	발주국고보조금액	원
	*장기초년도 표청만 경우 금차년도 예정액 기록		*국고보조사업인 경우 보조액 기록(국가기관 회)
예산코드		*디브레인 상의 예산구조 코드(국가기관만 기록)	

[담당부서 정보]

*부서명	건축과		
*담당자	홍길동	*전화번호	02-2602-3889
			(형식:000-0000-0000)
비고			

저장　이전

(2) 사전 규격 입력(물품·용역)

① 공고전 5일간 사전 공개해야 한다.(긴급을 요하는 경우 3일)

② 규격 사전 공개 대상 금액은 다음과 같다.

- 국가계약법: 물품·용역 경쟁 입찰(정부 입찰·계약 집행기준 제77조)
- 지방계약법: 추정 가격 5천만 원 이상(지방자치단체 입찰 및 계약 집행기준 제1장)

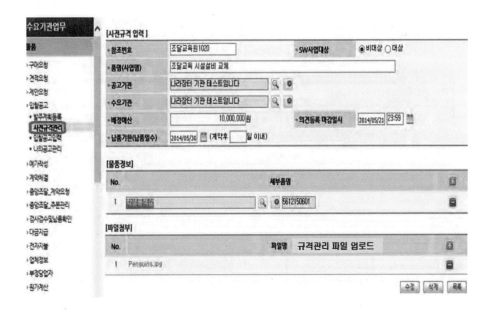

(3) 입찰공고 입력(물품 공고 예시)

① 공고 일반에는 등록 공고 체크, 공고명, 참조번호, 발주계획관리번호 연결, 공고명을 등록한다.

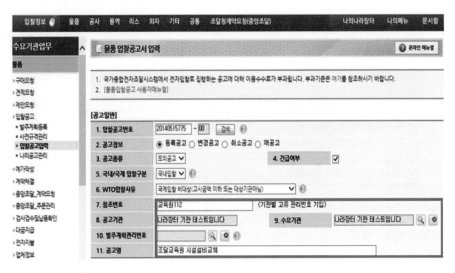

② 계약 및 입찰 방식에는 계약 방법, 입찰 방식, 낙찰 방법, 낙찰 하한율을 등록한다.

③ 입찰 방식

- 전자입찰: 불특정 다수로부터 견적서를 받을 경우
- 전자시담: 한 업체를 지정하여 시담할 경우
- 전자시담(다자 간): 2개 업체 이상을 지정 견적서를 받을 경우

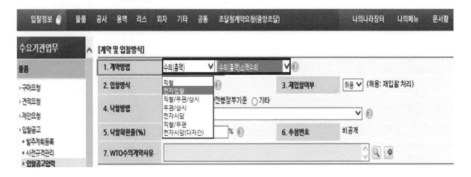

④ 낙찰 방법

- 조달청 기준, 행정안전부 기준, 기타에서 택일
- 낙찰자 결정 방법 선택
- 재입찰 허용 여부 체크

⑤ 입찰 집행

▪ 공고문의 접수일자, 마감일자, 개찰일시 등 입력

▪ 개찰 장소 입력

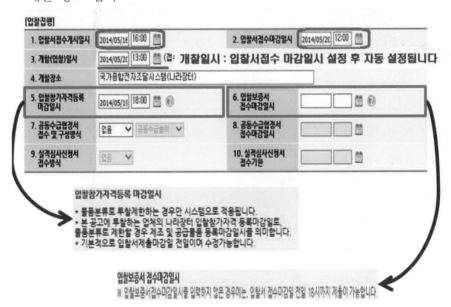

⑥ 투찰 제한

- 해당 제한 입력

- 지사/지점은 수의견적 공고 시만 가능

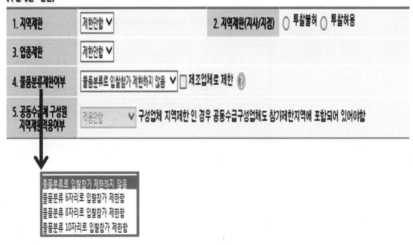

⑦ 예가

- 수의계약인 경우 단일예가 또는 비예가 선택 가능

- 재무관 변경 기능 추가 나의 공고 관리 - 공통 - 입찰정보 변경

[항목선택]		
재무관변경	공고서 파일 삭제	현장/과업설명담당자 변경
개찰일시 변경		

- 배정 예산 - 해당 구매 건에 대해 배정된 예산

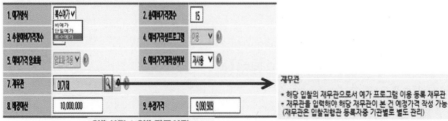

⑧ 파일 첨부

▪ [찾아보기] 버튼을 눌러 공고서, 규격서, 수량 내역서 등 추가

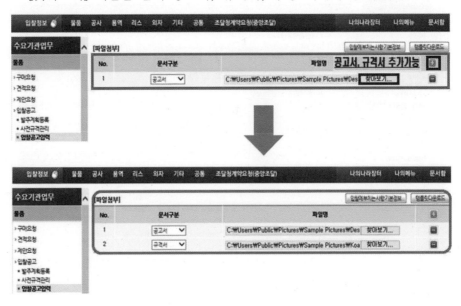

⑨ 구매 대상 물품정보

▪ 세부 품명, 수요기관, 규격, 수량, 단위는 필수 항목으로 반드시 입력

▪ 세부 품명은 돋보기 버튼을 클릭하여 검색한 후 선택

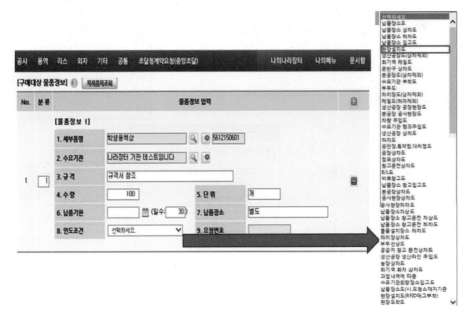

- ▪ [공고 게시] 버튼을 클릭하면 G2B에 공개된다.

(4) 암호화 인증서 발급

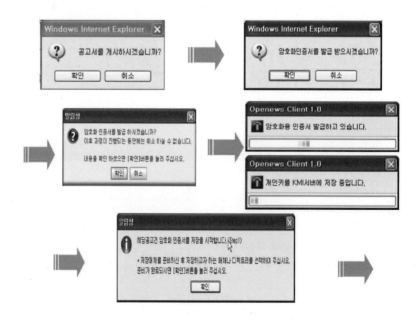

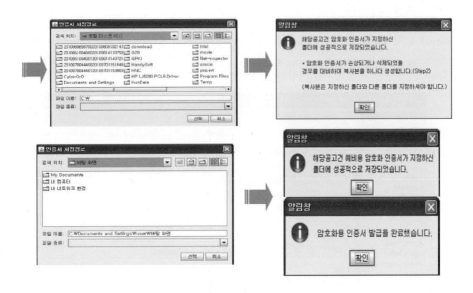

(5) 공고 게시 완료

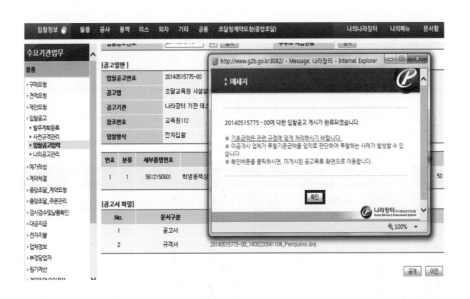

(6) 나의 공고 관리

① 변경 공고 및 취소 공고는 입찰공고 저장 후 반드시 공고 게시까지 해야 한다.

② 변경 공고 게시 후『나의 공고 관리⇒ 공통⇒ 일반 보고서』의 입찰조서를
통해 기존(변경 공고 전) 차수에 대해 입찰 참가 업체가 있는지 확인하여
해당 업체에 각각 재투찰 안내 등의 조치가 필요하다.

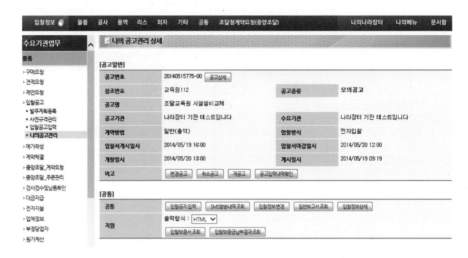

(7) 기초금액 입력

① 기초금액은 단일예가 또는 비예가 방식일 경우는 입력하지 않음.
→ 복수예가 방식일 때만 입력

② 기초금액 저장이 완료되면 입찰정보에 기초금액 및 예가 범위 공개

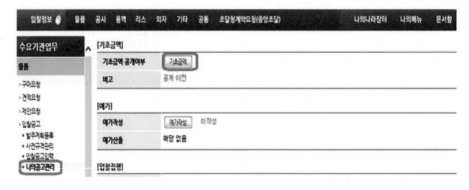

③ 기초금액 입력
- 공고번호나 공고명으로 검색 공고명을 클릭한다.

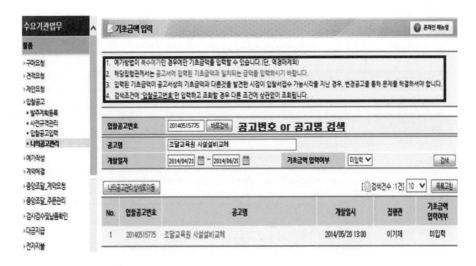

- [분류별 기초금액] 공고문상의 기초금액과 일치하도록 입력한다.
- 입찰서 개시일시 전에 입력한 기초금액은 입찰서 개시 전까지 수정 가능하며, 입찰서 마감 시간 이후 입력한 미개찰 공고의 기초금액도 수정이 가능하다.
- [예정가격 작성 기준]의 예가 범위 확인 및 수정, 복수예가 작성 시 수정 불가하다.

   * 예가 % : 국가기관 ±2%, 지자체 ±3%

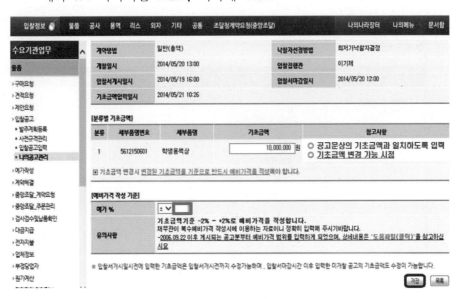

- 기초금액 예가 %를 입력하고 저장을 누르면 기초금액 입력 여부 '입력'으로 변경된 것을 확인할 수 있다.

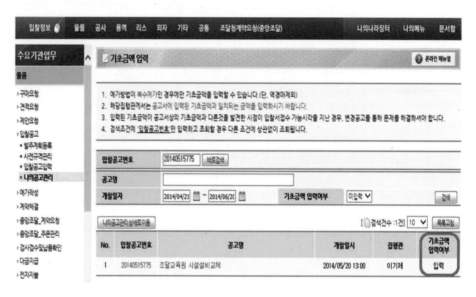

(8) 예비가격 작성

① 예가 방식은 복수예가와 단일예가로 구분하며, 기초금액 공개 후 예가 작성이 가능하다.

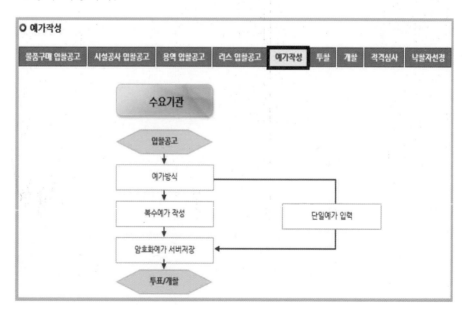

② 복수예가 적용 예시

- 국가기관(총 예가: 15개)

  예비가격 비율: ± 2%, 기초금액 상위 개수: 8개

- 지자체, 교육기관(총 예가: 15개)

  예비가격 비율: ± 3%, 기초금액 상위 개수: 7개

- [예가 랜덤 저장] 버튼을 누르면 보이는 순서가 더 섞여서 저장되므로 재무관도 알 수 없도록 저장된다.

1. 2005.04.01 이후 변경적용되는 복수예비가격 생성기준에 대한 상세내용은 "도움파일(클릭)"을 참고하십시오.
2. 2006.09.22 이후 게시되는 공고분부터 복수예비가격 생성기준 고정의 상세내용은 "도움파일(클릭)"을 참고하십시오.

[예비가격 작성결과]

순번	예비가격	생성비율	순번	예비가격	생성비율
제 1 예비가격	9,997,400 원	99.974 %	제 2 예비가격	9,981,000 원	99.810 %
제 3 예비가격	10,103,300 원	101.033 %	제 4 예비가격	9,835,200 원	98.352 %
제 5 예비가격	9,936,500 원	99.365 %	제 6 예비가격	9,896,500 원	98.965 %
제 7 예비가격	10,050,200 원	100.502 %	제 8 예비가격	10,136,100 원	101.361 %
제 9 예비가격	9,868,800 원	98.688 %	제 10 예비가격	10,082,200 원	100.822 %
제 11 예비가격	9,922,300 원	99.223 %	제 12 예비가격	9,807,600 원	98.076 %
제 13 예비가격	10,162,000 원	101.620 %	제 14 예비가격	10,184,000 원	101.840 %
제 15 예비가격	10,033,600 원	100.336 %			

1. 예비가격을 다시 작성하실려면 예가작성 버튼을 다시 눌러주세요.
2. 예가랜덤저장 버튼을 누르시면, 현재 보이는 순서가 아닌 한번 더 섞...

> http://www.g2b.go.kr:8082 페이지 정보:
> 생성된 예비가격을 랜덤저장하시겠습니까?
> [취소] [**확인**]

[예가랜덤저장] [목록]

③ 단일예가 입력

- 분류별 단일예가 입력 후 저장 클릭하여 암호화 저장한다.
- 물품/조달청 발주 일반 용역에서 각 분류별로 단일예가를 입력한 경우 한 분류를 개찰 완료 처리하더라도 개찰하지 않은 다른 분류에 대해서는 예가 수정 가능. 단, 개찰 진행 도중 예가를 복호화한 뒤면 그 분류에 대해서는 다시 수정이 불가하다.

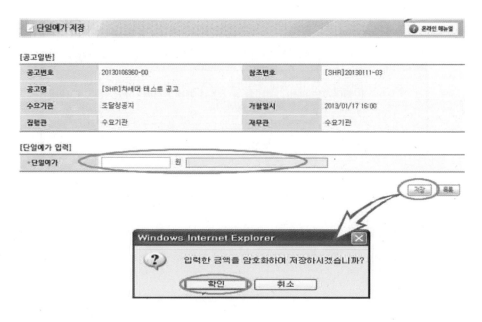

3) 전자개찰

> 개찰은 개찰 마감 시간 이후 언제든 가능하며 수의견적은 계약 상대자를 입찰은
> 적격심사 1순위자를 결정하는 단계이다.

【전자개찰 절차】

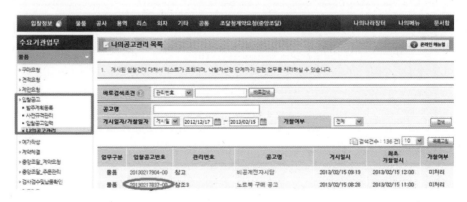

(1) 개찰 리스트

① 나의 공고 관리 목록에서 해당 『입찰공고번호』 클릭

② 『개찰』 클릭

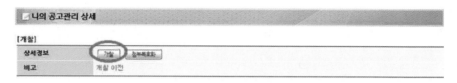

③ 해당 공고 건의 오른쪽에 있는 『개찰 시작』 클릭

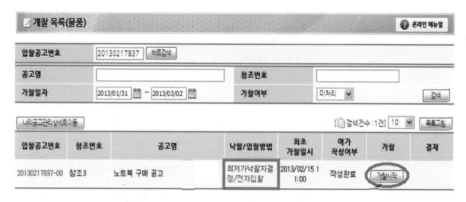

* 개찰 시작 후 팝업창 2개 해당 사항 여부 확인

④ 낙찰 방법 및 낙찰 하한율 확인/변경

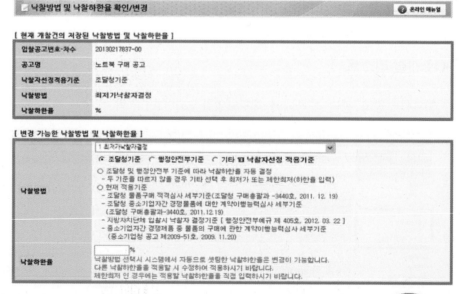

⑤ 해당 공고의 인증서가 저장된 폴더에 있는 [해당 인증서] 클릭

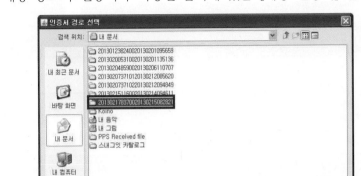

(2) 분류별로 개찰 진행

① 예가 재배열, 개찰 시작, 초기화 가능

- 예가 재배열은 복수예비가격 작성 완료되었을 때, 예가 재배열을 하지 않는 공고 건에 대하여 입찰서 마감일시 이후, 개찰 시작 전 예가 재배열이 가능하다.
- 개찰 시작은 개찰일시 이후 개찰 가능하다.
- 초기화는 개찰 진행 중 비정상적으로 종료된 경우에 초기화하여 다시 개찰 진행한다.

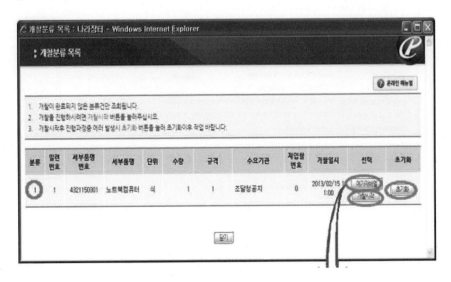

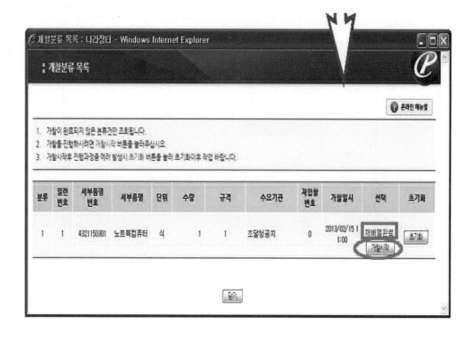

(3) 투찰 업체 사전 판정

① 입찰 참가자격이 없는 업체 또는 입찰 취소 신청한 업체를 판정하여 배제한다.

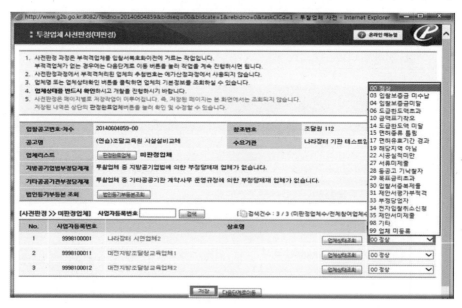

- 배제된 업체의 추첨번호는 예가 산정 과정에서 미적용(일반 보고서에서는 확인됨)
- 업체명을 클릭하면 조달청에 등록된 업체 정보 확인 가능
- 지방공기업법 부정당업자 제재 업체 확인
- 제재 업체가 있는 경우 확인 버튼 보임.
- 업체별 입찰 참가 제한 금액

* 소프트웨어 사업자로 제한해 공고한 경우

② 참여 업체가 많을 경우 페이지별(30개사)로 판정하여 저장

- 판정 완료 업체를 클릭해 판정된 업체에 대해 확인 및 수정 가능(초기화 가능 시까지만)

③ 다음 단계로 이동

- 사전 판정 처리되지 않은 업체는 모두 정상 처리된다. 〈유의〉

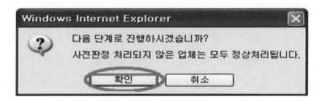

④ "사전 판정 비정상 업체 조회" 이상이 있으면 [이전]을, 이상이 없으면 [다음 단계로 이동] 버튼 클릭한다. 사전 판정 종료 후 "다음 단계로 진행하겠습니까?"라는 메시지가 뜨면 [확인] 클릭

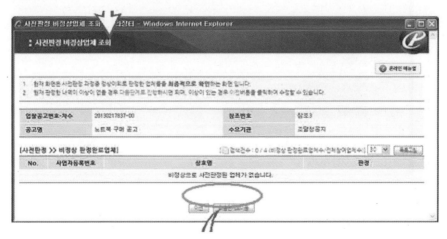

(4) 개인키 전송 및 예비가격 복호화

① "예비가격이 암호화되었습니다... 개인키 전송 버튼을 눌러주십시오"라는 메
시지 위의 [개인키 전송] 클릭

▪ 암호화된 예비가격에 대해 복호화(암호화된 것을 푸는 작업)를 하기 위한 개
인키 전송 작업이다.

▪ 예가 방식이 단일예가(별도 산출)일 경우에는 단일예가 입력 화면이 나온다.

▪ 입찰서 복호화 이전에는 초기화 사유를 입력, 초기화하여 개찰 다시 진행 가
능하다.

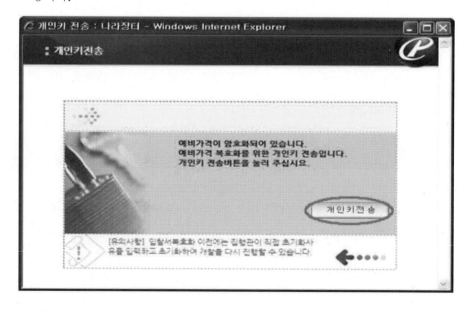

② "복호화 예비가격" 화면이 나타나면 (±3% 이내인지 확인 후 1부 인쇄)

- 복호화된 예비가격을 확인하고 저장
- 만일 금액에 이상이 있으면 닫기 버튼을 누른 후 초기화(사유 입력)하여 다시 개찰 진행 가능
- 재무관이 예가를 다시 작성하기 위해서 [예가 재작성 요청] 버튼을 클릭하면 개찰 시작 후 예가 재작성 요청 화면으로 이동

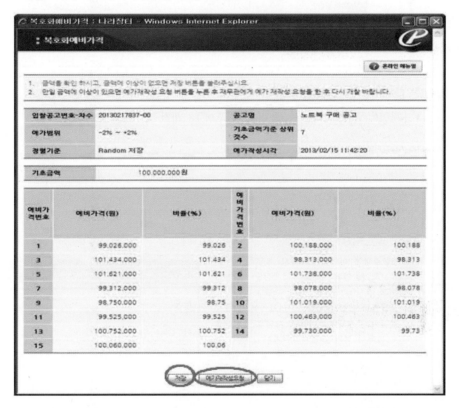

③ "입찰서 암호화되었습니다... 개인키 전송 버튼을 눌러주십시오"라는 메시지 위의 [개인키 전송] 클릭

(복호와 진행 과정 화면이 나타남 -> 개찰 결과 화면이 나타날 때까지 기다림)

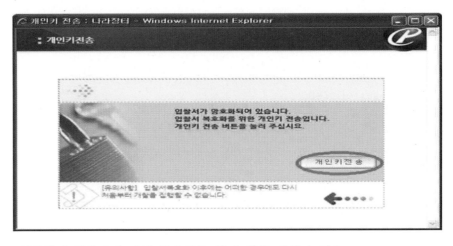

- 암호화된 입찰서에 대해 복호화를 하기 위한 개인키 전송
- [개인키 전송] 버튼을 클릭한 이후에는 개찰 초기화 불가

(5) 개찰 결과 확인

※ 유의사항 확인

▷ 개찰결과에 이상이 있을 시 개찰을 중지하고 처리방안에 대해 나라장터 콜센터(1588-0800)로 문의

▷ 개찰완료/유찰/재입찰 처리시 실시간으로 결과가 공개되며, 어떠한 사유로든 번복할 수 없으니 유의(공문처리불가)

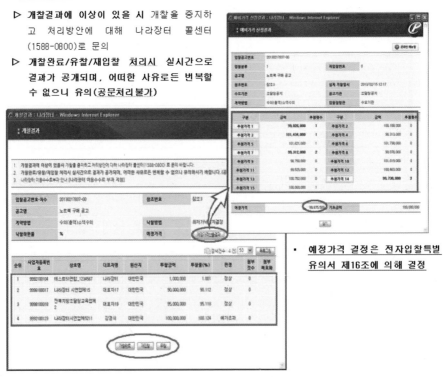

- **예정가격 결정은 전자입찰특별 유의서 제16조에 의해 결정**

① 개찰 완료: 개찰 완료 처리하면 개찰 결과가 공개되니 신중히 처리
② 재입찰: 공고 시 재입찰 허용으로 체크하고, 경쟁입찰에 있어서 2인 이상
　의 유자격자가 투찰하여 경쟁이 성립되면서 낙찰자가 없는 경우(예가 초과,
　낙찰 하한선 미달 등) → 마감 일시와 개찰 일시 등을 다시 정해 재입찰
　※ 재입찰은 횟수의 제한을 받지 않음.
③ 유찰
 ▪ 입찰자나 낙찰자가 없을 경우(단독응찰, 무응찰)에 유찰 처리 후 재공고
 ▪ 낙찰자가 계약을 체결하지 아니하는 경우 재공고

(6) 최종 낙찰자 선정

① 낙찰자 선정이 되면
 ▪ 기초금액을 복호화하여 DB 저장 관리되며 기초금액 공개
 ▪ 개찰 결과 조회 화면의 입찰금액, 투찰률, 복수 예비가격 및 예정가격 공개

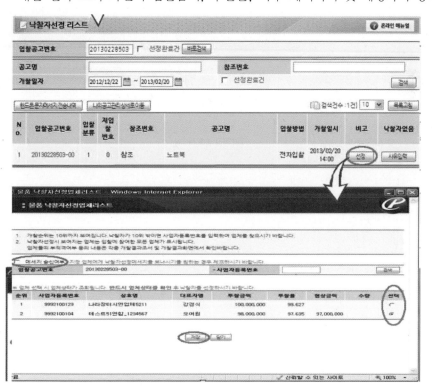

② [선정], [사유 입력] 버튼을 클릭하면 해당 화면으로 이동

③ 메시지 송신 여부

→ 낙찰 업체에게 낙찰자 선정 메시지를 보내고자 할 경우 체크

④ 낙찰 업체를 선택하여 저장

4) 전자계약 (물품)

> G2B 시스템 전자계약은 수요 기관에서 계약서 초안을 작성하여 조달업체에 초안
> 송신 및 응답 수신(접수)을 거쳐 시스템과 연동된 홈텍스를 통하여 계약상대자가
> 인지세 신고 및 납부 정보를 수요 기관에서 확인 후 계약을 체결하게 된다.

【전자계약 절차】

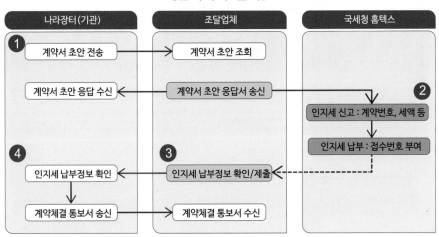

(1) 계약 정보 입력

① 계약관 입력, 계약 금액 확인

② 계약 보증금률(수의계약은 지급 각서 가능), 계약 기간 입력

③ 계약 특성 선택 및 지체상금률 확인, 분할 납품 가능 여부

④ 계약법 구분 선택 후 조항호 선택

⑤ 공동계약 여부 및 장기계속 구분 선택

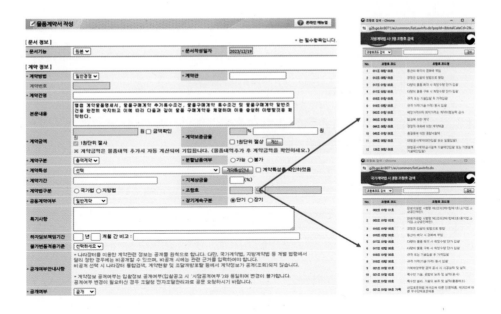

(2) 채권 및 인지세 정보

① 채권자명 확인

② 지역개발/도시철도채권 항목 선택하면 금액 자동 입력

③ 인지세 관련 안내사항에 체크

④ 인지세 과세 대상 선택 및 금액 확인

→ 학교급식 납품 계약 - 비대상

(3) 계약 부가 정보 확인

① 유보금: 설치 조건부 또는 시운전 조건부 계약 등으로 계약금액의 일부 (보통 30% 이내)를 설치 및 시운전이 완료되었을 때 지불하는 금액이므로 해당 조건일 경우 유보율 입력(아니면 0 입력)

② 계약보증서 전자 제출 여부 선택

③ 용역 구분 선택

④ 외부 재정 시스템을 이용하는 기관은 국가재정정보를 검색하여 자산 요청 번호를 선택, 입력

⑤ 검사기관 및 검사자, 검수자 확인(수정 가능)

(4) 계약자 정보 확인

① 부가세율 확인(기본 10%)

② [물품 내역]의 수량 * 단가에 의해 계약금액 반영

③ 입찰 건의 경우 물품 분류번호만 입력되어 넘어오므로, 정확한 물품 식별
번호를 검색 후 선택, 납품 기한(일수),인도 조건 입력

　　→ 식별번호 생략 가능

　　→ 식별번호 없을 경우 물품 분류번호 검색해 품명을 입력

④ [첨부 문서] : 계약 관련 문서를 첨부하여 추가

⑤ 물품계약서 작성하여 저장하면 수정, 결재 요청, 출력, 송신 내려받기 등
의 버튼이 생성

⑥ 물품계약서(초안) 송신

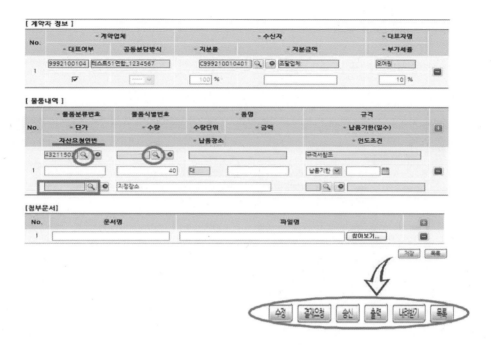

(5) 계약 응답서 접수

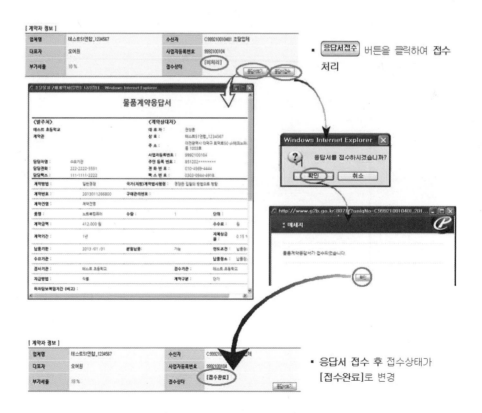

- **응답서접수** 버튼을 클릭하여 접수 처리

- 응답서 접수 후 접수상태가 [접수완료]로 변경

(6) 계약 보증서 접수

① 보증서 접수 또는 수납 접수 완료 후 하단의 보증 접수 완료 버튼을 클릭하여 보증 접수 완료 처리해야 계약 체결 승인 통보 가능

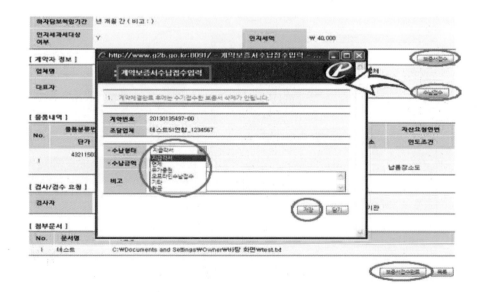

(7) 계약 체결 승인 통보

① 계약 건명을 클릭하면 물품계약서 (최종)화면으로 이동

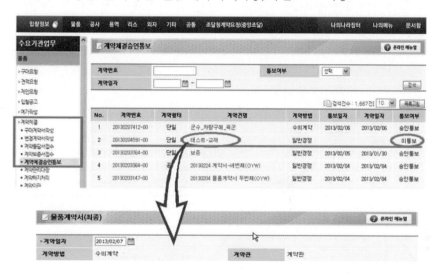

② 채권 및 인지세 정보

- [매입 필증 조회] 또는 [매입 필증 수기 입력]을 통해 (도시철도채권) 접수해야 승인 통보 가능(기초단체 해당 없음)

- [국세청 납부 결과 조회] 버튼을 클릭하여 업체의 인지세 납부 정보를 확인해야 승인 통보 가능

[채권 및 인지세 정보]

| 채권정보 | 620,000 원 (지역개발채권) |
| 인지세정보 | 40,000 원 (Y) |

[계약 부가정보]

입찰공고번호	20231220054
계약보증서 전자제출여부	전자접수 및 직접수납
계약유형	물품
국가재정정보	
우수지정번호	
예정가격	52,006,850 원
검사자	6300000 대전광역시 C6300000G0060 오대석
공문내용	

③ 물품 내역

- [물품 내역] NO 아래의 버튼을 클릭하여 물품 선택 가능
- 물품 식별번호를 통해 검색하여 입력 가능(물품 수정 가능)
- 단가, 수량, 단위 – 직접 입력 가능
- 단가와 수량의 곱은 각 물품별 금액과 일치해야 함
  → 오차 범위 100원까지 허용

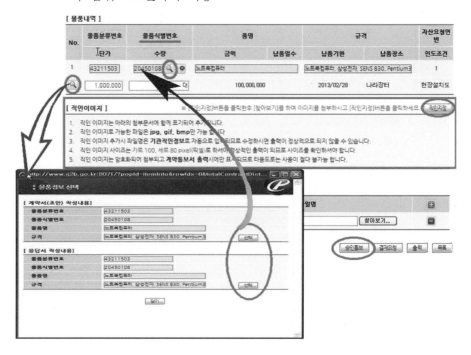

④ 직인 추가

- [직인 지정] 직인 이미지를 첨부하여 송신하면 계약체결이 되며, 출력 시 물품계약서의 발주처에 직인이 함께 인쇄
- 초안 송신 시 첨부한 문서가 PC 내 해당 경로에 있어야 첨부 송신 가능
- [승인 통보] 클릭하여 계약상대자에게 최종계약서를 송신
- 계약 건명을 클릭하면 물품계약서 화면으로 이동
- 직인 지정을 하지 않고 승인 통보한 경우이거나, 이미 승인 통보한 계약 건의 직인 첨부가 잘못되어 수정하고자 하는 경우 하단에 [직인 추가] 버튼을 이용하여 직인 추가 가능

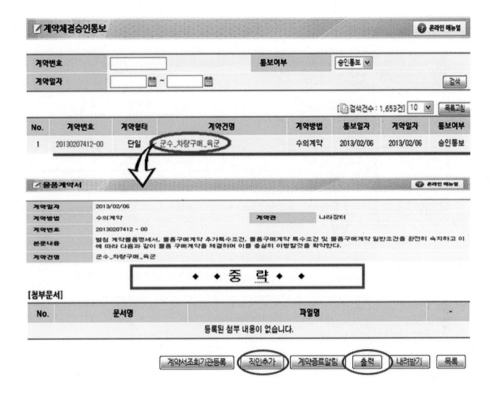

(8) 계약 해지 처리

① 계약 해지 가능 시기 및 처리

- 물품 → 계약서(초안) 송신~계약 체결 전까지 가능: 해당 차수만 해지 처리
- 공사·용역 → 초안 송신~계약 체결 후에도 가능: 해당 계약 건 해지 처리

② 승인 통보 전의 물품 계약 해지

- 계약번호나 계약 건명을 클릭하면 계약 해지 처리 화면으로 이동
- 해지 사유 입력

③ 물품 계약 승인 통보 건 해지 처리 방법

- [기관] 변경 계약서 수량을 0으로 작성하여 송신
- [업체] 변경 계약에 대해 응답서 송신
- [기관] 변경 계약 건에 대해 응답서 접수
- [기관] 보증서 접수는 00차수에서 받은 보증서로 수기 입력
- [기관] 변경 계약 건 승인 통보

④ [해지 처리] 클릭하여 해지 처리

⑤ 계약해지 처리 후 [보증서 접수] 버튼을 클릭하면 수신된 보증서 확인 및 보증서의 초기화 후 반려 가능(반려 시 사유 입력)

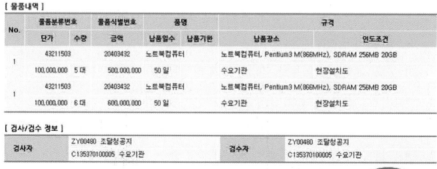

5. 종합 쇼핑몰

1) 종합 쇼핑몰 개요

(1) 의의

종합 쇼핑몰은 국계법 제22조 및 지계법 제26조의 규정에 따라 수요기관이 필요로 하는 수요물자를 조달청에서 등록 업체와 단가를 정하여 체결하는 계약 상품을 등록하여 이를 수요 기관에서 전자적인 방법으로 납품 요구할 수 있는 쇼핑몰이다. 이는 종전의 옥션이나 G마켓 같은 e-Mall과 비슷한 기능을 하게 된다.

(2) 종합 쇼핑몰 구성 화면

종합 쇼핑몰 구매는 검색창, 쇼핑 카테고리, 전용몰/주요 물품을 이용한 절차가 있으며, 메인 화면의 주요 버튼에 대한 기능은 아래와 같다.

① 로그인/로그아웃

로그인 창에서 '조달업무 이용자'는 인증서 비밀번호를 입력 후 인증서를 선택하여 로그인하고 '부가 서비스 이용자'는 아이디, 패스번호를 입력하여 로그인한다.

'신규 이용자'는 로그인 창 하단에 '신규 이용자 등록' 또는 메인 화면에 '이용자 등록' 클릭 후 해당 이용자 구분을 선택하여 등록한다.

(이용자 구분 설명은 등록 페이지 오른쪽 설명을 참조)

② 장바구니

쇼핑몰 구매자가 상품 조회를 하면서 장바구니에 저장한 상품들을 볼 수 있다. 수요 기관 마이페이지 → 장바구니에 위치

(더 자세한 설명은 지금 보고 계시는 안내 페이지 '메인 화면 설명' → '마이페이지를' 참조)

③ 마이페이지

조달업무 이용자(인증서 로그인 후)가 이용하는 페이지이다. 공공기관 이용자는 장바구니, 관심 상품, 마이 카테고리 등의 메뉴가 있고, 조달업체 이용자는 내 상품 보기, 상품 정보 등록 등의 메뉴가 있다.

④ 주문관리

수요 기관에서 자신의 주문 내역을 포함한 임시 저장 요청서, 납품 요구서 접수 내용을 조회할 수 있으며, 카탈로그 입찰공고 조회가 가능하다.

⑤ 전자문서함

조달업무 이용자(인증서 로그인 후)가 이용하는 페이지이다. 메뉴는 받은 문서함, 보낸 문서함, PC 문서함, 결재 문서함으로 구성되어 있고, 조달청과 조달업무 이용자 간의 주고받는 문서를 보관하는 기능을 한다. 조달업체는 계약 관련 문서, 수요 기관은 구매 관련 문서가 주로 교환된다.

⑥ 인증몰

인증몰에는 사회적 가치 실현, 우수 조달물품, 품질보증 조달물품, 우수조달 공동상표, 상생협력제품, 창업기업제품, 기술품질인증제품, 녹색물품, 정부정책지원, 혁신제품 등을 조회하고 구매할 수 있도록 제공하고 있다.

⑦ 테마몰

테마몰에는 국민안전물품, 전통문화상품, 향토명품44선, 중기간경쟁제품, 4차산업혁명, 시스템장비외, 학교구매물품, PC류, 가구류, 레미콘/아스콘, 디지털서비스몰, 서비스몰, 국방상용물자 등을 조회하고 구매할 수 있도록 지원하고 있다.

⑧ 할인행사/기획전

다수공급자계약 할인행사, 우수제품 할인행사, 전통문화상품 할인행사로 나뉘며 해당 할인행사 상품을 조회하고 구매할 수 있도록 제공하고 있다.

⑨ 불공정조달 신고센터

불공정조달 신고센터는 실명신고와 익명신고로 신고할 수 있으며 실명신고를 할 경우 조달기업 불공정행위 신고, 브로커의 불공정행위 관련 신고, 수요기관 불공정행위(갑질) 피해 민원 · 신고를 할 수 있으며 익명 제보를 할 경우에는 조달기업 불공정행위 제보나 브로커의 불공정행위 관련 제보를 할 수 있게 제공하는 게시판이다.

2) 검색창을 이용한 구매 절차

(1) 품명, 규격, 업체명 검색

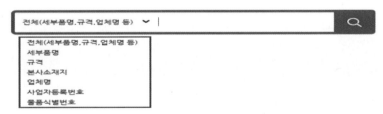

- 품명은 세부 품명을 기준으로 검색
- 규격으로 등록 물품 검색 가능
- 본사 소재지로 지역 업체 검색 가능
- 업체명으로 검색할 수 있으며 계약업체가 '유의어'를 등록한 경우도 검색 가능
- 회사명은 계약업체뿐만 아니라, 해당 물품 제조업체로도 검색 가능
- 나라장터 물품 식별번호 8자리로 검색 가능

(2) 상세 검색

- 필요한 항목에 조회 조건을 입력하여 검색할 수 있으며, 상품명 검색은 상단의 검색창을 활용해야 한다.

(3) 검색 결과

- 세부 품명, 상품 리스트, 계약업체 리스트 3가지 경로로 물품 검색 가능
- 계약업체 리스트로 검색할 경우 일반 물품과 우수 제품 확인 가능
- 검색어에 관련된 공지 사항이 있는 경우 팝업창이 보임

(4) 상품 현황으로 이동 검색

① 상품 재검색
- 상품 리스트의 상품 수는 20개씩 보임(20, 50, 100개씩 변경 가능)
- 상품 리스트는 물품 식별번호, 계약 업체명으로 재검색도 가능

② 정렬 순서
- 상단의 정렬 순서 기능을 이용하여 재정렬 가능
- 인증마크에 밑줄이 있는 상품은 해당 인증 제품만 검색도 가능

③ 상세 정보 팝업
- 상품 리스트에서 업체명을 클릭하면 업체 상세 정보 팝업창 생성
- 상품 이미지나 품명을 클릭하면, '제품 상세 정보' 팝업이 생성

(5) 제품 상세 정보

- 상품 상세 정보: 업체에서 입력한 해당 상품에 대한 상세 설명
- 계약 일반사항: 계약일자, 계약기간, 관할지역, 조달청 계약담당자 등의 계약 관련 정보
- 상품 속성 정보: 상품의 무게, 크기 등 해당 상품의 상세 규격 등 속성에 대한 정보
- 계약 특기사항: 조달청 계약담당자가 수요 기관에 전달하고자 하는 특수 조건 등 중요 사항
- 고객 상품평: 구매자가 작성한 품질, 가격, 배송, A/S 등 상품평 조회
- 상품 Q&A: 상품에 관련된 질문을 남기면 업체 담당자가 답변 등록

(6) 이후 구매 절차는 3) 구매 방법 참고

3) 쇼핑 카테고리 이용한 구매 절차

(1) 쇼핑 카테고리

쇼핑 카테고리 ⊖	쇼핑 카테고리 ⊖
물품카테고리	**서비스카테고리**
도로/철도/시설 ▶	여행/숙박 ▶
사무/교육/가구 ▶	임대 ▶
섬유/의류/생활 ▶	보험/의료 ▶
소방/안전/의료 ▶	교육/번역 ▶
소프트웨어 ▶	환경/위생/방역 ▶
식품류 ▶	경영/정보/지원 ▶
운동/취미/악기 ▶	운송 ▶
전기/기계/설비 ▶	건물/시설물 ▶
전자/정보/통신/영상 ▶	4차 산업 서비스 ▶
조경 ▶	전체카테고리 >
차량/운송/운반 ▶	
토목/건축/자재 ▶	
화학/시험/계측 ▶	

- 모든 상품은 대분류, 중분류, 소분류로 나눔
- 쇼핑몰 홈페이지의 카테고리 리스트는 대분류로 분류함.
- 대분류 항목을 클릭하면 대분류에 대한 중분류 항목 확인 가능
- 중분류를 선택하면 해당 검색 페이지로 이동
- 전체 카테고리를 클릭하면 물품 카테고리와 서비스 카테고리의 대분류와 중분류를 한 눈에 확인 가능

(2) 쇼핑 카테고리 [대분류 & 중분류] 메뉴 예시

전통공예상품
금속공예
도자기
목공예
문방사우
섬유공예
악기
유기
옹기
자개공예
자수공예
전통과학문화재
죽세공예
한지공예
화·혜
향토명품25선
기타전통문화상품

사무·교육·영상
소모성행정용품
사무기기
가전제품
일반비품 및 OA가구
지류
OA칸막이(파티션)
보드 및 칠판
학생용책상 및 의자
사물함
인쇄물
어학 및 학습기자재
프로젝터.현미경.실물화상기
교육용품 및 교구
필기구류
저장품공급
국방상용물자
기타

전자·정보·통신
개인용컴퓨터
노트북
프린터 및 스캐너
모니터 및 주변기기
음향장비 및 신호장치
전산 및 통신용품
프린터소모품 및 기타
서버구축관련
시군구 행정정보시스템 노후장비 교체사업
보안용감시카메라

(3) 이후 구매 절차는 3) 구매 방법 참조

4) 인증몰/테마몰을 이용한 구매 절차

(1) 인증몰/테마몰

- 인증몰

  사회적가치실현기업, 우수조달물품, 품질보증조달물품, 우수조달공동상
  표, 상생협력제품, 창업기업제품, 기술품질인증, 정책지원, 혁신제품 조
  회 및 구매 전용 서비스

사회적가치실현기업　우수조달물품　품질보증조달물품　우수조달공동상표　상생협력제품　창업기업제품　기술품질인증　녹색물품　정책지원　혁신제품

- 테마몰

  국민안전물품, 전통문화상품, 향토명품44선, 중기간경쟁제품, 4차산업혁
  명, 시스템장비 외, 디지털서비스, 레미콘·아스콘, 국방상용물자 조회
  및 구매 전용 서비스

국민안전물품　전통문화상품　향토명품44선　중기간경쟁제품　4차산업혁명　시스템장비외　디지털서비스　레미콘·아스콘　국방상용물자

(2) 인증몰 및 테마몰 바로가기

- 인증몰은 10개의 대분류, 테마몰은 13개 대분류로 구성
- 각 분류를 클릭하면 하위 분류 리스트가 나타남
- 해당 하위 리스트 항목(세부품명)을 클릭하면 상품리스트 또는 계약업체
  리스트로 구매하고자 하는 물품 조회 가능
- 수량을 기입하고 바로구매를 선택하면 내자조달요청서 화면으로 이동

(3) 이후 구매 절차는 3) 구매 방법 참조

5) 구매 방법

(1) 구매 방법

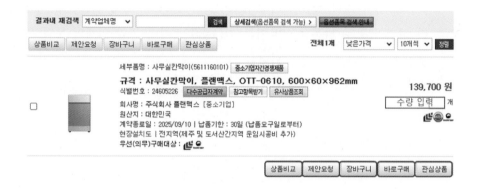

- 상품 비교: 선택한 상품을 비슷한 규격의 다른 상품과 비교 가능
  (2~3품목)
- 제안 요청: 업체별 구매 총액이 일정 금액 이상인 경우, 2단계 경쟁
  실시
- 장바구니: 선택한 상품을 장바구니에 담기
- 바로 구매: 클릭 시 '조달 요청서' 작성 화면으로 이동
- 관심 상품: 선택한 상품을 관심 상품으로 등록(수시로 장바구니로 이동
  가능)

◎ 다수공급자계약 물품 납품요구 시 주의 사항

① [2단계 경쟁 기준] 수요 기관의 1회 납품요구 구매예산(다수의 세부품명 ·
품목을 구매할 경우에는 이를 모두 포함한 총 예산)이 다음 각 호에 해당
하는 경우 2단계 경쟁을 거쳐 납품대상 업체를 선정하여야 함.

1. 수요 물자가 중소기업자 간 경쟁제품인 경우에는 1억 원 이상

2. 수요 물자가 중소기업자 간 경쟁제품이 아닌 경우에는 5천만 원 이상
   (단, 중소기업이 제조하는 품목은 1억 원 미만까지 2단계 경쟁 예외 가능)

☞ 1회 납품요구 구매예산이란 수요 기관의 구매계획에 따라 다수의 품명
· 품목을 통합하여 일괄 구매가 가능한 예산을 의미함(다만, 일괄 구매

시 이를 모두 취급하는 업체가 2인 미만일 경우에는 2단계 경쟁 가능한 범위로 분할하여 구매 가능)

② [2단계 경쟁 회피 차단기준] 납품요구금액이 2단계 경쟁 기준금액 미만이라 하더라도 ① 납품요구일 기준 최근 30일 이내 동일 업체의 동일 세부품명을 ② 2단계 경쟁을 거치지 않고 납품 요구한 금액의 합계가 2단계 경쟁 대상 기준금액을 초과하는 경우, 2단계 경쟁 회피로 구분하여 납품 요구 차단

☞ 납품요구일 기준 최근 30일을 초과하거나 위 차단 기준에 해당되지 않아 시스템에서 차단되지 않더라도 "2단계 경쟁 회피금지" 원칙은 계속해서 유효하게 적용됨(시스템에서 차단되지 않는다고 하여 분할하여 2단계 경쟁을 하지 않아도 된다는 의미가 아님)

③ [일괄 구매가 필요한 예산비목 기준]
  1. 국가기관, 교육기관, 공기업, 준정부기관, 지방공기업 : 예산체계상 '세목'의 과목이 동일한 경우
  2. 지방자치단체: 예산체계상 '통계목'의 과목이 동일한 경우
  3. 그 밖의 수요 기관: 제1호 및 제2호에 대응되는 과목이 동일하여 한 번에 예산 지출이 가능한 경우
  ☞ ③과 같이 예산비목이 동일하여 한 번에 예산 지출이 가능한 경우에는 분할 구매가 아닌 일괄 구매를 하여야 한다.
  (예시: 동일한 예산비목 내에 1차 구매, 2차 구매와 같이 일정한 기간 내에 분할하여 구매계획을 수립하는 경우 분할 발주에 해당됨)

(2) 조달요청서 작성

① 조달요청 처리 절차

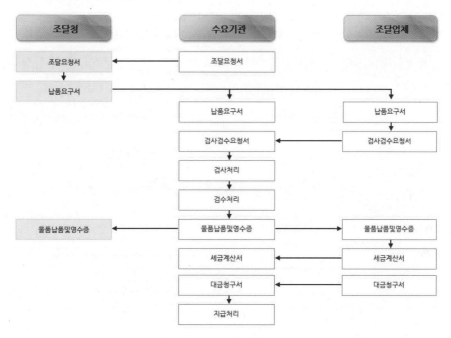

② 조달요청서 등록

- 문서번호, 작성일자, 문서기능, 수신처명을 입력한다.
- 사후만족도 평가담당자(실사용부서 담당자) 정보를 등록한다.

③ 요청 내용, 검사/검수, 물품대금 등록

- 공정계약서약서를 클릭하여 동의를 선택한다.
- 요청 건명을 등록한 후 기타 사항을 기재한다.
- 지불방법, 선금선고지 여부, 외부재정 여부를 확인한 후 입력한다.
- 선금지급 가능 여부를 선택한다. '예'로 할 경우 선금지급 가능률이 활성화됨.
- 납품요구 공개 여부를 확인한다.
- 금액산출정보를 클릭하여 예상 수수료 및 총금액을 확인 닫기버튼 선택

③ 물품내역 등록

▪ 물품분류번호, 품명, 규격 및 수량을 확인한다.

▪ 납품일수 또는 희망납품기한 중 하나를 선택하여 지정한다.

▪ 납품장소 및 인도조건을 확인하고 첨부문서에 도면 등 첨부할 파일을 추
가한 후 저장/동의요청을 클릭한다.

  * 조달청과 계약업체의 법정납품기한으로 저장할 경우 송신버튼이 생성

  * 조달청과 계약업체의 법정납품기한을 초과하는 일수의 납품기한일 경우
  계약업체의 주문 동의가 있어야 내자조달요청서를 송신할 수 있음.

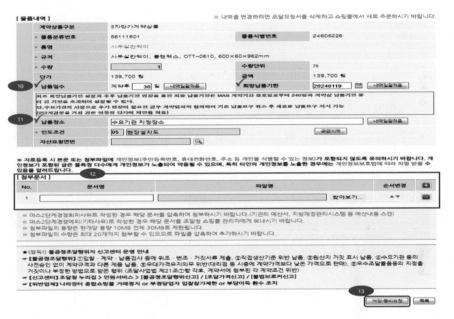

④ 송신 및 출력

▪ 저장/주문 동의 후 수정 사항이 있을 경우 수정, 그렇지 않은 경우에는
송신 후 내자조달요청서 출력이 가능하다

⑤ '분할 납품 요구 및 통보서' 및 '대금고지서(수수료)' 출력하기

▪ '분할 납품 요구 및 통보서'와 '대금고지서(수수료)'는 주문 후 수시간 내
에 '받은 문서함'에서 확인 가능하다.

⑥ '조달요청서', '분할납품요구 및 통지서' 출력 방법

▪ '중앙조달 주문관리' 메뉴에서 임시저장요청서를 통해 조달요청서 조회 및 출력이 가능하다.

▪ '납품요구서 접수' 메뉴에서 납품요구번호 및 요청건명을 통하여 분할납품 요구서 검색 및 출력이 가능하다.

　＊ 문서함의 '받은 문서함'에서도 출력이 가능하다.

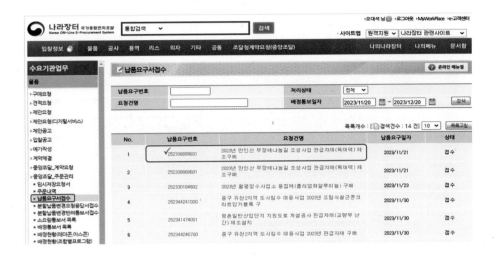

⑦ 검사 및 검수 처리 후 물납 영수증 전송

- '검사/검수요청서' 접수 메뉴에서 동 요청서 출력 및 접수한다.

- '물납 영수증 접수' 메뉴에서 물납 영수증 출력 후 전송한다.

  * 위의 서류는 '받은 문서함'에서도 접수·처리 및 출력이 가능하다.

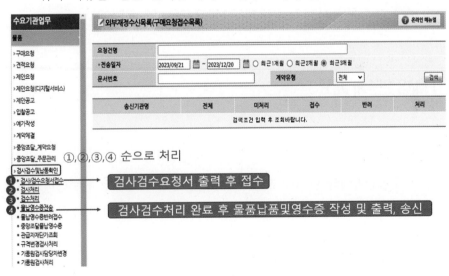

⑧ 대금지급요청서 및 세금계산서 접수

- 대금지급요청서 접수 메뉴에서 동 요청서 접수 및 출력한다.

- 계약상대자가 선금 신청 시 선금신청서를 접수한 후 지급 가능 여부를 검토한다.

■ 세금계산서 접수 메뉴에서 세금계산서 신고 확인 및 출력한다.

  * 위의 서류는 '받은 문서함'에서도 접수·처리 및 출력이 가능하다.

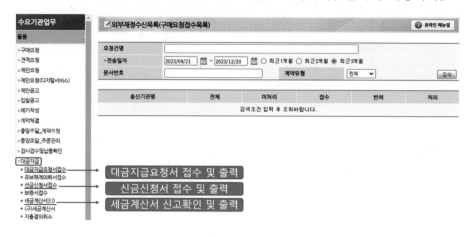

---

6. **다수공급자계약 2단계 경쟁제도(MAS 2단계)**

1) MAS 2단계 개요

(1) 의의

① 다수공급자계약은 1품목 다수 계약자를 공급자로 선정하는 방식임에 따라 수요기관이 특정 업체만 선정하여 수의계약과 유사하게 운영하는 문제가 있어 일정 금액 이상인 납품요구 건에 대해서는 5개 업체 이상을 대상으로 다시 한번 경쟁을 하게 하는 2단계 경쟁 제도가 도입됨.

【MAS 2단계 경쟁 대상】

구분	2단계 경쟁 대상
중소기업자 간 경쟁제품인 수요물자	• 납품요구 대상 금액 1억 원 이상(의무)
중소기업자 간 경쟁제품이 아닌 수요물자(일반물품)	• 납품요구 대상 금액 5천만원 이상(의무) ※ 단, 제조 물품이면서 중소기업인 경우 　– 1억 원 이상(의무) 　– 5천만 원 이상 1억 원 미만(선택)

※ 일반물품이면서 중소기업자가 제조하는 물품은 납품요구금액 1억 원까지 직접 구매 가능함.

② 발주기관의 장은 수요 물자가 중소기업자 간 경쟁제품인 경우 1억 원 이상, 중소기업자 간 경쟁제품이 아닌 경우에는 5천만 원 이상인 경우에도 불구하고 다음 각 호의 어느 하나의 사유로 2단계경쟁 예외를 요청하는 경우에는 조달청장이 이를 허용할 수 있다.

- 재해복구나 방역사업에 필요한 물자를 긴급하게 구매하는 경우
- 농기계 임대사업에 따라 농기계를 구매하는 경우
- 이미 설치된 물품과 호환이 필요한 설비 확충 및 부품교환을 위해 구매하는 경우
- 그 외 다수공급자계약 2단계경쟁 회피가 아닌 명백한 사유가 있어 구매업무심의회에서 2단계경쟁 예외를 인정하는 경우

③ 수요물자가 중소기업자 간 경쟁제품인 경우 1억 원 이상, 중소기업자 간 경쟁제품이 아닌 경우에는 5천만 원 이상인 경우에도 불구하고 조달청장은 다음 각 호의 어느 하나의 사유에 해당하는 경우 또는 발주기관 선호도가 우선시되거나 국민의 생명과 안전에 직결된 물품으로써 구매업무심의회를 거쳐 2단계경쟁 예외로 승인된 경우에 2단계 경쟁 예외를 원칙으로 하지만, 발주기관이 요청하는 경우 2단계경쟁을 허용할 수 있음.

- 일반 차량(소방차 제외)을 구매하는 경우
- 백신을 구매하는 경우
- 「소방장비관리법 시행령」 제29조 각 호에 따른 소방장비를 구매하는 경우

2) 처리 절차

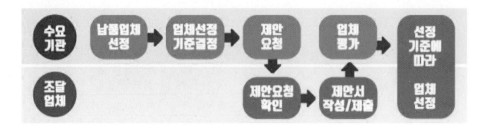

【2단계경쟁 업무처리 절차도】

(1) 수요기관의 제안 요청

① 구매물품 검색 및 납품업체 선택

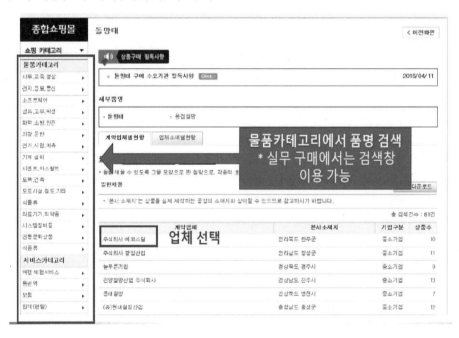

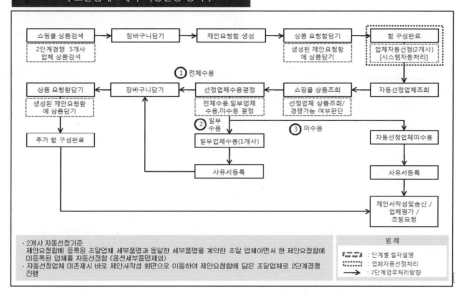

② 구매물품 규격 및 상세정보 검색

③ 선택 업체 물품 장바구니에 담기

- "쇼핑 계속하기"를 선택 → 4개 업체 제품을 추가로 장바구니에 담기

- 수요기관은 5개사 이상 납품 대상 업체를 선택 및 선택업체 물품 수량 체크 후 장바구니에 담은 후 제안 요청함 담기 클릭→요청함명 작성 후 생성 →해당 제안 요청명 클릭 후 업체 구성 완료 클릭→자동추천 조건 선택(납품장소, 희망단가, 희망인증) 후 확인

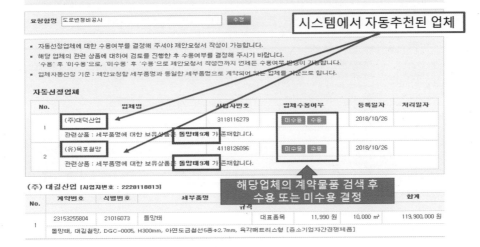

- 이 경우 종합쇼핑몰 시스템이 동일 세부품명의 다수공급자계약 업체 중에서 자동 추천된 2인의 물품 검토 후 제안요청 대상자로 추가할 수 있음. 미수용 선택 시 해당 사유 입력, 수용하는 경우 해당 업체의 계약물품 검색, 적합한 계약물품 선택 및 제안함 추가

* 미수용 사유는 다음과 같다.

	No.	미수용사유명
○	1	예산 초과
○	2	구매 규격과 다름
○	3	해당물품의 공급지역이 다름(계약조건 상 공급지역에도 불구하고 원거리 납품등으로 운송비용이 과다하여 인수비용이 많이 드는 경우도 포함)
○	4	인도조건과 다름
○	5	구매제품이 중소기업자간경쟁제품으로 대기업 참여 배제
○	6	제안요청 물품 모두 우선구매 또는 의무구매 대상으로 선정한 경우로서 추천업체의 물품이 이에 해당되지 않음
○	7	기타

‣ 미수용 상세 사유	사유를 기재할 것

④ 제안요청서 작성 및 평가 방법 결정

● 수요기관은 종합평가방식 또는 표준평가방식에 따라 평가
  – 평가방식은 「물품 다수공급자계약 2단계경쟁 업무처리규정」[별표5] 참조
  – 가격 A형: 제안요청 대상 업체 간 계약물품의 규격·성능·가격에 차이가 없거나 미미한 경우 또는 일정한 규격, 성능을 충족하는 범위 내에서 최대한 예산절감을 도모하는 경우

- 가격 B형: 제안요청 대상 업체 간 계약물품의 규격·성능·가격에 차이가 큰 경우 또는 예산범위 내에서 최대한 고성능의 물품을 구매하고자 하는 경우

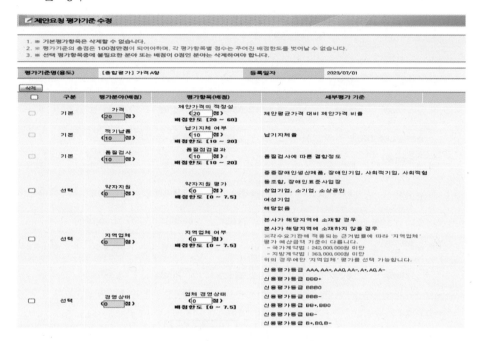

⑤ 제안 요청

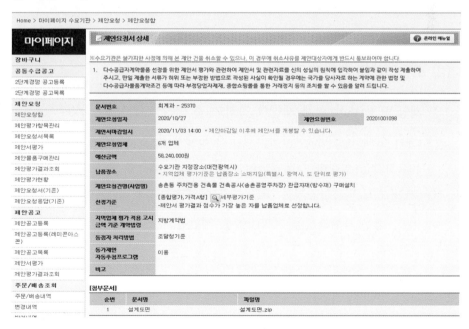

6. 다수공급자계약 2단계 경쟁제도(MAS 2단계)

- 수요기관은 제안서 제출기한을 제안 요청일자 기준 만 5일 이후(공휴일 제외)로 정하여 제안 요청

순번	물품식별번호	세부품명	규격	수량	쇼핑몰단가	요구납품일수
1	21043098	돌망태	돌망태, 세일산업, SIC-13, H300mm, 아연도금철선5종∅2.2mm, 육각 매트리스형	10,000.0	12,080.0 원	-

교육용13			999-81-00010	광주청	062-600-1325	141,100,000

순번	물품식별번호	세부품명	규격	수량	쇼핑몰단가	요구납품일수
1	23128217	돌망태	돌망태, 동양철망휀스, DY-D108, H300mm, 아연도금철선4종∅3.2mm, 사각매트리스형	10,000.0	14,110.0 원	-

대전지방조달청교육업체			999-81-00011	홍길동	042-481-1111	119,900,000

순번	물품식별번호	세부품명	규격	수량	쇼핑몰단가	요구납품일수
1	20998411	돌망태	돌망태, 유풍산업, YP-0023, H300mm, 아연도금철선5종∅2.7mm, 육각매트리스형	10,000.0	11,990.0 원	-

교육용46			999-81-00021	홍길동	042-481-1111	120,000,000

순번	물품식별번호	세부품명	규격	수량	쇼핑몰단가	요구납품일수
1	20964088	돌망태	돌망태, 진양철망산업, JY-015, H300mm, 아연도금철선5종∅2.7mm, 육각매트리스형	10,000.0	12,000.0 원	-

※ 다수공급자계약 2단계경쟁 업무처리기준 제6조 제4항의 불공정 거래행위 조장 금지규정을 준수하였음을 확인합니다. ☐

실무에서는 결재과정을 거친 후 문서 송신

- 제안요청서 작성 후 문서 일괄생성 및 송신 버튼 클릭 및 출력

(2) 조달업체의 제안서 제출

① 제안 요청 대상 업체 제안서 작성/제출

- 계약 상대자는 나라장터시스템을 이용하여 제안서를 제출하며, 제안서의 유효기간을 설정하여 제안하여야 함.
- 제안 가격은 종합쇼핑몰 등록 단가 이하로 가능하며, 제안서를 제출하지 않은 경우 종합쇼핑몰 계약가격을 제안한 것으로 간주함.

(3) 수요기관의 납품업체 선정

① 업체평가

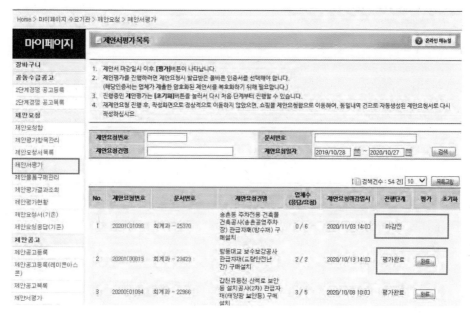

- 나라장터 종합쇼핑몰 로그인→마이페이지→제안요청서(제안서평가)→해당
  건명 우측 평가 버튼 클릭 후 평가 인증서로 인증 후 평가 진행

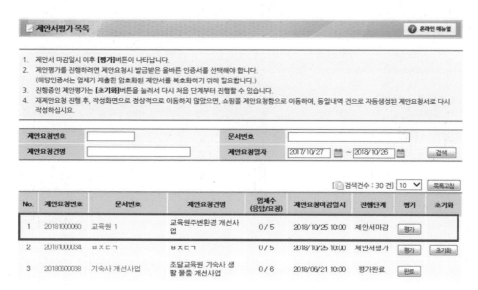

- 평가 완료되면 우측에 평가→완료로 변환됨.

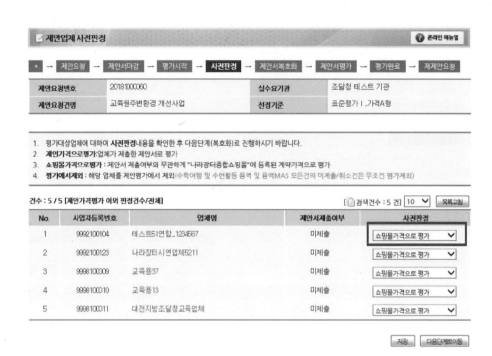

● 업체에서 제안서를 제출하지 않은 경우 쇼핑몰 가격으로 평가

1. [평가]를 클릭하여 각 업체별 평가를 진행하시기 바랍니다. 평가된 업체는 화면에 종합평가점수가 표시됩니다.
2. 업체별 평가가 완료되면 납품대상업체(목록최상단에 체크된업체)를 확인하고 [평가완료]를 클릭하여 평가를 완료합니다.
3. 평가완료 처리 이후에 장바구니담기/구매요청을 진행할 수 있습니다.
4. 제안율은 제안총금액의 원단위 이하를 절사하고 소수점 넷째자리에서 반올림 한 값으로 합니다.
5. 행사할인상품의 제안율은 행사 전 원래의 가격을 기준으로 계산됩니다.

| 사업자등록번호 | 업체명 | 쇼핑몰계약금액 | 제안율 | 종합평가 점수 | 평가 | 공동수급 여부 | 제안서 및 첨부파일 |
담당자명	전화번호	제안합계금액					
9998100009	교육용37	141,100,000 원	98%	0	평가	N	-
홍길동	042-481-1111	138,278,000 원					
9998100010	교육용13	119,900,000 원	99%	0	평가	N	-
광주청	062-600-1325	118,701,000 원					
9992100104	테스트51연합_1234567	119,900,000 원	100%	0	평가	N	-
조달업체	02-1666-8888	119,900,000 원					

● 업체 선정기준(종합 또는 표준)에 따라 평가한 결과 합산 점수가 가장 높은 계약 상대자를 납품업체로 선정

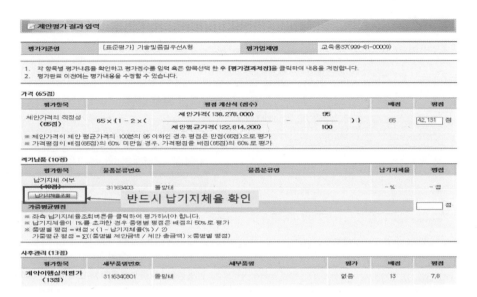

- 업체별 평가 완료 시 자동적으로 제안서 평가결과 및 납품업체가 결정됨.

3) 다수공급자 2단계경쟁 제안공고

(1) 대상 : 1회 납품요구 대상 금액이 5억 원 이상

① 종합쇼핑몰 장바구니 담기, 바로 구매 시 2단계 제안공고 대상임을 안내하
는 팝업 화면

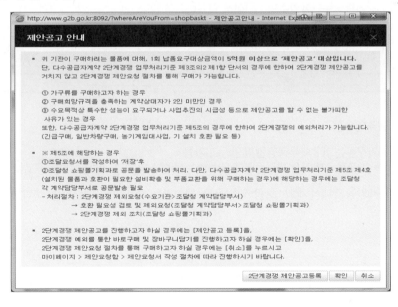

② 제안공고를 통한 구매를 진행하려면 [2단계경쟁제안 공고등록] 버튼을 클릭하여 제안공고 작성 화면으로 이동

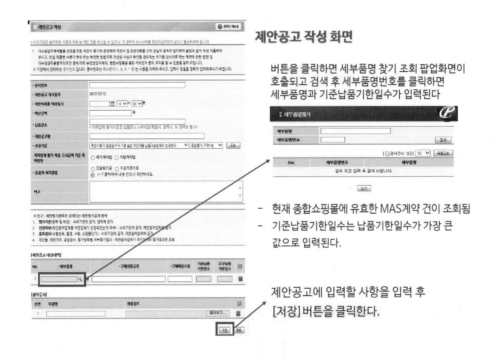

제안공고 작성 화면

버튼을 클릭하면 세부품명 찾기 조회 팝업화면이 호출되고 검색 후 세부품명번호를 클릭하면 세부품명과 기준납품기한일수가 입력된다

- 현재 종합쇼핑몰에 유효한 MAS계약 건이 조회됨
- 기준납품기한일수는 납품기한일수가 가장 큰 값으로 입력된다.

제안공고에 입력할 사항을 입력 후 [저장] 버튼을 클릭한다.

- 종합평가방식 평가항목 중 납품기한 단축가능성을 선택 한 경우

☞ 다음과 같이 요구납품기한일수 입력 항목이 활성화되며 기준납품기한일수의 2/3이상 입력하여야 한다.

[제안공고 대상내역]

No.	*세부품명	*구매희망규격	*구매예정수량	기준납품 기한일수	요구납품 기한일수	+
1	🔍 ✖					−

※ 주의사항

- 가구류는 1개 세부품명만 제안공고 가능
  * 가구류 2개 이상 세부품명에 대하여는 종합쇼핑몰 가구류공동수급공고를 이용

- 제안공고 대상 제외 : 보험, 카탈로그, 체험활동, 수학여행, 수련활동, 숙박용역 상품

4) 다수공급자 2단계경쟁 평가기준

(1) MAS 2단계경쟁 종합평가 방식

구 분	평가항목	평가지표	배점한도
기본 평가항목 (40점 이상)	가격	제안가격의 적정성	20점 이상 60점 이하
	적기납품	납기지체 여부	10점 이상 20점 이하
	품질관리	조달청검사, 전문기관검사 및 품질점검 결과	10점 이상 20점 이하
	신인도 (-1.75~+2.5)	불공정행위 이력 평가 결과	-0.25점
		최저임금 위반	-0.5점
		임금체불	-0.5점
		고용개선조치 미이행	-0.5점
		고용우수기업	+1점
		일자리 으뜸기업 인적자원개발(HRD) 우수기업 정규직 전환 우수기업	+0.5점
		기술 인증	+1점
선택 평가항목 (60점 이하)	선호도	자체 선호도 조사	7.5점 이하
	지역업체	지역업체 여부	7.5점 이하
	납품기일	납품기한 단축가능성	7.5점 이하
	사후관리	계약이행실적평가 결과	7.5점 이하
	납품실적	해당 제품 납품실적	7.5점 이하
	경영상태	업체 신용평가등급	7.5점 이하
	약자지원	약자지원 대상 기업 여부	7.5점 이하
	수출기업 지원	수출기업 지원 대상 기업 여부	7.5점 이하

① 수요기관의 장은 종합평가방식의 경우 기본 평가항목과 선택 평가항목 외에 별도의 평가항목을 추가할 수 없다

② 수요기관의 장은 평가항목의 배점 합계(신인도 제외)가 100점 만점이 되도록 평가항목 및 평가항목별 배점을 구성하여야 하며 각 평가항목별 점수는 주어진 배점 한도를 준수하여야 한다.

③ 수요기관의 장은 평가기준 구성 시 기본 평가항목은 신인도를 포함하여 필수적으로 반영하여야 하며, 선택 평가항목은 항목별로 평가 반영 여부를 선택할 수 있다.

④ 신인도 평가 결과 총 평점은 각 지표의 가점 합계와 감점 합계를 상계한 점수로 하여야 한다. 다만, 총 평점이 양인 경우에는 신인도를 포함한 모든 평가항목에 대한 취득 점수 합계가 100점을 초과하지 않는 범위 내에서 가산점을 부여한다.

⑤ 각 평가점수 산정 시 소수점 이하는 소수점 넷째 자리에서 반올림한다.

⑥ 기본 평가항목 중 가격의 평가 방식은 다음 각 호를 참조하여 수요기관이 선택한다.

- 가격 A형: 제안요청 대상업체 간 계약물품의 규격·성능·가격에 차이가 없거나 미미한 경우 또는 일정한 규격, 성능을 충족하는 범위 내에서 최대한 예산절감을 도모하는 경우

평가지표	평가기준	평점
제안가격의 적정성	제안평균가격 대비 제안가격 비율	가격평점(점)=배점×{1-2×($\frac{제안가격}{제안평균가격}$ − $\frac{95}{100}$)}

가) 제안 평균가격 : (각 제안자의 제안가격 합계)/(제안자 수)
　　* 제안 요청대상 계약상대자 중 제안서를 제출하지 않은 업체는 제10조 제3항에 따라 계약가격을 제안한 것으로 간주하고,
　　　제안가격 합계 및 제안평균가격 산출 시 제안자 수에 포함시킨다.
나) 제안가격이 제안 평균가격의 100분의 95 이하인 경우의 가격평점은 만점으로 평가한다.
다) 가격평점이 배점의 100분의 60 미만인 경우에는 가격평점을 배점의 100분의 60으로 평가한다.

- 가격 B형: 제안요청 대상업체 간 계약물품의 규격,성능,가격에 차이가 큰 경우 또는 예산범위 내에서 최대한 고성능의 물품을 구매하고자 하는 경우

평가지표	평가기준	평점
제안가격의 적정성	평균제안율 대비 제안율 비율	가격평점(점)=배점×{1-2×($\frac{제안율}{평균제안율}$ − $\frac{95}{100}$)}

가) 평균제안율 : (각 제안자의 제안율 합계)/(제안자 수)
　　* 제안 요청대상 계약상대자 중 제안서를 제출하지 않은 업체는 제10조 제3항에 따라 제안율이 100분의 100(할인율이 적용된
　　　경우에는 할인율이 적용된 비율)인 것으로 간주하고, 제안율 합계 및 평균제안율 산출 시 제안자 수에 포함시킨다.
나) 제안율이 평균제안율의 100분의 95 이하인 경우의 가격평점은 만점으로 평가한다.
다) 가격평점이 배점의 100분의 60 미만일 경우에는 가격평점을 배점의 100분의 60으로 평가한다.

⑦ 각 평가항목에 대한 평가방법은 「물품 다수공급자계약 2단계경쟁 업무처리규정」[별표5] 참조

(2) MAS 2단계경쟁 표준평가 방식

① 수요기관은 구매 목적에 적합한 납품 대상 업체를 선정하기 위하여 다음 각 목의 구매예산 기준에 따른 표준평가 방식 중 1가지를 선택하여 평가할 수 있으며, 별도의 평가항목을 추가하거나 배점을 변경할 수 없다.

② 각 평가항목에 대한 평가 방법은 종합평가 방식의 각 항목별 평가 방법과 동일하다.

<수요기관의 1회 납품요구 대상 구매예산이 2억 원 이상인 경우>

◎ 표준평가방식 Ⅰ

구 분	평가항목	평가지표	배점
2억원 이상 표준평가 (Ⅰ)	가격	제안가격의 적정성	60점
	적기납품	납기지체여부	15점
	품질관리	조달청 및 전문기관검사, 품질점검 결과	10점
	사후관리	계약이행실적평가 결과	5점
	경영상태	업체 신용평가등급	5점
	약자지원	약자지원 대상 기업 여부	5점
	신인도 (-1.75~+2.5)	불공정행위 이력 평가 결과	-0.25점
		최저임금 위반	-0.5점
		임금체불	-0.5점
		고용개선조치 미이행	-0.5점
		고용우수기업	+1점
		일자리 으뜸기업 인적자원개발(HRD) 우수기업 정규직 전환 우수기업	+0.5점
		기술 인증	+1점

◎ 표준평가방식 Ⅱ

구 분	평가항목	평가지표	배점
2억원 이상 표준평가 (Ⅱ)	가격	제안가격의 적정성	55점
	적기납품	납기지체여부	15점
	품질관리	조달청 및 전문기관검사, 품질점검 결과	15점
	납품실적	해당 제품 납품실적	5점
	사후관리	계약이행실적평가 결과	5점
	수출기업 지원	수출기업 지원 대상 기업 여부	5점
	신인도 (-1.75~+2.5)	불공정행위 이력 평가 결과	-0.25점
		최저임금 위반	-0.5점
		임금체불	-0.5점
		고용개선조치 미이행	-0.5점
		고용우수기업	+1점
		일자리 으뜸기업 인적자원개발(HRD) 우수기업 정규직 전환 우수기업	+0.5점
		기술 인증	+1점

\<수요기관의 1회 납품요구대상 구매예산이 2억 원 미만인 경우\>

◎ 표준평가방식 I

구 분	평가항목	평가지표	배점
2억원 미만 표준평가 (I)	가격	제안가격의 적정성	50점
	적기납품	납기지체여부	20점
	품질관리	조달청 및 전문기관검사, 품질점검 결과	15점
	사후관리	계약이행실적평가 결과	5점
	경영상태	업체 신용평가등급	5점
	약자지원	약자지원 대상 기업 여부	5점
	신인도 (-1.75~+2.5)	불공정행위 이력 평가 결과	-0.25점
		최저임금 위반	-0.5점
		임금체불	-0.5점
		고용개선조치 미이행	-0.5점
		고용우수기업	+1점
		일자리 으뜸기업 인적자원개발(HRD) 우수기업 정규직 전환 우수기업	+0.5점
		기술 인증	+1점

◎ 표준평가방식 II

구 분	평가항목	평가지표	배점
2억원 미만 표준평가 (II)	가격	제안가격의 적정성	45점
	적기납품	납기지체여부	20점
	품질관리	조달청 및 전문기관검사, 품질점검 결과	20점
	납품실적	해당 제품 납품실적	5점
	사후관리	계약이행실적평가 결과	5점
	수출기업 지원	수출기업 지원 대상 기업 여부	5점
	신인도 (-1.75~+2.5)	불공정행위 이력 평가 결과	-0.25점
		최저임금 위반	-0.5점
		임금체불	-0.5점
		고용개선조치 미이행	-0.5점
		고용우수기업	+1점
		일자리 으뜸기업 인적자원개발(HRD) 우수기업 정규직 전환 우수기업	+0.5점
		기술 인증	+1점

7. 전자입찰 착오 및 분쟁 사례와 대처 방법

1) 나라장터 개찰 시 착오에 대한 사례별 대처 방법

(1) 예정가격이 공고문과 달리 작성되었을 때

> 입찰공고 시 예정가격은 기초금액을 ±3% 범위 내에서 복수 예비가격 15개를 작성, 입찰에 참가하는 각 업체가 추첨(업체별 2개씩 선택)한 번호 중 가장 많이 선택된 4개의 복수 예비가격을 산술 평균한 금액으로 결정한다고 공고하였으나, G2B 개찰 시 국가기관에 적용되는 ±2%를 적용하여 개찰을 완료한 경우
> ☞ 낙찰자 순위가 뒤바뀌는 중대한 하자 발생

○ ±2% 적용을 인정한다면 관련 규정을 준수하여 개찰한 경우와 서로 다른 개찰 결과가 발생됨으로써 낙찰자가 사실상 뒤바뀌는 중대한 하자일 뿐만 아니라 입찰에 참여한 대다수 업체의 예측 가능성을 저해하는 요소라 할 수 있으며, 입찰의 예측 가능성 및 투명성 확보 차원에서 관련 규정 및 입찰공고 내용을 준수하여 재공고 입찰 등의 조치를 취함이 타당하다.

(2) 낙찰 하한율을 잘못 적용하여 개찰을 한 경우

> 입찰 공고 시 적격 심사 대상인 경우 공고문 및 계약 예규에서 정하는 낙찰 하한율을 G2B에 정확하게 입력해야 하나 다르게 입력한 상태에서 개찰을 완료할 경우
> ☞ 낙찰자 순위가 뒤바뀌는 중대한 하자 발생

○ 최종 낙찰자 통보를 하지 않은 경우
⇒ 최종 낙찰자 결정 이전에 가격 평점 산식(낙찰 하한율)의 잘못 적용한 사실을 인지한 경우 가격 평점 산식(낙찰 하한율)을 재적용하여 수기 개찰 방식으로 낙찰 예정자를 결정한 후 나라장터의 "고객 지원 – 공지 사항 – 기관별 공고(고시·공지)를 통해 동 사실을 공지해야 한다.
○ 최종 낙찰자 통보를 완료한 경우
⇒ 관계 법령 및 회계 예규 등을 검토하여 입찰 무효 후 재공고 등의 처리가

필요하며 입찰 무효 결정 시 나라장터의 "고객 지원 – 공지 사항 – 기관별 공고(고시 · 공지)를 통해 사실을 공지해야 한다.

(3) 공고문과 G2B에 입력한 기초 금액이 상이한 경우

> 지방계약법 제11조(예정가격의 작성) 및 지방자치단체 원가계산 및 예정가격 작성 요령(행정안전부 예규)에 의거 지방자치단체의 장 또는 계약담당자는 경쟁입찰에 있어서 예정가격을 작성하도록 되어 있음.
> ☞ 법령 및 예규를 위반으로 중대한 오류 발생

○ G2B 시스템에 입력된 기초금액이 첨부된 공고서상에 명시된 기초금액과 다른 것을 발견한 시점이 입찰서 접수 가능 시각을 지난 경우에는 수정이 불가하므로 당해 입찰 건에 대하여 취소 공고를 하고 새로운 입찰로 실시해야 한다.

(4) 입찰 결과 1인만 입찰에 참여하였을 때

○ 입찰자가 없거나 입찰자가 1인인 경우에는 입찰이 성립하지 아니하므로 유찰 처리하고 재공고 입찰을 하여야 한다.

(5) 입찰 결과 예정가격 이하의 입찰자가 1인뿐인 경우

○ 2인 이상의 입찰자 중 예정가격 이하로 입찰한 자가 1인뿐이고 모두 예정가격 이상으로 입찰하였거나 낙찰 하한율 미달인 경우라도 지방계약법 시행규칙 제42조의 규정에 의한 입찰 무효에는 해당하지 아니하므로 당해 입찰은 2인 이상의 유효한 입찰이 되고, 낙찰 하한율 초과 예정가격 이하로 입찰한 자가 1인이라도 낙찰자로 결정할 수 있다.

(6) 개찰 처리(완료, 유찰, 재입찰) 결과 등 최종 판정 과정에서의 오류

> 최종 개찰 결과를 판정하는 과정에서 처리를 잘못했을 경우, 또는 개찰 집행은 되었으나 사용자 조작 실수 및 네트워크 등의 장애로 최종 판정 처리가 정상적으로 완료되지 않은 경우
> ☞ 재입찰할 것을 유찰 처리 또는 정상적인 완료 처리한 경우 등

○ 최종 판정 처리를 잘못한 경우

▪ 판정 처리에 대한 정정 내용을 나라장터 공공기관 메뉴의 "입찰지원관리
 – 공지사항 입력"에 공지한 후, 정정 내용에 대한 협조 공문 발송한다.

▪ 공문 접수 후 G2B 운영기관이 동 건의 처리 결과 확인 후 이에 대한 후
 속 처리 방법 결정하여 수정한다.

○ 판정 처리 시 시스템 장애로 처리가 안 된 경우

▪ 개찰 목록에서 해당 공고 건을 검색하여 "초기화" 버튼을 선택한 후, 초
 기화 "확인"을 선택하면 다음과 같은 화면 안내 메시지가 표시된다.

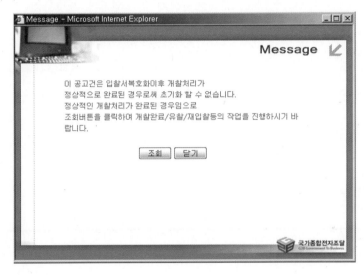

▪ 위 화면에서 "조회" 버튼을 선택한 후, 표시되는 개찰 결과 내용을 재확
 인한다.

▪ 개찰 결과 내용을 확인한 후 최종 판정 완료 처리한다.

(7) 규격·가격 분리 동시 입찰 시 G2B 시스템에 2단계 입찰로 계약 방법 선택 옵션을 잘못 설정한 경우

> 입찰 결과 3명이 입찰에 참가하였으나 규격만 1인이 유효한 경우
> ☞ 2단계 입찰에서는 2인 이상인 경우 가격 개찰 가능하여 개찰 불가

▪ 규격·가격분리 입찰은 2인 이상 참여하고 규격만 1인이 유효한 경우도
 가격 개찰이 가능하나 2단계 입찰은 각 단계별 2인 이상의 유효한 입찰

이 있는 경우만 개찰이 되므로 1인인 경우 유찰 처리되므로 수기로도 낙찰자의 금액을 확인할 수 없으므로 불가피하게 재공고해야 한다.

(8) 적격 심사 대상 입찰을 최저가 입찰로 잘못 선택한 경우

> 낙찰자 결정 방법을 동일하게 적용하여야 하나 G2B 시스템 입력은 최저가 낙찰로 입력을 하고 입찰 공고문에 적격 심사(제한적 최저가) 입찰로 공고함.
> ☞ 복수예가 방식에 의한 예가 결정 불가

- 공고문의 하자는 없으나 시스템상에서 복수예가를 작성하지 못하고 단일 예가를 적용한 경우는 예규에서 정한 복수예가 방식에 의한 예가 결정을 하지 못하게 되므로 입찰 무효 사항이므로 재공고해야 함.

2) 분쟁 유형 사례 및 처리 방안

(1) 모의공고를 실공고로 등록한 사례

> 모의공고를 통한 전자입찰 실습 시, 사용자 실수로 '실공고'로 등록하여 개찰 및 최종 낙찰자까지 선정한 사례
> ☞ 해당 낙찰자가 손해배상 민원 제기

- 입찰의 취소 등이 가능한 것인지의 여부는 계약담당공무원이 제반 여건을 검토하여 처리할 사항이며,
- 모의공고는 전자입찰의 특성을 고려하여 사용자의 이용 편익을 제공하기 위한 기능으로 관련 법규에 반영된 사항이 없다.

(2) 최초 입찰자가 정정 공고 사실을 인지하지 못한 경우

> 당초 공고를 정정 공고하였으나, 정정 공고 전 입찰에 참여한 업체가 그 사실을 인지 못해 정정된 공고 건에 입찰서를 제출하지 못한 사례
> ☞ 민원 제기

○ 정정 공고 시 관련 법령에 규정된 공고 기간을 준수하지 못한 경우 미참여 업체가 발생할 경우 민원 제기의 원인이 될 수 있으므로, 공고 기간을 준수하고 원칙적으로 입찰 개시 일시 이후에는 별도 공고로 처리할 것을 권장

○ 불가피하게 정정 공고 시에는 입찰조서를 확인하여 최초 입찰 참가자에게 재투찰 안내 등의 관련 조치가 필요

(3) 입찰집행관 PC 장애, 인증서 분실 등으로 인한 개찰 지연

> 입찰집행관 PC 및 네트워크 장애 또는 복호화용 개인키 손상 및 분실 등으로 인해 정상적인 개찰 집행이 불가능한 경우
> ☞ 지연 사유에 대한 안내를 하지 않고 장시간 지연될 경우 부정 조작 등의 의혹 제기로 인해 분쟁 발생

○ 정상적인 개찰 진행이 불가능한 경우 나라장터 콜센터에 문의를 통해 원인을 파악한 후, 개찰이 장시간 지연될 경우 즉시 나라장터 "고객지원 – 공지사항 – 기관별 공고(고시·공고)"에 지연 사유 및 개찰 예정시간 등을 공지하여 불필요한 의혹이 발생하지 않도록 조치

○ 복호화용 개인키가 분실 및 손상이 되어 정상적인 개찰이 불가능한 것으로 확인된 경우, 개인키 인출 요청 문서를 나라장터 운영 부서에 공문서로 요청하여 키 인출을 받은 후 개찰 집행

▪ 개인키 인출의 경우 보통 3~4시간(최대 1일 이상) 정도가 소요되므로 확인 후 개찰 예정 시간 설정 시 고려하여 안내

(4) 입찰공고 기준 일자 시스템과 공고문이 다른 경우

> 입찰공고 시 시스템에 게시한 일자와 첨부된 공고문의 공고 일자가 상이한 경우
> ☞ 민원 제기

○ 나라장터에서 처리되는 모든 기준 일자는 공고서에 따라 정한 사항을 제외하고는 시스템에 해당 공고를 게시한 일자가 적용되어 처리된다.

ο 공고문을 작성할 경우 해당 공고 일자를 공고문상에 기재하지 않고 첨부하거
나, 시스템에 공고를 게시하는 일자와 동일하게 작성하여 첨부할 것을 권장

(5) 사전 판정 오류로 부적격자가 포함된 개찰의 경우

공고문상의 입찰 참가자격에 따라 개찰을 진행 시 부적격자를 확인하는 사전 판정
을 잘못하여 예정가격 추첨 및 예정가격에 반영된 경우
☞ 낙찰 예정자 결정에 이의 제기

ο 입찰 집행 시에 부적격으로 판정한 입찰자의 입찰은 개찰 결과 부적격으로
표시되고, 동 입찰자가 추첨한 예비가격은 추첨 결과에 반영되지 않는다.
ο 다만, 확인·판정에서 누락된 부적격자가 추첨한 예비가격은 추첨 결과에
반영되더라도 입찰 진행 자체는 유효하다.(국가종합전자조달시스템 이용
약관 제22조)

(6) 개찰 결과 1순위 업체가 2인 이상의 동일 가격이 발생할 경우

전자입찰에 있어 동일 가격 입찰의 경우 동수 추첨번호가 발생 시 시스템에 의한
무작위 추첨 방식으로 예정가격을 결정하였을 때
☞ 재무작위 추첨 방식에 대한 이의 제기

ο 개찰 결과 낙찰 예정자가 동일 가격이 발생한 경우 개찰 결과상에 모두 1
순위로 표시되어 발표되며, 최종 낙찰자 결정은 지방 및 국가계약법 시행
령에 따라 결정됨.
ο 동일 가격 입찰인 경우의 낙찰자 결정에 관한 규정은 다음과 같다.
  * 국가계약법 시행규칙 제47조 제1항
  * 지방계약법 시행규칙 제48조 제1항

(7) 개찰 결과 낙찰 예정자의 입찰이 무효로 처리된 경우

> 공공기관에서 동일 사항에 대한 처리 기준을 달리(낙찰 예정자 취소 후 차순위 선정, 입찰 무효 처리 후 재공고 입찰 등)하여 처리함에 따라 입찰 참가자의 민원 제기 사례
>
> ☞ 영업정지 처분 중인 업체가 입찰에 참여하여 낙찰자로 선정됨에 따라 차순위 업체의 이의 제기

○ 최종 낙찰자를 선언한 경우

▪ 공공기관에서 적용 중인 법령 및 예규 등을 검토하여 결정하되, 국계칙 및 지계칙 규정에 의거 입찰 참가자격이 없는 자가 행한 입찰은 무효이며, 낙찰 선언 후 낙찰자의 입찰이 무효인 것이 판명된 경우에는 당해 입찰 전체를 무효로 하고 새로운 입찰을 실시하여야 함.

▪ 입찰의 무효 관련 규칙은 다음과 같다.

  * 국가계약법 시행규칙 제44조 제1항
  * 지방계약법 시행규칙 제42조 제1항

○ 최종 낙찰자를 선언하지 않고 단순히 낙찰 예정자로 선언한 경우

▪ 차순위 최저가 입찰자 순으로 심사하여 낙찰자를 결정

※ 주의 사항

○ 최종 낙찰자 선정 및 통보 전에 나라장터의 사용자 정보 – 조달업체 정보관리의 조달업체 정보 조회와 입찰 자격 사항 이력 조회를 통해 최종 낙찰 대상자의 등록 사항 및 변경 사항이 입찰 참가자격 등록 규정 및 공고서에 정한 자격에 따라 유자격 요건임에 해당하는지 확인 후 낙찰자 선언

▪ 가령, 대표자가 변경된 경우 사전에 변경 등록을 하지 않고 입찰에 참여 했을 경우 입찰 무효의 사유에 해당되나 시스템에서는 자동으로 확인이 안 되므로 반드시 확인이 필요

입찰 절차

CHAPTER 05

05 입찰 절차

1. 업무 흐름도

[계약 의뢰 전] 사업부서	[계약 체결] 계약부서	[사업진행, 완료] 사업부서	[대금지급] 사업, 회계부서
1. 예산확보 및 배정 2. 사업계획서 작성 - 계약방법, 기간, 과업내용서 작성, 원가계산 예산집행 과목 등 확인 - 수의계약서 수의계약 근거 및 업체선정 사유서 작성, 업체의 참가자격 확인 필요시 계약조건 및 제안서 작성 ※ 회계부서 및 예산부서 협의 3. 일상감사 실시 (계약원가 심사) 4. 예산집행품의	5. 예산과목 및 의뢰 내용 확인 6. 사업비 산출근거 및 계약방법 확인 (예정가격작성) 7. 입찰 및 낙찰자 결정 또는 수의 계약대상자 결정 8. 계약구비서류 청구 9. 계약체결 및 통보 10. 지출원인행위	11. 감독 및 검사 담당자 임명 12. 사업착수계 접수 및 과업내용 지시 13. 선급지급의뢰 ※ 필요시 14. 계약연장요청 ※ 필요시 15. 사업결과확인 16. 검사 및 경비 정산결과 통보	17. 대가지급 - 하자보수보증금 - (세금)계산서 - 국세·지방세· 건강·연금보험 완납증명서 등 - 공사의 경우 보험료 정산 및 변경계약

2. 입찰 및 계약 절차 흐름도(적격심사인 경우)

| 예산 확인 | → | 사업계획 수립 | → | 예정가격 조사 | → | 기초금액 작성 |

| 설계서 | 직접작성 | 원가계산 | 계약의뢰 |
| | 용역계약 | | |

| 품의서 작성 | → | 계약방법의 결정 | → | 입찰공고(G2B) | → | 가격투찰(G2B) |

발주계획등록

| 개찰 | → | 적격심사 | → | 낙찰 | → | 계약상대자 결정 |

| 계약체결 요청 | → | 계약체결 | → | 선금신청 및 지급 |

원인행위

| 착공신고서 제출 | → | 계약의 이행 | → | 계약해제·해지 | → | 준공신고서 제출 |

| 사후정산 | → | 검사 | → | 대가청구 | → | 대가지급
하자보증금 징구
계약보증금 반환 |

| 하자관리 | → | 하자보증금 반환 | → | 계약종결 | → | 문서보관(5년) |

1) 입찰

입찰이란 경쟁계약의 상대자로 결정되기를 희망하는 자가 계약 목적물 및 내용에 대하여 다수인과 경쟁을 통해 일정한 내용을 표시하는 행위를 말하며, 입찰 공고, 서류의 열람·교부, 참가신청, 입찰서 제출 등 일련의 절차로 진행된다.

일반적인 입찰 방법 이외에 특수한 입찰 방법으로는 희망 수량에 의한 입찰, 2단계 입찰, 유사물품 복수입찰, 경쟁적 대화에 의한 계약 체결 등의 방법이 있다.

2) 개찰 및 낙찰

개찰이란 입찰서 제출 마감 후 지정된 장소에서 입찰자가 참석한 가운데 입찰서를 개봉하는 행위를 말하며, 낙찰이란 입찰자 중에서 계약 이행능력 심사 등을 거쳐 발주기관에 가장 유리한 대상자를 선정하여 계약 상대자로 결정하는 행위를 말한다.

낙찰자를 선정하는 방법에는 제한적 최저가 낙찰제, 적격심사 낙찰제, 종합낙찰제, 협상에 의한 낙찰자 선정 등의 방법이 있다.

3) 전자입찰제도

정부입찰의 투명성·공정성 확보를 위하여 입찰 관련 일련의 절차를 인터넷을 통해 진행할 수 있는 전자입찰제도를 도입하였다

현재, 공공계약에서는 기준금액을 정하여 입찰에 부치고자 할 때에는 전자조달 시스템을 이용하여 공고하여야(필요시 국가는 일간신문 등에 게재하는 방법, 지방자치단체는 설치·운영하고 있는 인터넷 홈페이지에 공고하는 방법과 병행 가능) 하나, 보안유지에 필요한 경우에는 입찰공고를 하지 않고 공고 내용을 입찰 참가 적격자에게 통지하여 입찰 참가신청을 하게 할 수 있다.(국가계약법 시행령 제33조, 제34조, 지방계약법 시행령 제33조, 제34조)

3. 입찰 절차별 세부내용

1] 예산집행품의

(1) 예산집행품의란 세출예산서에 편성된 예산의 목적을 실현하기 위해 예산 집행의사를 결정하는 행위를 말한다.

　※ 이러한 의사결정 행위는 예산지출을 확정하는 행위는 아니다.

(2) 예산집행품의는 사업부서에서 실시하며, 사업계획수립(세부사업계획 수립)도 넓은 의미에서는 집행품의 행위에 포함된다고 할 수 있다.

(3) 세출예산집행품의는 일반적으로 그 내용에 따라 ① 공사집행(수선) ② 물품의 구매·제조·수리 ③ 용역집행 등으로 구분할 수 있으며 품의서 작성 시 유의해야 할 사항은 아래와 같다.

 핵심 체크

① 집행 내용이 예산편성 목적과 부합되는지 여부
② 집행예정금액은 예산의 범위 내인지 여부
③ 예산은 배정되어 있는지 여부
④ 집행예정금액은 법령 또는 기준 내의 단가에 의한 산출인지 여부 등

【(예시) 품의 시 사전검토 사항】

사전검토 사항		
해당항목에 '■'표시하시기 바랍니다.		
검토항목	검 토 여 부	협조사항
추진근거	□ 법 령 □ 방 침 ■ 별도규정 없음 (해빙기 생활안전대책 추진계획)	
사업추진 유 형	■ 신규사업 □ 기존사업 ■ 일회성사업 □ 계속사업(년)	
일상감사 사 항	■ 대상 □ 비대상 ■대상업무 : 계약 ■ 민간위탁 □ 주요시책 □ 이·전용 □	감 사 팀 협 조 ( )
예산확보 사 항	□ 신규 확보 필요 ■ 확보 완료 (구비 :20,000천원) □ 비예산 사업	예 산 팀 협 조 ( )
이해관계인 유 무	○ 주 민 : 유 □ ( ) 무 ■ ○ 단 체 : 유 □ ( ) 무 ■	동주민센터 협 조 ( )
주 민 의견수렴	○ 의견수렴 : 유 □ ( ) 무 ■	
타 자 원 활용가능성	○ 중앙부처 : 유 □ ( ) 무 ■ ○ 서 울 시 : 유 □ ( ) 무 ■ ○ 민간단체 : 유 □ ( ) 무 ■ ○ 기 업 체 : 유 □ ( ) 무 ■	
홍 보 필요성	○ 홍보대상 : 유 □ ( ) 무 ■ ■ 사업단계별 홍보필요성 : 계획 □ 경과수시 □ 완료 □ ○ 보도자료 : 유 □ 무 ■	홍보물심사 협 조 ( )

2) 원가산정의 적정성 검토

(1) 추정가격 100억 원 이상 공사는 조달청에 원가 검토 의뢰(지방자치단체)

다만, 다음 각호에 해당하는 경우 요청 생략 가능

　가. 천재지변, 긴급한 행사 또는 그 밖에 이에 준하는 사유가 있는 경우

　나. 재해 또는 사고로 인해 복구공사를 하는 경우

　다. 조달청장에게 해당 공사의 계약체결을 요청한 경우

　라. 그 밖에 공사의 특성 또는 긴급성 등으로 사전 검토를 요청하지 못할
　　　부득이한 사정이 있는 경우

(2) 추정가격이 관할 시도에서 정한 일정금액 이상은 계약심사부서에 심사의
뢰 의무화(해당 기관 계약심사 규정)

(3) 각 중앙관서의 장 또는 계약담당공무원은 계약 목적물의 내용 · 성질 등이
특수하여 스스로 원가계산을 하기 곤란한 경우 "원가계산용역기관"에 원
가계산 의뢰 가능(국계칙 제9조, 지계칙 제9조)

> ◆ **지방계약 기준 원가계산용역기관**
>
> 1. 다음 각 목의 어느 하나에 해당하는 자가 자산의 100분의 50 이상을 출자 또는 출연한
>   연구기관
> 　가. 국가
> 　나. 지방자치단체
> 　다. 「공공기관의 운영에 관한 법률」 제5조에 따른 공기업 및 준정부기관
> 　라. 「지방공기업법」에 따른 지방공기업
> 　마. 「지방자치단체 출자 · 출연 기관의 운영에 관한 법률」에 따른 지방자치단체 출자 · 출
> 　　　연 기관
> 2. 「고등교육법」 제2조 각 호에 따른 학교의 연구소 또는 「산업교육진흥 및 산학협력촉진
>   에 관한 법률」 제25조에 따른 산학협력단
> 3. 「민법」이나 그 밖의 다른 법령에 따라 주무관청의 허가 등을 받아 설립된 법인
> 4. 「공인회계사법」 제23조에 따라 설립된 회계법인

3) 계약 방법의 결정

계약담당공무원은 사업부서에서 예산집행품의 요구가 이송되어 오면 아래 사
항을 선택하여 결정하거나 분류해야 한다.

(1) 계약 목적물의 분류

① 공사 ② 물품의 제조·구매·수리·가공 ③ 용역 중 어디에 해당되는지 여부
   * 지방계약에서 수리수선은 차세대지방재정관리시스템(차대세 e호조) 품의유형에
     명시됨으로 인해 목적물 분류에 혼란을 가져오므로 이에 대한 개선이 필요함.

(2) 계약 체결 방법

계약 목적물에 따라 아래 내용 중 알맞은 사항을 선택하여 계약 체결 방법 결정
① 공동계약, 단독계약
② 확정계약, 개산계약, 사후원가검토조건부계약
③ 총액계약, 단가계약
④ 종합계약, 회계연도 개시 전 계약(지방계약 회계연도 시작 전 계약)
⑤ 장기계속계약, 계속비계약, 단년도계약
⑥ 일반입찰, 제한입찰, 지명입찰, 수의계약

(3) 일반입찰인 경우 낙찰자 결정 방법

관계 법령에 따라 해당되는 방법을 선택 또는 결정
① 적격심사 ② 희망 수량 입찰 ③ 2단계 입찰 ③ 협상에 의한 계약 체결
④ 공모에 의한 입찰 ⑤ 유사물품 복수입찰 ⑥ 규격·가격분리 동시 입찰 등

4) 입찰공고

(1) 공고 방법

입찰 방법에 의하여 경쟁에 부치고자 할 때에는 입찰에 관한 사항을 지정 정
보처리장치를 이용하여 공고하거나 통지해야 하며, 필요한 경우에는 일간 신문,
지방자치단체가 설치·운영하는 인터넷 홈페이지 등에 게재하는 방법을 병행할
수 있다.(국계령 및 지계령 제33조제1항)

※ 국계령 제22조 제1항 및 지계령 제21조 제1항의 규정에 따라 기획재정부 장관 및 행정안전부 장관이 지정·고시한 지정정보처리장치는 「국가종합전자조달 시스템 (조달청장 운영)」이며 방위사업청과 일부 공공 기관 등에서는 별도의 연계 시스템 운영 중

다음의 경우에는 입찰공고의 내용 등 입찰에 관한 사항을 통지함으로써 입찰공고를 갈음할 수 있다.(국계령 및 지계령 제34조, 국계칙 제39조, 지계칙 제37조)

① 보안유지를 위하여 필요한 경우(국계령 및 지계령 제34조)

② 입찰 참가자격 사전심사의 경우(국계령 제13조, 지계령 제14조)

③ 지역 제한 입찰의 경우(국계령 제21조 제3항, 지계령 제20조 제3항)

④ 공사의 성질별·규모별 제한에 의한 입찰의 경우(국계령 제22조 제2항, 지계령 제21조 제2항)

⑤ 지명 입찰의 경우(국계령 제24조 제2항, 지계령 제23조 제2항)

【지정정보처리장치】

항 목	G2B	eaT	S2B	온비드	RE
명 칭	국가종합전자조달시스템	단체급식식재료전자조달시스템	교육기관전자조달시스템	전자자산처분시스템	순환자원정보센터전자입찰시스템
주 소	www.g2b.go.kr	www.eat.co.kr	www.s2b.kr	www.onbid.co.kr	www.re.or.kr
대상기관	지방자치단체	교육감 관할기관	교육기관	공공기관	지방자치단체
계약 목적물	▪ 공사, 용역 ▪ 물품(단체급식 재료 포함)	▪ 단체급식 식재료만 가능	(추정가격 기준) ▪4억 원 이하 종합공사, 2억 원 이하 전문공사, 1.6억 원 이하 기타 공사 ▪1억 원 이하 용역, 물품의 제조·구매 ▪정기간행물 금액한도 없음	▪ 사용 또는 수익허가 ▪ 매각·임대	▪ 폐기물·순환 자원 재활용 가능 자원·재활용제품의 처리용역 및 제조·구매·매각의 입찰·계약

(2) 입찰공고의 시기(국계령 및 지계령 제35조)

입찰공고는 입찰서 제출 마감일 전일부터 기산하여 7일 전에 하는 것이 원칙이지만, 긴급을 요하는 경우 및 재공고입찰(국계령 제20조 제2항, 지계령 제19조 제2항)의 경우에는 입찰서 제출 마감일 전일부터 5일 전까지 공고할 수 있다.

현장 설명을 실시하는 공사의 경우에는 현장 설명일 전일부터 기산하여 7일 전에 공고해야 하며, 입찰참가자격 사전심사(PQ) 대상공사는 현장 설명일 전일부터 기산하여 30일 전에 공고해야 한다.

현장 설명을 실시하지 않는 공사의 경우에는 입찰서 제출 마감일 전일부터 기산하여 공사 규모에 따라 다음의 기간 전에 공고해야 한다.

① 추정가격이 10억 원 미만인 경우 7일
② 추정가격이 10억 원 이상 50억 원 미만인 경우 15일
③ 추정가격이 50억 원 이상인 경우 40일(자치단체는 50억 원 이상 고시금액 미만인 공사는 30일)

【공고 기간】

구분		국가계약	
		기준	공고기간
일반 원칙		• 물품 제조·구매, 용역	7일
공사입찰	현장 설명을 하는 경우(ⓐ)	• 현장설명을 하는 공사	7일
		• 입찰참가자격 사전심사 대상 공사	30일
	현장 설명을 하지 않는 경우	• 추정가격 10억 원 미만	7일
		• 추정가격 10억 원 이상 50억 원 미만	15일
		• 추정가격 50억 원 이상	40일
긴급공고		• 재공고입찰, 다른 국가사업과 연계, 긴급한 행사·재해 예방·복구 등을 위하여 필요한 경우 등 (국가계약법 시행령 제35조 제4항)	5일
협상에 의한 계약 (ⓑ)		• 긴급공고의 사유에 해당하는 경우 • 추정가격이 고시금액 미만인 경우	10일

※ 공고 기간의 기산 시점

　– 현장 설명을 하는 경우(ⓐ): 현장 설명일 전일부터 기산

　– 협상에 의한 계약(ⓑ)/2단계 입찰의 규격 · 가격입찰: 제안서 제출 마감일의 전
　　일부터 기산

　　– 그 외의 경우: 입찰서 제출 마감일의 전일부터 기산

【공고 기간】

구분		지방계약	
		기준	공고기간
일반 원칙		• 물품 제조 · 구매, 용역	7일
공사 입찰	현장 설명을 하는 경우(ⓐ)	• 현장설명을 하는 공사	7일
		• 입찰참가자격 사전심사 대상 공사	30일
	현장 설명을 하지 않는 경우	• 추정가격 10억 원 미만	7일
		• 추정가격 10억 원 이상 50억 원 미만	15일
		• 추정가격 50억 원 이상 고시금액 미만	30일
		• 추정가격 고시금액 이상	40일
긴급공고		• 재공고입찰, 예산 조기집행, 다른 국가 · 지방자치단체 사업과 연계, 긴급한 행사 · 재해예방 · 복구 등을 위하여 필요한 경우 등 (지방계약법 시행령 제35조 제4항)	5일
협상에 의한 계약 (ⓑ)		• 추정가격 1억 원 미만	10일
		• 추정가격 1억 원 이상 10억 원 미만	20일
		• 추정가격 10억 원 이상	40일
		• 긴급공고의 사유에 해당하는 경우	10일
2단계 입찰의 규격 가격입찰(ⓒ) (지방계약만 해당)		상 동 (협상에 의한 계약과 동일)	상동

※ 공고 기간의 기산 시점

　– 현장 설명을 하는 경우(ⓐ): 현장 설명일 전일부터 기산

　– 협상에 의한 계약(ⓑ)/2단계 입찰의 규격 · 가격입찰(ⓒ)의 경우: 제안서 제출 마
　　감일의 전일부터 기산

　– 그 외의 경우: 입찰서 제출 마감일의 전일부터 기산

(3) 입찰공고의 내용

입찰공고에는 입찰에 부치는 사항, 입찰 또는 개찰의 장소와 일시, 입찰 참가자의 자격, 낙찰자 결정 방법, 입찰 무효에 관한 사항 등 17개 사항과 기타 입찰에 관하여 필요한 사항을 명시해야 한다.(국계령 및 지계령 제36조)

입찰공고문 내용

① 입찰에 부치는 사항
② 입찰 또는 개찰의 장소와 일시
③ 현장 설명의 장소, 일시, 참가자격 및 참가 의무 여부에 관한 사항(공사입찰의 경우)
④ 입찰 참가자의 자격에 관한 사항
⑤ 입찰 보증금의 납부 및 세입조치에 관한 사항
⑥ 낙찰자 결정 방법(계약이행능력 심사에 필요한 서류의 제출일 등)
⑦ 계약의 이행 예정 기간
⑧ 계약하고자 하는 조건을 공시하는 장소
⑨ 입찰 무효에 관한 사항
⑩ 입찰에 관한 서류의 열람·교부 장소 및 교부 비용
⑪ 추가정보를 입수할 수 있는 기관의 주소 등
⑫ 우편입찰 등의 허용하는 경우에는 그 취지와 입찰서를 송부할 주소
⑬ 지정정보처리장치를 이용하여 입찰서를 제출토록 하는 경우 그 내용
⑭ 공동계약을 허용하는 경우에는 공동계약이 가능하다는 뜻과 공동계약의 이행방식(공사는 지역 의무 공동도급에 관한 사항 포함)
⑮ 대형공사 입찰의 경우에는 대안입찰, 일괄입찰 또는 실시설계·시공입찰 등에 관한 사항
⑯ 협상에 의한 계약의 경우로서 제안요청서에 대한 설명을 하는 경우에는 그 장소·일시 및 참가 의무 여부에 관한 사항
⑰ 입찰 참가등록 및 입찰 관련 서류에 관한 사항 및 입찰공고 내용에 이의가 있는 경우 이의 신청 방법
⑱ 입찰 관련 비리 및 불공정 행위의 신고에 관한 사항
⑲ 계약의 목적이 되는 물품·공사·용역 등을 구성하는 재료비·노무비·경비의 책정기준, 일반관리비 및 이윤 등 행안부장관(기획재정부장관)이 정하는 기준 및 비율
⑳ 기타 입찰에 관하여 필요한 사항
※ 기타 입찰에 관하여 필요한 사항은 발주기관에서 계약 담당 공무원이 입찰에 필요한 사항을 명시하는 경우로서 예를 들어 시설공사의 경우 시공실적 평가 시 실적인정 범위 등을 입찰공고에 명시해야 하며 물품 및 용역의 경우에도 입찰 및 심사에 필요한 사항을 공고에 명시해야 함.

입찰공고문 작성

- 현재 g2b에 게시된 공고문을 살펴보면 목적물은 동일하나 공고문 내용이 국가, 지자체, 조달청 또는 지자체 간에도 서로 다름을 알 수 있다. 해당 기관마다 적용받는 법령과 회계규정이 다름으로 차이가 있으나 같은 법령을 적용받는 기관 간에도 차이가 있으므로 공고문 내용의 하자가 발생하지 않도록 공고문 작성에 신중을 기하여야 한다.

- 조달청 공고문을 참고하여 실무에 적용하면 도움이 될 것이며 아래 사항을 사전에 검토하여야 한다.
  ‣ 법령 및 예규가 공고일 현재 기준으로 유효한가?
  ‣ 법령에서 정한 요건외에 과도한 요건은 없는지?
  ‣ 공고 기간은 준수되었는지?
  ‣ 필수적인 공고 내용이 누락되거나 불필요한 내용이 있는지?
  ‣ 공고 내용 중 상호 모순되는 내용이 없는지?
  ‣ 특정 업체에 유리한 공고내용은 없는지?
  ‣ 낙찰자가 면세업자인 경우 부가가치세 부분을 설명하였는지?
  ‣ 공고문 게시 수단은(g2b 원칙, 홈페이지는 병행) 적정한지?
  ‣ 정산 조건이 있는 경우 정산사항, 기준을 제대로 명시하였는지?

공사입찰설명서

이 입찰에 참가하는 자는 다음의 입찰 설명서를 구성하는 공고서 및 각종 규정 등을 반드시 열람하고 숙지하여야 하며, 숙지하지 못함에 따라 발생하는 모든 책임은 입찰자에게 있음을 알려드립니다.

- 다   음 -
1. 공사입찰공고
2. 국가종합전자조달시스템 전자입찰특별유의서(조달청고시)
3. 국가종합전자시스템 입찰참가자격등록규정(조달청고시)
4. 정부 입찰·계약 집행기준(기획재정부계약예규)
5. 공동계약운용요령(기획재정부계약예규)
6. 공사입찰유의서(기획재정부계약예규)
7. 공사입찰특별유의서(조달청지침)
8. 적격심사기준(기획재정부계약예규)
9. 조달청 시설공사 적격심사세부기준(조달청지침)
10. 공사계약일반조건(기획재정부계약예규)

11. 공사계약특수조건(조달청지침)

〈자료 검색〉
(법령·계약예규 등) 국가법령정보센터(http://www.law.go.kr)에서 검색
(조달청 고시 등) 조달청 홈페이지(http://pps.go.kr) 정보제공/업무별 자료/시설공사
※ 정확한 자료 검색이 되지 않을 경우 입찰공고 담당자에게 확인

[유의사항]
▶ 공사시방서, 현장설명서, 입찰안내서 등과 입찰공고문에 정한 내용이 서로 다른 경우에는 입찰공고문이 우선 적용 됩니다.
▶ 입찰공고문에 정한 각종 규정은 개정될 수 있으며, 개정될 경우 개정규정 부칙의 시행일(또는 적용례)에 따라 개정 규정의 적용 여부가 결정될 수 있습니다.

공사입찰공고(예시)

○○지방조달청 시설공고 제 20231128499-00 호
다음과 같이 입찰에 부치고자 공고합니다.

2023. 11.
○○지방조달청 시설공사 계약관

〈 **본 계약은 청렴계약(서약)제가 적용됩니다** 〉

본 계약은 국가계약법 제5조의2 또는 지방계약법 제6조의2에 따른 청렴계약제가 적용되는 공사입니다. 입찰자는 반드시 입찰서 제출 시 아래의 청렴계약서에 관한 내용을 숙지·승낙하여야 하며, 동 내용을 위반한 경우 발주기관의 조치에 대하여 어떠한 이의도 제기할 수 없습니다.

「국가계약법」제5조의2 또는 「지방계약법」제6조의2에 따라 본 입찰에 참여한 당사 대리인과 임직원은 입찰·낙찰, 계약체결 또는 계약이행 등의 과정(준공·납품 이후를 포함한다)에서 아래 각 호의 청렴계약 조건을 준수할 것이며, 이를 위반할 때에는 입찰·낙찰을 취소하거나 계약을 해제·해지하는 등의 불이익을 감수하고, 이에 민·형사상 이의를 제기하지 않을 것임을 약정합니다.

1. 금품·향응 등(친인척 등에 대한 부정한 취업 제공 포함)을 요구 또는 약속하거나 수수(授受)하지 않겠습니다.
2. 입찰가격의 사전 협의 또는 특정인의 낙찰을 위한 담합 등 공정한 경쟁을 방해하는 행위를 하지 않겠습니다.
3. 공정한 직무수행을 방해하는 알선·청탁을 통하여 입찰 또는 계약과 관련된 특정 정보의 제공을 요구하거나 받는 행위를 하지 않겠습니다.
4. 「국가계약법 시행령」제4조의2제1항제2호 위반 시에 아래의 손해배상액을 납부토록 하겠습니다.(국가계약법 적용 조달청 입찰 및 계약 건에 한함)
   - 입찰자 : 입찰금액의 100분의 5
   - 계약상대자 : 계약금액의 100분의 10

3. 입찰 절차별 세부내용

1. 공사 개요

1.1. 관리번호 : 2304333-00

1.2. 수요기관 : XXXXX

1.3. 공 사 명 : XXXXX ○○지소 ○○동 증축공사

1.4. 공사현장 : 충청남도 **시 **면 **로 000-00(○○지소 부지 내)

1.5. 공사기간 : 착공일부터 600일

  1.5.1. 이 공사 계약기간은 주당 근로시간을 52시간 이내로 고려하여 산정되었습니다.

1.6. 공사범위

    1) 주 공 종 : 건축공사업

    2) 공사범위 : 철근콘크리트, 지상3층, 연면적 2,156.02㎡ 건축공사

1.7. 추정금액 : 5,039,848,000원

    【(추정가격) 4,088,550,000원 + (부가가치세) 408,855,000원 + (도급자설치관급액) 542,443,000원)】

    ※ 관급자설치관급액 : 208,829,000원

1.8. 업종별 추정금액 및 업종별 금액(추정가격+부가가치세)

업 종	추정금액	추정가격+부가가치세(비율)
건축공사업	5,039,848,000원(100.00%)	4,497,405,000원 (100.00%)

1.9. 적격심사 평가대상 및 평가비율

  – 건축공사업 : 100.00%

1.10. 공사구분 : 본 공사는 '종합공사'입니다.

  1.10.1. 건축, 토목, 기계 등 다수의 공정으로 이루어진 공사를 종합적인 관리계획, 조정이 필요하여 종합·전문 간 상호시장 진출을 제한합니다.

2. 입찰 및 계약 방식

2.1. 적격심사 대상 공사입니다.

  2.1.1. 적격심사기준은 「조달청 시설공사 적격심사세부기준」 및 [별지]의 평가기준을 적용합니다.

  2.1.2. 적격심사 시 적용하는 평가대상업종 및 업종별 평가비율은 1.9.에 정한 바에 따릅니다.

  2.1.3. 경영상태부문을 신용평가등급으로 평가하는 경우 등록대상 신용평가등급을 나라장터에 전송하지 않을 것을 신용정보업자에게 요구·약속하여 그 이전의 유리한 평가자료를 활용한 평가대상업체에 대해서는 입찰을 무효로 하거나 낙찰자에서 배제 처리합니다.

  2.1.4. 시공 경험 및 경영상태 등에 대한 평가자료는 동 세부기준 제2조 제3항에 따라 입찰서 제출 마감일 전일까지 국가종합전자조달시스템에 등록된 자료로 평가하며, 입찰에 참가자고자 하는 자는 「공사입찰특별유의서」 제19조에 따라 시스템에 등록된 자기 심사자료의 정확성 여부를 확인하여야 합니다.

2.2. 지역제한(충청남도) 대상 공사입니다.

2.3. 입찰서에 산출내역서를 첨부하지 않는 **총액입찰 대상** 공사입니다.

2.4. 장기계속계약 대상 공사입니다.

2.5. 청렴계약제가 적용되는 공사로서 입찰자는 청렴계약서(서약서)를 제출하여야 합니다. 다만 나라장터를 이용하여 제출하는 경우에는 전자입찰서에 '청렴계약서(서약서)'의 내용을 포함하고 있으므로 전자입찰서 제출로 청렴계약서(서약서) 제출을 갈음합니다.

2.6. 이 공사는 국민건강보험료, 국민연금보험료 및 노인장기요양보험료 및 건설근로자 퇴직공제부금 반영 대상 공사입니다.

  2.6.1. 입찰참가자는 입찰금액을 산정할 때 예비가격 기초금액과 함께 발표된 국민건강보험료, 국민연금보험료 및 노인장기요양보험료 및 건설근로자 퇴직공제부금 금액을 조정하지 않고 그대로 반영하여야 합니다.

2.6.2. 국민건강보험료, 국민연금보험료 및 노인장기요양보험료 및 건설근로자 퇴직공제부금은 「국가계약법 시행령」 제73조 및 계약예규 「정부 입찰·계약 집행기준」 제18장에 정한 바에 따라 사후 정산하여야 합니다.

2.6.3. 「건설근로자의 고용개선 등에 관한 법률」 제13조 제4항에 따른 일정규모 이상의 사업장에 해당할 경우, 사업주는 근로일수 신고를 위한 전자카드를 피공제자에게 발급하여야 합니다.

2.7. 이 공사는 「산업안전보건법」 제72조에 따른 **산업안전보건관리비 계상 대상** 공사입니다.

2.7.1. 입찰자는 입찰금액을 산정할 때 예비가격 기초금액과 함께 발표된 산업안전보건관리비 금액을 조정하지 않고 그대로 반영하여야 합니다.

2.7.2. 산업안전보건관리비 계상 및 사용기준은 고용노동부장관이 정하여 고시하는 바에 따릅니다.

2.8. 이 공사는 「건설기술진흥법」 제63조에 따른 **안전관리비 계상 대상** 공사입니다.

2.8.1. 입찰자는 입찰금액을 산정할 때 예비가격 기초금액과 함께 발표된 안전관리비 금액을 조정하지 않고 그대로 반영하여야 하며, 「건설기술진흥법 시행규칙」 제60조에 따라 사후 정산하여야 합니다.

2.8.2. 안전관리비 계상 및 사용기준은 국토교통부장관이 정하여 고시하는 바에 따릅니다.

2.9. 이 공사는 「산업기술진흥법」 제56조에 따른 **품질관리비 계상 대상** 공사입니다.

2.9.1. 입찰자는 입찰금액을 산정할 때 예비가격 기초금액과 함께 발표된 품질관리비 금액을 조정하지 않고 그대로 반영하여야 합니다.

2.9.2. 품질관리비의 산출 및 사용기준, 정산은 「건설기술진흥법 시행규칙」 제53조 및 [별표6]에 따릅니다.

2.10. 입찰자는 「건설산업기본법 시행령」 제34조의4 제2항에 의하여 하도급 대금지급보증서 발급에 소요되는 금액을 국토교통부장관이 정하여 고시하는 기준에 따라 산출내역서에 명시하여야 하며, 발주자는 같은법 시행령 제34조의4 제4항에 따라 사후 정산할 수 있습니다.

2.11. 「중소기업제품 구매 촉진 및 판로 지원에 관한 법률」 제12조에 의한 공사용 자재 직접 구매 대상입니다.

3. 입찰 참가자격

3.1. 「건설산업기본법령」에 의한 **건축공사업(또는 토목건축공사업)**을 등록한 자로 입찰공고일 전일부터 입찰일(다만, 낙찰자는 계약체결일)까지 법인등기부상 본점 소재지(개인사업자인 경우에는 사업자등록증 또는 관련 법령에 따른 허가·인가·면허·등록·신고 등에 관련된 서류에 기재된 사업장의 소재지)를 계속 해당 지역(충청남도)에 둔 자이어야 합니다.

3.2. 「국가계약법」 제27조의5 및 「국가계약법 시행령」 제12조 제3항에 따라 '조세포탈 등을 한 자'로서 유죄판결이 확정된 날부터 2년이 지나지 아니한 자는 입찰에 참여할 수 없습니다. 입찰자는 입찰서 제출 시 「국가계약법 시행령」 제12조 제3항 각호에 해당하지 아니한다는 【붙임1】 서약서를 제출하여야 합니다. 다만 전자입찰의 경우 입찰서 제출 시 전자입찰서에 서약서의 내용을 포함하고 있으므로 전자입찰서 제출로 확약서 제출을 갈음합니다.

3.3. 조달청에 입찰참가자격등록을 한 자이어야 합니다.

4. 입찰참가 등록

4.1. 입찰자는 「국가종합전자조달시스템 입찰참가자격등록규정」에 따라 입찰서 제출마감일 전일까지 조달청 조달등록팀 또는 각 지방조달청에 입찰참가자격등록을 하여야 합니다.

4.1.1. 조달청에 입찰참가자격등록을 하고자 하는 자는 지정 공인인증기관의 인증서를 교부 받은 후 「국가종합전자조달시스템 이용약관」에 동의한 다음 나라장터에 이용자등록을 하여야 합니다.

4.1.2. 공동수급체를 구성하여 참가하는 경우에는 구성원 모두 입찰참가자격 등록을 하여야 합니다.

4.1.3. 「국가계약법 시행규칙」 제15조 제5항의 규정에 따라 조달청 이외의 관서에 입찰참가자격등록을 한 경우에는 입찰서 제출 마감일 전일까지 '국가종합 전자조달 시스템(http://www.g2b.go.kr, 이하 '나라장터'라 함)'에 등록사항이 게재된 경우에만 조달청에 입찰참가자격등록을 한 것으로 봅니다.

4.1.4. 이 입찰은 「지문인식 신원확인 입찰」이 적용되므로 개인인증서를 보유한 대표자 또는 입찰 대리인은 「국가종합전자조달시스템 전자입찰특별유의서」 제7조 제1항 제5호에 따라 미리 지문정보를 등록하여야 전자입찰서 제출이 가능합니다.

5. 공동계약

5.1. 구성 : 필요시 공동이행방식이 가능합니다.

5.1.1. 공동수급체 구성원은 모두 3.1항의 자격을 갖춘 자이어야 합니다.

5.1.2. 공동수급체 구성원 수는 **대표사 포함 5인 이하로 구성**하여야 하며, 구성원별 계약참여 **최소지분율은 10% 이상**으로 하여야 합니다.

5.2. 대표자 : 3.1.항에 해당하는 자로서 출자비율이 가장 많은 자이어야 합니다.

5.3. 공동수급협정서 제출

5.3.1. 제출기한 : 개찰일 전일 18:00까지

　※ 입찰서를 제출한 후에는 공동수급협정서를 제출하거나 동 협정서의 내용을 변경할 수 없습니다.

5.3.2. 공동수급협정서는 반드시 나라장터 '입찰정보'를 이용하여 「전자조달의 이용 및 촉진에 관한 법률 시행규칙」 제3조에 따라 제출하여야 합니다.

5.3.3. 대표자는 나라장터 '조달업체업무-공사-투찰관리-공동수급협정서'에서 공동수급협정서 승인 여부를 확인하여야 합니다.

6. 현장설명 및 설계서 열람

6.1. 이 공사는 현장설명을 생략하고 설계서 열람으로 갈음합니다.

6.2. 설계도면과 공사 시방서를 교부받고자 하는 자는 설계서 열람 담당자 또는 그 지정인에게 소정의 금액을 납부하여야 합니다. (단 무료로 배포하는 경우에는 제외)

6.3. 설계서 열람 : 수요기관 담당자 문의[시설담당관실 홍길동 (☎ 02-****-****)]

6.4. 이 공사 대상은 수요기관 요청에 따라 설계서 전자열람 서비스가 제공되지 않습니다.

6.5. 물량(공)내역서는 나라장터의 '입찰정보→공사→공고현황→참조(또는 입찰공고)번호 입력→검색 →공고번호-차수→물량내역서(입찰집행 및 진행정보)'에서 열람하거나 내려 받을 수 있습니다.

6.5.1. 단, 설계(물량)내역서는 추후 변경될 수 있으니, 입찰서 제출 시 나라장터에 예비가격기초금액 공개 시점에 게시되는 최종 물량내역서를 확인하시기 바랍니다.

7. 예정가격 결정과 관련한 책정기준 등

7.1. 본 공사의 예정가격은 아래의 발표 자료를 기준으로 산정하며, 각 항목별 적용 시기는 기초금액 발표 시 공개하는 조사금액조정사유서를 참고하시기 바랍니다.

7.1.1 직접공사비
- 단위 작업량 : 건설기술연구원 발표 표준품셈
  (전기, 정보통신, 문화재 등의 타부문의 표준품셈에 명시된 품은 해당 부분의 품셈 적용)
- 노무비 : 대한건설협회 발표 노임
- 표준시장단가 : 국토교통부, 해양수산부, 산업통상자원부 발표 단가

7.1.2. 간접공사비 : 개별법령에서 규정한 법정경비 요율과 조달청원가계산 제비율 적용기준에서 정한 요율
- 법정경비 : 산재보험료, 고용보험료, 국민건강보험료, 국민연금보험료, 퇴직공제부금비, 노인장기요양 보험료, 산업안전보건관리비, 건설하도급대금지급보증서발급수수료, 건설기계대여대금지급 보증서발급수수료, 환경보전비, 부가가치세
- 법정경비를 제외한 간접공사비 : 간접노무비, 기타경비, 일반관리비, 이윤, 공사이행보증수수료

8. 입찰 참가신청 및 입찰보증금

8.1. 입찰 참가신청

8.1.1. 입찰 참가자격이 있는 자가 4.1.항에 따라 입찰참가자격등록을 하였거나, 4.1.3.항과 같이 나라장터에 등록사항이 게재된 경우에 입찰참가신청을 한 것으로 봅니다.

8.2. 입찰보증금

8.2.1. 납부대상자 : 「국가계약법시행령」 제37조 제3항 및 「공사입찰특별유의서」 제8조 제1항에 따라 입찰공고일 이전 1년 이내에 시행령 제76조 제2항 제2호 가목의 사유로 입찰 참가자격 제한을 받은 자(입찰 참가자격 제한기간 중인 경우를 포함한다.)는 입찰보증금을 납부하여야 합니다.

8.2.2. 상기 8.2.1.의 입찰보증금 납부대상자 이외의 모든 자는 입찰보증금 납부를 확약하는 내용이 포함된 입찰서 제출로 입찰보증금 납부를 갈음합니다. 나라장터를 이용하여 제출하는 전자입찰서에는 입찰보증금 납부 확약내용이 포함되어 있습니다.

8.2.3. 납부금액 : 입찰금액의 25/1000 이상

8.2.4. 납부기한 : 개찰일 전일 18:00까지

8.2.5. 납부장소 : 조달청 조달회계팀 또는 각 지방조달청

8.2.6. 우리청과 「보증서 전자수납에 관한 협약」을 체결한 보증서 등 발급기관을 통하여 전자납부가 가능합니다.

8.2.7. 「국가계약법」 제9조 제3항 및 같은 법 시행령 제38조에 의한 입찰보증금에 대한 국고 귀속 사유가 발생한 경우에는 입찰보증금 납부확약 내용에 따라 입찰금액의 1000분의 25 이상을 지체 없이 현금으로 납부하여야 합니다.

9. 입찰서 제출

9.1. 이 입찰은 전자입찰로만 집행합니다.

9.2. 전자입찰은 「국가종합전자조달시스템 전자입찰특별유의서」 제7조 제1항 제1-2호에 따라 나라장터 안전 입찰 서비스를 이용하여 입찰서를 제출하여야 합니다.

9.3. 전자입찰서 제출기간 : 2023. 12. 6. 00:00 ~ 2023. 12. 8. 10:00

9.4. 전자입찰서 제출 여부는 나라장터의 '전자문서함 → 보낸문서함'에서 확인하여야 합니다.

9.5. 입찰자는 전자입찰서 제출마감시간에 임박하여 입찰서를 제출하는 경우 다소 시간이 소요될 수 있으므로 충분한 시간을 갖고 입찰서를 제출하여 주시기 바랍니다.

9.6. 입찰가격 평가 시 적용되는 'A값'은 예비가격기초금액 발표 시 함께 발표합니다.

10. 개찰 및 낙찰자 결정

10.1. 개찰일시 : 2023. 12. 8. 11:00

10.2. 개찰장소 : 국가종합전자조달시스템(나라장터)

10.3. 입찰 무효 및 낙찰자 결정은 입찰설명서에 정한 바에 따릅니다.

10.3.1. 입찰자는 조달청에서 배부하는 물량내역서(**.bid 파일 또는 excel 파일)에 잠정금액(Provisional Sum : PS)으로 명기되어 있는 공종은 물량내역서 금액(단가)을 변경 없이 그대로 투찰하여야 하며, 추후 수요기관에서 정한 내용에 따라 정산하여야 합니다.

10.4. 예정가격이 100억 원 미만인 공사인 경우에는 입찰가격을 예정가격 중 재료비 · 노무비 · 경비 및 이에 대한 부가가치세를 합산한 금액의 100분의 98 미만으로 입찰한 자는 심사대상에서 제외합니다.

10.5. 동일가격으로 입찰서를 제출한 자가 2인 이상인 때에는 국가종합전자조달시스템 전자입찰특별유의서 제15조 제1항에 따라 전자조달시스템을 통해 자동으로 추첨하는 방식에 의하여 결정합니다.

11. 입찰 무효

11.1. 「국가계약법 시행령」 제39조 제4항, 「동법 시행규칙」 제44조, 「정부입찰·계약집행기준」 제9장 내역입찰의 집행(입찰무효의 범위) 및 「공사입찰유의서」 제15조에 해당하는 입찰, 「공사입찰특별유의서」 제4조 및 제6조를 위반한 입찰은 무효입니다.

11.2. 무효 입찰의 내용 중 오류를 범하기 쉬운 사항을 다음과 같이 안내하오니 입찰참여자는 입찰참가자격 등록사항 확인 및 입찰공고 내용을 숙지하시어 불이익이 없도록 하시기 바랍니다.

11.2.1. 입찰자가 공동수급에 따른 최대 구성원 수 및 계약참여 최소지분율을 위반한 경우 입찰 무효 처리합니다.

11.2.2. 한 업체의 소속 대표자 중 1인이 다른 업체의 대표자를 겸임할 경우 해당 업체들이 하나의 입찰에 동시 참여하면 동일인이 2통의 입찰서를 제출한 것으로 간주되어 모두 무효 입찰로 처리됩니다.

11.2.3. 특히, 입찰참가등록증상의 상호(또는 법인의 명칭), 대표자의 성명(수인의 대표자가 있는 경우 대표자 전원)을 변경등록하지 아니하고 제출한 입찰, 「공사입찰유의서」 제15조 제1호에 따른 대리권이 없는 자의 입찰은 무효 입찰임을 알려드립니다.

11.2.4. 건설산업기본법 제47조, 동법 시행령 제39조 및 국토교통부 고시에 따른 '건설공사 금액 하한' 적용대상 공사인 경우 '건설공사 금액 하한'을 위반한 입찰은 무효 처리합니다.

11.3. 공동수급체를 구성하여 입찰에 참여하는 경우 대표자는 반드시 구성원의 입찰 참가자격 등록 사항 변경 여부를 확인하시어 입찰 무효 등의 불이익이 없도록 주의하시기 바랍니다.

11.3.1. 입찰자가 5.1.2에 따른 최대 구성원 수 및 계약참여 최소지분율을 위반한 경우 입찰 무효 처리합니다.

11.4. 낙찰예정자는 입찰 무효 여부 확인을 위하여 「공사입찰유의서」 제8조 제3항에서 정한 서류 등을 계약담당공무원이 별도로 정한 기한 내에 반드시 제출하여야 합니다.

12. 하도급대금 직불조건부 입찰참가 확약서 제출

12.1. 입찰에 참여하는 자는 「국가계약법」 제27조의4 및 「지방계약법」 제31조의 4에 의거하여 각 중앙관서의 장 또는 지방자치단체의 장으로부터 「건설산업기본법」 제34조제1항 또는 「하도급거래 공정화에 관한 법률」 제13조 제1항이나 제3항을 위반한 사실이 통보된 자로서 당해 입찰공고일이 위반사실 통보일로부터 1년 이내인 것으로 확인된 때에는 「국가계약법」 제15조 제1항 및 「지방계약법」 제18조에 따른 대가 지급 시 '하도급대금을 수요기관이 하수급인에게 직접 지급하는 것에 합의한다.'는 내용의 확약서를 제출하여야 합니다.

12.2. 12.1.에 따라 확약서를 제출하여야 하는 자는 입찰서 제출 시 【붙임2】 '하도급대금 직불조건부 입찰참가 확약서'를 반드시 제출하여야 합니다.

12.3. 상기 12.2.에도 불구하고, 나라장터를 이용하여 제출하는 경우에는 전자입찰서에 '하도급대금 직불조건부 입찰참가 확약서'의 내용을 포함하고 있으므로 전자입찰서 제출로 확약서 제출을 갈음합니다.

13. 하도급 관련 사항

13.1. 본 공사에 대한 하도급 가능여부, 하도급 승인 등에 대해서는 「건설산업기본법」, 「전기공사업법」, 「정보통신공사업법」, 「소방시설공사업법」 등 개별법령의 하도급 관련규정을 준수하여야 합니다.

13.2. 「국가계약법」 제27조 제1항 제3호에 따라 「건설산업기본법」, 「전기공사업법」, 「정보통신공사업법」, 「소방시설공사업법」 및 그 밖의 다른 법률에 따른 하도급에 관한 제한규정을 위반하여 하도급한 자 또는 발주관서의 승인 없이 하도급을 하거나 발주관서의 승인을 얻은 하도급 조건을 변경한 자는 부정당업자로 입찰 참가자격 제한을 받을 수 있습니다.

13.3. 「국가계약법」 제27조 제1항 제5호에 따라 「하도급거래 공정화에 관한 법률」을 위반하여 공정거래위원회로부터 입찰 참가자격 제한의 요청이 있는 자는 부정당업자로 입찰참가자격 제한을 받을 수 있습니다.

14. 하도급지킴이(정부계약 하도급관리시스템) 이용에 관한 사항

14.1 이 공사는 건설산업기본법 제34조 및 수요기관 요청에 따라 「하도급 지킴이」를 이용하는 사업입니다.

14.2. 입찰에 참여하는 자는 입찰서 제출 시 【붙임3】의 「하도급지킴이」 이용 확약서를 제출하여야 합니다. 다만, 나라장터를 이용하여 입찰서를 제출하는 경우에는 전자입찰서에 「「하도급지킴이」 이용 확약서」 내용을 포함한 것으로 보고 전자입찰서 제출로 확약서 제출을 갈음합니다. 아울러, 계약상대자는 계약체결 후 착공계 제출 시 동 확약서를 수요기관에 제출하여야 하며, 제출된 확약서는 계약서의 일부로서 효력을 가집니다.

14.3. 낙찰을 받은 자는 「하도급지킴이」를 이용하여 하도급계약을 체결합니다. 다만, 하도급자(장비·자재업체 포함)와 수기로 하도급계약을 체결하는 경우에도 하도급지킴이에 등록하여야 합니다.

14.4. 또한, 하도급 대금, 노무비, 장비·자재대금을 「하도급지킴이」를 이용하여 전자적으로 지급하여야 합니다.

14.4.1. 하도급 대금, 노무비, 장비·자재대금 등의 지급은 '인출 제한' 기능을 사용하여야 합니다.

14.4.2. 수요기관의 하도급대금, 노무비, 장비·자재대금의 직접지급 또는 적정지급 여부 확인에 적극 응하여야 합니다.

14.5. 하도급지킴이 이용에 관한 자세한 사항은 '나라장터-하도급지킴이-시스템 사용안내(업체)'를 참고하여 주시기 바랍니다.

15. 공사계약이행보증

15.1. 수요기관의 요청에 따라 낙찰자는 국가계약법 시행령 제52조 제1항 제2호에 따른 방법으로 계약이행을 보증하여야 합니다.

16. 기타 사항

16.1. 예비가격기초금액(현장설명을 하는 경우 현장설명일까지 공개)과 개찰결과에 대한 정보는 나라장터의 [입찰정보-공사-기초금액과 개찰결과]에 게재됩니다.

16.2. 계약상대자는 인지세법, 주택도시기금법 등에서 규정한 바에 따라 수입인지 또는 국·공채를 매입하고 그 매입필증 등을 계약담당 공무원에게 제출하여야 합니다.

16.3. 「건설산업기본법」 제83조(건설업의 등록말소 등)의 규정에 따라 건설업자가 「독점규제 및 공정거래에 관한 법률」 제40조 제1항 제8호를 위반하여 같은 법 제43조에 따라 과징금 부과처분을 받고, 그 처분을 받은 날로부터 9년 이내에 동일한 사유에 해당하는 위반행위를 하여 다시 2회 이상 과징금 부과 처분을 받은 경우에는 건설업 등록이 말소될 수 있으니 입찰참여자는 공정한 경쟁입찰이 될 수 있도록 협조하여 주시기 바랍니다.

16.4. 본 입찰과 관련하여 비리·불공정행위가 있는 경우 ○○지방조달청 경영관리과(070-****-****) 및 조달청 홈페이지(www.pps.go.kr → 참여·민원 → 조달신문고 → 진정·건의)를 통하여 신고할 수 있습니다.

16.5. 본 입찰 및 계약과 관련하여 조달청 직원이 금품, 향응 등 부당한 요구를 할 경우 조달청 청탁방지담당관(감사담당관)에게 신고하여 주시기 바랍니다.

【별지】

〈 적격심사 평가기준 〉

□ 신인도 평가기준

1. 일자리창출 관련 평가

 - 표준손익계산서 등에 의한 평가의 경우 전년도 표준손익계산서(손익계산서 포함)는 입찰공고일 기준 최근 년도 자료를 기준으로 평가합니다.
 - 최근 년도 자료란 입찰공고일 기준 법인세법 등 관련 법령에서 정한 신고기한이 마감된 자료 중 최근의 자료로 합니다.

2. 근로시간 조기단축기업 평가

 - 고용노동부에서 발급한 '노동시간 조기단축 확인서'상 시행일이 입찰공고일 이전인 경우로 적격심사 서류 제출 마감일까지 확인서를 제출한 경우 가점을 부여합니다.

【붙임 1】

국가계약법 제27조의5 및 같은법 시행령 제12조 제5항에 따른 서약서

당사는「국가계약법」제27조의 5 제1항에 따른 조세포탈 등을 한 자가 아님을 서약합니다. 만일 다음 각호의 사유에 해당되어 유죄판결이 확정된 날부터 2년이 지나지 않는 사실이 발견된 때에는 계약을 해제·해지하는 등의 불이익을 감수하겠으며,「국가계약법 시행령」제76조 제1항 제8호에 따라 부정당업자의 입찰 참가자격 제한 처분을 받겠습니다.

1. 「조세범처벌법」제3조에 따른 조세 포탈세액이나 환급·공제받은 세액이
   5억원 이상인 자
2. 「관세법」제270조에 따른 부정한 방법으로 관세를 감면받거나 면탈하거나
   환급받은 세액이 5억원 이상인 자
3. 「지방세기본법」제129조에 따른 지방세 포탈세액이나 환급·공제 세액이
   5억원 이상인 자
4. 「국제조세조정에 관한 법률」제34조에 따른 해외금융계좌의 신고의무를 위반
   하고, 그 신고의무 위반금액이 같은 법 제34조의2 제1항에 따른 금액을 초과
   하는 자
5. 「외국환거래법」제18조에 따른 자본거래의 신고의무를 위반하고, 그 신고의무
   위반금액이 같은법 제29조 제1항 제6호에 해당하는 자

202 .   .   .

서약자 : ○○회사 대표 ○○○ (인)

○○ 재무관 귀하

【붙임 2】

하도급대금 직불조건부 입찰참가 확약서

본인 또는 본인이 소속한 회사는 만일 각 중앙관서와 체결한 계약에서「건설산업기본법」제34조 제1항 또는「하도급거래 공정화에 관한 법률」제13조 제1항이나 제3항을 위반하여 각 중앙관서에서 그 사실을 확인하여 귀 청에 통보한 일자의 1년 이내에 본 건 입찰공고일이 도래한 경우에는「국가를 당사자로 하는 계약에 관한 법률」제27조의4 제1항 및 제2항 및「지방자치단체를 당사자로 하는 계약에 관한 법률」제31조의4 제1항 및 제2항에 의거 당해 입찰참가를 위하여「국가를 당사자로 하는 계약에 관한 법률」제15조 제1항 및「지방자치단체를 당사자로 하는 계약에 관한 법률」제18조에 따른 대가 지급 시 하도급대금을 수요기관이 하수급인에게 직접 지급토록 할 것임을 확약합니다.

202 . . .

서 약 자 : ○○○회사 대표 ○○○ (인)

조달청장 귀하

【붙임 3】

「하도급지킴이」 이용 확약서

당 사는 본 공사 낙찰을 받아 계약을 체결하는 경우, 본 공사에 대한 하도급계약 체결·이행에 있어 계약상대자이자 원수급인으로서 아래 사항을 성실히 이행할 것을 확약합니다.

○ 당 사는 「하도급지킴이」를 이용('표준하도급계약서'에 기반)하여 하도급 계약을 체결하겠습니다. 아울러, 하도급자(자재·장비업체 포함)와 수기로 하도급계약을 체결하는 경우에도 시스템에 등록하겠습니다.

  (※ PQ심사 및 적격심사 시, '표준하도급계약서 등의 사용계획서'를 제출하여 평가받은 경우에는 사용계획서에 정한 바를 준수하여야 합니다)

○ 당 사는 하도급 대금, 노무비, 장비·자재대금 등을 「하도급지킴이」를 이용하여 전자적으로 지급하겠습니다.

  – 당 사 몫 외의 하도급대금, 노무비, 장비·자재대금 등의 지급은 "인출 제한" 기능을 사용하겠습니다.

  – 수요기관의 하도급대금, 노무비, 장비·자재대금의 직접 지급 또는 적정 지급 여부 확인에 적극 응하겠습니다.

202 .   .   .

서약자 : ○○회사 대표 ○○○ (인)

○○ 재무관 귀하

5) 입찰 관련 서류의 작성·비치·열람·교부

(1) 공사의 경우(국계령 제14조 제1항·제3항, 지계령 제15조 제1항)

공사를 입찰에 부치고자 할 때에는 설계서, 물량내역서, 기타 입찰 관련서류를 작성·비치하고, 입찰공고일부터 입찰 등록 마감일까지 입찰 참가 희망자의 요구가 있는 경우에는 열람하게 하고 교부해야 한다.

각 중앙관서의 장 또는 계약담당공무원은 물량내역서 및 입찰 관련 서류를 지정정보처리장치에 게재함으로써 열람 또는 교부에 갈음할 수 있다.

(2) 물품의 제조·구매 및 용역의 경우

물품의 제조·구매 및 용역 등을 입찰에 부치고자 할 때에는 입찰관련 서류를 작성·비치하고, 입찰공고일부터 입찰 등록 마감일까지 입찰 참가 희망자의 요청이 있는 경우에는 열람하게 해야 한다.(국계령 제16조 제1항, 지계령 제16조 제1항·제2항) 다만, 추정금액이 고시금액 이상인 경우에는 입찰 참가 희망자의 요구가 있는 경우 위 입찰 관련 서류를 교부해야 한다.

6) 공사의 현장 설명

공사를 입찰에 부치고자 할 때에는 입찰서 제출 마감일 전에 현장 설명을 실시해야 하며, 공사의 성질상 현장 설명이 불필요하다고 인정되는 때에는 생략할 수 있다.(국계령 제14조의2, 지계령 제15조 제3항)

공사의 현장 설명은 공사의 규모에 따라 해당 입찰서 제출 마감일의 전일부터 기산하여 다음의 시기 전에 실시해야 한다.(국계령 제14조의2 제3항, 지계령 제15조 제4항)

① 추정가격 10억 원 미만인 공사는 7일
② 추정가격 10억 원 이상 50억 원 미만인 공사는 15일
③ 추정가격 50억 원 이상인 공사는 33일

추정가격이 300억 원 이상인 공사 입찰의 경우에는 일부 예외조항을 제외하고 현장 설명을 실시하여야 하며, 지방 계약은 현장설명에 참가한 자만을 입찰에 참가하게 하여야 한다.(지계령 제15조 제5항)

현장설명 참가자격

- 현장 설명 참가자는 해당 국가기술자격을 취득하거나 「건설기술진흥법」 등 관련법령에 따라 해당 기술자로 인정받은 자이어야 함. 다만, 「건설산업기본법 시행령」 제8조, 「전기공사업법 시행령」 제5조 및 「정보통신공사업법 시행령」 제4조에 따른 경미한 공사의 경우에는 예외(공사입찰유의서 「지방자치단체 입찰 및 계약 집행기준」)
- 소정의 자격을 갖추고 현장 설명 전에 위임장을 제출하면 대리인도 참가 가능
- 공동도급계약의 경우 공동 수급체 구성원 중 한 수급자가 대표가 되어 참가
- PQ 대상 공사의 경우 심사결과 적격 업체만 참가 가능(PQ심사요령 제12조, 「지방자치단체 입찰 시 낙찰자 결정기준」)

7) 입찰 참가 신청

(1) 입찰 참가자격

① 일반입찰 참가자격

㉠ 법령에 의한 허가·인가·면허·등록·신고를 받았거나 자격요건에 적합한 자
   ※ 경미한 공사의 입찰(시공) 참가자격(건산법 제9조 단서)
- 종합건설공사는 예정금액 5천만 원 미만, 전문공사 1천5백만 원 미만은 사업자등록증만으로 입찰(시공) 참가자격이 있음
㉡ 보안측정 등의 조사에 필요한 경우 적합판정자
㉢ 「소득세법」 제168조·「법인세법」 제111조 또는 「부가가치세법」 제8조에 따라 해당 사업에 관한 사업자등록증을 교부받거나 고유번호를 부여받은 자

303

② 입찰 참가 배제

　㉠ 부정당 업자 제재에 의한 입찰 참가 자격제한을 받은 자

　㉡ 추정가격 300억 원 이상 공사의 의무 현장 설명 불참자

　㉢ 제한경쟁입찰의 경우 제한 내용에 미달되거나 해당되지 않는 경우

　㉣ 관계 법령에 의하여 영업정지 기간 중에 있는 자, 면허 등이 취소된 자

(2) 입찰 참가신청 서류의 제출(국계칙 제40조, 지계칙 제38조)

입찰 참가자는 입찰서 제출 마감일 전일까지 입찰유의서와 입찰공고 사항을 모두 승낙하는 내용이 담긴 소정의 입찰참가 신청서, 입찰 참가 자격을 증명하는 서류 등 입찰 참가 신청서류를 제출해야 한다.

다만, 입찰 참가 자격등록을 한 자는 입찰보증금의 납부로써 위 입찰 참가 신청서류의 제출을 갈음할 수 있다.

입찰 참가 신청서류가 제출된 때에는 그 내용을 검토하여 접수하고 입찰 참가 신청증을 교부해야 하며, 필요 사항에 대한 사실조사를 할 수 있다.

g2b 등 지정정보처리장치 운영기관은 현재 온라인(On line)으로도 입찰 참가 등록을 받고 있다.

(3) 입찰보증금

① 입찰보증금의 납부(국계법 제9조, 국계령 제37조, 국계칙 제43조, 지계법 제12조, 지계령 제37조, 지계칙 제41조)

계약담당공무원은 경쟁입찰에 참가하기를 희망하는 자로 하여금 낙찰 후의 계약 체결을 보장하는 물적담보로써 입찰금액(단가입찰은 단가× 총입찰 예정량)의 5% 이상을 입찰 신청 마감일까지 납부하게 해야 한다.

다만, 각종 공제조합 등에서 발급한 보증서 중 1회계연도 내의 모든 공사 입찰에 대한 보증서인 경우에는 매 회계연도 초에 제출하게 할 수 있다.

② 입찰보증금의 납부 방법

입찰보증금은 현금 또는 국계령 및 지계령 제37조 제2항에서 정한 보증서, 보증보험증권, 유가증권, 수익증권 등으로 납부할 수 있다.

　㉠ 입찰 참가 신청 마감일(입찰일 전일)까지 입찰 참가 신청서와 함께 납부

　㉡ 입찰금액의 100분의 5 이상

　　※ 전자입찰인 경우 전자입찰 system에 의하여 납부하나 대부분 각서만 징구하고 납부 면제 처리

보증서·보증보험증권의 보증 기간은 입찰서 제출 마감일 이전부터 입찰서 제출 마감일 다음 날부터 30일 이후이어야 한다.(국계칙 제55조 제1항 제3호, 지계칙 제53조 제1항 제3호)

다만 대형공사계약 중 대안입찰 또는 일괄입찰에 의한 계약과 특정공사 계약은 입찰서 제출 마감일 다음 날부터 90일 이후이어야 한다.(국계칙 제55조 제3항, 지계칙 제53조 제1항 제3호)

8) 입찰서 제출

(1) 입찰서의 제출

입찰에 참가하고자 하는 자는 국계칙 제42조 제1항 별지 서식의 입찰서를 입찰공고에 표시한 장소와 일시에 직접 제출해야 한다. 다만, 필요시 우편 제출도 가능하다.(국계령 및 지계령 제39조 제1항, 국계칙 제42조 제1항, 지계칙 40조 제1항)

입찰서는 1인 1통으로 하며, 입찰서를 접수한 때에는 해당 입찰서에 확인 인을 날인하고 개찰 시까지 개봉하지 아니하고 보관해야 한다.

제출된 입찰서는 변경·교환·취소하지 못한다. 다만 입찰서의 중요 기재 내용에 오기가 있음을 이유로 개찰 현장에서 입찰 참가자가 취소 의사를 표시하고 발주기관이 인정하면 가능하다.(국계령 및 지계령 제39조 제3항, 제8장 입찰유의서 제2절 9-라「지방자치단체 입찰 및 계약집행기준」)

입찰서에 입찰자의 성명을 기재하지 아니하고 대리인 성명이나 회사명을 기재한 경우와 사용 인장과 다른 인장으로 날인된 경우는 입찰의 무효로 본다.(제8장 입찰유의서 제2절 12-다-5)「지방자치단체 입찰 및 계약집행기준」)

(2) 입찰금액의 기재 및 첨부자료(국계령 제14조 제6항·지계령 제15조)

입찰서의 입찰금액은 총액에 대한 입찰의 경우에는 총액을, 단가에 대한 입찰 시는 단가를 각각(공사는 총액만) 기재하며, 장기계속계약의 경우에는 총공사비 또는 총제조 등의 금액을 기재한다. 입찰서는 입찰공고·입찰 참가 통지서 등에 별도로 정한 경우를 제외하고는 한글로 작성하고, 입찰금액의 통화는 원화(원 단위, 다만 단가계약의 경우 소수점 둘째 자리까지 투찰할 수 있다)로 해야 한다.

추정가격 100억 원 이상인 공사의 경우에는 입찰금액 산출내역서(산출 내역서)를 입찰서 제출 시에 첨부하도록 해야 한다.(내역입찰)

9) 입찰의 성립·연기 및 무효

(1) 입찰의 성립과 연기

일반입찰은 2인 이상의 유효한 입찰로서 성립하며, 다음의 경우 입찰공고 또는 현장설명 일시 및 입찰서 제출 마감 일시를 연기할 수 있다.(국계령 제11조, 제8장 입찰유의서 제2절 제14호 「지방자치단체 입찰 및 계약집행기준」)

- 입찰 희망자가 발주기관에 그 설명을 요구한 입찰 관련 서류상의 착오, 누락사항 등의 내용이 중대하여 연기가 불가피한 경우
- 기타 불가피한 사유로 인하여 지정된 일시에 현장 설명 또는 입찰을 실시하지 못하는 경우

(2) 재입찰과 재공고 입찰

① 재입찰(국계령 제20조 제1항, 지계령 제19조 제1항)

- ㉠ 최초에 부친 입찰이 유찰된 경우 다시 공고 절차를 거치지 않고 같은 장소에서 재차 입찰에 부치는 제도
- ㉡ 처음 입찰에 참가하지 않아도 재입찰에 참가 가능
- ㉢ 새로운 입찰로 보지 아니 하며, 입찰 횟수의 제한을 받지 않음

② 재공고 입찰(국계령 제20조 제2항, 지계령 제19조 제2항)

- ㉠ 입찰자나 낙찰자가 없는 경우 또는 입찰자가 1인뿐이거나 낙찰자가 계약을 체결하지 않는 경우에 다시 공고하여 입찰에 부치는 제도
- ㉡ 재공고 입찰 시 최초 입찰에 참가하지 않았어도 추가 참여 가능
- ㉢ 입찰에 참여했던 업체는 종전 서류로 대체 가능
  기한을 제외하고는 최초의 입찰에 부칠 때에 정한 가격 및 기타 조건을 변경할 수 없음.

③ 새로운 입찰

유찰된 경우 재공고입찰을 거치지 않고 새로운 입찰 가능(조건 변경 가능)

(3) 입찰 무효

① 국가계약

구분	국가계약
관련 규정	- 국가계약법 시행령 제39조 제4항, - 국가계약법 시행규칙 제44조 - 정부 입찰·계약 집행기준 제20조 - 물품구매(제조)입찰유의서 제12조 - 공사입찰유의서 제15조 - 용역입찰유의서 제12조

입찰 참가 자격	- 입찰참가자격이 없는 자가 한 입찰 - 입찰참가자격 제한기간 내에 있는 대표자를 통한 입찰 - 입찰참가자격 등록사항 중 상호 또는 법인의 명칭, 대표자(대표자가 수인인 경우 대표자 전원) 성명을 변경등록하지 않은 입찰
입찰서 및 입찰보증금	- 납부일까지 입찰보증금을 납부하지 않은 입찰 - 입찰서가 도착일시까지 입찰장소에 도착하지 아니한 입찰 - 동일인이 동일사항에 대하여 2통 이상의 입찰서를 제출한 입찰 ☞ 1인이 수개 법인의 대표자인 경우 수개 법인은 동일인으로 간주 - 전자조달시스템, 지정정보처리장치로 입찰서를 제출하도록 한 경우 해당 규정과 다른 방식으로 제출한 입찰
계약 방법	- 물품·용역계약시 제안요청서 설명을 통한 협상에 의한 계약방법에서 요청서 설명에 참가하지 않은 자의 입찰 - 물품계약시 품질에 의한 낙찰자 결정방법에서 품질 등 표시서를 제출하지 않은 입찰 - 법령상 공동계약 방법을 위반한 입찰 - 대안입찰, 기술제안입찰의 경우 원안을 설계한 자 또는 원안을 감리한 자가 공동으로 참여한 입찰
추정가격 100억 원 이상 공사	- 입찰서와 함께 산출내역서를 제출하지 아니한 입찰 - 입찰서 금액과 산출내역서 총계금액이 다른 입찰 - 산출내역서의 총계금액과 항목별 합산금액이 다른 입찰 - 공종별 목적물 물량 중 산출내역서상 누락·변경된 공종·물량에 대한 예정가격 조서금액이 예정가격 대비 5%이상인 입찰 - 입찰서 및 산출내역서를 정정하고 정정 날인을 누락한 입찰
입찰유의서 위반	- 대리인이 아닌 자가 한 입찰 또는 대리권이 없는 자가 한 입찰 - 동일사항에 대하여 타인의 대리를 겸하거나 2인 이상을 대리한 입찰 - 입찰서의 입찰금액 등 중요한 부분이 불분명하거나, 정정한 후 정정날인을 누락한 입찰 - 담합하거나 타인의 경쟁참가를 방해 또는 관계 공무원의 공무집행을 방해한 자의 입찰 - 입찰자의 기명날인이 없는 입찰 - 입찰서에 기재한 중요부분에 착오가 있음을 이유로 개찰현장에서 입찰자가 입찰의 취소의사를 표시한 것으로서 계약담당공무원이 이를 인정한 입찰 - 소정의 입찰서를 사용하지 않거나 입찰서의 금액을 아라비아 숫자로만 기재한 입찰 또는 전산서식에 의한 입찰서를 훼손하거나 전산표기방법과 상이하게 작성·기재하여 전산처리가 되지 아니한 입찰 - 내역입찰에 있어서 타인의 산출내역서와 복사 등의 방법으로 동일하게 작성한 산출내역서가 첨부된 입찰 - 공동계약의 공동수급체구성원이 동일 입찰 건에 대하여 공동수급체를 중복적으로 결성하여 참여한 입찰, 입찰등록 시 공동수급표준협정서를 제출하지 아니한 입찰 등 - 「건설산업기본법령」에 따른 종합건설업체가 공사금액의 하한을 위반한 입찰

② 지방계약

구분	지방계약
관련 규정	- 지방계약법 시행령 제39조 제4항 - 지방계약법 시행규칙 제42조 - 지방자치단체 입찰 및 계약 집행기준 제8장
입찰 참가 자격	- 입찰참가자격이 없는 자가 한 입찰 - 입찰참가자격 제한기간 내에 있는 대표자를 통한 입찰 - 입찰참가자격 등록사항 중 상호 또는 법인의 명칭, 대표자(대표자가 수인인 경우 대표자 전원) 성명을 변경등록하지 않은 입찰
입찰서 및 입찰보증금	- 납부일까지 입찰보증금을 납부하지 않은 입찰 - 입찰서가 도착일시까지 입찰장소에 도착하지 아니한 입찰 - 동일인이 동일사항에 대하여 2통 이상의 입찰서를 제출한 입찰 ☞ 1인이 수개 법인의 대표자인 경우 수개 법인은 동일 인으로 간주 - 전자조달시스템, 지정정보처리장치로 입찰서를 제출하도록 한 경우 해당 규정과 다른 방식으로 제출한 입찰
계약 방법	- 물품 · 용역계약시 제안요청서 설명을 통한 협상에 의한 계약방법에서 요청서 설명에 참가하지 않은 자의 입찰 - 물품계약시 품질에 의한 낙찰자 결정방법에서 품질 등 표시서를 제출하지 않은 입찰 - 법령상 공동계약 방법을 위반한 입찰 - 대안입찰, 기술제안입찰의 경우 원안을 설계한 자 또는 원안을 감리한 자가 공동으로 참여한 입찰
추정가격 100억 원 이상 공사	- 입찰서와 함께 산출내역서를 제출하지 아니한 입찰 - 입찰서 금액과 산출내역서 총계금액이 다른 입찰 - 산출내역서의 총계금액과 항목별 합산금액이 다른 입찰 - 공종별 목적물 물량 중 산출내역서상 누락 · 변경된 공종 · 물량에 대한 예정가격 조서금액이 예정가격 대비 5%이상인 입찰 - 입찰서 및 산출내역서를 정정하고 정정 날인을 누락한 입찰 - 현장설명을 하는 추정가격 300억 원 이상인 공사에 현장설명 불참자가 한 입찰
입찰유의서 위반	- 대리인이 아닌 자가 한 입찰 또는 대리권이 없는 자가 한 입찰 - 동일사항에 대하여 타인의 대리를 겸하거나 2인 이상을 대리한 입찰 - 입찰서의 입찰금액 등 중요한 부분이 불분명하거나, 정정한 후 정정날인을 누락한 입찰 - 담합하거나 타인의 경쟁참가를 방해 또는 관계 공무원의 공무집행을 방해한 자의 입찰 - 입찰자의 기명날인이 없는 입찰 - 입찰서에 기재한 중요부분에 착오가 있음을 이유로 개찰현장에서 입찰자가 입찰의 취소의사를 표시한 것으로서 계약담당공무원이 이를 인정한 입찰

- 소정의 입찰서를 사용하지 않거나 입찰서의 금액을 아라비아 숫자로만 기재한
  입찰 또는 전산서식에 의한 입찰서를 훼손하거나 전산표기방법과 상이하게 작
  성·기재하여 전산처리가 되지 아니한 입찰
- 내역입찰에 있어서 타인의 산출내역서와 복사 등의 방법으로 동일하게 작성한
  산출내역서가 첨부된 입찰
- 공동계약의 공동수급체구성원이 동일 입찰 건에 대하여 공동수급체를 중복적
  으로 결성하여 참여한 입찰, 입찰등록 시 공동수급표준협정서를 제출하지 아니
  한 입찰 등
- 「건설산업기본법령」에 따른 종합건설업체가 공사금액의 하한을 위반한 입찰

(4) 입찰 무효의 이유 표시

① 입찰을 무효로 하는 경우에는 무효 여부 확인에 장시간이 소요되는 등 부
   득이한 사유가 없는 한 개찰 장소에서 개찰 참가 입찰자들에게 그 이유를
   명시해야 한다.(국계칙 제45조, 지계칙 제43조)

② 다만, 정보처리장치를 이용한 입찰의 경우에는 입찰공고에 표시한 절차와
   방법으로 입찰자에게 입찰 무효의 이유를 명시하고 그 뜻을 알려야 한다.
   (국계칙 제45조, 지계칙 제43조)

입찰 무효 관련 유권해석 사례

- 계약담당공무원은 낙찰자로 결정된 자가 계약 체결 이전에 입찰 무효 등
  부적격자로 판명되어 낙찰자 결정이 취소된 경우로서 동 부적격자를 제외
  하고 2인 이상 유효한 입찰이 성립되어 있는 때에는 차순위자 순으로 필요
  한 심사 등을 실시하여 낙찰자를 결정한다.(공사·물품구매(제조)·용역 입
  찰유의서 참조)
- 계약담당자의 잘못(입찰서상의 입찰금액 확인 착오로 제3자를 낙찰자로 결정
  한 경우 등)으로 낙찰이 결정된 경우, 해당 낙찰을 취소하고 정당한 차순위자
  를 낙찰자로 결정한다.
- 내역입찰의 경우 발주기관이 배부한 물량내역서 상에서 정한 안전관리비요율
  등을 초과하여 산정·기재하였다는 사유만으로 입찰 무효가 되는 것은 아니다.
  따라서 입찰금액의 범위 안에서 비목별 또는 항목별 금액 수정이 가능하다.

10) 특수한 경우의 입찰

(1) 다량 물품의 입찰(희망 수량에 의한 입찰)

다량의 물품을 일반 입찰로 매각할 경우, 매각 수량의 범위 내에서 수요 자의 매수 희망 수량과 그 단가를 함께 입찰하게 하여, 예정가격 이상의 단가 입찰자 중 최고가격 제시자부터 순차로 계약 목적 총량에 도달할 때까지의 입찰자를 낙찰자로 한다.(국계령 제17조 제1항·제45조, 지계령 제17조 제1항·제46조)

다량의 물품을 일반 입찰로 제조·구매하는 경우, 수요 수량의 범위 안에서 공급자가 공급 희망 수량과 그 단가를 함께 입찰하게 하여, 예정가격 이하 최저가격 제시자부터 순차로 수요 총량에 달할 때까지의 입찰자를 복수의 낙찰자로 결정한다.(국계령 제17조 제2항·제46조, 지계령 제17조 제2항·제47조)

계약 법령상 이 제도 관련 조문의 제목은 '다량 물품의 입찰'이나 통상적으로 '희망 수량 경쟁입찰'이라는 용어를 사용한다.

(2) 2단계 입찰 및 규격(기술)·가격 분리 동시입찰(국계령 및 지계령 제18조)

물품의 제조·구매 또는 용역계약(국계칙 제23조의3 단순 노무용역은 제외)에 있어서 미리 적절한 규격 등의 작성이 곤란하거나 기타 계약의 특성상 필요하다고 인정되는 경우 먼저 규격 또는 기술입찰을 실시한 후 적격자에 한해 가격입찰을 실시하여 예정가격 이하로서 최저가격으로 입찰한 자를 낙찰자로 결정하는 제도이다. 규격입찰과 가격입찰을 단계적으로 실시하는 '2단계 경쟁입찰'과 규격입찰과 가격입찰을 동시에 실시하는 '규격·가격 동시입찰'로 구분된다.

2단계 입찰은 물품의 제조·구매 또는 용역계약에 있어서 1단계 규격 또는 기술입찰을 실시하여 적격자를 확정하고, 규격 적격자에 한하여 2단계 가격입찰을 실시하여 낙찰자를 결정하는 방법이다.

규격(기술)·가격 동시입찰은 규격(기술)과 가격의 입찰서를 동시에 제출하게 하여 먼저 규격 또는 기술 입찰서를 개찰하여 적격자를 확정하고, 규격 적격자에 한하여 가격입찰서를 개찰하여 낙찰자를 결정하는 방법이다.

【2단계 경쟁입찰 처리 절차】

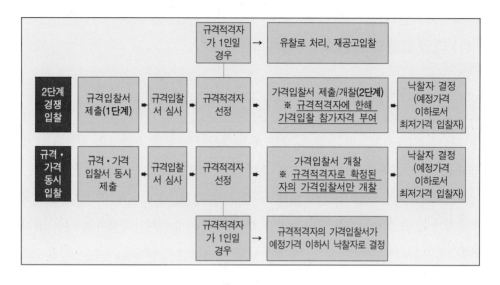

(3) 유사물품 복수입찰(국계령 제25조, 지계령 제24조)

품질, 성능, 효율 등에 차이가 있는 유사물품 중에서 일정 수준 이상의 것만 지정하여 복수입찰에 부친 때에는 물품별로 작성된 예정가격에 대한 입찰금액의 비율이 가장 낮은 입찰자를 낙찰자로 결정한다.

(4) 공모에 의한 계약

건설기술 공모의 대상은 「건설기술 진흥법」 제36조 및 동 시행령 제53조·제54조에 따라 창의성이 있거나 특수한 기술이 필요하다고 인정하는 건설공사(건축공사는 제외한다. 이하 이 조 및 제54조에서 같다) 또는 건설기술 용역사업을 대상으로 하며, 지방계약의 경우 지계령 제42조의4에 따라 상징성, 기념성, 예술성 등의 창의성이 요구되는 설계용역을 할 때 설계 공모로 낙찰자를 결정할 수 있으며, 공모에 응모한 작품을 심사하여 가장 높은 점수를 받은 자를 낙찰자로 결정하되, 가장 높은 점수를 받은 자가 2인 이상일 때에는 추첨으로 낙찰자를 결정한다.

감사 지적 사례

ㅇ 중소기업청은 중소기업자 간 경쟁제도를 총괄 관리하면서 레미콘·아스콘 구
매계약과 관련하여 판로지원법 시행령 제9조에 따라 관련 제도를 운영하고, 조
달청은 레미콘·아스콘에 대하여 희망수량 경쟁입찰 방식으로 조달계약사무를
처리하고 있으며, 공정거래위원회는 「독점규제 및 공정거래에 관한 법률」에 따
라 부당하게 경쟁을 제한하는 행위를 한 자에 대한 제재조치 업무를 수행

- 조달청은 ´06. 10월 단체수의계약 제도 폐지 시 예상되는 중소기업의 충격을
최소화하고 경쟁시장으로의 연착륙을 유도하기 위해 레미콘·아스콘 구매계약
을 ´08년까지 한시적으로 희망수량 경쟁입찰 방식으로 체결하고, ´09년 이후에
는 다수공급자계약(MAS) 방식을 도입·적용하는 것으로 검토

- 그리고 조달청이 발주한 '레미콘·아스콘 MAS 타당성 검토 연구' 용역보고서
에 따르면(´09. 10월) MAS 방식은 구매계약 물량이 일부 업체에 집중되어 공
급에 차질이 발생할 우려가 있으나, 동 문제점을 보완하면 희망수량 경쟁입찰
방식의 문제점인 입찰물량 담합, 가격경쟁 부재, 조합의 물량배정권한 행사,
수요기관의 계약상대방 선택권 제약 등의 문제점을 해결할 수 있는 방식으로
평가하고 있음

- 그런데도 조달청과 중기청은 향후 개선 방향 등에 대하여 협의하기로 하였을
뿐 ´16. 5월 감사일 현재까지 현행 희망수량 경쟁입찰 방식에 대한 개선방안
을 마련하지 아니하여 각 지방조달청이 2015년도 중 희망수량 경쟁입찰의 방
식으로 체결한 총 92건(전국 9개 권역을 세분화하여 레미콘 64건, 아스콘 28
건 입찰 실시)의 레미콘·아스콘 구매계약 내역을 분석한 결과, 입찰물량·가
격 담합이 의심되고, 가격경쟁 부재, 조합의 물량 배정권한 행사, 수요기관의
계약상대방 선택권 제약 등의 문제점 초래

⇨ 조달청에 레미콘 및 아스콘의 공공구매를 위한 희망수량 경쟁입찰 방식을 다
수공급자계약(MAS) 방식으로 전환하는 등으로 담합 등 경쟁 미비, 조합의 물
량 임의·분산 배정 등의 문제를 개선할 수 있는 방안을 마련하도록 통보
[2016. 9. 27. "레미콘, 아스콘 구매계약방식 등 부적정"(통보)]

유권 해석

ㅇ 2단계 경쟁입찰에서 기술·가격 동시입찰에서 기술제안서는 제출하였으나, 가
격입찰서를 미제출한 경우, 해당 입찰의 유/무효 여부

- 국가계약법 시행령 제18조 제3항에 따라 물품의 구매계약을 위해 기술·가격
입찰을 동시에 실시한 경우에 기술입찰서는 제출하였으나 가격입찰서를 제출
하지 않은 경우에는 동법 시행령 제39조 제4항 및 동법 시행규칙 제44조(입찰
무효) 3호(입찰서가 그 도착일시까지 소정의 입찰장소에 도착하지 아니한 입
찰)에 따라 유효한 입찰로 보기 어려울 것입니다.(계약제도과–76, ´15. 1. 19.)

3. 입찰 절차별 세부내용

추정가격과 예정가격

CHAPTER 06

06 추정가격과 예정가격

1. 개념

1) 추정가격

(1) 추정가격의 개념

추정가격이란 물품·공사·용역 등의 계약을 체결함에 있어 예정가격 결정 전에 국제입찰 대상 여부 등을 판단하기 위해 예산에 계상된 금액 등으로 추산하여 산정한 가격을 말한다.(국계령 제2조, 지계령 제2조)

국가계약 법령상 추정가격은 계약 방법을 금액기준으로 선택할 때, 입찰 절차에서 발주기관 또는 계약 상대방에 대하여 일정한 행위 의무를 부과할 때 제반 절차와 행위에서 주요 기준이 된다.

(2) 추정가격의 산정기준(국계령 제7조, 지계령 제7조)

추정가격은 아래와 같은 기준으로 산정하며, 관급 자재비와 부가가치세는 포함되지 아니한다.

① 공사계약의 경우, 관급 자재로 공급될 부분의 가격을 제외한 금액

② 단가계약의 경우, 해당 물품의 추정단가에 조달 예정 수량을 곱한 금액

③ 개별적인 조달 요구가 복수·분할되어 이루어지는 계약의 경우, '직전 회계연도(또는 직전 12월 동안)에 체결된 유사계약의 총액을 직후 12월 동안 수량·금액의 예상 변동분을 감안하여 조정한 금액' 또는 '동일 회계연도 (또는 직후 12월 동안)에 계약할 금액의 총액'

④ 물품·용역의 리스·임차·할부구매계약 및 총계약금액 미확정 계약의 경우, '계약 기간이 정하여진 경우에는 총계약 기간에 대하여 추정한 금액', '계약 기간이 정하여지지 아니하거나 불분명한 경우에는 1월분 추정 지급액에 48을 곱한 금액'

⑤ 조달하고자 하는 대상에 선택사항이 있는 경우, 선택사항을 포함하여 최대한 조달 가능한 금액

추정가격에 시공사가 실제 설치하는 관급 자재비 및 부가세를 합한 금액을 추정금액이라 하며, 건산법 등 다른 법령에서 관급 자재비가 포함된 추정금액을 추정가격 대신 사용하도록 하는 경우가 있다.(국계칙 제2조 제2호, 제25조② 제1호 나목, 지계칙 제2조 제2호, 지계칙 제25조② 제1호 나목)

【추정가격에 따라 결정되는 사항】

구 분	입찰방법 등 구분	관련규정
1. 국제입찰 대상	• 광역자치단체 　- 공사 : 249억 원 이상(국가는 83억 이상) 　- 물품·용역 : 3.3억 원 이상(국가는 2.2억 이상) ※ 기초자치단체는 서울, 부산, 인천만 적용됨	국제입찰에 의하는 국가, 지방자치단체, 공공기관의 물품·공사 및 용역의 범위 ※ 기획재정부장관 고시 및 행정안전부장관 고시
2. 공사의 현장 설명	• 300억 원 이상 공사 입찰 시 현장설명을 하는 경우 참가자만 입찰 가능(지방), 입찰일 전일부터 기산하여 규모에 따라 7일 15일, 33일 전에 실시해야 함	- 국계령 제14조의2 - 지계령 제15조 제5항
3. 내역입찰, 총액입찰	• 100억 원 이상 공사는 내역입찰 실시	- 국계령 제14조 제6항 - 지계령 제15조 제6항
4. 수의계약 대상	• 공사 : 4억 원(전문공사 2억 원 전기등 공사 1.6억 원) 이하 • 물품·용역 : 1억 원 이하	- 국계령 제26조 제1항 제5호 - 지계령 제25조 제1항 제5호
5. 낙찰자 결정 방법	• 종합평가 낙찰제(* 국가는 종합심사 낙찰제) 　- 추정가격 300억 원 이상 공사(지방) 　- 추정가격 100억 원 이상 공사(국가) 　- 추정가격 50억 원 이상의 건설사업관리 용역(국가) 　- 추정가격 30억 원 이상의 건설공사 기본계획 용역 또는 기본설계용역(국가) 　- 추정가격 40억 원 이상의 실시설계용역(국가)	- 국계령 제42조 - 지계령 제42조의3 - 국계령 제42조 - 지계령 제42조

● 적격심사 대상
  - 공사 : 300억 원 미만(지방)
      100억 원 미만(국가)
  - 용역 : 모든 경쟁 입찰
  - 물품 : 2.3억 원 이상, (확인필요)
      중소기업청 지정 물품	

질의 회신

【질의】

추정가격에 부가가치세가 포함되는지 여부

【답변】

지계령 제2조 제1호의 규정에 의하면 '추정가격'은 물품, 공사, 용역 등의 조달계약을 체결함에 있어서 지계법 제5조의 규정에 의한 국제입찰 대상 여부를 판단하는 기준 등으로 삼기 위하여 예정가격이 결정되기 전에 지계령 제7조의 규정에 의하여 산정된 가격을 말하는바, 동 추정가격에는 「부가가치세법」에 의한 부가가치세를 포함하지 아니함

2) 예정가격

(1) 예정가격의 개념

예정가격이란 계약을 체결함에 있어 낙찰자 및 계약금액의 결정기준으로 삼기 위하여 입찰 또는 계약 체결 전에 계약담당자가 미리 작성·비치해 두는 가액을 말하며, 누설되지 않도록 해야 한다.(국계령 제2조·제7조2, 지계령 제2조·제8조) 예정가격에는 부가가치세 등 세액을 포함하여 결정하며, 관급 자재로 공급될 부분의 가격은 포함하지 아니한다.(국계칙 및 지계칙 제11조)

(2) 예정가격 작성의 예외

예정가격 작성은 의무사항이나 다음의 경우에는 예정가격을 결정하지 아니할 수 있다.(국계령 제7조2 ②, 지계령 제8조 ②)

1. 개요

① 다른 국가기관·지방자치단체와 수의계약을 체결하는 경우

② 추정가격 2억 원(전문공사 1억 원, 전기·정보통신·소방공사는 8천만 원) 이하의 공사 또는 추정가격 5천만 원 이하인 물품제조·구매·용역 등을 수의계약으로 체결하는 경우(지정정보처리장치로 견적서를 받는 경우 작성)

③ 협상에 의한 계약 및 개산계약을 체결하는 경우
대형공사 등의 일괄입찰과 설계 공모·기술제안입찰에 있어서는 예정가격을 작성히지 아니한다.(국계령 제97조 내지 세109조, 지계령 제94조 내지 제100조)

(3) 예정가격 변경

최초 입찰 시 작성된 예정가격은 재입찰 또는 재공고입찰의 경우에도 변경할 수 없는 것이 원칙이다.(국계령 제20조 제2항·제3항, 제27조 제1항·제2항, 지계령 제19조 제2항·제3항, 제26조 제1항·제2항) 다만, 입찰자 또는 낙찰자가 없는 등의 이유로 재공고입찰을 하였는데도 입찰자 또는 낙찰자가 없는 경우로서 당초의 예정가격으로는 재공고입찰에 의한 수의계약조차 체결할 수 없는 때에는 당초의 예정가격을 변경하여 새로운 절차에 의한 경쟁입찰에 부칠 수 있다.(국계칙 및 지계칙 제13조)

【추정가격과 예정가격의 비교】

구 분		추정가격	예정가격
차이점	작성 목적	계약 방법 등 판단기준	계약 상대자·계약금액 결정기준
	작성 시기	계약 방법 결정 전	입찰 또는 계약체결 전
	부가가치세	제외	포함
	공개 여부	공개	비공개(적격심사는 입찰 후 공개)
공통점	작성자	발주기관·계약 담당자	
	관급 자재비	제외	

(4) 예정가격의 결정절차

① 예산가격 ➡ ② 추정가격 작성 ➡ ③ 설계가격 또는 조사가격 작성 ➡
④ 기초금액 작성 ➡ ⑤ (복수예비가격 작성) ➡ ⑥ 예정가격조서 작성 ➡
⑦ 예정가격 결정

기초금액이란 예정가격 작성 과정에서 기술·설계 담당직원 또는 원가계산
용역기관이 거래실례가격, 원가계산가격 등에 의하여 조사한 가격이나 설계 가
격에 대하여 계약담당자가 그 적정 여부를 검토·조정한 가격을 의미하며, 여기
에 부가가치 세액을 합산한 가격으로 예정가격조서를 작성한다.

2. 예정가격의 결정 방법 및 기준

1] 예정가격의 결정 방법

예정가격은 계약을 체결하고자 하는 사항의 가격의 총액에 대하여 결정해야 하
나, 일정 기간 계속하여 제조·공사·수리·가공·매매·공급·임차 등을 하는
계약의 경우에는 단가에 대하여 그 예정가격을 결정할 수 있다.(국계령 제8조 제1
항, 지계령 제9조 제1항)

설계서·규격서 등에 의하여 전체 사업내용 등이 확정된 장기계속공사 및 장
기물품제조 등의 경우에는 총공사·총제조에 대하여 예산상의 총공사·총제조
금액의 범위 안에서 결정해야 한다.(국계령 제8조 제2항, 지계령 제9조 제2항)

희망 수량 경쟁입찰의 경우에는 해당 물품의 단가에 대하여 결정하되, 국고의
부담이 되는 물품의 제조·구매 입찰 시의 단가는 입찰 대상 물품의 총수량을
기준으로 예정가격조서에 의하여 정해야 한다.(국계칙 및 지계칙 제12조)

2) 예정가격의 결정 기준

(1) 결정 기준 개요

다음의 기준에 의하여 예정가격을 결정해야 한다.(국계령 제9조 제1항, 지계령 제10조 제1항)

① 적정한 거래가 형성된 경우에는 그 거래실례가격

② 신규 개발품이거나 특수 규격품 등의 특수한 물품·공사·용역 등 계약 특수성으로 인하여 적정한 거래실례가격이 없을 때 원가계산가격

　* 원가계산에 의한 가격은 계약의 목적이 되는 물품·공사·용역 등을 구성하는 재료비·노무비·경비와 일반관리비 및 이윤으로 계산

③ 공사의 경우 이미 수행한 공사의 종류별 시장거래가격 등을 토대로 산정한 표준시장단가로서 관계 중앙행정기관의 장이 인정한 가격

④ 위 세 가지 가격에 의할 수 없는 경우에는 감정가격, 유사한 물품·공사·용역 등의 거래실례가격 또는 견적가격

위 네 가지 기준에 불구하고 해외로부터 수입하고 있는 군용물자 부품을 국산화한 업체와 계약을 체결하려는 경우에는 그 수입가격 등을 고려하여 방위사업청장이 인정한 가격을 기준으로 하여 예정가격을 결정할 수 있다.(국계령 제9조 제2항)

위 기준을 적용하여 예정가격을 결정할 때에는 계약 수량, 이행 기간, 수급 상황, 계약 조건 기타 제반여건을 참작해야 한다.(국계령 제9조 제3항, 지계령 제10조 제2항)

예정가격에는 부가가치세, 특별소비세, 교육세, 관세, 농어촌특별세 등의 세액을 포함시켜 결정해야 한다.(국계칙 및 지계칙 제11조 제1항)

(2) 원가계산 시 단위당 가격의 기준

원가계산을 할 때 단위당 가격은 먼저 적정한 거래가 형성된 경우에는 '거래실례가격'에 의하고, 이와 같은 가격에 의할 수 없는 경우에는 '감정가격' 등에 의하면 될 것이다.

공사의 경우 '거래실례가격'이 없으면 '표준시장단가'와 '원가계산가격' 중에서 하나를 선택하여 적용하면 될 것이다.

감정가격·유사거래실례가격·견적가격은 다음의 가격을 말하며, 그 적용 순서는 다음의 순서에 의한다.(국계칙 및 지계칙 제10조)

① 감정가격: 감정평가법인 또는 감정평가사(사업자등록필)가 평가한 가격

② 유사거래실례가격: 기능과 용도가 유사한 물품의 거래실례가격

③ 견적가격: 계약 상대자 또는 제3자로부터 직접 제출받은 가격

3. 적격심사에 의한 경쟁입찰의 예정가격 결정 절차

1) 기초금액 작성

지방자치단체장 또는 그 위임을 받은 계약 담당자는 기술 또는 설계 담당자(원가계산용역기관·업체 등 포함) 등이 거래실례가격·원가계산가격 및 견적가격 등에 의하여 조사한 가격이나 설계가격에 대하여 적정 여부를 검토한 기초금액을 작성해야 한다.

2) 기초금액의 확정

(1) 재료비·노무비·경비 등의 물량 또는 가격이 해당 비목의 반영 기준에 비하여 과다 또는 과소 계상되어 있는 경우 이를 가감 조정한 후 부가가치세액 등을 합산한다.

(2) 기초금액이 가감 조정된 경우에는 예정가격조서상에 그 조정 내용 및 사유를 명시해야 한다.

3) 기초금액의 공개

작성된 기초금액은 입찰서 제출 마감일부터 5일 전까지 지정정보처리장치나 그 지방자치단체가 설치·운영하는 인터넷 홈페이지에 공개해야 한다.

4. 복수예비가격의 산정(소액수의계약과 적격심사에서만 적용)

1) 복수예비가격의 작성

계약 담당 공무원은 기초금액에 ±3%(국가기관은 ±2%) 상당 금액의 범위 내에서 서로 다른 15개의 가격(이하 '복수예비가격'이라 한다)을 작성한다.

2) 복수예비가격에 의한 예정가격의 결정과 공개

(1) 계약 담당 공무원은 입찰을 실시한 후 참가자 중에서 4인(우편입찰 등으로 인하여 개찰 장소에 출석한 입찰자가 없는 때에는 입찰사무에 관계없는 공무원 2인)을 선정하여 복수예비가격 중에서 4개를 추첨토록 한 후 이들의 산술 평균가격을 예정가격으로 확정한다.

(2) 추첨은 공정성과 투명성이 확보될 수 있는 방법으로 실시해야 하며, 예정가격 작성을 위하여 추첨된 4개의 예비가격과 이외의 예비가격은 개찰 장소에서 입찰 참가자들이 확인할 수 있어야 하며, 계약 담당 공무원은 입찰 종료 후 복수예비가격 15개, 추첨된 복수예비가격 4개와 예정 가격을 입찰참가자에게 공개해야 한다.

(3) 전자입찰을 실시하는 경우에는 정보처리장치를 관리하는 자가 정한 기준 · 절차에 따라서 복수예비가격을 추첨하여 예정가격을 정한다.

3) 예정가격의 원단위 절상

계약 담당자는 복수예비가격 4개를 평균한 금액을 산출한 결과 1원 미만이 있을 때에는 이를 절상해야 한다. 다만, 단가계약의 경우에는 소수점 셋째 자리에서 절상한다.

5. 감정가격·거래실례가격·견적가격에 의한 예정가격 결정 :

1) 감정가격에 의한 예정가격 결정

(1) 「감정평가 및 감정평가사에 관한 법률」에 의한 감정평가업자가 평가한 가격

(2) 둘 이상의 감정평가기관에서 평가한 가격을 산술평균하여 산정한다. 다만 예상 감정가격이 5백만 원 이하거나 하나의 감정평가기관에 평가를 의뢰해도 예정가격 결정이 가능하다고 계약 담당자가 판단한 경우에는 1개 감정평가기관의 감정평가액을 예정가격으로 결정할 수 있다.

2) 견적가격에 의한 예정가격 결정

(1) 해당 기술력과 축적된 자료 등을 바탕으로 사업 수행을 위하여 계약 상대자 또는 제3자로부터 직접 제출받은 가격

(2) 적정한 거래실례가격이 없고, 원가계산이나 표준시장단가로 예정가격을 결정할 수 없는 경우 견적가격을 예정가격으로 결정할 수 있다.

3) 거래실례가격에 의한 예정가격 결정

(1) 거래실례가격의 개념

시중에 적정한 거래가 형성되어 있는 경우에는 그 거래실례가격을 조사하여 예정가격을 결정하며, 거래실례가격의 유형 중 우선순위 없이 계약 담당 공무원이 발주 목적물의 내용, 특성, 현장상황 등을 종합적으로 고려하여 선택할 수 있다.

(2) 거래실례가격의 결정

거래실례가격으로 예정가격을 결정함에 있어서는 다음 각호에 해당하는 가격에 의하여 결정한다.

① 조달청장이 조사하여 통보한 가격(가격정보)

② 기획재정부에 등록한 전문가격조사기관이 조사하여 공표한 가격

- 거래가격(대한건설협회), 물가자료(한국물가협회), 유통물가(한국응용통계
연구소), 물가정보(한국물가정보), 물가시세(한국경제조사연구원), 가격정
보(건설산업정보연구원)

③ 각 중앙관서의 장·지방자치단체의 장 또는 계약 담당자가 2 이상의 사업
자에 대하여 직접 조사하여 확인한 가격

④ 법령의 규정에 의하여 가격이 결정된 경우에는 그 결정가격의 범위 안에서
의 거래실례가격

(3) 거래실례가격에서 일반관리비 및 이윤의 산출 방법

거래실례가격으로 예정가격을 작성하는 때는 거래실례가격에는 이미 일반 관
리비와 이윤이 계상되어 있으므로 일반관리비와 이윤을 따로 가산하지 않는다.
다만, 다음의 경우에는 일반관리비 및 이윤을 가산해야 한다.

거래실례가격에서 일반관리비 및 이윤을 가산하여야 하는 경우

원가계산에 의하여 공사의 예정가격을 작성하는 경우로서 단가산출표, 일위 대가
표 등의 물품 산출 기초가 거래실례가격에 의하여 작성되었다 하더라도 사급자재
등에 대한 물품은 원가계산 요소가 되므로 직접재료비로 분류하여 일반관리비·
이윤 등의 산정 요율에 반영 가산되어야 한다.

6. 원가계산에 의한 예정가격의 결정

신규 개발품이거나 특수 규격품 등의 특수한 물품·공사·용역 등 계약 특수
성으로 인하여 적정한 거래실례가격이 없는 경우에 적용된다.

원가계산에 의한 예정가격 결정 시 원가계산은 각 중앙관서의 장 또는 계약 담당 공무원이 직접 하는 것이 원칙이다.(국계칙 제9조 제2항, 지계칙 제9조 제2항)

다만, 계약 목적물의 내용·성질 등이 특수하여 스스로 원가계산을 하기 곤란한 경우에는 다음에 해당하는 기관으로서 기획재정부 장관이 정한 요건을 갖춘 원가계산용역기관에 원가계산을 의뢰할 수 있다.

① 국가·지자체·공공기관이 자산의 50% 이상을 출자·출연한 연구기관
② 「고등교육법」 제2조 각호의 규정에 의한 학교의 연구소
③ 「산학협력법」 제25조에 따른 산학협력단
④ 「민법」 등 다른 법령에 따라 주무 관청의 허가 등을 받아 설립된 법인
⑤ 「공인회계사법」 제23조의 규정에 의하여 설립된 회계법인

정부 계약의 원가계산은 국계칙 및 지계칙 제6조 내지 제9조와 「예정가격 작성기준」, 「지방자치단체 입찰 및 계약 집행기준」 제2장 '예정가격 작성요령'에 따르고 예규 등에 없는 세부사항은 기업회계 방식을 따른다.

각 중앙관서의 장(지방자치단체의 장)은 특수한 사유로 예규에 의하여 예정가격을 작성하기 곤란하다고 인정될 때에는 「예정가격 작성기준」 제33조, 「지방자치단체 입찰 및 계약 집행기준」 제2장 제8절에 따라 특례를 설정하여 적용할 수 있다.

1) 원가계산의 개념

(1) 원가계산의 구분

원가계산은 제조 원가계산과 공사 원가계산 및 용역 원가계산으로 구분한다.

(2) 원가계산의 비목

원가계산은 재료비, 노무비, 경비, 일반관리비 및 이윤으로 구분 작성한다.

(3) 비목별 가격 결정의 원칙

① 재료비, 노무비, 경비는 각각 아래에서 정한 산식에 의함을 원칙으로 한다.

  ㉠ 재료비＝재료량×단위당 가격

  ㉡ 노무비＝노무량×단위당 가격

  ㉢ 경 비＝소요(소비)량×단위당 가격

② 제조원가 계산

  ㉠ 제조원가: 제조 과정에서 발생한 재료비, 노무비, 경비의 합계액을 말한다.

  ㉡ 작성방법: 제조 원가계산을 하고자 할 때에는 제조 원가계산서를 작성하고 비목별 산출 근거를 명시한 기초계산서를 첨부해야 한다. 이 경우 재료비, 노무비, 경비 중 일부를 제조원가계산서의 일반관리비나 이윤의 다음 비목으로 반영해서는 아니 된다.

유권 해석

○ 경영평가성과급의 예정가격 반영 가능 여부 질의에 대한 회신

- 국가계약법 등에서 구체적으로 열거되지 않더라도 그 비용이 해당 제조, 용역 등의 계약과 관련되고 타 법령의 규정에 따라 계약상대자에게 발생하게 되는 경우에는 발주기관의 장은 예정가격 작성 시 이를 반영하여야 할 것입니다.

- 발주기관의 장은 제조, 용역 등의 계약을 수행함과 관련하여 계약 상대방에게 「공공기관의 운영에 관한 법률」에 따라 발생되는 경영평가성과급이 비용의 성격상 노무비에 해당된다고 판단된다면 기획재정부 계약예규 「예정가격 작성기준」 제10조 제1항 단서 등에 대한 특례를 동 기준 제33조 제1항에 따라 결정할 수도 있을 것이며, 한편 비용의 성격상 「예정가격 작성기준」에서 분류하고 있는 원가계산의 비목에 해당되지 않는다고 판단된다면 동 기준 제33조 제1항에 따라 계약특례를 결정하여 예정가격에 반영하여 계상하는 것도 가능할 것입니다.(계약제도과-1028, 2014. 8. 12.)

<제 조 원 가 계 산 서>

품명 : _____   생산량 : _____

규격 : _____   단 위 : _____ 제조기간 : _____

비목		구분	금액	구성비	비고
제 조 원 가	재료비	직접재료비			
		간접재료비			
		작업설·부산물등(△)			
		소 계			
	노무비	직접노무비			
		간접노무비			
		소 계			
	경비	전력비			
		수도광열비			
		운반비			
		감가상각비			
		수리수선비			
		특허권사용료			
		기술료			
		연구개발비			
		시험검사비			
		지급임차료			
		보험료			
		복리후생비			
		보관비			
		외주가공비			
		산업안전보건관리비			
		소모품비			
		여비·교통비·통신비			
		세금과공과			
		폐기물처리비			
		도서인쇄비			
		지급수수료			
		기타법정경비			
		소 계			
일반관리비( )%					
이 윤( )%					
총 원 가					

2) 제조원가의 구성

(1) 재료비

① 직접재료비

㉠ 주요재료비: 계약 목적물의 기본적 구성 형태를 이루는 물품의 가치

㉡ 부분품비: 계약 목적물에 원형대로 부착되어 그 조성 부분이 되는 매입부품·수입부품·외장재료 등

② 간접재료비

㉠ 소모재료비: 기계오일, 접착제, 용접가스, 장갑, 연마재 등 소모성 물품의 가치

㉡ 소모공구·기구·비품비: 내용연수 1년 미만으로서 구매단가가 법인세법·소득세법 규정에 의한 상당 금액 이하인 감가상각 대상에서 제외되는 소모성 공구·기구·비품의 가치

㉢ 포장재료비: 제품포장에 소요되는 재료의 가치

(2) 노무비

① 직접노무비

제조현장에서 계약 목적물을 완성하기 위하여 직접 작업에 종사하는 종업원 및 노무자에 의하여 제공되는 노동력의 대가로서 다음 각호의 합계액으로 한다. 다만, 상여금은 기본급의 연 400%, 제수당, 퇴직급여충당금은 「근로기준법」이 인정되는 범위를 초과하여 계상할 수 없다.

㉠ 기본급, ㉡ 제수당, ㉢ 상여금, ㉣ 퇴직급여충당금

② 간접노무비

직접 제조 작업에 종사하지는 않으나, 작업현장에서 보조작업에 종사하는 노무자, 종업원과 현장감독자 등의 기본급과 제수당, 상여금, 퇴직급여충당금의 합계액으로 한다.

(3) 경비

① 경비의 산출

경비는 해당 계약 목적물 제조 기간의 소요(소비)량을 측정하거나 원가계산 자료나 계약서, 영수증 등을 활용하여 산정해야 한다.

② 경비의 세비목

① 전력비, 수도광열비, ② 운반비, ③ 감가상각비, ④ 수리수선비, ⑤ 특허권 사용료, ⑥ 기술료, ⑦ 연구개발비, ⑧ 시험검사비, ⑨ 지급임차료, ⑩ 보험료, ⑪ 복리후생비, ⑫ 보관비, ⑬ 외주가공비, ⑭ 산업안전보건관리비, ⑮ 소모품비, ⑯ 여비·교통비·통신비, ⑰ 세금과 공과금, ⑱ 폐기물처리비, ⑲ 도서인쇄비, ⑳ 지급수수료, ㉑ 법정부담금, ㉒ 그 밖의 법정 경비

(4) 일반관리비

① 일반관리비의 내용

일반관리비는 기업의 유지를 위해 관리 활동 부문에서 발생하는 제비용으로서 제조원가에 속하지 아니하는 영업비용 중 판매비 등을 제외한 소요비용(임원과 사무실 직원의 급료, 제수당, 퇴직급여충당금, 복리후생비, 여비, 교통·통신비, 수도광열비, 세금과 공과금, 지급임차료, 감가상각비, 운반비, 차량비, 경상시험연구개발비, 보험료 등)을 말하며 기업손익계산서를 기준하여 산정한다.

② 일반관리비의 계상

일반관리비의 비율은 아래와 같고 초과하여 계상할 수 없다.

업 종	일반관리비율(%)
• 시설공사업	6
• 제조업 음·식료품의 제조·구매	14

섬유 · 의복 · 가죽제품의 제조 · 구매	8
나무 · 나무제품의 제조 · 구매	9
종이 · 종이제품 · 인쇄출판물의 제조 · 구매	14
화학 · 석유 · 석탄 · 고무 · 플라스틱제품의 제조구매	8
비금속광물제품 제조 · 구매	12
제1차 금속제품의 제조 · 구매	6
조립금속제품 · 기계 · 장비의 제조 · 구매	7
기타 물품의 제조 · 구매	11
● 용역업	
폐기물 처리 · 재활용 용역: 100분의 10	10
시설물 관리 · 경비 및 청소 용역: 100분의 9	9
행사관리 및 그 밖의 사업지원 용역: 100분의 8	8
여행, 숙박, 운송 및 보험 용역: 100분의5	5
장비 유지 · 보수 용역: 100분의 10	10
기타 용역: 100분의 6	6

(5) 이윤

① 이윤

이윤은 영업이익을 말하며 제조원가 중 노무비, 경비와 일반관리비의 합계
액(이 경우 기술료 및 외주가공비는 제외한다)에 이윤을 아래 어느 하나의
이윤율을 초과하여 계상할 수 없다.

ㄱ 공사: 100분의 15

ㄴ 제조 · 구매: 100분의 25

ㄷ 수입물품의 구매: 100분의 10

ㄹ 용역: 100분의 10

② 비영리법인 이윤

계약 담당자는 비영리법인과 계약을 체결할 경우 정관에서 정한 목적사업
에 대하여는 이윤을 제외하고 계약을 체결해야 한다.

3) 공사원가 계산

① 공사원가: 공사시공과정에서 발생한 재료비, 노무비, 경비의 합계액을 말한다.

② 작성 방법: 공사원가계산서를 작성하고 비목별 산출 근거를 명시한 기초계산서를 첨부해야 한다. 이 경우 재료비, 노무비, 경비 중 일부를 공사원가계산서의 일반관리비나 이윤의 다음 비목으로 반영해서는 아니 된다.

유권 해석

○ 원가계산 시 기능계 국가기술자격 취득자 노임 단가

- 국가계약법 시행규칙 제7조 제2항 제1호는 「국가기술자격법」 제10조에 따른 국가기술자격 검정에 합격한 자로서 기능계 기술자격을 취득한 자를 특별히 사용하고자 하는 경우 해당 노임단가에 그 노임단가의 100분의 15에 해당하는 금액을 가산할 수 있도록 하고 있음. 그러나 「국가기술자격법」이 개정되어 기술계와 기능계 자격증이 통합된 상황에서는 기능계 자격증을 따로 구분할 수 없으므로 기술계와 기능계 자격증이 통합된 이후 자격증을 취득한 자에 대하여는 해당 조항을 적용하기 곤란하다고 보는 것이 타당할 것임(계약제도과-1063, 2012. 8. 16.)

○ 단위당 가격 중 거래실례가격을 적용할 경우 관련 업체가 인터넷 또는 홈쇼핑에 게재한 가격을 거래실례가격으로 적용할 수 있는지 여부

- 국가기관이 체결하는 계약의 원가계산시 적용하는 거래실례가격은 국가계약법 시행규칙 제5조 제1항에 의한 가격을 의미하는 것이므로 관련 업체가 인터넷에 게재한 가격 또는 홈쇼핑에 게재한 가격을 거래실례가격으로 적용할 수는 없음(회제41301-253, 2003. 3. 6.)

※ 노무비 노임 단가에 대한 특례

- 거래실례가격 또는 통계작성지정기관이 조사·공표한 가격에 따른 가격을 적용할 때, 「국가기술자격법」 제10조에 따른 국가기술자격 검정에 합격한 자로서 기능계 기술자격을 취득한 자를 특별히 사용하고자 하는 경우 또는 도서지역(제주특별자치도 포함)에서 이루어지는 공사의 경우에는 해당 노임 단가에 100분의 15 이하에 해당하는 금액을 가산할 수 있음

<공사원가 계산서>

공사명 : _____   공사기간 : _____

비목		구분	금액	구성비	비고
재료비	직접재료비				
	간접재료비				
	작업설.부산물 등(△)				
	소 계				
노무비	직접노무비				
	간접노무비				
	소 계				
순공사원가	경비	전 력 비			
		수 도 광 열 비			
		운 반 비			
		기 계 경 비			
		특 허 권 사 용 료			
		기 술 료			
		연 구 개 발 비			
		품 질 관 리 비			
		가 설 비			
		지 급 임 차 료			
		보 험 료			
		복 리 후 생 비			
		보 관 비			
		외 주 가 공 비			
		산 업 안 전 보 건 관 리 비			
		소 모 품 비			
		여 비·교 통 비·통 신 비			
		세 금 과 공 과			
		폐 기 물 처 리 비			
		도 서 인 쇄 비			
		지 급 수 수 료			
		환 경 보 전 비			
		보 상 비			
		안 전 관 리 비			
		건 설 근 로 자 퇴 직 공 제 부 금 비			
		기 타 법 정 경 비			
	소 · 계				
일 반 관 리 비 [(재료비+노무비+경비)×( )%]					
이 윤 [(노무비+경비+일반관리비)×( )%]					
총 원 가					
공사손해보험료 [보험가입대상공사부분의총원가×( )%]					

● 공사원가의 체계

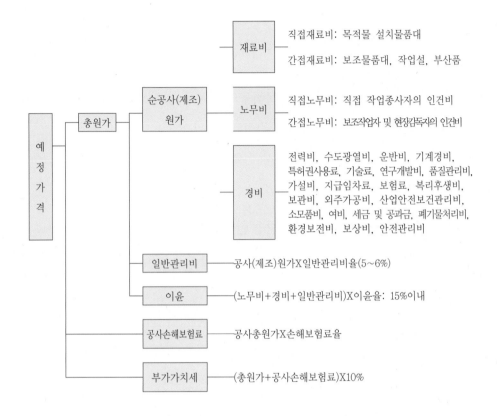

직접재료비: 목적물 설치물품대
재료비
간접재료비: 보조물품대, 작업설, 부산품

직접노무비: 직접 작업종사자의 인건비
노무비
간접노무비: 보조작업자 및 현장감독자의 인건비

전력비, 수도광열비, 운반비, 기계경비,
특허권사용료, 기술료, 연구개발비, 품질관리비,
가설비, 지급임차료, 보험료, 복리후생비,
경비   보관비, 외주가공비, 산업안전보건관리비,
소모품비, 여비, 세금 및 공과금, 폐기물처리비,
환경보전비, 보상비, 안전관리비

일반관리비 ─ 공사(제조)원가X일반관리비율(5~6%)

이윤 ─ (노무비+경비+일반관리비)X이윤율: 15%이내

공사손해보험료 ─ 공사총원가X손해보험료율

부가가치세 ─ (총원가+공사손해보험료)X10%

순공사(제조)원가 / 총원가 / 예정가격

(1) 재료비

① 직접재료비

공사 목적물의 실체를 형성하는 물품을 말한다.

　㉠ 주요재료비: 공사 목적물의 기본적 구성 형태를 이루는 물품의 가치

　㉡ 부분품비: 공사 목적물에 원형대로 부착되어 그 조성부분이 되는 매입부품, 수입부품, 외장재료 등

② 간접재료비

공사 목적물의 실체를 형성하지는 않으나 공사에 보조적으로 소비되는 물품을 말한다

　㉠ 소모재료비: 기계오일·접착제·용접가스·장갑 등 소모성 물품의 가치

ⓒ 소모공구 · 기구 · 비품비: 내용연수 1년 미만으로서 구매단가가 법인세법
· 소득세법에 따른 상당 금액 이하인 감가상각 대상에서 제외되는 소모
성 공구 · 기구 · 비품의 가치

③ 가설재료비

비계, 거푸집, 동바리 등 공사 목적물의 실체를 형성하는 것은 아니나 그
시공을 위하여 필요한 가설재의 가치

(2) 노무비

① 제조원가의 노무비 내용을 준용한다.

② 공사에 있어서 간접노무비의 계산 방법

㉠ 직접 계상 방법

발주 목적물의 노무량을 예정하고 노무비 단가를 적용하여 계산함.

공식

간접노무비 = 노무량 × 노무비 단가

㉡ 비율 분석 방법

발주 목적물에 대한 직접노무비를 표준품셈에 따라 계상함

공식

간접노무비 = 직접노무비 × 간접노무비율

㉢ 그 밖의 보완적 반영 방법

직접 반영 방법이나 비율 분석 방법에 따라 간접노무비를 계산하는 것을
원칙으로 하되, 계약 목적물의 내용 · 특성 등으로 인하여 원가계산 자료
를 확보하기가 곤란하거나, 확보된 자료가 신빙성이 없어 원가계산 자료
로써 활용하기 곤란한 경우에는 아래의 원가계산 자료(공사 종류 등에 따
른 간접노무비율)를 참고로 활용하여 해당 계약 목적물의 규모 · 내용 · 공

종·기간 등의 특성을 고려한 간접노무비율을 산출하고, 간접노무비는 품셈에 따른 직접노무비에 산출한 간접노무비율을 곱하여 계산할 수 있다.

구 분	공사 종류별	간접 노무비율	비고
공사 종류별	건축공사	14.5	
	토목공사	15.0	
	특수공사(포장, 준설 등)	15.5	
	그 밖의 공사(전문·전기·통신 등)	15.0	
공사 규모별	50억 원 미만	14.0	
	50억 원 이상 ~ 300억 원 미만	15.0	
	300억 원 이상	16.0	
공사 기간별	6개월 미만	13.0	
	6개월 이상 ~ 12개월 미만	15.0	
	12개월 이상	17.0	

※ 지방 입찰계약기준 제2장 예정가격 작성요령 참조
※ 공사 규모가 100억 원이고 공사 기간이 15개월인 건축공사의 경우
  [예시] 간접 노무비율 = (15% + 17% + 14.5%) / 3 = 15.5%

(3) 경비

① 경비의 개념

경비는 공사의 시공을 위하여 소요되는 공사원가 중 재료비, 노무비를 제외한 원가를 말하며, 기업의 유지를 위한 관리활동 부문에서 발생하는 일반관리비와 구분된다.

② 경비의 산출

해당 계약 목적물 시공 기간의 소요(소비)량을 측정하거나 원가계산 자료나 계약서, 영수증 등을 근거로 산정해야 한다.

③ 경비의 세비목

① 전력비, 수도광열비, ② 운반비, ③ 기계경비, ④ 특허권사용료, ⑤ 기술료, ⑥ 연구개발비, ⑦ 품질관리비, ⑧ 가설비, ⑨ 지급임차료, ⑩ 보험료, ⑪ 복리후생비, ⑫ 보관비, ⑬ 외주가공비, ⑭ 산업안전보건관리비, ⑮ 소모품비, ⑯ 여비·교통비·통신비, ⑰ 세금 및 공과금, ⑱ 폐기물처리

비, ⑲ 도서인쇄비, ⑳ 지급수수료, ㉑ 환경보전비, ㉒ 보상비, ㉓ 안전관리비, ㉔ 건설근로자퇴직공제부금비, ㉕ 관급자재 관리비 ㉖ 그 밖의 법정 경비

(4) 일반관리비의 산정

공사의 일반관리비는 아래와 같이 공사 규모별로 체감 적용한다.

종합공사		전문, 전기, 정보통신, 소방공사 및 그 밖의 공사	
공사원가	일반관리비율(%)	공사원가	일반관리비율(%)
50억 원 미만	6.0	5억 원 미만	6.0
50억 원 이상 ~300억 원 미만	5.5	5억 원 이상 ~30억 원 미만	5.5
300억 원 이상	5.0	30억 원 이상	5.0

(5) 이윤

① 이윤은 영업이익을 말하며 공사원가 중 노무비, 경비와 일반관리비의 합계액(이 경우 기술료 및 외주가공비는 제외한다)에 이윤율 15%를 초과하여 계상할 수 없다.

② 계약 담당자는 비영리법인과 계약을 체결할 경우 정관에서 정한 목적사업에 대하여는 이윤을 제외하고 계약을 체결해야 한다.

(6) 공사손해보험료

① 공사손해보험료의 개념

공사손해보험에 가입할 때 지급하는 보험료를 말하며, 보험 가입 대상 공사부분의 총공사원가(재료비, 노무비, 경비, 일반관리비 및 이윤의 합계액을 말한다. 이하 같다)에 공사손해보험료율을 곱하여 반영한다.

공식

공사손해보험률 = 공사총원가 × 손해보험료율

② 공사손해보험료의 산출

발주기관이 지급하는 관급 자재가 있을 경우에는 보험 가입 대상 공사 부분의 총공사원가와 관급 자재를 합한 금액에 공사손해보험료율을 곱하여 반영하며 보험료율은 계약 담당자가 보험개발원, 손해보험회사 등으로부터 제공받은 자료를 기초로 하여 정한다.

4) 학술용역원가 계산

(1) 학술연구용역의 종류

학문 분야의 기초과학과 응용과학에 관한 연구용역 및 이에 준하는 용역을 말한다.

① 위탁형 용역: 용역계약을 체결한 계약 상대자가 자기 책임하에 연구를 수행하여 연구 결과물을 용역 결과보고서 형태로 제출하는 방식

② 공동연구형 용역: 용역계약을 체결한 계약 상대자와 발주기관이 공동으로 연구를 수행하는 방식

③ 자문형 용역: 용역계약을 체결한 계약 상대자가 발주기관의 특정 현안에 대한 의견을 서면으로 제시하는 방식

(2) 용어의 정의

① 책임연구원: 해당 용역 수행을 지휘 · 감독하며 결론을 도출하는 역할을 수행하는 자를 말하며, 대학 부교수 수준의 기능을 보유하고 있어야 한다. 이 경우 책임연구원은 1인을 원칙으로 하되, 해당 용역의 성격상 다수의 책임자가 필요한 경우에는 그러하지 아니하다.

② 연구원: 책임연구원을 보조하는 자로서 대학 조교수 수준의 기능을 보유하고 있어야 한다.

③ 연구보조원: 통계처리·번역 등의 역할을 수행하는 자로서 해당 연구분야에 대해 조교 정도의 전문지식을 가진 자를 말한다.

④ 보조원: 타자, 계산, 원고 정리 등 단순한 업무처리를 수행하는 자를 말한다.

(3) 학술용어의 원가 구성

원가계산은 노무비(이하 "인건비"라 한다), 경비, 일반관리비 등으로 구분 작성한다.

① 원가 작성 방법

학술연구용역에 대한 원가계산을 하고자 할 때에는 학술연구용역 원가계산서를 작성하고 비목별 산출 근거를 명시한 기초계산서를 첨부해야 한다.

【학술연구용역 원가계산서】

비 목 \ 구 분	금 액	구성비	비 고
인 건 비			
책 임 연 구 원			
연 구 원			
연 구 보 조 원			
보 조 원			
경 비			
여 비			
유 인 물 비			
전 산 처 리 비			
시약 및 연구용역 재료비			
회 의 비			
임 차 료			
교 통 통 신 비			
감 가 상 각 비			
일 반 관 리 비 ( )%			
이 윤 ( )%			
총 원 가			

② 인건비

해당 계약 목적에 직접 종사하는 연구요원의 급료를 말하며, 사업수행 시행일이 속하는 연도를 기준하여 행안부 장관이 매년 정하여 발표하는 기준단가와 제수당, 상여금, 퇴직급여충당금의 합계액으로 한다. 다만, 상여금은 기준단가의 연 400%, 제수당과 퇴직급여충당금은 「근로기준법」에서 인정되는 범위를 초과하여 반영할 수 없다.

③ 경비

계약목적을 달성하기 위하여 필요한 다음 내용의 여비, 유인물비, 전산처리비, 시약 및 연구용 재료비, 회의비, 임차료, 교통통신비 및 감가상각비를 말한다.

④ 일반관리비의 계상

국계칙 및 지계칙 제8조에 규정된 일반관리비율 6%를 초과하여 계상할 수 없다.

⑤ 이윤

㉠ 인건비, 경비 및 일반관리비의 합계액에 대하여 국계칙 및 지계칙 제8조에 규정된 이윤을 10%를 초과하여 계상할 수 없다.

㉡ 계약 담당자는 비영리법인과 계약을 체결할 경우 정관에서 정한 목적사업에 대하여는 이윤을 제외하고 계약을 체결해야 한다.

◆ 원가계산에 의한 예정가격 작성 시 주요 기준

- 엔지니어링사업 대가의 기준 (산업통상자원부 고시)
- 소프트웨어사업 대가의 기준 (한국SW산업협회)
- 측량용역 대가의 기준 (국토교통부 고시)
- 건설공사 감리 대가기준 (국토교통부 고시)
- 설계·감리 대가기준 (국토교통부 고시)
- 건축사 용역의 범위와 대가기준 (국토교통부 고시)
- 건설사업관리 대가기준 (국토교통부 고시)

- 건설공사 안전점검 대가 산정기준 (국토교통부 고시)
- 안전점검 및 정밀안전진단 대가기준 (국토교통부 고시)
- 공공 발주사업에 대한 건축사의 업무범위와 대가기준 (국토교통부 고시)
- 사회보험의 보험료 적용기준 (국토교통부 고시)
- 측량대가의 기준 (국토지리정보원 고시)
- 공무원 여비규정 (대통령령-인사혁신처 소관)
- 생활폐기물 수집·운반 대행계약을 위한 원가계산 산정방법에 관한 규정 (환경부 고시)
- 노임단가 기준
  - 시중노임단가 (대한건설협회 건설업 임금실태 조사보고서)
  - 제조업 노임단가 (중소기업중앙회 중소제조업 직종별 임금조사보고서)
  - 엔지니어링기술자 노임단가 (한국엔지니어링협회 엔지니어링업체 임금실태조사
    보고서)
  - 측량기술자 임금 공표 (국토교통부, 대한측량협회)
  - 감리원 임금 공표 (국토교통부, 한국건설감리협회)
  - S/W 기술자 노임단가 (한국SW산업협회)

◆ 원가계산에 의한 예정가격 작성 시 경비의 세비목별 요율 산출 참고자료

- 산업재해보험료
  - 고용보험및산업재해보상보험의보험료징수등에 관한법률 제14조제3항 및 동법
    시행령 제13조
  - 사업종류별 산업재해보상보험료율(고용노동부 고시)
  - 예정가격 작성기준 제19조 제3항 제10호
  - 지방자치단체 입찰 및 계약집행기준 제2장 제5절
- 고용보험료
  - 고용보험및산업재해보상보험의보험료징수등에 관한법률 시행령 제14조제1항
    및 동법 시행령 제12조
  - 예정가격 작성기준 제19조 제3항 제10호
  - 지방자치단체 입찰 및 계약집행기준 제2장 제5절
- 폐기물처리비
  - 폐기물관리법 제3조의2(폐기물관리의 기본원칙), 동법 시행령 제2조(사업장의
    범위), 동법 시행규칙 제18조(사업장폐기물배출자의 신고)

- 폐기물관리법 제6조(폐기물처리시설 반입수수료) 및 동법 시행규칙 제6조(폐기물처리시설 반입수수료 등)
  - 예정가격 작성기준 제19조 제3항 제18호
  - 지방자치단체 입찰 및 계약집행기준 제2장 제5절
- 공사이행보증수수료
  - 국계령 제52조 및 지계령 제51조 : 계약의 이행보증
  - 예정가격 작성기준 제19조 제3항 제20호
  - 지방자치단체 입찰 및 계약집행기준 제2장 제5절
- 하도급대금지급보증수수료
  - 하도급거래공정화에 관한 법률 제13조의2(건설하도급 계약이행 및 대금지급 보증)
  - 예정가격 작성기준 제19조 제3항 제20호
  - 지방자치단체 입찰 및 계약집행기준 제2장 제5절
- 환경보전비
  - 건설기술진흥법시행규칙 제61조, 별표 8(환경관리비 산출기준)
  - 예정가격 작성기준 제19조 제3항 제21호
  - 지방자치단체 입찰 및 계약집행기준 제2장 제5절
- 품질관리비
  - 건설기술진흥법 시행규칙 제61조, 별표 6(품질관리비 산출 및 사용기준)
  - 예정가격 작성기준 제19조 제3항 제7호
  - 지방자치단체 입찰 및 계약집행기준 제2장 제5절
- 감가상각비
  - 법인세법시행규칙 제15조제3항 및 별표5, 별표6호의 기준내용연수 적용
  - 예정가격 작성기준 제19조 제3항 제3호
  - 지방자치단체 입찰 및 계약집행기준 제2장 제5절
- 산업안전보건관리비
  - 산업안전보건법 제30조, 동시행령 제26조의6, 동시행규칙 제32조
  - 예정가격 작성기준 제19조 제3항 제14호
  - 건설업 산업안전보건관리비 계상 및 사용기준(고용노동부 고시)
  - 지방자치단체 입찰 및 계약집행기준 제2장 제5절
- 안전관리비
  - 건설기술진흥법 제63조, 동시행규칙 제60조(안전관리비)

- 예정가격 작성기준 제19조 제3항 제23호
- 지방자치단체 입찰 및 계약집행기준 제2장 제5절
- 건설근로자퇴직공제부금비
  - 건설산업기본법 제87조 및 시행령 제83조
  - 건설근로자의 고용개선 등에 관한 법률(고용노동부 소관)
  - 예정가격 작성기준 제19조 제3항 제24호
  - 지방자치단체 입찰 및 계약집행기준 제2장 제5절
- 공사손해보험료
  - 지방계약법시행령 제55조(손해보험의 가입)
  - 공사계약 일반조건 제4절-4.(손해보험)
  - 예정가격 작성기준 제22조

감사원 지적 사례

○ 국가계약법 시행령 제8조, 제9조, 제11조 등의 규정에 따르면 예정가격은 계약을 체결하고자 하는 사항의 가격 총액에 대하여 이를 결정하고 부가가치세 등 각종 세액을 포함하도록 되어 있음

- 그런데 □□부는 ´14. 9월 "○○세미나 개최" 용역에 대하여 입찰공고하면서 면세사업자로 하여금 입찰금액에 부가가치세를 포함하도록 공지하지 아니하여 면세사업자는 부가가치세를 포함하지 않고 입찰한 반면 과세사업자는 부가가치세를 포함하여 입찰하여 면세사업자와 계약을 체결하는 등 ´13. 4월부터 ´15. 12월까지 76건의 학술연구용역에 대하여 부가가치세 면세사업자와 계약을 체결하여 면세사업자와 과세사업자 간 가격 경쟁의 공정성을 확보하지 못하게 되는 결과를 초래

⇨ □□부에 용역 대가로 과다 지급된 부가가치세 해당 금액을 회수하도록 하고, 또한 부가가치세 면세사업자도 부가가치세를 포함한 가격에 입찰하게 한 후 낙찰될 경우 부가가치세를 공제하여 계약을 체결하는 방안을 마련하도록 통보하는 한편, 관련자에게는 주의를 촉구하도록 함
[2016. 5. 20. "학술연구용역 입찰 및 계약 체결 부적정"(주의, 통보)]

낙찰자 결정 방법

CHAPTER 07

07 낙찰자 결정 방법

1. 낙찰 절차

1) 낙찰자 결정 방법

(1) 개요

계약 담당 공무원은 입찰공고에 표시된 장소와 일시에 입찰자가 참석한 자리에서 개찰해야 한다. 다만, 출석하지 아니한 입찰자가 있는 때에는 입찰 사무와 무관한 공무원을 개찰에 참여시킬 수 있다.(국계령 및 지계령 제40조 제1항)

적격자를 낙찰자로 결정한 때에는 지체 없이 낙찰선언을 해야 한다. 다만, 계약이행능력 및 일자리창출 실적 등을 심사하여 낙찰자를 결정하거나 각 입찰자의 입찰가격, 공사수행능력 및 사회적 책임 등을 종합적으로 심사하여 낙찰자를 결정하는 등 낙찰자 결정에 장시간이 소요되는 때에는 그 절차를 거친 후 낙찰선언을 할 수 있다.

전자조달시스템 또는 각 중앙관서의 장이 지정·고시한 정보처리장치를 이용하여 입찰서를 제출하는 방식의 경우에는 입찰공고에 표시한 절차와 방법에 의하여 개찰 및 낙찰 선언을 한다. 낙찰 선언은 해당 입찰의 모든 절차가 종료되었음을 의미한다.(국계령 및 지계령 제40조 제2항)

(2) 낙찰자 결정 원칙

세입의 원인이 되는 경쟁 입찰에 있어서는 다른 법령에서 별도 규정이 없는

한 예정가격 이상으로서 최고가격으로 입찰한 자를 낙찰자로 한다.(국계령 및 지계령 제41조)

국고의 부담이 되는 경쟁입찰에 있어서는 예정가격 이하로서 최저가격으로 입찰한 자의 순으로 해당 계약이행능력 심사 및 기획재정부 장관이 정하는 일자리 창출 실적 등을 심사하여 낙찰자를 결정한다.(국계령 및 지계령 제42조 제1항)

2) 낙찰자 결정 방법의 유형

【낙찰자 결정 방법의 적용 대상 및 개념】

구분	적용 대상				개념
	공사	물품구매	물품제조	용역	
적격심사 낙찰제	해당	해당	해당	해당	• 예정가격 이하로서 최저가격으로 입찰한 자의 순으로 당해 계약이행능력을 심사하여 낙찰자를 결정하는 제도
종합심사 (평가)낙찰제	해당			해당	• 입찰자의 입찰가격, 공사수행능력 및 사회적 책임 등을 종합 심사하여 합산 점수가 가장 높은 자를 낙찰자로 결정하는 제도
대형 공사 계약	일괄입찰 (턴키입찰) 해당				• 정부 또는 지방자치단체가 제시하는 입찰기본계획 등에 따라 입찰시에 설계서 등을 작성하여 입찰서와 함께 제출하는 설계·시공 일괄 입찰
	대안입찰 해당				• 원안입찰과 함께 입찰자의 의사에 따라 대안이 허용된 공사의 입찰
기술제안입찰	해당				• 발주기관이 교부한 기본·실시설계서 및 입찰안내서에 따라 입찰자가 공사비 절감방안, 공기단축방안, 공사관리방안 등을 포함한 기술제안서를 작성하여 입찰서와 함께 제출하는 입찰
희망 수량 경쟁입찰		해당	해당		• 다량의 수요물품을 희망수량에 따라 분할하여 제조·구매하고자 할 경우 최저가격으로 입찰한 자 순으로 수요수량에 도달할 때까지의 입찰자를 낙찰자로 결정하는 제도
2단계 경쟁입찰		해당	해당	해당	• 미리 적절한 규격 등의 작성이 곤란하거나 기타 계약의 특성상 필요하다고 인정되는 경우 먼저 규격 또는 기술입찰을 실시한 후 적격자에 한해 가격입찰을 실시하여 예정가격 이하로서 최저가격으로 입찰한 자를 낙찰자로 결정하는 제도

협상에 의한 계약	해당	해당	해당	• 계약이행의 전문성·기술성·긴급성, 공공시설물의 안전성 및 그 밖에 국가안보목적 등의 이유로 필요하다고 인정되는 경우 다수의 공급자들로부터 제안서를 제출받아 평가한 후 협상절차를 통하여 국가에 가장 유리하다고 인정되는 자와 계약을 체결하는 제도
품질 등에 의한 낙찰자 결정 (종합낙찰제)	해당	해당		• 물품의 입찰가격 외에 품질 등을 종합적으로 참작하여 예정가격 이하로서 가장 경제성이 있는 가격으로 입찰한 자를 낙찰자로 결정하는 제도
유사 물품의 복수경쟁	해당			• 품질·성능 또는 효율 등에 차이가 있는 유사한 종류의 물품 중에서 품질·성능 또는 효율 등이 일정 수준 이상인 물품을 지정하여 구매하고자 하는 경우에 유사한 종류의 물품별로 작성된 예정가격에 대한 입찰금액의 비율이 가장 낮은 입찰을 낙찰자로 결정하는 제도
설계 공모 (지방계약만 해당)			해당	• 상징성, 기념성, 예술성 등의 창의성이 요구되는 용역을 할 때 설계공모에 당선된 자를 낙찰자로 결정하는 제도

【공사 낙찰자 결정 방법 및 근거 법령】

구분	요건	근거 법령
종합심사 (평가)낙찰제	■ 국가계약 – 추정가격이 100억 원 이상의 공사 – 「건설기술 진흥법」 제39조제2항에 따른 건설사업관리 용역으로서 추정가격이 50억 원 이상인 용역 – 「건설기술 진흥법 시행령」 제69조에 따른 건설공사기본계획 용역 또는 같은 영 제71조에 따른 기본설계 용역으로서 추정가격이 30억 원 이상인 용역 – 「건설기술 진흥법 시행령」 제73조에 따른 실시설계 용역으로서 추정가격이 40억 원 이상인 용역	• 국가계약법 시행령 42조 4항, 「종합심사낙찰제 심사기준」
	■ 지방계약 – 추정가격이 300억 원 이상의 공사 – 추정가격이 10억 원 이상인 물품의 제조 또는 용역	• 지방계약법 시행령 42조 1항 1호, 42조의3 「종합평가 낙찰자 결정기준」

구분		요건	근거 법령
		■ 「문화재수리 등에 관한 법률」 제2조제1호에 따른 문화재수리로서 문화재청장이 정하여 고시하는 문화재수리	‣ 「문화재수리 종합평가 낙찰자 결정기준」 ‣ 문화재수리 계약예규(낙찰자 결정기준) 적용 문화재수리 지정 고시
대형공사계약	일괄입찰 (턴키입찰)	■ 추정가격 300억 원 이상의 공사	‣ 국가계약법 시행령 78~92조, 「일괄입찰 등에 의한 낙찰자 결정기준」, 「조달청 일괄입찰 등에 의한 낙찰자 결정기준」(조달청 예규)
			‣ 지방계약법 시행령 94~103조, 「지방자치단체 입찰시 낙찰자 결정기준」 제6장→별도 세부기준을 정할 때까지 기획재정부와 조달청 예규 준용토록 규정
	대안입찰	■ 추정가격 300억 원 이상의 공사	〃
기술제안입찰		■ 상징성·기념성·예술성 등이 필요하다고 인정되거나 난이도가 높은 기술이 필요한 시설물 공사	‣ 국가계약법 시행령 97~109조, 「기술제안입찰 등에 의한 낙찰자결정」(조달청 예규)
			‣ 지방계약법 시행령 126~138조, 「지방자치단체 입찰시 낙찰자 결정기준」 제8장→별도 세부기준을 정할 때까지 조달청 예규 준용토록 규정

【물품·용역 낙찰자 결정 방법 및 근거 법령】

구분	요건	근거 법령
최저가낙찰제	■ 2단계 경쟁입찰	‣ 국가계약법 시행령 제18조 ‣ 지방계약법 시행령 제18조
희망 수량 경쟁입찰	■ 1인의 능력이나 생산시설로는 그 공급이 불가능하거나 곤란하다고 인정되는 다량의 동일물품 제조·구매 ■ 1인의 능력으로는 그 매수가 불가능하거나 곤란하다고 인정되는 다량의 동일물품을 매각할 경우 ■ 수인의 공급자 또는 매수자와 분할계약하는 것이 가격·품질 기타 조건에 있어서 국가에 유리하다고 인정되는 다량의 동일물품 제조·구매·매각	‣ 국가계약법 시행령 17조, 45조, 46조, 시행규칙 12조, 19~21조, 47조 ‣ 지방계약법 시행령 17조, 46조, 47조, 시행규칙 19~21조
2단계 경쟁입찰	■ 미리 적절한 규격 등의 작성이 곤란한 경우 ■ 기타 계약의 특성상 필요하다고 인정되는 경우	‣ 국가계약법 시행령 18조, 42조 3항, 시행규칙 23조의3 ‣ 지방계약법 시행령 18조, 42조 1항 3호, 시행규칙 23조의2
협상에 의한 계약	■ 계약이행의 전문성·기술성·긴급성, 공공시설물의 안전성 및 그 밖에 국가안보목적 등의 이유로 필요하다고 인정되는 경우 ■ 지식기반산업 우선 적용	‣ 국가계약법 시행령 43조, 43조의2 「협상에 의한 계약체결 기준」 ‣ 지방계약법 시행령 43조, 44조, 「지방자치단체 입찰시 낙찰자격기준」 제7장
품질 등에 의한 낙찰자 결정 (종합낙찰제)	■ 가격에 따라 품질의 질이 현저하게 달라지는 경우 등 – 에너지 소비효율 평가제품으로 추정가격이 5천만 원 이상인 엘리베이터, 에스컬레이터 등 15개 품목	‣ 국가계약법 시행령 44조, 시행규칙 42조 6항, 44조, 46조 ‣ 지방계약법 시행령 45조, 시행규칙 40조 5항, 44조 ‣ 종합낙찰제 세부운용기준(조달청 훈령) ‣ 품질 등에 의한 낙찰자 결정기준 (행안부 예규)
유사 물품의 복수경쟁	■ 품질·성능 또는 효율 등에 차이가 있는 유사한 종류의 물품 중에서 품질·성능 또는 효율 등이 일정 수준 이상인 물품을 지정하여 구매하고자 하는 경우	‣ 국가계약법 시행령 25조 ‣ 지방계약법 시행령 24조
설계 공모 (지방계약만 해당)	■ 상징성, 기념성, 예술성 등의 창의성이 요구되는 용역(공사 설계용역, 물품제조 디자인 용역)	‣ 지방계약법 제13조 2항 3호, 시행령 42조의4, 「지방자치단체 입찰시 낙찰자 결정기준」 제9장

【공사·물품·용역 공통적용 낙찰자 결정 방법 및 근거 법령】

구분	요건	근거 법령
적격심사 낙찰제	■ 공공계약의 원칙적인 낙찰제도 (공사) 추정가격 300억 원 미만인 공사계약 (물품 제소·구매 및 용역) – 소액수의계약 대상금액을 초과하는 물품 제조·구매 및 용역계약 ※ 소액수의계약 대상도 경쟁입찰을 하는 경우 적격심사 가능	‣ 국가계약법 시행령 42조 1항, 기재부 「적격심사기준」 ‣ 지방계약법 시행령 42조 1항 「지방자치단체 입찰시 낙찰자결정기준」(행안부)

【지방계약 입찰 및 수의계약 기준】

구분	유형	주 요 내 용				견 적 서 제출방법
		종합공사	전문공사	전기 등 그 밖의 공사	용역·물품기타	
입찰	금액기준	추정가격 4억 원 초과	추정가격 2억 원 초과	추정가격 1.6억 원 초과	추정가격 1억 원 초과	○ g2b에 의한 계약 ○ 예외 있음
2인 이상 견적제출	금액기준	추정가격 4억 원 이하	추정가격 2억 원 이하	추정가격 1.6억 원 이하	추정가격 1억 원 이하	○ g2b에 의한 계약 ○ 예외 있음
1인 견적 제출가능	금액기준	추정가격 2천만 원 이하 추정가격 5천만 원 이하 ‣ 여성기업, 장애인기업 ‣ 취약계층 30% 이상 고용 사회적기업				○ g2b에 의하지 않고 수의계약 가능
	하자곤란 등	○ 하자구분 곤란, 혼잡, 마감공사 및 특허공법 등에 따른 수의계약(시행령 제25조 제1항 제4호 가·나·다·마목)				
	천재지변 등	○ 천재지변 등 31항목				

공공계약 낙찰자 결정 방법은 「적격심사 낙찰제」를 원칙으로 하고 종합심사낙찰제, 희망 수량 경쟁입찰, 2단계 경쟁입찰, 협상에 의한 계약 등 계약의 특성을 고려한 다양한 낙찰자 결정 방법을 두고 있다. 또한, VR/AR 등 정보통신 기술의 발달로 사회환경이 급변함에 따라 공공계약에 시대적 현상을 반영하기 위한 제도 도입이 시작되었으며, 2019년도에는 경쟁적 대화에 의한 계약체결 방법을 도입하여 시행하고 있다.

> * 경쟁적 대화에 의한 계약체결(국계령 제43조의3)
>   전문성·기술성이 요구되는 물품 또는 용역계약으로서 입찰 대상자들과 계약 목적물의 세부내용 등에 관한 경쟁적·기술적 대화를 통하여 계약 목적물의 세부내용 및 계약 이행방안 등을 조정·확정한 후 제안서를 제출받고 이를 평가하여 국가에 가장 유리하다고 인정되는 자와 계약을 체결하는 방식

공사·물품·용역 계약의 이행능력 심사기준을 살펴보면 과거에는 가격 위주의 경쟁을 통해 낙찰자를 결정하였으나 현재는 사회적 가치를 반영한 심사기준을 정하여 평가함으로서 그 내용이 복잡하고 다양해지고 있다. 따라서 본편에서는 공공계약에서 가장 많이 적용되는 「적격심사 낙찰제」만 설명하기로 한다.

2. 적격심사 제도

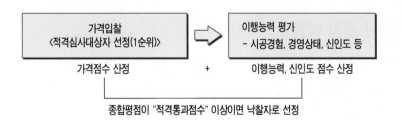

1) 개념

적격심사 제도는 국고 또는 지방재정지출의 부담이 되는 입찰에서 예정가격 이하로서 최저가격으로 입찰한 자의 순으로 시공경험(실적), 기술능력, 재무상

태, 신인도, 자재와 인력조달가격의 적정성, 하도급 관리계획의 적정성, 시공여
유율 등 당해 계약 이행능력을 심사하여 낙찰자를 결정하는 방법이다.

이 제도는 최저가낙찰제를 보완하기 위하여 입찰자의 계약이행능력을 심사하
여 입찰가격이 적정하고 일정 수준 이상의 평점을 받은 업체를 낙찰자로 결정함
으로써 계약 이행능력이 없거나 부족한 업체가 덤핑 입찰에 의하여 낙찰되는 것
을 예방하고 계약이행의 신뢰성을 확보함은 물론 업체의 경영 합리화 및 품질
향상을 유도하기 위하여 1995년 국가계약법이 제정되면서 처음 도입되었고, 지
방계약에서는 2005년 제정된 지방계약법에 관련 내용이 반영되었다.

2] 법적 근거

① 국계법 제10조 및 지계법 제13조
② 국계령 및 지계령 제42조
③ 기획재정부 예규「적격심사기준」및 행정안전부 예규「지방자치단체 입찰
　　시 낙찰자 결정기준」
　　➡ 시설공사 적격심사 세부기준
　　➡ 기술·학술연구 용역 적격심사 세부기준
　　➡ 물품 적격심사 세부기준
④ 「각 시도별 일반용역 적격심사 기준」 등

3] 낙찰자 결정 방법

(1) 낙찰자 결정

① 적격심사 낙찰제는 ❶ 예정가격 이하로서 최저가격으로 입찰한 자의 순으
　　로 ❷ 당해 계약이행능력을 심사하여 가격점수와 이행능력평가점수를 합
　　한 종합평점이 일정 점수(적격통과 점수) 이상인 자를 ❸ 낙찰자로 결정하
　　는 제도이다.

② 적격심사 낙찰제는 다음의 요건을 모두 충족해야 낙찰자가 된다.

　㉠ 제1 요건: 예정가격 이하 낙찰 하한율 이상으로 최저가격을 입찰한 자부터 순서대로 계약이행능력을 심사한다.

　㉡ 제2 요건: 최저가 입찰자부터 입찰가격과 계약이행능력을 심사하여 적격통과점수 이상을 획득해야 한다.

(2) 낙찰 하한율 및 적격 통과 점수

낙찰 하한율은 법령에 규정되어 있지는 않으나 실무에서 사용되는 용어로 입찰가격을 제외한 비가격 요소(이행실적, 기술능력, 재무상태 등)의 평점이 만점임을 전제로 했을 때 최저가격으로 낙찰이 가능한 예정가격 대비 입찰금액을 의미한다.

① 행정안전부

구분	규　　　모	낙찰 하한율	통과점수
시설공사	공　　통		
	300억 미만 ~ 100억 이상	79.995	92
	100억 미만 ~ 50억 이상	85.495	95
	종합·전문공사		
	50억 미만 ~ 30억 이상	86.745	95
	30억 미만 ~ 10억 이상	86.745	95
	10억 미만 ~ 4억 이상	87.745	95
	4억 미만 ~ 2억 이상	87.745	95
	2억 미만	87.745	95
기술용역	사업수행능력평가(P.Q)를 하는 기술용역		
	10억 이상	77.995	92
	10억 미만 ~ 5억 이상	85.495	95
	5억 미만	86.745	95
	사업수행능력평가(P.Q)를 하지 않는 기술용역		
	10억 이상	77.995	92
	10억 미만 ~ 5억 이상	85.495	95
	5억 미만 ~ 2억 이상	86.745	95

		낙찰하한율	통과점수
	2억 미만 ~ 1억 이상	87.745	95
	1억 미만	87.745	95
	사업수행능력평가(P.Q) 대상이 아닌 재난복구 기술용역		
	1억 이상	87.745	95
	1억 미만	87.745	95
학술용역	2억 이상	80.495	85
	2억 미만 ~ 1억 이상	80.495	85
	1억 미만	80.495	85
물품	간행물	89.995	85
	10억 이상	80.495	85
	10억 미만 ~ 고시금액 이상	80.495	85
	고시금액 미만	84.245	85

② 중소벤처기업부

구분	규 모		낙찰하한율	통과점수
물품	10억 이상	일반 제품	87.995	88
	고시금액 이상 ~10억 미만	일반 제품	87.995	88
	고시금액 미만	일반 제품	87.995	88

③ 조달청

구분	규 모		낙찰하한율	통과점수
시설공사	공 통			
	300억 미만 ~ 100억 이상		79.995	92
	100억 미만 ~ 50억 이상		85.495	95
	종합·전문공사			
	50억 미만 ~ 10억 이상		86.745	95
	10억 미만 ~ 3억 이상		87.745	95

	3억 미만 ~ 2억 이상	87.745	95
	2억 미만	87.745	95
	전기·소방·통신·문화재·기타 공사		
	50억 미만 ~ 10억 이상	86.745	95
	10억 미만 ~ 3억 이상	86.745	95
	3억 미만 ~ 8천만 원 이상	87.745	95
	8천만 원 미만	87.745	95
기술용역	10억 이상	79.995	92
	10억 미만 ~ 5억 이상	85.495	95
	5억 미만 ~ 고시금액 이상 (건축사법에 따른 건축설계 5억 미만~1억 이상)	86.745	95
	고시 금액 미만 (건축사법에 따른 건축설계 1억 미만)	87.745	95
학술용역	5억 원 이상	80.495	85
	5억 원 미만 (고시금액 이상)	80.495	85
	5억 원 미만 (고시금액 미만)	84.245	85
시설분야 용 역	5억 이상	87.995	85
	5억 미만	87.995	85
소프트웨어 용 역 (경쟁제품 비대상)	5억 이상	80.495	85
	5억 미만 (고시금액 이상)	80.495	85
	5억 미만 (고시금액 미만)	84.245	85
소프트웨어 용 역 (경쟁제품 대 상)	5억 이상	87.995	88
	5억 미만	87.995	88
폐기물처리 용 역	5억 이상	80.495	85

	5억 미만 (고시 금액 이상)	80.495	85
	5억 미만 (고시 금액 미만)	84.245	85
여객 육상운송 용 역	5억 이상	87.995	88
	5억 미만	87.995	88
화물 육상운송 용 역	5억 이상	80.495	85
	5억 원 미만 ~ 고시금액 이상	80.495	85
	고시금액 미만	84.245	85
보험용역	5억 원 이상	47.995	85
	5억 원 미만	47.995	85
수리·점검 용역	5억 원 이상	80.495	85
	5억 원 미만 ~ 고시금액 이상	80.495	85
	고시금액 미만	84.245	85
임대차 적격심사	고시금액 이상	80.495	85
	고시금액 미만	84.245	85
물 품	10억 이상(제조)	80.495	85
	10억 미만 ~ 고시금액 이상(제조) 고시금액 이상(구매)	80.495	85
	고시금액 미만	84.245	85
물 품 (중소기업 경쟁제품)	10억 이상(제조)	87.995	88
	10억 원 미만 ~ 5억 원 이상	87.995	88
	5억 원 미만 ~ 고시금액 이상	87.995	88
	고시금액 미만	87.995	88

【난이도계수에 따른 낙찰 하한율(행정안전부)】

공사 규모 (추정 가격)	평점한도		적격 통과 점수 (a)	낙찰 하한율 (%)	50억 원 이상 교량·터널공사 등의 난이도계수 적용에 따른 낙찰 하한율				
	공사 수행 능력	가격			난이도 계수	난이도계수에 따른 자재와 인력조달 가격의 적정성 최대 평점	난이도계수 적용 최대 평점		난이도계수에 따른 낙찰 하한율(%)
							공사 수행 능력 (b)	가격	
300억 원 미만 100억 원 이상	70	30	92	79.995	1	14	70	30	79.995
					0.95	13.3	69.3	30	80.695
					0.90	12.6	68.6	30	81.395
					0.85	11.9	67.9	30	82.095
					0.80	11.2	67.2	30	82.795
100억 원 미만 50억 원 이상	50	50	95	85.495	1	10	50	50	85.495
					0.95	9.5	49.5	50	85.745
					0.90	9	49	50	85.995
					0.85	8.5	48.5	50	86.245
					0.80	8	48	50	86.495

【난이도계수에 따른 낙찰 하한율(조달청)】

공사 규모 (추정 가격)	평점한도		적격 통과 점수 (a)	낙찰 하한율 (%)	50억 원 이상 교량·터널공사 등의 난이도계수 적용에 따른 낙찰 하한율				
	공사 수행 능력	가격			난이도 계수	난이도계수에 따른 자재와 인력조달 가격의 적정성 최대 평점	난이도계수 적용 최대 평점		난이도계수에 따른 낙찰 하한율(%)
							공사 수행 능력 (b)	가격	
100억 원 미만 50억 원 이상	50	50	95	85.495	1	10	50	50	85.495
					0.95	9.5	49.5	50	85.745
					0.90	9	49	50	85.995
					0.85	8.5	48.5	50	86.245
					0.80	8	48	50	86.495

4) 적격심사 요령 및 절차

(1) 적격심사 요령

① 심사기준에 따라 실적인정범위, 실적인정규모, 평가기준규모, 평가대상업종, 업종평가비율, 서류제출 기한 등을 입찰공고에 명시한다.

② 예정가격 이하로서 최저가 입찰자 순으로 계약이행능력을 심사한다.

③ 개찰 후 최저가 입찰자부터 적격심사서류 제출 요구, 입찰가격 외에 만점을 받더라도 낙찰이 불가능한 선순위 업체 포기서를 제출하게 할 수 있다.

④ 세부평가기준에 따른 평가 결과 종합 평점이 적격통과점수 이상인 자를 낙찰자로 결정한다.

⑤ 낙찰자 결정 결과는 해당자에게 G2B·서면으로 지체 없이 통보해야 한다.

⑥ 선순위 낙찰자가 계약체결 이전에 부적격자로 판명되어 낙찰자 결정이 취소된 경우와 부도 등 불가피한 사유로 계약을 이행할 수 없어 적격심사 대상에서 제외한 경우에는 차순위자 순으로 심사하여 낙찰자를 결정한다.

⑦ 부적격 통보에 이의가 있는 자나 선순위자 심사 내용에 이의가 있는 후순위자는 3일 이내에 재심사를 요구할 수 있고, 계약 담당자는 5일 이내에 재심사를 해야 한다. 다만 재심사의 경우에는 추가서류를 제출할 수 없다.

전자조달법 시행규칙

제2조
- 전자입찰서 제출기간 　　　：　48시간 이상
- 전자입찰서 제출 마감일시 　：　10:00~17:00(토·공휴일·수요기관이 정한 휴무일 제외)
- 전자입찰서 개찰일시 　　　：　전자입찰서 제출 마감 일시부터 1시간이 지난 때

제3조
- 공동수급협정서 제출 　　　：　전자입찰서 제출 마감일 전일까지
- 공동수급협정서 제출방법 　：　전자조달시스템을 통하여 제출
- 변경 또는 새로 제출 　　　：　불가능
- 공동수급 협정서 미 제출시 ：　자격이 없으므로 사전판정에서 제외

- 공동이행방식   :   출자비율 합이 100%(A업체 60%, B업체 40%)
- 분담이행방식   :   분담분야별 100%(건축설계 100%, 전기설계 100%)
                          분담비율 건축 70% 전기 30%

(2) 적격심사 절차

입찰공고	• 낙찰자 결정방법, 적격심사기준, 심사에 필요한 서류, 제출기한 등 명시 * 공사는 평가대상업종, 업종평가비율, 실적인정범위 및 규모, 평가 기준규모 등을 명시

⇩

심사기준 등 열람	• 입찰 참가자가 열람할 수 있도록 세부심사기준 등 서류 비치, 요구시 교부 • 열람·교부기간은 입찰공고일부터 입찰등록 마감일까지

⇩

입찰 집행	• 기초금액은 개찰 5일 전까지 공개, 복수예비가격 작성, 개찰 후 낙찰하한율 이상으로 투찰한 적격심사 대상자 선정

⇩

적격심사 서류 제출	• 선순위 적격심사 대상자에게 적격심사 필요서류 제출 요구
	• 심사서류 제출기한
	  (국가계약) 5일 이상으로 하여야 함. (조달청)은 시설공사·기술용역은 7일 이내, 일반용역은 5일 이내, 물품제조·구매는 3일 이내로 규정
	  (지방계약) 시설공사·기술용역은 7일 이내(재난복구공사 4일 이내), 물품제조·구매는 기획재정부 고시금액 이상 5일 이내, 고시금액 미만 3일 이내(재난복구사업 3일), 100억 미만 30억 원 이상 공사는 15일 이내(재난복구공사는 10일 이내)

⇩

보완 요구(1회)	• (국가계약) 서류 미첨부 또는 제출 서류가 불명확하여 인지할 수 없는 경우 3일 이상의 기간을 정하여 보완 요구 가능 • (조달청) 시설공사는 1회에 한하여 3일 이내 보완요구 가능, 물품제조·구매 및 용역은 기한 미설정 • (지방계약) 제출된 서류가 미비, 오류 등으로 불명확하거나 미제출로 적격통과 점수에 미달되는 대상자에게 1회에 한하여 7일 이내(재난복구공사·사업은 3일) 보완 요구 가능

⇩

적격심사 실시	• 제출마감일 또는 보완일로부터 7일 이내에 심사, 3일의 범위에서 연장 가능 * 지방계약의 재난복구공사·사업은 4일 이내에 심사, 2일의 범위에서 연장 가능

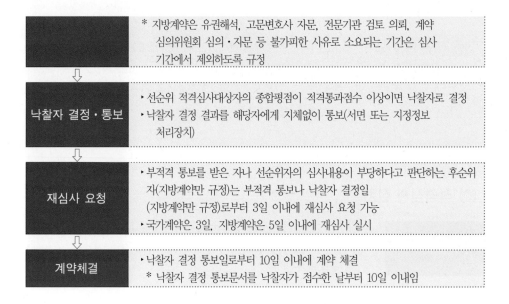

* 지방계약은 유권해석, 고문변호사 자문, 전문기관 검토 의뢰, 계약
  심의위원회 심의·자문 등 불가피한 사유로 소요되는 기간은 심사
  기간에서 제외하도록 규정

낙찰자 결정·통보
• 선순위 적격심사대상자의 종합평점이 적격통과점수 이상이면 낙찰자로 결정
• 낙찰자 결정 결과를 해당자에게 지체없이 통보(서면 또는 지정정보
  처리장치)

재심사 요청
• 부적격 통보를 받은 자나 선순위자의 심사내용이 부당하다고 판단하는 후순위
  자(지방계약만 규정)는 부적격 통보나 낙찰자 결정일
  (지방계약만 규정)로부터 3일 이내에 재심사 요청 가능
• 국가계약은 3일, 지방계약은 5일 이내에 재심사 실시

계약체결
• 낙찰자 결정 통보일로부터 10일 이내에 계약 체결
* 낙찰자 결정 통보문서를 낙찰자가 접수한 날부터 10일 이내임

(3) 낙찰자 결정 시 유의사항

낙찰자 결정 시 선순위 적격심사 대상자가 적격통과점수 미달이거나 참가 자
격이 없는 부적격자인 경우 차순위자 순으로 심사하여 낙찰자를 결정하며 낙찰
자 결정 및 계약체결·이행 과정에 여러 가지 상황이 발생할 수 있다.

선순위 적격심사 대상자가 낙찰금액으로 이익을 낼 수 없다고 판단하여 포기
서를 제출하는 경우 지방의 경우 부정당 제재 대상(지계령 제92조 제2항 마,바)
이지만, 국가는 동일 내용의 규정(국계령 제76조 제2항 마,바)이 기업부담 완화
차원에서 2019.9.17.폐지되어 부정당 제재 대상이 아님.

【낙찰자 결정 등에 영향을 미치는 사유별 처리 방법】

구분		처리 방법		
		낙찰자 결정 전	낙찰자 결정 이후 계약 체결 전	계약 체결 이후
선순위 적격심사 대상자의 종합평점이 적격 통과 점수에 미달		‣낙찰자 결정 대상 제외 → 차순위자 심사	‣낙찰자 결정 취소 → 차순위자 심사	–
적격심사서류 미제출		‣낙찰자 결정대상 제외 → 차순위자 심사 ‣정당한 사유 없이 미제출한 경우 입찰 참가자격 제한	–	–
보완·추가서류 미제출		‣낙찰자 결정 대상 제외 → 차순위자 심사		
보완·추가서류 제출 후에도 적격 통과 점수 미달		‣낙찰자 결정대상 제외 → 차순위자 심사	–	
업체의 부도·파산·해산·영업정지 등	입찰업체 (공동수급체의 대표자 포함)	‣적격심사 대상 제외 → 차순위자 심사 * 부도는 법원의 회생절차개시 결정이 있는 경우 평가 포함	–	–
	공동수급체의 구성원	(국가계약) 해당 구성원 제외, 잔존 구성원의 출자비율·분담내용을 변경하게 하여 재심사 (지방계약) 해당 구성원 제외, 잔존 구성원의 자료로만 평가, 평가제외자의 시공비율은 잔존구성원에게 미배분	–	–
	낙찰자	–	‣낙찰자결정 취소 → 차순위자 심사	–
	계약업체	–	–	‣계약해제·해지
적격심사서류 부정 행사, 위조·변조·허위 작성		‣낙찰자 결정대상 제외 → 차순위자 심사 ‣입찰참가자격 제한	‣낙찰자 결정 취소 → 차순위자 심사 ‣입찰참가자격 제한	‣계약해제·해지 ‣입찰참가자격 제한
발주기관의 사전승인 없이 하도급관리계획 등의 적정성 평가를 할 때 제출한 내용대로 이행하지 아니할 경우		–	–	‣계약해제·해지 ‣입찰참가자격 제한

질의 회신

【질의】

- ○○도에서 발주한 ○○시설공사의 적격심사 시 1순위 업체가 부정한 방법으로 실적증명서를 제출하여 낙찰받고 계약을 체결한 경우에 1순위 업체의 계약을 무효로 하고 2순위 업체로 적격심사를 할 수 있는지 여부?

【답변】

- 행정안전부 예규 "지방자치단체 입찰 시 낙찰자결정기준" 제2장 시설공사 적격심사 세부기준 제6절 "4"에 선순위 낙찰자가 계약 체결 이전에 부적격자로 판명되어 낙찰자 결정이 취소된 경우와 부도 등 불가피한 사유로 해당 계약을 이행할 수 없어 적격심사 대상에서 제외한 경우에는 차순위자 순으로 적격심사를 실시하여 낙찰자를 결정하도록 규정함.

- 질의와 같이 선순위 낙찰자가 계약을 체결한 후에 적격심사 시 부정한 방법으로 낙찰된 사실이 발견되었다면 해당업체에 대한 입찰참가자격 제한조치 후 발주기관에 특별한 사정이 없다면 계약일반조건에 따라 계약 해지를 하고 새로운 입찰을 실시하는 것이 타당할 것임.

질의 회신

【질의】

- 당사는 지방자치단체에서 2002. 11. 26. 입찰공고하고 12. 3. 입찰을 실시한 시설공사에 있어 적격심사 1순위자로 선정되었으나, 법인등기부등본상 대표자 명의변경(11. 21.변경)에 소요되는 기간으로 인하여 종전 대표자 명의로 입찰에 참여한 경우에 입찰 유·무효 여부?

【답변】

- 지방자치단체가 시행하는 공사입찰에 있어서 입찰 참가자가 법인인 경우에는 입찰참가등록마감일 당시의 법인등기부상 대표자가 입찰해야 입찰참가자격이 인정될 것이므로 해당 법인의 대표자가 변경된 후에도 종전 대표자 명의로 입찰하였다면 지방자치단체를 당사자로 하는 계약에 관한 법률 시행규칙 제42조의 규정에 의거 입찰참가자격이 없는 자가 한 입찰로서 무효인 입찰에 해당됨. 다만, 대표자 변경 신고를 했으나 법원 행정절차로 인하여 입찰참가등록마감일까지 등기완료가 되지 않아 변경등록을 할 수 없는 경우는 무효가 아님.

[질의]

- 지방자치단체에서 발주한 공사의 적격심사에 있어 낙찰하한율을 잘못 적용하여 개찰하였으나 낙찰자 결정은 하지 않은 경우에 해당 입찰의 진행 절차는?

[답변]

- 지방자치단체에서 발주한 공사의 적격심사는 최저가 입찰자부터 수행능력과 경영상태 및 입찰가격 등을 평가한 후 이를 합산하여 평가하고, 입찰가격 평가는 각 평가기준별 가격평점 산식에 의거 낙찰하한률이 결정되며 낙찰하한율 미만에 해당하는 자는 적격심사에서 부적격자로 통보하고 차순위자 순으로 적격심사를 실시하여 낙찰자를 결정하고 있으나, 질의사항과 같이 낙찰자 결정 이전에 가격평점산식(낙찰하한율)을 잘못 적용한 사실을 인지했다면 가격평점산식(낙찰하한율)을 재적용하여 낙찰자 결정을 하는 것이 타당할 것임.

※ 유사판례: 광주지법 제21민사부 2013카합1055 입찰절차진행금지 가처분

---

3. 입찰과 예정가격 결정

1) 입찰 유의사항(지방자치단체 입찰 및 계약집행기준 제1장 제1절-7)

① 부당한 방법으로 입찰 참가자격을 제한하는 사례

　㉠ 입찰 참가자격을 대표자의 본적·주소 등으로 제한하거나 해당 지역에 일정 기간 이상 거주한 자(업체)로 제한하는 사례

　㉡ 공사의 지역의무 공동도급 시 지역 업체 수를 과도하게 제한하는 사례(예: 3개사 이상 지역 업체 참여 의무화 등)

　㉢ 입찰공고·특수조건 등에서 해당 지역 업체에게 의무적으로 하도급하게 하거나 자재 납품업체를 해당 지역 업체로 제한하는 사례

② 특수한 기술·공법 등이 꼭 필요하지 않음에도 불구하고 무차별적으로 제한하는 사례

③ 해당 계약이행에 불필요한 등록·면허·자격요건 등으로 제한하는 사례

④ 동일한 종류의 공사 실적을 인정하지 아니하는 사례

　㉠ 하수관거공사 입찰에 택지조성공사·경지정리공사의 하수관거 공사 실적을 인정하지 아니하는 사례

　㉡ 농공단지조성공사 입찰에 공업단지·주택단지 조성공사의 실적을 제외하거나 인정하지 아니하는 사례

⑤ 국가·지방자치단체·정부투자기관 등 특정 기관이 발주한 실적만 인정하고 지방공기업·지방자치단체 출자·출연법인, 민자·민간 실적 또는 해외실적을 인정하지 아니하는 사례. 하도급 계약을 승인하는 경우에도 이와 같다.

⑥ 특정한 명칭의 실적으로 제한하여 실제 동일 실적에 해당하는 실적을 인정하지 아니하거나 입찰 참가를 제한하는 사례

⑦ 입찰공고나　설계서(도면·시방서·물량내역서·현장설명서)·규격서·사양서 등에 부당하게 특정 규격·모델·상표 등을 지정하여 입찰에 부치거나 계약을 하고 품질·성능 면에서 동등 이상의 물품을 납품하더라도 이를 인정하지 아니하는 사례(특히, 특정 업체와의 수의계약 및 협상에 의한 계약을 체결하기 위해 특정 규격·사양 등을 명시하는 사례) 다만, 국민의 생명보호, 건강, 안전, 보건위생 등 특별한 사유가 있을 경우는 예외로 한다.

⑧ 관련 법령 등에 따라 1개의 등록만으로 계약이행이 가능함에도 2개 이상의 등록을 요구하는 등 과도하게 자격요건을 강화하는 사례

⑨ 교량·도로 등의 공사 발주 시 실적평가의 주요 기준을 규모·양으로 제한하지 아니하고 폭 등 독특한 실적만으로 제한하는 사례, 또는 폭·연장·경간·공법 등을 모두 제한하는 사례

⑩ 창의성이 요구되는 건축설계 등의 특정 용역에 대해서 과도하게 용역 수행 실적으로 제한하는 경우

⑪ 건설사업관리 용역을 발주함에 있어서 감리용역이 주요 부분인데도 건설사업관리 실적만 요구하고 감리용역 실적은 인정하지 아니하는 사례

⑫ 시행령 제18조 제5항에 따른 2단계 입찰 및 시행령 제43조에 따른 협상에

의한 계약에 의할 경우 평가기준 및 절차(외부전문가를 위원으로 선정하여 평가하는 경우를 포함한다) 등을 정함에 있어 특정업체에 유리한 평가기준 적용 등 공정성, 객관성, 적합성 등이 결여되는 사례

⑬ 법 제22조 및 시행령 제75조의 그밖에 계약 내용의 변경에 따른 계약금액 조정 신청 시 계약담당자가 계약금액 조정신청을 거부하거나 인정하지 아니하는 사례

⑭ 현장대리인(「건설산업기본법」 등 공사 관련 법령에 따른 기술자 배치기준에 적합한 자를 말한다)을 불필요하게 현장에 상주시키는 사례

⑮ 특수한 기술이나 공법*이 요구되지 않음에도 실적을 지역제한이나 기술의 보유상황과 중복하여 제한하는 사례

   * 제4장 제한입찰 운영요령 별표 특수한 기술·공법·설비 등이 필요한 공사와 물품의 제조·구매

   ※ 예시) 특수한 기술이 요구되는 공사가 아닌 일반 도로공사를 발주하면서 지역과 기술 보유 상황 및 실적으로 중복 제한

⑯ 규모(양)로 제한하는 경우 특별한 사유가 없는데도 공사·용역·물품 규모의 1/3을 초과하거나 금액으로 제한하는 경우 추정가격의 1배를 초과하여 제한하는 사례

   ※ 예시) 추정가격 4억 원의 물품 구매 시 납품실적 10억 원 이상 보유자로 입찰 참가자격을 과다 제한

⑰ 규모(양)와 금액으로 또는 규모(양)와 다른 규모(양)로 이중 제한하는 사례

   ※ 예시 1) 200병상 및 2억 원 이상

         2) 도로 5km 및 교량 2km

⑱ 과도한 시설요건으로 제한하거나 필요하지 않은 특수한 설비요건을 요구하는 사례

   ※ 예시) 기계설비공사 자격이 있는 업체를 참여토록 하면 자격이 충분한데도 불필요한 특수 설비요건을 갖춘 업체로 과다하게 제한

⑲ 수의계약 시에도 규격서나 시방서 등에 특별한 이유가 없는 한 표준시방서를 명시하고 재무관(계약부서)에서 수의계약 대상제품(규격)을 효율성·안

전성·경제성을 고려하여 최종 선택해야 함에도 사업부서에서 특별한 경우(에너지 효율 등 특수한 기술 개발제품이 필요하거나 자재선정심의위원회를 통해 기술개발제품 등을 설계에 반영한 경우 등) 이외에 특정제품 규격이나 인증번호 등을 명시하여 수의계약 체결을 요구하는 사례

⑳ 계약목적(물)과 관련이 없는 실적 제한이나 법령·예규에 근거가 없는 실적건수로 제한하는 사례

　　※ 예시 1) 전기공사를 발주하면서 전기공사와 관련 없는 생물안전실 100㎡ 이상 허가실적이 있는 □□도내 업체로 제한

　　　　예시 2) "○○설치공사실적이 최근 5년간 5건 이상 있는 업체"로 제한

㉑ 신기술·특허공법 보유자 또는 물품공급·기술지원사가 발주기관과 당초 협의한 내용과 다르게 부당한 요구를 하여 낙찰자와 신기술·특허 보유자 또는 물품공급·기술지원사 간 협약이 체결되지 않거나 발주자가 발주 전에 협약을 체결하지 않아 낙찰자가 계약을 체결할 수 없는 경우 부정당업자로 입찰 참가자격 제한 조치 및 입찰보증금을 자치단체에 귀속하는 사례

㉒ 신기술·특허공법 보유자 또는 물품공급·기술지원사가 발주 전에 사용협약 또는 물품공급·기술지원협약을 체결하지 아니하고 낙찰자로 하여금 직접 신기술·특허 보유자 또는 물품공급·기술지원사와 체결한 사용협약서 또는 물품공급·기술지원협약서를 제출하게 하는 사례

㉓ 발주기관이 신기술·특허공법 보유자 또는 물품공급·기술지원사와 협약을 체결 시 하도급대금 등에 대해 신기술·특허 사용협약서 규정과 달리 협약을 체결하는 사례

　　※ 예시) 발주기관이 협약내용을 공고 시 하도급 계약금액으로 결정할 경우 하도급계약의 적정성 심사대상이 되는 비율(82%)보다 높게 책정(예 : 90%)

㉔ 신기술·특허공법이 사용되는 공사의 전부 또는 일부가 기술보유자의 기술력을 활용하지 아니하면 시공과 품질 확보가 불가능하거나, 기술보유자가 보유한 특수 장비 등을 직접 사용하지 아니하면 시공과 품질 확보가 불가능한 경우 이외에 발주기관이 계약상대자에게 신기술·특허공법 보유자

와 하도급계약을 체결하도록 강요·유도하는 사례

　※ 예시) 계약상대자가 신기술·특허 개발자로부터 기술지원만 받으면 직
　　　　접 시공이 가능한데도 하도급계약 체결

㉕ 현장설명 참가자에 한하여 투찰이 가능하도록 제한하는 사례

　※ 다만, 300억 원 이상 공사입찰 시 현장설명을 하는 경우에 현장설명에
　　　참가한 자만을 입찰에 참여해야 함

㉖ 전문성, 기술성, 창의성, 예술성, 안정성 등이 요구되지 않는 물품, 용역을
　협상에 의한 계약으로 체결하는 사례

　※ 예시) 단순노무용역 등

㉗ 발주기관이 계약체결 이후 과업을 변경 시 계약 목적달성을 위해 필요한 최
　소한의 과업만을 변경하지 않고 빈번하게 과업 변경을 계약상대자에게 요구
　하는 사례 또는 계약금액 감액 시 업체의 적정대가를 보장하지 않는 사례

㉘ 하도급자 승인조건으로 특정기관에 납품한 실적을 요구하거나 특정업체와
　의 하도급을 요구하는 사례

㉙ 계약체결 부대비용 등 계약체결 및 이행과정에서 발생하는 비용 중 발주기
　관이 부담할 부분을 계약상대자에게 전가하는 행위

㉚ 신기술·특허 사용협약 및 물품공급 기술지원 협약 시 낙찰률을 고려하지
　않고 협약을 체결하는 사례

㉛ 물품·공사·용역 등을 구성하는 재료비·노무비·경비의 책정기준 및 일
　반관리비율 및 이윤율을 입찰공고의 내용에 명시하지 않는 사례

㉜ 낙찰자가 계약을 체결하지 않는 경우 입찰보증금을 귀속하도록 규정하고
　있음에도 관련 법령에 따른 등록기준 미달 등으로 인해 적격심사 대상자
　에서 제외된 자에 대해 입찰보증금을 귀속하는 사례

㉝ 협상에 의한 계약 시 계약이행과 무관하거나 발주기관 소재 지역업체만 유
　리한 평가항목을 포함하여 평가하는 사례

㉞ 계약담당자가 낙찰자 통과점수 미달로 인하여 입찰참가자의 심사서류 제
　출을 생략하게 하거나 심사 포기서를 제출하게 한 입찰참가자에 대하여
　부정당업자 입찰 참가자격 제한 조치를 하는 사례

2) 예정가격 결정

① 복수예비가격 산정 범위

㉠ 조달청

서로 다른 금액을 기초금액 기준으로 해당 산정 범위 내에서 15개의 복수
예비가격을 0%~±2% 범위 내에서 작성

㉡ 지방자치단체

계약 담당자는 기초금액에 ±3% 상당금액의 범위 내에서 서로 다른 15개
의 가격(이하 '복수예비가격'이라 한다)을 작성하되, 이 경우 특별한 사유가
없는 한 0%~+3% 범위 내에서 7개, 0%~-3% 범위 내에서 8개의 복수예
비가격을 작성하여야 한다.(다만, 「출판문화산업 진흥법」 제22조에 해당하
는 간행물을 구매하는 경우에는 0%~+1% 범위 안에서 15개의 복수예비가
격을 작성해야 한다) 이때 복수예비가격 간의 폭은 최대한 확대한다.

※ 지방자치단체 입찰 및 계약집행기준 제2장 예정가격 작성 요령

② 입찰 참가자가 4개의 예비가격을 추첨한 후 산술평균하여 예정가격 결정

③ 전자입찰의 경우 입찰 참가자가 15개 복수예비가격 중 2개씩 선택하여 가
장 많이 선택된 4개를 산술평균한 금액을 예정가격으로 결정한다.

※ 무자격자가 결정한 복수예비가격이 선택되어 예정가격 결정에 영향을 미치더
라도 그 예정가격은 유효하다.(g2b 이용약관 제22조)

④ 기초금액은 입찰 집행 5일 전까지 G2B, 인터넷 또는 홈페이지에 공개한다.

3) 예정가격 결정 절차

예정가격은 입찰 또는 계약체결 전에 낙찰자 및 계약금액의 결정기준으로 삼
기 위하여 미리 작성·비치하여 두는 가격으로서 국가계약은 기획재정부 계약
예규인 예정가격작성기준 제44조의 3에 절차를 정하고 있으며 조달청에서는 「조
달청 내자구매업무 처리규정」에서 정하고 있는 절차에 따라 예정가격을 결정하
고 있고, 지방계약은 「지방자치단체 입찰 및 계약집행기준」 제2장 예정가격 작
성 요령에 그 절차를 정하고 있으며 흐름도는 다음과 같다.

① 추정가격 작성	‣ 예산에 반영된 금액이나 해당 규격서·설계서 등에 따라 산출된 금액 등을 기준으로 하여 관급자재로 공급될 부분의 가격을 제외하고 산정(공개)

⇩

② 설계가격 또는 조사가격 작성	‣ 기술 또는 설계 담당 공무원(원가계산 용역기관 포함) 등이 설계서에 따라 거래실례가격, 원가계산에 따른 가격 등으로 작성하거나 직접 조사하여 작성

⇩

③ 기초금액 작성·공개	‣ 설계가격 또는 조사가격에 대하여 적정 여부를 검토하여 재료비·노무비·경비 등의 물량 또는 가격이 해당 비목의 반영 기준에 비하여 과다·과소반영되어 있는 경우 이를 가감조정한 후 부가가치세 등을 합산하여 기초금액 작성 ※ 다만, 「출판문화산업 진흥법」 제22조에 해당하는 간행물 구매 시에는 간행물의 정가를 기초금액으로 함 – 계약 심사부서는 원가심사를 통해 가격의 과다·과소를 검토 – 계약담당자는 검토결과를 고려하여 기초금액을 확정 – 기초금액이 가감 조정된 경우에는 예정가격조서에 그 조정내용과 사유를 명시 ‣ 작성된 기초금액을 입찰서 제출 마감일로부터 5일 전까지 지정정보처리장치나 그 지방자치단체가 설치·운영하는 인터넷 홈페이지에 공개

⇩

④ 복수예비가격 작성	‣ 기초금액의 ±3% 상당 금액(국가계약은 ±2%), 범위 내에서 서로 다른 15개의 예비가격을 작성

⇩

⑤ 예정가격 결정	‣ 입찰 실시 후 참가자 중에서 4인을 선정하여 복수예비가격 중에서 4개를 추첨토록 한 후 이들의 산술평균가격을 예정가격으로 확정 – 4개의 예비가격과 이외의 예비가격은 개찰장소에서 입찰참가자들이 확인할 수 있도록 공개하고 예정가격은 비공개 – 입찰종료 후에는 복수예비가격 15개, 추첨된 복수예비가격 4개와 예정가격을 입찰참가자에게 공개

3. 입찰과 예정가격 결정

371

> ‣ 전자입찰의 경우 입찰참가자가 15개 복수예비가격 중 2개씩 선
> 택하여 가장 많이 선택된 4개를 산술평균한 금액을 예정가격으
> 로 결정
> ※ 무자격자가 선택한 복수예비가격이 예정가격 결정에 영향을 미
> 치더라도 그 예정가격은 유효.(g2b 이용약관 제22조)

※ 수의계약은 기초금액이나 복수예비가격을 작성하지 않고 설계가격 또는 조사가격
의 적정 여부를 검토하여 조정한 후 부가가치세 등을 합산한 금액으로 기초금액을
산정하므로 ①, ②, ③의 절차만 해당(소액수의계약은 입찰의 절차와 같음)

4. 적격심사 시 소수점 처리 방법

1) 조달청 (국가계약)

계산 결과 소수점 이하의 숫자가 있는 경우, 별도로 정하지 아니한 때에는 다
음과 같이 산정한다.(「조달청 시설공사 적격심사 세부기준」 제8조)
① 시공 비율의 소수점 여섯째 자리 이하는 버림한다.
② 시공경험, 기술능력, 시공평가결과, 경영상태, 신인도, 자재 및 인력조달가
격의 적정성, 하도급 관리계획의 적정성 평가에 대하여는 해당 분야별 평
가의 최종 단계 점수의 소수점 셋째 자리 이하는 올림한다.
③ 기타 평가 최종 단계 점수의 소수점 셋째 자리 이하는 올림한다.

2) 지방자치단체

(1) 소수점 처리 방법

① 적격심사 세부기준 중 해당 규정에서 따로 정한 경우를 제외하고는 「지
방자치단체 입찰 시 낙찰자 결정기준」 제2장 시설공사 적격심사 세부기

준 제10절 "2. 소수점 처리 방법"을 따른다.

㉠ 시공비율의 소수점 여섯째 자리 이하는 버림한다.

㉡ 시공 비율 이외의 경우는 소수점 다섯째 자리에서 반올림한다.

㉢ 비교·대비 등의 계산 값을 평가등급 등의 구간(이상·미만 등)에 적용할 때에는 반올림하지 아니 하고 그대로 그 구간에 해당하는 등급의 점수로 산정한다.

> **예 1.** A등급 150% 이상(8점), B등급 120% 이상 150% 미만(7.2점)인 경영상태 유동비율 평가 시 업종평균 유동비율이 132.81%, 해당업체 유동비율이 199.21%라면 199.21% / 132.81% = 149.9962352…%이므로 반올림하지 않고 120% 이상 150% 미만 구간인 B등급 점수 7.2점으로 산정함

> **예 2.** 자재와 인력조달가격 적정성 평가기준 중 추정가격 100억 원 이상 공사의 일반관리비 배점은 기준율의 100% 이상 1점, 80% 이상 2점이고, 일반관리비율이 4.19%인 입찰에서 입찰자 반영 비율이 4.18985…%라면 4.1899% / 4.19% = 99.997613…%이므로 반올림하지 않고 80% 이상 구간에 해당하는 점수 2점으로 산정함

(2) 비율 합산 처리 방법

① 시공 비율·업종 평가비율 등의 계산 시 버림·반올림 등으로 인하여 그 합계(총계) 등이 초과되거나 미달되는 경우는 다음과 같이 처리한다.

㉠ 합계 등이 초과되는 경우는 올린 수 중 가장 작은 수부터 버리는 방법 등으로 일치시킨다.

㉡ 합계 등이 미달되는 경우는 버린 수 중 가장 큰 수부터 올리는 방법 등으로 일치시킨다.

5. 적격심사기준

　국가계약「적격심사기준」은 국계령 시행령 제42조 제5항에 따라 공사에 대한
적격심사의 항목 및 배점 한도를 정하고 있으며 물품 및 용역에 대한 기준은 각
중앙관서의 장이 직접 공사 적격심사 항목 및 배점 한도를 준용하여 기획재정부
장관과 협의를 거쳐 정하도록 되어 있다. 그에 따라 조달청 등에서는 기획재정부
장관과 협의를 거쳐 물품·용역에 대한 적격심사기준을 정하여 운용하고 있으며
지방계약「적격심사기준」은 지계령 시행령 제42조에 따라 행정안전부 장관이 심
사기준을 정하고 있으며, 지방자치단체의 장이 공사 또는 물품·용역 등의 특성
상 필요하다고 인정되는 경우에는 시·도 및 그 시·도의 관할 구역에 있는 시·
군·구에 적용하는 심사기준을 정할 수 있다. 이 경우 해당 심사기준에 대해 15일
이상의 시행 유예기간을 두어야 하며, 심사기준을 시행하기 전까지 행정안전부
장관에게 그 내용을 통보해야 한다.

【국가계약 적격심사기준(기재부, 조달청)】

행정규칙명	행정규칙 종류
■ 「적격심사기준」 ➡ 공사만 규정	기획재정부 계약예규
■ 「조달청 기술용역 적격심사 세부기준」	조달청 지침
■ 「조달청 물품구매적격심사 세부기준」	조달청 지침
■ 「조달청 시설공사 적격심사 세부기준」	조달청 지침
■ 「조달청 일반용역 적격심사 세부기준」	조달청 공고
■ 「조달청 임대차 적격심사 세부기준」	조달청 지침
■ 「물품 적격심사기준에 관한 훈령」	국방부 훈령
■ 「일반용역 적격심사기준에 관한 훈령」	국방부 훈령
■ 「군시설공사 적격심사기준에 관한 훈령」	국방부 훈령
■ 「기술용역 적격심사기준에 관한 훈령」	국방부 훈령
■ 「국외조달 적격심사기준」	방위사업청 예규
■ 「국제운송용역 적격심사기준」	방위사업청 예규

▪「물품 적격심사 기준」	방위사업청 예규
▪「수상함 적격심사 기준」	방위사업청 예규
▪「수중함 적격심사기준」	방위사업청 예규
▪「용역 적격심사 세부기준」	방위사업청 예규
▪「장비정비용역 적격심사기준」	방위사업청 예규
▪「전투근무지원정 적격심사 기준」	방위사업청 예규
▪「기술용역적격심사 세부기준」	산업자원부 훈령
▪「일반용역적격심사 세부기준」	산업자원부 예규
▪「매장문화재 조사용역 적격심사 세부기준」	문화재청 고시
▪「산림청 산림사업 적격심사 세부기준」	산림청 예규
▪「용역적격심사 및 협상에 의한 낙찰자 결정기준」	국토교통부 훈령
▪「용역적격심사기준」	국토지리정보원 예규
▪「우편물 배달 및 우편기계 유지보수 위탁용역에 관한 적격심사 기준」	우정사업본부 예규

※ 상기 기준 이외에도 부처(기관)별 적격심사기준이 있음

【지방계약 적격심사기준(행안부)】

행정규칙명	행정규칙 종류
▪「시설공사 적격심사기준」	지방자치단체 입찰시 낙찰자 결정기준
▪「기술용역 적격심사 세부기준」	〃
▪「물품 적격심사 세부기준」	〃
▪「협상에 의한 계약체결기준」	〃
▪「일괄입찰 등에 의한 낙찰자 결정기준」	〃
▪「설계공모 운영요령」	〃
▪「기술제안입찰 등에 의한 낙찰자 결정기준」	〃
▪「학술연구용역 적격심사 세부기준」	〃

【서울시 적격심사기준】

구분		적용기준
공사	턴키 · 대안입찰	조달청 기준 적용
	종합평가 낙찰제(300억 원 이상)	『지방자치단체 입찰시 낙찰자 결정기준』(행정안전부 예규) 제1장
	PQ공사(18종) (200억 원 이상 300억 원 미만)	『지방자치단체 입찰시 낙찰자 결정기준』(행정안전부 예규) 제1장
	공사(300억 원 미만)	『지방자치단체 입찰시 낙찰자 결정기준』(행정안전부 예규) 제2장
용역	기술용역	『지방자치단체 입찰시 낙찰자 결정기준』(행정안전부 예규) 제3장
	학술용역	『지방자치단체 입찰시 낙찰자 결정기준』(행정안전부 예규) 제3장
	건설폐기물처리용역	『건설폐기물처리용역 적격업체 평가기준』(환경부 고시)
	일반폐기물처리용역	『서울특별시 폐기물처리용역 적격심사 세부기준』
	일반용역	『서울특별시 일반용역 적격심사 세부기준』
	교통신호제어기 유지보수용역	『서울특별시 교통신호제어기 유지보수용역 적격심사 세부기준』
	상 · 하수도 검침용역	『서울특별시 상 · 하수도 검침관련용역 적격심사 세부기준』
물품	일반 물품	『지방자치단체 입찰시 낙찰자 결정기준』(행정안전부 예규) 제4장
	중소기업자 간 경쟁물품	『중소기업자 간 경쟁제품 중 물품의 구매에 관한 계약이행능력심사세부기준』(중소벤처기업부 고시)

1] 적격심사 평가항목

(1) 적격심사 세부기준

「적격심사기준」은 수행능력, 입찰가격, 신인도 등의 항목으로 구성되어 있으며 지자체, 조달청 등 기관별로 사업 특성을 반영하여 세부내용이 약간의 차이를 보이고 있다.

(2) 규모 · 심사항목별 배점기준

국가계약은 기획재정부 계약예규인 「적격심사기준」에 공사 적격심사 기준을 규정하고 있고, 용역, 물품 적격심사 기준은 조달청 지침으로 제정되어 있다. 지방계약은 「지방자치단체 입찰 시 낙찰자 결정기준」에 적격심사 세부기준을 정하고 있으며 국가계약이나 지방계약 모두 부실공사 시 파급력 등을 고려하여 대형 공사일수록 수행능력을 중점적으로 평가하고 소규모 공사는 입찰 가격 위주로 평가하고 있다.

【조달청 시설공사 적격심사 항목별 배점기준】

종합공사 · 전문공사 / 전기 · 정보통신 · 소방시설 · 문화재 공사 등	100억 원 미만 50억 원 이상	50억 원 미만 10억 원 이상 / 50억 원 미만 3억 원 이상	10억 원 미만 3억 원 이상 / -	3억 원 미만 2억 원 이상 / 3억 원 미만 8천만 원 이상	2억 원 미만 / 8천만 원 미만
계	100	100	100	100	100
수행능력평가	30	30	20	10	10
시공경험	15	15	10	5	–
기술능력	–	–	–	–	–
시공평가 결과	–	–	–	–	–
경영상태	15	15	10	5	10
신인도	±0.9	–	–	–	–
특별신인도	–	–	–	–	2
입찰가격	50	70	80	90	90
하도급관리계획의 적정성	10	–	–	–	–
자재 및 인력조달가격의 적정성	10	–	–	–	–
적격통과점수 (낙찰하한율)	95 (85.495%)	95 (86.745%)	95 (87.745%)	95 (87.745%)	95 (87.745%)

관련기준	「조달청 시설공사 적격심사세부기준」			
	〈별표1〉	〈별표2〉	〈별표3〉	〈별표4〉

【지방계약 시설공사 적격심사 항목별 배점기준】

모든 공사	일반 공사						
	300억 원 미만 100억 원 이상	100억 원 미만 50억 원 이상	50억 원 미만 30억 원 이상	30억 원 미만 10억 원 이상	10억 원 미만 4억 원 이상	4억 원 미만 2억 원 이상	2억 원 미만
계	100	100	100	100	100	100	100
수행능력평가	44	30	25	30	20	10	10
시공경험	14	15	15	15	10	종합 4.8 전문·그밖에 5	4.8
기술능력	15	–	–	–	–	–	–
경영상태	15	15	10	15	10	5	5
접근성	–	–	–	–	+0.5 (5억 미만 공사)	종합 +0.2 전문·그 밖에 +0.5	+0.2
신인도	±1.2	±1.2	±1.2	–	–	–	–
특별신인도	–	–	–	–	+1	+1	+1
입찰가격	30	50	70	70	80	90	90
하도급관리계획 등의 적정성	12~△3	10~△3	5~△3	–	–	–	–
자재와 인력조달가격의 적정성	14	10	–	–	–	–	–
그밖에 해당공사 수행능력상 결격여부	△10	△10	△10	△10	△10	△10	△10
적격통과점수 (낙찰하한율)	92 (79.995%)	95 (85.495%)	95 (86.745%)	95 (86.745%)	95 (87.745%)	95 (87.745%)	95 (87.745%)
관련기준	「지방자치단체 입찰시 낙찰자 결정기준」 제2장 "시설공사 적격심사 세부기준"						
	〈별표1〉	〈별표2〉	〈별표3〉	〈별표4〉	〈별표5〉	〈별표6〉	〈별표7〉

접근성: 5억 원 미만인 공사만 적용, 전기·정보통신·소방공사와 추정가격이 5억 원 이상인 종합·전문공사, 입찰공고일 전일을 기준으로 공사현장을 관할하는 시·군과 인접 시·군에 해당업종 등록자가 10인 미만인 경우 및 공사현장이 특별시·광역시·특별자치시·제주특별자치도 관할구역 안에 있는 공사는 적용 제외

※ 2024.4.1.부터 모든 공사의 수행능력상 결격여부 배점 △10→△15로 개정 예고 중

모든 공사	재난복구공사					
	70억 원 미만 50억 원 이상	50억 원 미만 30억 원 이상	30억 원 미만 10억 원 이상	10억 원 미만 5억 원 이상	5억 원 미만 3억 원 이상	3억 원 미만
계	100	100		100		100
수행능력평가	30	22	27	18		13
시공경험	15	15		10		5
경영상태	15	7	12	8	7.5	7.5
시공여유율	–	–		–	0.5	0.5
접근성	–	–		–	+0.5	+0.5
신인도	±1.2	±1.2	–	–		–
특별신인도	–	–		+1		+1
입찰가격	50	70		80		85
하도급관리계획 등의 적정성	10~△3	5~△3	–	–		–
자재와 인력조달가격의 적정성	7					
해당지역 영업활동기간	3	3		2		2
해당지역 실제 영업활동 여부	△10	△10		△10		△10
그밖에 해당공사 수행능력상 결격여부	△10	△10		△10		△10
적격통과점수 (낙찰하한율)	95 (85.495%)	95 (86.745%)		95 (87.745%)		95 (87.745%)
관련기준	「지방자치단체 입찰시 낙찰자 결정기준」 제2장 "시설공사 적격심사 세부기준"					
	〈별표8〉	〈별표9〉		〈별표10〉		〈별표11〉

※ 2024.4.1.부터 모든 공사의 수행능력상 결격여부 배점 △10→△15로 개정 예고 중

2) 적격심사 평가기준 및 평가 방법

공공계약에서 적격심사 세부평가 기준은 국가, 지자체, 조달청 등 기관의 사업내용, 특성, 규모, 성질 등에 따라 다르게 정하고 있고 전체적인 틀로 보면 평

가항목은 같으나 세부적으로 그 내용을 살펴보면 복잡하고 다양하다는 사실을 알 수가 있다. 따라서 **본편에서는 지방계약 시설공사 적격심사 기준에** 대해서 설명하고자 한다.

(1) 용어의 정의

① 추정가격: 지계령 제7조에 따라 예산에 계상된 금액이나 설계서 등에 따라 산출된 금액 등을 기준으로 부가가치세법에 따른 부가가치세와 관급 자재로 공급될 부분의 가격을 제외하고 산정된 가격

② 심사분야: 수행능력 평가, 입찰가격 평가 등을 심사분야라 한다.

③ 심사항목: 심사분야별 평가항목을 말하며 수행능력 평가의 시공경험, 기술능력, 경영상태(재무비율·신용평가), 신인도 등

④ 시공능력평가액: 건설산업 기본법 등 관련 법령에 따라 관련 협회에서 공사 업종별로 사업자가 시공할 수 있는 능력을 매년 평가하여 공시한 금액으로 관련 법령에 따른 시공능력 공시액

⑤ 시공 비율: 공동수급체 구성원이 각각 시공할 비율을 말하며 각 구성원의 시공경험, 기술능력, 경영상태 등을 평가하는 데 활용

⑥ 업종평가 비율: 해당공사 추정가격을 기준으로 산정한 평가 대상 업종별 추정가격의 합계(금액) 대비 해당 업종별 추정가격의 비율

⑦ 평가 대상 업종별 추정가격: 해당 공사 추정가격을 기준으로 각 평가 대상 업종에 해당하는 금액

⑧ 지역 업체: 해당 공사현장을 관할하는 특별시·광역시·도·특별자치도에 주된 영업소를 둔 자

⑨ 전문·그 밖의 공사: 전기·정보통신·소방·전문·설비·문화재·지하수개발·그 밖의 다른 법령에 따른 공사

(2) 평가기준

① 시설공사 적격심사는 ❶ 수행능력 ❷ 입찰가격 ❸ 하도급관리계획의 적
정성 ❹ 자재와 인력조달가격의 적정성 ❺ 그 밖에 해당 공사 수행 관련
결격 여부 등을 평가한다.

② 각 평가 요소의 기준일은 평가기준에서 별도로 정한 경우를 제외하고는
입찰공고일로 한다.

③ 평가 자료가 없거나 해당 발주기관에서 요구하는 평가 자료를 제출 기일
까지 제출하지 않는 경우에는 해당 자료를 제외하고 평가한다.

④ 추정가격이 100억 원 이상인 공사의 기술자 보유상황은 입찰공고일을 기
준으로 관련 협회에서 발급한 증명서로만 평가한다.

⑤ 신인도, 하도급관리계획의 적정성, 자재와 인력조달 가격의 적정성 평가
는 **입찰공고일**을 기준으로 인정된 평가 자료를 적격심사서류 제출 마감
일까지 제출받아 평가한다.

⑥ 해당 공사의 입찰 참가에 필요한 복수의 업종(종합건설업 등 동일 법령
안의 업종은 제외) 중 하나만 등록해도 입찰 참가자격을 주는 공사의 경
우 ❶ 시공경험 ❷ 경영상태 ❸ 기술능력 평가는 해당 분야의 **배점 한도
(만점)**를 적용한다.

> 산림자원법에 따른 산림사업 중「도시림 등」입찰 시 산림조합, 산림
> 법인, 조경식재·시설물 공사업 중 어느 하나만 등록해도 참가자격을
> 주는 경우 수행능력(❶, ❷, ❸)은 만점 부여

⑦ 평가자료 중에서 관련 협회 신고 내용 중 일정 금액단위 미만으로 버린
금액이 낙찰자 결정에 영향을 미치는 경우에는 실적증명서 등 입증자료를
제출받아 버린 금액을 합산하여 평가한다.

⑧ 신인도 평가 자료는 입찰 참가자 또는 관련기관이 직접 제출 또는 통보한
자료로 평가하거나 입찰 참가자 또는 관련기관이 관련 협회에 직접 신고
또는 통보한 자료가 있는 경우에는 관련 협회에서 발급하는 확인서로 평
가할 수 있다. 신인도 평가항목 중 가산점 평가항목에 대한 증빙자료는

적격심사서류 제출 시 제출된 자료로만 평가하되, 이미 제출된 자료의 유효기간이 지나지 아니한 경우에는 해당 증빙자료의 제출을 생략하게 할 수 있다.

⑨ 심사분야별 평가점수는 가산점 등으로 인하여 해당 심사분야별 평가점수가 배점 한도를 초과하더라도 배점 한도(만점)를 적용한다.

(3) 공동 수급체 평가 방법

① 공동 수급체 평가

㉠ 시공 경험 평가

가. 최근 10년간 동일 실적 평가는 평가기준 규모 대비 공동수급체 구성원 각각의 동일 실적에 시공 비율을 곱한 후 합산한 실적에 해당하는 등급으로 평가

나. 최근 3년간(5년간) 업종별 실적평가 시 실적계수에 따른 경우는 평가 대상 업종별 추정가격에 일정 비율(1.8배, 1.7배, 1.5배 등)을 곱한 금액 대비 구성원 각각의 실적금액에 시공 비율을 곱하여 합산한 실적금액으로 평가한다. 다만, 등급별 입찰 제한기준에 따른 입찰공사는 공동 수급체 구성원이 각각 보유한 시공실적을 합산하여 평가

다. 최근 3년간(5년간) 업종별 실적평가 시 실적계수에 따르지 않는 경우나 최근 3년 이상 업종별 실적평가 시 평가 대상 업종별 추정가격 대비 구성원 각각의 실적금액에 시공 비율을 곱하여 합산한 금액에 해당하는 등급으로 평가

라. 최근 3년간(5년간) 업종별 실적이나 최근 3년 이상 업종별 실적평가를 할 때 복합 업종을 평가하는 경우는 "나"와 "다"에 따라 각각 산정된 평가점수에 업종 평가 비율을 곱하여 산정한 점수를 합산하여 평가한다. 이 경우 어느 하나의 업종 점수가 해당 업종 비율 한도를 초과하더라도 다른 업종에 배분하지 아니한다.

㉡ 경영 상태 평가는 구성원 각각의 경영 상태 평가 점수에 시공 비율을 곱

하여 산출된 점수를 합산하여 평가

ⓒ 기술능력 평가

　가. 기술능력 평가 심사항목 중 기술자 보유상황 평가는 구성원 각각의
　　　보유 내용에 시공 비율을 곱한 후 합산하여 평가

　나. 기술개발투자비율 평가는 구성원 각각의 평가 점수에 시공 비율을 곱
　　　한 후 합산하여 평가

　다. 신기술 개발·활용실적은 공동 수급체 대표자만 평가

　라. 시공평가 결과는 공동 수급체가 제출한 시공 경험에 대한 "시공평가
　　　결과"를 산술 평균한 값으로 평가

　마. 그밖에 해당 공사 시공에 특히 필요한 사항(항목)은 구성원이 제출한
　　　실적 중에서 최근에 준공한 실적 1건을 대상으로 평가

ⓔ 신인도 평가

　구성원 각각의 신인도 평가 점수에 시공 비율을 곱하여 산출한 평가 점
　수를 합산하여 평가

ⓜ 재난복구공사의 시공여유율 평가

　구성원 각각의 평가 점수에 시공 비율을 곱한 후 합산하여 평가

ⓑ 하도급관리계획 등의 적정성 평가

　공동 수급체가 제출한 하도급관리 계획서 등을 대상으로 평가한다. 표준
　하도급계약서 준수 여부에 대한 평가는 구성원 각각의 점수에 시공 비율
　을 곱한 후 합산 적용한다.

ⓢ 구성원의 시공 비율 산출과 평가 방법

　가. 구성원의 시공 비율은 공동수급협정서의 출자 비율·분담 내용에 따
　　　른 참여 비율(금액기준)을 원칙으로 한다.

　나. 일부 업종만 평가하는 공사의 경우 각 구성원의 시공 비율은 평가 대
　　　상 업종에서 차지하는 시공 비율을 다시 백분율로 환산하여 산정하
　　　며, 이 경우 계약 담당자는 추정가격을 기준으로 평가 대상 업종과
　　　평가 대상 업종별 추정가격을 입찰공고에 명시한다.

5. 적격심사기준

> A업체 토목 50%, B업체 조경 30%, C업체 소방 20%로서 소방공사를 제
> 외하고 평가하는 경우 50:30을 백분율로 환산
> 시공비율은 A업체 62.5%, B업체 37.5%가 됨.

다. 건설산업 기본법령의 적용을 받는 종합공사로서 추정가격이 30억 원
(전문·그 밖의 공사는 3억 원) 이상인 경우 각 구성원의 시공 비율에
입찰금액(복합 업종은 평가 대상 업종별로 입찰금액에 해당 공사 추
정가격 대비 평가 대상 업종별 추정가격의 비율을 곱한 금액을 말한
다)을 곱한 금액이 시공능력평가액을 초과하는 구성원의 시공 비율은
시공능력평가액에 해당하는 시공 비율만 인정하여 평가하고 잔여 시
공 비율은 다른 구성원에게 배분하지 않는다. 토목건축공사업은 입찰
공고의 평가 대상 업종에 해당하는 토목 분야나 건축 분야의 시공능
력평가액으로 시공 비율을 산정한다.

> 1. 공사명: ○○ 도로개설공사
> 2. 공사금액: 99억 원(추정가격 90억 원)
> 3. 공종별 분담비율
>   – 대표사(토목공사업): 60%
>   – 분담사(포장공사업): 40%
> 4. 입찰금액: 85억원
> 5. 구성원별 입찰금액시
>   – 대표사: 85억 원×60% = 51억 원
>   – 분담사: 85억 원×40% = 34억 원
> 6. 구성원별 시공능력평가액
>   – 대표사: 토목공사업 70억 원
>   – 분담사: 포장공사업 25억 원
> 7. 구성원별 시공비율은?
>   – 대표사: 60%(100%×60%)
>   (70억 원/51억 원)=137%≒100%
>   – 분담사: 29.41%(73.53%×40%)
>   (25억 원/34억 원)=73.53%

라. 건설산업 기본법령에 따른 건설공사로서 지역의무공동도급으로 참가한 지역 업체(대표자를 포함한다)의 시공 비율은 시공능력평가액의 2배의 범위 안에서 시공 비율만큼 인정한다.

마. 건설산업 기본법의 적용을 받는 종합공사로서 추정가격이 30억 원(전문·그 밖의 공사는 3억 원) 미만인 경우는 공동수급협정서에 정한 시공 비율을 그대로 적용하여 평가한다.

바. 시공능력평가액이 발표되지 않은 업종은 공동수급협정서에 정한 시공 비율을 그대로 적용하여 평가한다.

사. 공동 도급과 단독 참가를 허용한 입찰에 단독으로 참가한 자는 시공능력평가액에 따른 평가를 하지 않는다.

② 지역 업체 가산평가

㉠ 적용 대상: 지역 업체가 공동도급 입찰에 구성원으로 참여한 공사

㉡ 적용 제외

가. 지계법 제29조 제2항에 따른 지역의무공동도급 입찰공사

나. 지계칙 제24조에 따른 지역 제한 입찰공사

다. 해당 지역 소재 업체가 10인 미만인 경우

라. 그 밖에 발주기관이 입찰공고에 지역 업체 가산평가를 제외한 공사

㉢ 구성원으로 참여한 지역 업체의 가산평가는 수행능력평가의 심사 항목(신인도 제외)별 평가 점수에 다음의 가산 비율을 적용하여 평가한다. 다만, 공사현장이 2개 이상의 시·도에 걸치는 경우는 각 시·도의 가산 비율을 합산 적용한다.

공사현장이 **1개** 시·도에 있는 경우		공사현장이 **2개** 이상 시·도에 걸치는 경우	
지역 업체 합산시공비율	가산비율	각 시·도 지역 업체 합산시공비율	가산비율
15% 이상 20% 미만	2%	7.5% 이상 12.5% 미만	2%
20% 이상 25% 미만	4%	12.5% 이상 17.5% 미만	4%

25% 이상 30% 미만	6%	17.5% 이상 25.0% 미만	6%
30% 이상 35% 미만	8%	25.0% 이상	8%
35% 이상 40% 미만	10%		
40% 이상 45% 미만	12%		
45% 이상 50% 미만	14%		
50% 이상	16%		

③ 평가 대상 업종 이외의 구성원 평가

평가 대상 업종이 아닌 업종으로 참가한 구성원은 평가에서 제외한다. 다만, 해당 공사 수행능력상 결격 여부는 구성원 모두 평가한다.

(4) 적격심사 서류 제출

① 계약 담당자는 최저가격으로 입찰한 자부터 순서대로 예상 종합평점 등을 고려하여 일정순위 업체까지 동시에 적격 심사서류 제출을 요구할 수 있다.

② 계약 담당자는 입찰가격 이외의 분야에서 만점을 받더라도 적격 통과 점수에 미달되는 심사 대상자에게 탈락 사실을 미리 고지하고 적격 심사서류 제출을 생략하게 할 수 있다.

③ 계약 담당자는 적격 심사서류를 제출하더라도 적격 통과 점수에 미달된다고 판단되는 경우에는 해당 입찰자에게 적격 심사 포기서를 제출하게 할 수 있다.

* 심사 대상자가 스스로 포기서를 제출하는 경우 부정당 업자로 제재

④ 계약 담당자는 예상 종합평점이 적격 통과 점수 이상인 최저가 입찰자를 적격심사 대상자로 선정하고 평가에 필요한 적격 심사서류 제출을 요구해야 한다.

㉠ 적격 심사서류 제출: 7일 이내(재난복구공사는 4일)

㉡ 추정가격 100억 원 미만 30억 원 이상 공사: 15일(재난복구공사는 10일) 이내 제출

㉢ 제출 서류

　가. 시공경험, 기술능력, 경영상태, 신인도, 기술자 보유현황

　나. 하도급 관리계획 등의 적정성(추정가격이 30억 원 이상인 입찰공사)

　다. 자재와 인력조달가격의 적정성(추정가격이 50억 원 이상인 입찰공사)

　라. 시공 여유율(재난복구공사에 한한다)

　마. 그 밖에 계약 담당자가 요구한 서류

⑤ 계약 담당자는 신인도 평가 자료나 하도급관리계획 등의 적정성 평가 자료를 제출할 때 적격 심사 대상자에게 각서를 제출하게 하고, 이의 사실 여부를 관련 협회 등 관련 기관에 전산 확인하거나 서면으로 조회할 수 있으며, 심사서류 중 평가 내용이 동일한 자료는 조달청 국가종합전자조달시스템에 등록된 자료로 확인할 수 있다.

⑥ 계약 담당자는 불가피한 사유가 없는 한 적격 통과 점수에 미달되는 적격 심사 대상자에게 1회에 한하여 자료 제출 통보를 받은 날로부터 7일(재난 복구공사는 3일) 이내에 심사서류를 보완·추가 제출하게 하여야 한다.

⑦ 계약 담당자는 보완·추가 요구한 서류가 제출되지 아니한 때에는 당초 제출된 서류로만 심사하되, 당초 제출된 서류가 불명확하여 심사하기 곤란한 경우에는 심사에서 제외한다.

⑧ 계약담당자는 예정가격이 100억원 미만인 공사의 경우 입찰가격을 예정 가격 중 재료비·노무비·경비와 이에 대한 부가가치세의 합계액의 100분의 98 미만으로 입찰한 자에게 탈락 사실을 미리 고지하고 적격심사서류 제출을 생략하게 한다.

(5) 적격심사

① 계약 담당자는 7일(재난복구공사는 4일) 이내에 심사해야 한다. 다만, 불가피한 경우에는 3일(재난복구공사는 2일)의 범위에서 그 기간을 연장할 수 있다.

② 계약 담당자는 유권해석, 고문변호사 자문, 전문기관 검토 의뢰, 계약심의위원회 심의 등 불가피한 사유로 소요되는 기간은 심사 기간에서 제외한다.

(6) 낙찰자 결정

① 종합 평점이 추정가격이 100억 원 미만인 공사는 95점(이하 "적격 통과 점수"라 한다), 100억 원 이상 300억 원 미만인 공사는 92점 이상인 자를 낙찰자로 결정한다.

② 동일 가격으로 입찰한 최저가 입찰자가 2인 이상인 경우에는 적격 통과 점수 이상인 자 중에서 최고점수를 받은 자를 낙찰자로 결정하고, 종합 평점도 동일한 경우에는 추첨을 통하여 낙찰자를 결정한다.

③ 계약 담당자는 낙찰자 결정 결과를 해당자에게 서면이나 지정정보처리장치로 지체 없이 통보해야 한다.

④ 선순위 낙찰자가 다음 각호에 해당하는 경우에는 차순위자부터 순서대로 적격심사를 하여 낙찰자를 결정한다.
㉠ 계약체결 이전에 부적격자(적격 통과 점수에 미달된 자를 말한다)로 판명되어 낙찰자 결정이 취소된 경우
㉡ 부도 등 불가피한 사유로 해당 계약을 이행할 수 없어 적격심사상에서 제외한 경우

⑤ 다음 각호에 해당하는 자는 낙찰자 결정 대상에서 제외하고 차순위 입찰자를 동일한 방법으로 심사하여 낙찰자를 결정한다.

　㉠ 적격심사 서류제출 요구를 받고 정한 날짜까지 제출하지 아니한 자

　㉡ 보완·추가서류를 제출한 후에도 종합 평점이 적격 통과 점수에 미달되는 자

(7) 재심사

① 계약 담당자는 부적격 통보를 받은 자나 선순위자 심사 내용이 부당하다고 판단한 후순위자가 부적격 통보일이나 낙찰자 결정일로부터 3일 이내에 심사 결과에 대한 이의신청이나 재심사를 요청한 때에는 특별한 사유가 없는 한 5일 이내에 재심사를 해야 한다.

② 이의신청이나 재심사를 요청하는 자는 요청사유서와 관련 증빙자료를 계약 담당자에게 제출해야 한다.

③ 계약 담당자는 재심사 결과를 지체 없이 해당자에게 통보해야 한다.

④ 계약 담당자는 재심사 요청서를 받은 때에는 적격심사에 필요한 추가 서류를 접수할 수 없다.

(8) 수행능력 결격 사유

① 낙찰자 결정 이전에 입찰업체(공동 수급체는 대표자)가 부도·파산·해산·영업정지 등(이하 "부도 등"이라 한다)의 상태에 있는 경우에는 해당 업체(공동 수급체)를 적격심사에서 제외한다. 다만, 부도 업체에 대한 법원의 회생절차개시결정이 있는 경우 평가 시 포함한다.

② 공동 수급체 대표자가 아닌 구성원이 부도 등의 상태에 있는 경우에는 해당 구성원을 제외하고 잔존 구성원의 자료로만 평가하고 평가에서 제외된 자의 시공 비율은 잔존 구성원에게 배분하지 아니한다.

(9) 심사 서류 부정·허위 제출자와 미제출자 처리 방법

① 적격 심사서류 중 부정하게 행사하거나 위조·변조·허위 작성된 서류가 포함된 것으로 판명된 자는 다음과 같이 처리한다. 다만, 발주기관의 사전승인 없이 하도급관리계획 등의 적정성 평가를 할 때 제출한 내용대로 이행하지 아니할 경우에는 "ⓛ"과 같이 처리한다.

ⓐ 계약체결 이전에는 낙찰자 결정 대상에서 제외하거나 낙찰자 결정 통보를 취소한다.

ⓛ 계약체결 이후에는 「지방자치단체 입찰 및 계약집행기준」 제13장 공사계약 일반조건 제8절 "3"에 정한 바에 따른다.

- 공사계약 일반조건 제8절 3 -

3. 계약 상대자의 책임 있는 사유로 인한 계약의 해제·해지

　가. 계약 상대자의 책임 있는 사유로 인한 계약의 해제·해지

　　1) 계약 상대자의 계약상 의무 불이행을 이유로 계약보증금을 세입 조치하는 경우

　　2) 입찰 과정에서 거짓 서류를 제출하여 부당하게 낙찰을 받은 경우

　　3) 계약 상대자가 정당한 이유 없이 계약 담당자의 이행 촉구에 따르지 아니한 경우

　　4) 그 밖에 정상적인 계약관리를 방해하는 불법·부정행위가 있거나 계약조건을 위반하고 그 위반으로 인하여 계약의 목적을 달성할 수 없다고 인정될 경우

　나. 계약 담당자는 "가"에 해당하면 청문 절차 등을 통하여 계약을 해지해야 하며 "가-2)"의 경우에는 해당 지방자치단체의 계약심의위원회에서 다음의 사유 중 어느 하나에 해당된다고 인정하는 경우를 제외하고는 해당 계약을 해제·해지해야 한다.

　　1) 다른 법률에서 계약의 해제·해지를 특별히 금지한 경우

　　2) 재난복구공사 등 긴급한 이행이 필요한 경우로서 새로운 계약을

체결하면 계약의 목적을 달성하기 곤란한 경우

3) 천재지변 등 부득이한 사유로 계약의 이행이 지연되는 경우로서 계약을 계속 유지할 필요성이 있다고 인정되는 경우

4) 그 밖에 계약의 이행 정도 등을 고려하여 계약을 해제 또는 해지하면 계약목적을 달성하기 곤란하거나 지방자치단체에 손해가 발생할 것으로 판단되는 경우

② 적격심사 대상자가 다음 사항 중 어느 하나에 해당하는 경우에는 지계령 제92조에 따라 입찰 참가자격을 제한해야 한다.

㉠ 적격 심사서류를 부정하게 행사하거나 위조·변조·허위 작성한 자

㉡ 정당한 사유 없이 심사서류의 전부나 일부를 제출하지 아니한 자

㉢ 정당한 사유 없이 심사서류를 제출한 후 낙찰자 결정 전에 적격심사를 포기한 자

㉣ 발주기관의 사전승인 없이 하도급관리계획 등의 적정성 평가를 할 때 제출한 내용대로 이행하지 아니한 자

3) 시공경험 수행능력평가

(1) 최근 10년간 동일 종류 공사실적 평가

동일한 종류의 공사실적은 공사의 금액이 아닌 규모 또는 양([예시] km, ㎡, ㎥, kg, 개, M, 개소 등)을 의미하고, 공사의 특성상 규모·양으로 평가하는 것이 부적정하다고 인정되는 경우 금액 기준으로 평가할 수 있으며 평가기준 등 구체적 내용은 다음과 같다.

☞ **평가 방법**

▪ **단일 업체**

$$\frac{\text{최근 10년간 해당 공사와 동일한 종류의 공사실적 합계}}{\text{해당 공사의 평가기준규모}} \times 100 \rightarrow \text{등급에 해당하는 점수}$$

▪ **공동 수급체**

$$\frac{\text{A업체(최근 10년간 동일실적×시공비율)+B업체(최근 10년간 동일실적×시공비율)+ ⋯}}{\text{해당 공사의 평가기준규모}} \times 100 \rightarrow \text{등급에 해당하는 점수}$$

▪ **등급별 점수(300억 원 미만 100억 원 이상 기준)**

A : 110% 이상   : 14.0점   D : 20% 이상   50% 미만 : 10.4점

B : 80% 이상 110% 미만 : 12.8점   E : 20% 미만   : 9.2점

C : 50% 이상   80% 미만 : 11.6점

☞ **평가 기준**

▪ **동일한 종류의 공사실적 인정범위** : 발주기관이 발주하는 공사와 공사내용이 실질적으로 동일한 종류의 실적으로 준공이 완료된 공사실적(규모·양)을 말함

▪ **동일한 종류의 공사실적 인정규모** : 발주기관이 실적으로 인정하려는 1건 공사의 하한실적 (규모·양)을 말하며, 시공실적으로 입찰참가자격을 제한한 공사규모를 원칙으로 함. 즉, 발주공사와 동일한 종류의 공사라 하더라도 인정규모보다 적은 규모의 공사는 평가대상으로 인정하지 않음

(입찰참가자격에서 제한한 규모의 70%까지 하향 조정 가능하고 하향 조정시 입찰공고에 명시)

▪ **평가기준규모** : 발주기관이 실적을 평가하기 위해 정한 기준물량·규모로 발주하려는 공사의 규모와 동일하게 적용하는 것이 원칙

(해당공사 규모의 70%까지 하향 조정 가능하고 하향 조정시 입찰공고에 명시)

☞ **평가 사례**

▪ **단일 업체**

– **전체 공사규모** : 100만㎡ 준설(추정가격 150억 원)

– **입찰참가자격 제한 기준(시공실적)** : 준설실적 30만㎡ 이상

  * 계약목적물의 규모 또는 양의 3분의 1 이내로 제한이 원칙, 필요시 1배까지 가능

– **해당 공사의 평가기준규모** : 100만㎡,   – **동일한 종류의 공사실적 인정규모** : 30만㎡

– **A업체의 동일한 종류의 모든 공사실적** : a공사 20만㎡, b공사 30만㎡, c공사 40만㎡

– **평가대상이 되는 동일한 종류의 공사실적** : b공사 30만㎡ + c공사 40만㎡ = 70만㎡

  * a공사(20만㎡)는 인정규모(30만㎡) 미만이므로 제외

– **계산 결과**

$$\frac{70만㎡}{100만㎡} \times 100 = 70\% \rightarrow \text{C(50\% 이상 80\% 미만)에 해당되므로 \textbf{11.6점}}$$

- **공동 수급체**
  - **전체 공사규모** : 100만㎥ 준설(추정가격 150억 원)
  - **입찰참가방식** : A업체 60%, B업체 40%의 공동이행방식
  - **입찰참가자격 제한 기준(시공실적)** : 준설실적 20만㎥ 이상
    - ★ 계약목적물의 규모 또는 양의 3분의 1 이내로 제한이 원칙, 필요시 1배까지 가능
  - **해당 공사의 평가기준규모** : 100만㎥, **– 동일한 종류의 공사실적 인정규모** : 20만㎥
  - **동일한 종류의 모든 공사실적** :
    - **A업체** : a공사 40만㎥, b공사 30만㎥, c공사 10만㎥
    - **B업체** : d공사 5만㎥, e공사 20만㎥, f공사 30만㎥
  - **평가대상이 되는 동일한 종류의 공사실적** :
    - **A업체** : a공사 40만㎥, b공사 30만㎥(인정규모 미만인 c공사 제외)
    - **B업체** : e공사 20만㎥, f공사 30만㎥(인정규모 미만인 d공사 제외)
  - **계산 결과**

$$\frac{A업체(70만㎥ \times 0.6) + B업체(50만㎥ \times 0.4)}{100만㎥} \times 100 = \mathbf{62\%} \rightarrow C등급에\ 해당되므로\ \mathbf{11.6점}$$

(2) 최근 3년간 동일 종류 공사실적(실적계수) 평가

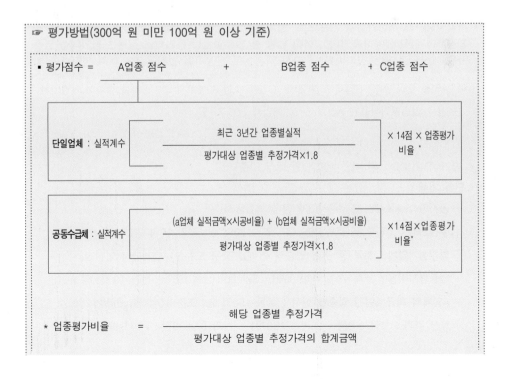

※ 업종평가비율은 **복합업종**인 경우에 사용하며 단일 업종인 경우에는 업종평가비율이

    100% 이므로 사실상 '실적계수×배점'이 평가점수임

☞ 평가 대상 업종

- 평가 대상 업종은 발주하는 공사가 복합 업종인 경우 평가하려는 공사 관련 법령상 업종 (業種)을 말함(토목·건축·조경·산업·환경설비·전문·전기·정보통신 등)

- 평가대상 업종이 **동일 법령 내 업종 간에 복합**되는 경우에는 업종별 평가비율에 따라 최근 3년간 실적을 평가

예) 「건설산업 기본법」에 따른 토목공사(A업체)와 조경공사(B업체)가 복합되는 경우 평가방법

➡ (A업체 토목공사 실적평가 점수×업종평가비율)+(B업체 조경공사 실적평가 점수×업종평가비율)

- 추정가격을 기준으로 **업종 평가 비율이 20% 미만**인 업종은 공사의 특성 등을 고려하여 평가에서 제외 가능. 다만, 제외대상 업종이 2개 이상인 경우에도 제외하는 업종의 합산비율은 20%를 초과할 수 없음

- **서로 다른 법령에 따른 업종이 복합**되는 경우에는 주 공사에 해당하는 동일 법령 내 업종만 평가하고 다른 법령에 따른 업종은 평가에서 제외 가능

예) 「건설산업 기본법」에 따른 토목·조경공사와 「전기공사업법」에 따른 전기공사가 복합된 경우 전기공사는 제외하고 평가 가능

- 계약담당자는 추정가격을 기준으로 "평가대상 업종"과 "평가대상 업종별 추정가격"을 입찰공고에 명시해야 하고, 다만, 복합 업종 중 일부업종만 평가하는 경우는 평가대상 업종만을 대상으로 "업종평가비율"을 다시 백분율로 산정하여 입찰공고에 추가 명시해야 함

예) A업체 토목 30%, B업체 조경 30%, C업체 소방 30%로서 소방공사를 제외하고 평가하는 경우 업종평가비율은 A업체 50%, B업체 50%가 됨

☞ 평가 사례(300억 원 미만 100억 원 이상 기준)

- **단일 업체**
  - **공사명** : ▲▲공원 조성공사(3개 공종 복합공사)
  - **추정가격** : 100억 원(토목 70억 원, 조경 20억 원, 전기 10억 원)
  - **입찰참가업체** : 토목 등 관련 업종의 면허를 모두 보유한 A업체에서 입찰참가
  - **업종평가비율** : 토목 70%(70억/100억), 조경 20%(20억/100억), 전기 10%(10억/100억)
  - **A업체의 최근 3년간 업종별 실적** : 토목 150억 원, 조경 15억 원, 전기 12억 원
  - **계산 결과** : 토목 9.8점 + 조경 1.1667점 + 전기 0.9333점 = **11.9점**

┌ 계산값은 1.19048이나 실적계수는 1을 넘지 않으므로 1임

- 토목 : [150억 원 ÷ (70억 원 × 1.8)] × 14점 × 70% = 9.8
- 조경 : [15억 원 ÷ (20억 원 × 1.8)] × 14점 × 20% = 1.1667
- 전기 : [12억 원 ÷ (10억 원 × 1.8)] × 14점 × 10% = 0.9333

- **공동 수급체**
  - **공사명** : ▲▲공원 조성공사(2개 공종 복합공사)
  - **추정가격** : 100억 원(토목 40억 원, 조경 60억 원)
  - **입찰참가방식** : A업체 50%, B업체 50%의 **공동이행방식**
  - **업종평가비율** : 토목 40%(40억/100억), 조경 60%(60억/100억)
  - **업체별 실적** : A업체 최근 3년간 토목 60억 원, 조경 40억 원

    B업체 최근 3년간 토목 40억 원, 조경 40억 원
  - **계산 결과** : 토목 3.8886점 + 조경 4.667점 = **8.5556점**

토목 : $\left[\dfrac{(A업체\ 60억\ 원 \times 0.5) + (B업체\ 40억\ 원 \times 0.5)}{40억\ 원 \times 1.8}\right]$ ×14점×40% = 3.8886점

조경 : $\left[\dfrac{(A업체\ 40억\ 원 \times 0.5) + (B업체\ 40억\ 원 \times 0.5)}{40억\ 원 \times 1.8}\right]$ ×14점×60% = 4.667점

(3) 최근 5년간 동일 종류 공사실적(등급점수) 평가

☞ 평가방법(50억 원 미만 30억 원 이상 기준)

- 평가점수 = A업종 점수 + B업종 점수 + C업종 점수

  해당 업종 등급점수 × 업종평가비율*

[단일 업체]

$$\dfrac{최근\ 5년간\ 해당\ 공사와\ 동일한\ 평가대상\ 업종별\ 실적금액}{해당\ 공사\ 평가대상\ 업종별\ 추정가격} \times 100 \dashrightarrow 등급에\ 해당하는\ 점수$$

[공동 수급체]

$$\frac{(\text{a업체 실적금액} \times \text{시공비율}) + (\text{b업체 실적금액} \times \text{시공비율}) + \cdots}{\text{해당 공사 평가대상 업종별 추정가격}} \times 100 \rightarrow \begin{array}{c}\text{등급에} \\ \text{해당하는 점수}\end{array}$$

* 종합공사 업종등급점수

구 분	A등급	B등급	C등급	D등급
평가비율	100%이상	90%이상	80% 이상	80% 미만
점 수	15.0	13.0	11.0	9.0

* 전문·그 밖의 공사 업종등급점수

구 분	A등급	B등급	C등급	D등급
평가비율	80%이상	70%이상	60%이상	60%미만
점 수	15.0	13.0	11.0	9.0

$$\text{* 업종평가비율} = \frac{\text{해당 업종별 추정가격}}{\text{평가대상 업종별 추정가격의 합계금액}}$$

※ 업종평가비율은 **복합업종**인 경우에 사용하며 단일 업종인 경우에는 업종평가비율이 100%
   이므로 사실상 '해당 업종 등급점수×배점'이 평가점수임

☞ 평가 대상 업종 등

- [유형2]의 평가대상업종과 동일
- 실적이 없는 경우 최저 등급 적용

☞ 평가 사례

- **단일 업체**

  - **공사명 및 공종** : ▲▲ 공원 및 문화관 건설공사(4개 공종 복합공사)

  - **추정가격** : 40억 원(토목 17억 원, 건축 17억 원, 조경 4억 원, 전기 2억 원)

  - **입찰참가업체** : 토목 등 관련 업종의 면허를 모두 보유한 A업체에서 입찰참가

  - **업종평가비율** : 토목 42.5%(17억/40억), 건축 42.5%(17억/40억), 조경 10%(4억/40억), 전기
    5%(2억/40억)

  - 주 공사에 해당하지 않는 전기공사업법에 따른 **전기공사**와 업종평가비율이 20%
    미만인 **조경공사**는 **평가 제외**

  - **재산정 업종 평가 비율** : 토목 50%, 건축 50%

  - **A업체의 최근 5년간 업종별 실적** : 토목 20억 원, 건축 15억 원, 조경 2억 원, 전기 1억 원

  - **계산 결과** : 토목 7.5점 + 건축 5.5점 = **13점**

    - 토목 : 업종별 실적금액 비율 : (20억 원÷17억 원)×100 = 117.65%

      업종등급점수 : 15점(100% 이상 A등급)

      평가점수 : 15점×50% = 7.5점

- 건축 : 업종별 실적금액 비율 : (15억 원÷17억 원)×100 = 88.24%

  업종등급점수 : 11점(80% 이상 90% 미만은 C등급)

  평가점수 : 11점×50% = 5.5점

▪ **공동 수급체**

– **공사명 및 공종** : ▲▲ 공원조성공사(2개 공종 복합공사)

– **추정가격** : 30억 원(A업체 조경 20억 원, B업체 토목 10억 원)

– **입찰 참가업체** : A사가 조경공사를, B사가 토목공사를 분담하여 이행하는 **분담이행방식**

– **업종 평가 비율** : A업체 조경 66.67%(20억/30억), B업체 토목 33.33%(10억/30억)

– **업체별 실적** : A업체 조경 80억 원, B업체 토목 10억 원

– **계산 결과** : 조경 10.0005점 + 토목 3.6663점 = **13.6668점**

- 조경 : 업종별 실적금액 비율 : (80억 원÷20억 원)×100 = 400%

  업종등급점수 : 15점(100% 이상 A등급)

  평가점수 : 15점×66.67% = 10.0005점

- 토목 : 업종별 실적금액 비율 : (15억 원÷17억 원)×100 = 88.24%

  업종등급점수 : 11점(80% 이상 90% 미만은 C등급)

  평가점수 : 11점×33.33% = 3.6663점

(4) 실적계수에 의한 시공 경험 평가

실적계수에 의하지 않는 경우 점수산정 방법

– 실적 계수 = 업종별 최근 3년간 실적 ÷ (업종별추정가격×차등계수)

– 업종별점수 = 실적계수 × 배점한도 × 업종평가비율

– 점   수 = 업종별 점수의 합

※ 업종 평가 비율은 해당 공사 추정가격을 기준으로 산정하여 입찰공고에 명시한다.

※ 단, 실적계수 상한은 1을 초과할 수 없다.

예시 1

(시공실적으로 입찰 참가자격을 제한하지 아니한 입찰)

토목＋조경공사의 3년간 실적평가

추정가격 50억 원인 일반 공사이고 A사 50%, B사 50% 공동이행방식

업종평가비율이 토목 40%, 조경 60%인 경우

- A사 3년간 실적(토목 60억 원, 조경 40억 원)

　B사 3년간 실적(토목 40억 원, 조경 40억 원)

▶ 토목업종(40%) 평가

　(A사 60억 원×0.5)＋(B사 40억 원×0.5) = 50억 원(토목실적)

　⇒ 50억 원÷{50억 원(추정가격)×40%(토목비율)×1.7(차등계수)}= 1.47058

　⇒ 실적계수는 1을 초과할 수 없으므로(1.47 ⇒ 1.0)

∴ 1(실적계수) × 15(배점한도) × 40%(업종평가비율) = 6점

▶ 조경업종(60%) 평가

　(A사 40억 원 × 0.5)＋(B사 40억 원 × 0.5) = 40억 원(조경실적)

　⇒ 40억 원 ÷{50억 원(추정가격)×60%(조경비율)×1.7(차등계수)}= 0.78431

　⇒ 소수점 셋째자리에서 반올림하면 0.78

∴ 0.78(실적계수) × 15(배점한도) × 60%(업종평가비율) = 7.02점

　<u>실적점수 = 6 + 7.0587 = 13.0587점</u>

 예시 2

(시공실적으로 입찰 참가자격을 제한하지 아니한 입찰)

토목 + 조경공사의 3년간 실적평가

추정가격 50억 원이고 일반공사이고 A사 60%, B사 40% 공동 이행 방식

업종평가비율이 토목 82%, 조경 18%인 경우

- A사 3년간 실적(토목 60억 원, 조경 40억 원)

　B사 3년간 실적(토목 40억 원, 조경 40억 원)

가. 토목 · 조경을 모두 평가하는 경우

▶ 토목업종(82%) 평가

 - (A사 60억 원×0.6)+(B사 40억 원×0.4) = 52억 원(토목 실적)

 ⇒ 52억 원 ÷ 50억 원(추정가격)×82%(토목 비율)×1.7(차등계수)}= 0.74605

 ⇒ 소수점 셋째 자리에서 반올림하면 0.75

∴ 0.75(실적계수)×15(배점 한도)×82%(업종 평가 비율) = 9.225점

▶ 조경업종(18%) 평가

 - (A사 40억 원×0.6) + (B사 40억 원×0.4) = 40억 원(조경 실적)

 ⇒ 40억 원 ÷{50억 원×18%(조경비율)×1.7(차등계수)}= 2.61437

 ⇒ 실적계수는 1을 초과하면 1로 인정(2.61437 ⇒ 1.0)

∴ 1(실적계수)×15(배점 한도)×18%(업종 평가 비율) = 2.7점

 <u>실적 점수 = 9.177 + 2.7 = 11.877점</u>

나. 주업종(토목 82%)만 평가하는 경우

▶ 시공 비율을 주 업종만으로 환산하여 산정, (업종 평가 비율) 토목 100%

▶ 평가

 (A사 토목실적 60억 원×0.6) + (B사 토목실적 40억 원×0.4) = 52억 원

 = 52억 원 ÷ {추정가격(50억 원)× 82%(토목 비율) × 1.7(차등계수) }= 0.7460

 = 0.75(실적계수)×15(배점 한도)×100%(업종 평가 비율) = 11.25점

실적계수에 의하지 않는 경우 점수산정 방법

① 업종별 점수 = 해당 업종 등급점수 × 업종 평가 비율
② 종합점수 = 업종별 점수의 합(合)

※ 업종 평가 비율은 해당 공사 기초금액을 기준으로 산정하여 입찰공고에 명시한다.

예시 3

(시공실적으로 입찰 참가자격을 제한하지 아니한 입찰)

단독입찰인 토목＋조경공사의 5년간 실적평가

추정가격 30억 원(조경 20억 원, 토목 10억 원)인 공사의 실적평가

- 5년간 실적: 조경 80억 원, 토목 10억 원

▶ 평가대상 업종별로 업종평가비율 산출(추정가격을 기준으로 산출)

- 조경: 20억 원/30억 원 = 66.67%(소수점 다섯째 자리에서 반올림)

- 토목: 10억 원/30억 원 = 33.33%

▶ 업종별 평가

- 조경: 30억 원(추정가격) × 66.67%(업종별 평가비율) = 2,000,100,000원

  • 80억 원(조경실적) ÷ 2,000,100,000원 × 100% = 399.98%

  • 399.98% = 15점 (100% 이상은 A등급으로서 15점)

  ∴ 15점 × 66.67% = 10.0005점

- 토목: 30억 원(추정가격) × 33.33%(업종별 평가비율) = 999,900,000원

  • 10억 원(토목실적) ÷ 999,900,000원 × 100% = 100.01%

  • 100.01% = 15점(100% 이상은 A등급으로서 15점)

  ∴ 15점 × 33.33% = 4.9995점 = 4.9995점

  <u>실적점수 = 10.0005 + 4.9995 = 15점</u>

 예시 4

(시공실적으로 입찰 참가자격을 제한하지 아니한 입찰)

분담이행 방식인 토목＋조경공사의 5년간 실적평가

추정가격 30억 원(A사 조경 20억 원, B사 토목 10억 원)인 일반공사(분담이행방식)의 경우 실적평가

- 5년간 실적 : A사 조경 80억 원, B사 토목 10억 원

▶ 평가 대상 업종별로 업종평가 비율 산출(추정가격을 기준으로 산출)

- A사 조경: 20억/30억 = 66.67%(소수점 다섯째 자리에서 반올림)

    – B사 토목: 10억/30억 = 33.33%

    ※ 평가 비율은 입찰공고에 명시

▶ 업종별 평가

    – 조경: 30억 원(추정가격) × 66.67%(업종별 평가 비율) = 2,000,100,000원

     • 80억 원(조경실적) ÷ 2,000,100,000원 × 100% = 399.98%

     • 399.98% = 15점(100% 이상은 A등급으로서 15점)

    ∴ 15점 × 66.67% = 10.0005점

    – 토목: 30억 원(추정가격) × 33.33%(업종별 평가 비율) = 999,900,000원

     • 10억 원(조경실적) ÷ 999,900,000원 × 100% = 100.01%

     • 100.01% = 15점(100% 이상은 A등급으로서 15점)

    ∴ 15점 × 33.33% = 4.9995점

    <u>실적점수 = 10.0005 + 4.9995 = 15점</u>

4) 시공실적 제출과 심사기준

(1) 시공실적 제출과 심사기준

① 최근 10년간 동일한 종류의 공사실적 인정기준

  ㉠ 동일한 종류의 공사실적 인정범위: 계약 담당자가 입찰공고에서 범위를 정한다.

  ㉡ 시공실적의 증명 방법

    가. 실적증명서는 〈별지 제2호 서식〉에 따른 증명을 원칙으로 한다.

      * 별지 제2호 서식: 행안부 시설공사 적격심사세부기준 시설공사 시공실적증명서를 말한다.

     • 관련 협회나 발주기관에서 직접 발급받은 실적증명서로 심사한다.

     • 국외 공사실적은 해외건설협회의 확인서나 증명서로 심사한다.

    나. 외국인 건설업자가 외국에서 시공한 공사에 관하여는 건산법 시행규칙 제22조 제2항 제1호 바목에 따른 방법으로 하되, 다른 법령에 따

른 공사도 이를 준용한다.

다. 하도급공사는 "가"와 "나"의 방법에 따라 증명하되, 원도급자의 증명
이 추가되어야 한다.

라. 〈별지 제2호 서식〉에 따른 실적증명이나 실적 확인이 곤란한 경우에
는 계약 담당자가 일정한 서식을 정하여 실적증명서 제출을 요구할
수 있다.

ⓒ 시공실적 증명서류 제출

가. 발주자가 법인 · 개인이거나 자체공사는 인 · 허가서류, 준공관계서
류, 부가가치세 공급가액증명서 및 도급계약서를 제출해야 한다. 단,
면세사업자나 관련 법령에 따라 부가가치세가 면제되는 자는 부가가
치세 공급가액증명서를 제외할 수 있다.

유권 해석

○ 입찰 참가 업체에서 민간실적 제출 시 원본이 확인된 해당물품의 "계약서 세
금계산서, 거래명세서, 검사 · 검수, 대금지급 서류 사본" 등 증빙자료를 필수
적으로 모두 제출해야 하는지?
- 「지방자치단체 입찰시 낙찰자 결정기준」 제4장(물품 적격심사 세부기준) <별
표1> "주6)"에 따르면 국내소재업체 이행실적은 해당물품을 공공기관에 이행
한 실적증명서(별지 제3호 서식)를 제출해야한다. 다만, 공공기관 이외의 이행
실적은 원본이 확인된 해당물품의계약서, 세금계산서, 거래명세서, 검사 · 검수,
대금지급서류 사본 등 증빙자료를 실적증명서에 첨부해야한다. 실적입증의 책
임은 적격심사 대상자에게 있고 실적확인이 어려운 경우에는 그 실적을 평가
에서 제외한다고 규정하고 있습니다.
귀 질의의 경우, 민간이행실적은 해당 물품의 계약서, 세금계산서, 거래명세서,
검사 · 검수, 대금지급서류사본 등 계약의 이행을 명확하게 확인할 수 있는 서
류를 모두 제출하는 것이 타당할 것이나, 계약의 이행을 명확하게 확인할 수
있는 서류의 구체적 범위는 계약이행 사안별로 상이하므로 계약의 취지, 계약
목적물의 특성, 계약 이행실적의 종류와 확인방법 등을 종합적으로 고려하여
발주기관이 판단할 사항임을 알려드립니다.
(행안부 회계제도과 2019. 2. 8.)

나. 건축공사 실적은 건축물 용도와 면적이 기재된 관계서류(건축물대장 등)를 제출해야 한다.

다. 공사금액(도급액과 관급·지급자재 금액)이 기재되지 않은 시공실적 증명서는 투입된 공사금액을 입증할 수 있는 관계서류 원본을 제시하고 사본을 제출해야 한다.

라. 공동도급 실적은 계약서와 공동수급협정서 원본을 제시하고 사본을 제출해야 한다.

마. 국외 공사는 대한민국 외국환은행에서 발행하는 준공일 기준 매매 기준율증명서를 제출해야 한다.

바. 외국어로 작성된 시공실적증명서와 관련서류는 한국어로 번역하고 공증서류를 제출해야 한다.

ⓔ 시공실적 심사기준

가. 공통사항

• 심사 대상은 해당 공사와 동일한 종류의 공사 준공실적(규모)으로 한다.

• 시공실적 증명서와 실제 시공내용이 다른 때에는 실제 시공한 내용을 기준으로 시공실적을 평가한다.

• 심사 자료는 증명서 발급자가 발급한 내용을 기준으로 심사함을 원칙으로 한다. 다만, 증명서 발급자가 발급한 증명서 내용이 이 심사기준의 증명 방법과 상이하거나 실제 시공한 내용과 다르게 발급되거나 오류·불명확 등이 있는 경우에는 기한을 정하여 보완 요구하고 보완되지 않은 실적은 심사에서 배제한다.

• 계약 담당자는 입찰공고에 정한 실적인정기준과 부합 여부를 확인한다.

• 제출된 실적증명서 등을 심사할 때 설명·확인 등의 입증 책임은 시공실적을 제출한 회사에 있다.

나. 시공실적 내용

• 동일한 종류의 공사실적 규모 인정 방법

1건의 동일한 용도의 단위구조물로서 해당 공사의 인정기준규모에 해당되는 경우에만 실적으로 인정하며, 이 경우 1건이란 시공 실적 인정기준에 부합되는 동일 구조물을 말한다.

- 공동 도급으로 시공한 실적인정
  - 공동 이행 방식으로 이행한 실적은 시공 비율에 해당하는 규모나 금액을 실적으로 인정한다.
  - 공동 수급체가 발주기관의 승인을 얻어 분리 시공한 경우로서 공동 수급체의 시공내용을 기재하고 구성원 전원이 기명날인하여 발주 기관이 증명한 실적증명서와 분리시공 승인서류 등의 입증서류를 제출하면 실제 시공한 내용으로 실적을 인정한다.
  - 공동 이행 방식으로 이행한 실적의 기본요소는 구성원 각각 모두 인정하되, 시공규모·양 등은 출자 비율(지분율)을 곱한 실적으로 인정한다.
  ※ 기본요소: 경간·접안능력·높이·주차장·기계실 등을 말한다.
  - 분담 이행 방식으로 이행한 실적은 분담하여 시공한 내용대로 인정한다.
  - 주계약자 관리 방식으로 이행한 실적은 다음과 같이 산정한다.
  § 주계약자인 종합건설업자의 시공실적은 부계약자인 전문건설업자 의 시공실적을 가산하여 인정한다.
  § 주계약자인 종합건설업자가 다른 종합건설업자와 분담하여 시공한 실적은 다른 종합건설업자의 시공실적 2분의 1을 주계약자 실적에 가산하여 인정한다.
  § 주계약자가 아닌 공동 수급체 구성원은 분담하여 시공한 실적을 각각 실적으로 인정한다.

- 공사 하도급 실적 인정
  - 종합건설업자가 종합건설업자에게 하도급한 경우
    ❶ 원도급자 자기 시공분만 인정 ❷ 하수급자 자기 시공분만 인정

– 종합건설업자가 전문건설업자에게 하도급한 경우

    ❶ 원도급자 전체 실적 인정 ❷ 하수급자 자기 시공분만 인정

- 공사의 부분시공에 대한 실적 인정

  – 기존 구조물의 보수·보강 공사 등으로 동일 구조물의 일부분만 시공한 경우

    ❶ 신규 입찰공사의 실적으로 불인정

  – 실적 제출 발주공사 물량 전체가 보수·보강공사인 경우

    ❶ 입찰물량이 보수·보강공사 또는 유사 공종이면 실적 인정

- 연차별로 발주하여 준공한 실적 인정

동일 구조물 공사를 연차별로 계약하여 준공한 계속공사로서 입찰공고일 기준 최근 10년 이내에 마지막 연차의 공사를 준공한 경우에는 전체 연차의 시공 분 중 동일한 용도의 구조물을 1건 실적으로 인정한다. 이 경우 다음 서류가 첨부되어야 한다.

> 공사의 최초부터 최종 공사의 단일 용도의 단위 구조물 각각의 규모와 금액을 기재하되, 차수별 공사 내용(공사명, 공사규모, 공사금액, 준공일 등 실적심사에 필요한 사항)과 채색 구분된 도면(평면도, 종·횡단면도)을 첨부해야 하며, 그 내용이 불분명하거나 누락되어 실적심사가 곤란한 경우는 불인정한다.

- 장기계속공사(계속비 공사)의 실적 인정

장기계속공사와 계속비공사는 전체 공사가 준공되어야 실적으로 인정한다. 다만, 발주기관에서 인수하여 사용관리 중인 시설물은 그 부분을 실적으로 인정한다.

- 시공 자격 유·무에 따른 실적 인정
  - 건설산업기본법령 등 관련 법령에 따라 해당 공사 시공에 필요한 업종을 등록하고 시공한 공사실적만 인정한다.
  - 관련 법령의 제·개정으로 등록(면허)업종 분류가 변경된 경우에도 해당 공사의 시공 당시를 기준으로 등록(면허)사항을 충족하고 시공된 실적만 인정한다.

- 합병 등에 따른 실적 인정
  - 건설공사 관련 법령에 따라 합병 등을 한 자의 실적은 합병 등에 따른 권리·의무를 포괄적으로 승계한 관련서류를 발주기관에 제출하여 다음과 같이 평가한다.
    § 합병 후 존속되거나 신설된 자(법인)의 실적은 소멸된 자의 실적을 승계한 것으로 보아 합산하여 평가한다.
    § 분할은 권리·의무를 승계 받은 자(법인)의 실적으로 평가한다.
    § 사업 양도양수는 해당 업종을 양수한 자의 실적으로 평가한다.
  - 합병 등에 따른 권리·의무를 부분적으로 승계한 자의 실적은 합병·분할·사업 양도양수 이전의 해당 업체 실적으로 평가하되, 입찰참가에 필요한 등록(면허)을 보유한 경우에만 인정한다.
  - 다른 법령에 합병 등의 실적인정 방법을 별도로 정한 경우에는 해당업종별 관련 법령에 따라 평가한다.

- 구성원의 부도 등에 따른 실적 인정
  - 시공 중 구성원의 부도 등으로 공동도급 비율이 변경된 경우에는 변경된 공동도급 비율을 적용하여 평가한다.
  - 공사 시공 중 구성원의 부도 등으로 잔존 구성원 일부가 잔여공사를 시공한 경우에는 잔여 시공분에 대하여만 시공자의 실적으로 인정한다.

② 최근 3년간(5년간) 업종별 실적(누계금액) 인정기준

㉠ 관련 협회에서 실적관리를 하는 경우

가. 입찰 참가자가 관련 법령에 따라 매년 정기적으로 대한건설협회, 대한
전문건설협회, 한국전기공사협회, 한국정보통신공사협회, 대한설비건
설협회, 한국지하수협회 등(이하 "관련 협회"라 한다)에 신고한 실적
중 관련 협회에서 연도말 단위로 최종 확정하여 입찰 공고일을 기준으
로 발급한 최근 3년간 (5년간)업종별 실적증명서〈별지 제3호 서식〉로
평가한다.

* 별지 제3호 서식: 행안부 시설공사 적격심사세부기준 시설공사 시공실적증명서를 말한다.

> • 2021년 상반기 최근 3년간 실적
>   = 2017년 실적 + 2018년 실적 + 2019년 실적
> • 2021년 상반기 최근 5년간 실적
>   = 2015년 실적 + 2016년 실적 + 2017년 실적 + 2018년 실적 +
>   2019년 실적
>
> • 2021년 하반기 최근 3년간 실적
>   = 2018년 실적 + 2019년 실적 + 2020년 실적
> • 2021년 하반기 최근 5년간 실적
>   = 2016년 실적 + 2017년 실적 + 2018년 실적 + 2019년 실적 +
>   2020년 실적

나. 입찰 참가자가 관련 협회에 제출한 신고내용 중 누락·오류·불명확
등으로 인하여 발생한 모든 책임은 해당 업체에 있다. 해당 업체가
평가 자료를 정당하게 신고했으나 관련 협회에서 발급한 증명서의 누
락·오류·불명확 등으로 발생한 불이익의 책임은 관련 협회에 있다.

㉡ 관련 협회가 있으나 실적신고를 하지 않은 경우

가. 관련 협회에 실적신고를 하지 않아 실적관리가 되지 않은 업체는 "㉠
"과 동일한 내용과 기준으로 발주기관으로부터 직접 발급받은 실적증
명서로 평가한다.

나. 연도 단위별로 관련 협회 신고실적과 미신고실적이 혼재한 업체는 관련 협회 증명서의 실적과 직접 발급받은 실적을 합산한다. 다만, 1회계연도 내의 실적에 누락 신고분이 있는 업체는 관련 협회에서 발급하는 실적증명서만으로 평가한다.

ⓒ 관련 협회가 없거나 협회가 있어도 실적관리를 하지 않은 경우

가. 관련 협회에서 해당 공사의 업종(業種)에 대하여 별도로 실적관리를 하지 않거나 관련 협회가 없어 실적관리를 할 수 없는 경우에는 "ⓒ"과 "ⓒ"에도 불구하고 입찰공고일을 기준으로 최근 3년(5년) 이내에 준공이 완료된 동일 업종별 실적누계금액으로 평가하며, 발주기관으로부터 직접 발급받은 실적으로 평가한다.

③ 최근 3년 이상 업종별 실적 인정기준

ⓒ 관련 협회에서 실적관리를 하는 경우

가. 입찰 참가자가 관련 법령에 따라 매년 정기적으로 관련 협회에 신고한 실적 중 관련 협회에서 연도 말 단위로 최종 확정한 최근 3년간 업종별 실적(관련 협회 증명서로 인정)에 그 최종연도의 다음연도 1월 1일부터 입찰 공고일까지 준공이 완료(일부 공종이 아닌 전체 공사의 준공에 한한다)된 공사실적(발주기관으로부터 직접 발급받은 실적증명서 등으로 인정)을 합한 실적금액으로 평가

[입찰공고일 2021.4.12.인 경우]
- 2021년 상반기 최근 3년 이상 실적
  = {2017년 실적 + 2018년 실적 + 2019년 실적} +
  {2020.1.1.~2021.4.12.까지 준공이 완료된 실적}
※상반기의 경우에는 4년이상 (최대 4년 6개월)실적으로 평가

[입찰공고일 2021.8.15.인 경우]
- 2021년 하반기 최근 3년 이상 실적
  = {2018년 실적 + 2019년 실적 + 2020년 실적} +
  {2021.1.1.~2021.8.15.까지 준공이 완료된 실적}
※하반기의 경우에는 4년 미만 (최대 4년) 으로 평가

　　나. 계약 담당자는 입찰 참가자가 제출한 각각의 실적을 중복 평가하지
　　　 않도록 세부내역을 확인해야 한다.

　ⓛ 관련 협회가 있으나 실적신고를 하지 않은 경우

　　가. 관련 협회에 실적신고를 하지 않아 실적관리가 되지 않은 업체의 경
　　　 우에도 "ⓐ"과 동일한 내용과 기준으로 발주기관으로부터 직접 발급
　　　 받은 실적증명서 등에 따라 평가한다.

　　나. 연도 단위별로 관련 협회 신고실적과 미신고실적이 혼재한 업체는 관
　　　 련 협회 증명서의 실적과 직접 발급받은 실적을 합산한다. 다만, 1회
　　　 계연도 내의 실적에 누락 신고분이 있는 업체는 관련 협회에서 발급
　　　 하는 실적증명서만으로 평가한다.

　ⓒ 관련 협회가 없거나 협회가 있어도 실적관리를 하지 않은 경우

　　가. 관련 협회에서 해당 공사의 업종(業種)에 대하여 별도로 실적관리를
　　　 하지 않거나 관련 협회가 없어 실적관리를 할 수 없는 경우에는 "ⓐ"
　　　 과 "ⓛ"에도 불구하고 입찰공고일을 기준으로 최근 3년 이내에 준공
　　　 이 완료된 동일 업종별 실적 누계금액으로 평가하며, 발주기관으로부
　　　 터 직접 발급받은 실적으로 평가한다.

(2) 시설공사 시공실적증명서 발급과 확인 요령

① 시공실적증명서 발급기관(지방자치단체)

　ⓐ 시공실적증명서 발급기준 적용 철저

　　가. 시공실적증명서 발급은 세부기준의 증명 방법에 따라 발급한다.

　　나. 시공실적증명서 발급은 공사대장, 준공조서, 회계·계약서류 등 각종
　　　 공부를 확인하여 발급하되, 실적이 불분명한 경우에는 현장 등에 대
　　　 한 사실조사를 통하여 발급한다.

　　다. 사실조사를 하여 증명서를 발급하는 경우에는 조사이유·조사방법·

조사결과 및 조사자를 기록에 남겨 투명성을 확보해야 한다.

ⓛ 시공실적증명서의 발급

가. 시공실적증명서 발급 창구 일원화

실적증명서 발급은 계약업무 담당부서에서 기관장 명의로 발급해야
하며 필요한 경우 관련 기관과 부서의 확인·협조를 받을 수 있다.

나. 시공실적증명서 발급관리

시공실적증명서는 반드시 발급대장에 기재하고 발급번호·간인·날인
등 확인 절차를 거쳐 발급하여 시공실적이 위조·남발되지 않도록 한다.

다. 시공실적증명서의 발급은 반드시 상급자 결재를 받아 발급하며 발급
된 사본은 10년 동안 보관해야 한다.

라. 시공실적증명서 발급대장은 일계와 월계를 작성하여 상급자 결재를
받은 후 보관한다.

마. 시공실적증명서와 첨부물마다 간인(서명)이나 천공을 한다.

ⓒ 허위실적증명서 발급 사전예방 철저

가. 시공실적증명서 발급은 증명서 발급양식에 따라 시공자가 증명서 발
급을 직접 요청한 경우에만 발급하고, 제출된 내용을 공사대장 등 관
련 공부와 세밀히 비교하여 사실 여부를 확인한 후 발급한다.

나. 동일 실적 내용을 한꺼번에 여러 통 발급하는 경우에는 제출된 증명
서식을 직접 복사본을 생산하여 발급한다.

다. 실적관련 주요항목은 투명테이프를 부착하여 위조를 방지한다.

ⓔ 실적증명서 발급의 일관성 유지

가. 세부기준에 정한 시공실적증명서 서식에 따라 기관장 직인을 날인하
여 발급하고, 담당자 명의의 확인서 형식으로 발급해서는 안 된다.

ⓜ 이외의 사항은 지방자치단체별 민원사무처리 관련 규정 등에 따른다.

② 시공실적증명서에 따라 실적을 심사하는 지방자치단체

- ㉠ 실적심사기관은 실적 내용에 모순·오류·불명확 등이 있다고 판단되면 해당 증명서 발급기관에 즉시 사실관계를 조회해야 한다.
- ㉡ 발급된 시공실적증명서가 허위, 조작 등으로 밝혀진 경우에는 부정당 업 자 제재 의뢰 등 필요한 조치를 해야 한다.
- ㉢ 입찰공고일 현재 적용되는 세부기준에 따라 발급된 증명서 이외에는 평 가에서 제외한다.

5) 경영 상태 평가 방법

(1) 공통 사항

① 경영 상태 평가는 공사 규모별 경영상태평가표에 따르되, ❶ 재무비율 평 가방법 ❷ 신용평가 방법 ❸ 종합평가 방법(재무 비율 3:신용평가 7) 중 에서 적격심사 대상자가 선택한 방법으로 평가한다. 다만, 추정가격이 100억 원 이상인 공사와 관련 협회가 없거나 관련 협회에서 실적관리를 하지 않는 공사 업종의 경영상태는 종합평가 방법으로 평가하고, 비영리 법인은 신용평가 방법으로 평가한다.

② 적격심사 대상자가 적격 심사서류를 제출할 때 ❶ ❷ ❸ 평가 방법 중 어 느 하나를 선택하여 관련 자료를 제출한다.

(2) 재무비율 평가 방법

① 경영상태의 항목별 평가요소에 적용하는 건설업계 평균 비율은 가중평균 비율(이하 "평균 비율"이라 한다)을 기준으로 관련 협회에서 조사 통보한 최근의 비율을 적용한다.

② 업체별 경영상태 평가는 최근에 업종 전체 평균 비율이 산정된 연도(이하 "직전 회계연도"라 한다)의 업체 정기결산서로 평가하되, 관련 협회에서 조사·통보한 경영상태가 있는 경우에는 관련 협회에서 확인하여 조사·통보한 자료로 평가한다.

③ 관련 협회가 있으나 협회에 경영상태를 신고하지 않은 업체는 "②"와 동일한 내용과 기준으로 평가하며, 해당 업체가 작성한 정기결산서를 공인회계사가 감사보고서 작성 절차에 따라 확인한 검토보고서를 제출받아 평가하고, 외감법의 적용을 받는 업체는 감사인의 감사보고서를 제출받아 평가한다.

④ 관련 협회가 없거나 관련 협회에서 경영상태 실적관리를 하지 않는 공사 업종은 해당 업체가 작성한 정기결산서를 공인회계사가 감사보고서 작성 절차에 따라 확인한 검토보고서(외감법의 적용을 받는 업체는 감사인의 감사보고서)를 직접 제출받아 평가한다.

⑤ 재무 비율에 따른 평가는 직전 회계연도 정기결산서(비건설업 혹은 다른 건설업면허 보유 여부와는 상관없이 세법 등 관련 법령에 따라 제출된 정기결산서를 말한다. 이하 같다)로 평가한다. 다만, 직전 회계연도에 합병하여 "⑦"에 따라 평가한 업체는 '최근 년도 자산회전율'을 계산할 때 기초 총자산과 매출액은 합병으로 소멸된 업체의 결산서를 합하여 평가할 수 있다. 이 경우, 기초 총자산과 매출액은 외감법에 따라 작성된 감사보고서상의 금액이어야 한다.

⑥ 직전 회계연도 이후 새로 설립되거나 설립 등기한 업체(합병이나 분할합병으로 신설된 경우는 제외한다)는 최초 결산서(신설업체의 설립일이나 등기일을 기준으로 작성한 결산서로서 외감법에 따라 작성된 감사보고서상의 재무제표를 말한다. 이하 같다)로 경영상태를 평가한다. 단, 해당 공사 추

정가격이 50억 원 미만인 공사의 경우 최초 결산서에 따른 평가는 기업진
단보고서로 평가할 수 있고, 해당 공사 추정가격이 3억 원 미만인 공사는
관련 법령에 따라 업종등록을 할 때 제출된 재무제표로도 평가할 수 있다.
* 3억 원 미만 공사: 기업진단보고서 또는 재무제표로 평가 가능

⑦ 직전 회계연도 이후 회계연도에 합병한 경우에는 관련 협회에서 확인한 합병
대상 업체(합병으로 존속하거나 소멸하는 업체를 말한다. 이하 같다)의 직전
회계연도 정기결산서 합(合)으로 평가하며, 동 평가금액은 합병으로 존속하
는 업체의 합병 후 경영상태평가를 할 때 직전 회계연도 정기결산서로 본다.
이 경우 최초 결산서는 합하지 아니한다. 다만, 합병 대상 업체가 모두 신설
업체인 경우에는 최초 결산서 합으로 평가하며, 동 평가금액은 합병으로 존
속하는 업체의 합병 후 경영상태평가를 할 때 최초 결산서로 본다.

⑧ 직전 회계연도 이후 회계연도에 상법 제530조의2 제2항에 따라 분할 합병
한 경우에는 "7"에도 불구하고 분할되는 업체를 제외한 합병 대상 업체의
직전 회계연도 정기결산서의 합으로 평가한다. 다만, 합병 대상 업체가 모
두 신설 업체인 경우에는 분할되는 업체를 제외한 합병 대상 업체의 최초
결산서 합으로 평가한다.

⑨ 외감법의 적용을 받는 업체의 정기결산서와 "⑥"에 따른 최초 결산서를
제출하는 경우에는 외감법에 따른 감사인의 회계감사를 받은 후 그 감사
보고서를 첨부해야 한다.

⑩ 추정가격이 50억 원 이상인 공사의 경우 "⑨"에 따라 제출된 감사보고서
(외감법을 적용받지 않는 업체의 감사보고서를 포함한다)의 감사의견이
"한정의견"인 경우에는 재무 비율 평가의 최종점수(가산점이 있는 경우
가산점 적용가산)에서 5/100를, "부적정 의견"이나 "의견 거절"인 경우에
는 10/100을 감점한다.

⑪ 세부항목의 분모나 분자에 부(−)의 수치 없이 "0"이 있는 경우는 다음과 같이 적용하며, 세부항목의 분모와 분자가 동시에 "0인 경우 최저 등급으로 평가한다.

세 부 심 사 항 목	분모 "0"	분자 "0"
최근연도 부채비율 (부채총계/자기자본)	최저등급	배점한도
최근연도 유동비율 (유동자산/유동부채)	배점한도	최저등급
최근연도 차입금의존도 (차입금/총자산)	최저등급	배점한도
최근연도 영업이익 대비 이자보상배율(영업이익/이자비용)	배점한도	최저등급
최근연도 매출액 순이익율 (순이익/매출액)	배점한도	최저등급
최근연도 총자산 순이익율 (순이익/총자산)	−	최저등급
최근연도 총자산 대비 영업현금흐름(영업활동으로 인한 현금흐름/총자산)	−	최저등급
최근연도 자산회전율 [매출액/{(기초총자산+기말총자산)÷2)]	−	최저등급

(3) 신용평가 방법

① 「신용정보의 이용 및 보호에 관한 법률」 제4조 제1항 제1호 또는 「자본시장과 금융투자업에 관한 법률」 제9조 제26항의 업무를 영위하는 신용정보업자가 입찰공고일 기준 최근 1년 이내에 평가한 회사채·기업어음에 대한 신용평가등급이나 기업신용평가등급으로 유효기간 안에 있는 가장 최근의 신용평가등급으로 평가한다.

* 민법 초일불산입 조문에 따라 입찰공고일 전일부터 기산함.

② 합병한 업체는 합병 후 새로운 신용평가등급으로 평가하며, 그 전까지는 합병 대상 업체 중 가장 낮은 업체의 신용평가등급을 적용한다.

③ 신용평가는 행정안전부 장관이 지정하거나 "⑥"에 등재한 신용정보업자가 발급하는 신용평가등급 확인서로 평가한다. 다만, 입찰 참가자가 관련 협회에 신고한 자료가 있는 경우에는 관련 협회에서 발급하는 확인서로 평가할 수 있다.

신용평가 방법[지방 입찰계약기준 제11장 입찰유의서. 16]

가. 신용평가 대상 입찰에 참여하려는 자는 「신용정보의 이용 및 보호에 관한

법률」제4조 제1항 제1호 또는 「자본시장과 금융투자업에 관한 법률」제9
조 제26항의 업무를 영위하는 신용정보업자로부터 평가받은 신용평가등
급을 당해 신용정보업자를 통해 평가 완료 후 3일 이내에 조달청 나라장
터에 전송하여야 한다.

나. 계약 담당자는 "가"에 따라 제출된 입찰 참가자의 신용평가등급이 다수인
경우에는 가장 최근의 평가자료로 평가하여야 한다.

다. 계약 담당자는 조달청장이 분기별로 신용정보업자로부터 평가명세서를 제
출받아 확인한 후 미전송 업체로 나라장터에 게시된 업체에 대해서는 다
음 각호와 같이 처리하여야 한다.

　1) 계약체결 이전인 경우에는 낙찰자 결정 대상에서 제외하거나 결정통보를
　　취소한다.

　2) 계약체결 이후인 경우에는 해당 계약을 해제 또는 해지할 수 있다.

④ 행정안전부 장관은 신용정보업자가 변동되거나 추가하는 때에는 수시로
신용정보업자 현황을 통보하거나 게재할 수 있다.

⑤ 지방자치단체 적격심사용 신용평가등급확인서를 발급하려는 신용정보업자
는 행정안전부 장관에게 미리 등재(등록)를 요청해야 하며, 미등재(미등록)
로 인하여 발생하는 불이익 등의 책임은 그 신용정보업자에게 있다.

⑥ 신용정보업자 현황

신용평가기관명	주　소	전화번호	홈페이지
나이스 디앤비	서울. 마포구. 마포대로 217 (아현동, 크레디트센터 14F	2122-2308	www.nicednb.com
나이스평가정보(주)	서울. 영등포구. 은행로 17 (여의도동, 나이스평가정보(주))	2122-4000	www.niceinfo.co.kr
에스씨아이평가정보	서울. 마포구. 토정로 144 (상수동, 건양사빌딩)	1577-1006 3445-5000	www.sci.co.kr
한국평가데이터	서울. 영등포구. 의사당대로 21 (여의도동)	1811-8883	www.kodata.co.kr
한국기업평가	서울. 영등포구. 의사당대로 97 (여의도동, 교보증권빌딩 6~8층)	368-5500	www.korearatings.com
한국신용평가	서울. 영등포구. 의사당대로 (여의도동, 63빌딩 48층, 55층)	787-2200	www.kisrating.com

나이스신용평가(주)	서울. 영등포구. 국회대로 66길 9 (여의도동, 나이스신용평가(주))	2014-6200	www.nicerating.com
(주)이크레더블	서울. 구로구. 디지털로 33길 27 (구로동, 삼성아이티벨리 8층)	2101-9100	www.ecredible.co.kr
서울신용평가(주)	서울, 영등포구, 국제금융로 2길 25	6966-2432	www.scri.co.kr
코리아크레딧뷰로	서울특별시 영등포구 국제금융로 6길 15	708-6090	www.koreacb.com

6) 가격평가

(1) 입찰가격 평점산식

공사규모 (추정가격)	평점한도 공사수행능력 (a)	가격	적격통과점수 (b)	낙찰하한율 (%)	입찰가격 평점산식	비고
100억 원~300억 원	70	30	92	79.995[1]	$22점[2] = 30 - \left\| \left(\dfrac{88}{100} - \dfrac{입찰가격-A}{예정가격-A} \right) \times 100 \right\|$	1%당 1점 감점
50억 원~100억 원	50	50		85.495	$45점 = 50 - 2 \times \left\| \left(\dfrac{88}{100} - \dfrac{입찰가격-A}{예정가격-A} \right) \times 100 \right\|$	1%당 2점 감점
30억 원~50억 원	30	70		86.745	$65점 = 70 - 4 \times \left\| \left(\dfrac{88}{100} - \dfrac{입찰가격}{예정가격} \right) \times 100 \right\|$	1%당 4점 감점
10억 원~30억 원	30	70	95	86.745	$65점 = 80 - 20 \times \left\| \left(\dfrac{88}{100} - \dfrac{입찰가격}{예정가격} \right) \times 100 \right\|$	1%당 20점 감점
10억 원~4억 원	20	80		87.745	$75점 = 80 - 20 \times \left\| \left(\dfrac{88}{100} - \dfrac{입찰가격}{예정가격} \right) \times 100 \right\|$	1%당 20점 감점
4억 원 미만	10	90		87.745	$85점 = 90 - 20 \times \left\| \left(\dfrac{88}{100} - \dfrac{입찰가격}{예정가격} \right) \times 100 \right\|$	1%당 20점 감점

주: 1. 입찰가격 평점산식에서 평점이 22점일 경우의 (입찰가격/예정가격)을 구한 값

2. 입찰가격 평점 22점은 적격 통과점수(b)에서 공사수행능력 점수(a)를 뺀 값임

※ 입찰가격 평점산식에서 88%의 의미

왜 예정가격의 88%로 입찰했을 때 입찰가격 평가에서 만점을 받을 수 있도록 한 것일까? 88%의 정확한 산정 근거는 확인할 수 없으나 이는 예정가격 대비 입찰

가격 비율이 너무 낮으면 부실공사 등이 우려되고 너무 높으면 예산 절감을 할 수 없기 때문에 예정가격의 88%를 적정한 수준으로 보아 정책적으로 정한 것으로 볼 수 있다.

(2) 추정가격 10억 원 미만 입찰가격 평점산식 그래프(예시)

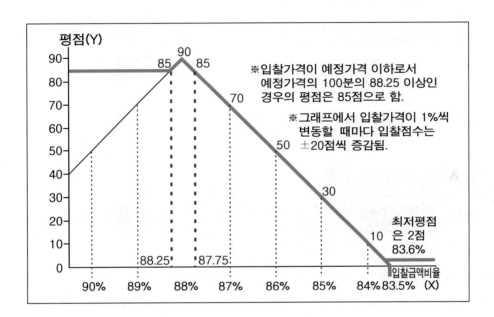

유권 해석

○ (질의) △△지구 소규모 농통용수 개발사업의 입찰과 관련하여 참가 자격을 최근 10년 이내에 농업용수개발사업 저수지 신설 단일건 제당고 H=24m 이상의 준공 식적이 있는 자로 제한하였으며, 적격심사 시 평가기준 규모도 농업용수개발사업 저수지 신설 단일건 제당고 H=24m를 100%로 공고한 바, 당사가 보유하고 있는 실적[저수지(식수 전용댐) 신설공사 제당고 H=32.4m, L=120m]을 동일한 종류의 실적으로 인정받을 수 있는지 여부? 발주처에서는 저수된 물의 용도(농업용수/식수)가 다르다는 이유로 동일한 종류의 실적으로 인정할 수 없다고 함
○ (답변) 지방자치단체 시설공사 적격심사세부기준 [별지 1]의 규정에 의거 동일한 종류의 공사실적 인정 범위란 발주기관에서 현재 발주하고자 하는 공사와 공사 내용이 실질적으로 동일한 종류의 실적으로서 준공이 완료된 과거의 공사실적(물량)을 말하는 것이며, 여기서 실질적으로 동일한 실적이란 명칭 등에서 다소 차이가 있더라도 실질적으로 같은 용도 또는 같은 종류의 실적을 의미하는 것임

〈별표 1〉

추정가격이 300억 원 미만 100억 원 이상인 입찰공사 평가기준

1. 수행능력 평가(44점)

가. 시공경험(14점): 입찰공고에 정한 입찰방법에 따라 선택 적용한다.

1) 시공실적으로 입찰 참가자격을 제한한 입찰 (14점)

평가요소	점 수 배 점	비고
최근 10년간 해당 공사와 동일한 종류의 공사실적 인정범위와 인정 규모에 해당되는 공사실적 합계 ※ 주 1) 참조	○ 해당 공사의 평가기준규모 대비 A : 110% 이상 : 14.0점 B : 80% 이상 110% 미만 : 12.8점 C : 50% 이상 80% 미만 : 11.6점 D : 20% 이상 50% 미만 : 10.4점 E : 20% 미만 : 9.2점	

2) 시공실적으로 입찰 참가자격을 제한하지 아니한 입찰(14점)

평가요소	점 수 배 점	비고
최근 3년간 해당 공사와 동일한 평가 대상 업종별 실적금액의 합계 ※ 주 2) 참조	○점수 = 업종별 점수의 합 ○업종별점수 = 실적계수×14점×업종평가비율 ○실적계수 = 최근 3년간 업종별실적÷(평가대상업종별 추정가격×1.8) ○ 등급별 입찰 제한기준에 따른 입찰공사의 경우 • 실적계수 = 최근 3년간 업종별실적÷(평가대상업종별 추정가격×1.2) ※ 실적계수의 상한은 1로 한다. ○ 주계약자 관리방식으로 입찰에 참여한 경우 •점수 = 주계약자 점수와 부계약자 점수의 합 •주계약자 점수=실적계수×14점×주계약자 시공비율 •주계약자 실적계수=최근 3년간 업종별실적÷(평가대상 전체 업종별 추정가격×1.8) •부계약자 점수=실적계수×14점×부계약자 시공비율 •부계약자 실적계수=최근 3년간 부계약자 시공 업종별실적÷(부계약자 참여 평가대상 업종별 추정가격×P) ※ P는 부계약자 참여 평가대상 업종이 100억 이상인 경우 1.8, 100억 미만 50억 이상은 1.7, 50억 미만 10억이상은 1, 10억 미만 3억 이상은 0.7, 3억 미만은 0.5를 적용한다. ※ 실적계수의 상한은 1로 한다.	실적은 업종별로 구분 적용 - 토목·건축·전문·전기·정보통신·소방 등

주1) 최근 10년간 해당 공사와 동일한 종류의 공사실적평가

가) 동일한 종류의 공사실적 인정범위

① '동일한 종류의 공사실적 인정 범위'는 발주기관이 발주하는 공사와 공사내용이 실질적으로 동일한 종류의 실적으로 준공이 완료된 공사실적(규모·양)을 말한다.

② 구체적인 공사실적 인정 범위 이외는 제1장 입찰 참가자격 사전심사기준 〈별표1〉 제1절에 정한 바에 따르되, 유사공사 실적은 인정하지 아니한다.

③ '동일한 종류의 공사실적 인정 범위(규모·양)'는 입찰공고에 구체적으로 명시해야 한다.

나) 동일한 종류의 공사실적 인정 규모

① '동일한 종류의 공사실적 인정 규모'는 "가)"에 해당하는 공사실적 중에서 발주기관이 실적으로 인정하려는 1건 공사의 하한실적(규모·양)을 말한다.

② '동일한 종류의 공사실적 인정 규모'는 시공실적으로 입찰 참가자격을 제한한 공사규모를 원칙으로 한다.

③ 계약담당자는 발주하는 공사의 특성을 고려하여 입찰 참가자격에서 제한한 규모의 70%까지 하향조정할 수 있고, 공사실적 인정 규모를 하향조정하는 경우에는 입찰공고에 명시해야 한다.

다) 평가기준규모

① '평가기준 규모'는 발주기관이 실적을 평가하려고 정한 기준물량·규모를 말한다.

② '평가기준 규모'는 발주하는 공사의 규모와 동일하게 적용하는 것을 원칙으로 한다.

③ 계약담당자는 해당공사의 특성, 경쟁성 등을 고려하여 해당공사 규모의 70%까지 하향조정할 수 있고, 평가기준 규모를 하향조정하는 경우에는 입찰공고에 명시해야 한다.

라) 계약담당자는 공사의 특성상 '규모·양'으로 평가하는 것이 부적정하다고 인정되는 경우에는 '금액'을 기준으로 입찰공고에 명시하여 평가할 수 있다. 이 경우 "가)"부터 "다)"까지를 준용하고 금액기준은 '추정가격'으로 한다.

마) 입찰참가자가 주계약자 관리방식으로 입찰에 참여한 경우에는 주계약자 시공비율을 100%로 환산하여 평가한다.

주2) 최근 3년간 해당 공사와 동일한 업종별 실적평가

가) 최근 3년간 공사실적 인정 범위는 제1장 입찰참가자격 사전심사기준 [별표1] 제2절 을 준용하여 평가한다.

나) 평가대상 업종

① '평가대상 업종'은 발주하는 공사가 복합 업종인 경우 평가하려는 공사 관련법령상 업종(業種)을 말한다. (예) 토목·건축·조경·산업·환경설비·전문·전기·정보통신 등

② 평가대상 업종이 동일 법령 내 업종 간에 복합되는 경우에는 업종별 평가비율에 따라 최근 3년간 실적을 평가한다.

③ 추정가격을 기준으로 업종평가비율이 20% 미만인 업종은 공사의 특성 등을 고려하

여 평가에서 제외할 수 있다. 다만, 제외대상 업종이 2개 이상인 경우에도 제외하는 업종의 합산비율은 20%를 초과할 수 없다.

④ 서로 다른 법령에 따른 업종이 복합되는 경우에는 주공사에 해당하는 동일 법령 내 업종만 평가하고 다른 법령에 따른 업종은 평가에서 제외할 수 있다.

　예) 건설산업 기본법에 따른 토목·조경공사와 전기공사업법에 따른 전기공사가 복합된 경우 전기공사는 제외하고 평가 가능

⑤ 계약담당자는 추정가격을 기준으로 "평가대상 업종"과 "평가대상 업종별 추정가격"을 입찰공고에 명시해야 한다. 다만, "③"과 "④"에 따라 복합 업종 중 일부업종만 평가하는 경우는 평가대상 업종만을 대상으로 "업종평가비율"을 다시 백분율로 산정하여 입찰공고에 추가 명시해야 한다.

나. 기술능력 (15점)

　점수 = 기술능력평가표에 따른 평점합계×15/35

세부 심사항목	평가요소	등 급	평점
가. 해당 공사의 시공에 필요한 기술자 보유상황 (회사 보유인력으로 평가) ※ 주2) 참조	1) 해당업종 경력기술자	A. 3.6 이상 B. 2.4 이상 3.6 미만 C. 1.2 이상 2.4 미만	10.0 8.0 6.0
	2) 일반기술자	A. 15인 이상 B. 12인 이상 15인 미만 C. 10인 이상 12인 미만	14.0 12.2 10.4
나. 신기술 개발·활용실적 ※ 주3) 참조	1) 신기술 개발	A. 2건 이상 B. 1건	0.5 0.3
	2) 신기술 활용실적	A. 60억 원 이상 B. 60억 원 미만 10억 원 이상 C. 10억 원 미만 1억 원 이상 D. 1억 원 미만	1.5 1.4 1.2 1.1
다. 시공평가 결과 ※ 주4) 참조	◦ 시공평가 점수	A. 90점 이상 B. 80점 이상 90점 미만 C. 75점 이상 80점 미만 D. 70점 이상 75점 미만 E. 70점 미만	3.0 2.8 2.6 2.4 2.2
라. 그밖에 해당 공사 시공에 필요한 사항 ※ 주5) 참조	◦적격심사 시 제출한 동일 공사 실적의 준공기간 경과에 따른 시공 경험 축적 정도 * 입찰공고일 기준	A. 2년 이내 시공실적 B. 2년 초과 5년 이내 시공실적 C. 5년 초과 7년 이내 시공실적 D. 7년 초과 10년 이내 시공실적	2.0 1.8 1.6 1.4

마. 최근 연도 건설부문 매출액에 대한 건설부문 기술개발 투자비율	◦ 업종평균 건설부문 기술개발 투자비율에 대한 해당업체 건설부문 기술개발 투자비율 ※ 주7) 참조	A. 100% 이상	4.0
		B. 75% 이상 100% 미만	3.8
		C. 50% 이상 75% 미만	3.6
		D. 10% 이상 50% 미만	3.4
		E. 10% 미만	3.2

주1) 발주기관은 기술능력평가의 "마" 항목은 평가하되, "가"와 "다" 항목은 해당 공사의 특성·규모 등을 고려하여 필요하다고 인정되는 경우 입찰공고에 심사항목을 명시하여 평가할 수 있으며 입찰공고에 심사항목을 명시하지 않은 때에는 배점한도를 적용한다. "나"와 "라" 항목은 행정안전부장관이 적용 방법과 시기를 별도로 통보하기 전까지는 배점한도를 적용한다.

주2) 기술자 보유상황 평가

　가) 건설기술자의 종류와 보유내용은 건설기술자보유증명서에 따르고, 해당 업종 경력기술자, 일반기술자의 증명은 한국건설기술인협회 등 관련협회 확인서에 따른다.

　나) 경력기술자 평가 방법

　　① 제1장 입찰 참가자격 사전심사기준 별지 제8호 서식의 일반기술자로서 해당 공사와 동일하거나 유사한 종류의 공사현장에 3년 이상(자격취득 전·후 포함) 종사한 기술자는 다음 기술자 등급계수, 경력계수 및 관리능력계수를 곱하여 산정하며, 기술자는 종류별·등급별 및 참여기간 등을 중복 산정하지 아니한다.

　　㉮ 등급계수 : 특급기술자 1.0, 고급기술자 0.75, 중급기술자 0.5, 초급기술자 0.25

　　㉯ 경력계수 : 3년 이상 5년 미만 1.0, 5년 이상 10년 미만 1.5, 10년 이상 2.0

　　㉰ 관리능력계수(현장대리인 경력) : 2년 미만 1.0, 2년 이상 5년 미만 1.1, 5년 이상 1.3

　　② 건설기술자의 등급구분은 건설기술진흥법령 등에 따라 설립된 한국건설기술인협회, 전력기술인협회 등 관련기관의 기술자 등급 구분을 기준으로 한다.

　다) 기술자 보유상황은 주 공사(업종)를 대상으로 평가한다. 다만, 복합공사(업종)인 경우에는 업종별로 산출한 점수에 업종평가비율(평가업종만을 대상으로 다시 백분율로 산정한 비율을 말한다)을 곱하여 합산 평가하며, 평가업종과 업종평가비율은 입찰공고에 명시해야 한다.

　라) 기술자 평가는 중복산정하지 아니한다.

　마) 공동수급체의 평가방법

　　① 해당공사(업종) 경력기술자는 구성원별로 "나)"의 평가방법에 따라 산출된 결과에 시공비율을 곱한 후 합산하여 평가한다.

　　② 일반기술자 평가는 각 구성원의 기술자 보유수에 시공비율을 곱하여 합산한 기술자수를 기준으로 평가한다.

주3) 신기술 개발·활용실적

　가) 건설기술진흥법 제14조, 환경기술 및 환경산업 지원법 제7조, 국가통합교통체계효율화법 제102조, 자연재해대책법 제61조 등에 따라 신기술로 지정·고시되어 활용한 실적을 말한다.

나) 적격심사서류 제출일 현재 보유하고 있는 실적으로 평가하며, 보호기간이 경과된 실적은 평가에서 제외한다.

다) 법인 명의로 개발한 실적을 평가하며, 공동개발의 경우 개발업체 각각 인정한다.

라) 활용실적은 한국건설신기술협회, 한국환경산업기술원, 한국건설교통기술평가원, 한국방재협회 등으로부터 확인된 자료로 평가한다.

마) 활용실적은 적격심사서류 제출일 현재 최근연도까지의 보호기간 동안 활용된 누계금액으로 평가한다.

바) 건설신기술, 환경신기술, 교통신기술, 자연재해저감신기술 등을 합산하여 평가하며, 신기술보유업체를 기준으로 평가한다. 다만, 신기술 활용실적을 평가할 때 신기술 미 보유업체에 대해서는 D등급으로 평가한다.

주4) 시공평가 결과

가) 시공실적으로 입찰 참가자격을 제한한 공사만 평가하며, 시공실적으로 입찰 참가자격을 제한하지 않는 공사는 배점한도를 적용한다.

나) 시공평가를 하지 않는 업종의 경우 배점한도를 적용한다.

다) 그 밖의 평가에 관한 사항은 제1장 입찰 참가자격 사전심사기준 제5절 3-다에서 정한 바에 따른다.

주5) 시공경험 축적 정도

"라" 항목에 따른 기간계산은 입찰공고일부터 제출실적의 준공일까지 기간을 일수로 계산하고, 발주기관에 제출된 실적(공동수급체의 경우 그 구성원이 제출한 실적) 중 최근연도에 준공한 1건 실적을 평가한다. 단, 최근 3년간 업종별 실적 누계액으로 평가하는 공사는 배점한도를 적용한다.

주6) 합병 등의 기술능력 평가는 합병 등을 한 후의 보유내용으로 한다.

주7) 기술개발투자비율 평가 방법

최근 연도 건설부문 매출액에 대한 건설부문 기술개발 투자비율(전기·정보통신·소방공사 등의 업체는 전기·정보통신·소방부문 등의 매출액과 기술개발투자비율을 말한다. 이하 "기술개발투자비율"이라 한다)에 관하여는 경영상태 평가 방법을 준용하여 평가한다.

다. 경영상태 (15점)

1) 경영 상태는 종합평가 방법으로 평가하되, 비영리법인은 신용평가 방법으로 평가한다.

　가) 종합평가 방법 (재무비율 평가 방법 +신용평가 방법)

　　점수 = [(재무비율평가 점수×0.3)+(신용평가 점수×0.7)] × 15/35

　나) 재무비율 평가 방법

　　점수 = 경영상태 평가표에 따른 평점합계 × 15/35

세부 심사항목	평가요소	등 급	평점
가. 최근연도 부채비율 (부채총계/자기자본)	◦ 업종(업체)평균 부채 비율에 대한 해당업 체 비율	A. 50% 미만 B. 50% 이상 75% 미만 C. 75% 이상 100% 미만 D. 100% 이상 125% 미만 E. 125% 이상	8.0 7.2 6.4 5.6 4.8
나. 최근연도 유동비율 (유동자산/유동부채)	◦ 업종(업체)평균 유동 비율에 대한 해당업 체 비율	A. 150% 이상 B. 120% 이상 150% 미만 C. 100% 이상 120% 미만 D. 70% 이상 100% 미만 E. 70% 미만	8.0 7.2 6.4 5.6 4.8
다. 최근연도 차입금의존 도 (차입금/총자산)	◦ 업종(업체)평균 차입 금 의존도에 대한 해 당업체 비율	A. 50% 미만 B. 50% 이상 75% 미만 C. 75% 이상 100% 미만 D. 100% 이상 125% 미만 E. 125% 이상	4.0 3.6 3.2 2.8 2.4
라. 최근연도 영업이익 대 비 이자보상배율 (영업이익/이자비용)	◦ 업종(업체)평균 영업 이익 대비 이자보상 배율에 대한 해당업 체 비율	A. 150% 이상 B. 100% 이상 150% 미만 C. 50% 이상 100% 미만 D. 10% 이상 50% 미만 E. 10% 미만	4.0 3.6 3.2 2.8 2.4
마. 최근연도 매출액 순이 익률 (순이익/매출액)	◦ 업종(업체)평균 매출 액 순이익율에 대한 해당업체 비율	A. 100% 이상 B. 75% 이상 100% 미만 C. 50% 이상 75% 미만 D. 10% 이상 50% 미만 E. 10% 미만	3.0 2.7 2.4 2.1 1.8
바. 최근연도 총자산 순이 익율 (순이익/총자산)	◦ 업종(업체)평균 총자 산 순이익률에 대한 해당업체 비율	A. 150% 이상 B. 100% 이상 150% 미만 C. 50% 이상 100% 미만 D. 10% 이상 50% 미만 E. 10% 미만	1.0 0.9 0.8 0.7 0.6
사. 최근연도 총자산 대비 영업현금흐름 비율 (영업활동으로 인한 현금흐름/총자산)	◦ 업종(업체)평균 총자 산 대비 영업현금 흐 름비율에 대한 해당 업체 비율	A. 150% 이상 B. 120% 이상 150% 미만 C. 100% 이상 120% 미만 D. 70% 이상 100% 미만 E. 70% 미만	2.0 1.8 1.6 1.4 1.2
아. 최근연도 자산회전율 [매출액/{(기초총자산 +기말총자산)÷2}]	◦ 업종(업체)평균 자산 회전율에 대한 해당 업체 비율	A. 150% 이상 B. 100% 이상 150% 미만 C. 50% 이상 100% 미만 D. 10% 이상 50% 미만 E. 10% 미만	3.0 2.7 2.4 2.1 1.8
자. 영업기간	–	A. 10년 이상 B. 10년 미만 5년 이상 C. 5년 미만 3년 이상 D. 3년 미만	2.0 1.8 1.6 1.4

주1) 재무비율 평가방법

　가) 평가요소별 업종전체평균비율 적용은 입찰공고일 기준 가장 최근에 관련협회에서 조사
　　·통보한 최종연도 비율을 원칙으로 하되, 평균비율이 없는 심사항목은 배점한도를 취
　　득한 것으로 한다.

　나) 평가결과 부(−)의 수치가 나타난 경우에는 최저등급으로 평가한다.

　다) 업종전체평균비율이 부(−)의 수치인 심사항목에서 해당업체의 비율이 (+)인 업체는 A등
　　급, (−)인 업체는 최저등급으로 평가한다.

　라) 구성원이 부도 등의 상태인 경우에는 해당 구성원을 제외한 잔여구성원만으로 평가하고,
　　공동수급체 대표자가 부도 등의 상태인 경우에는 그 공동수급체를 적격자 선정에서 제외
　　한다. 다만, 부도업체에 대한 법원의 회생절차개시결정이 있는 경우 평가 시 포함한다.

주2) 영업기간 평가 방법

　가) 영업기간의 평가는 입찰공고일 현재 건설업 등록일(취득일)부터 입찰공고일까지 기간을
　　기준으로 평가하며, 관련협회로부터 통보된 자료에 따른다.

　나) 보유한 건설업 등록·면허(건설산업 기본법 제8조제1항에 따른 동일한 종류의 건설업 등
　　록·면허를 말한다)의 변동이 있었던 경우에는 종전에 보유한 건설업 등록·면허의 보
　　유기간을 합산하여 평가한다.

　다) 대통령령 제31328호「건설산업기본법 시행령」일부개정령 부칙에 따라 업종을 전환한
　　경우에는 종전에 보유했던 면허 또는 등록의 보유기간을 영업기간으로 인정한다.

주3) 상기 이외의 사항은 제2장 적격심사 기준 제5절 경영상태 평가기준에 따른다.

　다) 신용평가방법

　　점수 = 경영상태평가표에 따른 평점 × 15/35

① 회사채에 대한 신용평가등급	② 기업어음에 대한 신용평가등급	③ 기업신용평가등급	평점
AAA		①의 AAA에 준하는 등급	35.0
AA+, AA°, AA−	A1	①의 AA+, AA°, AA−에 준하는 등급	35.0
A+, A°, A−	A2+, A2°, A2−	①의 A+, A°, A−에 준하는 등급	35.0
BBB+, BBB°, BBB−	A3+, A3°, A3−	①의 BBB+, BBB°, BBB−에 준하는 등급	35.0
BB+, BB°	B+	①의 BB+, BBo에 준하는 등급	35.0
BB−	B°	①의 BB−에 준하는 등급	34.5
B+, B°, B−	B−	①의 B+, B°, B−에 준하는 등급	34.0
CCC+ 이하	C 이하	①의 CCC+에 준하는 등급 이하	30.0

주1) 신용평가는 제2장 적격심사기준 제5절 "3"에 정한 바에 따른다.

라. 신인도 (±1.2점)

1) 점수 = 제1장 입찰참가자격 사전심사기준 제5절 "3-라"의 신인도 평가기준에 따른 평점 합계 × 40/100

2) 점수 산정결과 ±1.2점을 초과하는 부분은 적용하지 아니한다.

2. 입찰가격 평가 (30점)

가. 입찰가격 평점산식

$$평점(점) = 30 - \left| \left(\frac{88}{100} - \frac{(입찰가격-A)}{(예정가격-A)} \right) \times 100 \right|$$

* A : 국민연금보험료, 국민건강보험료, 퇴직공제부금비, 노인장기요양보험료, 산업안전보건관리비, 안전관리비, 품질관리비의 합산액

※ | |는 절댓값 표시임.

※ (입찰가격-A)을 (예정가격-A)으로 나눈 결과 소수점 이하는 소수점 다섯째 자리에서 반올림하여 평가한다.

나. (입찰가격-A)이 (예정가격-A) 이하로서 (예정가격-A)의 100분의 96 이상일 경우의 평점은 22점으로 한다.

다. 최저평점은 2점으로 한다.

3. 하도급관리계획 등의 적정성 평가 (12점~△3점)

가. 입찰참가자가 다음 양식에 따라 작성한 하도급관리계획서에 따라 하도급관리계획 적정성을 평가한다.

하 도 급 관 리 계 획 서

공사관리번호 :

공 사 명 :

(단위 : 천원)

하도급할 공사				하수급예정자와계약할 금액 (지급자재금액)	하수급예정자 지역업체 여부	비고 (하도급대금 직불 계획)
공사 종류	규모 (물량)	조사금액	입찰금액			
지반조성공사업	1식			천원 (천원)		천원 ( )%
철근콘크리트공사업	1식			천원 (천원)		천원 ( )%
				천원 (천원)		천원 ( )%
합계		B	C	D		

○ 입찰가격(A) :

○ 하도급 부분 조사금액 대비 하도급업체 계약금액 (D/B) : %

○ 하수급금액비율(D/C) : %

○ 건설산업기본법·하도급거래 공정화에 관한 법률 등 관련법령에 따른 표준하도급계약서 사용 여부	사 용 ( )	미사용 (

※ 서식의 기재내용은 "예시"임

위와 같이 ( ) 건설공사에 대한 하도급관리계획서를 제출함에 있어 위의 하도급관리계획서에서 정한 하도급 조건대로 계약을 체결한 후 성실 시공이 이루어지도록 최선을 다하겠으며, 하도급 업체 선정시 부정당업자 제재기간 중이거나 영업 정지 중이 아니고, 하수급예정자의 시공능력평가액이 하수급예정자와 계약할 금액에 하수급인이 설치하는 지급자재 금액을 합한 금액 이상인 업체와 하도급계약을 체결할 것을 확약하며, 만일 이와 같은 내용이 사실과 다르거나 불가피한 사유로 하도급관리계획서를 발주기관의 사전 승인 없이 변경하는 등 정당한 사유 없이 하도급관리계획대로 이행하지 아니할 경우에는 법 제31조에 따른 입찰참가자격 제한 등 어떠한 불이익을 받더라도 이의를 제기하지 아니할 것임을 확약하는 하도급관리계획서를 제출합니다.

20 년 월 일

입찰자(제출자) 대표사 상 호 :

대표자 :

구성원 상 호 :

대표자 :

(공동수급체의 구성원 모두 기재)

귀하

세부심사항목	등 급	평 점	비고
1. 단일공종공사 등		12.0	
2. 종합공사	계	12.0	
① 하도급할 공사의 총금액(C) 대비 하수급예정자와 계약할 총금액의 비율(D)	A : 82% 이상	6.0	
	B : 80% 이상 ~ 82% 미만	5.0	
	C : 77% 이상 ~ 80% 미만	4.0	
	D : 77% 미만	3.0	
② 최근 1년간 하도급대금 직불실적	A : 10% 이상	2.0	
	B : 10% 미만	1.5	
③ 해당 계약 표준하도급계약서 사용 여부	A : 사용	4.0	
	B : 미사용	0.0	
④ 최근 1년 이내 표준하도급계약서 준수 여부	A : 불이행	−3.0	감점
	B : 부당 변경	−2.0	
⑤ 하도급대금 직불계획 제출	A : 20% 이상	+0.5	가점
	B : 10% 이상	+0.2	
⑥ 하도급 예정자의 지역업체 비율	A : 20% 이상	+1.0	가점
	B : 10% 이상	+0.5	

주1) 전문·전기·정보통신·소방공사 등 단일공종공사 및 입찰참가자가 주계약자 관리방식으로 입찰에 참여한 경우에는 배점한도(만점)를 적용하고, 전체 공사의 직접 시공 확약서를 제출한 경우 ①, ②, ③평가는 세부심사항목의 배점한도를 부여하고 나머지 항목만 평가한다.

　가) 계약담당자는 직접 시공 확약서를 제출한 후 정당한 사유 없이 직접 시공을 하지 않는 경우 법 제31조에 따라 입찰 참가자격 제한 조치를 취해야 한다.

주2) 심사항목 ① 평가방법

　가) '① 하도급할 부분의 총금액'은 하도급할 부분의 금액을 모두 합산한 금액임. 하도급관리계획서의 예시에서 (D/C×100)

　나) '①의 평가는 'A'와 하도급업체와 계약을 체결할 금액의 합계가 발주기관 조사금액 합계의 100분의 64 이상을 동시에 충족할 경우에 만점을 부여하고 'A'는 충족하나 발주기관 조사금액의 합계가 100분의 64 미만인 경우는 'B' 등급에 해당하는 평점을 부과한다.

주3) 심사항목 ②는 건설산업기본법에 따른 종합건설업자의 하도급계약에 대한 직불실적만 평가하며, 구체적인 세부평가기준, 절차 및 방법 등에 관하여는 "최근연도 하도급대금 직불실적 평가방법"을 따른다.

주4) 심사항목 ③·④는 건설산업기본법·하도급거래 공정화에 관한 법률 등 관련법령에 따른 표준하도급계약서 사용·준수 여부에 대하여 평가하며, 이행보증에 관한 사항은 제외한다.

주5) 심사항목 ④는 최근 1년 이내 정보처리장치에 게재되거나 관계기관에서 통보된 표준하도급계약서 사용 불이행자·부당변경 사용자에 대하여 적용하며, 계약담당자는 계약 이행

중에 불이행자·부당변경 사용자가 있는 경우에는 지체 없이 정보처리장치 운영자 등에 통보·게재해야 한다.

주6) 심사항목 ⑤는 하수급예정자와 계약할 금액의 10% 이상을 직불계획금액으로 표기하여 제출한 경우에 평가한다.

주7) 하도급 예정자의 지역업체 평가는 총 입찰금액 중 하도급 예정자의 지역업체 비율에 따라 평가한다.

주8) ⑤, ⑥평가에 따라 가산점으로 배점한도를 초과하는 경우에는 배점한도까지만 인정한다.

다. 최근연도 하도급대금 직불실적 평가방법

1) 평가대상 관급공사

가) 최근연도 신규 계약금액 20억 원(최초 계약금액 기준) 이상 관급공사 중 하도급계약이 체결된 공사를 말한다.

나) 최근연도란 입찰공고일을 기준으로 가장 최근에 관련협회에서 하도급대금 직불실적 증명발급을 시행한 날이 속한 연도의 직전연도(1년)를 말한다.

2) 평가방법

가) 단독입찰인 경우

$$P = \frac{\text{적용 직불건수의 합}}{M} \times 100(\%)$$

- P = 하도급대금 직불실적 비율
- M = 평가대상 관급공사 건수
- 적용 직불건수의 합 = $\sum_{n=1}^{M} D_n/S_n$
- Sn = 개별 평가대상 관급공사에 대한 하도급계약 건수
- Dn = 개별 평가대상 관급공사에 대한 하도급대금 직불 합의 건수

n	평가대상 관급공사	하도급계약 건수(Sn)	하도급대금 직불 합의 건수(Dn)	적용 직불 건수 (Dn/Sn)
1	○○건설공사	3	1	1 / 3 = 0.33333
2	△△건축공사	2	2	2 / 2 = 1.00000
3	□토목공사	4	0	0 / 4 = 0.00000
합계	M = 3			적용 직불 건수의 합 = 1.33333

※ 계산식 P = 1.33333 / 3 × 100(%)

나) 공동도급에 따른 입찰인 경우

구성원 각각의 평가대상 관급공사 건수(M)에 시공비율을 곱하여 합산한 건수 대비 각각의 적용 직불 건수의 합에 시공비율을 곱하여 합한 수의 비율로 평가

다) 점수산정: 10% 이상일 때는 1점, 10% 미만일 때는 0.5점

라) 소수점 처리 방법

(1) 최종평가비율(백분율)을 산정할 때 소수점 셋째 자리에서 반올림한다.

(2) 각 평가단계에서는 소수점 여섯째 자리에서 버린다.

3) 실적 인정 범위

가) 하도급 직불 합의(발주기관·원도급자-하수급자)가 이루어진 공사

1건의 공사 중 원도급자 1명에 하도급계약이 여러 건인 경우로서 그 중 일부만 직불 합의가 이루어지면 직불 합의한 건수의 구성비율을 곱하여 건수를 산정

예) 원도급자 A가 하수급자 B, C, D와 하도급계약을 하고 B사만 직불 합의한 때에는 1건÷3 = 0.33333건이 된다.

나) 하도급대금 직불 합의는 원도급계약 체결 후 해당 하도급계약에 대한 제1차 기성대가 지급전까지 직불 합의한 경우이어야 한다.

다) 과거 구성원의 하도급 직불실적은 공동이행방식, 분담이행방식을 불문하고 구성원 직불실적이 있는 구성원은 각각 1건의 직불실적으로 인정한다.

※ 1건의 공사 중 원도급자 1명에 하수급자가 여러 업체 있는 경우 그중 일부만 직불실적이 이루어지면 직불업체가 차지하는 구성비율을 곱하여 건수를 산정한다.

4) 평가자료 확인 방법

가) 대한건설협회에서 하도급 직불 건수, 총하도급 계약 건수 및 관급공사 계약 건수가 명시된 확인서를 발급하여 그 확인서에 따라 평가한다.

(1) 하도급대금 직불 합의 후 직불 이행이 되지 않으면 하수급자는 해당 사실을 대한전문건설협회 등에 통보하고, 통보받은 협회 등은 대한건설협회에 통보하여 직불실적에서 제외해야 한다.

나) 대한건설협회에 신고가 되지 않거나 내용이 틀린 경우에는 아래와 같은 방법으로 확인한다.

(1) 20억 원 이상인 관급공사 건수와 하도급계약 건수

(가) 업체별로 최근연도에 계약한 20억 원 이상 공사목록과 하도급계약 내역을 별지 양식에 따라 제출받는다.

(나) 발주기관은 국토연구원 등의 전산망(Kiscon) 등을 통하여 사실 여부를 확인한다.

(2) 하도급 직불실적 확인

(가) 입찰참가자가 증빙서류를 첨부하여 제출한 내용으로 평가한다.

(나) 증빙서류는 직불 합의한 발주기관으로부터 〈별지 제5-3호 서식〉에 따라 증명서를 발급받는다.

다) 부정·허위 작성된 자료(하도급대금 직불 합의 후 직불 이행이 되지 않은 건수를 직불실적으로 제출한 경우 포함)를 제출한 경우에는 부정당업자 제재와 계약해지가 가능하다는 내용의 서약서

를 징구해야 한다.

5) 직불 합의가 없어도 직불실적으로 평가하게 하는 예외 인정

(가) 최근 연도에 하도급계약이 체결된 공사 중 관련 법령에 따라 발주기관의 원도급자에 대한 기성대가 지급회수보다 원도급자의 하수급자에 대한 현금대가 지급회수를 더 많이 지급된 경우로서 원도급자와 하수급자 연명으로 대한전문건설협회의 확인을 받아 발주기관이 최종 확인(별첨 서식)한 경우에는 직불실적으로 인정한다. 이 경우에도 해당 계약만 예외를 인정하되 원도급자 1개 업체에 하도급계약이 여러 건인 경우 해당 비율만큼만 실적 건수로 인정한다.

예) 1건 공사 중 하수급자 A, B, C 중 C업체만 직불을 희망하지 않는 경우로서 위와 같은 방법으로 증명한 경우에는 1건÷3 = 0.33333건만 인정하고, 나머지 A, B업체는 일반평가 방법에 따라 평가한다.

6) 최근 연도 20억 원 이상 관급공사실적이 없는 업체는 만점 처리한다.

7) 협회 신고와 증명내용이 사실과 다른 경우에는 실제 확인된 내용에 따라 평가한다(이 경우 허위신고는 부정당업자 제재 조치를 한다)

8) 원도급자의 합병, 분할, 사업양수도에 관하여는 합병 등에 따른 실적 인정 방법을 준용한다.

9) 하도급대금 직불실적 평가자료 제출 방법

(가) 최근 연도 하도급대금 직불실적을 평가받으려는 자는 이 기준에 따라 대한건설협회에서 별도로 정하는 기간까지 아래 각서와 별지 서식을 작성·제출해야 한다.

(나) 발주기관·수급인·하수급인이 하도급대금 직불에 합의한다는 사실을 확인할 수 있는 서류(기 작성된 합의서 사본에 발주기관의 원본대조필을 한 경우 포함)나 발주기관·수급인·하수급인 및 관련협회의 서면 확인이 있는 경우에는 이를 인정할 수 있다.

각　서

(하도급관리계획 등의 적정성 평가 관련)

공사명 :

　당사는 위 건 적격심사와 관련하여 제출한 하도급관리계획 등의 적정성 평가 자료를 신의성실의 원칙에 따라 작성하여 사실과 틀림없으며, 만약 부정하거나 허위로 작성된 사실이 발견되거나 정당한 사유 없이 하도급관리계획서의 내용대로 이행하지 않을 경우에는 적격낙찰대상에서 제외하거나 취소, 계약의 해제나 해지, 입찰 참가자격 제한조치 등 어떠한 제재나 처분을 받아도 하등의 이의를 제기하지 않겠습니다. 또한, 표준하도급계약서 사용계획에 정한 바대로 이행할 것을 확약하며, 위 내용대로 이행하지 아니할 경우에는 이후 지방자치단체, 국가 및 타 공공기관이 집행하는 입찰에서 감점 등 어떠한 불이익도 감수할 것을 확약합니다.

20　년　월　일

주 소 :

회사명 :

대표자 :　　　　　　　　(인)

(발주기관) 귀하

4. 자재와 인력조달 가격의 적정성 평가 (14점)

가. 평가 산식

점수 = {노무비 평가점수 + 제경비(기타경비, 일반관리비, 이윤) 평가점수)} × 공사 종류별 난이도계수

나. 노무비 평가

1) 노무비 적용기준율 대비 입찰서상의 노무비 반영 비율에 따라 평가

2) 노무비율 =

$$\text{노무비율} = \frac{\text{직접노무비 + 간접노무비}}{\text{입찰금액}}$$

3) 배점과 평가기준(8점)

노무비율	기준율의 **100%** 이상	기준율의 **90%** 이상	기준율의 **90%** 미만
점수	8	7	6

다. 제경비의 적정성 평가

1) 기타경비, 일반관리비, 이윤에 대하여 적용기준율 대비 입찰서상의 반영 비율에 따라 각각 평가한 후 합산

2) 배점과 평가기준

⑴ 추정가격이 100억 원 이상인 공사: 6점(각 경비별 배점 2점)

	기준율의 **100%** 이상	기준율의 **80%** 이상	기준율의 **80%** 미만
기타경비	2	2	1
일반관리비, 이윤 반영비율	1	2	1

주1) 노무비, 기타경비, 일반관리비, 이윤 각각의 적용기준율 산출은 기초금액 대비 제경비 각각의 금액으로 산정한다.

　2) 노무비, 기타경비, 일반관리비, 이윤의 반영 비율 산출은 제출된 산출내역서 집계표나 공사 원가계산서에 따른다.

　3) 노무비와 제경비의 적정성 평가에 적용하는 노무비 및 각 경비별 기준율은 기초금액을 발표할 때 함께 발표한다.

라. 공사 종류별 자재와 인력조달가격의 난이도 계수표

등급	공 사 종 류	기본 계수	적용 난이도계수	비 고
A	① 연육·연도교, 해상교량, 사장교, 현수교, 트러스교가 포함된 교량공사 ② 댐축조공사 ③ 발전소 건설공사 ④ 쓰레기 소각로 건설공사	0.80	▶ 전체공사금액 대비 해당등급에 해당하는 공사의 공사금액 비율에 따라 아래와 같이 적용 ▶ 70% 이상은 해당등급의 기본계수 적용 ▶ 70% 미만, 50% 이상은 해당등급의 하위등급 기본계수 적용 ▶ 50% 미만, 30% 이상은 해	▶ 난이도 계수는 기초금액을 기준으로 산정 ▶ A~D등급에 해당하는 공사가 복합된 공사는 주공
B	① 경간 50m 이상이 포함된 연장 500m 이상의 교량공사 ② 지하구간의 지하철공사 ③ 터널공사	0.85		

	④ 공항(활주로, 유도로, 계류장, 청사)건설공사 ⑤ 에너지 저장시설공사 ⑥ 정수장공사 ⑦ 폐수종말처리장 건설공사 ⑧ 하수종말처리장 건설공사 ⑨ PQ대상 건축공사	당등급의 차차위등급 기본 계수 적용 ▸30% 미만은 해당등급의 차차 하위등급 기본 계수 적용 ▸최하 기본계수는 1.00 적용	종(금액이 큰 공종)을 기준으로 함
C	① A와 B등급 이외의 교량공사 ② 항만·간척공사(준설, 매립 공사 제외) ③ PQ대상 송전·변전공사 ④ B등급이외의 건축공사	0.90	
D	① 철도공사(지상구간지하철 포함) ② 고속도로공사	0.95	
E	① D등급 이상에 속하지 않는 종합공사 ② 전문·전기·정보통신·소방 그밖에 공사	1.00	

※ 적용 난이도 계수는 기초금액을 발표할 때 함께 발표한다.

5. 그 밖에 해당공사 수행능력상 결격 여부 (△10점)

가. 적용대상: 모든 공사에 적용한다.

나. 제1장 입찰 참가자격 사전심사기준 제5절 "4" 수행능력상 결격 여부에 따라 평가한다.

※ 2024.4.1.부터 모든 공사의 수행능력상 결격여부 배점 △10→△15로 개정 예고 중

■ 지방자치단체 입찰 시 낙찰자 결정기준 제2장의1 시설공사 적격심사 세부기준 [별표 2]

추정가격이 100억 원 미만 50억 원 이상인 입찰공사 평가기준

1. 수행능력 평가(30점)

가. 시공경험(15점): 입찰공고에 정한 입찰방법에 따라 선택 적용한다.

1) 시공실적으로 입찰 참가자격을 제한한 입찰 (15점)

평가요소	점 수 배 점	비고
가) 최근 10년간 해당 공사와 동일한 종류의 공사실적 인정 범위와 인정 규모에 해당되는 공사실적 합계	○ 해당 공사의 평가기준 규모 대비 A : 100% 이상 　　　　 : 14.3점 B : 70% 이상 100% 미만 : 12.9점 C : 40% 이상 70% 미만 : 11.4점 D : 20% 이상 40% 미만 : 10.0점 E : 20% 미만 　　　　 : 8.6점	가), 나)는 합산 적용 종합건설공사와 그 밖의 공사 포함
나) 최근 3년간 해당 공사와 동일한 평가대상 업종별 실적금액의 합계	○ 점수=업종별 점수의 합 ○ 업종별 점수=실적계수×0.7점×업종 평가비율 ○ 실적계수=최근 3년간 업종별 실적÷(평가대상 업종별 추정가격×1.7) ※ 실적계수의 상한은 1로 한다. ○ 주계약자 관리방식으로 입찰에 참여한 경우 ● 점수 = 주계약자 점수와 부계약자 점수의 합 ● 주계약자 점수=실적계수×0.7점×주계약자 시공비율 ● 주계약자 실적계수=최근 3년간 업종별 실적÷(평가대상 전체 업종별 추정가격×1.7) ● 부계약자 점수=실적계수×0.7점×부계약자 시공비율 ● 부계약자 실적계수=최근 3년간 부계약자 시공 업종별 실적÷(부계약자 참여 평가대상 업종별 추정가격×P) ※ P는 부계약자 참여 평가대상 업종이 100억 미만 50억 이상은 1.7, 50억 미만 10억 이상은 1, 10억 미만 3억 이상은 0.7, 3억 미만은 0.5를 적용한다. ※ 실적계수의 상한은 1로 한다.	

2) 시공실적으로 입찰 참가자격을 제한하지 아니한 입찰 (15점)

평가요소	점 수 배 점	비고
○ 최근 3년간 해당공사와 동일한 평가	○ 점수=업종별 점수의 합 ○ 업종별 점수=실적계수×15점×업종 평가비율	실적은 업종별로 구분

| 대상 업종별 실적 금액의 합계 | ○ 실적계수=최근 3년간 업종별 실적÷(평가대상 업종별 추정가격×1.7)
○ 등급별 입찰 제한기준에 따른 입찰공사의 경우
• 실적계수=최근 3년간 업종별 실적÷(평가대상 업종별 추정가격×1.2)
※ 실적계수의 상한은 1로 한다.
○ 주계약자 관리방식으로 입찰에 참여한 경우
• 점수 = 주계약자 점수와 부계약자 점수의 합
• 주계약자 점수=실적계수×15점×주계약자 시공비율
• 주계약자 실적계수=최근 3년간 업종별 실적÷(평가대상 전체 업종별 추정가격×1.7)
• 부계약자 점수=실적계수×15점×부계약자 시공비율
• 부계약자 실적계수=최근 3년간 부계약자 시공 업종별 실적÷(부계약자 참여 평가대상 업종별 추정가격×P)
※ P는 부계약자 참여 평가대상 업종이 100억 원 미만 50억 원 이상은 1.7, 50억 원 미만 10억 원 이상은 1, 10억 원 미만 3억 원 이상은 0.7, 3억 원 미만은 0.5를 적용한다.
※ 실적계수의 상한은 1로 한다. | 적용
-토목·건축·전문·전기·정보통신·소방 등 |

주1) 최근 10년간 동일한 종류 실적평가 시 입찰참가자가 주계약자 관리방식으로 입찰에 참여한 경우에는 주계약자 시공비율을 100%로 환산하여 평가한다.

주2) "주1)" 이외의 사항에 대하여는 〈별표 1〉 수행능력평가 중 시공경험평가와 같다.

나. 경영상태 (15점)

1) 경영상태는 가)～다) 중에서 입찰자가 선택한 방법으로 평가하되, 비영리법인은 신용평가 방법으로 평가한다. 다만, 관련협회가 없거나 관련협회에서 실적관리를 하지 않는 공사업종은 종합평가 방법으로 평가한다.

가) 재무비율 평가 방법

점수 = 경영상태 평가표에 따른 평점 합계 × 15/21

세부심사항목	평 가 요 소	등 급	평점
1. 최근년도 부채비율 (부채총계/자기자본)	◦업종(업체)평균 부채비율에 대한 해당 업체 비율	A. 50% 미만 B. 50% 이상 75% 미만 C. 75% 이상 100% 미만 D. 100% 이상 125% 미만 E. 125% 이상	10.0 9.3 8.6 7.9 7.2

2. 최근년도 유동비율 (유동자산/유동부채)	○ 업종(업체)평균 유동비율 에 대한 해당 업체 비율	A. 150% 이상	10.0
		B. 120% 이상 150% 미만	9.3
		C. 100% 이상 120% 미만	8.6
		D. 70% 이상 100% 미만	7.9
		E. 70% 미만	7.2
3. 영업기간		A. 5년 이상	1.0
		B. 5년 미만 3년 이상	0.9
		C. 3년 미만	0.8

주1) 재무비율 평가는 〈별표 1〉 경영상태 평가와 같다.
　　나) 신용평가방법

점수 = 신용평가표에 따른 평점 × 15/21

① 회사채에 대한 신용평가등급	② 기업어음에 대한 신용평가등급	③ 기업신용평가등급	평점
AAA		①의 AAA에 준하는 등급	21.0
AA+, AA°, AA-	A1	①의 AA+, AA°, AA-에 준하는 등급	21.0
A+, A°, A-	A2+, A2°, A2-	①의 A+, A°, A-에 준하는 등급	21.0
BBB+,BBB°,BBB-	A3+, A3°, A3-	①의 BBB+,BBB°,BBB-에 준하는 등급	21.0
BB+, BB°	B+	①의 BB+, BB°에 준하는 등급	21.0
BB-	B°	①의 BB-에 준하는 등급	20.0
B+, B°, B-	B-	①의 B+, B°, B-에 준하는 등급	19.0
CCC+ 이하	C 이하	①의 CCC+에 준하는 등급 이하	16.0

주1) 신용평가는 제2장 적격심사 기준 제5절 "3"에 정한 바에 따른다.
　　다) 종합평가 방법 (재무비율평가 방법 +신용평가 방법)

점수 = [(재무비율평가 점수×0.3)+(신용평가 점수×0.7)] × 15/21

다. 신인도 (±1.2점)

1) 점수 = 제1장 입찰 참가자격 사전심사기준 제5절 "3-라"의 신인도 평가기준에 따른 평점합계 ×
　　40/100

2) 점수 산정결과 ±1.2점을 초과하는 부분은 적용하지 아니한다.

2. 입찰가격 평가 (50점)

가. 입찰가격 평점산식

$$\text{평점(점)} = 50 - 2 \times \left| \left(\frac{88}{100} - \frac{(\text{입찰가격}-A)}{(\text{예정가격}-A)} \right) \times 100 \right|$$

　　　* A : 국민연금보험료, 국민건강보험료, 퇴직공제부금비, 노인장기요양보험료, 산업안전보
　　　　　건관리비, 안전관리비, 품질관리비의 합산액

　　※ | | 는 절대값 표시임.

　　※ (입찰가격-A)을 (예정가격-A)으로 나눈 결과 소수점 이하는 소수점 다섯째 자리에서
　　　반올림하여 평가한다.

　나. (입찰가격-A)이 (예정가격-A) 이하로서 (예정가격-A)의 100분의 90.5 이상일 경우의 평
　　　점은 45점으로 한다.

　다. 최저평점은 2점으로 한다.

3. 하도급관리계획 등의 적정성 평가 (10점~△3점)

세부심사항목	등 급	평 점	비고
1. 단일공종공사 등		10.0	
2. 종합공사	계	10.0	
① 하도급 할 공사의 총금액(C) 대비 하수급예정자와 계약할 총금액의 비율(D)	A : 82% 이상 B : 80% 이상~82% 미만 C : 77% 이상~80% 미만 D : 77% 미만	4.5 3.0 1.5 0.5	
② 최근 1년간 하도급대금 직불실적	A : 10% 이상 B : 10% 미만	1.5 1.0	
③ 해당 계약 표준하도급계약서 사용 여부	A : 사용 B : 미사용	4.0 0.0	
④ 최근 1년 이내 표준하도급계약서 준수 여부	A : 불이행 B : 부당 변경	-3.0 -2.0	감점
⑤ 하도급대금 직불계획 제출	A : 20% 이상 B : 10% 이상	+0.5 +0.2	가점
⑥ 하도급 예정자의 지역업체 여부	A : 20% 이상 B : 10% 이상	+1.0 +0.5	가점

　가. 세부평가는 〈별표 1〉 3 하도급관리계획 평가방식에 따른다.

4. 자재와 인력조달 가격의 적정성 평가 (10점)

가. 평가 산식

　　점수 = {노무비 평가점수 + 제경비(기타경비, 일반관리비, 이윤) 평가점수)} × 〈별표 1〉 4-
　　　　라에 따른 공사종류별 난이도계수

나. 노무비 평가

　1) 노무비 적용기준율 대비 입찰서상의 노무비 반영비율에 따라 평가

2) 노무비율 =

$$\frac{직접노무비 \; + \; 간접노무비}{입찰금액}$$

3) 배점과 평가기준

노무비율	기준율의 100% 이상	기준율의 90% 이상	기준율의 90% 미만
점수	7	6	5

다. 제경비의 적정성 평가

1) 기타경비, 일반관리비, 이윤에 대하여 적용기준율 대비 입찰서상의 반영비율에 따라 각각 평가한 후 합산

2) 배점과 평가기준

	기준율의 100% 이상	기준율의 85% 이상	기준율의 85% 미만
기타경비	1	1	0.5
일반관리비, 이윤 반영비율	0.5	1	0.5

주1) 세부평가의 경우 〈별표 1〉 "4-다"를 따른다.

5. 그밖에 해당공사 수행능력상 결격여부 (△10점)

가. 적용대상 : 모든 공사에 적용한다.

나. 제1장 입찰참가자격 사전심사기준 제5절 "4" 수행능력상 결격여부에 따라 평가한다.

※ 2024.4.1.부터 수행능력상 결격여부 배점 △10→△15로 개정 예고 중

■ 지방자치단체 입찰 시 낙찰자 결정기준 제2장의1 시설공사 적격심사 세부기준 [별표 3]

추정가격이 50억 원 미만 30억 원 이상인 입찰공사 평가기준

1. 수행능력 평가 (25점)

가. 시공경험 (15점): 입찰공고에 정한 입찰 방법에 따라 선택 적용한다.

1) 시공실적으로 입찰 참가자격을 제한한 입찰 (15점)

평가요소	점 수 배 점	비고
가) 최근 10년간 해당 공사와 동일한 종류의 공사실적 인정 범위와 인정 규모에 해당되는 공사실적 합계	○ 해당 공사의 평가기준 규모 대비 A : 100% 이상 : 13.5점 B : 70% 이상 100% 미만 : 12.2점 C : 40% 이상 70% 미만 : 10.8점 D : 20% 이상 40% 미만 : 9.5점 E : 20% 미만 : 8.1점	가),나)는 합산 적용 종합건설공사와 그 밖의 공사 포함
나) 최근 5년간 해당 공사와 동일한 평가대상 업종별 실적금액의 합계	○ 점수=업종별 점수의 합 ○ 업종별 점수=실적계수×1.5점×업종평가비율 ○ 실적계수=최근 5년간 업종별 실적÷(평가대상 업종별 추정가격×1.0) ※ 실적계수의 상한은 1로 한다. ○ 주계약자 관리방식으로 입찰에 참여한 경우 ● 점수=주계약자 점수와 부계약자 점수의 합 ● 주계약자 점수=실적계수×1.5점×주계약자 시공비율 ● 주계약자 실적계수=최근 5년간 업종별 실적÷(평가대상 전체 업종별 추정가격×1.0) ● 부계약자 점수=실적계수×1.5점×부계약자 시공비율 ● 부계약자 실적계수=최근 5년간 부계약자 시공 업종별실적÷(부계약자 참여 평가대상 업종별 추정가격×P) ※ P는 부계약자 참여 평가대상 업종이 50억 원 미만 10억 원 이상은 1, 10억 원 미만 3억 원 이상은 0.7, 3억 원 미만은 0.5를 적용한다. ※ 실적계수의 상한은 1로 한다.	

2) 시공실적으로 입찰 참가자격을 제한하지 아니한 입찰 (15점)

평가요소	점 수 배 점	비고
○ 해당 공사 평가대상 업종별 추정가격 대비 최근 5년간 해당 공사와 동일한 평가대상 업종별 실적금액(관급 · 지급자재비 제외)의 비율에 해당하는 등급점수로 다음과 같이 산정한다. 　○ 종합점수 = 업종별 점수의 합(合) 　○ 업종별 점수 = 해당 업종 등급점수×업종평가비율		실적은 업종별로 구분 적용

가) 종합공사 업종등급점수   (단위: 점)

구 분	A등급	B등급	C등급	D등급	E등급	F등급	G등급	H등급
평가 비율	100% 이상	90% 이상	80% 이상	80% 미만	60% 이상	50% 이상	40% 이상	40% 미만
점 수	15.0	13.0	11.0	9.0	7.0	5.0	3.0	1.0

－토목·건축·전문·전기·정보통신·소방 등)

나) 전문·그 밖의 공사 업종 등급점수   (단위: 점)

구 분	A등급	B등급	C등급	D등급	E등급	F등급	G등급	H등급
평가 비율	80% 이상	70% 이상	60% 이상	50% 이상	40% 이상	30% 이상	20% 이상	20% 미만
점 수	15.0	13.0	11.0	9.0	7.0	5.0	3.0	1.0

○ 주계약자 관리방식으로 입찰에 참여한 경우
  ○ 종합점수 = 주계약자 점수와 부계약자 점수의 합(合)
  ● 주계약자는 평가대상 전체 업종별 추정가격 대비 최근 5년간 실적의 비율에 해당하는 종합공사 업종 등급점수에 주계약자 시공비율을 곱한 점수 부여
  ● 부계약자는 참여 평가대상 업종별 추정가격 대비 최근 5년간 실적의 비율에 해당하는 전문·그 밖의 공사 업종 등급점수에 부계약자 시공비율을 곱한 점수 부여

주1) 최근 10년간 동일한 종류 실적평가 시 입찰참가자가 주계약자 관리방식으로 입찰에 참여한 경우에는 주계약자 시공비율을 100%로 환산하여 평가한다.
주2) "주1)" 이외의 사항에 대하여는 〈별표 1〉 수행능력평가 중 시공경험평가와 같다.
주3) 실적이 없는 경우에 0점을 부여한다.

나. 경영 상태 (10점)

1) 경영 상태는 가)~다) 중에서 입찰자가 선택한 방법으로 평가하되, 비영리법인은 신용평가방법으로 평가한다. 다만, 관련협회가 없거나 관련협회에서 실적관리를 하지 않는 공사 업종은 종합평가 방법으로 평가한다.

가) 재무비율 평가 방법

점수 = 세부 심사항목에 따른 평점 합계 × 10/15

세부 심사항목	평 가 요 소	평 가 등 급	평점
가. 최근년도 부채비율 (타인자본/자기자본)	∘업종(업체) 평균 부채 비율에 대한 해당 업체 비율	A. 50% 미만	7.0
		B. 50% 이상 75% 미만	6.3
		C. 75% 이상 100% 미만	5.6
		D. 100% 이상 125% 미만	4.9
		E. 125% 이상	4.2

나. 최근년도 유동비율 (유동자산/유동부채)	∘업종(업체) 평균 유동 비율에 대한 해당 업체 비율	A. 150% 이상	7.0
		B. 120% 이상 150% 미만	6.3
		C. 100% 이상 120% 미만	5.6
		D. 70% 이상 100% 미만	4.9
		E. 70% 미만	4.2
다. 영업기간		A. 3년 이상	1.0
		B. 3년 미만	0.9

주1) 재무비율 평가는 〈별표 1〉 경영상태 평가와 같다.

　　나) 신용평가 방법

　　　　점수 = 신용평가표에 따른 평점 × 10/15

① 회사채에 대한 신용평가등급	② 기업어음에 대한 신용평가등급	③ 기업신용평가등급	평 점
AAA		①의 AAA에 준하는 등급	15.0
AA+, AA°, AA-	A1	①의 AA+, AA°, AA-에 준하는 등급	15.0
A+, A°, A-	A2+, A2°, A2-	①의 A+, A°, A-에 준하는 등급	15.0
BBB+, BBB°, BBB-	A3+, A3°, A3-	①의 BBB+, BBB°, BBB-에 준하는 등급	15.0
BB+, BB°	B+	①의 BB+, BB°에 준하는 등급	15.0
BB-	B°	①의 BB-에 준하는 등급	14.0
B+, B°, B-	B-	①의 B+, B°, B-에 준하는 등급	13.0
CCC+ 이하	C 이하	①의 CCC+에 준하는 등급 이하	10.0

주1) 신용평가는 제2장 적격심사 기준 제5절 "3"에 정한 바에 따른다.

　　다) 종합평가 방법 (재무비율 평가 방법+신용평가 방법)

　　　　점수 = (재무비율 평가 점수×0.3)+(신용평가 점수×0.7) × 10/15

다. 신인도 (±1.2점)

　　1) 점수 = 신인도 평가기준에 따른 평점 합계 × 40/100

　　2) 점수 산정결과 ±1.2점을 초과하는 부분은 적용하지 아니한다.

세부 심사항목	배점한도	평 가 방 법
1. 최근 1년간 건설산업기본 법에서 정한 과징금 이상 의 처분을 받은 자	-1.0	○ 건설산업기본법 시행령 제80조 [별표6]에 따른 영업정지나 과징금을 선택할 수 있는 규정에 따라 영업정지나 과징금부과 처분을 받은 사실이 있는 자

구분	배점	비고
	-2.0	○ 벌금 이상 행정형벌(집행유예 포함), 영업정지(건설산업 기본법 시행령 제80조[별표6]에 따라 영업정지나 과징금을 선택할 수 없는 영업정지만 해당. 처분기간 만료후 1년간 적용), 영업·면허·등록 취소(말소) 처분을 받은 사실이 있는 자
2. 최근 1년 동안 산업안전보건법 시행규칙 별표1 제1호와 제6호에 따른 산업재해 발생 보고의무 위반 건수가 배분된 자	-0.4/건	○ 과태료 처분을 받은 산업재해 발생 보고의무 위반 1건당 -0.4점씩 최대 -2.0까지 준다.
3. 최근 3년간 고용노동부장관이 산정한 사고사망만인율의 평균 사고사망만인율 이하 또는 초과한 자	+2.0 +1.0 +0.5 - 0.3 - 0.5 - 0.8 - 1.0	○ 평균 사고사망만인율 0.4배 이하 ○ 평균 사고사망만인율 0.7배 이하 ○ 평균 사고사망만인율 1.0배 이하 ○ 평균 사고사망만인율 1.0배 초과 ○ 평균 사고사망만인율 1.3배 초과 ○ 평균 사고사망만인율 1.7배 초과 ○ 평균 사고사망만인율 2.0배 초과
4. 「산업안전보건법」에 따라 입찰공고일기준 최근 1년 이내에 고용노동부장관이 산업재해로 인한 사망자가 연간 2명 이상으로 공표한 자	-1.0	입찰공고일 기준 고용노동부 장관이 공표한 자
5. 최근 1년간 건설업체의 산업재해 예방활동 실적을 고용노동부장관이 평가한 결과 그 실적이 우수한자	+2.0 +1.5 +1.0 0.0	A. 평점 90점 이상인자 B. 평점 80점 이상 90점 미만인 자 C. 평점 70점 이상 80점 미만인 자 D. 평점 70점 미만인 자
6. 고용노동부 장관이 최근 5년간 고용 창출 100대 우수기업으로 선정한 자	+0.5 +0.4 +0.3 +0.2	4회 이상 우수기업 선정 3회 우수기업 선정 2회 우수기업 선정 1회 우수기업 선정
7. 고용노동부 장관이 임금체불로 명단을 공개한 자	-0.4 -0.8 -1.2 -1.6 -2.0	임금체불 위반 업체로 1회 공개 임금체불 위반 업체로 2회 공개 임금 체불 위반 업체로 3회 공개 임금 체불 위반 업체로 4회 공개 임금 체불 위반 업체로 5회 이상 공개
8. 최근 1년 내 고용노동부 장관이 노동시간 조기 단축 기업으로 인정한 자	+1.0 +0.5 +0.3	A. 1년 이상 노동시간 조기 단축 기업 B. 6개월 이상 노동시간 조기 단축 기업 C. 3개월 이상 노동시간 조기 단축 기업
9. 고용노동부 장관이 지정한 고용 위기 지역에서 영업행위를 하는 자	+0.5	입찰공고일 기준 고용 위기 지역에 본점 소재지를 둔 자

10. 건축물 에너지 효율 인증 등급	+1.0 +0.5	A : 1등급 B : 2등급
11. 녹색건축 인증등급	+1.0 +0.5	A : 최우수 B : 우수
12. 해당 지역 영업활동 기간	+1.0 +0.5	전입일로부터 입찰공고일 전일까지 1년 이상 전입일로부터 입찰공고 전일까지 6개월 이상 1년 미만
13. 최근 1년 이내에 재해경감 활동에 대해 평가한 결과 우 수한 기업으로 인증받은 자	+1.0	입찰공고일 기준 행정안전부 장관이 재해경감 우수 기업으로 인증한 자

주1) 제1장 입찰 참가자격 사전심사기준 제5절 "3-라"의 신인도 평가기준을 준용하여 평가한다.

　2) 제12호 해당지역 영업활동 기간의 해당지역 범위는 공사현장을 관할하는 시·군을 말한다.
　　　다만, 광역시의 군은 제외한다.

※ 전입일은 가장 최근 법인등기사항증명서를 기준으로 한다.

2. 입찰가격 평가 (70점)

가. 입찰가격 평점산식

$$평점(점) = 70 - 4 \times \left| \left(\frac{88}{100} - \frac{(입찰가격-A)}{(예정가격-A)} \right) \times 100 \right|$$

* A : 국민연금보험료, 국민건강보험료, 퇴직공제부금비, 노인장기요양보험료, 산업안전보
건관리비, 안전관리비, 품질관리비의 합산액

※ | |는 절댓값 표시임.

※ (입찰가격-A)을 (예정가격-A)으로 나눈 결과 소수점 이하는 소수점 다섯째 자리에서
반올림하여 평가한다.

나. (입찰가격-A)이 (예정가격-A) 이하로서 (예정가격-A)의 100분의 89.25 이상인 경우의
평점은 65점으로 한다.

다. 최저평점은 2점으로 한다.

3. 하도급관리계획 등의 적정성 평가 (5점 ~ △3점)

세부 심사항목	등 급	평 점	비고
1. 단일공종공사 등		5.0	
2. 종합공사	계	5.0	

① 하도급할 공사의 총금액(C) 대비 하수급예정자와 계약할 총금액의 비율(D)	A: 82% 이상	2.0	
	B: 80% 이상~82% 미만	1.5	
	C: 77% 이상~80% 미만	1.0	
	D: 77% 미만	0.5	
② 해당 계약 표준하도급계약서 사용 여부	A: 사용	3.0	
	B: 미사용	0.0	
③ 최근 1년 이내 표준하도급계약서 준수 여부	A: 불이행	−3.0	감점
	B: 부당 변경	−2.0	
④ 하도급대금 직불계획 제출	A: 20% 이상	+0.5	가점
	B: 10% 이상	+0.2	
⑤ 하도급 예정자의 지역업체 여부	A: 20% 이상	+1.0	가점
	B: 10% 이상	+0.5	

가. 세부평가는 〈별표 1〉 3 하도급관리계획 평가방식에 따른다.

4. 그밖에 해당공사 수행능력상 결격 여부 (△10점)

가. 적용대상: 모든 공사에 적용한다.

나. 제1장 입찰참가자격 사전심사기준 제5절 "4" 수행능력상 결격 여부에 따라 평가한다.

※ 2024.4.1.부터 수행능력상 결격여부 배점 △10→△15로 개정 예고 중

■ 지방자치단체 입찰 시 낙찰자 결정기준 제2장의1 시설공사 적격심사 세부기준 [별표 4]

추정가격이 30억 원 미만 10억 원 이상인 입찰공사 평가기준

1. 수행능력 평가 (30점)

가. 시공경험 (15점): 입찰공고에 정한 입찰 방법에 따라 선택 적용한다.

1) 시공실적으로 입찰 참가자격을 제한한 입찰 (15점)

평가요소	점 수 배 점	비고
가) 최근 10년간 해당 공사와 동일한 종류의 공사실적 인정 범위와 인정 규모에 해당되는 공사실적 합계 ※ 주1) 참조	○ 해당 공사의 평가기준규모 대비 A : 100% 이상 : 13.5점 B : 70% 이상 100% 미만 : 12.2점 C : 40% 이상 70% 미만 : 10.8점 D : 20% 이상 40% 미만 : 9.5점 E : 20% 미만 : 8.1점	가),나)는 합산 적용 특수한 기술·공법이 요구되는 공사, 전문·전기·정보통신·소방·그밖의 공사
나) 최근 5년간 해당 공사와 동일한 평가대상 업종별 실적금액의 합계 ※ 주2) 참조	○ 점수=업종별 점수의 합 ○ 업종별 점수=실적계수×1.5점×업종평가비율 ○ 실적계수=최근 5년간 업종별 실적÷(평가대상 업종별 추정가격×1.0) ※ 실적계수의 상한은 1로 한다. ○ 주계약자 관리방식으로 입찰에 참여한 경우 • 점수=주계약자 점수와 부계약자 점수의 합 • 주계약자 점수=실적계수×1.5점×주계약자 시공비율 • 주계약자 실적계수=최근 5년간 업종별 실적÷(평가대상 전체 업종별 추정가격×1.0) • 부계약자 점수=실적계수×1.5점×부계약자 시공비율 • 부계약자 실적계수=최근 5년간 부계약자 시공 업종별 실적÷(부계약자 참여 평가대상 업종별 추정가격×P) ※ P는 부계약자 참여 평가대상 업종이 30억 원 미만 10억 원 이상은 1, 10억 원 미만 3억 원 이상은 0.7, 3억 원 미만은 0.5를 적용한다. ※ 실적계수의 상한은 1로 한다.	

2) 시공실적으로 입찰 참가자격을 제한하지 아니한 입찰 (15점)

평가요소	점 수 배 점	비고
○ 해당 공사 평가대상 업종별 추정가격 대비 최근 5년간 해당 공사와 동일한 평가대상 업종별 실적금액(관급·지급자재비 제외)의 비율에 해당하는 등급점수로 다음과 같이 산정한다. 　○ 종합점수 = 업종별 점수의 합(合) 　○ 업종별 점수 = 해당 업종 등급점수×업종평가비율 가) 종합공사 업종 등급점수　　　　　　　　　(단위: 점) 나) 전문·그 밖의 공사 업종 등급점수　　　　　(단위: 점) ○ 주계약자 관리방식으로 입찰에 참여한 경우 　○ 종합점수 = 주계약자 점수와 부계약자 점수의 합(合) ● 주계약자는 평가대상 전체 업종별 추정가격 대비 최근 5년간 실적의 비율에 해당하는 종합공사 업종 등급점수에 주계약자 시공비율을 곱한 점수 부여 ● 부계약자는 참여 평가대상 업종별 추정가격 대비 최근 5년간 실적의 비율에 해당하는 전문·그 밖의 공사 업종 등급점수에 부계약자 시공비율을 곱한 점수 부여	실적은 업종별로 구분 적용 -토목·건축·전문·전기·정보통신·소방 등)

가) 종합공사 업종 등급점수 (단위: 점)

구 분	A등급	B등급	C등급	D등급	E등급	F등급	G등급	H등급
평가비율	100% 이상	90% 이상	80% 이상	70% 이상	60% 이상	50% 이상	40% 이상	40% 미만
점 수	15.0	13.0	11.0	9.0	7.0	5.0	3.0	1.0

나) 전문·그 밖의 공사 업종 등급점수 (단위: 점)

구 분	A등급	B등급	C등급	D등급	E등급	F등급	G등급	H등급
평가비율	80% 이상	70% 이상	60% 이상	50% 이상	40% 이상	30% 이상	20% 이상	20% 미만
점 수	15.0	13.0	11.0	9.0	7.0	5.0	3.0	1.0

주1) 최근 10년간 동일한 종류 실적평가 시 입찰참가자가 주계약자 관리방식으로 입찰에 참여한 경우에는 주계약자 시공비율을 100%로 환산하여 평가한다.

주2) "주1)" 이외의 사항에 대하여는 〈별표 1〉 수행능력평가 중 시공경험평가와 같다. "1)"의 경우 시행령 제20조 제1항 제2호 및 지방자치단체 입찰 및 계약집행기준 〈별표 1〉에 따른 특수한 기술·공법이 요구되는 공사 및 전문·그 밖의 공사에 적용한다.

주3) 실적이 없는 경우 0점을 부여한다.

나. 경영 상태 (15점)

1) 경영 상태는 가)~다) 중에서 입찰자가 선택한 방법으로 평가하되, 비영리법인은 신용평가 방법으로 평가한다. 다만, 관련협회가 없거나 관련협회에서 실적관리를 하지 않는 공사 업종은 종합평가 방법으로 평가한다.

　가) 재무비율 평가방법

　　　점수 = 경영상태 평가표에 따른 평점 합계

세부 심사 항목	평가요소	평 가 등 급	평점
가. 최근년도 부채비율 (타인자본/자기자본)	○ 업종(업체)평균 부채비율에 대한 해당 업체 비율	A. 50%미만 B. 50%이상 75%미만 C. 75%이상 100%미만 D. 100%이상 125%미만 E. 125%이상	8.0 7.2 6.4 5.6 4.8
나. 최근년도 유동비율 (유동자산/유동부채)	○ 업종(업체) 평균 유동비율에 대한 해당 업체 비율	A. 150%이상 B. 120%이상 150%미만 C. 100%이상 120%미만 D. 70%이상 100%미만 E. 70%미만	7.0 6.3 5.6 4.9 4.2

주1) 재무비율 평가는 〈별표1〉 경영상태 평가와 같다.

　　　나) 신용평가 방법
　　　　　점수 = 신용평가표에 따른 평점

① 회사채에 대한 신용평가등급	② 기업어음에 대한 신용평가등급	③ 기업신용평가등급	평 점
AAA		①의 AAA에 준하는 등급	15.0
AA+, AA°, AA-	A1	①의 AA+, AA°, AA-에 준하는 등급	15.0
A+, A°, A-	A2+, A2°, A2-	①의 A+, A°, A-에 준하는 등급	15.0
BBB+, BBB°, BBB-	A3+, A3°, A3-	①의 BBB+, BBB°, BBB-에 준하는 등급	15.0
BB+, BB°	B+	①의 BB+, BB°에 준하는 등급	15.0
BB-	B°	①의 BB-에 준하는 등급	14.0
B+, B°, B-	B-	①의 B+, B°, B-에 준하는 등급	13.0
CCC+ 이하	C 이하	①의 CCC+에 준하는 등급 이하	10.0

주1) 신용평가는 제2장 적격심사 기준 제5절 "3"에 정한 바에 따른다.

　　　다) 종합평가 방법 (재무비율 평가 방법+신용평가 방법)
　　　　　점수 = (재무비율 평가 점수×0.3)+(신용평가 점수×0.7)

2. 입찰가격 평가 (70점)
　가. 입찰가격 평점 산식

$$\text{평점(점)} = 70 - 4 \times \left| \left(\frac{88}{100} - \frac{\text{(입찰가격}-A)}{\text{(예정가격}-A)} \right) \times 100 \right|$$

　　　 * A : 국민연금보험료, 국민건강보험료, 퇴직공제부금비, 노인장기요양보험료, 산업안전보

　　　　　 건관리비, 안전관리비, 품질관리비의 합산액

　　　 ※ ∣∣는 절댓값 표시임.

　　　 ※ (입찰가격−A)을 (예정가격−A)으로 나눈 결과 소수점 이하는 소수점 다섯째 자리에서

　　　　　 반올림하여 평가한다.

　 나. (입찰가격−A)이 (예정가격−A) 이하로서 (예정가격−A)의 100분의 89.25 이상인 경우의

　　　 평점은 65점으로 한다.

　 다. 최저평점은 2점으로 한다.

3. 그밖에 해당공사 수행능력상 결격 여부 (△10점)

　 가. 적용대상: 모든 공사에 적용한다.

　 나. 제1장 입찰 참가자격 사전심사기준 제5절 "4" 수행능력상 결격 여부에 따라 평가한다.

　 ※ 2024.4.1.부터 수행능력상 결격여부 배점 △10→△15로 개정 예고 중

■ 지방자치단체 입찰 시 낙찰자 결정기준 제2장의1 시설공사 적격심사 세부기준 [별표 5]

추정가격이 10억 원 미만 4억 원 이상인 입찰공사 평가기준

1. 수행능력 평가 (20점)

가. 시공 경험 (10점) : 입찰공고에 정한 입찰 방법에 따라 선택 적용한다.

1) 시공실적으로 입찰 참가자격을 제한한 입찰 (10점)

평가요소	점 수 배 점	비고
가) 최근 10년간 해당 공사와 동일한 종류의 공사실적 인정 범위와 인정 규모에 해당되는 공사실적 합계 ※ 주1) 참조	○ 해당 공사의 평가기준 규모 대비 A : 100% 이상　　　　　 : 9.0점 B : 70% 이상 100% 미만 : 8.1점 C : 40% 이상 70% 미만 : 7.2점 D : 20% 이상 40% 미만 : 6.3점 E : 20% 미만　　　　　 : 5.4점	가),나)는 합산 적용 특수한 기술공법이 요구되는 공사
나) 최근 3년 이상 해당 공사와 동일한 평가대상 업종별 실적금액의 합계 ※ 주2) 참조	○ 점수=업종별 점수의 합 ○ 업종별 점수=실적계수×1.0점×업종평가비율 ○ 실적계수=최근 3년 이상 업종별 실적÷(평가대상 업종별 추정가격×0.7) ※ 실적계수의 상한은 1로 한다. ○ 주계약자 관리방식으로 입찰에 참여한 경우 ● 점수=주계약자 점수와 부계약자 점수의 합 ● 주계약자　점수=실적계수×1.0점×주계약자 시공비율 ● 주계약자 실적계수=최근 3년간 업종별 실적÷(평가대상 전체 업종별 추정가격×0.7) ● 부계약자　점수=실적계수×1.0점×부계약자 시공비율 ● 부계약자 실적계수=최근 3년간 부계약자 시공 업종별 실적÷(부계약자 참여 평가대상 업종별 추정가격×P) ※ P는 부계약자 참여 평가대상 업종이 10억 원 미만 3억 원 이상은 0.7, 3억 원 미만은 0.5를 적용한다. ※ 실적계수의 상한은 1로 한다.	

2) 시공실적으로 입찰 참가자격을 제한하지 아니한 입찰 (10점)

평가요소	점 수 배 점	비고
○ 해당 공사 평가대상 업종별 추정가격 대비 최근 3년 이상 해당 공사와 동일한 평가대상 업종별 실적금액(관급·지급자재비 제외)의 비율에 해당하는 등급점수로 다음과 같이 산정한다. ○ 종합점수 = 업종별 점수의 합(合) ○ 업종별점수 = 해당 업종 등급점수×업종평가비율		실적은 업종별로 구분 적용 -토목·건축·전문·전기·정보통신·소

○ 업종등급점수   (단위: 점)

구 분		A등급	B등급	C등급	D등급	E등급	F등급	G등급
평가 비율	실적인정기간 4년 이상	70% 이상	60% 이상	50% 이상	40% 이상	30% 이상	20% 이상	20% 미만
	실적인정기간 4년 미만	60% 이상	50% 이상	40% 이상	30% 이상	20% 이상	10% 이상	10% 미만
점 수		10.0	9.0	8.0	7.0	6.0	5.0	4.0

○ 주계약자 관리방식으로 입찰에 참여한 경우
　　○ 종합점수 = 주계약자 점수와 부계약자 점수의 합(合)
- 주계약자는 평가대상 전체 업종별 추정가격 대비 최근 3년 이상 해당 공사와 동일한 평가대상 업종별 실적금액(관급·지급자재 제외)의 비율에 해당하는 등급점수에 주계약자 시공비율을 곱한 점수 부여
- 부계약자는 참여 평가대상 업종별 추정가격 대비 최근 3년 이상 해당 공사와 동일한 평가대상 업종별 실적금액(관급·지급자재 제외)의 비율에 해당하는 등급점수에 부계약자 시공비율을 곱한 점수 부여

구 분		A등급	B등급	C등급	D등급	E등급	F등급	G등급
평가 비율	실적인정기간 4년 이상	70% 이상	60% 이상	50% 이상	40% 이상	30% 이상	20% 이상	20% 미만
	실적인정기간 4년 미만	60% 이상	50% 이상	40% 이상	30% 이상	20% 이상	10% 이상	10% 미만
점 수		10.0	9.0	8.0	7.0	6.0	5.0	4.0

주1) ① 〈별표 1〉 수행능력 평가 중 시공경험 평가의 주1)과 같다.

② "1)"의 경우 시행령 제20조 제1항 제2호 및 지방자치단체 입찰 및 계약집행기준 제4장 제한입찰 운영요령 〈별표〉에 따른 특수한 기술·공법이 요구되는 공사에 적용한다.

주2) ① 실적 인정 범위는 제1장 입찰 참가자격 사전심사기준 [별표 1] 제3절에서 정한 바에 따른다.

② 실적 인정 기간은 관련협회에서 확정한 최근 3년간 실적 인정 기간(3년)에 그 최종연도의 다음연도 1월 1일부터 입찰공고일까지 기간을 합산한 기간을 말한다.

③ '평가대상 업종'은 〈별표1〉의 수행능력 평가 중 시공경험 평가의 주2) "나"와 같다.

④ 실적이 없는 경우 0점을 부여한다.

⑤ 최근 3년 내에 신설된 업체(업종 포함)가 공동 수급체를 구성하여 시공비율 20% 이내로 참여한 경우에는 해당 업체의 만점에 해당하는 실적을 초과하지 않는 범위에서 2배만큼 실적으로 인정한다.

나. 경영 상태 (10점)

　1) 경영 상태는 가)~다) 중에서 입찰자가 선택한 방법으로 평가하되, 비영리법인은 신용평

가방법으로 평가한다. 다만, 관련협회가 없거나 관련협회에서 실적관리를 하지 않는 공사 업종은 종합평가 방법으로 평가한다.

가) 재무비율 평가 방법

점수 = 세부 심사항목에 따른 평점 합계

세부 심사항목	평가요소	등 급	평점
1. 최근년도 부채비율 (타인자본/자기자본)	◦ 업종(업체) 평균 부채비율에 대한 해당 업체 비율	A. 100% 미만 B. 100% 이상 130% 미만 C. 130% 이상 160% 미만 D. 160% 이상 190% 미만 E. 190% 이상	5.0 4.5 4.0 3.5 3.0
2. 최근년도 유동비율 (유동자산/유동부채)	◦ 업종(업체) 평균 유동비율에 대한 해당 업체 비율	A. 100% 이상 B. 90% 이상 100% 미만 C. 80% 이상 90% 미만 D. 70% 이상 80% 미만 E. 70% 미만	5.0 4.5 4.0 3.5 3.0

주1) 재무비율 평가는 〈별표1〉 경영상태 평가와 같다.

주2) 상기 이외의 사항은 제2장 적격심사 기준 제5절 경영상태 평가 방법을 따른다.

나) 신용평가 방법

점수 = 신용평가등급에 따른 평점

① 회사채에 대한 신용평가등급	② 기업어음에 대한 신용평가등급	③ 기업신용평가등급	평점
AAA		①의 AAA에 준하는 등급	10.0
AA+, AA°, AA-	A1	①의 AA+, AA°, AA-에 준하는 등급	10.0
A+, A°, A-	A2+, A2°, A2-	①의 A+, A°, A-에 준하는 등급	10.0
BBB+, BBB°, BBB-	A3+, A3°, A3-	①의 BBB+, BBB°, BBB-에 준하는 등급	10.0
BB+, BB°	B+	①의 BB+, BB°에 준하는 등급	10.0
BB-	B°	①의 BB-에 준하는 등급	9.8
B+, B°, B-	B-	①의 B+, B°, B-에 준하는 등급	9.6
CCC+ 이하	C 이하	①의 CCC+에 준하는 등급 이하	6.0

주1) 신용평가는 제2장 적격심사 기준 제5절 "3"에 정한 바에 따른다.

다) 종합평가 방법 (재무비율 평가 방법+신용평가 방법)

점수 = (재무비율평가 점수×0.3)+(신용평가 점수×0.7)

다. 특별신인도 (+1점)

1) 여성 기업 또는 장애인 기업: +1점

2) 여성 기업 또는 장애인 기업의 시공비율이 20% 이상인 공동수급체: +1점

※ 「여성기업 지원에 관한 법률」 제2조에 따른 여성 기업으로 여성기업 확인증(서) 및 「장애인기업활동 촉진법」 제2조에 따른 장애인 기업으로 장애인 기업 확인증(서) 제출하고 공공구매 종합정보망을 확인하여 평가한다.

※ 가산평가는 해당 심사분야·심사항목 배점한도의 범위 안에서 인정한다.

라. 접근성 (+0.5점)

1) 적용대상: 추정가격이 5억 원 미만인 공사

2) 적용 제외대상

　가) 전기·정보통신·소방공사와 추정가격이 5억 원 이상인 종합·전문공사

　나) 입찰공고일 전일을 기준으로 공사현장을 관할하는 시·군과 인접 시·군에 해당업종 등록자가 10인 미만인 경우

　다) 공사현장이 특별시·광역시·특별자치시·제주특별자치도 관할구역 안에 있는 공사

3) 평가기준

　가) 입찰공고일 전일 현재 공사현장을 관할하는 시·군(광역시의 군은 제외)과 인접 시·군에 주된 사무소가 있는 업체는 0.5점을 가산하여 평가한다.

　나) 입찰 참가등록 마감일까지 공사현장을 관할하는 시·군에서 설립한 신설업체는 0.5점을 가산하여 평가한다.

　다) 가산점은 수행능력 평가 배점한도 안에서 적용하며 초과 부분은 적용하지 아니한다.

　라) 입찰공고일 전일부터 계약체결일까지 해당 지역에 소재하지 아니한 업체는 가산점을 주지 아니한다.

　※ "인접 시·군"은 공사현장을 관할하는 시·군과 행정구역상 경계선이 접한 시·군(해상인접은 인접 시·군에서 제외하되, 교량·방조제 등으로 육지와 연결된 섬은 인접 시·군에 포함)을 말한다.

2. 입찰가격 평가 (80점)

가. 입찰가격 평점 산식

$$평점(점) = 80 - 20 \times \left| \left(\frac{88}{100} - \frac{(입찰가격 - A)}{(예정가격 - A)} \right) \times 100 \right|$$

* A : 국민연금보험료, 국민건강보험료, 퇴직공제부금비, 노인장기요양보험료, 산업안전보건관리비, 안전관리비, 품질관리비의 합산액

　※ ｜ ｜는 절댓값 표시이다.

　※ (입찰가격－A)을 (예정가격－A)으로 나눈 결과 소수점 이하는 소수점 다섯째 자리에서 반올림하여 평가한다.

나. (입찰가격－A)이 (예정가격－A) 이하로서 (예정가격－A)의 100분의 88.25 이상인 경우의 평점은 75점으로 한다.

다. 최저평점은 2점으로 한다.

3. 그밖에 해당 공사 수행능력상 결격 여부 (△10점)

가. 적용대상: 모든 공사에 적용한다.

나. 제1장 입찰 참가자격 사전심사기준 제5절 "4" 수행능력상 결격 여부에 따라 평가한다.

※ 2024.4.1.부터 수행능력상 결격여부 배점 △10→△15로 개정 예고 중

■ 지방자치단체 입찰 시 낙찰자 결정기준 제2장의1 시설공사 적격심사 세부기준 [별표 6]

추정가격이 4억 원 미만 2억 원 이상인 입찰공사 평가기준

1. 수행능력 평가 (10점)

가. 시공경험(종합공사 4.8점, 전문. 그 밖에 공사 5점): 입찰공고에 정한 입찰 방법에 따라 선택 적용한다.

1) 시공실적으로 입찰 참가자격을 제한한 입찰

평가요소	점 수 배 점			비고
가) 최근 10년간 해당 공사와 동일한 종류의 공사 실적 인정 범위와 인정 규모에 해당되는 공사 실적 합계	○ 해당 공사의 평가기준 규모 대비			특수한 기술공법이 요구되는 공사
	구분	종합공사	전문. 그 밖에 공사	
	100% 이상	4.8점	5.0점	
	70% 이상 100% 미만	4.3점	4.5점	
	40% 이상 70% 미만	3.8점	4.0점	
	20% 이상 40% 미만	3.3점	3.5점	
	20% 미만	2.8점	3.0점	

2) 시공실적으로 입찰 참가자격을 제한하지 아니한 입찰

평가요소	점 수 배 점						비고
○ 해당 공사 평가대상 업종별 추정가격 대비 최근 3년 이상 해당 공사와 동일한 평가대상 업종별 실적금액(관급·지급자재비 제외)의 비율에 해당하는 등급점수로 다음과 같이 산정한다. ○ 종합점수 = 업종별 점수의 합(合) ○ 업종별 점수 = 해당 업종 등급점수×업종평가비율 ○ 종합공사 업종 등급점수 (단위: 점)							실적은 업종별로 구분 적용 -토목·건축·전문·전기·정보통신·소방 등)
	구 분	A등급	B등급	C등급	D등급	E등급	
평가비율	실적인정 기간 4년 이상	60% 이상	50% 이상	40% 이상	30% 이상	30% 미만	
	실적인정 기간 4년 미만	50% 이상	40% 이상	30% 이상	20% 이상	20% 미만	
	점 수	4.8	3.8	2.8	1.8	0.8	
○ 전문. 그 밖의 공사 업종등급점수 (단위: 점)							
	구 분	A등급	B등급	C등급	D등급	E등급	
평가비율	실적인정 기간 4년 이상	60% 이상	50% 이상	40% 이상	30% 이상	30% 미만	
	실적인정 기간 4년 미만	50% 이상	40% 이상	30% 이상	20% 이상	20% 미만	
	점 수	5.0	4.0	3.0	2.0	1.0	

5. 적격심사기준

○ 주계약자 관리방식으로 입찰에 참여한 경우
　○ 종합점수 = 주계약자 점수와 부계약자 점수의 합(合)
● 주계약자는 평가대상 전체 업종별 추정가격 대비 최근 3년 이상 해당 공사와 동일한 평가대상 업종별 실적금액(관급·지급자재 제외)의 비율에 해당하는 등급점수에 주계약자 시공 비율을 곱한 점수 부여
● 부계약자는 참여 평가대상 업종별 추정가격 대비 최근 3년 이상 실적금액(관급·지급자재 제외)의 등급점수에 부계약자 시공 비율을 곱한 점수 부여

구　분		A등급	B등급	C등급	D등급
평가 비율	실적인정 기간 4년 이상	60% 이상	50% 이상	40% 이상	40% 미만
	실적인정 기간 4년 미만	50% 이상	40% 이상	30% 이상	30% 미만
점　수		5.0	4.0	3.0	2.0

주1) 〈별표 5〉 수행능력 평가 중 시공경험 평가와 같다.

나. 경영상태 (5점)

1) 경영 상태는 가)～다) 중에서 입찰자가 선택한 방법으로 평가하되, 비영리법인은 신용평가방법으로 평가한다. 다만, 관련협회가 없거나 관련협회에서 실적관리를 하지 않는 공사업종은 종합평가 방법으로 평가한다.

　가) 재무비율 평가 방법

　　점수 = 세부 심사항목에 따른 평점 합계 × 5/10

세부 심사항목	평 가 요 소	등　급	평점
1. 최근년도 부채비율 (타인자본/자기자본)	◦ 업종(업체) 평균 부채비율에 대한 해당 업체 비율	A. 100% 미만 B. 100% 이상 130% 미만 C. 130% 이상 160% 미만 D. 160% 이상 190% 미만 E. 190% 이상	5.0 4.5 4.0 3.5 3.0
2. 최근년도 유동비율 (유동자산/유동부채)	◦ 업종(업체) 평균 유동비율에 대한 해당 업체 비율	A. 100% 이상 B. 90% 이상 100% 미만 C. 80% 이상 90% 미만 D. 70% 이상 80% 미만 E. 70% 미만	5.0 4.5 4.0 3.5 3.0

주1) 재무비율 평가는 〈별표5〉 경영상태 평가와 같다.
주2) 상기 이외의 사항은 제2장 적격심사 기준 제5절 경영상태 평가 방법에 따른다.

　나) 신용평가 방법

　　점수 = 신용평가등급에 따른 평점 × 5/10

① 회사채에 대한 신용평가등급	② 기업어음에 대한 신용평가등급	③ 기업신용평가등급	평점
AAA		①의 AAA에 준하는 등급	10.0
AA+, AAº, AA-	A1	①의 AA+, AAº, AA-에 준하는 등급	10.0
A+, Aº, A-	A2+, A2º, A2-	①의 A+, Aº, A-에 준하는 등급	10.0
BBB+, BBBº, BBB-	A3+, A3º, A3-	①의 BBB+, BBBº, BBB-에 준하는 등급	10.0
BB+, BBº	B+	①의 BB+, BBº에 준하는 등급	10.0
BB-	Bº	①의 BB-에 준하는 등급	9.8
B+, Bº, B-	B-	①의 B+, Bº, B-에 준하는 등급	9.6
CCC+ 이하	C 이하	①의 CCC+에 준하는 등급 이하	6.0

주1) 신용평가는 제2장 적격심사 기준 제5절 "3"에 정한 바에 따른다.

다) 종합평가 방법 (재무비율 평가 방법+신용평가 방법)

점수 = [(재무비율평가 점수×0.3)+(신용평가 점수×0.7)] × 5/10

다. 특별신인도 (+1점)

1) 여성 기업 또는 장애인 기업 : +1점

2) 여성 기업 또는 장애인 기업의 시공비율이 20% 이상인 공동수급체 : +1점

※ 가산평가는 해당 심사분야·심사항목 배점한도의 범위 안에서 인정한다.

※ 그 밖의 평가 방법은 〈별표 5〉 "1-다"와 같다.

라. 접근성 (종합공사는 0.2점, 전문. 그 밖의 공사는 +0.5점)

종합공사는 〈별표 7〉 추정가격이 2억 원 미만인 입찰공사 평가기준의 "1-다"와 같으며, 전문. 그 밖의 공사는 〈별표 5〉 추정가격이 10억 원 미만 4억 원 이상인 입찰공사 평가기준의 "1-라"와 같다.

2. 입찰가격 평가 (90점)

가. 입찰가격 평점 산식

$$\text{평점(점)} = 90-20 \times \left| \left(\frac{88}{100} - \frac{(\text{입찰가격}-A)}{(\text{예정가격}-A)} \right) \times 100 \right|$$

* A : 국민연금보험료, 국민건강보험료, 퇴직공제부금비, 노인장기요양보험료, 산업안전보건관리비, 안전관리비, 품질관리비의 합산액

※ | |는 절댓값 표시이다.

※ (입찰가격-A)을 (예정가격-A)으로 나눈 결과 소수점 이하는 소수점 다섯째 자리에서 반올림하여 평가한다.

나. (입찰가격-A)이 (예정가격-A) 이하로서 (예정가격-A)의 100분의 88.25 이상인 경우의 평점은 85점으로 한다.

다. 최저평점은 2점으로 한다.

3. 그밖에 해당공사 수행능력상 결격 여부 (△10점)

가. 적용대상: 모든 공사에 적용한다.

나. 제1장 입찰 참가자격 사전심사기준 제5절 "4" 수행능력상 결격 여부에 따라 평가한다.

※ 2024.4.1.부터 수행능력상 결격여부 배점 △10→△15로 개정 예고 중

■ 지방자치단체 입찰 시 낙찰자 결정기준 제2장의1 시설공사 적격심사 세부기준 [별표 7]

추정가격이 2억 원 미만인 입찰공사 평가기준

1. 수행능력 평가 (10점)

가. 시공경험 (4.8점)

종합공사 점수 = 〈별표 6〉 시공경험 평가에 따른 평가점수

전문 . 그 밖의 공사 점수 = 〈별표 6〉 시공경험 평가에 따른 평가점수×4.8/5

나. 경영상태 (5점)

1) 경영 상태는 가)～다) 중에서 입찰자가 선택한 방법으로 평가하되, 비영리법인은 신용평가방법으로 평가한다. 다만, 관련협회가 없거나 관련협회에서 실적관리를 하지 않는 공사업종은 종합평가 방법으로 평가한다.

가) 재무비율 평가 방법

점수 = 〈별표 6〉 재무비율 평가 방법에 따른 점수와 같다.

나) 신용평가 방법

점수 = 〈별표 6〉 신용평가 방법에 따른 점수와 같다.

다) 종합평가 방법 (재무비율 평가 방법+신용평가 방법)

점수 = [(재무비율평가 점수×0.3)+(신용평가 점수×0.7)] × 5/10

다. 접근성 평가기준 (0.2점)

1) 입찰공고일 전일 현재 공사현장을 관할하는 시·군(광역시의 군은 제외)과 인접 시·군에 주된 사무소가 있는 업체는 0.2점을 준다.

2) 입찰 참가등록 마감일까지 공사현장을 관할하는 시·군에서 설립한 신설업체는 0.2점을 준다.

3) 입찰공고일 전일 기준 공사현장을 관할하는 시·군과 인접 시·군 안에 해당 업종 등록자가 10인 미만인 경우에는 참가자 모두 0.2점을 준다.

4) 공사현장이 특별시·광역시·특별자치시·제주특별자치도 관할구역 안에 있는 공사는 입찰 참가자 모두 0.2점을 준다.

5) 입찰공고일 전일부터 계약체결일까지 해당 지역에 소재하지 아니한 업체는 점수를 주지 아니한다.

※ "인접 시·군"은 공사현장을 관할하는 시·군과 행정구역상 경계선이 접한 시·군(해상인접은 인접 시·군에서 제외하되, 교량·방조제 등으로 육지와 연결된 섬은 인접 시·군에 포함)을 말한다.

라. 특별신인도 (+1점)

1) 여성 기업 또는 장애인 기업 :+1점

2) 여성 기업 또는 장애인 기업의 시공비율이 20% 이상인 공동수급체 : +1점

※ 가산평가는 해당 심사분야·심사항목 배점한도의 범위 안에서 인정한다.
※ 그 밖의 평가 방법은 〈별지 5〉 "1-다"와 같다.

2. 입찰가격 평가 (90점)
가. 입찰가격 평점 산식

$$\text{평점(점)} = 90 - 20 \times \left| \left(\frac{88}{100} - \frac{(\text{입찰가격} - A)}{(\text{예정가격} - A)} \right) \times 100 \right|$$

* A : 국민연금보험료, 국민건강보험료, 퇴직공제부금비, 노인장기요양보험료, 산업안전보건관
리비, 안전관리비, 품질관리비의 합산액

※ | |는 절댓값 표시이다.

※ (입찰가격-A)을 (예정가격-A)으로 나눈 결과 소수점 이하는 소수점 다섯째 자리에서 반올
림하여 평가한다.

나. (입찰가격-A)이 (예정가격-A) 이하로서 (예정가격-A)의 100분의 88.25 이상인 경우의
평점은 85점으로 한다.

다. 최저평점은 2점으로 한다.

3. 그밖에 해당 공사 수행능력상 결격 여부 (△10점)
가. 적용대상: 모든 공사에 적용한다.
나. 제1장 입찰 참가자격 사전심사기준 제5절 "4" 수행능력상 결격 여부에 따라 평가한다.
※ 2024.4.1.부터 수행능력상 결격여부 배점 △10→△15로 개정 예고 중

계약의 체결 및 이행

CHAPTER 08

08 계약의 체결 및 이행

1. 계약의 체결

1] 계약 체결 기간 [「지방 입찰계약기준 제11장 입찰유의서」]

낙찰자는 낙찰 통지를 받은 후 10일 이내에 소정 서식의 계약서에 의하여 계약을 체결해야 한다. 다만, 불가항력의 사유로 인하여 체결할 수 없는 경우에 그 존속 기간은 이를 산입하지 아니한다.

낙찰자가 정당한 사유 없이 위 기간 내에 계약을 체결하지 아니하는 때에는 낙찰을 취소할 수 있다.

장기계속 계약의 경우 해당 연도 예산 범위 안에서 제1차 공사에 대하여 계약을 체결하되 총낙찰금액을 부기한다.

2] 계약서의 작성

(1) 계약서의 작성과 계약의 성립

계약을 체결하고자 할 때에는 계약의 목적·계약금액·이행기간·계약보증금·위험부담·지체상금, 기타 필요한 사항을 명백히 기재하여 계약서를 작성하여야 한다.(국계법 제11조, 지계법 제14조)

계약서의 작성은 계약의 성립요건으로, 계약 담당 공무원과 계약 상대자가 계약서에 기명·날인하거나 서명(「전자서명법」 제2조 제2호에 따른 전자서명을 포

함한다. 이하 같다)함으로써 계약이 확정된다.(국계법 제11조 제2항, 지계법 제14조 제2항)

계약 문서라고 하면 계약서 외에 설계서(도면·규격서·시방서·현장설명서 등), 입찰유의서, 계약일반조건, 계약특수조건, 산출내역서 등이 포함된다.

계약 문서의 종류

1) 품의서·계획서
2) 계약서 (계약당사자간 상호 날인·간인)
 * (지방) 계약금액 5천만 원 이하, 국가·지자체 간 계약서 생략 가능 (지계령 제50조)
 * (국가) 계약금액 3천만 원 이하,   〃   가능 (국계령 제49조)
3) 입찰유의서, 계약일반조건, 계약특수조건 (필요시)
4) 설계서 (설계설명서, 설계도면, 현장설명서), 규격서 (물품)
5) 물량내역서 (입찰·수의계약안내공고의 경우)
6) 과업내용서·과업지시서 (용역·물품 등)
7) 착공·준공신고서, 공정예정표, 산출내역서 등
8) 감독관, 검사·검수공무원이 지정하는 서류, 감독조서, 검사·검수조서 등
9) 입찰·계약·하자·선금 보증서 (계약기간·보증기간·보증금액 등 확인)
 * 면제자는 보증금 지급확약서
10) 정부수입인지 (인지세법)
11) 지역개발공채 매입필증 등 (지역개발기금설치조례 등)
12) 하도급계약서 사본 (하도급계약 통지의 경우)
13) 하도급대금 직불합의서 (하도급대금 직불의 경우)
14) 공동계약이행계획서 (공동계약의 경우)
15) 그 밖의 계약이행에 필요한 서류
 * 계약서 작성 방법에 있어 지방계약은 계약을 체결하려는 경우 천재지변, 전산장애 또는 그 밖의 부득이한 사유로 정보처리장치를 이용할 수 없는 경우를 제외하고는 지정 정보처리장치를 이용하여 전자문서에 의한 계약서를 작성하도록 하고 있으나(지방계약법 제14조 제2항), 국가계약은 위와 같은 규정을 두고 있지 않다.
 * 계약 담당자는 지방계약법령, 공사 관계법령 및 이 조건에 정한 계약 일반사항 외에 해당 계약의 적정한 이행을 위하여 필요한 경우 공사계약 특수조건을 정하여 계약을 체결할 수 있다.
 * 계약 담당자는 공사계약 특수 조건에 「지계법령」, 공사 관계법령 및 계약조건에 정한 계약 상대자의 계약상 이익을 부당하게 제한하는 내용이 있는 경우 지계법 제6조에 따라 그 내용은 효력이 인정되지 아니한다.

(2) 계약서 작성의 생략

다음의 경우에는 계약서의 작성을 생략할 수 있다.(국계령 제49조, 지계령 제50조)

- 계약금액 3천만 원(자치단체는 5천만 원) 이하인 계약
- 매수인이 즉시 대금을 납부하고 물품을 인수하는 매각계약
- 국가기관 및 지방자치단체 상호 간의 계약
- 전기, 가스, 수도의 공급 등 성질상 계약서가 불필요한 경우

계약서 작성을 생략하는 경우 청구서·각서·협정서·승낙사항 등 계약 성립에 증거가 되는 서류를 제출받아 비치해야 한다.(국계칙 제50조, 지계칙 제48조)

3) 계약보증금과 공사계약의 이행보증

(1) 계약보증금

① 계약보증금의 납부

계약의 적정한 이행을 담보하고 불이행 시의 손해보전을 위한 물적 담보로 계약 담당자는 계약 상대자로 하여금 계약금액의 10% 이상을 계약보증금으로 납부하게 해야 한다.(국계법 제12조, 국계령 제50조, 지계법 제15조, 지계령 제51조)

단가계약의 경우로서 여러 차례로 분할하여 계약을 이행하게 하는 때에는 매 회별 이행예정량 중 최대량에 계약단가를 곱한 금액의 10% 이상을 계약 보증금으로 납부해야 한다.

장기계속계약의 경우에는 제1차 계약체결 시 덧붙여 적은 총공사 또는 총 제조 등의 금액을 기준으로 하여 계약이행을 보증하게 해야 한다. 해당 계약보증금은 총공사에 대한 보증금으로 보며, 연차별 계약 완료 시에는 당초 계약보증금에서 이행이 완료된 연차별 계약금액에 해당하는 분을 반환하여야 한다.

② 계약보증금의 납부 방법

계약보증금의 납부방법은 입찰보증금의 경우와 같이 현금 또는 국계령 제37조 제2항의 각호에 규정한 보증서·보증보험증권·유가증권 등으로 납부하게 할 수 있다.(국계령 제50조 제7항, 지계령 제52조 제1항)

유가증권 또는 현금으로 납부된 계약보증금을 계약 상대자가 특별한 사유로 보증서 등으로 대체 납부할 것을 요청한 때에는 동가치 상당액 이상으로 대체 납부하게 할 수 있다.(국계령 제50조 제8항, 지계령 제52조 제2항)

계약체결 후 물가변동, 설계변경, 기타 계약내용의 변경에 따른 계약금액 조정 시 이에 상응하는 금액에 대한 계약보증금을 추가 납부하게 하거나 상대방의 요청에 의하여 반환해야 한다.(국계칙 제62조, 지계칙 제60조)

③ 계약보증금의 납부 면제

다음의 경우에는 계약보증금의 일부 또는 전부의 납부를 면제할 수 있다.(국계령 제50조 제6항, 지계령 제53조 제1항)

- ㉠ 국가기관·지방자치단체, 공공기관, 정부출연법인(기본 재산 50% 이상), 각종 협동조합 등과 계약을 체결하는 경우
- ㉡ 5천만 원 이하의 계약의 경우, 일반적으로 공정·타당하다고 인정되는 계약의 관습에 따라 계약보증금 징수가 적합하지 아니한 경우
- ㉢ 이미 도입된 외자시설·기계·장비의 부분품을 구매하는 경우로서 해당 공급자가 아니면 해당 물품공급이 곤란한 경우

공공기관의 경우 국계령 제50조 제6항의 경우 외에 공공기관의 자회사·출자회사가 입찰에 참가하는 때에도 면제할 수 있다.(공계칙 제10조)

보증금의 납부를 면제하는 경우(계약 관습상 면제 경우 제외)에는 계약상 의무 불이행 시에는 계약보증금에 해당하는 금액을 납입할 것을 확약하는 문서를 계약체결 시에 함께 제출하게 해야 한다.(국계령 제50조 제10항, 지계령 제53조 제2항)

④ 계약보증금의 국고 귀속(국계령 제51조, 지계령 제54조)

계약 상대자가 정당한 이유 없이 계약상의 의무를 이행하지 아니한 때에는 계약보증금을 국고에 귀속시켜야 한다.

다만, 성질상 분할할 수 있는 공사·물품 또는 용역 등에 관한 계약(법 제25조에 따른 단가계약은 제외한다)으로서 기성 부분 또는 기납 부분에 대한 검사를 거쳐 인수하거나 관리·사용하고 있는 경우 당초의 계약보증금 중 기성 부분 또는 기납 부분에 해당하는 금액은 제외하며, 단가계약으로서 여러 차례 분할하여 계약을 이행하는 경우 당초의 계약보증금 중 이행이 완료된 부분에 해당하는 금액에 대하여도 제외한다.

계약보증금을 국고에 귀속함에 있어서 그 계약보증금은 이를 기성 부분에 대한 미지급액과 상계처리하여서는 아니된다. 다만, 계약보증금의 전부 또는 일부를 면제한 경우에는 국고에 귀속시켜야 하는 계약보증금은 기성 부분에 대한 미지급액과 상계처리할 수 있다(국계령 제51조 제4항, 지계령 제54조 제3항)

장기계속계약에 있어서 계약 상대자가 2차 이후의 공사 또는 제조 등의 계약을 체결하지 아니한 경우에는 계약보증금을 국고에 귀속시켜야 한다.

계약보증금을 국고에 귀속시키는 경우에는 계약에 특별히 정한 것이 없는 한 해당 계약을 해제 또는 해지하고 계약 상대자에게 그 사유를 통지해야 한다.(국계령 제75조 제1항, 지계령 제30조의 2조)

  ※ 일부 품목에 대한 계약 불이행으로 해당 계약이 해제·해지되는 경우 계약서에 특별히 정한 것이 있는 경우를 제외하고는 납부한 계약보증금 전액을 국고에 귀속

  ※ 계약보증금을 계약 상대방이 발행한 약속어음, 당좌수표로 수납할 수 없음

(2) 공사계약의 이행보증(국계령 제52조, 국계칙 제66조, 지계령 제51조, 지계칙 제64조)

공사 또는 용역계약을 체결하는 경우에는 계약 상대자로 하여금 다음의 방법 중 하나를 선택하여 계약이행의 보증을 하게 해야 한다.

① 계약보증금을 계약금의 15% 이상(지방자치단체는 10% 이상)을 납부하는 방법

② 계약보증금을 납부하지 않고 계약상의 의무이행 보증기관이 계약 상대자를 대신하여 의무를 이행하지 않을 경우 계약금액의 40% 이상(예가의 70% 미만으로 낙찰된 공사계약의 경우는 50%)을 납부할 것을 보증하는 공사이행보증서를 제출하는 방법

계약 담당자는 공사계약의 특성상 필요한 경우에는 계약이행의 보증 방법을 위 「공사이행보증서 제출」의 방법으로 한정할 수 있고, 추정가격이 3백억 원 이상인 공사의 경우에는 반드시 위 「공사이행보증서 제출」

※ 국가계약: 물품계약 10%, 용역계약은 공사계약 규정 준용(국계령 제50조, 제52조 제5항)

※ 지방계약: 공사·물품·용역 10%(지계령 제51조 제1항 및 제5항)

【계약이행 보증 방법 비교(공사의 경우)】

보증 방법	계약 불이행 시	
	1차	2차
계약보증금 15% 납부 (지방 10%)	계약보증금액 전액 국고 귀속	-
공사이행보증서 제출 불이행시 40% 납부	공사이행보증서 발급기관 책임 보증시공	책임보증시공 불이행 시 전액 국고 귀속

계약보증금과 지체상금의 병과 여부

● 지체상금액이 계약보증금 상당액을 초과하여 계약을 해제·해지해야 할 경우 계약보증금을 국고에 귀속시키는바,
  - 계약보증금은 계약상 의무를 이행하지 않은 것이 전제되고, 지체상금은 의무를 이행했으나 지연된 것이 전제되므로 병과할 수 없다고 봄이 타당

2. 계약의 이행

1) 계약의 이행

계약이 체결되면 상대방은 계약을 성실히 이행할 의무를 지게 되고 계약 담당자는 계약이행에 필요한 공사용지, 관급자재 등을 적기에 공급해야 한다.

계약 상대자는 계약문서에서 정하는 바에 따라 착공해야 하며, 착공 시에는 관련서류를 첨부하여 착공신고서를 발주기관에 제출해야 한다.

추정가격 100억 원 미만인 공사와 재입찰에 부치는 공사의 경우에는 낙찰자로 하여금 착공신고서를 제출하는 때에 산출내역서를 제출하게 해야 한다.(국계령 제14조 제6항, 지계령 제15조 제6항)

(1) 공사의 착공

① 계약 상대자는 계약문서에서 정하는 바에 따라 착공해야 하며 착공 시에는 다음 각호의 서류가 포함된 착공신고서를 발주기관에 제출해야 한다.
  ㉠ 「건설기술진흥법령」 등 관련 법령에 따른 현장기술자지정신고서
  ㉡ 공사공정예정표
  ㉢ 안전·환경 및 품질관리계획서
  ㉣ 공정별 인력·장비투입계획서
  ㉤ 착공 전 현장사진
  ㉥ 직접시공계획통보서(관련 법령에서 정한 경우)
  ㉦ 그 밖에 계약 담당자가 지정한 사항

② 계약 상대자는 계약의 이행 중에 설계변경 또는 기타 계약내용의 변경으로 인하여 착공신고 시 제출한 서류의 변경이 필요한 때에는 관련서류를 변경하여 제출해야 한다.

(2) 용역의 착수

① 계약 상대자는 계약문서에서 정하는 바에 따라 용역을 착수해야 하며, 착수시에는 관련 법령에서 정한 서류 및 다음 각호의 사항이 포함된 착수신고서를 발주기관에 제출해야 한다.

　㉠ 용역공정예정표

　㉡ 인력 및 장비투입계획서

　㉢ 공동계약이행계획서(공동계약의 경우)

　㉣ 기타 계약 담당자가 지정한 사항

② 계약 상대자는 계약의 이행 중에 과업내용의 변경 등으로 인하여 착수 신고시 제출한 서류의 변경이 필요한 때에는 관련서류를 변경하여 제출해야 한다.

2] 계약이행에 대한 감독

계약 담당자는 계약의 적정한 이행을 확보하기 위하여 필요하다고 인정할 때에는 계약서, 설계서 등에 의하여 직접 또는 소속 공무원에게 위임하여 필요한 감독을 해야 한다.(국계법 제13조, 지계법 제16조)

「건설기술 진흥법」 제39조 제2항, 「전력기술관리법」 제12조, 「문화재수리 등에 관한 법률」 제38조 또는 그 밖에 관련 법령상 의무적으로 건설사업관리 또는 감리를 하여야 하는 공사계약과 전문적인 지식 또는 기술을 필요로 하거나 기타 부득이한 사유가 있는 제조 기타 도급계약의 경우에는 전문기관에 위탁·대행하여 감독업무를 하게 할 수 있다.(국계령 제54조 제1항, 지계령 제56조 제1항)

현장감독관은 계약 상대방의 의무와 책임을 면제시키거나, 임의로 설계 변경, 기일연장 등 계약 내용이나 조건과 다른 지시나 결정을 할 수 없다.

예정가격의 100분의 70 미만으로 낙찰된 공사계약의 경우에는 부실시공 방지를 위하여 감독공무원 수를 배치기준의 100분의 50 범위 내에서 추가 배치할 수 있다.(국계령 제54조 제2항, 지계령 제56조 제2항)

3) 공사이행의 주민참여감독제도

(1) 대상공사(지계령 제60조)

핵심 체크

① 마을 진입로 확 · 포장공사
② 배수로 설치공사
③ 간 이상 · 하수도 설치공사
④ 보안등 공사
⑤ 보도블럭설치공사
⑥ 도시계획도로 개설공사
⑦ 마을회관공사
⑧ 공중화장실공사
⑨ 수해복구공사로서 하천, 도로, 상하수도 등 주민생활과 밀접한 관련이 있다고 지방자치단체의 장이 판단하는 공사
⑩ 공원공사
⑪ 그 밖에 지방자치단체장이 필요하다고 판단하는 공사

※ 공사금액 범위는 추정가격 3천만 원 이상인 공사로 한다.

(2) 자격요건(지계령 제57조)

핵심 체크

① 감독 대상 공사의 관련 업종에 해당하는 국가기술자격증을 소지한 사람
② 감독 대상 공사의 관련 업종에서 1년 이상 현장관리 업무 등에 종사하였거나 감리 · 감독 업무에 종사했던 경험이 있는 사람
③ 「고등교육법」에 따른 대학교수 또는 「초 · 중등교육법」에 따른 초 · 중등학교 교사로서 해당 공사 분야의 지식을 갖춘 사람
④ 관련 법령에 따라 주무관청의 인가 · 허가 등을 받아 설립된 건설 관련 단체 또는 건설 관련 학회에서 추천하는 사람
⑤ 감독 대상 공사의 현장이 속하는 동 · 리의 새마을지도자 · 부녀회장 등으로서 대표성과 해당 공사 분야의 지식을 갖춘 사람

(3) 감독범위(지계령 제61조)

① 주민들의 건의사항을 자치단체에 전달
② 시공과정의 불법 · 부당행위 시정 건의
③ 설계 내용대로 시공 여부

　　※ 계약 담당자는 건의 내용이 부적절한 경우 또는 예산사정 등 불가피한
　　　경우 반영하지 않을 수 있고 이 경우 그 사유를 서면으로 통지

(4) 감독자 실비지급(지계령 제59조)

자치단체에서 조례로 정하여 지급(표준조례안 참고)

(5) 감독조서(지계령 제62조)

준공검사일 이전까지 계약담당자에게 제출

(6) 감독자의 위촉 해제(지계령 제58조)

① 공사감독과 관련하여 금품 또는 향응을 제공받거나 요구한 경우
② 주민참여감독자의 직무를 게을리하거나 불성실하게 하여 공사감독에 부적
　합하다고 인정되는 경우
③ 감독 또는 검사 시 직무의 수행을 방해한 경우
④ 공사감독일지 등 감독 관련 서류를 거짓으로 작성한 경우
⑤ 그 밖에 지방자치단체의 장이 공사감독에 부적합하다고 판단하는 경우

3. 계약의 해제 및 해지

1) 의의

계약의 해제는 유효하게 성립한 계약을 일정한 사유가 발생한 경우 해제권자의 의사표시에 의하여 계약을 처음부터 없었던 것과 같은 상태, 즉 소급적으로 원상 회복시키는 행위를 말한다. 반면, 계약의 해지는 유효하게 성립된 계약을 장래에 대하여 효력을 소멸시키는 행위를 말한다.

따라서 해제는 주로 일시적 계약관계(일정한 시점에서 급부가 이루어지는 매매 등)에서 발생하나 해지는 계속적 계약관계(일정한 기간 동안 급부가 이루어지는 공사 도급·임대차 등)에서 발생한다.

2) 해제 및 해지의 사유

(1) 개설

해제 및 해지의 사유에는 계약 상대자의 책임 있는 사유로 인한 경우, 사정변경에 의한 경우, 계약 상대자에 의한 해제·해지의 경우, 각 기관 내부 규정으로 정한 해제·해지 사유가 있다.

(2) 상대방의 책임 있는 사유로 인한 경우

① 공사계약의 경우(공사계약 일반조건)

ㄱ 정당한 이유 없이 약정한 착공시일이 경과하여도 공사에 착수하지 아니할 경우, 계약 상대자의 책임 있는 사유로 인하여 준공기한까지 공사를 완성하지 못하거나 완성할 가능성이 없다고 인정될 경우(국계령 제75조 제1항, 지계법 제30조의2)

ㄴ 지체상금이 해당 계약(장기계속공사의 계약인 경우 차수별계약)의 계약보

증금 상당액에 달한 경우로서 계약기간을 연장하여도 공사를 완공할 가능성이 없다고 판단되는 경우(국계령 제75조 제2항, 지계령 제91조 제2항)

ⓒ 장기계속공사계약 시 제2차 공사 이후 계약을 체결하지 않는 경우

ⓔ 계약의 수행 중 뇌물수수나 정상적인 계약관리를 방해하는 불법·부정행위가 있는 경우

ⓜ 기타 계약조건을 위반하고 그 위반으로 인하여 계약의 목적을 달성할 수 없는 경우

② **물품구매계약의 경우**(물품구매계약 일반조건)

ⓐ 계약서상의 납품기한(또는 연장된 납품기한) 내에 계약 상대자가 계약된 규격 등과 같은 물품의 납품을 거부하거나 완료하지 못한 경우

ⓑ 계약 상대자의 책임 있는 사유로 인하여 납품기일 내에 납품할 가능성이 없음이 명백하다고 인정될 경우

ⓒ 지체상금이 해당 계약보증금 상당액에 달한 경우로서 계약이행 기간을 연장하여도 물품의 제조·납품을 완료할 가능성이 없다고 판단될 경우

ⓔ 장기물품제조 등의 계약에 있어서 제2차 이후의 계약을 체결하지 아니하는 경우, 계약의 수행 중 뇌물수수 또는 정상적인 계약관리를 방해하는 불법·부정행위가 있는 경우

ⓜ 기타 계약조건을 위반하고 그 위반으로 인하여 계약의 목적을 달성할 수 없는 경우

③ **용역계약의 경우**(용역계약 일반조건)

위 공사계약의 경우와 유사하다.

(3) 사정 변경에 의한 경우

객관적으로 명백한 발주기관의 불가피한 사정이 발생한 경우(계약 일반조건)

계약을 의무적으로 해지 또는 해제해야 하는 경우

① 계약보증금을 국고에 귀속시키는 경우
② 지체상금(지연배상금)이 계약보증금 상당액에 달하는 경우로서 계약 상대방의 귀책

사유로 계약을 이행할 가능성이 없음이 명백한 경우

③ 입찰과정에서 거짓 서류를 제출하여 부당하게 낙찰을 받은 경우

④ 입찰·수의 계약 및 계약 이행과정에서 관계 공무원(담당자)에게 뇌물을 제공한 경우

※ ③·④는 계약을 해제 또는 해지한 경우 계약목적 달성이 곤란하거나 발주기관에 손해가 발생하는 경우 해지 또는 해제를 하지 않을 수 있음.

(4) 계약 상대자가 해제·해지할 수 있는 경우

① 설계 변경에 따른 계약 내용의 변경으로 계약금액이 40/100 이상 감소된 경우, 공사 정지기간·용역수행 정지기간이 공사기간·계약기간의 50/100을 초과하였을 경우(공사계약 일반조건, 용역계약 일반조건)

② 그 밖에 각 기관에서 자체회계 규정으로 계약의 해제·해지 사유를 정한 경우에는 그에 따름

질의 회신

【질의】

장기계속공사에 있어 계약 상대자에 의한 계약 해제 또는 해지 요건 산정 시 공사 기간의 의미

【답변】

지방자치단체가 체결한 공사계약에 있어 계약 상대자의 책임없는 사유로 인한 공사 정지기간이 공사기간의 100분의 50을 초과하였을 경우 계약 상대자는 해당공사계약을 해제 또는 해지할 수 있는바, 장기계속공사계약의 경우 위의 규정중 공사 기간은 차수별 계약의 공사기간이 아닌 총공사의 이행을 위한 공사기간을 의미함

유권 해석

○ 단가계약의 계약보증금 국고귀속 관련 질의(계약제도과-770, ´14. 6. 15.)

- 국가계약법 시행령 제51조 제5항에서는 국가계약법 제22조에 따른 단가계약으로서 여러 차례로 분할하여 계약을 이행하는 경우에는 당초의 계약보증금 중 이행이 완료된 분에 해당하는 계약보증금은 국고에 귀속하지 아니한다고

규정하고 있음. 해당 규정에서 당초의 계약보증금 중 이행이 완료된 분에 해당하는 계약보증금은 다음 산식에 의하는 것이 적정할 것임

- 당초의 계약보증금 중 이행이 완료된 분에 해당하는 계약보증금 = 당초의 계약보증금×[(이행완료량×단가)÷(총계약수량×단가)]

질의 회신

【질의】

시공사의 사유로 공사이행이 지연될 경우 감리용역계약의 지체상금 부과의 여부

【답변】

지방자치단체가 체결한 감리용역계약에 있어 지체상금은 지계령 제90조 및 회계예규 "기술용역계약일반조건"에 정한 바에 따라 산정 부과하는 것인 바, 감리업무를 수행하는 계약 상대자의 책임있는 사유가 아닌 시공자의 공사지연으로 인하여 감리계약의 이행지연이 발생된 경우에는 동기간을 지체일수에 산입하지 않는 것임

감사 사례

제목: 구조공작차 구매계약 관리업무 부적정

- A도 소방본부에서 2008년 4월 B지방조달청에 조달 의뢰하여 (주)C와 소방차 및 인명구조차에 대한 구매계약(수량 2대, 금액 234,960천 원)을 체결한 후 같은 해 12월 위 지방조달청에 '09. 2. 27.까지 계약기간을 연장하도록 요청
- 지자체 물품구매계약 일반조건 V. 8. 가. 등[1]에 따라 납품기한이 지나 지체상금이 계약이행보증금을 초과하고 계약이행 기간을 연장하여도 납품을 완료할 가능성이 없다고 판단될 경우 즉시 계약 해지를 요청해야 하는데도
- 위 관서에서 당초 납품일('08. 10. 7.)이 지난 같은 해 12. 4.까지도 자금 부족으로 구체적인 납품계획을 제출하지 못하고 있는데도 계약 해지 요청 등을 하지 않고 단순히 납품만 촉구하는 등 계약이행 실태를 제대로 관리하지 않고
- 2008. 12. 8. 위 업체에서 정책자금을 신청하였다는 사유로 납품기한 연장을 요청하자 지체상금(2,350만 원)이 계약보증금(2,349만여 원)을 초과하였는데도 납품기한을 연장해 주도록 B지방조달청에 요청하여 '09. 2. 27.까지 계약기간 연장
- 그 결과 같은 해 2. 26. 위 업체에서 자금 부족으로 주요 부품을 조달하지 못

---

1) 「지방자치단체 물품구매계약 일반조건」(2008.7.7. 행정안전부 예규 제181호) V. 8. 가.와 VII. 3. 가

하여 납품을 포기함에 따라 지체상금 5,004만여 원을 부과할 수 없게 되었고, 적기에 위 차량을 구매하지 못하여 소방구조 활동에 지장 초래

감사 사례

제목: 계약보증금 채권 확보 지도·감독 업무 부적정

● A구에서 2007년 7월 '○○협동조합'에 '△△시장 시설 현대화사업' 위탁협약을 맺고, 위 협동조합이 (주)B와 계약하여 시공 중인 '아케이드 설치공사'(계약기간: 07. 11. 29. ~ 08. 6. 3.)에 대하여 계약기간 연장을 승인하는 등 위 사업 전반에 대한 지도·감독 업무를 수행하면서

● 지방계약법 제15조 등[2])에 따라 공사 추진이 지연되어 계약기간을 변경하고자 승인을 요청받았을 때는 위 협동조합에게 (주)B로부터 보증기간 내에 보증기간을 연장하는 내용의 보증서를 추가로 제출받고 변경계약을 체결하도록 지도·감독해야 하는데도

● 위 관서에서는 2008년 6월 및 7월 두 차례에 걸쳐 공사기간을 총 55일간 연장하는 변경계약을 체결하도록 하면서, 위 협동조합에게 보증만료일 이전에 위 업체로부터 보증기간을 연장하는 추가 보증서를 제출받도록 하지 아니하는 등 지도·감독 업무 소홀

● 이에 따라 위 협동조합에서는 변경계약을 체결하면서 추가 보증서를 제출받지 않은 채 2008년 8월 위 업체 부도로 계약 이행이 어려워지자 보증기관에 계약보증금을 청구하였으나, "보증기간이 만료되어 보증금 지급이 불가하다"고 통보

● 그 결과 위 협동조합에서 위 공사의 나머지 공사는 위 업체에 지급하지 않은 공사비로 충당할 수 있다 하더라도 위 공사의 계약이행을 담보하는 계약보증금 483백만여 원을 받을 수 없는 실정

---

2) 지계법 법 제15조 제1항, 같은 법 시행령 제37조 제2항, 제52조 제1항과 같은 법 시행규칙 제53조 제1항 및 「재래시장 및 상점가 시설현대화사업 운영지침」(중소기업청 고시 제2006-13호) 6-1-6

계약금액의 조정

CHAPTER
09

9 계약금액의 조정

1. 개관

공공계약은 확정계약이 원칙이지만, 사정 변경의 원칙에 따라 여건 변화 등 예측 불가한 가격의 등락이 있을 때에 당초 계약 내용대로 계약을 이행한다면 계약 당사자는 경영손실을 입게 되고 계약목적물의 부실 우려가 발생하여 불공평하고 부당한 결과가 초래될 수 있다. 따라서 이런 경우 계약금액을 구성하는 각종 품목 또는 비목의 가격이 상승 또는 하락된 경우 그에 따라 계약금액을 조정함으로써 계약 당사자의 원활한 계약이행을 도모하여야 한다.

공공계약 법령에서는 ① 물가 변동(Escalation, De-Escalation) ② 설계 변경 ③ 그 밖에 계약 내용의 변경(천재지변, 전쟁 등 불가항력적 사유에 따른 경우 포함)으로 인하여 계약금액을 조정(調整)할 수 있도록 규정하고 있고, 위 3가지 유형 외에 다른 사유로 계약금액을 조정(調整)하는 것은 원칙적으로 금지한다.(국계법 제19조, 지계법 제22조)

※ 자연·재난 등 불가항력의 사유는 사회통념상 주의나 예방방법으로 방지 할 수 경우에 변경계약이 가능하도록 함(미국, 일본, 영국 등에서도 폭넓게 인정하고 있음)

2. 물가 변동으로 인한 계약금액의 조정

1) 조정 요건(국계령 제64조, 지계령 제73조)

(1) 조정 요건

국고의 부담이 되는 계약체결 이후 계약이행 기간 중 물가의 상승 또는 하락이 있는 경우로 다음의 2가지 요건이 모두 충족된 때에는 계약금액(장기계속공사계약·제조계약: 1차 계약 시 부기한 총 공사금액, 총 제조금액)을 조정한다.

① 계약을 체결(장기계속계약은 1차 계약)한 날부터 90일 이상 경과할 것.
② 계약금액을 구성하는 품·비목의 가격 등락으로 인하여 입찰일을 기준으로 품목조정률 또는 지수조정률이 계약금액에 비하여 3% 이상 증감이 이루어지고 조정기준일(조정 사유 발생일)부터 90일 이후에 재조정이 가능하나, 천재지변·원자재 가격급등 등으로 조정 제한기간 내에 조정하지 아니하면 계약이행이 곤란한 경우에는 90일 이내에도 조정(최초 조정 포함)할 수 있으며, 품목조정률 또는 지수조정률 증감이 100분의 3 미만인 경우에도 조정할 수 있는 예외규정이 있다.

■ **90일 기간의 기산일**

● 계약을 체결한 날부터 90일 이상 경과한 날의 의미
  ➡ 계약 체결일을 불 산입하고 그 익일부터 기산하여 91일째 되는 날
● 직전 조정 기준일부터 90일 이상 경과한 날의 의미
  ➡ 조정기준일은 불산입하고 그 익일부터 기산하여 91일째 되는 날
    동일한 계약에 대하여는 위 품목조정 또는 지수조정 방법 중 하나의 방법에 의해야 하며, 계약체결 시 계약 상대자가 지수조정 방법을 원하는 경우 외에는 품목조정 방법으로 계약금액을 조정한다는 뜻을 계약서에 명시해야 한다.

※ 물가는 공사이행 여부와 상관없이 변동되는 것이므로 발주기관의 사정, 천재지변 등 계약 상대자의 책임 없는 사유로 공사가 중지된 경우에는 그 중지된 기간도 90일 기간을 산정할 때 포함된다.

■ 입찰일의 정의

● 입찰일의 정의는 개찰일로 보나 입찰서 제출 마감일과 개찰일이 다른 경우 입찰서 제출 마감일로 본다.(지계칙 제72조 ①)

● 입찰 당시 가격은 입찰서 제출 마감일 당시 산정한 각 품목 또는 비목의 가격을 기준으로 산정함.

(2) 계약 체결 후 90일 이내 계약금액의 조정

천재 · 지변 또는 원자재의 가격 급등으로 인하여 조정제한 기간 내에 계약금액을 조정하지 않고는 계약이행이 곤란한 경우 계약을 체결한 날 또는 직전 조정 기준일(조정 사유 발생일)로부터 90일이 경과되지 않았더라도 계약금액을 조정할 수 있다. 이때 원자재의 가격 급등으로 계약이행이 곤란한 경우란 다음과 같이 계약관련 예규에서 구체적으로 규정하고 있다.(국가계약법 시행령 제64조 ⑤, 지방계약법 시행령 제73조 ⑤, 정부입찰 · 계약 집행기준 제70조의4, 지자체 입찰 및 계약 집행기준 제1장 제7절)

☞ **국가계약: 천재 · 지변 · 원자재 가격 급등으로 계약이행이 곤란한 경우(정부입찰 · 계약 집행기준 제70조의4)**

① 공사, 용역, 물품제조계약에서 품목조정률이나 지수조정률이 5%이상 상승한 경우

② 물품구매 계약에서 품목조정률이나 지수조정률이 10%이상 상승한 경우

③ 공사, 용역, 물품제조계약에서 품목조정률이나 지수조정률이 3%(물품구매계약에서는 6%)이상 상승하고, 기타 객관적 사유로 조정제한기간 내에 계약금액을 조정하지 아니하고는 계약이행이 곤란하다고 계약담당공무원이 인정하는 경우

※ 조정기준일은 위 조건이 충족된 최초의 날을 말하며 계약상대자는 물가변동으로 인한 계약금액 조정을 하는 경우에는 원자재 가격 급등 및 이에 따라 계약금액에 미치는 영향 등에 대한 관련 증빙서류를 계약담당 공무원에게 제출하여야 함.

☞ **지방계약: 지방 입찰계약기준 제1장 제6절 8. 90일 이내 계약금액 조정요건**

① 시행규칙 제7조 제1항에 따라 조사·공표된 해당 직종의 노임단가의 평균 등락률이 7% 이상 증감된 경우

② 관계 중앙행정기관의 장이 발표한 공종별 표준시장단가의 평균등락률이 7% 이상 증감된 경우

③ 시행령 제73조 제1항에 따른 등락률이 아래와 같이 발생한 경우

　　가. 공사, 용역, 물품제조 계약 : 5% 이상 증가

　　나. 물품구매 계약 : 10% 이상 증가

④ 예정공정표의 계약이행기간이 90일 이내로서 기준시점(입찰일)과 비교시점의 자재구매가격(가중치방식 평균가격)이 5% 이상 증감된 경우

⑤ 공사, 용역 및 물품제조계약에서 품목조정률이나 지수조정률이 3%(물품구매계약은 6%) 이상 상승하고, 그 밖의 객관적 사유로 90일 이내에 계약금액을 조정하지 아니하고는 계약이행이 곤란하다고 판단되어 계약심사부서의 검토의견을 첨부하여 계약심의위원회에서 계약금액의 조정을 결정한 경우

　※ 조정기준일은 위 조건이 충족된 최초의 날을 말하며 계약상대자는 관련 증빙서류를 계약담당 공무원에게 제출하여야 함

☞ 계약체결일부터 일정한 기간이 경과함과 동시에 품목조정률이 일정한 비율 이상 증감함으로써 조정사유가 발생하였다 하더라도, 계약금액조정은 자동적으로 이루어지는 것이 아니라, 계약당사자의 상대방에 대한 적법한 계약금액조정신청에 의하여 비로소 이루어지는 것임

(3) 품목(지수) 조정률의 증감률이 3% 미만(단품슬라이딩)

공사계약은 품목조정률 또는 지수조정률 증감이 100분의 3 미만인 경우에도 특정 규격 자재(해당 공사비를 구성하는 재료비·노무비·경비 합계액의 100분의 1을 초과하는 자재)의 가격증감률이 100분의 15 이상인 때에는 그 자재에 한하여 계약금액 조정이 가능하다.(국가계약법 시행령 제64조 ⑥, 지방계약법 시행령 제73조 ⑥, 정부입찰·계약 집행기준 제70조의3, 지자체 입찰 및 계약 집행기준 제1장 제7절)

☞ **특정 규격 자재의 계약금액 조정 방법**(정부입찰 및 계약집행기준 제70조의3)

① 특정 규격의 자재별 가격변동에 따른 계약금액 조정: 품목조정률로 조정

② 특정 규격 자재의 가격변동에 따른 계약금액 조정 후에 물가변동에 따른 계약금액을 품목조정률로 조정하게 되는 경우: 품목조정률 산출시 특정규격자재의 가격상승률을 감산(하락률은 합산)

③ 특정 규격 자재의 가격변동에 따른 계약금액 조정 후에 물가변동에 따른 계약금액을 지수조정률로 조정하게 되는 경우
  - 비목군 분류시: 특정자재가 속해 있는 비목군에서 특정자재 비목군을 따로 분류
  - 계수산출시: 단품조정금액을 제외하고 산출, 특정자재 비목군과 특정자재를 제외한 비목군에 해당하는 금액이 차지하는 비율에 따라 각각 계수를 산출
  - 특정 자재 비목군의 지수변동률은 특정규격자재의 등락폭에 해당하는 지수상승률을 감산(하락률일 경우에는 합산)하고, 특정규격자재의 조정기준일부터 물가변동으로 인한 계약금액 조정기준일까지 지수상승률은 합산하여 산출

④ 특정 규격 자재의 가격변동에 따른 계약금액 증액조정요건과 물가변동에 따른 계약금액 증액요건을 동시에 충족하는 경우: 물가변동에 따른 계약금액 증액조정이 원칙이나 특정 규격 자재의 가격변동에 따른 계약금액 증액조정이 하수급업체에 유리하거나 계약관리 효율성 제고 등에 필요한 경우 특정규격 자재의 가격변동에 따른 계약금액 증액조정 가능

(4) 환율변동에 따른 물가변동

① 환율변동을 원인으로 하여 물가변동으로 인한 계약금액 조정요건 성립 시 계약금액 조정 가능(국계령 제64조 ⑦, 지계령 제73조 ⑦)

② 원화로 산출내역서가 작성된 경우에도 실제 수입품목의 경우 환율변동에 따른 물가변동 조정 가능

③ 조정 방법이 품목조정률인 경우 해당(지수조정률의 경우 수입물가지수 등이 반영됨)

2) 조정금액 산출 기준

(1) 조정 기준일

① 조정 기준일이란 물가변동 사유인 기간요건과 등락요건(계약체결 후 90일

이상 경과 / 품목 또는 지수조정률 100분의 3 이상 증감)이 최초로 동시에 충족되는 날

② 품목 또는 지수조정률을 산정할 때에는 물가변동 적용대가를 대상으로 산정

(2) 물가변동 적용대가(국계칙 제74조 ⑤, 지계칙 제72조 ⑤)

① 물가변동 적용대가란 계약금액 중 조정기준일 이후에 이행되는 부분의 대가

② 물가변동 적용대가는 계약 담당 공무원에게 제출하여 승인을 얻은 공사공정 예정표를 기준으로 하여 산출하며, 조정기준일 전에 설계 변경 및 기타 계약 내용의 변경이 있는 경우에는 수정된 공사공정예정표를 기준으로 산출한다.

(3) 물가변동 적용대가 산정 방법

① 조정기준일 현재 승인된 공사공정예정표를 적용하여 조정기준일 이후 이행 되는 부분의 대가를 산정. [단, 조정기준일 이전 공사공정예정표의 수정 사 유(설계 변경, 공기연장 등)가 발생하였으나, 조정기준일 이후 수정공정표 가 승인된 경우에는 수정공정표 적용]

② 발주기관에 책임이 있는 사유 또는 천재지변 등 불가항력의 사유로 이행이 지연된 경우(공사공정예정표 대비)에는 미이행 부분도 포함(계약 상대자의 책임이 없는 경우)

(4) 물가변동 조정금액의 공제

① 기성 공제

㉠ 조정기준일 이후 이행분의 기성대가를 물가변동 조정신청 이전에 수령 한 경우

㉡ 공제금액 = 기성대가 수령액 × 조정률

㉢ 기성대가를 개산급으로 전환하여 지급받은 경우에는 공제하지 않음

☞ 당초 공사대금에 대하여 한 압류의 효력은 추가공사 대금 채권에는 미치지 않는 것으로 보 지만 물가변동으로 인하여 증액되는 공사대금 채권에는 미치는 것으로 본다.(판례)

② 기성대가의 개산급 지급(국계령 제70조, 지방회계법 제35조, 공사계약 일반조건 Ⅸ-5.)

　㉠ 물가변동, 설계변경 및 그 밖에 계약내용의 변경으로 인하여 계약금액이 당초 계약금액보다 증감될 것이 예상되는 경우

　㉡ 증액 예상 시 당초 산출내역서를 기준으로 산출한 기성대가 지급 단, 감액이 예상되는 경우에는 예상되는 감액금액을 제외하고 지급

　㉢ 기성대가 신청 시 개산급 신청사유를 서면으로 작성하여 첨부

③ 선금 부분의 공제

　㉠ 장기계속공사의 경우에 선금 공제 대상인 물가변동 적용대가는 차수별 계약 체결 분을 기준으로 하며, 계속비공사의 경우 선금의 신청기준이 되는 해당 연도 이행금액을 기준으로 한다.

　㉡ 조정기준일 전에 수령한 선금만 공제 대상이 되며(단, 감액조정 시에는 적용하지 않음), 조정기준일 후에 수령한 선금은 공제 대상이 아님.(선금수령일 기준)

　㉢ 공제금액 = 물가변동 적용대가×선금률× 품목·지수 조정률

	이전에 선금 수령 시	선금 공제함
조정기준일	이후에 선금 수령 시	선금 공제하지 않음
	조정 기준 일에 선금 수령 시	선금 공제하지 않음

> ☞ 물가변동 적용 시 선금 공제의 취지: 발주기관이 지급한 선금을 사용하여 미리 구입해 놓은 자재 등에 대하여 계약금액을 조정함에 따라 발생되는 계약상대자의 이득을 공제하기 위한 것임. 참고로 조정기준일에 선금을 지급하였다면 선금공제의 취지를 감안하여 이를 물가변동적용대가에서 공제하지 않는 것이 타당함

④ 공정예정표상 조정기준일 전에 이행이 완료되어야 할 부분

－ 조정기준일 당시 공정예정표의 조정기준일 이전에 이행이 완료되어야 할 부분은 물가변동 적용대가에서 제외(※발주기관의 책임있는 사유 또는 천

재·지변 등 불가항력의 사유로 이행이 지연된 경우 당초 공정예정표에 비해 지연된 부분은 공정표의 변경여부와 관계없이 물가변동에 포함)

3) 품목 조정률에 의한 계약금액 조정

(1) 의의

계약금액을 구성하고 있는 모든 품·비목을 대상으로 품목조정률을 산정한 후 계약금액 중 조정기준일 이후에 이행되는 부분의 대가(물가변동 적용대가)에 동 품목조정률을 곱하여 계약금액을 조정하는 방법이다.

(2) 조정 방법

주요 개념 및 산출산식 (국계칙 제74조 제1항, 지계칙 제72조 제1항)

- 계약금액 조정 완료액 = 당초 계약금액 ± 조정금액
- 조정금액 = 물가변동 적용대가 × 품목조정률
- 품목조정률 = $\sum$(등락폭 × 각 품목 또는 비목의 수량) / 계약금액
- 등락폭 = 계약단가 × 등락률
  ※ 등락폭: 다음 3가지 상황에 따라 계산
  - 계약단가 〈 입찰당시가격 〈 물가변동당시가격 ➝ 등락폭 = 계약단가×등락률
  - 입찰당시가격 〈 계약단가 〈 물가변동당시가격 ➝ 등락폭 = 물가변동당시가격 - 계약단가
  - 입찰당시가격 〈 물가변동당시가격 〈 계약단가 ➝ 등락폭 = 0
  * 계약단가: 착공신고서(입찰서) 제출시 첨부한 산출금액내역서상 단가
  * 물가변동당시 가격: 물가변동당시 산정한 각 품목 또는 비목의 가격
  * 입찰당시 가격: 입찰서 제출 마감일 당시 산정한 각 품목 또는 비목의 가격
- 등락률 = (물가변동당시 가격 - 입찰당시 가격) / 입찰당시 가격

① 등락률의 산정

입찰당시 가격은 입찰당시 산정한 각 품목 또는 비목별 가격으로, 거래 실례가격, 통계 작성 승인을 받은 기관이 조사·발표한 시중노임 등을 기준으로 산정

한다(국계칙 제74조 ①, 지계칙 제72조 ①).

물가변동당시 가격은 물가변동 당시 산정한 각 품목 또는 비목별 가격으로, 입찰당시가격 산정에 적용한 기준과 방법을 동일하게 적용해야 한다(국계칙 제74조 ⑦, 지계칙 제72조 ⑦).

- 등락률 = (물가변동당시가격 − 입찰당시가격) / 입찰당시가격

② 등락 폭의 산정

계약단가는 입찰서 또는 착공신고서 제출 시 첨부한 입찰금액산출내역서(산출내역서)상의 단가를 말한다.(국계칙 제74조 ①, 지계칙 제72조 ①)

등락 폭의 산정은 계약단가와 입찰당시가격 및 물가변동당시가격 상호 간의 수준에 따라 다음의 3가지로 계산된다.(국계칙 제74조 ③, 지계칙 제72조 ③)

> **핵심 체크**
>
> - "계약단가 < 입찰 당시가격 < 물가변동 당시가격"인 경우
>   - ➡ 등락폭 = 계약단가 × 등락률
> - "입찰 당시가격 < 계약단가 < 물가변동 당시가격"인 경우
>   - ➡ 등락폭 = 물가변동 당시가격 − 계약단가
> - "입찰 당시가격 < 물가변동 당시가격 < 계약단가"인 경우
>   - ➡ 등락폭 = 0(영)

등락 폭은 계약조건을 구성하고 있는 품목 또는 비목의 계약단가에 등락률을 곱하여 산정한 금액으로써 여기에 수량을 곱한 금액을 모두 합하면 등락 폭의 합계액이 된다.

간접노무비, 산재보험료, 일반관리비, 이윤 등 이른바 승률 비용의 등락 폭은 해당 비목의 산출 기초가 되는 재료비·노무비 등의 등락 폭에 산출내역서상의 해당 비율을 곱하여 산출한다.

③ 품목조정률의 산정

원가계산 방식으로 산정한 예정가격을 기준으로 계약한 경우에는 각 품목 또는 비목의 수량에 등락 폭을 곱하여 산출한 금액의 합계액에는 일반관리비 및 이윤 등을 포함해야 한다.(국계칙 제74조 ②, 지계칙 제72조 ②)

④ 물가변동 적용대가

계약금액 중 조정기준일 이후에 이행되는 부분의 대가를 말하며, 장기 계속공사의 경우에는 1차계약 시 부기한 총공사금액을 기준으로 한다.

발주기관의 책임 있는 사유 및 불가항력의 사유로 지연된 경우를 제외하고 계약(공정)상 조정기준일 이전에 완료되었어야 할 부분은 물가변동 적용대가에서 제외한다.

조정기준일 이후 지급한 선금은 물가변동 적용대가에 포함되지만, 기성대가는 원칙적으로 제외된다. 다만 기성대가를 개산급으로 지급한 경우와 기성대가지급 신청 전 계약금액조정을 신청한 경우 등은 포함된다.

4) 지수 조정률에 의한 조정[국계칙 제74조, 지계칙 제72조]

핵심 체크

■ 지수조정률=($\sum$ 비목별 지수변동률)

❶ 비목별 지수변동률

$$노무비\ 지수변동률 = \frac{조정기준일\ 당시\ 노임단가\ 평균치}{계약\ 체결시\ 노임단가\ 평균치}$$

$$재료비, 경비\ 지수변동률 = \frac{조정기준일\ 당시\ 노임단가\ 평균치}{계약\ 체결시\ 노임단가\ 평균치}$$

❷ 비목별 가중치: 지수변동률 비목군에 해당하는 산출내역서상의 금액이 동 내역서상의 재료비, 노무비 및 경비의 합계액에서 차지하는 비율

• 지수조정률의 세부 산정방법은 「정부 입찰·계약 집행기준」 제68조~제69조, 「지방자치단체 입찰 및 집행기준」 제1장 제6절 참조

(1) 의의

계약금액 산출내역의 제 비목군이 순공사금액에서 차지하는 가중치와 한국은행이 조사·발표하는 생산자물가기본분류지수 등의 시점(입찰 및 물가변동, 수의계약의 경우에는 계약 체결 시점)간 변동률을 이용하여 산정한 지수조정률에

의하여 계약금액을 조정하는 방법이다.

이 경우에도 계약금액 중 조정기준일 이후에 이행되는 부분의 대가(물가변동 적용 대가)가 조정 대상이며, 조정기준일 이전에 이행되었어야 할 부분은 제외된다.

지수조정률에 의한 계약금액 조정 방법은 원가계산에 의하여 산정된 예정 가격을 기준으로 계약을 체결한 경우에 적용되며, 100억 원 이상의 대형 공사에 주로 적용된다.

지수조정률에 의한 조정금액의 구체적인 산출 방법은 기획재정부 계약 예규「정부 입찰·계약집행기준」제15장에 따른다.(지방자치단체의 경우는 「지방자치단체 입찰 및 계약집행 기준」제1장 제7절)

(2) 지수조정률의 산출 방식

산출 산식

- 지수조정률$(K) = (a\dfrac{A1}{A0} + b\dfrac{B1}{B2} + c\dfrac{C1}{C2} + \cdots\cdots + z\dfrac{Z1}{Z0}) - 1$
- A, B, C, … : 노무비, 기계경비, 광산품 등 비목군의 가격지수이다.(0은 입찰시점, 1은 물가변동시점)
- a, b, c, … : 각 비목군이 산출내역서 상의 순공사비에서 차지하는 비율(가중치)로 계수라 한다.

비목군은 계약금액의 산출내역 중 재료비, 노무비, 경비를 구성하는 제비목을 한국은행이 조사 발표하는 생산자물가분류지수 등의 분류에 따라 계약 담당자가 재분류한 비목을 말한다.(예, A 노무비, B 기계경비, C 광산품 등)

위 비목군별 가격지수는 한국은행의 생산자물가 기본분류지수 또는 수입 물가지수, 정부·자치단체 등이 결정·인가하는 노임·가격·요금의 평균지수, 통계조사기관 등이 조사·공표한 가격의 평균지수 등으로 한다.

각 비목군이 순공사비(재료비·노무비·경비의 합계)에서 차지하는 비율(가중치)을 계약체결 시점 대비 물가변동 시점의 물가변동률에 곱한 값을 합산하여 지수조정률을 산정하고 이를 적용하여 계약금액을 조정한다.

【품목조정률과 지수조정률의 장·단점 등】

	품목조정률	지수조정률
장 점	계약금액을 구성하는 각 품목 또는 비목별로 등락율을 산출하므로 당시 비목에 대한 조정사유를 실제로 반영가능	한국은행에서 발표하는 생산물가 기본분류지수, 수입물료지수 등을 이용하므로 조정율 산출이 용이
단 점	매조정시마다 수많은 품목 또는 비목의 등락율을 산출해야 하므로 계산이 복잡하여 많은 시간 소요	평균가격 개념인 지수를 이용하므로 당해비목에 대한 조정사유가 실제로 반영되지 못할 수 있음
용 도	계약금액의 구성비목이 적고 조정횟수가 적을 경우 적합 (단기, 소규모, 단순공정)	계약금액의 구성비목이 많고 조정횟수가 많을 경우 적합 (장기, 대규모, 복합공정)

주) 계약상대자가 물가변동에 따른 계약금액 조정방법으로 지수조정률 방법을 선택할 수 있음에도 이를 원한다는 의사표시를 하지 않은 경우, 품목 조정율로 계약금액 조정하여야 함(대법원, 2019.3.28. 선고 2017다213470)

3. 설계변경으로 인한 계약금액의 조정

1) 의의(국계령 제65조 ①, 지계령 제74조 ①)

설계변경이란 계약이행 중에 당초 예기하지 못한 사태의 발생, 공사 물량 증감, 계획변경 등으로 당초 계약 내용을 변경시키는 것을 말하며, 이로 인하여 공사량의 증감이 발생한 때에는 해당 계약금액을 조정한다.

다만, 추정가격이 기획재정부 장관이 정하는 금액 이상인 경우로서 입찰을 할 때에 새로운 기술·공법 등에 의한 공사비의 절감 사유를 제출하여 낙찰자로 결정된 계약의 경우 새로운 기술·공법 등이 채택된 부분에 대한 설계 변경으로 계약 내용을 변경하는 경우에는 정부의 책임 있는 사유나 천재·지변 등 불가항력의 사유로 인한 경우를 제외하고는 그 계약금액을 증액할 수 없다.

계약금액 조정과 관계되는 설계변경은 그 설계변경이 필요한 부분의 시공 전에 완료되어야 한다. 다만, 계약담당자는 공정 이행의 지연으로 품질 저하가 우려되는 등 긴급한 공사수행이 필요한 때에는 상대방과 협의하여 변경 시기 등을 명확히 하고 설계변경 전에 시공하게 할 수 있다.(국계칙 제74조의2, 지계칙 제73조)

2) 계약금액 조정단가[국계령 제65조, 지계령 제74조]

증감되는 공사량의 단가는 산출내역서상의 단가(계약단가)를 적용하되, 계약 단가가 예정가격 단가보다 높은 경우로서 물량이 증가하는 경우에는 그 증가된 물량에 대한 적용단가는 예정가격 단가로 한다.

계약단가가 없는 신규 비목의 단가는 설계변경 당시를 기준으로 산정한 단가에 낙찰률을 곱한 금액으로 한다.

발주자가 설계변경을 요구한 경우 증가된 공사 물량이나 신규 비목의 단가는 설계변경 당시를 기준으로 산정한 단가와 동 단가에 낙찰률을 곱한 금액의 범위 안에서 합의하여 결정하되 협의가 이루어지지 않는 경우에는 두 단가의 평균을 적용한다.

3) 계약금액 조정 방법 등[국계령 제65조 제2항, 지계령 제74조 제3조]

예정가격의 86% 미만으로 낙찰된 공사계약의 계약금액을 증액 조정하고자 하는 경우로서 해당 증액 조정금액이 당초 계약금액의 10% 이상인 경우에는 계약 심의위원회, 예산집행심의회 또는 설계자문위원회의 심의를 거쳐 소속 중앙관서의 장의 승인을 얻어야 한다. 다만, 지방자치단체는 위원회 심의 절차 없이 지방자치단체의 장의 승인을 거쳐서 조정이 가능하다.

계약 상대자가 새로운 기술·공법 등을 사용함으로써 공사비 절감, 공기 단축 등의 효과가 현저하여 상대자의 요청에 의하여 설계변경을 한 때에는 해당 절감액의 30%에 해당하는 금액을 감액한다.

일반관리비와 이윤율은 산출내역서상의 비율을 적용하되 기획재정부(행정안전부)에서 정한 소정의 비율을 초과할 수 없다.

계약금액을 증액할 수 있는 예산이 없는 때에는 공사량 또는 제조량 등을 조정하여 그 대가를 지급할 수 있다.

산업안전보건법령상 설계 변경

● 법 제71조 ① 건설공사도급인은 해당 건설공사 중에 대통령령으로 정하는 가설구조물의 붕괴 등으로 산업재해가 발생할 위험이 있다고 판단되면 건축·토목 분야의 전문가 등 대통령령으로 정하는 전문가의 의견을 들어 건설공사 발주자에게 해당 건설공사의 설계 변경을 요청할 수 있다.

● 시행규칙 제88조① 법 제71조 제1항에 따라 건설공사 도급인이 설계변경을 요청할 때에는 별지 제36호 서식의 건설공사 설계 변경 요청서에 설계 변경 요청 대상 공사의 도면, 당초 설계의 문제점 및 변경 요청 이유서 가설구조물의 구조 계산서 등 당초 설계의 안전성에 관한 전문가의 검토 의견서 및 그 전문가(전문가가 공단인 경우 제외)의 자격증 사본, 그 밖에 재해 발생의 위험이 높아 설계 변경이 필요함을 증명할 수 있는 서류를 첨부하여 건설공사 발주자에게 제출해야 한다.

● 시행규칙 제119조 [별표 35]
법 제71조에 따른 설계 변경을 하지 않거나 건설공사 발주자에게 설계 변경을 요청하지 않은 경우 과태료 1,000만 원

4. 그 밖에 계약 내용의 변경으로 인한 계약금액의 조정

1] 의의[국계령 제66조, 지계령 제75조]

물가변동과 설계변경에 의한 계약금액의 조정 외에 공사기간·운반거리의 변경 등 계약 내용의 변경으로 계약금액을 조정하는 것을 말한다.

2) 기타 계약 내용 변경의 주요 유형

▶ 토취·토사장의 위치가 변경됨에 따른 운반거리 또는 운반 방법의 변경, 지질조사서와 실제 현장의 불일치, 공용으로 면제하였던 토사 채취료를 다시 징수하게 된 경우, 발주자의 책임 있는 사유로 인한 공기 연장 또는 단축 등이 있다.

▶ 태풍·홍수·미세먼지 기타 악천후, 전쟁 또는 사변, 지진, 화재, 전염병, 폭동 기타 계약 상대자의 통제범위를 벗어난 경우
(국가 공사계약일반조건 제32조) 불가항력의 사유로 인하여 발생된 손해는 발주기관이 부담
(지방계약법시행령 제75조의 2)계약기간을 연장하는 경우 그 변경된 내용에 따른 비용을 초과하지 아니하는 범위에서 계약금액 조정

▶ 최저임금 변경으로 인한 계약금액 조정

> 청소, 검침, 경비 시스템 등에 의하지 않는 단순경비 또는 관리, 행사보조 등 인력지원용역 등 단순 노무용역 계약에서 「최저임금법」에 따른 최저임금이 변경되어 최저임금 지급이 곤란한 경우

3) 조정기준

이 경우 계약금액의 조정은 변경된 내용에 따라 실비를 초과하지 않는 범위 내에서 조정하는 것이 원칙이다.(국계령 제66조, 지계령 제75조)

실비는 기획재정부(행정안전부)가 정한 단위당 가격, 거래실례가격, 표준품셈 등을 적용하여 예정가격 결정기준에 따라 산정하며, 일반관리비율, 이윤율 등은 국계칙, 지계칙에서 정한 소정의 비율 범위 안에서 산출내역서상의 비율을 적용하여 결정한다.

❶ 공사 이행기간 변경에 따른 실비산정

간접노무비	• 간접노무비 지급대상자의 노무량에 지급이 확인된 임금을 곱하여 산정 • 정상적인 공사기간 중에 실제 지급된 임금수준을 초과할 수 없음
직접계상이 가능한 비목	• 지급임차료, 보관비, 가설비, 유휴장비비 등 • 영수증 등 객관적인 자료에 의하여 확인된 금액을 기준으로 변경되는 공사기간에 상당하는 금액
기타경비 산재보험료, 고용보험료	• 기타경비: 수도광열비, 복리후생비, 소모품비, 여비·교통비·통신비, 세금과공과금, 도서인쇄비, 지급수수료 • 기준이 되는 비목의 합계액에 산출내역서상 해당비목의 비율을 곱하여 산출된 금액과 당초 산출내역서상의 금액과의 차액
보증기간연장 비용	• 보증수수료의 영수증 등 객관적인 자료에 의하여 확인된 금액을 기준으로 산출
건설장비유휴 비용	• 임대장비: 유휴 기간 중 실제로 부담한 장비임대료 • 보유장비: (장비가격×시간당 장비손료계수)×(연간표준가동기간÷365일)×유휴일수×1/2

❷ 운반 거리 변경에 따른 실비산정

당초 운반로 전부가 남아 있는 경우	• 조정금액 = 당초계약단가 + 추가된 운반거리를 변경당시 품셈을 기준으로 하여 산정한 단가와 동 단가에 낙찰율을 곱한 단가의 범위 내에서 협의하여 결정한 단가 • 협의가 이루어지지 않는 경우는 중간금액
당초 운반로 일부가 남아 있는 경우	• 조정금액 = 당초 계약단가 − 당초 운반로 중 축소되는 부분의 계약단가 + 대체된 운반거리를 변경당시 품셈을 기준으로 산정한 단가와 동 단가에 낙찰율을 곱한 단가의 범위 내에서 협의하여 결정한 단가 • 협의가 이루어지지 않는 경우는 중간금액
당초 운반로 전부가 변경 되는 경우	• 조정금액 = (계약단가 + 변경된 운반거리를 변경당시 품셈을 기준으로 산정한 단가와 동 단가에 낙찰율을 곱한 단가의 범위내에서 협의하여 결정한 단가) −계약단가 • 협의가 이루어지지 않는 경우는 중간금액

사례연구 품목조정률에 의한 조정금액 산정례

예시 조건

- 계약일자 : '13. 2. 2
- 계약금액 : 51,000원
- 선금금액 : 16,200원(30%) ・조정기준일 : '13. 6. 1
- 물가변동 적용대상('13. 6. 1이후 이행되는 부분의 대가) : 27,326원
- 공사기간 : '13. 2.~'13. 12. 31
- 선금지급일 : '13. 2. 11.

비목/구분	수량	입찰당시 산정가격 단가(A)	입찰당시 산정가격 금액	내역서상의 계약단가 단가(B)	내역서상의 계약단가 금액	등락된 단가(C)	등락률 (D)= (C)/(A)	등락폭 단가(E) = (B)×(D)	등락폭 금액	변경(조정)단가 (F)=(B)+(E)
① 재료비 A	10	100	1,000	90	900	120	20%	90×20%=18	180	108
② 재료비 B	20	200	4,000	210	4,200	240	20%	210×20%=(42) 240−210=30	600	240
③ 재료비 C	10	300	3,000	370	3,700	360	20%	(74) 0	0	370
④ 재료비 D	5	100	500	80	400	90	△10%	△8	△40	72
⑤ 재료비 E	5	200	1,000	210	1,050	180	△10%	△21	△105	189
⑥ 노 무 비	40	300	12,000	280	11,200	390	30%	84	3,360	364
⑦ 경 비		100	100	90	90	120	20%	18	+18	108
(소 계)			21,600		21,540				4,013	
⑧ 일반관리비 (6%)			1,296		1,292				240	
⑨ 이 윤 [(⑥~⑧)× 15%)]			2,009		1,887				542	
⑩ 순계약금액 등락폭 (①~⑨)			24,905		24,719				4,795	
⑪ 손해보험료 (0.5%)			124		123				23	
⑫ 부가가치세 (⑩+⑪×10%)					2,484				481	
계 약 금 액					27,326	등락폭 등의 합계액 5,299				

(1) 경비: 공사손해보험료 제외

(2) 계약금액: 조정기준일 전에 이행이 완료되어야 할 부분 제외

(3) 공사손해보험료 = 순계약금액× 손해보험료율=24,719× 0.5%=123

산정해설　품목조정률에 의한 조정금액 산정례

① 일반관리비 등락폭 = (재료비·노무비·경비 등락 폭의 합계액)×6%
　　　　　　　　　　 = 4,013×6% = 240
② 이윤 등락폭 = (노무비·경비·일반관리비 등락 폭의 합계액)×15%
　　　　　　　 = 3,618×15% = 542
③ 순계약금액 등락폭 = 재료비·노무비·경비·일반관리비·이윤 등락 폭의 합계액
　　　　　　　　　　 = 4,795
④ 손해보험료 등락폭 = 순계약금액의 등락 폭×0.5% = 4,795×0.5% = 23
⑤ 부가가치세 등락폭 = (순계약금액·손해보험료 등락 폭의 합계액)×10%
　　　　　　　　　　 = 4,818×10% = 481
⑥ 총등락폭의 합계액 = 순계약금액·손해보험료·부가가치세 등락 폭의 합계액
　　　　　　　　　　 = 5,299
⑦ 조정률: 등락폭 합계(5,299) ÷ 계약금액(27,326) = 19.39%
⑧ 조정금액 = 물가변동 적용대가×조정률 = 27,326×19.39% = 5,298
⑨ 선금지급 해당분 공제금액 = 물가변동 적용대가×조정률×선금률
　　　　　　　　　　　　　 = 27,326×19.39%×30% = 1,589
⑩ 계약금액의 실조정액 = 조정액 − 선금지급공제액 = 5,298−1,589 = 3,709
⑪ 변경계약금액 = 당초 계약금액+실조정액(실증감액) = 54,000+3,709
　　　　　　　 = 57,709

※ 경비의 증감금액 산정의 경우 전력비 단가와 같이 직접 가격변동을 비교할 수 있는 비목은 재료비 비목의 등락폭 산정 방법과 같이 산출하며, 안전관리비, 산재보험료와 같이 재료비나 노무비에 일정률을 곱하여 산정하는 비목은 산출 기초가 되는 재료비, 노무비의 등락폭에 산출내역서상의 해당 비율을 곱하여 등락금액을 산출한다.

감사 사례

제목 : 물가변동에 따른 계약금액 조정 부적정(감사원, 2014년)

● A공사에서는 2010. 2. 26. 주식회사 ◎◎◎과 ○○○병 제조를 위한 원부자재(페트 칩) 제조·구매 계약을 체결하는 등 2013. 2. 18.까지 3차례에 걸쳐 2개 업체와 계약을 체결하고 매월 물가변동을 반영하여 계약금액을 조정하고 있다. A공사 「회계규정」에 따라 준용되는 「지방자치단체를 당사자로 하는 계약에 관한 법률 시행규칙」 제72조의 규정에 따르면 물가변동으로 인한 계약금액 조정을 위해 산정하는 물가변동의 등락폭은 계약단가에 등락률을 곱하여 산정하도록 되어 있다.

따라서 A공사에서 계약금액을 조정하기 위하여 물가변동의 등락폭을 산정할 때는 계약서 특수조건에 따라 매월 계약단가를 변경하였으므로 물가변동으로 인해 조정된 전월의 계약단가에 등락률을 곱하여 산정하여야 한다.

그런데도 A공사에서는 2013. 2. 18. 주식회사와 체결하는 등 위 3건 계약의 특수조건에서 등락폭 산정식의 계약단가를 '전월의 계약단가'로 하지 아니하고 '최초 계약단가에 낙찰률을 곱하여 산정한 금액'으로 잘못된 계약을 체결하였다. 그 결과 2010년부터 2013년 8월 현재까지 2년 8개월 동안 103,362천여 원이 과다 지급되었다.

유권 해석

○ 공기연장에 따른 계약금액 조정 질의(계약제도과-154, 2012. 2. 13.)

- 국가계약법 시행령 제66조 및 「공사계약 일반조건」 제23조에 따라 공사기간 연장 등 계약 내용의 변경 시 계약 상대자가 계약금액의 조정을 신청하는 경우에는 실비를 초과하지 아니하는 범위 안에서 계약금액을 조정하여야 할 것임. 실비의 산정 시 계약담당공무원은 「정부 입찰·계약 집행기준」 제72조에 따라 실제 사용된 비용 등 객관적으로 인정될 수 있는 자료와 시행규칙 제7조의 규정에 의한 가격을 활용하여 실비를 산출하여야 할 것임.

○ 법정경비(건설기계대여금 지급보증수수료) 반영 관련 질의(계약제도과-1009, 2013. 7. 30.)

- 계약 체결 후 관련 법령의 제·개정으로 계약 상대자가 부담하여야 할 비용이 발생하는 경우에는 실비를 초과하지 않는 범위 안에서 계약금액을 조정할 수 있음. 다만, 구체적 사항이 이에 해당하는지는 발주 기관이 계약 상대방과 체결한 계약서, 산출내역서 등에 따라 계약담당공무원이 적의 판단하여야 할 것임.

검사, 대가지급 및 지체상금

CHAPTER 10

검사, 대가지급 및 지체상금

1. 검사

1] 의의

계약 상대자가 계약의 전부 또는 일부를 이행하면 계약 담당 공무원(소속 공무원에게 위임, 검사 전문기관 지정)이 계약서, 설계서, 그 밖의 서류에 의하여 물량·과업·구조·품질·수량·규격·포장상태 등이 계약 내용대로 시공 또는 납품되었는지 검사하는 행위를 말한다.

◆ 검사 관련 규정
- 「국가계약법」제14조(검사), 「국가계약법 시행령」 제55조(검사)
- 「지방계약법」제17조(검사), 「지방계약법 시행령」 제64조(검사)
- 「공사계약일반조건(기재부 예규)」 제27조(검사)
- 「지방자치단체 입찰 및 계약집행기준(행안부 예규)」 – 제13장 공사계약 일반조건 – 제9절 검사와 대가지급 – 1. 검사
- 「건설기술 진흥법」제39조(건설사업관리 등의 시행) 제2항
- 「책임감리 현장참여자 업무지침서(국토교통부 고시 제2013-74호)」제5장 기성 및 준공검사원관련 감리업무 – 제57조(기성 및 준공검사자 임명) 제2항, 제6항

2] 검사 시기

검사는 계약 상대자로부터 계약이행 완료 통지를 문서로 받은 날부터 14일(「재난 및 안전관리 기본법」제3조 제1호의 재난이나 경기침체, 대량실업 등으로 인한 국가의 경제위기를 극복하기 위해 기획재정부/행정안전부장관이 기간을 정하여 고시한 경우에는 계약 상대자로부터 해당 계약의 이행을 완료한 사실을 통지받은 날부터 7일) 이내에 계약 상대자 입회하에 완료해야 한다. 다만 천재지변 등 불가항력적인 사유로 14일 내 검사를 완료하지 못한 경우 당해 사유가 소멸된 날로부터 3일 내 검사를 완료해야 하며, 관급자재 대가 포함한 공사계약금액 100억 원 이상 또는 기술적 특수성 등 검사를 완료할 수 없는 특별한 사유가 있는 경우에는 7일 범위 내에서 연장 가능하다.

3] 검사 방법

검사는 계약 담당 공무원 또는 검사를 위임받은 검사공무원이 계약서 · 설계서 및 그 밖의 관계 서류에 따라 검사를 하며 아래의 경우에 해당하면 전문기관을 따로 지정하여 검사를 할 수 있다.

① 「건설기술 진흥법」제39조 제2항, 「전력기술관리법」 제12조, 「문화재수리 등에 관한 법률」 제38조 또는 그 밖에 관련 법령상 의무적으로 건설사업관리 또는 감리를 하여야 하는 공사계약

② 전문적인 지식 또는 기술을 필요로 하거나 기타 부득이한 사유로 인하여 법 제13조 제1항 본문에 규정된 감독을 할 수 없는 제조 기타 도급계약

③ 재질 · 성능 또는 규격 등의 검사를 위하여 전문적인 지식이나 기술이 필요하다고 인정되는 계약

설계용역계약인 경우에는 해당 용역계약의 상대자가 설계 대상 사업의 총사업비를 적정하게 산정했는지의 여부를 함께 조사한다.

검사결과 계약이행 내용의 전부 또는 일부가 계약에 위반되거나 부당함을 발

견한 때에는 지체 없이 필요한 시정조치를 하여야 하며, 계약 상대자로부터 그 시정 완료의 통지를 받은 날이 계약이행 완료일이 된다.(국계령 제55조 ⑥, 지계령 제64조 ⑤)

검사를 하는 자는 검사조서를 작성해야 한다. 다만, 계약금액이 3천만 원 이하인 계약, 매각계약, 전기·가스·수도의 공급계약 등의 경우에는 생략할 수 있다.(국계법 제14조, 국계령 제56조, 지계법 제17조, 지재령 제65조)

2014.7.23. 조달청

• 계약담당공무원은 계약금액과 상관없이 공사, 제조, 용역의 성격에 따라 공사감독관 임명 여부를 판단하면 되는지?

【답변】 감독이 필요하다고 인정할 경우 감독관을 임명하는 것입니다.

• 국가계약법 시행령 제56조 제1호에 의거 계약금액이 3천만 원 이하인 계약의 경우 검사조서의 작성 생략이란?

【답변】 소액 또는 세부적 검사가 불필요한 경우 검사조서를 생략하는 것입니다. 검사담당공무원이 검사를 실시하되 검사조서의 작성을 생략하는 것을 말합니다. 검사자를 임명하지 않는 것을 의미하지는 않습니다.

• 물품구매 등 소액으로 계약서 작성을 생략하는 경우 지출결의서에 승낙 사항을 첨부하고 있습니다. 동 승낙 사항에 대한 근거 및 어디에 승낙 사항 내용이 담겨져 있는지?

【답변】 「국고금관리법 시행규칙」 제44조(별지 제13호 서식 및 별지 제13호의2 서식) 지출결의서에 따라 지출을 하도록 규정하고 있습니다.
대가의 지급은 계약서의 내용에 따라 지출결의를 하여야 하는 것이나 계약서를 작성하지 아니한 경우 이를 보완할 수 있는 증빙이 필요할 것입니다. 이에 대하여 승낙 사항으로 보완하는 경우가 있을 것인바, 그 승낙 내용은 계약 상대자가 이행할 내용으로 작성할 수 있을 것입니다.

> **2010.7.23. 행안부 재정관리과**
> - 지방계약법 제17조 제2항 및 같은 법 시행령 제65조에 따라 3천만 원 미만의 계약 또는 매각계약, 전기 · 가스 · 수도의 공급 등 검사조서의 작성이 성질상 불필요한 경우에는 검사조서의 작성을 생략하고 회계 서식을 사용할 수 있으며 검사 · 검수란에 검사 · 검수자가 날인함으로써 검사조서 작성에 갈음할 수 있습니다.
> ※ 단, 국민의 생명 보호, 안전, 보건위생 등을 위하여 검사가 필요하거나, 불량 자재의 사용, 다수의 하자 발생, 관계 기관의 결함보상명령 등으로 해당 물품에 대한 품질의 확인이 필요한 경우에는 검사를 해야 함.

4) 감독과 검사 직무의 겸직 금지

감독의 직무와 검사의 직무는 원칙적으로 겸할 수 없으나, 다음의 경우에는 겸직이 허용된다.(국계령 제57조, 지계령 제66조)

① 특별한 기술을 요하는 검사에 있어서 감독을 행하는 자외의 자로 하여금 검사를 행하게 하는 것이 현저하게 곤란한 경우

② 유지 · 보수에 관한 공사등 당해 계약의 이행 후 지체 없이 검사를 하지 아니하면 그 이행의 확인이 곤란한 경우

③ 계약금액이 3억 원 이하인 물품의 제조 또는 공사계약의 경우

④ 「건설기술 진흥법」 제39조 제2항와 「전력기술관리법」 제12조 등 의무적으로 건설사업관리 또는 감리를 하여야 하는 공사계약

⑤ 기성급(금) 지급을 위하여 30일마다 행하는 기성검사의 경우(이 경우에는 동 검사 3회마다 1회는 정식 검사를 받아야 함)

2. 대가지급

1) 기성급(금) 또는 기납급(부분급) 지급

(1) 의의

공사의 준공 전, 물품의 납품 완료 기일 전에 기성 부분 또는 기납 부분의 대가를 지급하는 것을 말한다.

※ 실시설계 등 성과품을 납품하는 용역계약 주의사항(용역계약 일반조건)
  계약 담당자는 전체 계약 목적물이 아닌 기성 부분을 인수할 경우 성질상 분할할 수 있는 용역에 대한 완성 부분에 한하며, 타절정산될 경우 인수하여 받는다고 하더라도 해당 성과품을 잔여 물량 설계에 활용할 수 없는 경우도 있음으로 주의를 요한다.

(2) 지급기한

기성급(금) 또는 기납급은 계약 수량, 이행 전망, 이행 기간 등을 참작하여 적어도 30일마다 지급해야 한다.(국계령 제58조 ③, 지계령 제67조 제③)

위 부분급의 지급시에는 검사 완료일 전까지 계약 상대자로 하여금 지급 청구를 하게 할 수 있으며, 검사 완료일부터 5일 이내에 대가를 지급하되 검사 완료일 이후에 청구한 때에는 청구일부터 5일 이내에 지급한다. 이에 따른 기간을 산정하는 경우에는 공휴일 및 토요일을 제외한다.(국계령 제58조 ⑥, 지계령 제67조 ④)

(3) 검사

기성대가 지급 시의 기성검사는 감독을 하는 자가 작성한 감독조서의 확인으로 갈음할 수 있다. 다만, 그 검사 3회마다 1회는 정식검사를 실시하여야 한다.(국계령 제55조 ⑦, 지계령 제64조 ⑥)

2] 준공급 또는 완납급(완성급)의 지급

(1) 지급기간

국고의 부담이 되는 계약의 대가는 검사 완료 후 계약 상대자의 청구일로부터 5일 이내에 지급해야 한다. (국계법 제15조 ②, 국계령 제58조 ①, 지계법 제18조 ②, 지계령 제67조 ①)

지급기간은 계약 상대자와 합의하에 5일을 초과하지 아니하는 범위 내에서 연장할 수 있고, 불가항력의 사유로 기한 내에 지급할 수 없을 때에는 해당 사유가 소멸된 날부터 3일 이내에 지급해야 한다. (국계령 제58조 ①·②, 지계령 제67조 ①·②)

대가지급 청구를 받은 후 그 청구 내용이 부당함을 발견한 때에는 그 사유를 명시하여 해당 청구서를 반송할 수 있고, 반송일로부터 재청구를 받은 날까지의 기간은 위 지급기간에 산입하지 아니한다.(국계령 제58조 ⑤, 지계령 제67조 ⑤)

(2) 대가지급의 지연이자

기한 내에 기성급과 완성급을 지급할 수 없을 때에는 지체 일수에 따른 이자율을 적용하여 지급한다.(국계령 제59조, 지계령 제68조)

※ 이자율
- 국계법: 한국은행 통계월보상 대출평균금리
- 지계법:「지방회계법」제38조에 따라 지방자치단체의 장이 지정한 금고의 일반자금 대출 시 적용되는 연체이자율
- 지연이자: {지급기한의 다음 날부터 지급하는 날까지의 일수 × 해당 미지급금액 × 이자율}

동일한 계약에 있어서 대가 지급의 지연이자는 지체상금(지연배상금)과 상계(相計)할 수 있다.(국계법 제15조 ③, 지계법 제18조 ③)

(3) 대가의 검사 전 지급

국고의 부담이 되는 정부계약에 있어서 대가는 원칙적으로 검사 또는 검사조서 작성 후에 지급해야 한다. 다만, 국제관례 등 부득이한 사유가 있다고 인정되는 경우에는 예외로 한다.(국계법 제15조 ①, 지계법 제18조 ①)

공공기관의 계약 상대자가 국가·지방자치단체 또는 다른 공공기관인 경우, 해당 공공기관의 자회사·출자회사인 경우, 국제 관례 등 부득이한 사유가 있다고 인정되는 경우에는 검사 전에 계약 대가를 지급할 수 있다.(공기업·준정부기관 계약사무규칙 제13조)

(4) 계약 대가의 양도 가능성(공사계약 일반조건)

계약 상대방은 공사계약에 의하여 발생한 채권(공사대금이행청구권)을 제3자에게 양도할 수 있으나, 계약 담당 공무원은 계약체결 시 적정한 공사이행 목적 등 필요한 경우 채권양도를 제한하는 내용의 특약을 설정할 수 있다.

3) 선금[1]의 지급(「국고금관리법」 제26조, 「지방회계법」 제35조)

(1) 선금의 지급

선금 지급이란 계약 이행 전 또는 지급 시기 도래 전에 채무액의 일부 또는 전액을 지급하는 것을 말한다. 선금은 국고 손실을 초래할 우려도 있으므로 선금을 지급하고자 하는 경우에는 계약서에 채권확보, 선금의 목적 외 사용금지, 선금 정산, 선금 반환, 기타사항을 선금 조건으로 명시해야 한다.

(2) 지급 대상과 범위

① 선금을 지급할 수 있는 경우
(「국고금관리법 시행령」 제40조, 「지방회계법 시행령」 제44조)

㉠ 공사, 물품제조(구매는 제외), 용역계약

---

1) 통상 국가기관은 '선급', 자치단체는 '선급급'으로 사용하고 있는데 이하에서는 '선금'으로 통일 사용한다.

ⓛ 외국에서 직접 구입하는 기계 · 도서 · 표본 또는 실험용 재료의 대가 등

② 선금 지급의 범위

- 계약금액의 100분의 70을 초과하지 아니하는 범위에서 계약상대자가 신청하는 바에 따라 지급. 단, 지방자치단체의 장이 원활한 공사 진행을 위해 필요하다고 인정하는 경우에는 계약상대자의 재무건전성 등을 감안하여 계약금액을 초과하지 않는 금액 지급가능

- 지방회계법 제44조 제1항 제13호
  공사 · 제조 또는 용역 계약의 대가로서 계약금액의 100분의 70(지방자치단체의 장이 원활한 공사 진행의 필요성, 계약상대방의 재무건전성 등을 고려하여 필요하다고 인정하는 경우에는 100분의 100)을 초과하지 않는 금액

- 계약담당자가 계약금액의 70%를 초과하는 금액을 선금으로 지급하기 위해 필요한 경우 계약상대자에게 최근 1개월 이내 신용평가, 주거래은행 금융거래 확인서, 채권 압류 없음을 확인하는 각서 등 계약상대자의 재무 건전성을 확인하기 위한 서류를 요청할 수 있음.

- 「공사근로자 노무비 구분관리 및 지급확인제」 및 「단순노무용역근로자 노무비 구분관리 및 지급확인제」에 따른 계약의 선금 지급률 산정시 계약금액에서 직접노무비 제외한 금액이 기준이 됨.

③ 선금 지급이 불가능한 경우

자금 사정 등 불가피한 사유로 선금 지급이 불가능한 경우에는 지체 없이 소속중앙관서(지방자치단체)의 장의 승인을 받아 상대자에게 그 사유를 통지해야 하는데 선금 지급이 불가능한 경우란 다음의 경우를 말한다.

- 자금 배정이 지연되는 경우
- 계약 후 불가피한 사유로 상당 기간 이행 착수 지연이 명백한 경우
  단, 그 사유가 해소되는 경우 즉시 선금 지급을 해야 한다.
- 선금 지급 요청이 없거나 유예신청이 있는 경우

(3) 선금 지급 관련 유의사항

① 기성금의 공제

기성 부분 또는 기납 부분에 대한 부분급을 지급할 경우에는 계약금액(단가계약인 경우는 발주금액)에서 선금을 공제한 금액을 기준으로 계산한다.

선금 정산은 기성 부분 또는 기납 부분의 대가를 지급할 때마다 다음 방식에 따라 산정한 금액 이상을 정산하여야 한다.

• 정산금액 = 선금액 × 기성 부분 대가 상당액/계약금액

선금 반환 청구 시 기성 부분에 대한 미지급액이 있는 경우에는 선금 잔액을 그 미지급액에 우선적으로 충당해야 한다.

② 이월사업의 선금 지급

계속비와 명시이월비 예산에 의한 계약에 대하여 선금을 지급하는 경우에는 계약금액 중 해당연도 이행금액을 기준으로 하며, 장기계속계약의 경우는 각 연차계약금액을 기준으로 한다.

㉠ 회계연도 마감에 따른 선금 지급

– 정부입찰·계약기준 제34조 제11항, 지자체입찰 및 계약집행기준 제6장 제2절 3.

가. 회계연도 내 지급 시

계약 담당자는 계약이행에 필요한 기간 등에 비추어 계약을 체결한 연도 안에 해당 예산을 전액 집행할 수 없는 경우로서 해당 예산의 사고이월이 불가피하다고 인정된 때에는 계약을 체결한 연도 안에 집행할 수 있는 금액을 한도로 선금을 지급해야 한다. 이 경우 출납폐쇄기한까지를 계약을 체결한 동일 회계연도로 본다.

나. 회계연도 이후 지급

계약 담당자는 지급해야 할 선금 중 전년도에 미지급된 금액은 예산을 이월한 연도에 지급할 수 있다.

③ 채무부담행위 예산에 의한 계약 시 선금 지급

「국가재정법」 제25조 및 「지방재정법」 제44조의 채무부담행위 예산에 따른 계약에 대하여 선금을 지급하는 경우에는 채무부담행위액 상환을 위한 세출예산이 반영된 연도에만 선금을 지급할 수 있다. 다만, 채무부담행위와 세출예산이 혼합되어 있는 계약의 경우에는 세출예산이 전체 계약금액에서 차지하는 비율을 고려하여 지급할 수 있다.

> ☞ 공사도급계약에 있어서 수수되는 이른바 선금은 수급인으로 하여금 공사를 원활하게 진행할 수 있도록 하기 위해 도급인이 수급인에게 미리 지급하는 공사대금의 일부로서 구체적인 기성고와 관련하여 지급하는 것이 아니라 전체 공사와 관련하여 지급하는 것이지만 선금 공사대금의 성질을 갖는다는 점에 비추어 선금을 지급한 후 도급계약이 해제 또는 해지되거나 선금 지급조건을 위반하는 등의 사유로 수급인이 도중에 선금을 반환하여야 할 사유가 발생하였다면, 특별한 사정이 없는 한 별도의 상계의 의사표시 없이도 그때까지의 기성고에 해당하는 공사대금 중 미지급액은 당연히 선금으로 충당되고 도급인은 나머지 공사대금이 있는 경우 그 금액에 한하여 지급할 의무를 부담하게 됨.
>
> − 대법원 1999. 12. 7. 선고 99 다 55519 판결 −

(4) 채권의 확보

① 채권 확보 방법

    ㉠ 보증서 제출

        계약 담당자는 선금을 지급하고자 할 경우에는 계약 상대자로 하여금 현금 또는 국계령 및 지계령 제37조 제2항의 규정에 의한 증권 또는 보증서를 제출하게 해야 한다.(※ 중지, 기간 연장 등 계약변경 발생 즉시 보증서를 변경해야 함)

    ㉡ 보증서 제출의 면제(보증서 제출을 면제할 수 있는 기관)

      ● 국가기관 및 다른 지방자치단체(지방자치단체 조합 포함)

      ● 국가·지방자치단체가 기본재산의 100분의 50 이상을 출자·출연한 법인

      ● 「공공기관의 운영에 관한 법률」에 따른 공공기관 중 공기업과 준정부기관

- 「농업협동조합법」·「수산업협동조합법」·「산림조합법」·「중소기업협
  동조합법」에 의한 조합 등
※ 국가: 「정부 입찰·계약 집행기준」 제35조(채권확보) 참조
※ 지방자치단체: 「지방자치단체 입찰 및 계약 집행 기준」제6장 제2절
  4.(채권의 확보) 참조

ⓒ 지급확약서의 제출

계약 담당자는 보증서 제출이 면제된 계약 상대자가 계약이행 중 선금
반환 사유가 발생한 때에는 선금 잔액에 해당하는 금액을 현금(체신관서
또는 은행법의 적용을 받는 금융기관이 발행한 자기앞 수표를 포함한다)
으로 반납할 것을 보장하기 위하여 그 지급을 확약하는 내용의 문서를
제출하게 해야 한다. 이 경우 선금보증서 제출이 면제된 기관이 선금 상
환 요건이 발생한 경우에는 기성대가 또는 준공대가와 상계할 수 있다.

② 선금보증에 따른 이자의 가산

ⓐ 선금에 대하여 채권확보 조치를 하는 경우 보증 또는 보험금액은 선금액
에 그 금액에 대한 보증 또는 보험 기간에 해당하는 이자 상당액(선금보증
서의 약정이율 적용을 원칙으로 하되, 약정이율을 정하지 않은 경우 한국
은행 통계월보상의 대출평균금리)을 가산한 금액 이상으로 해야 한다.

ⓑ 선금을 정산하고자 할 때에는 계약 상대자의 요청에 의하여 해당 선금 잔
액(선금액에서 선금 정산액을 공제한 금액을 말한다. 이하 같다)에 해당
이자 상당액을 가산한 금액을 기준으로 채권확보 조치를 할 수 있다.

③ 보증기간

선금에 대한 보증 또는 보험 기간의 개시일은 선금 지급일 이전이어야 하
며 그 종료일은 이행 기간의 종료일로부터 60일 이상(건설 자재 파동 또는
긴급을 요하는 재해복구공사, 수학여행, 국내외 연수 등의 경우에는 30일
이상)으로 해야 한다. 다만, 그 이행 기간을 연장하는 경우에는 당초의 보
증 또는 보험 기간에 그 연장하고자 하는 기간을 가산한 기간을 보증 또는
보험 기간으로 하는 증권 또는 보증서를 제출해야 한다.

(5) 선금의 사용 및 정산

① 선금 사용 방법

㉠ 계약 담당자는 선금을 지급하고자 할 때에는 계약 상대자로 하여금 다음 사항을 준수하도록 해야 한다.

- 수령한 선금을 해당 공사의 노임 지급 및 자재 확보 등 해당 계약 목적 달성을 위한 용도로 사용(구분관리제 적용 시 노무비 제외)
- 원도급자 또는 공동 수급업체 대표자는 공동 수급체 구성원 및 하수급업체에 선금 수령 사실을 5일 이내에 서면 통지

> **Tip** 선금지급 조건 명시
>
> ※ 선금은 원활한 사업 진행을 위해 지급하는 것이므로 선금 지급 조건에 발주자가 노임 지급 및 자재 확보에 사용하는지 발주자가 확인할 수 있는 조건을 명시하는 것이 바람직

㉡ 계약 담당자는 공동 수급체 대표자 또는 원도급자(국가기관의 경우는 수급인)에게 선금을 지급하는 경우에는 선금 지급일로부터 15일(국가기관의 경우 20일) 이내에 공동 수급체 구성원 또는 하도급자에게 현금으로 지급하게 하고 선금 배분 여부를 확인해야 한다.

㉢ 계약 담당자는 지급된 선금이 적합한 용도로 사용되었는지 여부를 확인하기 위하여 선금 전액 사용 시에는 계약 상대자로 하여금 사용내역서를 제출하게 해야 하며, 선금을 전액 정산하기 이전에는 계약에 의하여 발생한 권리의무를 제3자에게 양도하게 할 수 없다.(지방자치단체)

> **Tip** 선금을 압류권자에게 지급할 수 있는지 여부
>
> 「지방자치단체 입찰 및 계약 집행기준」에서 정한 바에 따라 선금을 지급해야 하는 바, 계약 상대자가 아닌 자에게는 선금을 지급할 수 없으며 압류 채권자 등 당초 계약 상대자가 아닌 제3자에게 선금을 지급하는 것은 선금 지급 목적과 부합하지 않으므로 제3자에게 선금을 지급하는 것은 타당하지 않음.

② 반환 청구 및 재지급

㉠ 선금을 지급한 후 다음 사항에 해당하는 경우에는 해당 선금 잔액에 대해서 계약 상대자에게 지체 없이 그 반환을 청구해야 한다. 다만, 계약 상대자의 책임 있는 사유로 인하여 반환하는 경우에는 해당 선금 잔액에 대한 이자 상당액을 가산하여 청구해야 한다.

- 계약을 해제 또는 해지하는 경우
- 선금 지급조건을 위배한 경우
- 정당한 사유 없이 선금 수령일로부터 15일 이내에 공동 수급체 구성원 또는 하도급 업자에게 선금을 배분하지 않은 경우(지방자치단체)
- 계약변경으로 인해 계약금액이 감액되었을 경우

㉡ 계약 상대자의 책임 있는 사유로 인하여 선금을 반환하는 경우 이자 상당액의 계산 방법은 매일의 선금 잔액에 대한 일변계산에 의하며 계산 기간은 반환 시까지로 한다.

㉢ 선금 반환 청구 시 기성 부분에 대한 미지급액이 있는 경우에는 선금 잔액을 그 미지급액에 우선적으로 충당해야 한다. 다만, 「건설산업기본법」과 「하도급거래공정화에 관한 법률」에 따라 하도급 대금 지급보증이 되어 있지 않은 경우로서 하도급 대가를 직접 지급하는 때에는 우선적으로 하도급 대가를 지급한 후 기성 부분에 대한 미지급액의 잔액이 있을 경우 선금잔액과 상계할 수 있다.(「지방자치단체 입찰 및 계약집행기준」 **제1장 입찰 및 계약일반 기준 제2절 5-다**)

※ 하도급 대금 직접지급 합의 사유가 선금 반환 시 하도급 우선 정산 사유에는 해당하나, 직불 시점이 선금보증계약 전후에 따라 보증사의 책임 여부가 갈려짐.(대법원 2021. 7. 8. 선고 2016다267067 판결) 결론은 원도급사와 발주자의 공동책임으로 이어질 가능성이 높음.

㉣ 계약 담당자는 원도급자 또는 공동 수급체 대표자가 공동 수급체 구성원 또는 하도급 업체에게 정당한 사유 없이 선금을 적정하게 배분하지 않은 경우에는 반환된 선금을 공동 수급체 구성원 또는 하도급 업자에게 직접 지급할 수 있다. 이 경우 하도급 직불 합의 또는 직접 지급 사전

동의를 확인하고 계약 상대자가 요구할 경우에는 해당 하수급인이 계약 상대자에게 보증서를 제출하게 해야 한다.(지방차지단체 계약집행기준)

③ 선금 지급 조건

㉠ 계약 담당자는 계약 상대자에게 선금을 지급하려는 경우에는 채권확보 조치, 선금의 사용과 배분, 정산과 반환청구 등 그 밖에 필요한 사항을 선금지급 조건으로 명시해야 한다.

㉡ 계약상대자는 계약목적을 달성하기 위한 용도 이외의 다른 목적에 사용해서는 안 되고 노임 지급과 자재 확보에 우선 사용해야 한다.

㉢ 계약담당자는 계약이행이 원활하지 않아 선금이 다른 목적에 사용되었는지 확인할 필요가 있다고 판단되는 경우 사용내역서를 제출하게 할 수 있다. 다만, 계약담당자가 계약금액의 100분의 70을 초과한 선금을 지급한 경우에는 선금 사용의 적정성을 확인하기 위하여 계약상대자에게 선금 사용내역서를 제출하게 할 수 있다.

④ 공동도급 시 선금 및 대가 지급 방법 비교

구 분	공동이행 방식	분담이행 방식	주계약자관리 방식
신청자	대표자	좌동	좌동
신청 방법	- 신청서상에 출자비율에 따라 구성원별로 날인하여 구분 신청	- 신청서상에 분담 내용에 따라 구성원별로 날인하여 구분 신청	- 구성원별로 날인하여 구분 신청
지급 계좌	- 구성원별 계좌	- 구성원별 계좌	- 구성원별 계좌
채권 확보	- 원칙적으로 출자비율에 따라 분할납부 - 대표자 또는 구성원 중 1인이 일괄납부 가능	- 분담 내용에 따라 분할납부	- 구성원별로 분할납부
선금반환	- 반환 사유가 발생한 구성원의 선금에 대하여만 반환 청구	좌 동	좌 동

⑤ 선금의 정산

㉠ 선금은 기성 부분 또는 기납 부분의 대가 지급 시마다 다음 방식에 의하여 산출한 선금 정산액 이상을 정산해야 한다.

$$선금정산액 = 선금액 \times \frac{기성(또는기납)부분의 대가상당액}{계약금액}$$

예시

【공동이행 시 정산 방법】

- 계약금액: 10억 원
- 구성원별 출자비율: A사 60%(6억 원), B사 40%(4억 원)
- 선금지급(5억 원): A사 3억 원, B사 2억 원
- 기성신청금액(2억 원) : A사 1억 2천만 원, B사 8천만 원
- 선금정산금액(1억 원 이상)
  - A사(6천만 원) = 3억 원 × 1억 2천만 원 / 6억 원
  - B사(4천만 원) = 2억 원 × 8천만 원 / 4억 원

예시

【분담이행 시 정산 방법】

- 계약금액: 30억 원
- 구성원별 공사금액
  - A사 토목공사(20억 원), B사 오수공사(10억 원)
- 선금지급(9억 원)   : A사 6억 원,   B사 3억 원
- 기성신청금액(10억 원) : A사 5억 원,   B사 5억 원
- 선금정산금액(3억 원 이상)
  - A사(1억 5천만 원) = 6억 원 × 5억 원 / 20억 원
  - B사(1억 5천만 원) = 3억 원 × 5억 원 / 10억 원

ㅇ 구매계약에 대한 선금지급 가능 여부(계약제도과-191, ´15. 2. 23.)

- 기획재정부 계약예규 「정부 입찰·계약 집행기준」 제34조 제1항 제1호에 따르면 공사, 물품 제조 또는 용역 계약의 경우에 계약 상대자가 선금의 지급을 요청할 때에는 계약금액의 100분의 70을 초과하지 아니하는 범위 내에서 선금을 지급할 수 있음

- 물품의 제조 없이 납품하는 구매계약과 구매물품을 설치하는 공사계약을 동일한 계약으로 체결하였고, 구매계약과 공사계약의 계약금액을 각각 구분할 수 있는 경우에는 공사계약금액의 100분의 70을 초과하지 아니하는 범위 내에서만 선금을 지급할 수 있음

- 다만, 중앙관서의 장이 특수한 사유로 인하여 물품의 제조없이 납품하는 구매계약에 대해서도 선금을 지급하고자 하는 경우에는 기획재정부 계약예규 「정부 입찰·계약 집행기준」 제33조 단서에 따라 기획재정부장관과 협의하여 특례를 정할 수 있음

ㅇ 선금 반환 시 이자 계산 방법 등 질의 회신(계약제도과-357, ´12. 3. 29.)

- 국가기관이 체결한 계약에 있어서 계약 상대자에게 선금을 지급한 후 계약예규 「정부 입찰·계약 집행기준」 제38조 제1항 각호의 사유에 해당되는 경우에는 당해 선금 잔액(선금액에서 동 집행기준 제37조의 규정에 의한 선금 정산액을 공제한 금액)에 대해서 계약 상대자에게 지체 없이 그 반환을 청구하여야 하며, 계약 상대자의 귀책 사유에 의하여 반환하는 경우에는 당해 선금 잔액에 대한 약정이자 상당액을 가산하여 청구하여야 함.

- 이 경우 약정이자 상당액이란 동 집행기준 제35조 제2항의 '사유 발생 시점의 금융기관 대출평균금리(한국은행 통계월보상의 대출평균금리)'에 의하여 산출한 금액을 의미하는바 사유 발생 시점은 선금 보증채권을 확보하는 계기가 된 시점이므로 선금을 신청한 당시를 기준으로 하는 것이 타당할 것임. 이자 상당액의 계산 방법은 동 집행기준 제38조 제2항에 따라 매일의 선금 잔액에 대한 일변계산에 의하며, 계산 기간은 선금 지급일로부터 반환 시까지로 하되, 미지급 하도급 직불 대가 및 기성대가가 있는 경우에는 선금 잔액을 우선적으로 동 대가와 상계하여야 할 것임.

⑥ 선금 및 대가 지급의 종류 · 근거 규정 및 절차

종류	내용 및 근거 규정	절 차
선금	• 계약체결과 동시 계약금액의 70% 범위 내에서 지급 가능 • 다만, 재무건전성 등을 감안 계약금액의 100% 이내 지급 가능 • 한계 : 자금사정 허용한도 내 지급 • 근거규정 : 국고금관리법 제26조, 국고금관리법시행령 제40조 지방회계법 제35조, 지방회계법 시행령 제44조, 행안부 예규 "입찰 및 계약집행 기준"	• 계약 체결 후 선금지급 신청 ➡ 보증서 징구하고 선금지급 ➡ 선금 사용후 사용내역서 제출(70% 초과사용시) ➡ 기성대가지급 시 정산 선금액 × 기성대가상당액 / 계약금액
기성대가	• 기성부분에 대해 기성검사 완료후 지급 • 적어도 30일마다 지급 • 근거 : 국계법 제15조, 국계령 제58조 지계법 제18조, 지계령 제67조	• 기성부분 이행완료 통지 ➡ 14일 이내(특례기간 7일) 검사완료 ➡ 준공대가 지급신청 ➡ 5일 이내(특례기간 3일)에 지급
준공대가	• 준공검사 완료 후 준공대가 지급 • 근거 : 기성대가지급 규정과 동일	• 기성부분 이행완료 통지 ➡ 14일 이내(특례기간 7일) 검사완료 ➡ 준공대가 지급신청 ➡ 5일 이내(특례기간 3일)에 지급

◇ 대가 지급 관련 유의사항

- 공동수급체 중 일부구성원이 부도 등으로 대가를 청구할 수 없는 경우에는 잔여 구성원만 청구서를 제출할 수 있음. 단, 하도급사의 경우 일부구성원이 부담해야 할 하도급 대금을 발주자에게 직접지급 청구를 요청할 수 있다.
- 하도급대금 직불합의가 먼저 있었고, 원 도급자에 대한 압류가 직불 후 통지된 경우 직불 합의한 날부터 압류이전의 날까지 기성대가는 직불 가능
  - 이 경우 하도급자의 국세 및 지방세 완납증명서를 제출받아 처리
- 건설 산업기본 법 등 관련 법령에 노임에 대한 압류는 금지
  ※ 건설공사 계약의 경우 산출 내역서에 노임이 기재되어야 채권확보 가능
  - 노무비 구분이 안 된 건설공사 계약의 경우 압류금지 효력 없음.

〔대법원2005.6.24. 선고2005다10173판결〕

♣ 공사관련 법령조문 ①건설산업기본법 제44조, 같은 법 시행령 84조 ②전기공사업법 제34조, 같은 법 시행령 16조 ③정보통신공사업법 제71조의 2, 같은 법 시행령 54조 ④소방시설공사업법 제21조의 2, 같은 법 시행령 11조의2

- 계약체결 시 채권양도 금지 특약을 계약조건에 명시하고, 대금 청구권을 제3자에게 양도하는 경우 보증기관 사전 동의를 받아야 함.

(4) 대가의 선납(국계법 제16조, 지계법 제19조)

재산의 매각·임대, 용역의 제공, 그 밖에 수입의 원인이 되는 계약에서는 다른 법령에 특별한 규정이 없으면 계약 상대자로 하여금 그 대가를 미리 내도록 하여야 한다. 이 경우 계약 상대자는 제15조에 따른 계약보증금을 내지 아니할 수 있다.

3. 하도급대금 및 노무비 지급 확인

1] 의의

(1) 공공공사 하도급 대금 지급 지연 및 어음 지급 행위를 근절하고 건설 노동자에 대한 임금 체불을 방지하기 위하여 「하도급 대금 지급확인제」 및 「건설근로자 노무비 구분관리 및 지급확인제」를 시행하고 있다.

(2) 관련 규정

기획재정부 계약예규 「공사계약일반조건」 제43조 내지 제43조의 3, 행정안전부 예규 「지방자치단체 입찰 및 계약 집행기준」 제1장 「입찰 및 계약 일반기준」 제2절

2] 하도급대금 지급 확인과 직접 지급 등

(1) 계약 상대자는 발주자로부터 선금·기성금·준공금 수령 시 15일 이내에 하도급자에게 현금으로 대금 지급 후, 하도급 대금 지급내역(업체, 지급액 등)을 발주자에게 5일 이내에 통보하여야 한다.

(2) 하수급자는 원도급자로부터 대금 수령 후, 하도급 대금 수령내역(업체, 지급액 등)을 5일 이내에 통보하여야 한다.

(3) 발주자는 원도급자의 하도급 대금 지급내역과 하도급자의 수급내역을 상

호 비교·확인하여 하도급자 대금내역 통보가 없거나, 금액 등 차이가 있는 경우에는 실태조사를 실시하고, 실태조사 결과 위반사항이 있는 경우에는 시정 조치하고, 위반사항을 해당 기관에 통보한다.

감사 지적 사례

○ 「정부 입찰·계약 집행기준」 제35조 제1항 및 제4항 등의 규정에 따르면 선금을 지급하고자 할 경우에는 계약 상대자로 하여금 국가계약법 시행령 제37조 제2항에 의한 증권 또는 보증서를 제출하도록 되어 있고, 당해 보증 또는 보험 기간의 종료일은 이행 기간의 종료일 다음 날부터 60일 이상으로 하도록 되어 있으며, 이행 기간을 연장하고자 할 경우에는 계약 상대자로 하여금 당초의 보증 또는 보험 기간에 그 연장하고자 하는 기간을 가산한 기간을 보증 또는 보험 기간으로 하는 증권 또는 보증서를 제출하게 하여야 한다고 되어 있음.
  - 그런데도 ▨▨청은 '17. 8월 ◎◎㈜와 "◇◇공사계약(계약금액 5억 원, 계약 기간 '17. 8. 23.~17. 12. 15.)"을 체결하고 '17. 11. 3. 보증 기간 종료일이 '18. 2. 13.인 선급금보증서를 제출받아 선금 150백만 원을 지급한 후 공사가 중지되어 계약 종료일로부터 3개월이 지난 '18. 3. 23. 현재까지 계약이 이행 중인데도 보증 기간이 연장된 선급금보증서를 제출받지 않고 있음.
  ⇨ ▨▨청에 앞으로 선금 관련 채권보전조치를 철저히 하도록 주의 요구
    [2018. 4. 17. "선금 채권보전조치 부적정"(주의)]

○ ◎◎㈜ 「선금운영지침」 '7-가'와 '9-가'에 따르면 선금은 계약목적 달성을 위한 용도, 수급인의 하수급인에 대한 선금 배분 이외의 다른 목적으로 사용할 수 없도록 되어 있고, 지급된 선금이 규정에 의한 용도로 사용되었는지 여부를 확인하기 위하여 계약 상대자로 하여금 선금사용내역서를 받도록 되어 있으며, 선금 지급 요건을 위배한 것으로 확인된 경우 선금 잔액에 대하여 계약 상대자에게 지체 없이 그 반환을 청구하도록 되어 있음.
  - 한편 ○○○○○○㈜는 '11. 2월 ○○㈜와 계약을 맺고 '16. 6월 준공 예정으로 추진 중인 "◎◎ 건설공사"를 관리하면서 계약 상대자의 요청으로 '11. 6월 '11년도 계약이행분에 대한 선금 50억여 원과 '12. 3월, '12년도 계약이행분에 대한 선금 215억여 원을 지급
  - 그런데 ○○㈜는 계약 상대자의 요청에 따라 위와 같이 선금을 지급한 후 하수급인들이 선금 수령을 포기하여 선금 지급 사유가 소멸된 사실을 알고서도 계약 상대자에게 하수급 부분에 해당하는 선금을 반환하도록 청구하지 아니함.
  ⇨ ○○㈜에 선금 수령을 포기한 2011년도와 2012년도 하수급 부분에 해당하는 선금은 최대한 빠른 시간 내에 반환받도록 하고, 앞으로 선금 반환 업무를 철저히 하도록 주의 요구
    [2012. 12. 14. "◎◎ 건설공사 선금 반환 미요청"(주의)]

○ 「국고금관리법」 제26조 및 「정부입찰·계약 집행기준」 제33조 규정에 따르면 계약 상대자가 선금의 지급을 요청한 때에는 국가계약법 시행령 제76조에 의한 입찰 참가자격 제한기간 중에 있지 아니한 자에 한하여 계약금액의 100분의 70을 초과하지 아니하는 범위 내에서 선금을 지급할 수 있도록 되어 있음.

- 그런데도 ◇◇는 ´07. 3월 ㈜△△ 등 공동 수급체와 '●●신축 전기공사' 계약(계약금액 28억여 원)을 체결하고 ´07. 3. 15.부터 같은 해 9. 14.까지(6월간) 입찰 참가자격을 제한받고 있는 ㈜△△가 같은 해 3. 15. 선금을 청구한 데 대하여 입찰 참가자격 제한기간 중에 있는지 여부를 검토하지 아니한 채 선금 276백만여 원을 지급

⇨ ◇◇에 앞으로 입찰 참가자격 제한기간 중에 있는 계약 상대자에게 선금을 부당하게 지급하는 일이 없도록 선금 등 지급업무를 철저히 하도록 하고, 관련자에게는 주의를 촉구하도록 함.

[2009. 4. 17. "입찰 참가자격 제한업체 선금 지급 부적정"(주의)]

○ 「지방자치단체 입찰 및 계약 집행기준」(2010. 10. 26. 구 행정안전부 예규 제330호) 제4장 '선금 및 대가 지급요령' 제2절 4. 가. 및 다. 규정에 따르면 계약 담당자가 선금을 지급할 때에는 계약 상대자로 하여금 지방계약법 시행령 제37조 제2항의 규정에 의한 증권 또는 보증서를 제출하도록 하여야 하고, 계약 담당자가 계약 이행기간을 연장하고자 할 경우에는 계약 상대자로 하여금 당초 보증서의 보증기간에 그 연장하고자 하는 기간을 가산한 기간을 보증기간으로 하는 증권 또는 보증서(이하 "추가보증서"라 한다)를 제출하게 하도록 되어 있음.

- 한편 ◎◎군은 ´10. 12. 15. ㈜◁◁와 '●● 수도사업' 수의계약(계약금액 147백만 원, 공사기간 ´10. 12. 16.~´11. 6. 23.)을 체결하고 공사를 시행하면서 같은 해 12. 16. ㈜◁◁로부터 선금급보증서(보증금액 75백만여 원, 보증기간 ´10. 12. 15.~´11. 8. 12.)을 제출받아 같은 해 12. 17. 선금급 73백만 원을 지급

- 그런데 위 관서는 ´11. 6. 1. 위 사업지구 내 하수도시설 확충사업이 지연됨에 따라 위 공사를 중지한 뒤 위 보증서 보증기간 만료일까지 기간이 연장된 보증서의 제출을 요청하지 않다가 ´11. 12. 28.에서야 공사 중지를 해제하면서 ㈜◁◁에 기간이 연장된 보증서의 제출을 요구하였으나 ㈜◁◁는 관할 세무서로부터 공사 대금이 압류됨에 따라 보증기관으로부터 보증서를 발급받지 못한 채 같은 해 12. 31. 폐업하였고, ´12. 11. 23. 선금급 잔액을 받지 못한 채 공사계약 해지

⇨ 관련자들에게 선금급 채권을 보전하기 위한 적정한 조치를 하지 아니하여 기 지급된 선금급을 받지 못하게 되어 발생한 손해를 변상 판정

[2016. 5. 24. "공사 선금급 채권확보 미조치"(변상판정)]

하도급대금 지급확인 제도

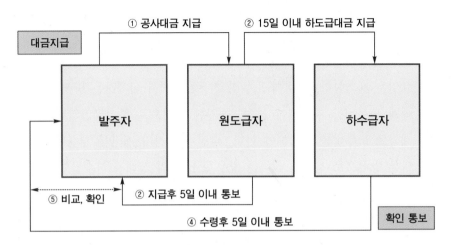

※ 자발적 통보가 없는 경우에는 발주자가 통보를 요청

(4) 계약 담당자는 계약 상대자가 하도급대금을 지급하지 않은 경우로서 계약 상대자에 대한 대가지급 시 미지급금을 공제한 때에는 「건설산업기본법」 제35조(하도급대금의 직접지급)에 따라 하수급인(건산기본법 제2조)에게 대금을 직접 지급한다.

◆ 재수급사업자의 직불청구권

Q) 재수급사업자(하도급의 하도급)는 발주자에게 대금을 직접 지급하도록 요청할 권한이 있는 자인가요?

A) 재수급사업자의 발주자는 원사업자입니다. 현재 법률에서 재수급사업자에 대한 발주자의 직불청구권을 명문화한 법률이 없기 때문에 원칙적으로는 재하수급인이 발주자에게 아무런 근거가 없이 직불청구를 할 수가 없습니다. 다만, 당사자 간 약정에 의하여 당사자 간 직불합의를 하였다면 가능할 여지가 없는 것은 아닙니다.(압류채권자와의 직불 대항력 문제는 별론)

3] 공사계약에서 노무비의 구분 관리 및 지급 확인

(1) 계약 상대자는 발주기관과 협의하여 정한 노무비 지급기일에 맞추어 매월 모든 근로자(직접노무비 대상에 한하며, 하수급인이 고용한 근로자를 포함)의 노무비 청구내역(근로자 개인별 성명, 임금 및 연락처 등)을 제출해야 한다.

(2) 계약 담당자는 현장인 명부 등을 통해 "(1)"에 따른 노무비 청구내역을 확인하고 청구를 받은 날부터 5일 이내에 계약 상대자의 노무비 전용계좌로 그 노무비를 지급해야 한다.

(3) 계약 상대자는 "(1)"에 따라 노무비를 지급받은 날부터 5일(공휴일 및 토요일은 제외한다) 이내에 노무비 전용계좌에서 이체하는 방식으로 근로자에게 노무비를 지급해야 하며, 동일한 방식으로 하수급인의 노무비 전용계좌로 노무비를 지급해야 한다. 다만 근로자가 계좌를 개설할 수 없거나 다른 방식으로 지급을 원하는 경우 또는 계약 상대자(하수급인 포함)가 근로자에게 노무비를 미리 지급하는 경우에는 그에 대한 발주기관의 승인을 받아 그러하지 아니할 수 있다.

(4) 계약 상대자는 "(1)"에 따라 노무비 지급을 청구할 때 전월 노무비 지급내역(계약 상대자 및 하수급인의 노무비 전용계좌 이체내역 등 증빙서류)을 제출해야 하며, 계약 담당자는 동 지급내역과 계약 상대자가 이미 제출한 같은 달의 청구내역을 비교하여 임금 미지급이 확인된 경우 당해 사실을 지방 고용노동(지)청에 통보해야 한다.

업무처리 절차(표준안)

4. 지체상금(지연배상금)[2]

1] 의의

(1) 개념

지체상금(지연배상금)은 계약 상대자가 정당한 이유 없이 계약기간 내에 계약상의 의무를 이행하지 않을 경우 그 이행지체에 대한 손해배상 성격으로 징수하는 금액을 말한다.(국계법 제26조, 지계법 제30조)

(2) 징수 요건

계약서에 명시된 계약이행 기한을 경과하여 계약이행이 완료되어야 하고, 계약 상대자의 책임있는 사유가 있어야 한다.(국계령 제74조, 지계령 제90조)

2] 지체상금의 징수율 및 징수 방법

(1) 징수율(국계칙 제75조, 지계칙 제75조)

계약 목적물에 따라 지체상금(지연배상금)률은 다음과 같다.
- 공사: 1,000분의 0.5(국가, 지방 동일)
- 물품의 제조·구매: 1,000분의 0.75(지방 1,000분의 0.8)
- 수리·용역·가공·대여 및 기타: 1,000분의 1.25(지방 1,000분의 1.3)
- 군용 음·식료품 제조·구매: 1,000분의 1.5(국가)
- 운송·보관 및 양곡가공: 1,000분의 2.5(국가, 지방 동일)

(2) 지체일수의 계산(국계령 제74조, 지계령 제90조)

계약 상대자의 책임 없는 사유로 지체된 경우에는 그 해당 일수는 지체일수에 산입하지 아니한다.

---

2) 국가는 '지체상금' 지방자치단체는 '지연배상금'으로 용어를 사용하고 있다.

계약기간 내 준공된 공사에 대하여 준공검사원이 검사결과 재시공지시를 하였을 때에는 재시공지시 일자로부터 지체일수를 계산한다.

납부할 지체상금이 계약금액(기성 부분 또는 기 납부분에 대하여 검사를 거쳐 이를 인수한 경우에는 그 부분에 상당하는 금액을 계약금액에서 공제한 금액을 말하며 물품의 경우 기 납부분의 인수는 성질상 분할할 수 있는 물품에 대한 완성 부분으로서 인수하는 것에 한함)의 100분의 30을 초과하는 경우에는 100분의 30으로 한다.

(3) 지체상금 징수 방법(국계법 제15조, 영 제74조, 지계법 제30조, 영 제90조)

지체상금액은 계약금액에 위 징수율과 지체일수를 곱한 금액을 현금으로 납부하게 해야 한다.

지체상금은 해당 계약의 대가지급 지연이자, 공사비 대가, 기타 예치금과 순차적으로 상계할 수 있다.(국계법 제15조 ③, 지계법 제30조 ③)

※ 압류채권자와의 대항력 문제는 대법원 2012.2.16. 선고 2011다45521 전원합의체 판결 참조

기성(기납) 부분에 대하여 검사를 거쳐 인수한 경우(미인수 관리·사용분 포함)에는 그 부분을 제외하고 지체상금을 계산한다.(국계령 제74조 ②, 지계령 제90조 ②)

장기계속공사의 경우 계약이행이 지체된 해당연도의 차수별 계약금액을 기준으로 지체상금을 부과한다.

계속비공사의 경우에는 총 공사금액으로 계약을 체결하고 공사 전체가 완공된 후 준공처리하므로 개별공정별로 지체상금을 부과하여서는 아니 되고 총공사의 이행이 지연될 경우에만 부과한다.

3) 지체상금의 면제

(1) 지체 일수에 산입하지 아니하는 경우(공사계약 일반조건)

• 불가항력적인 사유에 의한 경우

- 계약 상대자가 대체 사용할 수 없는 중요 관급자재 등의 공급이 지연되어 공사의 진행이 불가능하였을 경우
- 발주기관의 책임으로 착공이 지연되거나 시공이 중단된 경우
- 계약 상대자의 부도 등으로 보증기관이 보증이행업체를 지정하여 보증 시공할 경우
- 설계변경으로 인하여 준공기한 내에 이행할 수 없을 경우
- 원자재의 수급 불균형으로 인하여 해당 관급자재의 조달 지연이나 사급자재(관급자재에서 전환된 사급자재를 포함한다)의 구입 곤란 등 그 밖에 계약상대자의 책임에 속하지 아니하는 사유로 인하여 지체된 경우

(2) 발주기관의 공사중지 명령

발주기관이 동절기 등의 이유로 공사중지 명령을 내린 경우에는 그 중지 기간을 지체일수에서 제외한다.

(3) 계약 상대자의 책임 없이 납품이 지연된 경우[(공사)계약 일반조건]

계약 담당자는 다음 각호의 어느 하나에 해당되어 납품이 지체되었다고 인정할 때에는 그 해당일수를 지체일수에 산입하지 아니한다.

① 천재·지변 등 불가항력의 사유에 따른 경우
② 계약 상대자가 대체 사용할 수 없는 중요 관급재료의 공급이 지연되어 제조공정의 진행이 불가능한 경우
③ 계약 상대자의 책임 없이 납품이 지연된 경우로서 다음 각호의 어느 하나에 해당하는 경우
　㉠ 발주기관의 물품제작을 위한 설계도서 승인이 계획된 일정보다 지연된 경우(관련 서류의 누락 등 계약 상대자의 잘못을 보완하는 기간은 제외한다)
　㉡ 계약 상대자가 시험기관 및 검사기관의 시험·검사를 위해 필요한 준비를 완료하였으나 시험기관 및 검사기관의 책임으로 시험·검사가 지연

된 경우

ⓒ 설계도서 승인 후 발주기관의 요구에 의한 설계변경으로 인하여 제작
기간이 지연된 경우

ⓔ 발주기관의 책임으로 제조의 착수가 지연되었거나 중단되었을 경우

④ 그 밖에 계약 상대자의 책임에 속하지 않은 사유로 인하여 지체된 경우

4) 지체상금과 계약기간의 연장

(공사)계약 일반조건에 규정된 '계약기간의 연장'의 사유 발생 시 수정공사 공
정예정표를 첨부하여 계약기간연장을 신청할 수 있다.

지체상금이 계약보증금액 상당액에 도달한 경우, 원칙적으로 계약을 해제·해
지(이 경우 계약보증금은 해당 기관에 귀속조치, 장기계속공사에 있어서는 그
요건 산정 시 차수별 계약기간이 아닌 총공사의 이행기간을 의미함)해야 하나
국가정책사업(국가기간시설, 안보시설 건설사업 등)이나 노사 분규 등 불가피한
사유가 있으면 지체상금은 부과하지 않고 계약기간을 연장할 수 있다.

유권 해석

○ 지체상금 부과 대상 여부 질의(계약제도과-188, '13. 2. 19.)
- 준공기한 내에 공사를 완료하지 못하여 지체상금이 부과되고 있는 공사에 대
한 지체일수를 산정함에 있어 발주기관의 동절기 공사중지 명령과 같이 계약
상대자의 책임에 속하지 않는 사유로 지연된 중지기간은 지체일수에 포함시
키지 않는 것이 타당할 것임. 또한 공사지연으로 관급자재 구매 사업비가 다
음 회계연도로 이월되어 이월 승인기간이 발생한 경우도 동 기간이 계약상대
자의 책임 있는 사유로 지체된 기간으로 보기는 곤란하므로 지체일수에 포함
시키지 않는 것이 타당할 것임.

○ 지체상금 산정 시 기납부분 금액의 공제 가능여부 질의(계약제도과-428, '13. 4. 19.)
- 발주기관이 분할 납품된 품목을 검사를 거쳐 인수·사용 중에 있는 경우에는
지연된 품목의 지체상금은 기납부분에 상당하는 금액을 계약금액에서 공제한
후 산정하는 것이 타당할 것임.

○ 장기계속공사 공사포기 및 보증시공에 따른 지연배상금 부과 기준(회계제도
   과-3765, ´16. 7. 20.)

- 지방자치단체의 장기계속공사의 계약 상대자가 계약을 포기하여 연대보증인
  이 잔여공사에 대한 시공의무이행을 개시하여 의무이행을 완료하고 계약서에
  정한 준공기한을 경과하여 준공신고서를 제출하였으나 연대보증인의 귀책사
  유로 지체한 기간이 없는 경우라면 계약 상대자가 위의 기준에 따라 산정된
  지연배상금을 발주기관에 납부하여야 할 것임.

하자보수와 부정당업자 제재

CHAPTER 11

하자보수와 부정당업자 제재

1. 하자보수와 하자담보책임

1) 의의

계약 상대자는 법정 하자담보책임기간 동안 해당 공사 목적물의 하자에 대한 보수책임이 있다.

하자보수보증금은 계약 상대자가 공사 목적물의 하자에 대한 보수책임을 보증하기 위하여 일정 금액을 납부하게 하는 제도로서 담보책임기간 중에 계약담당자로부터 하자보수를 요구받고 이에 불응할 경우 국고에 귀속된다.

2) 하자담보책임기간 및 하자검사

(1) 하자담보책임기간(국계령 제60조, 지계령 제69조)

공사의 도급계약 체결할 때에는 전체 목적물을 인수한 날과 준공검사를 완료한 날 중에서 먼저 도래한 날(공사계약의 부분 완료로 관리·사용이 이루어지고 있는 경우에는 부분 목적물을 인수한 날과 공고에 따라 관리·사용을 개시한 날 중에서 먼저 도래한 날을 말함)부터 1년 이상 민법 제162조에서 정한 채권소멸 시효인 10년 이하의 범위에서 하자 담보기간 산정 (국계령 제60조 ①, 지계령 제69조①)

> ※ 예시 하자보수 3년인 공사에서 A공종 2020년 인수·사용, 전체 준공이 '21
> 년인 경우 → A공종은 2023년, 나머지 공종은 2024년까지 하자보수

▶ 전체 목적물을 인수한 날 과 검사를 완료한 날 중 먼저 도래한 날(공사계약의
부분 완료로 관리·사용이 이루어지고 있는 경우에는 부분 목적물을 인수한
날과 공고에 따라 관리·사용을 개시한 날 중에서 먼저 도래한 날을 말함)을
기준으로 하자 담보기간(1년 이상 10년 이하)을 산정 (지계령 제69조 ①)

각 공사의 종류 간의 하자책임을 구분할 수 없는 복합공사인 경우에는 주된
공사의 종류를 기준으로 하여 담보책임의 존속기간을 정하여야 함(국계칙 70조
①, 지계칙 제68조 ①)

> ※ 문화재공사, 소방공사 등 개별법령(문화재보호법, 소방법 등)에서 하자담보기
> 간을 별도로 정한 경우 그 법령에 따라 담보기간 설정

장기계속공사의 경우에는 연차계약별로 하자담보책임기간을 정하되, 연차별
로 하자를 구분할 수 없는 경우에는 제1차 계약을 체결할 때에 총공사에 대한
하자담보책임기간을 정해야 한다.(국계령 제60조 ②, 지계령 제69조 ③)

구조물 등을 해체하는 공사 및 단순철도·궤도공사, 단순암반절취공사, 모
래·자갈채취공사, 계약금액 3천만 원을 초과하지 않는 공사(조경공사는 제외)
등 하자보수가 필요 없는 공사의 경우 그 공사의 성질상 하자보수가 필요한지를
따로 살펴보지 아니하고 담보책임의 존속기간을 정하지 않을 수 있음. (국계칙
제72조 ②, 지계칙 제70조 ②, 법제처-23-0008, 2023.4.6.)

(2) 하자검사(국계령 제61조, 국계칙 제71조, 지계령 제70조, 지계칙 제69조)

계약 담당자는 하자담보책임기간 중 연 2회 이상 정기적으로 하자검사를 하거나 소속 공무원에게 그 사무를 위임하여 검사하게 해야 하며, 특히, 전문적인 지식 등이 필요하거나 예정가격의 86% 미만으로 낙찰된 시설물 공사인 경우에는 전문기관에 검사를 의뢰해야 한다.

하자담보책임기간이 만료되는 때에는 지체 없이 따로 검사를 하여 하자 보수 완료확인서를 계약 상대자에게 발급해야 하며, 확인서 발급 일부터 계약 상대자의 책임과 의무는 소멸한다.(국계칙 제71조 ①, 지계칙 제69조 ①)

하자검사를 하는 자는 하자검사조서를 작성해야 하며, 하자검사결과 하자가 발견된 때에는 지체 없이 필요한 조치를 하여야 한다.(국계칙 제71조 ③, 지계칙 제69조 ③)

3) 하자보수보증금

(1) 하자보수보증금의 납부

계약 담당자는 공사의 도급계약의 경우에는 계약 상대자로 하여금 그 공사의 하자보수를 보증하기 위하여 계약금액의 2% 이상 10% 이하의 하자보수 보증금을 납부하게 해야 한다.(국계법 제18조 ①, 국계령 제62조 ①, 지계법 제21조 ①, 지계령 제71조 ①)

【공종별 하자보수보증금률과 보증기간(국계칙 제72조, 지계칙 제70조)】

공 종 별	보증금률(%)	보증기간
• 철도·댐·터널·철강교·발전설비 등 구조물 및 조경공사	5	최장 10년 최단 1년 (6단계) 국계칙 70조 지계칙 68조
• 공항·항만·삭도설치·방파제·사방·간척 등 공사	4	
• 관개수로·도로·매립·상하수도관로·일반건축 등 공사	3	
• 기타 공사	2	

533

하자보수보증금은 계약서에 약정사항으로 명시해야 하며, 공사의 준공검사 후
그 공사의 대가를 지급하기 전까지 입찰보증금의 납부 방법과 같이 현금과 각종
보증서로 납부받는다.(국계령 제62조 ② · ⑤, 지계령 제71조 ② · ⑤)

(2) 하자보수보증금의 면제

국 가 (법 시행령 제62조 ④)	1. 국가기관 및 지방자치단체 2. 「공공기관의 운영에 관한 법률」에 따른 공공기관 3. 국가 또는 지방자치단체가 기본재산의 100분의 50이상을 출연 또는 출자한 법인 4. 「농업협동조합법」에 의한 조합·조합공동사업법인 및 그 중앙회(농협경제지주회사 및 그 자회사 포함), 「수산업협동조합법」에 따른 어촌계·수산업협동조합 및 그 중앙회, 「산림조합법」에 따른 산림조합 및 그 중앙회, 「중소기업협동조합법」에 따른 중소기업협동조합 및 그 중앙회
지 방 (법 시행령 제71조 ④)	1. 국가기관 및 다른 지방자치단체(지방자치단체조합 포함) 2. 「공공기관의 운영에 관한 법률」에 따른 공기업과 준정부기관 3. 「지방공기업법」에 따른 지방공사와 지방공단 4. 국가나 지방자치단체가 기본재산의 100분의 50 이상을 출자 또는 출연한 법인 5. 농업협동조합, 조합공동사업법인 및 업협동조합중앙회 6. 어촌계, 수산업협동조합 및 산업협동조합중앙회 7. 산림조합 및 산림조합중앙회 8. 중소기업협동조합 9. 한국농어촌공사 10. 한국지방재정공제회 11. 한국지방행정연구원 12. 시·도의 연구원 13. 대한지방행정공제회 14. 학교안전공제회 및 학교안전공제중앙회 15. 지방공기업평가원 16. 한국지방자치발전연구원 및 지방의회발전연구원 17. 지방자치단체 출자·출연 기관 18. 한국교육시설안전원

(3) 하자보수보증금의 납부 방법 및 국고귀속

입찰보증금 및 계약보증금에 관한 규정을 준용한다.(국계령 제62조 ⑤, 지계령 제71조 ⑤)

① 계약 상대자는 하자담보책임기간 중 하자가 발생하였을 때에는 이를 보수해야 하며, 만일 이를 이행하지 않을 경우에는 하자보수보증금 중에서 하자보수에 필요한 금액을 산정하여 발주기관에 귀속

※ 하자보수에 필요한 금액을 산정하는 경우 보증기관 입회 가능
※ 지방자치단체 하자보수 실손보상 업무처리지침(행안부)

② 현금으로 납부하였을 경우에는 관계 징수관에게 통지하여 수입금으로 징수

③ 보증서로 납입하였을 경우에는 관계 징수관, 유가증권취급공무원(또는 세입세출외출납공무원), 보증기관에 통지하여 수입금으로 징수

> **Tip** 하자책임기간 변경
>
> ➡ 하자담보책임기간을 공종 구분 없이 일률적으로 정했거나 지방계약법 시행규칙 제68조 제1항에 정한 기간과 다르게 정하여 계약이행 중인 경우에는 그 시행규칙에서 정한 대로 계약서의 하자담보책임기간을 조정해야 한다.

> **Tip** 하자보수보증금의 직접사용 절차
>
> 하자보수를 위한 지출원인행위(재무관 또는 분임재무관, 국가는 계약관) ➡ 세입세출외현금출납공무원에게 송부 ➡ 지출

(4) 하자보수보증금의 반환 및 직접 사용

계약 담당자는 납부된 하자보수보증금의 보증목적이 달성된 때에는 계약 상대자의 요청에 의하여 즉시 반환해야 하며, 담보책임의 존속기간이 서로 다른 공종이 복합된 건설공사의 경우에는 공종별 담보책임의 존속기간이 만료되어 보증목

적이 달성된 공종의 하자보수보증금은 계약 상대자의 요청이 있을 때에는 즉시 반환하여야 한다.(국계칙 제63조, 지계칙 제61조)

해당 하자보수를 위한 예산이 없거나 부족한 경우에는 그 하자보수 보증금을 귀속시키지 아니하고 해당 하자보수에 직접 사용할 수 있다.(국계법 제18조 ③, 지계법 제21조 ④)

하자보수보증금을 해당 하자의 보수를 위하여 직접 사용하고자 할 때에는 해당 하자보수보증금을 수입으로 납입하지 아니하고, 세입세출 외로 구분하여 회계 처리한다.(국계령 제63조 ①, 지계령 제72조 ①)

계약 담당자가 하자보수보증금을 직접 사용하고자 할 때에는 세입세출 외 현금출납원 또는 유가증권취급원에게 그 뜻을 통지하고 해당 하자보수에 필요한 조치를 해야 한다.(국계칙 제73조 ①, 지계칙 제71조①)

Tip **대가지급 시 하자보수보증금 공제 가능 여부**

➡ 부도 등의 사유로 하자보수보증금을 납부할 수 없는 경우 계약 담당 공무원은 하자보수보증금을 공제한 후 대가를 지급하되

➡ 이 경우, 계약서나 특수조건에 기성고와 하자보수보증금을 상계 처리한다는 의사표시가 있어야 가능함(대법원 2015. 4. 9. 선고 2014다80945 판결)

2. 부정당업자의 입찰 참가자격 제한

1) 의의

부정당 업자란 경쟁의 공정한 집행이나 적정한 계약이행을 해칠 염려가 있거나 기타 입찰에 참가시키는 것이 부적합하다고 인정되는 자로, 이들의 입찰 참가자격을 일정 기간 제한하는 제도를 말한다.(국계법 제27조 ①, 지계법 제31조 ①)

공동계약의 경우에는 직접 제한사유를 야기시킨 자, 법인이나 단체 또는 조합

에 있어서는 법인 또는 해당 조합은 물론 그 대표자와 제한사유를 제공한 조합
원이 부정당업자 제재의 대상이 되며,(국계령 제76조 ③ 내지 ⑤, 지계령 제92조
③ 내지 ⑤) 입찰 참가자격을 제한받은 법인의 대표자와 개인사업자의 대표가
동일하다면 해당 개인사업자에 대해서도 입찰 참가자격 제한하여야 함(회계제도
과-4331, 2020. 8.28.)

> ※ 주1) 부정당제재 효력은 부정당제재 조치 이전에 계약을 체결하여 이행 중인 계약
> 에 대하여는 원칙적으로 아무런 영향을 미치지 아니함.
>
> 주2) 수의계약에 있어 정당한 이유 없이 계약을 체결하지 아니하는 경우는 입찰참
> 가자격 제한(부정당업자 제재)대상이 아닌 수의계약 결격사유에 해당되며 계
> 약미이행의 경우 부정당업자 제재사유가 됨.

2) 제재 사유 및 기간

(1) 부정당업자 제재사유

① 제한사유(국계법 제27조, 영 제76조, 지계령 제92조, 공계칙 제15조)

[국계법 제27조]

㉠ 계약을 이행함에 있어서 부실·조잡 또는 부당하게 하거나 부정한 행위를 한 자

㉡ 경쟁입찰, 계약체결 또는 이행 과정에서 입찰자 또는 계약 상대자 간에
서로 상의하여 미리 입찰가격, 수주 물량 또는 계약의 내용 등을 협정하
였거나 특정인의 낙찰 또는 납품 대상자 선정을 위하여 담합한 자

㉢ 「건설산업기본법」, 「전기공사업법」, 「정보통신공사업법」, 「소프트웨어산
업 진흥법」 및 그 밖의 다른 법률에 따른 하도급에 관한 제한규정을 위반
(하도급통지의무위반의 경우는 제외한다)하여 하도급한 자 및 발주 관서
의 승인 없이 하도급을 하거나 발주 관서의 승인을 얻은 하도급 조건을
변경한 자

㉣ 사기, 그 밖의 부정한 행위로 입찰·낙찰 또는 계약의 체결·이행 과정에

서 국가에 손해를 끼친 자

⑩ 「독점규제 및 공정거래에 관한 법률」 또는 「하도급거래 공정화에 관한 법률」을 위반하여 공정거래위원회로부터 입찰 참가자격 제한의 요청이 있는 자

⑭ 「대·중소기업 상생협력 촉진에 관한 법률」 제27조 제5항에 따라 중소벤처기업부 장관으로부터 입찰 참가자격 제한의 요청이 있는 자

⑮ 입찰·낙찰 또는 계약의 체결·이행과 관련하여 관계 공무원(과징금부과심의위원회, 국가계약분쟁조정위원회, 「건설기술진흥법」에 따른 중앙건설기술심의위원회·특별건설기술심의위원회 및 기술자문위원회 등의 위원회 위원 포함)에게 뇌물을 준 자

감사 지적 사례

〔제3자 뇌물공여 부정당업자 제재업무 소홀〕

- ○○군에서는 지방검찰청으로부터 공사업체로부터 뇌물을 공여를 받은 범죄사실을 통보받고도 관련공무원에 대한 징계 및 징계부가금 부과조치만 하고 뇌물을 공여한 관련 업체에 대한 입찰참가자격 제한 조치를 하지 않은 사실을 정부합동감사에서 적발

[**국계령 제76조**]

㉠ 계약의 공정한 집행을 저해할 염려가 있는 자로서 다음의 하나에 해당하는 자

- 입찰 또는 계약에 관한 서류(전자조달시스템을 통하여 입찰서를 제출하는 경우에 「전자서명법」에 따른 공인인증서 포함)를 위조·변조하거나 부정하게 행사한 자 또는 허위서류를 제출한 자
- 고의로 무효의 입찰을 한 자
- 입찰 참가를 방해하거나 낙찰자의 계약체결 또는 그 이행을 방해한 자

㉡ 계약의 적정한 이행을 해칠 염려가 있는 자로서 다음의 하나에 해당하는 자

- 정당한 이유 없이 계약을 체결 또는 이행(적격심사를 위하여 제출한 하도

급관리계획, 외주근로자 근로조건 이행계획에 관한 사항의 이행과 공동계약에 관한 사항의 이행을 포함)하지 않거나 입찰공고와 계약서에 명시된 계약의 주요조건(입찰공고와 계약서에 이행하지 않았을 경우 입찰 참가자격 제한을 받을 수 있음을 명시한 경우에 한정)을 위반한 자

• 감독 또는 검사에 있어서 그 직무의 수행을 방해한 자

ⓒ 다른 법령을 위반하는 등 입찰에 참가시키는 것이 적합하지 않다고 인정되는 자로서 다음의 하나에 해당하는 자

• 계약의 이행에 있어서 안전대책을 소홀히 하여 공중에게 위해를 가한 자 또는 사업장에서 「산업안전보건법」에 따른 안전·보건 조치를 소홀히 하여 근로자 등에게 사망 등 중대한 위해를 가한 자

• 정보시스템의 구축 및 유지·보수 계약의 이행 과정에서 알게 된 정보 중각 중앙관서의 장 또는 계약 담당 공무원이 누출될 경우 국가에 피해가 발생할 것으로 판단하여 사전에 누출금지정보로 지정하고 계약서에 명시한 정보를 무단으로 누출한 자

• 정보시스템 등의 구축 및 유지·보수 등 해당 계약의 이행 과정에서 정보시스템 등에 허가 없이 접속하거나 무단으로 정보를 수집할 수 있는 비(非)인가 프로그램을 설치하거나 그러한 행위에 악용될 수 있는 정보시스템 등의 약점을 고의로 생성 또는 방치한 자

[지계령 제92조]

• 계약을 이행할 때 부실하게 하거나 조잡하게 하거나 부당하게 하거나 부정한 행위를 한 자

• 「건설산업기본법」, 「전기공사업법」, 「정보통신공사업법」, 그 밖의 다른 법령에 따른 하도급의 제한규정을 위반하여 하도급한 자
(하도급 통지의무 위반의 경우는 거짓이나 그 밖의 부정한 방법으로 위반한 경우만을 말한다), 발주 관서의 승인 없이 하도급한 자 및 발주 관서

의 승인을 받은 하도급 조건을 변경한 자

- 「독점규제 및 공정거래에 관한 법률」 또는 「하도급거래 공정화에 관한 법률」을 위반하여 공정거래위원회로부터 입찰 참가자격 제한요청이 있는 자
- 조사설계 용역계약 또는 원가계산 용역계약에서 고의 또는 중대한 과실로 조사설계금액이나 원가계산금액을 적정하게 산정하지 아니한 자
- 계약의 이행 과정에서 안전대책을 소홀히 하여 공중(公衆)에게 위해(危害)를 끼친 자 또는 사업장에서 「산업안전보건법」에 따른 안전·보건조치를 소홀히 하여 근로자 등에게 사망 등 중대한 위해를 끼친 자
- 정당한 이유 없이 낙찰된 후 계약을 체결하지 아니한 자 또는 계약을 체결한 이후 계약이행(제42조 제2항에 따른 계약이행능력 심사 또는 제42조의 3 제2항에 따른 평가를 위하여 제출한 하도급관리계획, 「건설산업기본법」 제31조의 2에 따른 하도급계획 및 외주근로자 근로조건 이행계획에 관한 사항과 제88조에 따른 공동계약에 관한 사항의 이행을 포함한다)을 하지 아니하거나 계약서에 정한 조건을 위반하여 이행한 자
- 입찰, 계약 체결 또는 이행 과정에서 입찰자 또는 계약 상대자 간에 서로 상의하여 미리 입찰가격, 수주물량 또는 계약의 내용 등을 협정하였거나 특정인의 낙찰 또는 납품 대상자 선정을 위하여 담합한 자
- 입찰(제30조에 따라 지정정보처리장치를 통하여 견적서를 제출받는 경우를 포함한다)과 계약에 관한 서류(제39조에 따라 지정정보처리장치를 이용하여 입찰서를 제출하는 경우에는 「전자서명법」제2조 제8호에 따른 공인인증서를 포함한다)를 위조·변조하거나 부정하게 행사한 자 또는 거짓 서류를 제출한 자
- 고의로 무효의 입찰을 한 자
- 입찰·낙찰 또는 계약의 체결·이행과 관련하여 관계 공무원(법 제7조 제1항에 따른 전문기관의 계약 담당자, 법 제7조 제1항에 따라 계약사무가 위임·위탁되는 경우 그 계약사무 처리와 관련되어 위원회 등이 설치된 경우 그 위원회 등의 위원, 법 제16조 제2항에 따른 주민참여감독자, 법 제32조에 따른 계약심의위원회의 위원, 법 제35조에 따른 지방자치단

체 계약분쟁조정위원회의 위원, 지방건설기술심의위원회 및 기술자문위원회의 위원, 제42조의 3 제4항에 따른 입찰자종합평가위원회 위원, 제43조 제9항에 따른 제안서평가위원회 위원을 포함한다)에게 금품 또는 그 밖의 재산상 이익을 제공한 자

- 입찰(제39조 제2항에 따라 지정정보처리장치를 이용하여 입찰서를 제출하게 한 입찰은 제외한다. 이하 이 호에서 같다) 참가신청서 또는 입찰참가승낙서를 제출하고도 정당한 이유 없이 해당 회계연도 중 3회 이상 입찰에 참가하지 아니한 자

- 입찰 참가를 방해하거나 낙찰자의 계약체결 또는 그 이행을 방해한 자

- 감독 또는 검사 시 그 직무의 수행을 방해한 자

- 정당한 이유 없이 제42조 제1항 본문에 따른 계약이행능력의 심사에 필요한 서류의 전부 또는 일부를 제출하지 아니하거나 서류 제출 후 낙찰자 결정 전에 심사를 포기한 자

- 제100조에 따라 일괄입찰의 낙찰자를 결정하는 경우에 실시설계 적격자로 선정된 후 정당한 이유 없이 기한 내에 실시설계서를 제출하지 아니한 자

- 법 제33조를 위반하여 계약을 체결한 자

- 시공 단계의 건설사업관리 용역계약에 있어 「건설기술 진흥법 시행령」제60조 제4항 및 계약서 등에 따른 건설사업기술인 교체 사유 및 절차에 따르지 아니하고 건설사업관리기술인을 교체한 자

- 입찰·낙찰 또는 계약의 체결·이행과 관련하여 사기로 지방자치단체에 손해를 끼친 자

- 「전자정부법」 제2조 제13호에 따른 정보시스템의 구축 및 유지·보수 계약의 이행 과정에서 알게 된 정보 중 누출될 경우 지방자치단체에 피해가 발생할 것으로 판단하여 각 지방자치단체의 장 또는 계약 담당자가 사전에 누출금지정보로 지정하고 계약서에 명시한 정보를 무단으로 누출한 자

- 「건설기술 진흥법」 제2조 제3호에 따른 건설기술용역계약 중 타당성조사 용역계약에서 고의 또는 중대한 과실로 수요 예측 등 타당성조사를 부실하게 수행하여 발주 기관에 손해를 끼친 자

- 제42조의3에 따라 입찰에 참가한 자가 낙찰자 선정 과정에서 정당한 이유 없이 평가에 필요한 서류의 전부 또는 일부를 제출하지 아니하거나 서류 제출 후 낙찰자 결정 전에 평가를 포기한 자

※ 낙찰자 결정관련 평가서류를 제출하지 않거나 포기하는 경우

지방계약법시행령 제92조②	국가계약법시행령 제76조②
제1호 마. 정당한 이유 없이 제42조 제1항 각 호 외의 부분 본문에 따른 계약이행능력의 심사에 필요한 서류의 전부 또는 일부를 제출하지 않거나 서류 제출 후 낙찰자 결정 전에 심사를 포기한 자 바. 제42조의3에 따라 입찰에 참가한 자가 낙찰자 결정 과정에서 정당한 이유 없이 평가에 필요한 서류의 전부 또는 일부를 제출하지 않거나 서류 제출 후 낙찰자 결정 전에 평가를 포기한 자	현행 지방과 동일 내용의 제1호 마목 내지 바목 기업 부담 완화 차원에서 2019. 9.17 삭제

참고) 지방자치단체 입찰 및 계약집행기준 제1장 제1절 7.- 나. 입찰 및 계약 과정에서 금지해야 할 사항-34) 계약 담당자가 낙찰자 통과점수 미달로 인하여 입찰참가자의 심사서류 제출을 생략하게 하거나 심사 포기서를 제출하게 한 입찰 참가자에 대하여 부정당업자 입찰 참가자격 제한 조치를 하는 사례

② 기타

장기계속계약을 체결한 계약상대자가 입찰참가자격이 제한 된 경우라도 연차별 계약체결은 가능: 국계법 시행령 제76조 ⑦, 지계법 시행령 제92조 ⑨

유권 해석

○ 부정당 입찰 참가자격 제한 처분시기 질의(재정관리과-1154, ´13. 7. 9.)

- 턴키공사의 입찰과 관련한 위법사실이 지방계약법 시행령 제92조 제1항 제7호 및 제10호에 해당되어 입찰 참가자격 제한 대상이 된다면 공정거래위원회의 담합에 관한 과징금 처분과 뇌물죄 관련한 법원의 1심 판결 사실만으로 부정당 제재처분이 가능한지? 아니면 관련업체가 공정거래위원회의 처분에 대

하여 행정소송과 뇌물죄에 대한 형사소송(2심)이 진행 중에 있으므로 법원의 확정판결 이후에 해야 하는지?

- 지방계약법 제31조에 따르면 지방자치단체의 장은 경쟁의 공정한 집행 또는 계약의 적정한 이행을 해칠 염려가 있거나 그 밖에 입찰에 참가시키는 것이 부적합하다고 인정되는 자에 대하여는 해당 사실이 있은 후 지체 없이 계약심의위원회의 심의를 거쳐 입찰참가자격을 제한시키도록 하고 있고, 같은 법 시행령 제92조 제1항 제7호 및 제10호에서는 입찰에서 입찰자 간에 서로 상의하여 미리 입찰가격을 협정하였거나 특정인의 낙찰을 위해 담합한 자 및 입찰·낙찰 또는 계약의 체결·이행과 관련하여 관계 공무원에게 금품 또는 그 밖의 재산상 이익을 제공한 자 등을 포함하고 있습니다.

- 따라서, 해당 사실을 인지한 경우라면 관련 서류 및 사실관계 등을 종합적으로 고려하여 발주기관에서 판단하여 부정당업자 입찰 참가자격 제한이 가능할 것으로 사료됩니다.

(2) 부정당업자 제재기간

제한기간은 국계칙(제76조 별표2) 및 지계칙(제76조 제1항 별표2) 소정의 유제한기간은 국계칙(제76조 별표2)및 지계칙(제76조 제1항 별표2) 소정의 유형별로 최단 1개월, 최장 2년 동안 제한해야 하고, 각 중앙관서(지자체)의 장은 부정당 업자 대장을 작성하여 비치하며, 제한기간 동안 모든 입찰의 참가를 제한하여야 한다.

* 지방자치단체는 지계칙 제76조를 참조하며, 국가기준이 아래와 같이 확정적인 것과는 달리 지방기준은 자치단체 상황(특성) 등을 고려하여 계약심의위원회에서 일정기간 중 특정 기간을 심의하도록 함

예) 부실시공 또는 부실설계·감리를 한 자 중 부실벌점이 150점 이상인 자에 대해 국가는 2년, 지방은 1년 10개월 이상~ 2년 이하

부정당업자의 입찰 참가자격 제한기준(국계칙 제76조 관련)

1. 일반기준

가. 각 중앙관서의 장은 입찰 참가자격의 제한을 받은 자에게 그 처분일부터 입찰 참가자격제한기간 종료 후 6개월이 경과하는 날까지의 기간 중 다시 부정당 업자에 해당하는 사유가 발생한 경우에는 그 위반행위의 동기·내용 및 횟수 등을 고려하여 제2호에 따른 해당 제재기간의 2분의 1의 범위에서 자격제한기간을 늘릴 수 있다. 이 경우 가중한 기간을 합산한 기간은 2년을 넘을 수 없다.

나. 각 중앙관서의 장은 부정당 업자가 위반한 여러 개의 행위에 대하여 같은 시기에 입찰 참가자격 제한을 하는 경우 입찰 참가자격 제한기간은 제2호에 규정된 해당 위반행위에 대한 제한기준 중 제한기간을 가장 길게 규정한 제한기준에 따른다.

다. 각 중앙관서의 장은 부정당 업자에 대한 입찰 참가자격을 제한하는 경우 자격제한기간을 그 위반행위의 동기·내용 및 횟수 등을 고려하여 제2호에서 정한 기간의 2분의 1의 범위에서 줄일 수 있다. 이 경우 감경 후의 제한기간은 1개월 이상이어야 한다.

2. 개별기준

입찰 참가자격 제한사유	제재기간
1. 법 제27조 제1항 제1호에 해당하는 자 중 부실시공 또는 부실설계·감리를 한 자	
가. 부실벌점이 150점 이상인 자	2년
나. 부실벌점이 100점 이상 150점 미만인 자	1년
다. 부실벌점이 75점 이상 100점 미만인 자	8개월
라. 부실벌점이 50점 이상 75점 미만인 자	6개월
마. 부실벌점이 35점 이상 50점 미만인 자	4개월
바. 부실벌점이 20점 이상 35점 미만인 자	2개월
2. 법 제27조 제1항 제1호에 해당하는 자 중 계약의 이행을 조잡하게 한 자	
가. 공사	
1) 하자비율이 100분의 500 이상인 자	2년
2) 하자비율이 100분의 300 이상 100분의 500 미만인 자	1년
3) 하자비율이 100분의 200 이상 100분의 300 미만인 자	8개월
4) 하자비율이 100분의 100 이상 100분의 200 미만인 자	3개월
나. 물품	
1) 보수비율이 100분의 25 이상인 자	2년

2) 보수비율이 100분의 15 이상 100분의 25 미만인 자	1년
3) 보수비율이 100분의 10 이상 100분의 15 미만인 자	8개월
4) 보수비율이 100분의 6 이상 100분의 10 미만인 자	3개월
3. 법 제27조 제1항 제1호에 해당하는 자 중 계약의 이행을 부당하게 하거나 계약을 이행할 때에 부정한 행위를 한 자	
가. 설계서(물품제조의 경우에는 규격서를 말한다. 이하 같다)와 달리 구조물 내구성 연한의 단축, 안전도의 위해를 가져오는 등 부당한 시공(물품의 경우에는 제조를 말한다. 이하 같다)을 한 자	1년
나. 설계서상의 기준규격보다 낮은 다른 자재를 쓰는 등 부정한 시공을 한 자	6개월
다. 가목의 부당한 시공과 나목의 부정한 시공에 대하여 각각 감리업무를 성실하게 수행하지 아니한 자	3개월
4. 법 제27조 제1항 제2호에 해당하는 자	
가. 담합을 주도하여 낙찰을 받은 자	2년
나. 담합을 주도한 자	1년
다. 입찰자 또는 계약상대자 간에 서로 상의하여 미리 입찰가격, 수주 물량 또는 계약의 내용 등을 협정하거나 특정인의 낙찰 또는 납품대상자 선정을 위하여 담합한 자	6개월
5. 법 제27조 제1항 제3호에 해당하는 자	
가. 전부 또는 주요부분의 대부분을 1인에게 하도급한 자	1년
나. 전부 또는 주요부분의 대부분을 2인 이상에게 하도급한 자	8개월
다. 면허·등록 등 관련 자격이 없는 자에게 하도급한 자	8개월
라. 발주기관의 승인 없이 하도급한 자	6개월
마. 재하도급금지 규정에 위반하여 하도급한 자	4개월
바. 하도급조건을 하도급자에게 불리하게 변경한 자	4개월
6. 법 제27조 제1항 제4호에 해당하는 자(사기, 그 밖의 부정한 행위로 입찰·낙찰 또는 계약의 체결·이행 과정에서 국가에 손해를 끼친 자)	
가. 국가에 10억원 이상의 손해를 끼친 자	2년
나. 국가에 10억원 미만의 손해를 끼친 자	1년
7. 법 제27조 제1항 제5호 또는 제6호에 따라 공정거래위원회 또는 중소기업청장으로부터 입찰 참가자격제한 요청이 있는 자	해당 각 호 의 기
가. 이 제한기준에서 정한 사유로 입찰참가자격제한 요청이 있는 자	

나. 이 제한기준에 해당하는 사항이 없는 경우로서 입찰참가자격제한 요청이 있는 자	준에 의함 6개월
8. 법 제27조 제1항 제7호에 해당하는 자	
가. 2억원 이상의 뇌물을 준 자	2년
나. 1억원 이상 2억원 미만의 뇌물을 준 자	1년
다. 1천만원 이상 1억원 미만의 뇌물을 준 자	6개월
라. 1천만원 미만의 뇌물을 준 자	3개월
9. 영 제76조 제1항 제1호 가목에 해당하는 자	
가. 입찰에 관한 서류(제15조 제2항에 따른 입찰참가자격 등록에 관한 서류를 포함한다)를 위조·변조하거나 부정하게 행사하여 낙찰을 받은 자 또는 허위서류를 제출하여 낙찰을 받은 자	1년
나. 입찰 또는 계약에 관한 서류(제15조 제2항에 따른 입찰참가자격등록에 관한 서류를 포함한다)를 위조·변조하거나 부정하게 행사한 자 또는 허위서류를 제출한 자	6개월
10. 영 제76조 제1항 제1호 나목에 해당하는 자(고의로 무효의 입찰을 한 자)	6개월
11. 삭제 〈2019. 9. 17.〉	
12. 영 제76조 제1항 제1호 라목에 해당하는 자(입찰 참가를 방해하거나 낙찰자의 계약체결 또는 그 이행을 방해한 자)	3개월
13. 삭제 〈2019. 9. 17.〉	
14. 삭제 〈2019. 9. 17.〉	
15. 삭제 〈2019. 9. 17.〉	
16. 영 제76조 제1항 제2호 가목에 해당하는 자	
가. 계약을 체결 또는 이행(하자보수의무의 이행을 포함한다)하지 아니한 자	6개월
나. 공동계약에서 정한 구성원 간의 출자비율 또는 분담내용에 따라 시공하지 아니한 자	
1) 시공에 참여하지 아니한 자	3개월
2) 시공에는 참여하였으나 출자비율 또는 분담내용에 따라 시공하지 아니한 자	1개월
다. 계약상의 주요조건을 위반한 자	3개월
라. 영 제52조 제1항 단서에 따라 공사이행보증서를 제출하여야 하는 자로서 해당 공사이행보증서 제출의무를 이행하지 아니한 자	1개월

마. 영 제42조 제5항에 따른 계약이행능력심사를 위하여 제출한 사항을 지키지 아니한 자	
1) 외주근로자 근로조건 이행계획에 관한 사항을 지키지 아니한 자	3개월
2) 하도급관리계획에 관한 사항을 지키지 아니한 자	1개월
17. 영 제76조 제1항 제2호 나목 또는 다목에 해당하는 자	
가. 고의에 의한 경우	6개월
나. 중대한 과실에 의한 경우	3개월
18. 영 제76조 제1항 제2호 라목에 해당하는 자(감독 또는 검사에 있어서 그 직무의 수행을 방해한 자)	3개월
19. 영 제76조 제1항 제2호 마목에 해당하는 자(시공 단계의 건설사업관리 용역계약 시 「건설기술 진흥법 시행령」 제60조 및 계약서 등에 따른 건설사업관리기술자 교체 사유 및 절차에 따르지 아니하고 건설사업관리기술자를 교체한 자)	8개월
20. 영 제76조 제1항 제3호 가목에 해당하는 자	
가. 안전대책을 소홀히 하여 사업장 근로자 외의 공중에게 생명·신체상의 위해를 가한 자	1년
나. 안전대책을 소홀히 하여 사업장 근로자 외의 공중에게 재산상의 위해를 가한 자	6개월
다. 사업장에서 「산업안전보건법」에 따른 안전·보건조치를 소홀히 하여 근로자가 사망하는 재해를 발생시킨 자	
(1) 동시에 사망한 근로자수가 10명 이상	1년
(2) 동시에 사망한 근로자수가 6명 이상 10명 미만	6개월
(3) 동시에 사망한 근로자수가 2명 이상 6명 미만	1년6개월
21. 영 제76조 제1항 제3호 나목에 해당하는 자(「전자정부법」제2조 제13호에 따른 정보시스템의 구축 및 유지·보수 계약의 이행과정에서 알게 된 정보 중 각 중앙관서의 장 또는 계약담당공무원이 누출될 경우 국가에 피해가 발생할 것으로 판단하여 사전에 누출금지정보로 지정하고 계약서에 명시한 정보를 무단으로 누출한 자)	
가. 정보 누출 횟수가 2회 이상인 경우	3개월
나. 정보 누출 횟수가 1회인 경우	1개월
22. 영 제76조 제1항 제3호 다목에 해당하는 자(「전자정부법」제2조 제10호에 따른 정보통신망 또는 같은 조 제13호에 따른 정보시스템(이하 이 호에서 "정보시스템등"이라 한다)의 구축 및 유지·보수 등 해당 계약의 이행과정에서 정보시스템등에 허가 없	2년

이 접속하거나 무단으로 정보를 수집할 수 있는 비인가 프로그램을 설치하거나 그러
한 행위에 악용될 수 있는 정보시스템 등의 약점을 고의로 생성 또는 방치한 자)

비고
1. 위 표에서 "부실벌점"이란 「건설기술진흥법」 제53조 제1항 각호 외의 부분에 따른 벌점을
   말한다.
2. 위 표에서 "하자비율"이란 하자담보책임기간 중 하자검사결과 하자보수보증금에 대한 하자
   발생 누계금액비율을 말한다.
3. 위 표에서 "보수비율"이란 물품보증기간 중 계약금액에 대한 보수비용발생 누계금액비율을
   말한다.

(3) 입찰 참가제한 기간 가중·감경

구 분	국 가 (국계법시행령 제76조 별표2)	지 방 (지계법시행령 제76조)
가 중	입찰참가자격의 제한을 받은 자에게 그 처분일부터 입찰참가자격제한기간 종료 후 6개월이 경과하는 날까지의 기간 중 다시 부정당업자에 해당하는 사유가 발생한 경우, 그 위반행위의 동기·내용 및 횟수 등을 고려하여 개별 해당 제재기간의 2분의 1의 범위에서 자격제한기간을 늘릴 수 있음(가 중 후 제한기간은 2년 이내)	입찰참가자격 제한을 받은 자가 그 처분일로부터 제한기간 종료 후 6개월이 경과하는 날까지의 기간 중 다시 부정당업자체 해당하는 사유발생 시 → 입찰참가자격 제한 사유별 제재기간의 2배까지 가중할 수 있음(가 중 후 제한기간은 2년 이내)
경 감	위반행위의 동기, 내용, 횟수 등을고려→ 입찰참가자격 제한사유별 제재기간의 2분의 1범위에서 제한기간을 경감할 수 있음(경감 후 제한기간은 1개월 이상)	위반행위의 동기, 내용 및 횟수 등을 고려하여 입찰 참가자격의 제한기간을 6개월 범위 내에서 경감할 수 있음(경감 후 제한기간은 1개월 이상)

3) 입찰 참가자격 제한 절차

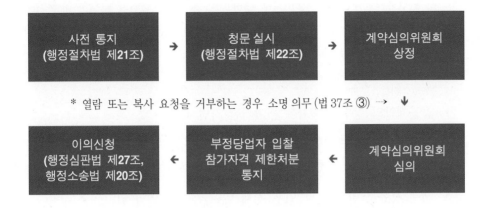

※ 청문 실시 통지가 있는 날부터 청문이 끝날 때까지 문서의 열람 또는 복사 요청 가능하며, 이 경우 문서로 하는 것이 원칙이지만 청문 일에 필요한 경우 구술로 청구 가능함.

◆ 대한민국 헌법

제12조 ① 모든 국민은 신체의 자유를 가진다. 누구든지 법률에 의하지 아니하고는 체포·구속·압수·수색 또는 심문을 받지 아니하며, 법률과 적법한 절차에 의하지 아니하고는 처벌·보안처분 또는 강제노역을 받지 아니한다.

4) 입찰 참가자격 제한의 효력, 통보 및 확인

(1) 입찰 참가자격 제한 효력

- 법인 및 대표자에 대한 쌍 벌 제재(대법원 2022.7.14. 선고 2022두37141 판결)
  - 제재 받는 대표자가 새로운 업체를 등록하여도 입찰 불가

> ※ 시공 중인 건설현장 소장이 감독공무원에게 뇌물을 공여한 경우, 대표이사의 지시가 없었더라도 대표이사에 대한 입찰참가자격 제한을 하여야 하고, 2인 이상의 각자 대표이사가 있는 경우 부정당 행위가 존재하는 입찰 또는 계약체결업무를 관장하는 대표이사에 대한 제재처분 가능(대법원 1985. 7.23. 선고 85누 136판결)

- 공동계약의 경우 제재사유를 야기한 자만 제재
- 효력이 승계됨(동질성 기준 – 주민번호/ 법인번호/ 면허번호 등)
- 재제 받은 자는 특별한 사유가 없는 한 수의계약도 불가능함.
- 제재 사유가 발생한 날 이후 지체 없이 제재 하여야 함

(2) 입찰 참가자격 제한 통보

각 중앙관서(지방자치단체)의 장은 입찰 참가자격을 제한을 할 때에는 행정절차법을 준수하며 업체명, 성명, 주민등록번호, 사업자등록번호, 제재기간, 제재사유 등을 명백히 하여 지정정보처리장치에 게재해야 한다.(국계령 제76조 ⑥, 지계령 제92조 ⑥)

(3) 입찰 참가자격 제한 여부의 확인

각 중앙관서의 장은 지정정보처리장치를 이용하여 입찰 참가자의 입찰 참가자격제한 여부를 확인해야 하며, 주민등록번호 · 사업자등록번호 · 관련 면허 · 등록번호 등을 확인해야 한다.(국계령 제76조 ⑫, 지계령 제92조 ⑪)

지방자치단체의 장은 지정정보 처리장치를 이용하여 입찰 참가자의 입찰 참가자격이 제한되고 있는지 여부를 확인해야 한다.(국계칙 제77조 ④, 지계칙 제77조 ⑤)

질의 회신

【질의 1】

- 2개의 면허를 보유한 업체의 경우 부정당업자 제재의 효력
- ☞ 부정당업자 제재는 법인인 경우에는 그 법인과 대표자에 대하여 제재기간 동안 입찰 참가자격을 제한하는 것으로 2개 이상의 면허를 보유하고 있는 법인인 경우 여타 면허에도 제재 효과가 미치게 되는 것임.

【질의 2】

• 법인합병 시 부정당업자 승계 여부

☞ 지방자치단체로부터 부정당업자 제재를 받은 법인을 합병하는 경우 합병된 후의 법인의 부정당업자 제재를 받은 법인의 면허번호, 등록번호 및 법인 등록번호 등과 각각 동일한 사항이 있어 동질성이 인정된다고 판단될 경우에는 입찰 참가자격이 제한되는 것임.

【질의 3】

• 국계법 제76조(부정당업자의 입찰 참가자격 제한) 제1항 제2호 "가" 목에서 규정한 "정당한 이유 없이 계약을 체결-------"에서 "정당한 이유"라 함은?

☞ 천재지변 또는 예기치 못한 돌발사태 등을 포함하여 명백한 객관적인 사유로 인하여 부득이 계약이행을 하지 못한 경우로서, 이는 각 중앙관서의 장이 사실 등을 고려하여 판단, 결정할 사항임. (재정경제부 회계제도과-1008, 2007.6.19.)

【질의 4】

• 부정당업자 제재사유 발생 당시의 업체 대표자와 처분할 당시의 업체 대표자가 변경된 경우 누구를 처분해야 하는지?

☞ 부정당업자 제재사유 발생 당시의 업체 대표자를 처분해야 함.

【질의 5】

• 공동계약으로 공사를 진행하다가 한 업체가 공사를 포기했을 때(계약 미이행) 지방계약법 시행규칙 제76조 [별표2]에서 "8. 가(5개월 이상 7개월 미만)"와 "8. 마(1개월 이상 3개월 미만)" 중 어느 것을 적용해야 하는지

☞ "8. 가"를 적용해야 함. 단독계약이든 공동계약이든 관계없이 계약 미이행 관련 제재는 "8. 가"를 적용하고, "8. 마"는 공동계약 내용 중 출자비율 또는 분담 내용을 이행하지 아니한 경우에 적용하는 규정임.

감사 사례

제목: 부정당업자에 대한 입찰 참가자격 제한 미조치

- 구 ○○처에서 2006년 6월 「국정브리핑 웹메일시스템 구축사업」을 "협상에 의한 계약" 방식으로 추진하기로 공고하고 같은 해 7월 (주)A를 우선 협상자로 선정·계약 체결

- 국가계약법 제27조 제1항과 같은 법 시행령 제76조 제1항에 입찰 또는 계약에 관한 서류를 허위로 제출한 자에 대하여는 부정당 업자로 입찰 참가를 제한하도록 규정되어 있고, 위 사업 입찰공고 및 제안요청서에 따르면 입찰 참가자격은 소프트웨어산업진흥법 제2조 제4호에 의한 시스템 통합 사업부문 등록업체로서, 공동계약 형태의 사업 참여는 불가능하고, 국가기관 및 정부 산하기관 등에 시스템 구축사업 실적 필요

- 그런데 위 관서에서는 위 업무를 검토하면서 위 시스템 구축사업 실적이 없는 (주)A가 (주)B와 담합하여 (주)A 명의로 입찰참가신청서를 제출하는 등 위 업체들이 담합하여 입찰 참가 등록서류를 허위로 작성하여 제출하였는데도 이를 그대로 인정하여 평가위원회에 기술심사를 의뢰하였고, 기술심사 결과에 따라 우선 협상 대상자로 선정된 (주)A와 계약 체결하였을 뿐만 아니라 국가계약법 시행령 제76조 제1항의 규정을 위반한 (주) A에 대해 같은 법 제27조의 규정에 따라 2008년 2월까지 입찰 참여자격 제한조치 등 미조치

감사 사례

제목: 부정당업자 제재업무 처리 불철저

- A시에서 A종합운동장에 눈썰매장 조성을 계획하고 시공업체를 선정하기 위하여 국가종합전자조달(G2B) 홈페이지 등을 통해 입찰공고를 하는 등 계약업무를 처리

- 지계령 제92조 등[1])에 따라 입찰 참가자가 부도·파산·해산·영업정지 등 정당한 이유 없이 심사에 필요한 서류 미제출 또는 서류 제출 후 낙찰자 결정 전 심사 포기 경우에는 해당 사실이 있은 후 지체 없이 2월 이상 4월 미만 입찰 참가자격 제한조치를 하는 것이 타당

- 위 관서에서 2008년 11월 위 조성공사 입찰 참가 업체 중 눈썰매장 조성공사 실적이 있는 C 외 1개 업체에 적격심사 서류 제출을 통보하였으나 위 2개 업체 모두 정당한 이유가 아닌 '자체평가결과 적격심사 통과점수 미달' 및 '내부사정' 등의 사유로 '적격심사 포기서'를 제출함에 따라 입찰 유찰

---

1) 지계령 제92조 제1항 제14호 및 같은 법 시행규칙 제76조 [별표 2]

- 또한, 위 유찰로 2008년 11월 재공고 입찰에 참가한 업체 중 눈썰매장 조성공사 실적이 있는 D 외 2개 업체에 서류 제출을 통보하였으나 위 3개 업체 모두 위 C 외 1개 업체와 유사한 사유로 '적격심사 포기서'를 제출함에 따라 또 다시 유찰

- 그런데도 위 관서에서는 정당한 이유 없이 적격심사를 포기한 위 5개 업체의 입찰 참가자격 제한 여부 미검토

- 그 결과 D는 아무런 제한 없이 2008년 11월과 12월 위 눈썰매장 조성공사 수의시담과 E시 발주 "△△공설운동장 평판형의자 제작·설치공사" 입찰에 참가하여 낙찰자로 결정

유권 해석

- 입찰 등록서류 위조로 형사처벌을 받은 경우 형사처벌을 받고 있다고 하여 부정당업자 제재처분이 면제되는 것은 아님(회계 125-79, '83. 1. 14.)

- 지방경찰청으로부터 입찰담합 통보가 온 경우 법원의 최종판결과 상관없이 사실관계를 확인하여 행정조치 함이 타당함.(회계제도과-750, '15. 6.29)

- 「공공기관의 운영에 관한 법률」제39조 제2항에 의해 부정당 업자 제재 처분 권한을 부여받은 기관은 공기업·준정부기관에 한정되어 있으므로 기타 공공기관에 의해 부정당 업자 제재 처분을 받은 자에 대해 중앙행정기관에서 입찰 참가자격을 제한할 수는 없음.(계약제도과-398, '18. 3. 28.)

- 계약 상대자가 정당한 이유 없이 계약이행을 하지 아니하여 계약해지가 된 경우라면 입찰 참가자격의 제한 대상임.(회계제도과-2487, '16. 5. 23.)

- 지방경찰청으로부터 입찰 담합에 의한 부정당 업자 입찰 참가자격 제한 처분의뢰 공문이 접수된 경우 이에 근거하여 부정당 업자의 입찰 참가자격 제한 처분이 가능한지, 아니면 혐의사실에 대한 법원의 확정판결 이후에 가능한지? 관련사실을 확인하여 부정당업자 입찰 참가자격을 제한하는 것이 타당함.(회계제도과-750, '15. 6. 29.)

- '단순한 오기'가 '허위서류'에 해당되는지 여부(계약제도과-1380, '13. 10. 8.)
- 서류 제출 담당자의 단순한 착오에 의한 오기가 명백한 경우라면 이를 '위조·변조·허위'로 보기는 어려울 것이나, 동 사항이 '계약 상대자의 단순한 착오에 의한 오기'인지는 제반 사정을 종합적으로 고려하여 계약담당공무원이 판단할 사항임.

2. 부정당업자의 입찰 참가자격 제한

553

3. 과징금 부과

○ 내 용

(1) 도입 배경

- 경미한 위반사유로 제재 받은 경우에 입찰 참가자격 제한은 과잉규제라는 논란 등 부작용 보완을 위해 과징금부과제도 도입
- 부정당업자 제재의 취지를 저해하지 않는 범위 내에서 제한적으로 입찰참가자격 제한에 갈음한 과징금 부과를 허용

(2) 관련 법령(규정 등)

국 가	지 방
o 계약법 제27조의2, 제32조 o 계약법 시행령 제76조의 3~13 o 계약법 시행규칙 제77조의2 별표3내지4 o 과징금부과심의위원회 운영규정	o 계약법 제31조의2~3, 제32조 o 계약법 시행령 제92조의2~4, 8 o 계약법 시행규칙 제77조의2 별표3내지4 o 「지방자치단체 입찰 및 계약집행기준」 제13장 과징금부과심의위원회 운영요령

(3) 과징금 부과 사유에 해당하는 경우

1. 천재지변이나 그 밖에 이에 준하는 부득이한 사유로 인한 경우
2. 국내·국외 경제 사정의 악화 등 급격한 경제 여건 변화로 인한 경우
3. 발주자에 의하여 계약의 주요 내용이 변경되거나 발주자로부터 받은 자료의 오류 등으로 인한 경우
4. 공동계약자나 하수급인 등 관련 업체에도 위반행위와 관련한 공동의 책임이 있는 경우
5. 입찰금액 과소산정으로 계약체결·이행이 곤란한 경우로서 제36조제16호에 따른 기준 및 비율을 적용하는 등 책임이 경미한 경우
6. 금액단위의 오기 등 명백한 단순착오로 가격을 잘못 제시하여 계약을 체결하지 못한 경우

> 7. 입찰의 공정성과 계약이행의 적정성이 현저하게 훼손되지 아니한 경우로서
>   부정당업자의 책임이 경미하며 다시 위반행위를 할 위험성이 낮다고 인정되
>   는 사유가 있는 경우
> ※ 단, 과징금 제도의 남용방지를 위해 계약제도를 심히 저해한 행위는 제외

(4) 과징금 부과기준

- 국가(법 제27조의2, 규칙 77조의2), 지방(법 31조의2, 규칙 77조의2)

- 부정당업자의 책임이 경미한 경우: 계약금액의 0.5 ～ 최대 10%
- 입찰참가자격 제한으로 유효한 경쟁입찰이 명백히 성립되지 아니하는 경우 :
  계약 금액의 1.5 ～ 최대 30%

※ 주1) (지방) 시·군·구의 과징금 부과는 시·도의 계약심의위원회에서 심의함
  주2) (국가) 각 중앙관서의 장은 위반행위의 동기·내용과 횟수 등을 고려하여 과
       징금 금액의 2분의 1의 범위에서 감경
     (지방) 자치단체 장은 위반행위의 동기·내용과 횟수 등을 고려하여 계약심의
       위원회나 과징금부과심의위원회의 심의를 거쳐 과징금 금액의 2분의 1
       의 범위에서 감경

대형공사계약

CHAPTER 12

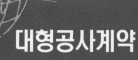

2 대형공사계약

1. 대형공사계약에 관한 특례

1) 의의(국계령 제79조, 지계령 제95조)

대형공사라 함은 총공사비 추정가격이 300억 원 이상인 신규 복합공종공사를 말한다. 대형공사의 유형으로는 설계·시공 일괄입찰에 의한 계약, 대안입찰에 의한 계약, 특정공사의 계약(300억 원 미만 신규복합공종 공사 중 대안입찰 또는 일괄입찰 공사)이 있다.

※ 이 장에서는 편의상 기술제안입찰 등에 의한 계약 및 종합평가(종합심사)낙찰제에 의한 계약을 포함하여 '대형공사계약'으로 표기한다.

대형공사 설계비 보상

- 대상공사: 일괄입찰 및 실시설계·시공입찰에 의하여 시공되는 공사
- 보상 대상자: 탈락자 중 설계점수가 입찰공고에 명시한 점수 이상인 자
- 보상비 지급기준: 설계보상비로 책정된 금액(총공사비의 20/1000에 해당하는 금액, 기술제안 입찰의 경우는 10/1000)

2) 대안입찰 또는 설계시공 일괄입찰 등 대상공사의 공고

집행기본계획서 제출 : 매년 1월 15일까지

↓

중앙(지방)기술심의위원회 심의 : 1월 말까지

↓

공고: 국토교통부장관, 국방부장관, 지방자치단체장이 홈페이지 및 정보처리 장치 공고
(인터넷, 일간신문 공고 병행 가능)

3] 예정가격의 결정

일괄입찰공사 및 기본설계 기술제안입찰에 있어서는 예정가격을 작성하지 않는다.

질의 회신

【질의】

지방자치단체또는 국가기관의 경우 대형공사 및 특정공사의 입찰 방법 심의는 어떻게 이루어져야 하는지 여부

【답변】

국가계약법령 및 지방계약법령 에 따라 (지방)건설기술심의위원회에서 대형공사 및 특정공사의 입찰 방법을 심의해야 하는 것임.

4] 입찰 및 낙찰자 선정

(1) 개념

일괄입찰(턴키) 공사는 발주기관이 설계서를 작성하지 아니하고 공사기본계획 및 지침만 제시하면, 계약 상대자가 설계와 시공을 모두 수행하는 입찰방식이며, 대안입찰공사는 원안 입찰과 함께 따로 입찰자의 대안 제출이 허용된 입찰방식을 말한다.(국계령 제79조, 지계령 제95조)

(2) 대상공사

총공사비 추정가격이 300억 원 이상인 신규 복합공종공사(대형공사)와 총공사비 300억 원 미만인 신규 복합공종공사 중 일괄입찰 또는 대안입찰로 시행함이 유리하다고 인정하는 공사(특정공사)가 해당된다.

【대형 · 일반공사의 차이점】

분야별	적격심사	일괄입찰공사	기술제안 또는 대안입찰공사
설계 주체	발주 기관이 설계서 작성	입찰자가 설계서 작성 제출	발주 기관이 설계서 작성 제시(원안)
예정가격 작성 여부	작 성	작성하지 않음	원안, 대안공종에 대해 예정가격 작성
낙찰자 결정 방법	예정가격 이하 최저가 입찰자 중 적격심사 통과자	기본설계에 대한 심사 결과 최고 득점자를 실시설계적격자로 선정	대안 또는 기술제안에 대한 심사결과 최고득점자
계약금액 조정 여부	설계변경 시 계약금액 조정 가능	설계변경 시 불가 * 예외규정 있음	좌동 * 예외규정 있음

【일괄 · 대안 · 기술제안 입찰의 장 · 단점】

장 점	단 점
• 일괄 책임(설계 · 시공) • 공기단축 및 품질향상 • 공사비 절감(신기술, 신공법) • 발주자 행정부담 감소	• 과도한 입찰 준비 비용 소요 • 중소업체 참여기회 제한 • 총공사 금액의 사전파악 곤란 • 발주자의 점검과 조정기능 결여

(3) 대형공사 심의 기관 및 심의 종류

① 심의 기관: 중앙건설(지방)기술심의위원회

② 심의 기준: 대형공사 입찰방법 심의 기준(국토교통부 제정) 적용

③ 심의종류

입찰방법 심의	→	입찰안내서 심의	→	기본설계 심의	→	실시설계 심의
건설(지방) 기술심의위원회		건설(지방) 기술심의위원회		건설(지방) 기술심의위원회		건설(지방) 기술심의위원회

④ 입찰방법 심의(국계령 제80조, 지계령 제96조)

ㄱ 대형공사 및 특정공사 집행기본계획서의 입찰 방법 적정 여부

ㄴ 공종 및 규모, 기술의 난이도 등에 따른 일괄입찰·대안입찰 집행 필요성 여부

⑤ 입찰안내서 심의(국계령 제85조, 지계령 제98조)

입찰 및 설계·공사 과정에서 준수해야 하는 기본적인 사항 심의

⑥ 기본·실시설계심의(국계령 제85조, 지계령 제98조)

설계의 기술적 타당성, 설계 적격 여부 및 설계점수 평가

(4) 대형공사의 낙찰자 결정 방식 선택 체계와 대상공사

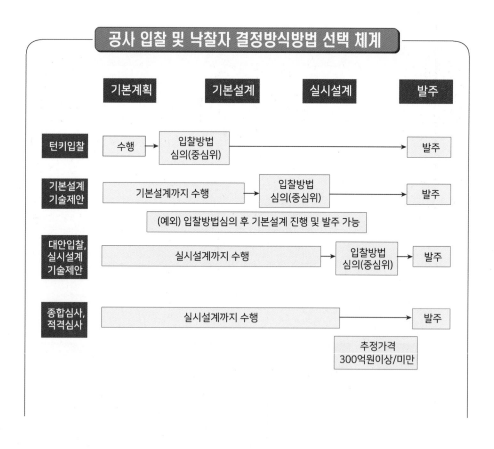

☞ **대형공사 등의 입찰방법 심의기준[국토교통부 고시 제2019-91호(2019.02.25)]**

◎ **(적용범위)**

1. 총공사비 추정가격이 300억 원 이상인 신규복합공종 공사(이하 "대형공사"라 한다)

2. 총공사비 추정가격이 300억 원 미만인 신규복합공종공사 중 대안입찰 또는 일괄입찰로 집행함이 유리하다고 인정하는 공사(이하 "특정공사"라 한다)

3. 상징성·기념성·예술성이 필요하다고 인정되거나 난이도가 높은 기술이 필요한 시설물로서 기본 설계 기술제안입찰 또는 실시설계 기술제안입찰로 집행하려는 공사

4. 공기단축이 필요한 공사 중 일괄입찰로 집행하는 것이 유리하다고 인정되는 공사

◎ **(심의기준 등)**

1. 일괄입찰
   가. 심의대상시설에 해당하는 공종이 계약단위 공구를 기준으로 해당 총공사비의 50% 이상을 차지
   나. 공사기간이 촉박하여 공기단축이 필요한 공사, 스마트건설 적용공사

2. 대안입찰 : 심의대상시설에 해당하는 공종이 계약단위 공구를 기준으로 당해 총공사비의 40% 이상을 차지하는 경우

3. 기본설계 기술제안입찰
   가. 심의대상에 해당하는 공종이 계약단위 공구를 기준으로 해당 총공사비의 40% 이상을 차지하거나 200억 원(추정가격) 이상인 경우
   나. 공사기간이 촉박하여 공기단축이 필요한 공사, 스마트건설 적용 공사

4. 실시설계 기술제안입찰 : 심의대상에 해당하는 공종이 계약단위 공구를 기준으로 해당 총공사비의 30% 이상을 차지하거나 200억 원(추정가격) 이상인 경우

기술제안 입찰방법 심의대상시설

분 야	심의대상 시설기준
토목	■ 도로교량 : 상부구조형식이 현수교, 사장교, 아치교, 트러스교인 교량, 최대 경간장 50m 이상 (한 경간 교량은 제외), 연장 500m 이상, 폭 12m 이상이고 연장 500m 이상인 복개구조물 ■ 철도교량 : 고속철도 교량, 도시철도 교량 및 고가교, 상부구조형식이 트러스교 및 아치교인 교량, 연장 500m 이상 ■ 도로터널 : 연장 1,000m 이상의 터널, 3차로 이상의 터널, 터널구간의 연장이 500m 이상인 지하차도 ■ 철도터널 : 고속철도 터널, 도시철도 터널, 연장 1,000m 이상의 터널 ■ 항만 : 높이(기초 포함) 30m 이상 및 설계파랑 5.0m 이상 해상구조물, 연면적 1만 ㎡ 이상인 다중이용시설 ■ 댐 : 다목적댐, 발전용댐, 홍수전용댐 및 총저수용량 1,000만 톤 이상의 용수전용댐 ■ 하천 : 하구둑, 포용조수량 8,000만 톤 이상의 방조제, 특별시 및 광역시에 있는 국가하천의 수문 및 통문, 국가하천에 설치된 높이 5m 이상인 다기능 보, 강변여과 취수시설(10만 톤/일 이상) ■ 상수도 : 광역상수도, 공업상수도, 1일 공급능력 3만 톤 이상의 지방상수도 ■ 공항(활주로, 여객·화물터미널 등) ■ 철도(철도차량기지) ■ 통제센터와 연계된 통합시스템이 필요한 지능형교통체계시설
건 축	■ 신기술, 신공법 적용이 필요한 공동주택(16층 이상 또는 연면적 10만 ㎡ 이상) ■ 21층 이상 또는 연면적 3만 ㎡ 이상(막구조, 돔구조는 바닥면적 1만 ㎡ 이상)인 다중이용건축물 ■ 연면적 3만 ㎡ 이상인 공용청사
플랜트	■ 고도처리방식에 의한 정수장, 1만 톤/일 이상 하수·폐수 처리시설 ■ 폐기물(쓰레기, 슬러지 등) 소각시설(30 톤/일 이상), 쓰레기 자동집하시설, 슬러지 건조, 매립시설 ■ 가스공급시설 ■ 열병합발전설비, 집단에너지시설 등

※ 발주청에서 상기 시설기준에 해당하는 공사로써 기술제안으로 입찰하는 것이 유리하다고 판단되는 경우 심의요청 하여야 하나, 상기 시설기준에는 미달되나 공기단축 또는 상징성·기념성·예술성 및 난이도 높은 기술 필요시 등 기술제안입찰이 필요하다고 판단한 경우 상세한 설명서를 첨부하여 심의요청 가능

일괄 · 대안 입찰방법 심의대상시설

분야	심의대상 시설기준
토목	■ 교량(연장 500m 이상으로 경간장 100m 이상) 및 경간장 100m 이상(철도교량은 70m 이상)인 특수교량(현수교, 사장교, 아치교, 트러스교 등) ■ 일반터널(3,000m 이상 또는 방재 1등급 터널), 하저 및 해저터널 ■ 댐(총저수용량 1,000만 톤 이상), 배수갑문 ■ 공항(활주로, 여객·화물터미널 등) ■ 항만(계류시설, 외곽시설 등) ■ 철도(철도차량기지) ■ 통제센터와 연계된 통합시스템이 필요한 지능형교통체계시설
건축	■ 50층 이상이거나 높이가 200m 이상인 공동주택 ■ 21층 이상 또는 연면적 3만 ㎡ 이상(막구조, 돔구조는 바닥면적 1만 ㎡ 이상)인 다중 이용건축물 ■ 연면적 3만 ㎡ 이상인 공용청사
플랜트	■ 고도처리방식에 의한 정수장, 하수(5만 톤/일 이상)·폐수(1만 톤/일 이상) 처리시설 ■ 폐기물(쓰레기, 슬러지 등) 소각시설(30 톤/일 이상), 쓰레기 자동집하시설, 슬러지 건조 및 매립시설 ■ 가스공급시설 ■ 열병합발전설비, 집단에너지시설 등

※ 상기 시설기준에 미달되나 공기단축 또는 특수한 현장 여건으로 신기술·신공법 등이 현저히 필요한 경우 상세한 설명서를 첨부하여 심의요청 가능

(5) 대형공사의 수행 절차

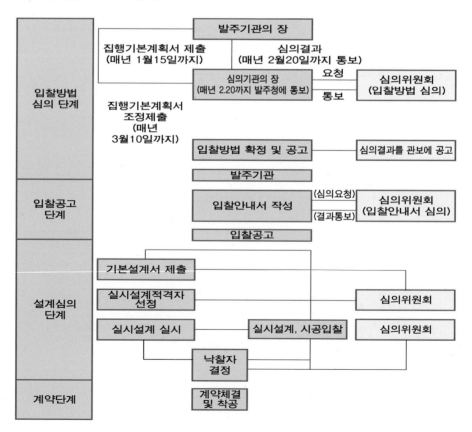

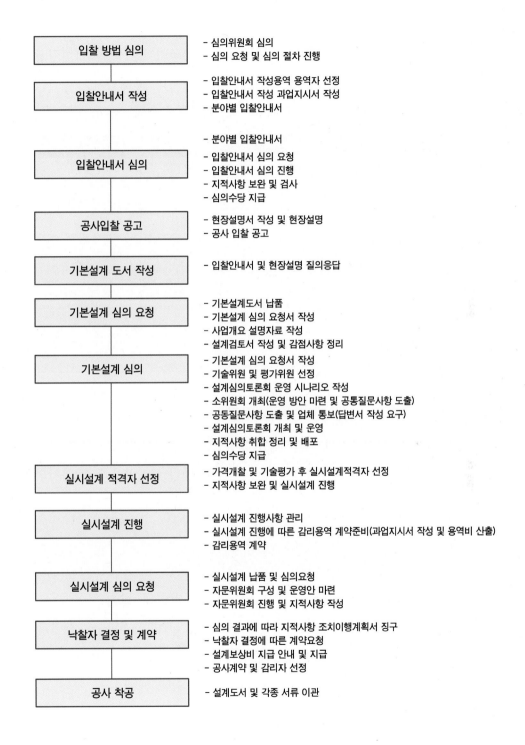

입찰 방법 심의	- 심의위원회 심의 - 심의 요청 및 심의 절차 진행
입찰안내서 작성	- 입찰안내서 작성용역 용역자 선정 - 입찰안내서 작성 과업지시서 작성 - 분야별 입찰안내서
입찰안내서 심의	- 분야별 입찰안내서 - 입찰안내서 심의 요청 - 입찰안내서 심의 진행 - 지적사항 보완 및 검사 - 심의수당 지급
공사입찰 공고	- 현장설명서 작성 및 현장설명 - 공사 입찰 공고
기본설계 도서 작성	- 입찰안내서 및 현장설명 질의응답
기본설계 심의 요청	- 기본설계도서 납품 - 기본설계 심의 요청서 작성 - 사업개요 설명자료 작성 - 설계검토서 작성 및 감점사항 정리
기본설계 심의	- 기본설계 심의 요청서 작성 - 기술위원 및 평가위원 선정 - 설계심의토론회 운영 시나리오 작성 - 소위원회 개최(운영 방안 마련 및 공통질문사항 도출) - 공동질문사항 도출 및 업체 통보(답변서 작성 요구) - 설계심의토론회 개최 및 운영 - 지적사항 취합 정리 및 배포 - 심의수당 지급
실시설계 적격자 선정	- 가격개찰 및 기술평가 후 실시설계적격자 선정 - 지적사항 보완 및 실시설계 진행
실시설계 진행	- 실시설계 진행사항 관리 - 실시설계 진행에 따른 감리용역 계약준비(과업지시서 작성 및 용역비 산출) - 감리용역 계약
실시설계 심의 요청	- 실시설계 납품 및 심의요청 - 자문위원회 구성 및 운영안 마련 - 자문위원회 진행 및 지적사항 작성
낙찰자 결정 및 계약	- 심의 결과에 따라 지적사항 조치이행계획서 징구 - 낙찰자 결정에 따른 계약요청 - 설계보상비 지급 안내 및 지급 - 공사계약 및 감리자 선정
공사 착공	- 설계도서 및 각종 서류 이관

1. 대형공사계약에 관한 특례

(6) 대형공사의 구체적 내용 및 절차

- 대규모 사업이란 분류하기에 따라서 다르다. 국가 및 지방계약법령상
  으로는 통상 300억 원 이상 공사를 대형공사라고 표현한다.
- 우선 대형공사 계약방법을 아래와 같은 유형으로 구분

계약목적물별	계약체결형태별	경쟁형태별	낙찰자 결정방법
● 건설공사 　- 종합공사 　- 전문공사 ● 전기공사 ● 정보통신공사 ● 소방공사 ● 문화재공사	● 확정계약, 개산계약, 　사후원가검토조건부계약 ● 총액계약, 단가계약 ● 장기계속계약, 　계속비계약, 　단년도계약 ● 회계연도개시전 계약 ● 단독계약, 공동계약	● 경쟁입찰계약 　- 일반경쟁입찰 　- 제한경쟁입찰 　- 지명경쟁입찰 ● PQ ● 수의계약 　- 금액에 의한 구분 　- 내용에 의한 구분 ● 총액입찰 ● 내역, 물량수정내역, 　순수내역입찰 ● 국제입찰	● 적격심사 ● 종합심사 ● 설계시공일괄입찰 ● 대안입찰 ● 기본설계기술제안 　입찰 ● 실시설계기술제안 　입찰

① 공사의 종류에 따른 계약 방법 결정

- 사업대상이 건설공사만 하는 것인지 정보통신 공사나 전기공사 소방공
  사 등 건설공사 외의 공사인지 아니면 건설공사나 통신공사 등이 복합되
  어 있는지 여부에 따 따라서 대형공사의 계약방법을 결정할 때 달라질
  수 있음.

② 계약기간의 장·단기별 구분에 따른 계약 방법의 결정

- 단년도 계약은 이행기간이 1회계연도인 경우로서, 해당 연도 세출예
  산에 계상된 예산을 재원으로 체결하는 계약을 말함.
- 다년도 계약은 아래와 같이 장기계속계약과 계속비계약으로 구분하며,
  예산을 계속비로 편성하느냐 여부에 따라서 계속비계약인지 장기계속계
  약인지 구분되며, 장기계속계약과 계속비계약을 구분해 보면 아래와 같
  으며 대형공사는 대부분 계속비계약이나 장기계속계약으로 진행됨.

구분	장기계속계약	계속비계약
사업내용 확정여부	확정	확정
총예산 확보 여부	• 미확보(해당연도분만 확보)	확보
입찰 및 계약체결 방법	• 총 공사금액으로 입찰하고 각 회계연도 예산 범위에서 연차별 계약체결(총 공사금액 부기)	• 총 공사금액으로 입찰 및 계약체결 (연부액 부기)
보증금 납부 방법	• 총 공사금액을 기준으로 납부	좌동
선금	• 연차계약금액을 기준으로 의무적 선금률 등을 산정하여 지급	• 총 공사금액을 기준으로 산정하여 지급
지체상금	• 연차계약별로 당해 연차계약금액을 기준으로 부과	• 총 공사 준공기한 경과 후 총 공사금액을 기준으로 부과
물가변동적용대가	• 총 공사금액을 기준으로 산정	좌동
납품완료처리	• 연차계약별로 납품완료처리	• 총 공사계약 이행완료 후 납품완료 처리
하자보수보증금 납부	• 연차계약별로 해당 연차계약금액을 기준으로 산정 • 다만, 연차계약별로 하자담보책임을 구분할 수 없는 경우에는 총 공사의 준공검사 후, 총 공사금액을 기준으로 산정	• 총 공사의 검사 후 총 공사금액을 기준으로 산정
예산이월	• 체차이월: 계속비예산의 경우에는 계속비의 연도멸 연부액 중 해당 연도에 지출하지 못한 금액은 계속비사업의 완성연도까지 계속 이원하여 사용할 수 있음(국가재정법 §48③)	• 사고이월: 세출예산은 1회에 한하여 다음연도로 이월이 가능 (국가재정법 제40조, 영 제20조)

③ 입찰 참가자격 사전심사(Pre-Qualification) 여부 판단

- "입찰참가자격 사전심사"(PQ: Pre-Qualification)는 용어 그대로 입찰에 참가하려는 자에 대해 입찰 전에 미리 계약조건 등의 내용대로 완성할 수 있는 능력이 있는지 여부를 판단하기 위해 심사하는 것임.

- 종전에는 추정가격이 200억 원 이상인 고난이도 공사에[1] 대해서만 의무적으로 시행하였으나, 현재는 모든 공사에 대해 PQ 가능함.

  - 일반공사, 일괄입찰 및 대안입찰, 기술제안입찰 등 구분 없이 모든 공사 및 공종을 대상으로 각 발주기관이 계약목적물의 특성을 고려하여 PQ 실

---

1) 행안부 계약예규 지방자치단체 입찰시 낙찰자 결정기준 제1장 "입찰참가자격사전심사요령"
  1. 추정가격이 200억 원 이상인 공사로서 다음. 각 목의 어느 하나에 해당하는 공사
  가. 다음. 중 어느 하나에 해당하는 교량건설공사
  가-1. 기둥 사이의 거리가 50미터 이상이거나 길이 500미터 이상인 교량건설공사
  가-2. 교량건설공사와 교량 외의 건설공사가 복합된 공사의 경우에는 교량건설공사(기둥 사이의 거리가 50미터 이상이거나 길이 500미터 이상인 것에 한한다)부분의 추정가격이 200억 원 이상인 교량건설공사
  나. 공항건설공사, 다. 댐축조공사, 라. 에너지저장시설공사, 마. 간척공사, 바. 준설공사
  사. 항만공사, 아. 철도공사, 자. 지하철공사
  차. 터널건설공사(단, 터널건설공사와 터널 외의 건설공사가 복합된 공사의 경우에는 터널건설공사부분의 추정가격이 200억 원 이상인 것에 한함)
  카. 발전소건설공사, 타. 쓰레기소각로건설공사, 파. 폐수처리장건설공사
  하. 하수종말처리장건설공사, 거. 관람집회시설공사, 너. 전시시설공사, 더. 송전공사
  러. 변전공사

시 여부를 결정하면 되고 300억 원 이상 종합평가(심사) 낙찰자 공사는 종합평가 심사기준에 PQ 절차가 정해져 있어서 PQ 심사가 의무화되어 있음.

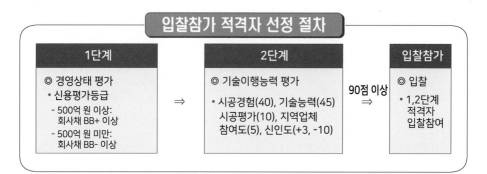

● 국가기관의 입찰참가 자격심사 흐름도

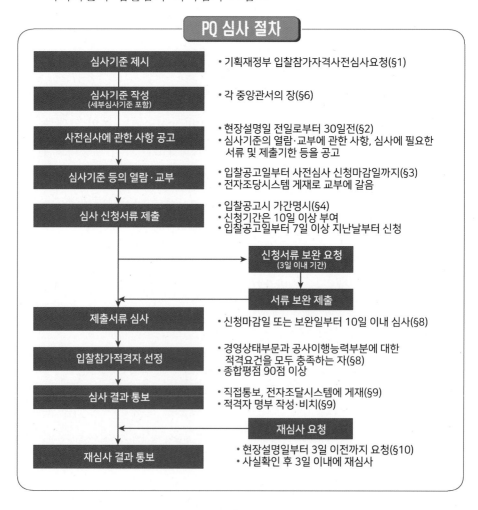

④ 입찰 방식에 따른 분류

- 국가계약법령이나 지방계약법령상 300억 원 이상 공사는 대안입찰, 설계
  ·시공일괄입찰(턴키입찰), 실시설계기술제안입찰 및 기본설계 기술제안
  입찰 등의 입찰 방법이 있음.
- 이는 건설사업자의 견적 능력을 판단함과 동시에 업체 간에 변별력을 판
  단하기 위한 것으로 공사를 발주하면서 일반공사로 발주할 것인지 기술형
  공사로 발주할 것인지 여부는 (지방)건설기술 심의위원회에서 판단하게
  되는 것임.

구분	입찰방식	대상공사 (추정가격)	발주기관 설계제공	입찰시 제출서류	낙찰자 결정방식
일반 공사	총액입찰 (영 §14⑥단서)	100억 원 미만 공사	· 실시설계 · 물량내역 (영 §14①각호)	입찰서 (가격)	· 적격심사낙찰제
	내역입찰 (영 §14⑥)	100억 원 이상 공상		· 입찰서 · 산출내역서	
	물량내역 수정입찰 (영 §14①단서)	300억 원 이상 공사		· 입찰서 · 산출내역서 (물량수정가능)	· 종합심사낙찰제
	순수내역입찰 (영 §14①단서)		· 실시설계	· 입찰서 · 직접작성 산출내역서	· 종합심사낙찰제
기술형 공사	설계·시공 일괄입찰 (영 §79)	300억 원 이상 공사 (미만도 필요 시 가능)	· 기본계획	· 입찰서 · 기본설계	(5가지 방식) · 설계적합최저가 · 입찰가격조정 · 설계점수조정 · 가중치 · 확정금액 최상 설계
	대안입찰 (영 §79)		· 실시설계 · 물량내역	· 입찰서 · 대안실시설계	(4가지 방식) · 설계적합최저가 · 입찰가격조정 · 설계점수조정 · 가중치
	실시설계 기술제안입찰 (영 §98)	모든 공사	· 실시설계	· 입찰서 · 직접작성 산출내역서 · 실시설계 기술제안서	(4가지 방식) · 기술적합최저가 · 입찰가격조정 · 기술점수조정 · 가중치
	기본설계 기술제안입찰 (영 §98)		· 기본설계	· 입찰서 · 기본설계 · 기술제안서	

기술형 입찰에 대하여 좀 더 구체적으로 내용을 설명하면 아래와 같음.

㉠ 대안입찰

- 추정가격이 300억 원 이상인 공사 중 매년 초에 「건설기술진흥법」에 의하여 설치된 지방건설기술심의위원회의 대형공사 입찰방법 심의 시 대안입찰방법에 의하여 낙찰자를 선정하도록 결정되고 이에 따라 실시하는 입찰 방식
  - 대안입찰 제도는 원안입찰과 함께 입찰자의 의사에 따라 대안설계서 및 대안입찰서 제출이 허용되는 입찰 방법인데 설계 · 시공상의 기술능력 개발을 유도하고 설계 경쟁을 통한 공사의 품질 향상을 도모하기 위한 제도
  - 대안입찰 시 '대안'이라 함은 발주자가 작성한 설계서상의 공종 중에서 대체가 가능한 공종에 대하여 기본방침의 변경 없이 정부가 작성한 설계에 대체될 수 있는 동등 이상의 기능 및 효과를 가진 신공법 · 신기술 · 공기단축 등이 반영된 설계로서 당해 설계서상의 가격이 자치단체가 작성한 설계서상의 가격보다 낮고 공사기간이 정부가 작성한 설계상의 기간을 초과하지 아니하는 방법으로 시공할 수 있는 설계를 말함.
- 대안입찰에 의하는 경우 입찰에 참가하고자 하는 자는 입찰공고기간 중 입찰안내서, 설계도면, 공사시방서, 현장설명서, 물량내역서 등 입찰에 관한 서류를 교부받아 입찰공고 등에 정한 대안제출 가능공종을 검토하고 대안입찰서를 제출할 것인지 아니면 원안입찰서만 제출할 것인지의 여부를 결정하여야 함.
- 대안입찰을 하고자 하는 자는 원안입찰서와 대안입찰서를 동시에 제출하게 되는데 원안입찰은 입찰서에 산출내역서를 첨부하여 제출하는 내역입찰방식으로, 대안입찰은 입찰서, 대안설계서, 원안 부분 및 대안 부분에 대한 산출내역서 및 대안설계에 대한 구체적인 설명서 등을 제출하는 방식으로 이루어짐.
  - 대안입찰 시에는 동시에 2개 이상의 대안입찰서를 제출할 수 없으며, 원안입찰금액보다 높은 대안입찰은 대안으로 채택될 수 없음. 원안입찰만

을 하고자 하는 입찰자는 내역입찰 방법과 동일하게 발주기관이 교부한 물량 내역서에 단가를 기재하여 산출내역서를 작성하고 산출내역서의 합계금액을 입찰금액으로 한 입찰서를 제출하면 됨.

- 최근에는 기술제안입찰이 대안입찰과 유사하여 대안입찰보다는 기술제안입찰이 많이 발주되고 있음.

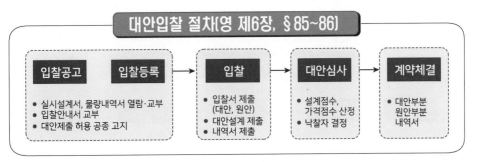

ⓛ 설계·시공일괄입찰(턴키입찰)

- 대안입찰공사와 마찬가지로 추정가격이 300억 원 이상인 공사 중 년 초에 건설기술심의위원회의 대형공사 입찰방법 심의 시 턴키입찰방법에 의하여 낙찰자를 선정하도록 결정되어 실시되는 입찰 방식

  - 관련 제도는 1977년에 도입된 제도로서 발주자가 제시하는 입찰기본계획 및 지침에 따라 입찰 시 그 공사의 설계서 기타 시공에 필요한 도면 및 서류를 작성하여 입찰서와 함께 제출하는 입찰 방법으로 설계·시공상의 기술능력 개발을 유도하고 설계경쟁을 통한 공사의 품질향상을 도모하며, 설계용역과 공사입찰을 통합하여 실시함으로써 계약 상대자 선정에 소요되는 입찰기간을 단축할 수 있는 제도임.

- 턴키입찰에 의하는 경우 입찰에 참가하고자 하는 자는 입찰공고 기간 중에 입찰안내서, 현장설명서 등 입찰에 관한 서류를 교부받아 이를 기준으로 기본설계서와 그에 따른 도서를 작성하여 입찰서와 함께 제출하여야 함. 입찰 후 설계심의와 가격평가 등을 통하여 실시설계 적격자로 선정된 입찰자는 실시설계서와 이에 대한 구체적인 설명서, 산출내역서 등 관련서류를 건설기술심의위원회에 제출

- 턴키입찰의 특성은 발주기관이 교부하는 입찰안내서, 현장설명서를 제외하면 모든 설계서를 계약상대자가 직접 작성하여 제출하고 발주기관이 모든 설계서를 작성하여 열람시키거나 교부하는 일반공사(총액입찰, 내역입찰 등)와 구분되는 턴키공사의 가장 중요한 특성임. 또한, 발주기관이 예정가격을 작성하지 아니하므로 낙찰율이 없다는 점에서 다른 입찰방법의 경우와 구분됨.

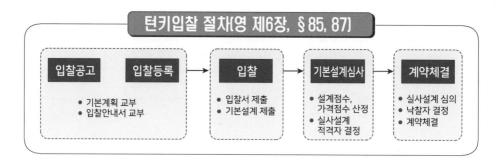

ⓒ 실시설계기술제안입찰
- (지방)건설기술심의위원회의 입찰방법 심의를 통하여 기술제안입찰방법에 의하여 낙찰자를 선정하도록 결정되고 이에 따라 입찰을 실시하는 입찰방식
  - 기술제안 기술입찰제도는 가격적인 측면에서는 초기 공사비뿐만 아니라 공사의 생애주기비용(Life Cycle Cost)을 감안하여 낙찰자를 결정하도록 하는 방식으로 최근 선진외국에서 실시되고 있는 최고가치 낙찰제와 동일
- 실시설계기술제안입찰제도는 발주기관이 교부한 실시설계서 및 입찰안내서에 따라 입찰자가 시공효율성 검토 등을 통한 공사비 절감방안, 생애주기비용 개선방안, 공기단축방안, 공사관리 방안 및 발주기관이 교부한 실시설계서 및 입찰자가 제출하는 기술제안서의 내용을 반영하여 물량과 단가를 명백히 한 산출내역서 등이 포함된 기술제안서를 작성하여 입찰서와 함께 제출하는 입찰방식

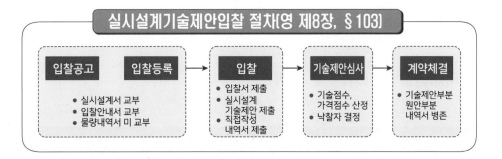

② 기본설계 기술제안입찰

- 발주기관이 교부한 기본설계서 및 입찰안내서에 따라 입찰자가 시공효율
  성 검토 등을 통한 공사비 절감방안, 생애주기비용 개선방안, 공기단축
  방안 및 공사관리방안 등이 포함된 기술제안서를 작성하여 입찰서와 함
  께 제출하는 입찰방식

  - 입찰시 산출내역서를 제출하지 아니하며, 낙찰자가 아닌 실시설계적격
    자를 선정한다는 점에서 턴키입찰과 유사하며, 실시설계기술제안입찰,
    순수내역입찰과 다르며 설계와 시공을 병행하는 Fast track 방식이
    가능함.

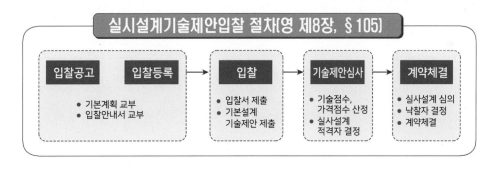

2. 국제입찰

1) 국제입찰 대상기관 및 금액

구 분	개 방 기 관	개 방 범 위
국가기관	• 중앙행정기관	• 건설: 83억 원 이상 • 물품·용역: 2.2억 원 이상
지방자치단체	• 16개 시·도(세종 제외) • 서울, 부산, 인천자치구·군	• 건설: 249억 원 이상 • 물품·용역: 3.3억 원 이상(기초 6.7)

※ 기준금액: 추정가격

(1) 대상 국가(정부조달협정국)

세계무역기구(World Trade Organization, WTO)는 1995년 1월 1일, 무역자유화를 통한 세계적인 경제 발전을 위해 설립되었으며 총 155개국(2012.5.10. 기준)이 회원국으로 가입되어 있으며, 한국은 미국, 일본, 유럽연합(EU) 등 주요 국가가 회원국으로 참여하고 있는 세계무역기구(WTO) 정부조달협정(GPA)에 가입되어 있다.

정부조달협정(Government Procurement Agreement, GPA)은 정부조달시장의 상호개방을 약속하는 세계무역기구(WTO) 설립 협정에 속하는 무역 협정의 하나로서, 세계 각국의 정부조달 관행에 존재하는 차별 행위를 규제하고, 국제조달시장의 자유화를 촉진하기 위해 제정하였다.

세계무역기구(WTO) 정부조달협정(GPA) 회원국은 한국, 일본, 홍콩, 대만, 싱가포르, 캐나다, 미국, 유럽연합(EU) 등으로서 정부조달협정(GPA)의 적용을 받기로 한 국가들에 대해서만 실질적인 시장 접근을 위해 양허된 조달기관에 내국민대우와 국제 공개경쟁입찰이 적용된다.

자유무역협정(Free Trade Agreement, FTA)이란, 경제통합(economic intergration)의 한 형태로서 당사국 간의 상품, 서비스 교역에 있어 관세와 기타 무역장벽 제거를 목적으로 체결하는 협정이며, 세계무역기구(WTO)와 자유무역협정(FTA)은 차이점이 있습니다. 세계무역기구(WTO)는 모든 회원국에게 최혜국 대우를 보장해 주는 다자주의를 원칙으로 하는 반면, 자유무역협정(FTA)는 양자, 지역주의적인 특혜무역체제로서 당사국에만 무관세나 낮은 관세를 적용한다.

(2) 임의 국제입찰계약 대상(지계법 제5조 제3항)

개방 대상은 아니지만 발주기관의 필요에 의하여 다음과 같은 경우 국제입찰에 부칠 수 있으며, 이 경우에는 특례규정을 준용함

① 부실공사방지를 위하여 필요하다고 인정되는 경우

② 국내 생산 곤란 등 국내 입찰로는 조달목적을 달성할 수 없는 경우

③ 그 밖에 국제 입찰에 의하여 조달하는 것이 해당 계약의 목적·성질상 효율적이라고 인정되는 경우

(3) 국제입찰 제외 대상(지계법 제5조)

① 재판매 또는 판매를 위한 생산에 필요한 물품 및 용역을 조달하는 경우

　　※ 예시 ● 재판매용: 가스공사의 LNG 구매

　　　　　 ● 생산용: 담배인삼공사의 담배제품 생산을 위한 원료구매

② 「판로법」에 따라 중소기업 제품을 제조·구매하는 경우

③ 「양곡관리법」, 「농수산물유통 및 가격안정에 관한 법률」 및 「축산법」에 따라 농·수·축산물을 구매하는 경우

④ 그 밖에 정부조달협정 등에 규정된 내용으로서 대통령령으로 정한 경우

　㉠ 공공의 질서 및 안정을 유지하거나 인간이나 동식물의 생명과 건강 및 지적소유권을 보호하기 위하여 필요한 경우

　㉡ 자선단체, 장애인 및 재소자가 생산한 물품과 용역 등을 조달하는 경우

　㉢ 재판매 또는 판매할 목적이나, 재판매 또는 판매를 위한 물품 및 용역의 공급에 사용할 목적으로 물품 및 용역을 조달하는 경우

　㉣ 급식 프로그램을 증진하기 위하여 조달하는 경우

2. 국제 입찰

2) 국제입찰공고

(1) 공고 기간

① 원칙: 입찰서 제출 마감일 전일부터 40일 전에 공고

② 예외

  ㉠ 긴급 및 재공고: 10일

  ㉡ 조달계획공고를 한 경우의 공고 및 반복계약의 경우 후속 공고: 24일

  ㉢ 지명경쟁의 경우 특례: 유자격자 명부(시공능력 공시명부 등)를 사용하지 아니하는 지명경쟁 입찰 시 --- 최소 65일

   ※ 입찰참가신청서의 제출기간을 일반 공고일로부터 별도로 25일 이상 부여해야 하므로 실질적으로 65일 이상이 소요

(2) 공고 내용

① 국계령 제36조의 규정에 의한 공고 내용 외에 다음 사항을 포함해야 함

  ㉠ 해당 조달과 관련한 후속조달에 관한 사항 및 후속 입찰공고에 대하여는 그 공고의 예정시기

  ㉡ 입찰 방법 및 협상의 포함 여부

  ㉢ 조달 형태(구매·임차 및 할부구매 등)

  ㉣ 서류 제출을 위한 주소와 그 마감일 및 사용 언어

  ㉤ 협정 대상 여부

② WTO 공용어로 요약공고

  국제입찰공고에는 영어·불어·스페인어 중 하나로 다음 사항을 공고문 하단에 첨부해야 함

  ㉠ 계약의 목적물

  ㉡ 입찰서 및 입찰참가신청서 제출 마감일

  ㉢ 발주기관의 명칭 및 주소

질의 회신

【질의】

중소기업제품을 제조·구매하는 경우에도 국제입찰대상금액에 해당되면 국제 입찰에 의해야 하는지?

【답변】

- 광역지방자치단체가 체결하는 계약에 있어서 공사는 추정가격 244억 원 이상 물품·용역은 3.3억 원(국가계약법 적용기관 2.2억원) 이상은 국제입찰에 의하여 계약 상대자를 선정토록 하고 있음.
- 다만 중소기업제품구매촉진법에 의한 중소기업제품을 제조·구매하는 경우에는 국제입찰대상에서 제외됨

3) 국제입찰의 원칙

(1) 국제입찰의 원칙

① 무차별 원칙(Non-Discrimination): 특정 회원국이나 공급자에 대해 여타 회원국의 물품이나 공급자와 차별을 두지 않으며, 특정 공급자에 대해 특별우대 조치를 해서는 안 됨

② 내국민 대우(National Treatment): 외국물품이나 공급자에 대하여 국내 물품 또는 공급자와 동일한 대우를 부여

③ 그 밖에

- 협정 적용을 회피할 목적으로 분할 발주하거나
- 국산화 비율 지정 등의 제한조치를 금지

(2) 낙찰에 관한 정보제공 의무

① 낙찰자 등을 결정한 때에는 그 결정일의 다음 날부터 72일 이내에 해당 입찰, 낙찰자, 발주기관 등에 관한 사항을 관보에 공고

② 입찰 참가자의 요구 시 원칙적으로 낙찰에 관한 정보를 제공

 ※ 예외: 특정 기업의 정당한 상업적 이익이 침해될 경우 공개하지 아니할
  수 있음

(3) 계약에 관한 기록의무(특례령 제13조)

① 낙찰자를 결정하거나 수의계약을 체결한 때에는 입찰 및 계약관련 서류 등
  을 기록한 문서를 5년간 보존
② 보존문서 내역
  ㉠ 경쟁입찰: 입찰자 및 개찰 참여자 성명, 낙찰자 성명, 낙찰 금액, 낙찰자
   결정의 이유 등
  ㉡ 수의계약: 계약의 목적 및 금액, 적용 법령조문 및 사유, 계약 상대자 성
   명, 주소 등

4) 수의계약 및 국제 상관례의 적용

(1) 특정조달계약에서의 수의계약 사유

① 경쟁입찰에 부쳤으나 응찰자가 없는 경우 또는 담합된 입찰서가 제출되었
  거나 입찰공고 등에서 요구한 조건에 부합되는 입찰서가 없는 경우
② 적절한 대용품이나 대체품이 없는 예술품·특허권 또는 출판권 등의 경우
③ 긴급한 사유로 인한 경우
④ 이미 조달된 물품 등의 부품교환 또는 설비확충 등을 위하여 조달하는 경우
⑤ 발주기관의 요구로 개발된 시제품 등을 조달하는 경우
⑥ 이미 계약을 체결한 공사에 대하여 예측할 수 없는 상황으로 인하여 추가
  공사가 필요하게 된 경우
⑦ 원자재시장(상품거래소 등)에서 물품을 구매하는 경우

⑧ 파산 및 법정관리기업의 자산처분 등의 사유로 인하여 현저하게 유리한 조
건으로 조달하는 경우

⑨ 디자인 공모에 당선된 자와 계약을 체결하는 경우

(2) 예정가격을 작성하지 않을 수 있는 경우

물품 및 용역 조달 시 지역 또는 시기별로 가격차가 심하거나 특정 제작자만
이 제작할 수 있는 경우 등에는 예정가격을 작성하지 아니할 수 있음.

(3) 국제상관례의 적용

국제거래의 특성상 불가피한 경우로써 통화, 보조금 형태 및 납부시기, 대금지
급, 검사방법 및 물가변동조정 등에 대하여 국제상관례를 적용할 수 있음.

(4) 국제입찰 유의사항

국제입찰에서 유의할 점은 국가계약과 지방계약의 고시금액이 서로 다르고 지
방계약에서는 행정안전부 장관이 국가기관은 기재부 장관이 고시하는 금액이 다
르며 그리고 공기업·준정부기관이나 지방공기업도 국가기관·지방자치단체와는
고시금액이 다르므로 이 또한 유의해야 할 것이다. 또한, 고시금액은 환율변동
에 따라서 2년마다 금액이 달라지므로 유의해야 한다.

※ 현재 고시금액 : 2023~2024년 말까지 적용

(5) 외자구매 업무 흐름도

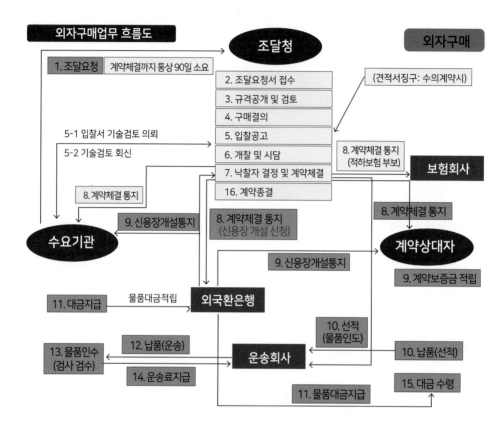

[부록 1]

채권압류 및 공탁업무처리 요령

부록 01

□ 본 업무처리 요령은 해당 업무를 보다 쉽게 접근하기 위한 만든 자료입니다. 따라서, 법률 전문가의 해석에 따라 달리 적용될 수 있으며, 본 자료가 또한 법적 효력을 갖는 유권해석 자료가 아닙니다.

□ 본 자료를 근거로 각종 신고 및 불복청구 등의 근거자료로 활용할 수 없습니다.

□ 법령의 개정, 법원 판결(결정) 등으로 인하여 본 업무처리 요령 내용과 배치될 경우에는 개정된 법령 및 법원 판결(결정) 등을 우선 적용하시기 바랍니다.

□ 본 업무처리 요령에서 많은 사례를 담으려고 노력하였으나, 부족한 부분도 존재할 것이라고 생각합니다. 따라서, 본 자료에서 다루고 있지 않는 사례에 대해서는 관련 전문가와 상의를 하신 후에 해결방안 계획을 수립하는 것이 바람직합니다.

채권압류 및 공탁업무 처리 요령

1. 강제집행의 개요

1] 강제집행의 의의

(1) 채권자의 신청으로 국가가 채권자를 대신하여 집행권원[1]에 표시된 사법상
의 이행 청구권을 국가의 권력을 통하여 강제적으로 실현하여 채권자에게
만족을 주는 법적 절차를 말한다.(『사법상 강제집행』)

　– 채권자의 신청 없이 채권자 스스로 집행권을 행사하여 강제적으로 실현하
는 법적 절차인 『행정상 강제집행(강제징수)』과는 상반된다.

　– 또한, 재판을 통하여 기판력[2]이나 형성력[3]을 통하여 권리 또는 법률 관계
의 존부의 형성 여부를 결정하는 『판결절차』와도 상반된다.

(2) 집행권원을 가진 채권자는 채무자에게 집행채권을 갖게 되고, 국가에 집행
청구권을 갖게 되며, 국가는 강제집행권을 갖는다는 의미에서 사법상 강제
집행은 3면적 법률관계를 형성하고 있다.

---

1) 집행권원(執行權原): 사법상의 이행청구권의 존재 및 범위를 표시하고 그 청구권에 집행력
을 부여한 공증의 문서를 말한다.
2) 기판력(旣判力): 확정판결을 받은 사항에 대해 그 후 다른 법원에 다시 제소되더라도 이전
재판 내용과 모순되는 판단을 할 수 없도록 구속하는 효력을 말한다.
3) 형성력(形成力): 확정판결을 받은 사항에 대해서 어떤 특정된 법률관계의 변동이 관계 당사
자뿐만 아니라 널리 제3자에게 영향을 주는 효력을 말한다.

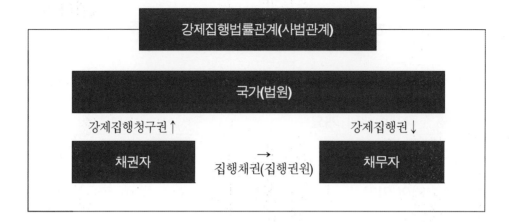

2) 강제집행의 종류

(1) 집행의 대상을 기준으로 한 분류

① 인적집행

집행 대상이 사람임. 예외적으로 인정이 됨. 재산 명시 기일에 출석하기 않거나 재산목록을 제출하지 않는 경우 법원에서는 채무자를 감치4)에 처하도록 함으로써 예외적으로 인정되고 있다.

② 물적집행

집행의 대상이 물건인 경우로써 모든 나라가 물적 집행을 원칙으로 하고 있다.

(2) 집행 방법을 기준으로 한 분류

① 직접강제

집행기관의 행위에 의하여 직접적으로 채무자의 동의 없이 채권자의 요구를 실현하는 방법을 말한다. 예로 물건의 인도, 명의변경 등이 있다.

---

4) 감치(監置): 법정 내에서 폭언, 소란 등으로 인하여 질서를 어지럽히는 경우 판사의 명령에 의하여 유치장 또는 구치소에 수용되는 것을 말한다.

② 대체집행

집행기관을 통하지 않고 채권자가 제3자로 하여금 채무자를 대신하여 의무 내용을 실현하는 집행 방법이다. 예로 채권압류 및 추심명령 혹은 전부명령 등이 있다

③ 간접강제

손해배상을 명하거나 벌금, 감치 등을 통한 심리적 압박을 가함으로써, 채무자로 하여금 채무를 이행하게끔 하는 방법을 말한다.

④ 본래적 집행(원물집행)

채권자가 받아가야 할 목적물을 그대로 실현하는 집행 방법을 말한다. 예로 채권자가 금전을 원한다면 금전, 물건이면 물건을 받는 것이다.

⑤ 대상적 집행(금전집행)

채권자가 청구하는 내용에도 불구하고 금전급부의 형식으로 전환하여 실현하는 방법을 말한다. 예로 채권자가 물건을 인도받고자 한다고 하더라도 물건을 인도받지 못할 것을 대비하여 금전으로 환원하여 지급하는 것을 말한다.

(3) 집행효력을 기준으로 한 분류

① 본집행

채권자에게 종국적으로 만족을 주는 집행을 말한다.

② 가집행

채권자에게 가정적, 잠정적으로 만족을 주는 집행을 말한다.

2. 압류명령(채권가압류, 채권압류 및 추심(전부)명령)

1) 압류명령의 의의

- 채무자의 특정 채권의 처분권을 박탈하는 것을 말하고, 제3채무자에 대해서는 특정 채권에 대한 채무자에게 지급을 금지하는 것을 말한다.

- 금전채권의 집행절차는 압류 → 현금화 → 채권자 지급 혹은 배당결정[5]의 3단계로 진행된다.

- 채권자가 집행법원에 압류신청을 하게 되면 집행법원은 압류명령을 발령하며, 제3채무자에게 송달되면 채무자에게 지급하여야 할 채권에 대해 압류한다.

- 압류명령은 채무자와 제3채무자에게 송달되어야 하지만, 제3채무자에게 도달됨으로써 효력이 발생한다.(민사집행법 제227조)

- 채권자는 채무자의 재산을 압류할 때에 어떠한 채권인지 명확하게 인식을 할 수 있도록 대상 및 범위를 특정하여야 하며, 특정하지 않은 채권은 원칙적으로 무효다.(대법원 2012.11.15. 선고 2011다38394 판결)

2) 채권가압류

① 의의

채권자가 본인의 채권을 확보하기 위하여 채무자 자신의 재산을 임의대로 처분하는 것을 방지하기 위하여 채권자의 신청에 의하여 채무자의 재산을 임의대로 처분하지 못하도록 하는 법원의 결정이다.

② 효과

채무자는 자신의 재산을 임의대로 처분하지 못하고, 제3채무자는 가압류 채권자가 확정적인 채권자가 아니므로 채무자의 재산을 가압류 채권자 혹

---

5) 배당결정(配當決定): 어떠한 기준에 의하여 나누어 줄 것을 결정하는 것을 말한다.

은 채무자에게 임의대로 변제를 할 수 없다. 즉, 채무자의 재산의 보전효력[6]만 존재할 뿐이다.

③ 효력의 범위

피보전권리[7]에 대한 보전 목적의 범위 내에서 가정적 또는 잠정적으로만 발생한다.

④ 소유권

가압류결정에 대한 피압류채권의 소유자는 채권자가 아닌 채무자다.

⑤ 다른 채권자의 배당요구 가능성

동일한 피압류채권에 대해 다른 채권자의 배당요구가 가능하다.

⑥ 효력 발생 시기

결정문이 제3채무자에게 도달한 시점에 효력이 발생한다.

3) 채권의 현금화(채권압류 및 추심(전부)명령)

(1) 채권의 현금화란 압류한 채권에 대해 금전으로 전환하는 것을 말한다.

(2) 채권현금화 종류에는 추심명령과 전부명령이 있다.(민사집행법 제229조)

(3) 채권압류 및 추심명령[8]

① 의의

압류 채권자에게 피압류채권[9]의 추심의 권능을 부여하여 집행법원의 명령으로 피압류 채권에 대해 국가가 추심권을 행사하는 것이 아니라, 압류채권자가 추심권을 행사하여 채무자의 채권을 집행하는 것을 말한다.

---

6) 보전효력(保全效力): 온전하게 보호하여 유지하는 효력을 말한다.
7) 피보전권리(彼保全權利): 보전권리를 주장할 수 있는 대상, 즉 가압류의 대상이 되는 채권을 말한다.
8) 추심명령(推尋命令): 채권자 직접 피압류채권을 찾아내서 가져갈 수 있도록 법원의 압류명령을 말한다.
9) 피압류채권(被押留債券): 압류의 대상이 되는 채권을 말한다.

② 효력

추심명령 채권자는 법원으로부터 추심의 권한을 받아 국가를 대신하여 강제집행(추심)을 실행할 수 있는 권한을 갖게 된다.(민사집행법 제229조)

③ 효력의 범위

채권 전액에 미침. 다만, 채무자의 신청에 따라 법원에서 압류액수를 채권자의 요구액수로 제한할 수 있다.(민사집행법 제232조)

④ 소유권

채무자

⑤ 다른 채권자의 배당요구 가능성

우선변제권10)이 있는 채권자와 집행력 있는 정본을 가진 채권자는 추심명령 채권자가 집행법원에 추심신고하기 전이나 제3채무자가 공탁 사유신고하기 전까지 가능하다.(민사집행법 제247조)

⑥ 압류채권 권리이전

권리이전은 허용되지 않는다.

⑦ 효력 발생 시기

압류결정문이 제3채무자에게 도달한 시점부터 효력이 발생한다.(민사집행법 제227조)

⑧ 압류채권에 대한 법원 신고 여부

압류채권자가 압류한 채권을 추심하게 되면 채권자는 집행법원에 이를 신고하여야 한다.(민사집행법 제236조)

---

10) 우선변제권(于先變除權): 채권자들 중에서 가장 우선하여 변제할 수 있는 권리를 말한다. 원칙적으로 채권자 평등주의에 입각하여 채권은 공평하게 분배하는 것이 원칙이나, 각 개별법에 의하여 채권의 우선권을 부여하는 경우도 있다.

(4) 채권압류 및 전부명령[11]

① 의의

압류채권자에게 피압류채권을 지급에 갈음[12]하여 압류채권자에게 소유권을 이전시키는 집행법원의 명령이다.

② 효력

전부명령이 확정되면 결정문이 제3채무자에게 도달된 시점부터 피압류채권이 채권자의 소유로 이전되며 채무자는 채권자에게 채무를 변제한 것으로 갈음하여 강제집행이 종료된다. 하지만 피압류채권이 없다면 그러하지 않는다.(민사집행법 제231조)

③ 효력의 범위

추심명령의 효력은 결정문에 표시된 금액에 한한다.

④ 소유권

채권자(전부명령 확정을 전제로 한다.)

⑤ 다른 채권자의 배당요구 가능성

전부명령은 송달되었을 경우 후행의 다른 압류채권자가 배당요구[13]를 할수 없다.(민사집행법 제229조 및 제231조)

⑥ 압류채권 권리이전

압류채권에 대한 권리가 확정됨으로써 채권자에게 이전된다.(민사집행법 제231조)

---

11) **전부명령(轉付命令)**: 채권자에게 피압류채권을 채권자의 소유로 갈음하도록 하는 법원의 압류명령을 말한다.
12) **갈음하다**: 본래의 것에 대신하여 다른 것으로 대체하는 것을 말한다.
13) **배당요구(配當要求)**: 압류 채권자 이외의 채권자가 강제집행에 참가하여 변상을 받기 위하여 집행관에게 행하는 하나의 의사표시를 말한다.

⑦ 효력 발생 시기

압류결정문이 제3채무자에게 도달한 후에 전부명령이 확정되어야 결정문
이 제3채무자에게 송달된 시점에 소급하여 효력이 발생한다.(민사집행법
제227조)

⑧ 압류채권에 대한 법원 신고 여부

전부명령이 확정된다면 소유권이 채권자에게로 이전되므로, 압류한 채권
에 대해 법원에 신고할 필요가 없다.

(5) 가압류를 본압류로 이전하는 채권압류 및 추심명령(또는 전부명령)

① 의의

채권자는 자신의 채권을 확보하기 위하여 본압류 전 채무자의 재산을 가압
류를 하였는바, 이후 법원으로부터 집행권원을 받은 채권자의 신청으로 가
압류의 효력을 본압류로 이전시키는 것을 말한다.

② 효과

가압류가 본압류로 이전하여 종국적[14])으로 집행명령이 추가로 형성이 된
다면, 이전에 언급한 추심(전부)명령의 효력이 발생한다.

③ 효력 발생 시기

가압류의 해당되는 압류금은 본압류로 이전되면서 가압류가 도달된 시점
부터 본 압류로 이전된 것으로 소급하여 효력이 발생하며, 가압류 건을 제
외한 본압류는 제3채무자에게 도달된 시점에 효력이 발생한다.

---

14) 종국적(終局的) : 끝판이나 마지막인 또는 그런 것을 말한다.

【가압류명령(假押留命令) vs 본압류명령(本押留命令)의 비교】

구분	가압류명령(假押留命令)	본압류명령(本押留命令)	비고
의의	채무자의 재산 혹은 금전에 대해서 가압류 채무자가 임의로 처분할 수 없도록 보전효력을 부여하는 법원의 명령	채무자의 피압류채권에 대해 추심권능을 부여하거나, 피압류채권의 소유권을 이전시키는 법원의 명령	
목적물	금전 및 유체물의 인도 혹은 권리이전 청구권 등	금전 및 유체물의 인도 혹은 권리이전 청구권 등 (전부명령은 금전에 한함)	
효력	피압류채권에 대한 보전효력을 법원에서 부여	채권자에게 피압류채권에 대한 추심권을 부여하거나, 피압류채권의 소유권을 채권자에게 이전함으로써 채무변제의 효력을 부여	
효력의 범위	피보전권리의 목적범위 내에서만 효력이 발생함	추심명령 : 채권전액에 미침 전부명령 : 명령금액에 한함	
소유권	채무자	추심명령 : 채무자 전부명령 : 채권자 (전부명령은 확정되어야 함)	
권리이전	허용하지 않음	원칙적으로는 허용하지 않으나, 전부명령은 확정됨으로써 법률에 규정된 효력에 의하여 예외적으로 허용됨	
다른채권자 배당요구 가능성	배당요구 가능함	추심명령 : 추심채권자의 집행법원 신고 전까지 가능 전부명령 : 불가능	
효력 발생 시기	법원에서 발송된 결정문이 제3채무자에게 도달된 시점	법원에서 발송한 결정문 정본이 제3채무자에게 도달된 시점(단, 가압류를 본압류로 이전하는 경우 본압류로 이전된 가압류는 가압류 결정문이 도달한 시점)	
집행법원 신고	신고대상×	추심명령 : 신고대상 전부명령 : 신고대상×	

【추심명령(推尋命令) vs 전부명령(轉付命令)의 비교】

구분	추심명령(推尋命令)	전부명령(轉付命令)	비고
의의	압류채권자에게 채무자의 채권에 대해 추심권능을 부여하는 법원의 명령	압류채권자에게 채무자의 피압류채권 소유권을 채권자에게 이전시키는 법원의 명령	
효력	채권자에게 피압류채권에 대한 추심권을 부여	피압류채권의 소유권을 채권자에게 이전하여 채무변제의 효과를 부여	
효력의 범위	채권 전액에 미침 (채권범위를 제한가능)	전부명령 금액에 한함	
소유권	채무자	채권자 (전부명령은 확정되어야 함)	
권리이전	허용하지 않음 (추심권한 행사로 강제집행)	법적효력에 의하여 허용됨 (전부명령은 확정되어야 함)	
다른채권자 배당요구 가능성	추심신고 전까지 가능 (제3채무자 공탁사유신고)	불가능	
효력 발생 시기	법원에서 발송된 결정문이 제3채무자에게 도달된 시점	법원에서 발송된 결정문이 제3채무자에게 도달된 시점 (단, 가압류를 본압류로 이전하는 경우 본압류로 이전된 가압류는 가압류 결정문이 도달한 시점)	
집행법원 신고	신고대상○	신고대상×	

납세(납부)증명서 제출에 관한 사항 정리

1. 관련근거

가. 관세 : 관세법 제116조의3

나. 국세 : 국세징수법 제107조

다. 지방세 : 지방세징수법 제5조

라. 연금보험 : 국민연금법 제95조의2

마. 건강보험 : 국민건강보험법 제81조의3

바. 고용 및 산재보험 : 고용보험 및 산업재해보상보험의 보험료 징수 등에 관한 법률 제29조의4

2. 납세(납부)증명서 제출대상자

가. 국가 또는 지방자치단체 등으로부터 대금을 수령하는 모든 자 (=재화와 용역 등의 거래로 인하여 대가를 지급받을 권리가 있는 자)

나. 채권양도로 인한 경우 : 양도인과 양수인

다. 법원의 전부명령(轉付命令)에 따르는 경우 : 전부명령 채권자

라. 하도급대금을 직접 지급 받는 경우 : 하도급사

3. 납세(납부)증명서 제출 주요 예외사유

가. 국가 계약법 시행령 제26조 제1항 각 호(같은 항 제1호 라목 제외) 및 지방 계약법 시행령 제25조 제1항 각 호(같은 항 제7호 가목 제외) 수의계약(2인 이상 견적서 제출공고 포함)을 체결하여 받는 대금에 의한 경우(조세채권에 한함.)

나. 국가 또는 지방자치단체가 대금을 지급받아 그 대금이 국고 또는 지방자치단체의 금고에 귀속되는 경우(조세채권에 한함.)

다. 체납처분에 의하여 공무원 또는 공단 담당자가 그 대금을 추심하는 경우

라. 대금 일부 또는 전액을 체납금으로 충당하는 경우

마. 파산관재인이 증명서를 발급받지 못하여 파산절차의 진행이 곤란하다고 관할법원이 인정하고, 해당 법원이 증명서의 제출 예외를 관할 행정기관에 요청한 경우

바. 회생계획에서 보험료와 그에 따른 연체금 및 체납처분비의 징수를 유예하거나 체납처분에 의한 재산의 환가를 유예하는 내용을 정한 경우.(해당 징수유예 또는 환가유예된 금액에 한함.)(공과금(4대보험)만 적용)

사. 관서운영경비, 일상경비 등(공과금(4대보험)만 적용)

납세(납부)증명서에 관련 중요 실무적 적용이 되는 법원 판례
(대법원 2023. 5. 18. 선고 2020다295298 판결)

구 국세징수법(2020. 12. 29. 법률 제17758호로 전부 개정되기 전의 것) 제5조, 지방세징수법 제5조, 국민연금법 제95조의2, 국민건강보험법 제81조의3(이하 '각 법률 조항'이라 한다) 및 구 국세징수법 시행령(2021. 2. 17. 대통령령 제31453호로 전부 개정되기 전의 것) 제4조 제1항 제1호, 지방세징수법 시행령 제4조 제1항 제1호, 국민연금법 시행령 제70조의3 제4항 제1호, 국민건강보험법 시행령 제47조의3 제3항 제1호(이하 '각 시행령 조항'이라 한다)에서 정한 바에 따라 납세자 등이 국가로부터 납세증명서 등의 제출을 요구받고도 이에 불응하면 국가는 대금의 지급을 거절할 수 있으나, 납세자 등이 납세증명서 등을 제출할 때까지 그 대금지급채무에 관하여 이행지체책임을 면하는 것은 아니다. 이러한 경우 국가는 채권자인 납세자 등의 수령 불능을 이유로 변제공탁함으로써 대금지급채무에서 벗어날 수 있고, 그에 따라 지체책임도 면할 수 있다. 한편 채권자가 본래의 채권을 변제받기 위하여 어떠한 반대급부 기타의 조건이행을 할 필요가 있는 경우에는 이를 조건으로 하는 채무자의 변제공탁은 유효하다. 각 법률 조항 및 시행령 조항에서 납세자 등이 국가로부터 대금을 지급받을 때에는 납세증명서 등을 제출하도록 규정하고 있으므로, 납세증명서 등의 제출이라는 반대급부를 이행할 필요가 있는 경우에 해당하고, 따라서 이러한 반대급부를 조건으로 하는 변제공탁은 유효하다. 이는 채권양도로 인하여 양도인의 납세증명서 등을 제출하여야 하는 때에도 마찬가지이다.

<대법원 판례 해석>

1) 납세증명서 미제출 문제로 인하여, 대가지급에 관한 지연이자 책임부담을 벗어날 수 있게한 중요한 판결이므로 납세(납부)증명 업무 관련 참고

2) 그러나, 근거가 없는 자에 대한 납세(납부)증명 의무를 부과하여 반대급부조건부 공탁을 시도한다면 상대가 수락하지 않는 한 그 공탁은 무효가 된다.

추심(전부)채권자의 청구 시 구비하여야 할 서류

1. 압류채권 지급요청에 따른 청구서(또는 청구공문) 1부(대리인 날인 또는 서명 가능)

   ※ 원칙적으로 당사자 본인이 청구하여야 하지만, 대리인이 청구할 수 있으며, 이 경우 위임에 관한 증빙서류를 첨부하여야 한다.

2. 압류채권자 통장사본 1부

   ※ 공문에 명시한 경우 생략가능

3. 신분확인자료(개인 : 신분증 사본, 법인 : 법인등기사항증명서)

   ※ 대리인인 경우에는 추가로 대리인 신분확인자료 첨부

4. 인감증명서 혹은 본인서명사실확인서 1부

   ※ 개인인 경우에는 본인서명사실 등에 관한 법률 제6조에 따른 본인서명사실확인서도 가능하며, 대리인에게 위임한 경우에는 대리인 인감증명서 혹은 본인서명사실확인서를 추가로 제출

5. 송달증명원(추심명령) 또는 확정증명원(전부명령) 각 1부

   ※ 송달증명원의 경우 제3채무자가 해당 결정문(제3채무자용)을 송달받았을 경우에는 생략가능하지만, 확정증명원은 생략불가

6. 관세, 국세, 지방세, 4대보험, **납세(납부)증명서** 각1부

   ※ **전부명령에 한하며,** 추심명령에 의한 채권자는 제출대상자가 아님

7. 위임장 1부(대리인에 의한 청구인 경우에만 해당)

   ※ 제3채무자가 해당 결정문(제3채무자용)을 송달받았을 경우에는 생략가능

8. 위임장 1부(대리인에 의한 청구인 경우에만 해당)

3. 압류명령(채권압류) 처리 요령

1) 압류명령(채권압류) 사건 처리 방법

① 가압류 채권만 존재할 경우

가압류 결정은 본안소송의 결과에 따라 실효되거나 해제될 수도 있으므로, 가압류금액을 법원에 가압류를 원인으로 하는 집행공탁하거나 별도로 보관한 후 가압류가 실효되거나 해제되면 채무자에게 지급하거나, 가압류가 본압류로 이전되면 채권자 지급 또는 집행공탁을 고려해볼 수 있다.

② 하나의 채권압류만 존재 or 압류총액이 피압류총액보다 적을 경우

각개의 개별채권으로 관리할 수 있으므로, 제3채무자는 각 채권자의 청구가 있을 때 압류금을 지급할 수도 있겠지만, 채무자가 압류명령에 대해 집행법원에 항고하는 등의 법적분쟁이 있어 제3채무자로서는 이중변제의 위험부담을 느껴 압류금을 임의로 지급하기 어렵다고 판단했을 경우에는 채권자가 1인이라 하더라도 공탁하여야 한다.(전부명령에 대해서는 별론으로 함.)

③ 압류총액이 피압류채권보다 더 많아 압류채권자 간 경합사유가 발생할 경우

다수의 채권(가)압류가 존재하여 압류의 경합 사유가 발생한 경우에는 원칙적으로 압류의 경합 사유만을 근거로 공탁을 하여야 하는 것은 아니다. 다만, 제3채무자의 입장에서는 다수의 채권자 간 채권의 우선순위를 임의로 판단할 수 없으므로, 압류금을 공탁함으로써 채무를 변제하는 것이 적절할 것이다.

④ 선행압류(체납처분 포함)가 존재한 상태에서 전부명령이 도달한 경우

피압류채권이 압류채권보다 많을 경우에는 각각의 개별채권으로서 처리가 가능할 것이다. 하지만, 피압류채권이 압류채권(체납처분 아님)보다 적을 경우에는 전부명령은 모두무효가 되며, 선행 압류채권이 해제되더라도 전부명령의 효력이 유효한 효력으로 다시 살아나는 것은 아니다.(대법원 2001.10.12. 선고 2000다19373 판결) 다만, 위 사례와 반대로 선행압류가 체납절차에 따른 압류이고 후행에 전부명령이 도달하였다면, 피압류채권과 선행 체납금액 규모를 비교하여 전부명령의 효력범위도 달라진다.(대법원 1991.10.11. 선고 91다12233 판결)

⑤ 선행압류가 존재하지 않는 상태에서 전부명령이 도달한 경우

- 전부명령이 확정되었을 경우에는 피압류채권의 소유권이 채권자에게 소급하여 이전된다. 이 경우에는 원칙적으로 전부명령 채권자의 청구에 의하여 지급하는 것으로 처리하여야 할 것이지만, 제3채무자가 본인의 과실 없이 전부명령 채권자에게 지급할 방법을 찾지 못할 경우에는 제3채무자는 전부명령 채권자를 피공탁자로 하여 변제공탁(원칙적으로 집행공탁 대상이 될 수 없음)을 할 수 있을 것이다.(대법원 1998.08.21. 선고 98다15439 판결)

- 하지만, 전부명령이 확정되지 않는 경우에는 피압류채권의 소유권이 채권자에게 소급하여 이전되지 않는다. 더 나아가 확정여부(전부명령에 대한 법적다툼이 존재하는 등)가 불분명하다고 판단되는 경우에는 정당한 채주가 누구인지 알 수 없으므로, 이러한 경우에 제3채무자는 전부명령 확정 불분명의 사유로 집행공탁을 하여야 할 것이다.

⑥ 관세, 국세, 지방세, 4대보험 등의 체납 절차만 존재하는 경우

체납절차만 단독으로 존재하거나 다수의 체납절차만 존재하는 경우에는 해당 체납절차에 응하면 될 문제이다. 체납처분과 민사집행법상 압류를 같은 채권압류 절차가 아닌 다른 절차이고 상호간 관계를 조정하는 법률이 현재까지도 없다.(대법원 1999.05.14. 선고 99다3686 판결), 따라서, 체납처분만 존재한 경우 공탁을 인정할 여지가 없다.

⑦ 관세, 국세, 지방세, 4대보험 등의 체납 절차와 채권압류가 혼재하는 경우

- 일반적으로는 국세(관세포함)=지방세〉4대보험(공과금)〉일반채권 순으로

보고 있으나, 일반채권 중에서 청구채권의 종류 및 성질에 따라 국세(관세포함), 지방세, 4대보험(공과금) 보다 우선하는 채권이 존재한다.

- 예를 들어, 각 개별법에서 규정하고 있는 우선채권(근로기준법에 따른 근로자 최근 3개월의 임금, 근로자 퇴직급여 보장법에 따른 퇴직금, 퇴직연금 등)의 경우, 국세(관세포함), 지방세 4대보험(공과금)보다 우선하다.

- 따라서, 위 사건은 체납절차에 따를 것인지 민사집행법에 따른 압류절차에 따를 것인지 공탁으로 채무를 변제할 것인지 개별적으로 판단하여야 한다.

⑧ 관세, 국세, 지방세, 4대보험 등의 체납 절차와 채권가압류 건이 혼재하는 경우

- 위 사례에 대해서는 공탁 가능성에 대해서는 학설상 다툼이 있다. 다수설은 공탁을 할 수 없고, 소수설은 공탁을 할 수 있다고 보고 있다.(이유에 대해서는 설명이 길어지므로, 더 이상 설명은 생략함.)

- 그러나 위와 같이 학설상 다툼으로 인하여 실무상 혼선이 크고 실무자들은 집행공탁의 필요성을 제기하여 법원행정처에서는 공탁선례로 그 혼선을 없앴다.(재정2023.11.29.공탁선례202311호 시행)

2) 채권양도 건과 압류명령(채권압류) 사건이 혼재된 경우 처리 방법

① 선행: 채권양도통지서 송달, 후행: 채권압류 결정문 송달

- 선행의 적법한 채권양도통지가 송달된 이후에 후행의 채권(가)압류가 송달되었다면, 원칙적으로 채권양도금액에 대해서 양수인에게 우선권이 주어진다. 즉, 채권양도액 만큼 양수인 지급 혹은 피공탁자를 양수인으로 한 변제공탁이 허용될 뿐이다. 그리고 양도액을 제외한 차액은 압류채권자를 상대로 채권자 지급 혹은 집행공탁으로 처리할 수 있을 것이다.

- 하지만, 채권양도에 기초한 양도인과 양수인간 작성한 계약서 상 채권양도금지특약[15]이 존재하였으나, 양수인이 인지하였는지 혹은 미인지에 따른 중과

---

15) 양도금지특약(債權讓渡禁止特約) : 계약당사자의 계약의 목적달성 이후에 지급받을 권리

실16)이 있는지 여부와 채권양도통지 이후 양도인이 철회하는 등 채권양도통지에 대해 당사자 간에 다툼이 존재하는 경우 등의 사유가 있다면 제3채무자로서는 채권양도의 효력이 불분명하다고 판단할 수밖에 없다. 이런 경우에는 변제공탁과 집행공탁을 겸하여 혼합공탁을 하여야 할 것이다. 다만, 피압류채권이 채권양도액과 압류금액을 합한 금액이 더 큰 경우에는 채권압류 부분은 집행공탁, 채권양도 부분은 변제공탁으로 처리가 가능할 것이다.

- 참고로, 선행의 적법한 채권양도통지가 있은 이후 전부명령이 도달하였다면 전부명령은 원칙적으로 무효이고, 채권양도통지를 철회하였다 하더라도 전부명령이 다시 살아나는 것은 아니다.(대법원 1981.09.22. 선고 80누484 판결)

② 선행: 채권압류 결정문 송달, 후행: 채권양도통지서 송달

- 금전 전액에 대해 채권압류가 통보되고 후행의 채권양도가 이루어진 경우, 집행공탁으로 처리하여야 할 것이다. 하지만, 상황에 따라서 제3채무자가 이중변제의 위험부담을 느껴 혼합공탁을 하여도 법원에서 제3채무자를 보호하는 차원에서 처리해 주는 경우도 있다.

- 금전 일부 혹은 전액에 대해 선행에 채권가압류가 통보되고 후행의 채권양도가 이루어 진 경우에는 제3채무자는 가압류가 실효될 수 있으므로, 가압류채권자에게 대항하기 위하여 혼합공탁을 하여야 한다.

③ 채권압류 결정문과 채권양도통지서의 송달 선후 여부가 불분명한 경우

이 경우는 채권양도의 효력에 대해 다툼이 존재하기 때문에 혼합공탁으로 해당 채무를 변제하는 것이 타당할 것으로 보임.

에 대해 제3자에게 양도할 수 없도록 당사자 간 특정한 약속을 말한다.
16) 중과실(重過失) : 주의의무의 위반이 현저한 과실, 즉 당사자가 조금만 주의만 하였더라도 결과를 예측할 수 있음에도 불구하고 부주의로 인하여 이를 예측하지 못한 경우를 말한다.

4. 채권양도

1] 채권양도의 개관

① 정의

양도인과 양수인 간 특정 채권의 권리를 양도/양수하는 것을 말한다.

② 법적근거

민법 제449조 및 제450조

③ 채권양도 통지 방법

양도인이 직접하여야 하고, 원칙적으로 양수인이 채권양도통지를 하면 무효지만, 양도인이 양수인에게 채권양도통지에 대해 권한을 위임하였다면, 그 또한 유효가 된다.(대법원 2004.2.13. 2003다43490 판결)

④ 채권양도 가능성

원칙적으로 발주처와 계약 상대자 간 양도금지특약을 설정하지 않았다면, 채권은 양도가 가능하다.(계약 일반조건 참조)

⑤ 양도금지 특약이 있는 경우

양도금지 특약이 존재한 상태로 양도인이 양수인과 체결한 양도 자체는 무효지만, 특약에 대한 악의(인지)를 가지거나 인지에 대한 중과실이 있는 경우에는 양수인인 경우에는 대항할 수 있으나, 그 반대인 선의(미인지)의 양수인은 대항할 수 없다.(대법원 2019.12.19. 선고 2016다24284 전원합의체 판결)

⑥ 채권양도 철회로 인하여 다툼이 존재하는 경우

양도인이 채권양도를 철회하였으나, 양수인이 이를 받아들이지 못한 경우에는 정당한 채주자 누구인지 채무자의 과실이 없으므로, 공탁으로 그 채무를 변제하는 것이 적절하다.

⑦ 채권양도에 필요한 구비서류

- 채권양도통지서 1부
- 채권양도양수계약서(사본) 1부
- 법인등기사항증명서 1부(법인) 또는 주민등록표 초본 1부(개인)
- 인감증명서 각1부(개인의 경우 본인서명사실 확인서로 갈음 가능)
- 관세, 국세, 지방세, 4대 보험료, 납세(납부)증명서 각1부(양도·양수인 모두)
- 통장사본(청구서 또는 공문에 별도로 표기되어 있다면 제출 불요)
- 위임장 1부(계약서에 양도통지에 관한 위임사항 기재: 사본계약서 갈음 가능)

2) 채권양도 사건 처리 방법

☐ 양수금 처리 방법

압류명령(채권압류)처리 요령 파트 및 공탁의 종류 판단 방법에서 구체적으로 기술되어 있으니 참고 바람.

5. 공탁의 개요

1) 공탁의 의의

- 공탁이란 공탁자가 법령에 따른 공탁 원인에 따라 공탁 목적물을 공탁소에 맡기고 피공탁자 등이 공탁물을 받게 하여 관련법령에서 정한 목적을 달성하게 하는 제도를 말한다.(『공탁실무편람』, 법원행정처)
- 공탁자가 법원에 공탁신청을 하면 공탁관이 사건을 접수·심사한 후 수리하여 공탁자가 공탁물을 납입하면 공탁이 성립하고, 그 효과로 공탁물 지

급청구권(17)공탁물 출급청구권, 18)공탁물 회수청구권)이 발생하고, 당사자의 적법한 청구권의 행사에 의해 정당한 채주에게 공탁물을 지급하면 공탁관계는 종료하게 된다.

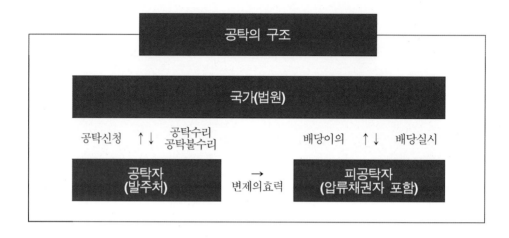

2) 공탁의 효과

- 공탁자가 피공탁자를 상대로 공탁을 하면 변제가 있었던 것처럼 채무가 소멸된다. 그러나 공탁자가 공탁물을 회수하게 되면 채무 소멸의 효과는 소급하여 발생하지 않는다.(대법원 1981.02.10. 선고 80다77 판결)
- 공탁의 효력 발생 시점은 공탁자가 공탁소에 공탁 목적물을 납입한 시점이다.(대법원 2002.12.06. 선고 2001다2846 판결)

---

17) 공탁물출급청구권(供託物出給請求權): 공탁자가 법원에 맡긴 공탁물에 대해서 피공탁자 등이 공탁 목적물에 대해 받아갈 수 있는 권리를 말한다.

18) 공탁물회수청구권(供託物出給請求權): 이미 법원에 공탁으로 맡긴 목적물을 공탁자의 사유로 공탁한 목적물을 돌려받을 수 있는 권리를 말한다. 이 권한은 배당 또는 피공탁자가 공탁물을 출급하기 전까지 권한을 행사하여야 한다.

6. 공탁의 종류

1] 변제공탁

(1) 변제공탁의 의의

변제공탁이란 금전 기타 재산의 급부를 목적으로 하는 채무를 부담하는 채무자 측에서 존재하는 일정한 사유(채권자의 수령 거절 혹은 수령 불능)로 인하여 변제를 할 수 없거나 채무자의 과실 없이 채권자가 누구인지 알 수 없어 변제를 할 수 없는 사정이 있는 경우에 채무의 목적물을 공탁함으로써 채무를 면할 수 있는 제도를 말한다.(『공탁실무편람』, 법원행정처)

(2) 변제공탁의 주요 근거 법령

변제공탁의 주요근거는 민법 제487조다.

(3) 변제공탁의 관할 공탁소

민법 제488조에 따르면, 원칙적으로 변제공탁은 채무이행지[19] 공탁소에 하여야 하지만, 실무상 관할 공탁소가 아니더라도, 공탁이 가능하다.(관할 공탁소 이외의 공탁소에서의 공탁사건처리 지침(대법원 행정예규))

(4) 변제공탁 요건

① 현존하는 확정 채무일 것

변제공탁의 목적물은 반드시 현재 존재하는 확정 채무임을 요하고, 장래 또는 불확정 채무는 원칙적으로 허용되지 않는다.

---

19) 채무이행지(債務履行地): 채권자에게 채무를 변제해야 할 장소를 말하며, 채무이행지 관할 법원은 당사자 간 별도의 약정이 없는 한 채권자의 주소 소재지 법원을 말한다.

② 공탁 원인이 존재할 것

변제공탁은 채권자의 수령 거절, 수령 불능의 사유가 있어야 하며, 채무자의 과실 없이 정당한 채권자를 알 수 없는 경우에 한함.

(5) 변제공탁 사유의 세부내용

① 채권자의 수령 거절

채무자가 채권자에게 변제를 제공하였음에고 불구하고, 채권자가 이를 수령하지 아니하는 경우를 말한다.

② 채권자의 수령 불능

채무자가 채권자에게 변제를 제공하였음에고 불구하고, 채권자가 변제를 받을 수 없는 경우 말한다.

※ 사실상 수령 불능: 채무자가 채권자에게 대금 수령을 촉구하였음에도 불구하고, 채권자가 연락이 안 되거나 주소가 명확하지 않아서 채무자가 채권자에게 채무를 변제할 수 없는 경우에 해당한다.

※ 법률상 수령 불능: 채권자가 무능력자(피성년후견인 등)인 경우 임에도 불구하고 법정대리인이 없는 경우. 즉 채권자가 단독적으로 채권을 수령할 권한행사를 하지 못하는 경우에 해당한다.

③ 채권자의 과실 없는 채권자 불확지[20](민법 제487조 후단)

채무자가 과실 없이 정당한 채권자가 누구인지 알 수 없는 경우를 말한다.

(6) 채권자 불확지 공탁

① 상대적 불확지

채권자가 특정되어 있으나, 정당한 채권자가 누구인지 알 수 없어 채무자 입장에서는 채무금을 변제할 수 없는 경우를 말한다.

---

20) 불확지(不確知): 확실히 인지할 수 없다는 것을 의미한다.

② 절대적 불확지

채권자가 특정되지 아니한 상태에서, 채무자는 정당한 채주가 누구인지 알수 없어 채무자 입장에서는 채무금 변제를 할 수 없는 경우를 말한다.(특별한 사유가 없는 한 인정하지 않고 있지만, 예외적으로 토지수용보상금에 대한 절대적 불확지 공탁을 인정한 바 있다.(대법원 1997.10.16. 선고 96다11747 전원합의체 판결)

2) 집행공탁

(1) 집행공탁의 의의

집행공탁이란 강제집행 또는 보전처분 절차에서 집행기관이나 집행 당사자 또는 제3채무자가 민사집행법에 따른 권리 또는 의무로서 집행목적물[21]을 공탁소에 공탁하여 그 목적물의 관리와 집행법원의 지급위탁[22]에 의한 공탁물 지급을 공탁 절차에 따라 하는 제도를 말한다.

(2) 집행공탁의 주요 근거 법령

민사집행법 제248조 제1항 내지 제3항(가압류만 존재하는 경우: 민사집행법 제248조 제1항 및 제291조)

(3) 집행공탁의 관할

① 집행공탁의 관할법원은 별도로 규정된 것은 없어, 집행공탁은 어느 공탁소(지원급 법원 이상(시·군법원×))에 해도 처리가 가능하다.

② 하지만 집행공탁 이후 공탁 이해관계인은 민사집행법 제248조 제4항에 따른 사유신고를 하여야 하는데 사유신고는 민사집행규칙 제172조 제3항에 따라 최초로 압류명령(최초 시점 기준은 제3채무자 송달 선후를 기준으로 함.)을 발령한 법원에 하고, 향후 배당가입차단효 범위에 대하여 다툼이 생길 우려가 있어 공탁과 동시에 사유신고를 하는 것이 적절하다.

---

21) 집행목적물(執行目的物): 집행대상 목적물을 말함. 피압류채권을 의미한다.
22) 지급위탁(支給委託): 어떠한 대금을 지급하는 사항에 대해 위탁하는 것을 말한다.

③ 따라서 가급적 최초 송달된 압류명령 발령법원에서 공탁과 사유신고를 하는 것을 실무적으로 권장한다.

(4) 집행공탁의 요건

민사집행법상 하나 이상의 채권(가)압류가 존재하여야 함.

(5) 집행공탁의 종류

① 제3채무자 공탁(민사집행법 제248조)

채권압류에 대해서 가장 많이 쓰이는 공탁의 방법이다. 경합 여부는 중요하지 않으며, 제3채무자는 압류금을 공탁을 함으로써, 채권·채무관계에서 벗어나는 제도이다.

② 가압류를 원인으로 하는 공탁(민사집행법 제248조 제1항 및 제291조)

가압류만 있는 사건에서 제3채무자가 압류금을 공탁하는 것을 말한다.

(6) 집행공탁에 따른 공탁 사유신고

① 민사집행규칙 제172조에 의하면 공탁 이해관계인은 집행공탁 처리 이후에 반드시 최초로 압류결정한 집행법원에 사유신고를 하도록 하고 있음.

② 민사집행법 제248조에 따른 집행공탁에 대한 사유신고는 배당가입차단효가 발생한다. 그러나 사유신고 의무를 하지 않게 되면 배당가입차단효가 발생하지 않고, 배당절차가 진행되지 않는 상황이 발생하여 다른 채권자가 배당을 참가할 수 있는 상황이 발생할 수도 이중변제의 위험이 발생한다.

③ 그러나 가압류를 원인으로 하는 집행공탁은 사유신고 대상으로 보지 않으며, 설령 공탁 당사자가 사유신고를 하였다 하더라도 그 신고는 단순 통지행위23)에 불과하다.(대법원 2006.03.10. 선고 2005다15765 판결)

---

23) 통지행위(通知行爲): 알려주는 행위를 말한다. 통지행위가 어떠한 강제집행의 기본 요건이 될 수도 있겠으나, 여기서 말하는 통지행위는 단순히 알려주는 행위를 말한다.

3) 혼합공탁

(1) 혼합공탁의 개요

① 혼합공탁이란 공탁 원인 사실 및 근거 법령이 다른 실질적으로 두 가지 이상의 공탁을 하나의 공탁 절차로 실행하는 것을 말한다.

② 혼합공탁은 주로 변제공탁(상대적 불확지 공탁)과 집행공탁의 사유가 동시에 발생되어 제3채무자가 채무를 변제하기 위하여 사용하는 공탁의 방법이다.

(2) 혼합공탁의 주요 근거 법령

민법 제487조 후단 및 민사집행법 제248조 제1항 내지 제3항(가압류만 존재하는 경우: 민사집행법 제248조 제1항 및 제291조)

(3) 혼합공탁의 관할 공탁소

별도로 규정된 것은 없다. 다만, 실무적으로 변제공탁은 채무이행지에서 해야 하는 규정이 있으므로 변제공탁 대상 채권자의 관할법원 공탁소에서 처리한다. (법원행정처 사법등기심의관-2196(2009.09.28.)호)

(4) 혼합공탁의 요건

① 하나의 사건에 두 가지 이상의 공탁사유가 존재

혼합공탁은 반드시 하나의 사건에 두 가지 이상의 공탁 사유가 존재하여야 한다. 주로, 변제공탁(상대적 불확지 공탁)과 집행공탁의 사유가 존재하는 경우가 대부분이다.

② 두 가지 이상의 공탁사유가 연계되어 사건이 존재

하나의 사건에 두 가지 공탁사유가 존재한다고 하여 반드시 혼합공탁하여야 하는 것은 아니며, 별개의 사건으로 처리가 가능한 경우에는 원칙적으로 혼합공탁이 인정되지 않는다.

(5) 혼합공탁의 효과

① 채무의 변제

혼합공탁은 변제공탁에 관련된 채권자들에 대해서는 변제공탁으로서의 효력이 있고, 집행공탁에 관련된 집행채권자들에 대해서는 집행공탁으로서의 효력이 있다.(대법원 1996.04.26. 96다2583 판결)

② 배당가입차단효

혼합공탁은 집행공탁과는 달리 변제공탁에 관련된 채권자들에 대한 채권양도의 유·무효가 확정되지 않는 이상 배당 절차를 진행할 수 없다.(대법원 2001.02.09. 선고 2000다10079 판결) 즉, 변제공탁에 대한 사건처리가 끝나기 전까지는 배당 절차가 중지된다는 의미이며 만약, 공탁금이 압류채권자들에게 배당되지 않는다면 배당가입차단효에 대한 논의의 필요성이 없지만, 공탁금이 압류채권자들에게 배당이 결정된다면, 배당가입차단효는 제3채무자 혹은 공탁관이 사유신고한 시점부터 소급하여 효력이 발생한다.

(6) 혼합공탁에 따른 공탁 사유신고

앞서 설명했듯이, 혼합공탁 또한 변제공탁뿐만 아니라 집행공탁의 성질을 가지고 있기 때문에 민사집행법 제284조 제4항에 따라, 공탁 이후 공탁 사유신고를 하여야 한다. 다만, 배당 절차가 바로 개시되는 것은 아니고 변제공탁 부분에서 정당한 채주가 누구인지 결정된 다음 공탁금을 출급하도록 하거나 배당절차를 실시하게 된다.

4) 그 외 공탁

(1) 가압류 해방공탁

가압류 채무자가 가압류의 집행정지 또는 가압류 자체를 취소하기 위해 가압류 금액을 채무자가 직접 공탁하는 것을 말한다. 해방공탁 또한 집행공탁의 종류이나, 실무적으로 기관에서 많이 쓰는 공탁은 아니라서 그외의 공탁으로 분류하였다. 해방공탁은 제3채무자가 행할 수 없고, 채무자만이 할 수 있다.

(2) 몰취공탁

일정한 사유가 발생하였을 때 공탁물을 몰취하여 소명에 갈음하는 선서 등의 진실성 또는 상호가등기제도의 적절한 운용을 간접적으로 담보하는 공탁을 말한다.

(3) 담보공탁

법원이 가압류 결정을 할 때 향후 가압류의 효력이 취소되거나 또는 변경될 경우 가압류 채무자가 입을 수 있는 손해를 담보하는 차원에서 채권자가 하는 공탁을 말한다.

---

7. 공탁의 종류 판단 방법

1) 집행공탁

① **하나 혹은 다수의 가압류 사건만 존재할 경우:** 민사집행법 제248조 제1항 및 동법 제291조에 따른 집행공탁으로 한다.

② **하나 혹은 다수의 본압류 사건이 존재할 경우:** 민사집행법 제248조 제1항에 따른 집행공탁으로 한다.(채권자가 1명이거나 압류채권액이 피압류채권액보다 적은 경우 채권자에게 직접 지급도 고려해볼 수 있다.) 그러나 전

부명령의 사건이 존재하는 경우에는 전부명령의 확정 여부 그리고 전부명령의 효력 여부에 따라 달라지므로 유의하여야 한다.

2) 변제공탁

① **채무자의 과실 없이 채권자에게 지급할 수 없는 경우**: 민법 제487조에 따른 변제공탁(채권자 확지공탁)

② **채무자의 과실 없이 다수의 채권자 중 정당한 채주가 정확하게 누구인지 알 수 없어 채무금을 지급할 수 없는 경우(상대적 불확지 공탁)**: 민법 제487조 후단에 따른 변제공탁

- 발주자와 양도인 간 양도금지특약을 설정하였음에도 불구하고, 계약 상대자(양도인)가 양수인에게 양도인이 가지고 있는 지명채권을 양도하여 발주자에 채권양도 통지하였고, 양수인이 채권양도금지 특약에 대한 인지 여부 혹은 미인지에 따른 중대한 과실로 존재하는지 확인할 수 없는 경우(대법원 2000.12.22. 선고 2000다55904 판결)

- 계약 상대자(양도인)이 양도인이 가지고 있는 지명채권을 양도하여 채무자에게 양도를 통지하였으나, 이후 채권양도가 철회되는 등 채권양도의 효력에 대해 다툼이 있는 경우(대법원 1996.04.26. 선고 96다2583 판결)

③ **채무자의 과실 없이 불특정한 상대자로 한 정당한 채주가 정확하게 누구인지 몰라 채무금을 지급할 수 없는 경우(절대적 불확지 공탁)**: 절대적 불확지 공탁을 원칙적으로 인정하지 않고 있다.(대법원 1997.10.16. 선고 96다11747 전원합의체 판결) 예를 들어, 공사근로자 노무비를 특정되지 않은 노무자들을 상대로 공탁을 시도하려는 경우가 있으나, 이는 절대적 불확지 공탁에 해당하여 현재까지도 대법원 판례상으로 특별한 사유가 없는 한 절대적 불확지 공탁을 인정하지 않고 있다.

3) 혼합공탁

① **적법한 채권양도통지가 도달한 다음 양도인을 채무자로 하는 압류 또는 가압류 명령이 송달된 경우:** 채권양도 부분에 대해서는 양수인에게 지급하거나 양수인을 피공탁자로 하여 변제공탁하며, 나머지 부분은 채권압류에 대한 처리 방식과 동일하게 진행하면 된다.

② **채권 전부에 대한 채권양도통지가 도달한 다음 양도인을 채무자로 하는 압류 또는 가압류가 도달되었으나, 채권양도의 효력 유무에 대해 당사자 간 다툼이 있는 경우:** 제3채무자로서는 양도인, 양수인 그리고 압류 또는 가압류 채권자에게 대항하기 위하여 양도인과 양수인을 피공탁자로 하는 변제공탁과 압류채권자들을 상대로 한 집행공탁을 겸한 혼합공탁으로 처리하여야 한다.

③ **채권 일부에 대한 채권양도통지가 도달한 다음 양도인을 채무자로 하는 압류 또는 가압류가 도달되었으나 채권양도금지 특약이 존재하거나 양도인이 채권양도를 철회하는 등 채권양도의 효력 유무에 대해 다툼이 있는 경우:** 채권양도 부분에 대해서는 변제공탁과 집행공탁을 겸한 혼합공탁으로 처리하여야 할 것이고, 나머지 부분은 집행공탁으로 처리하여야 할 것이다. 다만, 채권양도액과 (가)압류액을 합한 금액에 이를 때까지의 금액을 혼합공탁으로 처리할 수도 있을 것이다.

④ **채권 전액에 대해 압류명령이 도달한 다음 금전채권의 전부 또는 일부에 대해 적법한 채권양도통지가 송달한 경우:** 원칙적으로 집행공탁(전부명령이 확정된 경우는 제외)으로 처리하여야 할 것이나, 압류명령에 당사자 간 다툼이 있는 등 압류명령 효력 여부에 대해 제3채무자가 의문을 갖게 되어 채무금 변제에 대해 이중위험의 부담을 느끼는 경우에는 공탁 원인 사실에 구체적으로 기재하여 혼합공탁으로도 처리가 가능할 것이다.

⑤ **채권 일부 혹은 전액에 대해 가압류명령이 송달된 후 금전채권 전부 혹은 일부에 대한 채권양도통지가 송달된 경우:** 금전채권 일부와 가압류명령 일부금액의 합계가 금전채권의 전액보다 적을 경우는 별개의 채권으로 관리

하는 것이 적절할 것이다. 그 외의 상황은 제3채무자는 가압류채권자에게 대항하기 위하여 혼합공탁으로 처리하여야 할 것이다.

⑥ **채권 일부 혹은 전액에 대해 채권양도통지와 압류 또는 가압류명령이 동시에 송달되거나 도달의 선후를 알 수 없는 경우:** 채권양도통지와 압류 또는 가압류명령의 총액이 피압류채권보다 적으면 별개의 채권으로 관리가 가능할 것이지만 채권양도통지와 압류 또는 가압류명령의 총액이 피압류채권보다 많을 경우에는 제3채무자가 임의로 판단하지 않고 혼합공탁으로 처리해야 할 것이다.

⑦ **공사계약 이행 완료 후에 원도급사와 하도급사 간 기성 또는 준공정산 타절이 이루어지지 않은 경우와 원도급사 또는 하도급사에 대한 채권압류가 동시에 있는 경우:** 원도급사와 하도급사 간 준공정산 타절이 이루어지지 않은 경우에는 채무자로서는 기성 또는 준공금에 대한 정당한 채주가 누구인지 판단하기 어렵기 때문에 원도급사와 하도급사를 피공탁자로 한 변제공탁과 (가)압류채권자들을 상대로 한 집행공탁을 겸하여 혼합공탁을 하여야 할 것이다.

【(변제, 집행, 혼합)공탁의 종류에 대한 비교표】

구분	변제공탁	집행공탁		혼합공탁 (변제공탁+집행공탁)
		가압류만 존재	본압류가 존재	
근거조항	민법 제487조	민사집행법 제248조 제1항 및 제291조	민사집행법 제248조 (제1항 내지 제3항)	민법 제487조 후단 민사집행 제248조 (제1항 내지 제3항)
피공탁자	채무변제대상자 (다수: A or B)	가압류 채무자	미기재 (예외: 채무자 기재 ,압류금액초과공탁)	변제공탁 부분의채권자 (압류채권자 기재×)
관할 공탁소	피공탁자 관할법원 (2인이상:선택)	없음	없음	피공탁자 관할법원 (2인이상:선택)
공탁통지	피공탁자	가압류 채무자	미기재 (예외: 채무자 기재, 압류금액초과공탁)	피공탁자 ((가)압류채권자×)
사유신고 대상여부	사유신고 대상×	사유신고 대상×	사유신고 대상○	본압류 : 대상○ 가압류 : 대상×
사유신고 관할법원	해당없음	해당없음	최초 압류명령 발령법원 (가압류 발령법원×)	최초 압류명령 발령법원 (가압류 발령법원×)
변제효과 발생대상	피공탁자	가압류채권자 가압류채무자	압류채권자 압류채무자	피공탁자 압류채권자
변제효력 발생시점	공탁물 납입시점 (공탁수리×)	공탁물 납입시점 (공탁수리×)	공탁물 납입시점 (공탁수리×)	공탁물 납입시점 (공탁수리×)

[부록 2]

계약 구비서류

부록02

1. 물품계약

1) 계약 체결

발주자	계약 상대자
○ 품의서(규격서, 시방서 등 첨부)	○ 계약보증금(지방계약법 시행령 제51조)
	- 보증금 납부서 : 계약금액의 10%
	- 지급 확약서 : 5천만 원 이하(10%)
○ 산출기초조사서	○ 청렴서약서(지방계약법 제6조의2)
○ 전자계약서(5천만 원 이하 생략 가능)	○ 수의계약 각서(수의 계약시)
	○ 수의계약 체결제한 사유서(수의계약 시)
	○ 사업자등록증 사본
○ 입찰유의서(계약체결에 관한 규정)	○ 결제계좌사본(법인명의, 개인사업자는 대표자 명의)
	○ 수입인지(시중 상용제품 제외 천만원 초과)
	○ 도장(대표자)
○ 물품계약 일반조건	○ 보안각서(필요시)
○ 계약특수조건	
○ 제조원가계산서(제조계약 만 해당)	○ 계약상대자가 개인사업자인 경우
	① 대리인 계약 시 인감증명서, 대리인 도장
	② 대리인 계약 시 신분증, 위임장, 재직증명서
	※ 대표자가 직접계약 시 ①, ② 불필요
	○ 계약상대자가 법인사업자인 경우
	- 법인등기부 등본
	- 사용인감계
	- 인감증명서
	○ 물품제조 계약은 상대자가 작성한 산출내역서 징구

2) 물품납품 및 검사·검수

발주자	계약 상대자
○ 검사조서	○ 물품납품 완료신고서
- 검사조서 생략(법제17조제3항)	○ 검사과정에서 물품하자 발생시 재납품 또는 그에
- 3천만원 미만 물품 구매시 지출결 의서 검수란에 검수자가 날인함으 로써 검사조서 작성에 갈음	상응하는 조치 이행
	<제조구매 계약>
	○ 국민건강보험 정산서(내역서 및 증빙서류)
	○ 국민연금 정산서(내역서 및 증빙서류)

3) 대가 지급

발주자	계약 상대자

○ 확인사항
 - 세금완납사실(국세,지방세)
 - 건강보험완납사실(일상
  경비, 신용카드 제외)
 - 국민연금, 고용보험, 산재보험
  완납사실(일상경비, 관서운영비,
  신용카드 제외)
※ 회계처리가 일상경비로 되지 않았
  더라도 성격이 같은 자금일 경우
  (카드결제 등)는 일상경비로 보아
  제외 가능
	○ 대금 청구서
	○ 공채매입필증(지자체 기금조례에 근거)
	○ 세금계산서(법인 전자세금계산서)
	○ 국세 · 지방세 납세증명서(수의계약 생략가능)
	○ 4대보험 완납증명서
	○ 설치사진(헬기구매 등 필요한 경우만 징구)
	○ 하자보수보증금(법 제20조 제2항, 규칙 제70조)
	 - 현금 또는 보증서
	  · 물품구매 : 계약금액의 2%
	  · 물품제조 : 계약금액의 3%
	 - 보증금 지급 각서
	  · 계약금액 3천만 원 이하

---

2. 용역계약

1) 계약 체결

발주자	계약 상대자
○ 품의서(계획서 등 첨부) ○ 전자계약서(5천 이하 생략 가능) ○ 입찰유의서(계약 체결에 관한 규정) ○ 용역계약 일반조건 ○ 계약특수조건 ○ 과업지시서 ○ 원가계산서 ○ 공사 관리관 지정 - 건기령 제60조의2	○ 계약보증금(지방계약법 시행령 제51조) - 보증금 납부서: 계약금액의 10% - 지급확약서: 5천만 원 이하(10%) ○ 청렴서약서(지방계약법 제6조의2) ○ 수의계약 각서(수의 계약시) ○ 수의계약 체결제한 사유서(수의계약 시) ○ 사업자등록증 사본 ○ 용역업 이행자격증(령13조) ○ 결제계좌사본(법인명의, 개인사업자는 대표자 명의) ○ 전자수입인지(계약금액 1천만 원 초과) ○ 도장(대표자)

건설공사 사업관리 방식 검토 기준 및 업무수행지침 제2조, 제12조 제10항 (국토부 고시)	○ 계약 상대자가 개인사업자인 경우
	  ① 대리인 계약시 인감증명서, 대리인 도장
	  ② 대리인 계약시 신분증, 위임장, 재직증명서
	  ※ 대표자가 직접계약 시 ①, ② 불필요
	
	○ 계약 상대자가 법인사업자인 경우
	  - 법인등기부 등본
	  - 사용인감계
	  - 인감증명서
	
	○ 공동수급협정서(공동 계약시)
	○ 공동계약이행계획서(공동계약의 경우)
	○ 손해배상보험 또는 공제가입증서(감리계약)
	○ 기술자보유현황
	  - 수의계약시 : 기술용역·공사계약
	  - 입찰 시 : 적격심사에서 확인

2) 용역 착수

발주자	계약 상대자

○ 용역감독 임명조서 사본
  (전문기관 감독 지정시)
	○ 착수 신고서
	○ 산출내역서
	  - 일반용역: 건강·연금·노인장기요양보험료는 예정가격에 계상된대로 가감 없이 반영 사후정산
	  - 단순노무용역 : 퇴직급여충당금은 예정가격에 계상된대로 가감없이 반영 사후정산
	  * 청소, 시설관리, 유인경비, 검침, 행사보조 인력지원용역 등 단순노무용역 해당
	○ 용역 공정예정표
	○ 인력 및 장비투입계획서
	
	○ 책임기술자 지정 신고서
	○ 책임기술자 재직증명서
	○ 책임기술자 자격증사본
	
	○ 과업수행 참여기술자 명단(해당시)
	○ 과업수행 참여기술자 재직증명서(해당시)

(참여자 동일실적증명서 발급시 확인사항)
○ 과업수행 참여기술자 보안각서(필요시)

○ 고용·산재보험가입증명원 또는 일괄사업장
   개시필 통지서(폐기물처리용역 등 해당시)

○ 노무비 구분관리 및 지급 확인제 합의서
 - 단순노무용역 1개월 이상 적용
 - 수급인 노무비지급 전용통장 사본
 - 하수급인 노무비지급 전용통장 사본
 * 단순노무용역 : 청소용역, 검침(檢針)용역, 단순경비 또
   는 관리용역, 행사보조 등 인력지원용역(지계법 시행규
   칙 제23조의2)

3] 용역 기성검사

발주자	계약 상대자

○ 용역 기성검사조서
○ 확인사항
 - 세금완납사실(국세,지방세)
 - 건강보험완납사실(일상
   경비, 신용카드 제외)
 - 국민연금, 고용보험, 산재보험
   완납사실(일상경비, 관서운영비,
   신용카드 제외)
※ 회계처리가 일상경비로 되지 않았
   더라도 성격이 같은 자금일 경우
   (카드결제 등)는 일상경비로 보아
   제외 가능
	○ 용역 기성검사원
	○ 용역 기성명세서
	○ 건설사업관리용역(건설공사 사업관리방식검토기준 및
	   업무수행지침 제72조)
	 - 기성검사원 검토보고서(감독에 제출)
	 - 건설사업관리조서(발주청에 제출)
	* 30일마다 기성 지급시 2회 약식검사는 건설사업관리
	   조서만 징구
	
	< 기성금 청구 >
	○ 기성금 청구서
	○ 공채매입필증(지자체 기금조례에 근거)
	○ 세금계산서(법인은 전자세금계산서)
	○ 국세·지방세 납세증명서(수의생략가능)
	○ 4대보험 완납증명서

4) 용역 완료

발주자	계약 상대자
○ 감독조서 ○ 용역 완료검사조서 - 검사조서생략(법 제17조 제3항) - 용역감독과 검사자 겸직 불가 - 3천만원 미만 용역 　계약 검사조서 생략가능 　지출결의서 검수란에 검수자가 　날인함으로써 검사조서 작성에 갈음	○ 용역완료 신고서(성과품 등 첨부) ○ 건설사업관리용역(건설공사 사업관리방식 검토기준 및 　업무수행지침 제72조) 　- 준공검사원 검토보고서(감독에 제출) 　- 건설사업관리조서(발주청에 제출) ○ 선금사용내역서(선금 지급시) ○ 국민건강보험 정산서(내역서 및 증빙서류) ○ 국민연금 정산서(내역서 및 증빙서류) ○ 퇴직급여충당금 정산서(　〃　)

5) 용역 대가지급

발주자	계약 상대자
○ 확인사항 - 세금완납사실(국세,지방세) - 건강보험완납사실(일상 　경비, 신용카드 제외) - 국민연금, 고용보험, 산재보험 　완납사실(일상경비,　관서운영 　비, 신용카드 제외) ※ 회계처리가 일상경비로 되지 않 　았더라도 성격이 같은 자금일 　경우(카드결제 등)는 일상경비로 　보아 제외 가능	○ 대금청구서 ○ 공채매입필증(지자체 기금조례에 근거) ○ 세금계산서 ○ 국세·지방세 납세증명서(수의계약생략가능) ○ 4대보험 완납증명서 ○ 하자보수보증금 　- 지방계약법 제20조 제2항, 규칙 제70조 　- 현금 또는 보증서 : 계약금액의 2% 　- 보증금지급각서 : 계약금액 3천만 원 이하 ○ 손해배상보험 또는 공제가입증서 　- 대상 : 엔지니어링사업, 건설기설용역, 건축설계 용역 등 　- 과업 : 설계, 감리, 타당성조사,분석 등 　- 규정 　　① 건축설계 : 건축물의 설계와 공사감리의 손해배상보 　　　험 또는 공제업무 처리요령고시(안) 　　② 엔지니어링사업 : 엔지니어링 손해배상보험 또는 공 　　　제업무 처리 요령 　　③ 건설기술용역 : 설계·건설사업관리용역 손해배상보 　　　험 또는 공제 업무요령 ○ 하자보증서 : 건설사업관리용역(건설기술진흥법 제34조 　제5항 해당시)

3. 공사계약

1] 계약체결

발주자	계약 상대자
○ 품의서(계획서 등 첨부) ○ 전자계약서(5천이하생략 가능) ○ 입찰유의서(계약체결에 관한 규정) ○ 계약 일반조건 ○ 계약 특수조건 ○ 설계서(시방서, 도면, 현장설명서) ○ 물량내역서(입찰·수의계약 안내공고의 경우)	○ 계약보증금(지방계약법 시행령 제51조) 　- 보증금 납부서: 계약금액의 10% 　- 지급확약서: 5천만 원 이하 ○ 공사이행보증서 : 계약금액의 40% 　- 300억 이상 공사 　- 대형공사 　- 실시설계 기술제안입찰 ○ 청렴서약서(지방계약법 제6조의2) ○ 수의계약 각서(수의계약 시) ○ 수의계약 체결제한 사유서(수의계약 시) ○ 사업자등록증 사본 ○ 건설업등록증(건산법 9조단서 제외) ○ 결제계좌사본(법인명의, 개인은 대표자명의) 　- 하도급지킴이 대상공사: 고정, 노무비, 선금계좌 추가 제출 ○ 전자수입인지(계약금액 1천만 원 초과) ○ 도장(대표자) ○ 계약 상대자가 개인사업자인 경우 　① 대리인 계약시 인감증명서, 대리인 도장 　② 대리인이 계약시 신분증, 위임장, 재직증명서 징구 　※ 대표자가 직접계약 시 ①, ② 불필요 ○ 계약 상대자가 법인사업자인 경우 　① 법인등기부 등본　② 사용인감계 　③ 인감증명서 ○ 공동수급협정서(공동계약시) ○ 공동계약이행계획서(공동계약시) ○ 기술자보유현황 　- 수의계약 시: 기술용역·공사계약 　- 입찰 시: 적격심사에서 확인 ○ 하도급계약서 사본 (하도급계약시) ○ 건설기계임대차계약서 사본(건기법제22조) ○ 하도급대금 직불합의서 (대금직불 합의시) ○ 하도급대금지급보증서 사본(건산법제34조제7항) ○ 건설기계대여대금지급보증서 사본(건산법 68조의3제6항)

2] 착공

발주자	계약 상대자
	○ 착공신고서
	○ 산출내역서
	○ 현장기술자 지정신고서: 관련법령 기준적용
	< 현장기술자 배치 >
	1) 현장대리인 배치기준
	- 건설산업기본법 제40조
	- 건설산업기본법 시행령 제35조 제2항
	- 건설산업기본법 시행규칙 제31조
	2) 품질관리자 배치기준
	- 건설기술진흥법 시행령 제89조
	- 건설기술진흥법 시행령 제91조 제3항
	- 건설기술진흥법 시행규칙 제50조 제4항
	3) 안전관리자 배치기준
	- 산업안전보건법 제15조 제2항
	- 산업안전보건법 시행령 제12조
	4) 환경관리자 배치기준
	- 대기환경보전법시행령 제39조 제2항
	- 소음진동관리법시행규칙 제18조 제1항
	- 수질및수생태계보전에관한법률시행령
	제59조 제2항
	5) 건설사업관리 기술자 배치기준
	- 건설기술진흥법 시행령 제60조
	- 건설기술진흥법 시행규칙 제35조
	< 현장기술자 증명서 >
	1) 책임기술자 선임신고서
	2) 현장기술자 경력증명서
	3) 현장기술자 자격증 사본
	4) 현장기술자 재직증명서
	○ 공사 공정예정표
	○ 안전·환경 및 품질관리계획서
	○ 공정별 인력·장비투입계획서
	○ 착공 전 현장사진
	○ 직접시공계획통보서(건산법 제28조의2)
	- 도급금액 4천만원 미만이면서 공사기간이 30일 이내인 사업은 제외(조건 And)
	- 전문공사업자가 전문공사를 도급받은 경우 제외(건산법 제

68조의 3 제6항)

○ 하도급계획서(건산법 제31조의2, 300억 이상 계약)

○ 고용·산재보험가입증명원 또는 일괄사업개시필 통지서
  (사업명, 기간, 공사금액 등 기재)

○ 노무비 구분관리 및 지급 확인제 합의서
  - 공사기간 1개월 이상 적용
  - 수급인 노무비지급 전용통장 사본
  - 하수급인 노무비지급 전용통장 사본
  - 공사기간 1개월 미만은 지급 확인제만 적용

3) 기성검사

발주자	계약 상대자
○ 기성검사조서 ○ 확인사항 - 하도급 직불 시: 기성내역 및 청구서	○ 기성검사원 ○ 기성 명세서(공정내역서) ○ 하도급 기성내역서(하도급 계약시) ○ 기성사진(전·중·후) ○ 계약서, 시방서, 도면 등에 따라 기성검사

< 기성금 지급 시 >
○ 확인사항
  - 세금완납사실(국세,지방세)
  - 건강보험완납사실(일상
   경비, 신용카드 제외)
  - 국민연금, 고용보험, 산재보험 완납
   사실(일상경비, 관서운영비, 신용카
   드 제외)
※ 회계처리가 일상경비로 되지 않았더라
  도 성격이 같은 자금일 경우(카드결제
  등)는 일상경비로 보아 제외 가능
	< 기성금청구시 >
	○ 기성금 청구서(원도급, 하도급, 건설기계)
	○ 지역개발공채(지자체 기금조례에 근거)
	○ 세금계산서(법인은 전자세금계산서)
	○ 국세·지방세 납세증명서(수의생략가능)
	○ 4대보험 완납증명서

4) 준공

발주자	계약 상대자
○ 감독조서 ※ 3억 이하 공사 계약에서 감독과 검사공무원 겸직 가능 　(영 제66조 3호)	○ 준공 신고서 ○ 준공 사진(전, 중, 후) ○ 산재ㆍ고용보험 완납증명서(건산법 시행령 제26조의 　2 제2항) < 정산항목 > ○ 산업안전보건관리비사용내역서(해당 시) ○ 안전관리비 정산서(해당 시) ○ 환경보전비사용내역서(해당 시) ○ 하도급대금지급보증서발급수수료납부확인서(해당 시) ○ 건설기계대여대금지급보증서발급수수료 납부확인서 　(해당 시) ○ 선금사용내역서(선금 지급 시) ○ 국민건강보험 정산서(내역서 및 증빙서류) ○ 국민연금 정산서(내역서 및 증빙서류) ○ 건설근로자퇴직공제부금(추정금액 1억 원 이상) ○ 폐기물처리비 사용내역서(통합 발주 시) ○ 품질관리비(내역서 및 증빙서류) ○ 기타 검사비 등 해당 항목

5) 준공검사

발주자	계약 상대자
○ 준공검사조서 ○ 준공신고서 제출일로부터 　14일 이내 검사 ● 다만 천재ㆍ지변 등 불가항력 사유인 경우 3일 연장가능 ● 100억 이상 공사, 기술적 특성으로 7일 범위안에서 검사기간 연장 가능 ※ 검사조서생략(법 제17조 제3항) 3천만 원 미만 공사계약 검사 조서 생략 가능, 지출결의서 검	○ 계약서, 설계서(시방서, 도면 등), 계약조건에 따라 준공검사 < 참석자 > ○ 감독 ○ 감리 ○ 검사공무원 ○ 계약 상대자 ○ 입회자(계약담당자 등 재무회계규칙 근거)

수란에 검수자가 날인함으로서 검사조서 작성에 갈음	

6) 대가지급

발 주 자	계약 상대자

○ 확인사항
 - 세금완납사실(국세,지방세)
 - 건강보험완납사실(일상
   경비, 신용카드 제외)
 - 국민연금, 고용보험, 산재보험 완
   납사실(일상경비, 관서운영비, 신
   용카드 제외)
※ 회계처리가 일상경비로 되지 않았더
   라도 성격이 같은 자금일 경우(카드
   결제 등)는 일상경비로 보아 제외
   가능
 	
 - 하도급 기성내역 및 청구서
 - 건설기계대여대금 청구서
	○ 대금청구서
	 ① 원도급 대금청구서
	 ② 하도급 대금청구서(직불합의 시)
	 ③ 건설기계대여금 청구서(직불합의 시)
	
	○ 지역개발공채(지자체 기금조례에 근거)
	○ 세금계산서(법인 전자세금계산서)
	○ 국세·지방세 납세증명서(수의생략가능)
	○ 4대보험 완납증명서
	○ 하자보수보증금
	 1. 철도, 댐, 터널, 철강교설치, 발전설비, 교량, 상하수도
	   구조물 등 중요 구조물공사 및 조경공사: 100분의 5
	 2. 공항, 항만, 삭도설치, 방파제, 사방, 간척 등 공사:
	   100분의 4
	 3. 관개수로, 도로(포장공사를 포함한다), 매립, 상하수도
	   관로, 하천, 일반건축 등 공사: 100분의 3
	 4. 제1호부터 제3호까지의 공사 외의 공사: 100분의 2
	
	○ 통장사본(계약시 제출한 결제계좌 변경 시)
	○ 최종 월 노무비 지급내역서
	   (최종 대가지급일 9일 이내)

정산 항목

• 공사 정산 항목

구 분	적용대상	관련근거
건강보험, 노인장기요양보험 국민연금보험	1건의 공사기간이 1개월 이상인 경우	지자체 입찰 및 계약집행 기준(사후정산), 건산법시행령 제26조2
고용보험 산업재해보상보험	모든 건설공사 고용보험법제9조, 건산법제9조제1항 단서조항에 따라 2천만 원(도급+관급)- 부가세 제외) 미만 고용보험은 제외	행안부 2007.4.4. 질의 회신(접번호 H063896) 사회보험의 보험료 적용기준 (국토교통부 고시)
산업안전보건관리비	공사금액이 2천만 원(도급+관급) 이상	건설업산업안전보건관리비계상 및 사용기준 제8조
환경보전비	환경오염방지시설의 설치 및 운영에 소요되는 비용	건설기술진흥법시행규칙 제61조 제2항
건설근로자퇴직공제부금	공사 추정금액 1억 원 이상	건산법 시행령 제83조제6항
건설하도급대금 지급보증서 발급 수수료	1건의 하도급공사의 하도급금액이 1천만원 초과인 경우	건산법 제34조제7항 건산법 시행규칙 제28조제2항 영34조의4 제4항
건설기계대여대금 지급보증서수수료	1건의 건설기계 대여계약금액이 200만원 초과인 경우	건산법 제68조의3 제6항 건산법 시행규칙 제34조의4 제1항제2호/ 영64조의3 제3항
품질관리비	5억원이상 토목공사, 2억원이상 전문공사, 연면적 660㎡이상 건축공사	건기법 시행규칙 제53조

※ 사후정산 항목은 위 표 이외에도 개별법 등에 규정이 있거나, 계약조건에 별도 규정된 경우 사후 정산하여야 함.(예: 고시 검사수수료, 국외여행경비 등)

계약 용어 해설

○ **일반경쟁**

일정한 자격을 가진 희망자 모두를 대상으로 하여 경쟁입찰에 참가토록 한 후 그중에서 가장 유리한 조건을 제시한 자를 선정하여 계약을 체결하는 방법

○ **제한경쟁**

실적·특수한 설비 또는 기술·지역·중소기업자 여부 등에 의하여 입찰 참가 자의 자격을 제한하여 입찰하게 하는 방법

○ **지명경쟁**

계약의 성질 또는 목적에 비추어 특수한 설비·기술·자재·물품 또는 실적 있 는 자가 아니면 계약의 목적을 달성하기 곤란한 경우로서 입찰 대상자가 10인 이내인 경우 등 에서 경쟁입찰 참가자를 지명하여 입찰하게 하는 방법

○ **수의계약**

추정가격 2천만 원 이하인 공사·물품·용역, 하자 구분 곤란, 천재지변 등 긴 급 수요·비밀유지·생산소지자가 1인인 물품 등에 대하여 특정인을 계약 상대 자로 선정하여 그자와 계약을 체결하는 것으로서 특수 목적을 위하여 예외적으 로 인정하는 계약으로서 경쟁계약의 반대 개념

○ **단년도 계약**

이행기간이 1회계연도인 경우로서 당해연도 세출예산에 계상된 예산을 재원으로 체결하는 계약

○ **단년도 차수계약**

같은 회계연도 내에 전체 예산의 확보가 예상되는 경우로서 설계서·규격서 등

이 미리 확정된 경우에는 총액으로 입찰하여 낙찰된 자와 예산이 확보되는 범위에서 시기별로 나누어 체결하는 계약

○ 장기계속계약

이행에 수년이 걸리는 공사·제조 또는 용역 등의 계약에 있어 총사업에 대한 범위는 확정되었으나 예산이 확보되지 않은 경우로서 총이행 금액을 부기하여 계약을 체결하되, 각 회계연도 예산의 범위 내에서 계약을 이행하게 하는 계약

○ 계속비계약

이행에 수년이 걸리는 공사·제조 또는 용역 등의 계약에 있어 전체 사업에 대한 예산이 확보되는 경우로서 낙찰된 금액의 총액에 대하여 체결하는 계약

○ 확정계약

계약체결 이전에 예정가격 등을 작성하고 입찰(또는 시담)을 통해 계약금액을 확정하는 일반적인 계약의 형태

○ 개산계약

예정가격을 미리 확정하기 어려운 개발 시제품, 제조계약에 대하여 계약이행 후 계약금액을 사후 정산하는 조건으로 체결하는 계약

* 개산계약은 계약 목적물 전체에 대해 사전에 가격 확정이 곤란한 경우에 적용
* 「지방자치단체 재해복구예산 집행요령」은 개산계약을 기본으로 함

○ 사후원가검토 조건부계약

예정가격을 구성하는 일부 품목에 대한 금액을 거래실례가격, 원가계산 등에 의하여 정확하게 결정할 수 없을 때 계약이행 후 동 품목에 대하여 사후정산 하는 계약

* 사후원가 검토조건부 계약은 일부 비목에 대한 가격산정이 곤란한 경우에 적용

○ 단독계약

1명만이 계약 상대자로 결정되는 가장 일반적인 계약

○ 공동계약

　　2인 이상의 계약 상대자가 일정 부분을 서로 공동(분담)하여 체결한 계약

○ 종합계약

　　동일 장소에서 중앙행정기관, 다른 지방자치단체, 「공공기관의 운영에 관한 법률」에 따른 공기업 및 준정부기관, 지방공기업, 지방자치단체 출연·출자기관 또는 지방자치단체조합 등과 관련되는 공사 등에 대하여 관련 기관과 공동으로 체결하는 계약

　　* 지상 및 지하의 구조물 및 매설물 공사

○ 통합계약

　　경비를 절약하고 사업을 효율적으로 추진하기 위하여 필요하다고 인정하는 경우에 여러 부서에 예산이 각각 편성되었더라도 해당 지방자치단체가 한꺼번에 발주하여 체결하는 계약

　　* 여성회관(여성복지과), 민방위회관(민방위운영과), 농민회관(농지과) 건립을 통합하여 다목적 회관 건립

○ 혼합계약

　　목적물이 성질상 분할할 수 없는 물품·공사·용역 중 2개 이상 혼재된 경우 한꺼번에 발주하여 체결하는 계약을 말하며, 가분성·하자책임구분의 용이성 등이 먼저 검토되어야 한다.

○ 총액계약

　　해당 계약 목적물 전체에 대하여 총액으로 체결하는 계약

○ 단가계약

　　일정 기간 계속하여 제조·수리·가공·매매·공급·사용 등의 계약을 할 필요가 있을 때 해당연도 예산의 범위 안에서 단가에 대해 체결하는 계약

　　* 신호등 수리, 차선도색, 관로복구, 도로·하천 보수·복구 등

○ 제3자 단가계약

계약 방법의 특례로서 수요기관에서 공통적으로 사용하는 물자에 대하여 조달청장이 관련 법규에 따라 공급업체를 선정하여 단가계약을 체결, 쇼핑몰(G2B)에 공고하고 수요기관에서 직접 공급업체에 납품 요구하는 것을 말한다.

○ 다수공급자 계약

제3자단가계약과 동일한 형태의 계약이나 품질·성능·효율 등이 동등하거나 유사한 제품을 공급하는 다수의 공급자와 체결하는 계약

○ 회계연도 시작 전 계약

지방자치단체의 긴급한 재해복구 또는 임차·운송·보관 계약 등 그 성질상 중단할 수 없는 경우에 회계연도 시작 전 또는 예산배정 전이라도 그 회계연도의 확정된 예산의 범위에서 미리 체결하는 계약
* 국가계약은 회계연도 개시 전 계약

○ 공사

「건설산업기본법」, 「전기공사업법」, 「정보통신공사업법」, 「소방시설공사업법」, 「문화재 수리 등에 관한 법률」 및 기타 다른 법률에서 공사로 규정되어 있는 것을 말한다

○ 용역

기술용역, 엔지니어링용역, 학술연구·시설분야·폐기물처리·육상운송·기타 일반용역 등 공사를 하지 않고 물질적 재화의 생산이나 소비에 필요한 노무를 제공하는 것을 말한다.

○ 물품 제조·구매

국내에서 생산 또는 공급되는 내자물품과 국외에서 생산 또는 공급되는 외자물품을 공사를 하지 않아도 그 계약목적을 달성할 수 있는 것을 말한다.

입찰 및 수의계약 흐름도

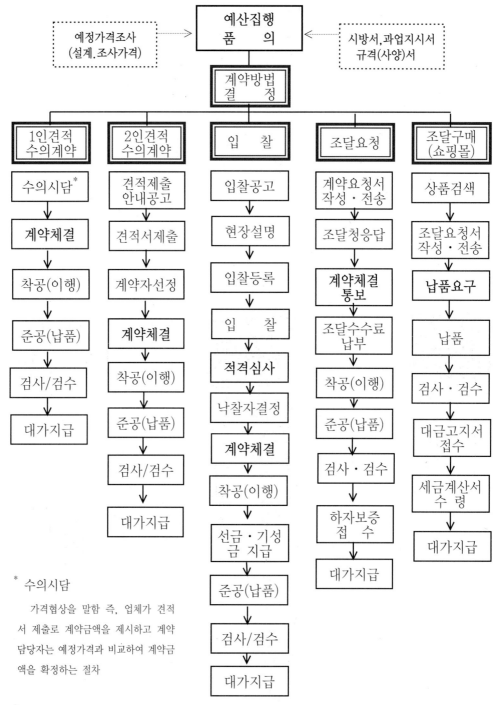

예정가격조사
(설계.조사가격) ┄┄▶ 예산집행
품 의 ◀┄┄ 시방서,과업지시서
규격(사양)서

계약방법
결 정

| 1인견적
수의계약 | 2인견적
수의계약 | 입 찰 | 조달요청 | 조달구매
(쇼핑몰) |
|---|---|---|---|---|
| 수의시담* | 견적제출
안내공고 | 입찰공고 | 계약요청서
작성 · 전송 | 상품검색 |
| **계약체결** | 견적서제출 | 현장설명 | 조달청응답 | 조달요청서
작성 · 전송 |
| 착공(이행) | 계약자선정 | 입찰등록 | **계약체결
통보** | **납품요구** |
| 준공(납품) | **계약체결** | 입 찰 | 조달수수료
납부 | 납품 |
| 검사/검수 | 착공(이행) | **적격심사** | 착공(이행) | 검사 · 검수 |
| 대가지급 | 준공(납품) | 낙찰자결정 | 준공(납품) | 대금고지서
접수 |
| | 검사/검수 | **계약체결** | 검사 · 검수 | 세금계산서
수 령 |
| | 대가지급 | 착공(이행) | 하자보증
접 수 | 대가지급 |
| | | 선금 · 기성
금 지급 | 대가지급 | |
| | | 준공(납품) | | |
| | | 검사/검수 | | |
| | | 대가지급 | | |

* 수의시담

　　가격협상을 말함 즉, 업체가 견적
서 제출로 계약금액을 제시하고 계약
담당자는 예정가격과 비교하여 계약금
액을 확정하는 절차

* 이행: 계약이행

| 조달구매 | | 수의계약 | | | (예외) | 일반입찰 (원칙) | <추정가격기준> |

조달구매 ─── 수의계약 ──(예외)── 일반입찰 (원칙) <추정가격기준>

(예외 : 중기간 경쟁제품)

조달계약	조달구매 (쇼핑몰)	2인 이상 견적	1인 견적 가능	조합 추천	제한입찰	(낙찰자 결정 방법)	최저가 낙찰(폐지)
총액 계약 요청	제3자단가· 단가계약 물품	대상	대상	대상	지명입찰		적격 심사
	금액제한 없음	공사 : 종합 4억 원 전문 2억 원 전기 등 1억 6천만 원 이하	금액 : 2천만 원 이하	5천만 원 이하			2단계 입찰(규격 ·가격 분리 입찰)
	다수공급자 계약(MAS) 물품		내용 : 하자곤란, 천재지변 등				
	일정금액 이상 2단계 경쟁	물품·용역: 1억 원 이하					협상 계약
	대상		(여성기업· 장애인기업은 5천만 원 이하)				
100억 원 이상 공사 원가 검토 (의무) ※ 자율 의뢰 가능	구매 예정액 5천만 원 (경쟁제품 : 1억 원, 초중등학교 : 2천만 원) 이상	G2B 등 공고·견적 (3일 이상 공고, 공휴일과 토요일은 제외)	수기 견적 가능	관련 협동 조합에 5개 이상 업체 추천 요청 (2천만원 미만 경우 2개 이상)			희망수량입찰
							유사물품복수입찰
							기술제안입찰
							턴키· 대안 입찰
							설계 공모
							종합평가 낙찰제
	※ 나라장터 종합쇼핑몰 이용 (g2b.go.kr)	※ 지정정보 처리장치 (G2B, S2B, eaT)이용	※ 지정정보 처리장치 (G2B, S2B, eaT)이용	※ 중소기업 공공구매망 (smpp. go.kr) 이용			

【종합평가 낙찰자 적용사례】

① 나라장터
201708 매라−양산간 도로건 설공사 229,747 백만원

② 나라장터
201611 서울 마곡 도시개발사업 지구 9단지 아파트 건설공사

③ 나라장터
201701 홍도과선교 개량(지하화 공사)

⑤ 201604 순천시청 사 건립공사

⑥ 20160 별내선(암 사~별내)복선전철 5공 구 건설공사

④20171025 경북도청신도시 건설사업 (2단계)조성공사 229,311백만원 , 토 목+조경

물품 구매 방법

구분	중소기업자 간 경쟁제품		중소기업자 우선 조달제도	
규정	판로지원법		판로지원법 시행령 제2조의2	
대 상	중소기업 경쟁제품 (12개산업군으로 분류 중기청장고시)		물품 또는 용역	
금액 (추정 가격)	1천만 원 미만	중소기업자와 1인수의 계약 (중견기업, 대기업 제외)	2천만 원 이하	대기업, 중소기업 1인수의계약
	1천만 원 이상~ 2천만 원 이하	직접생산증명서 보유한 중기업체와 1인수의계약	2천만 원 초과 ~1억 원 미만	•소기업·소상공인 간 g2b 2인 수의계약 또는 • 소기업·소상공인 간 제한경쟁입찰
	2천만 원 초과~ 1억 원 이하	공공구매종합정보망 조합추천업체(소기업·소 상공인 5개 업체)와 지명 경쟁방식 계약		
		직접생산증명서 보유 • 소기업·소상공인 제한 g2b 2인수의 또는 • 중소기업자 간 경쟁계약	1억 원 이상 ~고시금액 미만	중소기업자 간 (소기업·소상공 인 포함) 제한경쟁 입찰
	5천만 원 초과	직접생산증명서 보유한 중소기업자 간 제한 또는 지명경쟁입찰	고시금액 이상	제한 및 일반 입찰

광주시 다수 공급자계약 2단계경쟁 사례

평가방식 선택은 지자체 고유권한으로 "자율결정사항"

> 종합평가방식 A형 (일반제품 및 중소기업자간 경쟁제품 모두 적용)
> 단, 1) 사후관리, 정책지원, 선호도 등을 우선적으로 적용하여야 할 필요가
> 있는 경우(사업부서 → 회계과로 의견제출) 표준평가방식 적용
> 2) 제안요청 대상업체간 계약물품 규격, 성능, 가격 등에 차이가 큰 경우
> (사업부서 → 회계과로 의견제출) B형 적용

구 분	과 거(~2017.12.)	현 행(2018. 2.1. ~)
납품업체 선정기준 (일반제품)	○ 발주부서에서 납품업체 선정기준 선택 후 회계과 구매 의뢰 → 물품의 규격, 성능, 예산범위 등을 고려하여선택 (가격평가방식 포함) ○ 발주부서에서 납품업체 선정 기준 미선택 시 회계과에서 결정 → 종합평가방식, A형 우선 검토	○ 발주부서에서 납품업체 선정기준 선택 후 회계과 구매 의뢰 - 기술력, 선호도 등을 우선적으로 적용할 필요가 있는 경우 표준평가방식 적용 - 제안요청 대상업체간 계약물품 규격, 성능,가격에 차이가 큰 경우 B형 적용 ○ 발주부서에서 납품업체 선정기준 미선택 시 계약부서에서 결정 → 종합평가방식, A형우선 적용
납품업체 선정기준 (중소기업 자간 경쟁제품)	○ 국제입찰에 의하는 지방자치단체의 공사 및 물품·용역의 범위에 관한 고시금액(현재 3.1억) 미만 → 종합평가방식, B형	○ 국제입찰에 의하는 지방자치단체의 공사 및 물품·용역의 범위에 관한 고시금액(현재 3.1억) 미만 → 종합평가방식, A형우선적용
	○ 국제입찰에 의하는 지방자치단체의 공사 및 물품·용역의 범위에 관한 고시금액(현재 3.1억) 이상 → 표준평가방식Ⅲ, B형	○ 국제입찰에 의하는 지방자치단체의 공사 및 물품·용역의 범위에 관한 고시금액(현재 3.1억) 미만 → 종합평가방식, A형우선적용
공개제안제	(신 설)	○ 구매금액이 5억 원 이상인 경우 공개모집을 거쳐 납품업체 선정 (2018. 1. 1.부터 적용)
신인도	(신 설)	○ 종합(표준)평가방식의 평가항목 중 '신인도' 추가 (2018. 4. 1.부터 적용)

산출기초조사서

산 출 기 초 조 사 서									
(　실 · 과)								(발주부서 작성)	
품명	규격	단위	수량	산출조사근거				산출가격	
				조 달 가 격	물 가 정 보	A업체	B업체	최저 단가	금 액

년 　　　 월 　　　 일

작성자 : 　　 직 　　　　 성명 　　　 (인)

확인자 : 　　 직 　　　　 성명 　　　 (인)

○○시 (분임)재무관 귀하

※ 작성요령

　– 산출조사근거란에는 품목별 단가만 기재

　– 그중 가장 저렴한 가격을 산출가격단가로 확정

　– 확정된 단가에 수량을 곱한 금액을 산출가격 금액란에 기재

　– 부가가치세 포함

현장기술자 지정신고서

감독관 경유　　　　　(인)

1. 공　사　명 : ○○○○학교 교사 신축공사
2. 계 약 금 액 : 금일십억원(₩1,000,000,000원)
3. 계약년월일 : 2024년 2월 10일
4. 착　공　일 : 2024년 2월 20일
5. 준공예정일 : 2024년 10월 25일
6. 현장기술자 지정 내용

구　　분	현장대리인	품질관리자	안전관리자	환경관리자	건설관리 기 술 자
성　　명					
생년월일					
주　　소					
자격종목 및 등급					
자격증번호					
자격증 취득 년 월 일					
경　　력					
날　　인					

붙　　임 : 현장관리조직표, 재직증명서, 경력증명서, 자격증사본 등 각1부

상기와 같이 현장기술자로 지정하고 신고합니다.

2024년 2월 20일

주　소 : 부산시 서구 충무대로 1번길 1

상　호 : ○○○○건설(주)

대표자 : ○　○　○　(인)

부산시 서구청 분임(재무관) 귀하

착공신고·공정예정표·건설기술인 지정 신고서

감독관 경유 　　　　(인)

1. 공　사　명 : 화장실 개보수 공사

2. 계약금액 : 금일천삼백만원(₩13,000,000원)

3. 계약년월일 : 2024년 00월 00일

4. 착　공　일 : 2024년 00월 00일

5. 준공예정일 : 2024년 00월 00일

6. 공정예정표

기간 ＼ 공정별	3일	5일	10일	13일	15일	17일	20일
기초작업							
바닥공사							
시설물공사							
준공검사							

　　※ 계약상대자가 계약목적물에 맞게 공정별 기재

7. 건설기술인(舊 현장대리인)

　가. 성명(생년월일) : 홍길동(2000.02.23)

　나. 주　　　소 :

　나. 자격(종목 및 번호) :

　　　위와 같이 (착공신고·공정예정표·현장대리인)을 신고합니다.

　　　　　　2024년 2월 10일

　　　주　소 : 부산시 서구 충무대로 1번길 1

　　　상　호 : ○○○○건설(주)

　　　대표자 : ○ ○ ○ (인)

부산시 서구청 분임(재무관) 귀하

※ 건산법 제9조 단서조항 경미한 건설공사 적용

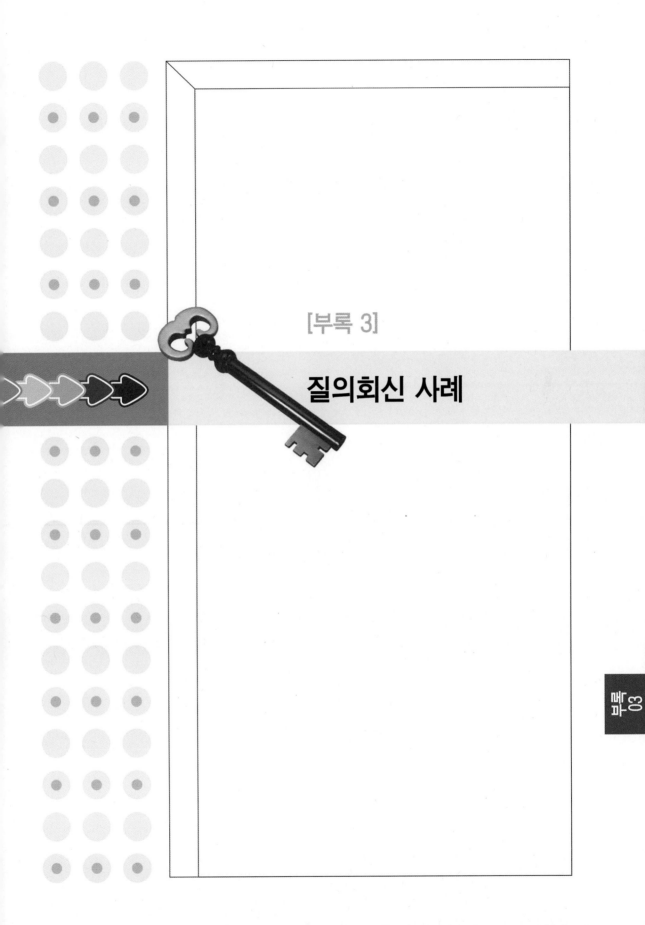

[부록 3]

질의회신 사례

CONTENTS

CONTENTS

CONTENTS

CONTENTS

CONTENTS

❊ 법령해석이란 법령의 구체적 적용을 위하여 법령의 의미를 체계적으로 이해하고 그 제정 목적에 따라 규범의 의미를 명확히 하는 이론적·기술적인 작업을 말하며, 통상 행정부 내에서 법령해석에 대한 전문적인 의견을 제시할 수 있는 법제처 등이 행하는 법령해석을 **"정부유권해석"** 이라 한다.

❊ 정부유권해석이란?

정부유권해석은 행정기관이 법령을 집행하기 위한 전제로 법령해석을 하는데 있어서 의문이 있거나 다른 행정기관의 관장업무와 관련된 법령에 대한 해석이 서로 엇갈리는 경우에 정부 견해의 통일을 위하여 정부 전체 차원에서 법령해석에 대한 전문적인 의견을 제시하는 업무를 말한다.

정부유권해석은 『정부조직법』과 『법제업무 운영규정』 등의 법령에 따라 민사·상사·형사, 행정소송, 국가배상관계법령 및 법무부 소관 법령과 다른 법령의 벌칙조항에 대한 해석을 제외하고는 정부입법의 총괄기관인 법제처가 수행하고 있다.

❊ 법집행작용과 정부유권해석

행정기관의 법집행작용은 구체적 사실을 확인하고 해당 사실에 적용될 법령의 의미와 내용을 해석하여 해당 사실에 적용하는 일련의 과정을 거치는 것으로서 이러한 법집행작용은 각 법령에 따라 각 행정기관이 수행한다.

정부유권해석은 행정기관의 법집행작용을 위한 해석에 대하여 하나의 기준을 제시하여 주는 기능이다.

❈ 정부유권해석의 기속력

민원인의 질의에 대한 행정기관의 법령해석이나 하급 행정기관의 질의에 대한 상급 행정기관의 법령해석은 그와 다른 법원의 사법해석이 나올 경우 그 효력이 부인된다.

따라서 행정기관인 법제처의 정부유권해석은 법원의 사법해석과 달리 관계 행정기관을 법적으로 구속하는 효력은 없다.

그러나 법제처의 정부유권해석은 정부 견해의 통일성과 행정 운영의 일관성을 위한 기준을 제시한다는 점에서 관계 행정기관이 정부유권해석과 달리 집행할 경우 부적절한 집행으로 인한 징계나 감사원의 감사 등을 통한 책임 문제가 제기될 수 있으므로 법제처의 정부유권해석은 관계 행정기관에 대한 사실상의 구속력은 가진다고 할 수 있다.

❈ 사법해석과 정부유권해석

법원이 행하는 사법해석은 구체적 쟁송의 해결을 목적으로 추상적인 법규범의 객관적 의미를 파악하는데 중점을 둔다.

법제처가 행하는 정부유권해석은 행정기관이 앞으로 법령을 집행하여 행정 목적을 달성하는데 있어 그 방향과 기준을 제시, 즉 해당 법령의 집행으로 달성하려는 목적의 효율적 수행에 중점을 둔다.

따라서 법제처의 정부유권해석은 법령에 담긴 정책집행의 방향을 제시하는 기능을 수행한다는 점에서 법 집행의 결과 발생한 구체적이고 특정한 법적 분쟁에 대하여 하는 사법해석과는 기능적으로 차이가 있다.

– 법제처 법령해석 안내(http://www.moleg.go.kr)

1	적용법규, 소관, 용어 등
제 목	유권해석의 소관에 관한 사항
질 의	재정부, 행안부, 환경부, 국토부, 조달청, 건설협회 등 관련 부처에 질의를 하면 소관부처로 이첩 또는 재질의하도록 하거나 대부분 계약담당공무원이 판단할 사항이라고 답변하는데…
회 신	• 국가기관이 계약 관련 법령에 대한 해석 및 질의답변을 함에 있어 각 중앙관서의 장은 소관 법령에 대해서만 해석권한이 있으므로 소관이 아닌 법령에 대한 해석요청이나 질의를 접수하였으면 소관기관으로 이첩하거나 동 기관으로 다시 질의하도록 안내할 수밖에 없음을 이해하여 주시기 바랍니다. • 한편, 질의내용이 법규해석이 아니고 구체적인 사실관계 판단에 관한 사항인 경우에 계약담당공무원이 구체적이고 객관적인 자료(공사인 경우 설계서, 계약문서 및 계약조건, 현장 여건 등)와 상황 등을 종합적으로 검토하여 처리함이 적절합니다. • 앞으로 우리 청은 국가계약 관련 법규해석 요청 및 각종 질의에 대하여 가능한 한 객관적이고 종합적으로 검토하여 충실한 답변을 드리도록 노력하겠습니다. • 참고로 본 질의 회신 내용은 국가기관에서 집행하는 계약업무와 관련하여 회신한 내용입니다.
국계법	법무 41301-1000, 2003. 08. 20

2	적용법규, 소관, 용어 등
제 목	국가계약법령 조항 중 "계약 대상자"란?
질 의	「국가를 당사자로 하는 계약에 관한 법률 시행령」 제65조 제4항의 규정 중 "계약 상대자"는 발주처를 의미하는지, 시공사를 의미하는지?
회 신	국가기관이 체결한 공사계약에서 "계약 상대자"란 계약예규 「공사계약 일반조건」 제2조 제2호에 따라 정부와 공사계약을 체결한 자연인 또는 법인을 말합니다.
조달청	법무지원팀-2001, 2005. 12. 08

3	적용법규, 소관, 용어 등
제 목	총액입찰 및 내역입찰
질 의	〈질의 1〉 총액입찰과 내역입찰의 정의는? 〈질의 2〉 총액입찰과 내역입찰의 차이점은? 〈질의 3〉 총액입찰의 경우에는 견적서나 예산서와 관계없이 시방서 및 설계도면대로 시공하면 되는지?
회 신	1. 질의 1 및 2에 대하여 국가기관이 시행하는 입찰에서 입찰총액을 기재한 입찰서만을 제출하는 입찰을 총액입찰이라 하며, 입찰서에 산출내역서를 첨부하여 함께 제출하는 입찰을 내역입찰이라고 하는 바, 내역입찰의 경우에는 발주기관이 미리 공종별 목적물 물량내역을 표시하여 배부한 내역서(물량내역서)에 입찰자가 단가와 금액을 기재한 입찰금액산출내역서(산출내역서)를

입찰 시 입찰서와 함께 제출하는 것으로서, 추정가격이 50억 원(현행 100억 원) 이상인 공사에 있어서는 「국가를 당사자로 하는 계약에 관한 법률 시행령」 제14조 제6항의 규정에 의거 계약담당공무원은 공사입찰 시 입찰자로 하여금 동조 제1항에 따라 배부된 물량내역서에 단가를 기재한 입찰금액 산출내역서를 입찰서에 첨부하게 하여야 하며, 추정가격이 1억 원 이상 50억 원(현행 100억 원) 미만인 공사는 동 조 제2항의 규정에 의거 낙찰자에게 물량내역서를 교부하여야 하는 것입니다.

2. 질의 3에 공사는 체결한 공사계약에서 계약상대자는 설계서대로 시공하여야 하는 바, 설계서라 함은 계약예규 「공사계약 일반조건」 제2조 제4호에 규정한 바와 같이 공사 시방서, 설계도면 및 현장설명서를 말하며, 공종별 목적물 물량이 표시된 내역서(물량내역서)를 포함하는 것인 바, 동 일반조건 제19조 제2항에 규정된 바와 같이 수의계약으로 체결한 공사 및 같은 법 시행령 제78조에 따른 일괄입찰 및 대안입찰에서 대안이 채택된 공종의 공사에서 산출내역서는 설계변경을 하면서 설계서에 포함하지 아니하는 것입니다.

| 조달청 | 법무지원팀-1185, 2005. 10. 06 |

4		적용법규, 소관, 용어 등
제 목	**예정가격 결정의 적용 대상 기관은?**	
질 의	1) 계약예규 "원가계산에 의한 예정가격 작성준칙"에 의한 예정가격 결정의 적용범위는 국가기관, 지방자치단체, 정부투자기관 등 모든 공공기관이 발주하는 공사, 물품구매계약에 적용되는지 여부 2) 수의계약의 견적서에 이윤이 별도로 명시되지 않은 상태에서 계약을 체결하였으면 동 준칙에 의한 이윤이 포함된 것으로 보아야 하는지 및 견적서에 명기된 이윤율이 동 준칙에서 정한 이윤율을 초과하지 않았다면 동 이윤을 인정하여도 되는지 여부	
회 신	「국가를 당사자로 하는 계약에 관한 법률」은 같은 법 제2조 및 제3조에 따라 국제입찰에 의한 정부조달계약, 국가가 대한민국 국민을 계약상대자로 하여 체결하는 계약(수입의 원인이 되는 계약 포함) 등 국가를 당사자로 하는 계약에 적용하는 것으로서 다른 법률에 특별한 규정이 있는 경우를 제외하고는 이 법이 정하는 바에 의하여야 하는 바, 국가기관에서 시행하는 입찰 또는 계약함에 있어 예정가격은 같은 법 시행령 제9조에 따라 결정하여야 하며, 입찰금액 또는 수의계약금액 산출내역서의 비목별 금액(일반관리비, 이윤 등 포함)은 입찰자 또는 수의계약 대상자가 당해 계약의 이행이 가능한 범위 내에서 자율적으로 산정하여 작성하는 것입니다. 귀 질의의 경우 공사, 물품구매계약을 함에 있어 국가기관의 경우는 계약예규 「원가계산에 의한 예정가격 작성준칙」, [현행 「예정가격 작성기준」(계약예규 2200.04-160-4, 2007. 10. 12)]에 의하여 예정가격을 결정할 수도 있을 것이며, 국가기관을 제외한 지방자치단체·정부투자기관 등의 공공기관이 동 예규의 규정을 적용하여 예정가격을 작성할지는 당해 기관의 계약담당공무원이 관련규정 등을 검토하여 판단, 결정하여야 하며, 수의계약 견적서에 이윤을 얼마나 반영할 지는 수의계약 대상자가 자율적인 판단에 따라 결정하는 것임.	
조달청	법무심사팀-522, 2005. 05. 24	

5	적용법규, 소관, 용어 등
제 목	산출내역서는 구체적으로 어떤 서류를 말하는 것인지?
질 의	수량조절 및 물가변동으로 인한 계약금액의 조정과 기납대금의 지급 시에 적용할 기준으로서 계약문서의 효력을 가진다는 물품구매계약 일반조건(계약예규 22000.04-103-6, 2004. 4. 6)에서 말하는 "산출내역서"는 구체적으로 어떤 서류를 지칭하는 것인지?
회 신	국가기관이 체결한 물품구매계약에서 산출내역서란 계약예규 「물품구매입찰 유의서」,(현행 「물품구매(제조) 입찰유의서」 제17조의 규정에 의거 낙찰금액의 산출내역을 표시하는 내역서를 말하는 것으로서, 낙찰자는 소정서식에 의한 구비서류 및 산출내역서를 낙찰통지를 받은 후 7일 이내에 발주기관에 제출하고 10일 이내에 계약을 체결하여야 하며, 「국가를 당사자로 하는 계약에 관한 법률 시행령」 제9조 제1항 제2호에 따른 예정가격을 기준으로 계약을 체결하지 아니한 계약에서는 계약담당공무원이 필요하다고 인정하는 경우에 그 산출내역서를 제출하게 할 수 있는 것인 바, 동 산출내역서는 계약상대자가 작성하여 발주기관에 제출하는 것으로서 계약예규 「물품구매계약 일반조건」,[현행 「물품구매(제조)계약 일반조건」] 제3조의 규정에 의거 수량조절 및 물가변동으로 인한 계약금액의 조정, 기납대금의 지급 시에 적용할 기준으로서 계약문서의 효력을 가지는 것이며, 동 일반조건 제22조 제6항에 규정된 바와 같이 기성 부분에 대한 대가를 지급하면 산출내역서상의 단가에 의하여 이를 계산하는 것임.
조달청	인터넷 질의번호12787, 2004. 12. 18

6	적용법규, 소관, 용어 등
제 목	협상계약 유찰 시 수의계약 가능 여부?
질 의	지방계약법 시행령 제43조에 따라 "협상에 의한 계약의 방법으로 물품·용역계약을 체결하려는 경우에도 같은 영 제19조 제2항에 따른 재공고입찰 후 입찰이 성립하지 아니하거나 낙찰자가 없다면 같은 영 제26조 제1항에 따라 수의계약에 의할 수 있는지?
회 신	지방계약법 시행령 제43조에 따라 "협상에 의한 계약의 방법으로 물품·용역계약을 체결하려는 경우에도 같은 영 제19조 제2항에 따른 재공고입찰 후 입찰이 성립하지 아니하거나 낙찰자가 없다면 같은 영 제26조 제1항에 따라 수의계약에 의할 수 있습니다.
법제처	16-0490(2017-02-06)

7	적용법규, 소관, 용어 등
제 목	협상계약 수의계약 시 제안서 평가위원회 심의 여부?
질 의	국가계약법 시행령 제43조에 따라 협상에 의한 계약의 방식으로 물품·용역계약을 체결하기 위하여 경쟁입찰을 실시한 결과 입찰자가 1인뿐인 경우로서 재공고입찰을 실시하더라도 입찰참가자격을 갖춘 자가 1인밖에 없음이 명백하다고 인정되거나 재공고입찰에 부쳤음에도 입찰자 또는 낙찰자가 없어 국가계약법 시

	행령 제27조 제1항에 따라 수의계약으로 계약을 체결하려는 경우 같은 영 제43조 제8항 본문에 따라 제안서평가위원회의 심의를 거쳐야 하는지?
회 신	이 사안의 경우 제안서평가위원회의 심의를 거쳐야 합니다.
법제처	18-0366(2019-01-28)

8 적용법규, 소관, 용어 등

제 목	**발주기관의 범위**
질 의	지방자치단체에서 조달청에 의뢰한 조달계약 사무와 관련하여 객관적으로 명백한 발주기관의 불가피한 사정이 발생하여 계약을 해제·해지하려는 경우, 여기서 발주 기관이란 지방자치단체를 의미하는지 아니면 조달청을 의미하는지
회 신	• 「지방자치단체 입찰 및 계약 집행기준」 (행정자치부 예규) 제13장 제8절 "4-가"는 발주기관은 "3-가"의 각 호의 경우 외에 개관적으로 명백한 발주기관의 불가피한 사정이 발생한 때에는 계약을 해제·해지할 수 있다고 규정하고 있음 • 질의와 관련하여, 여기서 발주기관이란 조달청이 아니라 해당 조달계약을 의뢰한 지방자치단체를 의미한다고 보는 것이 타당할 것으로 판단됨
행안부	재정관리과-3482, 2014. 9. 16

9 적용법규, 소관, 용어 등

제 목	**지방계약법령 및 자치조례 해석 관련**
질 의	「○○시 상수도급수조례」에서 "급수공사 대행업자는 상하수도 설비공사업 면허보유자 등으로 미리 시장으로부터 대행업 허가를 받은 자로 한다"고 규정하고 있는 경우, ○○시장에게 급수공사 대행업 지정받은 자로 입찰참가자격을 제한할 수 있는지, 아니면 상하수도 설비공사업 면허보유자로 제한할 수 있는지 여부
회 신	• 「지방계약법 시행령」 제13조 제1항에서는 입찰 참가자격으로 "다른 법령에 따라 허가·인가·면허·등록·신고 등을 필요로 하거나 자격요건을 갖추어야 할 경우에는 해당 허가·인가·면허 등을 받았거나 등록·신고 등을 하였거나 해당 자격요건에 적합할 것"으로 규정하고 있으며, - 아울러, 제20조 제1항에서는 입찰참가자격을 동일실적, 기술보유상황, 시공능력, 지역, 설비, 유자격자 명부, 물품납품능력, 중소기업자, 재무상태로 제한할 수 있다고 규정하고 있음 • 질의와 관련하여, 「건설산업기본법」 제8조 제1항에 따른 전문건설업자 중 상하수도 설비공사 면허보유자를 입찰 참가자격이 있는 자로 정하는 것이 지방계약법령의 취지에 부합될 것으로 판단됨 • 참고로, 「수도법」에서 규정하고 있는 내용과 관련한 사안은 소관 부처인 환경부에 문의하시기 바람
행안부	재정관리과-2970, 2014. 8. 11

10	적용법규, 소관, 용어 등
제 목	**사정변경의 원칙 적용 관련**
질 의	국계법 시행령 제26조 1항 1호 나목에 의거 비밀로 체결한 학술연구용역에서 책임연구원이 소속을 변경한 경우, 비밀리에 진행되는 연구주제이므로 변경된 책임연구원 소속기관과 계약을 체결해야 하는데 수정계약이 가능한지, 아니면 계약 해제 후 새로운 계약에 체결해야 하는지 여부
회 신	• 국가기관과 이미 체결한 계약 상대방의 변경에 대해 국가계약법에서는 명시적으로 규정하고 있지 않으나, 계약 상대방의 변경은 계약의 본질에 중대한 영향을 미치는 것으로 원칙적으로는 허용되지 않음. 다만, 민법의 '사정변경의 원칙'을 원용하여 물가변동, 설계변경 및 그 밖의 계약내용변경에 의한 계약변경을 인정하고 있는 점과 공동계약의 경우 공동수급체 구성원의 중도탈퇴 및 수급체 구성원의 추가를 허용하는 점 등을 고려할 때, 불가피한 사유가 있는 경우 계약의 법적 안정성을 저해하지 않는 범위 내에서 계약 상대방의 변경이 제한적으로 허용될 수 있음. • 불가피한 사유가 있는 경우 당해 계약의 목적, 성질 등을 감안할 때 계약 상대자를 변경하지 아니하고는 당해 계약의 목적을 달성하기 곤란한 경우를 의미하며, 구체적인 경우가 이에 해당하는지에 대한 판단은 계약담당자가 종합적으로 검토하여 처리해야 할 것임.
조달청	인터넷 질의번호 2209160008, 2022. 9. 16

11	적용법규, 소관, 용어 등
제 목	**협상에 의한 계약 제안서평가위원회 담당자의 계약담당자 여부**
질 의	협상에 의한 계약에서의 기술협상 및 평가 혹은 계약관련서류 접수 및 검토 등의 계약절차를 기관 내부 계약규정에 따라 계약의뢰부서에 위임할 수 있는지, 위임할 수 있다면 내부 규정상으로 위임받은 업무담당자도 계약담당자로 해석할 수 있는지
회 신	• 국계법 제6조 제1항에는 "각 중앙관서의 장은 그 소관에 속하는 계약사무를 처리하기 위하여 필요하다고 인정하면 그 소속 공무원 중에서 계약에 관한 사무를 담당하는 공무원을 임명하여 그 사무를 위임, 대리, 분장하게 할 수 있다"고 규정하고 있음. • 국계법 시행규칙 제2조 제1호에는 계약담당공무원은 세입의 원인이 되는 계약에 관한 사무를 각 중앙관서의 장으로부터 위임받은 공무원, 국고금관리법 제22조의 규정에 의한 재무관, 국계법 제6조 제1항의 규정에 의한 계약관 및 국고금관리법 제24조의 규정에 의하여 지출관으로부터 자금을 교부받아 지급원인행위를 할 수 있는 관서운영경비출납원과 기타 법령에 의하여 세입세출외의 자금 또는 기금의 출납의 원인이 되는 계약을 담당하는 공무원을 뜻함. • 따라서 각 중앙관서의 장이 회계직공무원 임명에 대한 규정과 계약사무처리규정에 따라 지정·위임한 실무자도 계약담당공무원에 범주에 포함될 수 있을 것이나 위임 가능한 범위 등은 위 회계규정 등과 자체 위임전결규정 등에 따라 판단할 사안임.
조달청	인터넷 질의번호 2009100014, 2023. 8. 30

12	관련법령 적용 기준

제 목	개인 건설업체 대표가 낙찰 후 계약 체결 전 사망 시 상속인이 승계하여 계약 체결을 할 수 있는지?
질 의	공사입찰에서 낙찰 및 계약체결 통보를 받은 개인 건설업체가 계약체결 전에 사망한 경우 상속인이 동 건설업에 대한 상속신고를 완료하고 상속권자를 대표자로 변경한 경우 동 상속권자가 동 공사에 대한 계약을 체결할 수 있는지 여부
회 신	공사입찰에서 계약예규 「공사입찰유의서」 제19조 제1항에 따라 낙찰자는 계약담당공무원으로부터 낙찰통지를 받은 후 10일 이내에(계약예규 「공사계약 일반조건」 제32조에서 정한 불가항력의 사유로 인하여 계약을 체결할 수 없는 경우에는 불가항력의 사유가 존속하는 기간은 이를 산입하지 아니함) 소정의 계약서에 의하여 계약을 체결하여야 하며, 낙찰자가 정당한 이유 없이 동 조 제1항에 따라 계약을 체결하지 아니할 때에는 계약담당공무원으로부터 당해 낙찰취소 조치를 받게 되는 바, 귀 질의의 경우와 같이 낙찰 및 계약체결 통보를 받은 자가 개인 건설업자인 경우로서 계약체결 이전에 사망한 경우에는 낙찰통지를 받은 후 10일 이내에 관련 법령에 의한 상속절차에 따라 건설업자의 지위를 승계 받은 자가 계약 체결을 할 수 있을 것이나, 다만, 상속법 등 관계법령의 규정상 동 기한내 사실상 계약체결이 불가능할 때 계약담당공무원이 계약체결 지연에 따른 계약목적 달성 여부 등을 고려하여 동 상속인과의 계약 체결 여부를 판단, 결정하여야 할 것이며, 이때 계약은 계약예규 「입찰유의서」 제20조에 따라 계약서를 작성하고 계약담당공무원과 낙찰자가 기명·날인함으로써 확정되는 것인 바, 동 계약서의 기명·날인은 낙찰자의 지위를 승계한 상속인의 명의와 인감으로 하여야 할 것입니다. 참고로 본인이 사망한 경우에는 그 대리권도 사망과 동시에 소멸함.
조달청	법무심사팀-275, 2005. 04. 29

13	관련법령 적용 기준

제 목	건설설계용역 건설사업관리 대상 여부?
질 의	건설기술용역업자(「건축사법」 제2조 제1호에 따른 건축사 자격을 갖춘 건설기술자를 기술인력으로 보유하고 있지 않은 건설기술용역업자로 한정함)로 하여금 건설사업관리를 하게 하여야 하는 「건설기술진흥법」 제39조 제3항에 따른 "설계용역"의 범위에 건축설계에 대한 용역이 포함되는지?
회 신	발주청이 건설기술용역업자(「건축사법」 제2조 제1호에 따른 건축사 자격을 갖춘 건설기술자를 기술인력으로 보유하고 있지 않은 건설기술용역업자로 한정함)로 하여금 건설사업관리를 하게 하여야 하는 「건설기술진흥법」 제39조 제3항에 따른 "설계용역"의 범위에 건축설계에 대한 용역은 포함되지 않습니다.
법제처	17-0284(2017. 9. 13.)

14	관련법령 적용 기준
제 목	법인 합병에 따른 계약 상대자의 지위 승계 여부
질 의	강원도 소재 레미콘 제조·판매 업체인 A가 경기도소재 동종업체인 B와 합병할 경우 합병 후에 해산할 회사가 국가기관과 체결한 계약에 대하여 합병 후에 존속 법인이 계약상대자의 지위를 승계 유지할 수 있는지?
회 신	계약에서 계약상대인 법인이 합병·분할·사업양수도되었을 때 상법 등 관련 법령에 따라 계약상대자의 권리·의무가 합병·분할·사업 양수도 된 법인에 포괄적으로 승계된다면 「국가를 당사자로 하는 계약에 관한 법령」상의 계약상대자의 지위가 승계된다고 보는 바, 구체적일 때 「상법」 등 관련 법령을 고려하여 계약담당공무원이 판단, 처리할 사항임.
조달청	법무지원팀-545, 2005. 08. 26

15	관련법령 적용 기준
제 목	민간 실적증명서 인정방법?
질 의	입찰 참가 업체에서 민간 실적을 제출할 때에는 '원본이 확인된 해당물품의 계약서, 세금계산서, 거래명세서, 검사·검수, 대금지금 서류사본 등 증빙자료'를 필수적으로 모두 제출해야 하는지?
회 신	「지방자치단체 입찰시 낙찰자 결정기준」 제4장(물품 적격심사 세부기준) <별표1> "주6)"에 따라 국내소재업체 이행실적을 해당물품을 공공기관에 납품한 실적증명서(별지 제3호 서식)를 제출하여야 하며, 민간이행실적은 해당물품의 계약서, 세금계산서, 거래명세서, 검사·검수 대금지금서류사본 등 계약의 이행을 명확하게 확인할 수 있는 서류를 모두 제출하는 것이 타당할 것이나, 계약의 이행을 명확하게 확인할 수 있는 서류의 구체적 범위는 계약이행 사안별로 상이하므로 계약의 취지, 계약 목적물의 특성, 계약 이행실적의 종류와 확인방법 등을 졸합적으로 고려하여 발주기관이 판단할 사항임을 알려드립니다.
행안부	국민신문고(2019.2.28.)

16	관련법령 적용 기준
제 목	공사중지 기간 중 도로공사 구간 내 사고 책임의 한계 및 공사 현장 안전관리 책임의 소재는?
질 의	1. 공사 중지 기간 중인 도로공사 공사구간 내에서 사고발생 시 배상에 관한 책임은 시공사에 있는 것인지 아니면 발주부서에 있는지 여부 2. 실착공(실제로 착공)이 되지 않고 공사중지 되어 있는 공사현장의 안전관리 책임은 시공사(계약상대자) 또는 도로관리청 누구에게 있는지?
회 신	공사계약에서 공사현장에서 인명에 대한 재해가 발생한 경우 처리방법 등에 대하여는 「국가를 당사자로 하는 계약에 관한 법령」상 별도로 규정된 바가 없으며, 귀 질의의 경우 사고당사자가 현장 근로자인 경우에는 「산업안전보건법」 및 「산업재해보상보험법」에 따라 처리하여야 할 것이며, 사고당사자가 제3자인 경

우에는 귀책사유에 따라 「민사법」에 따라 처리하여야 할 것입니다. 다만, 공사의 착공은 계약상대자가 발주기관으로부터 계약예규 「공사계약 일반조건」 제11조에 규정한 공사 용지를 공사의 수행에 필요로 하는 날까지 인수한 후 동 예규 제17조 제1항에 따라 계약문서에서 정한 바에 따라 착공하여야 하며 착공 시에는 동 조 동항 각호의 서류가 포함된 착공신고서를 발주 기관에 제출하여야 하고 계약 담당공무원에게 통보된 현장대리인은 동 예규 제14조에 규정한 '공사 현장 단속 업무'를 수행하여야 하는 바, 공사의 착공이 이루어진 이후에는 동 예규 제47조에 따른 공사의 일시 정지기간 중에도 계약상대자는 현장의 안전관리 등의 단속 업무를 수행하여야 함.

조달청	법무지원팀-807, 2005. 09. 14

17	관련법령 적용 기준
제 목	**공사비(산재보험료) 계상 및 지불에 관한 질의**
질 의	○○유지관리 역무를 1년 단위로 공사계약 체결하여 수행 중 발주기관이 계약상 산재보험료와 실제 납부한 산재보험료 차이에 대하여 산재보험료가 과다 지급 되었다고 하여 금년도부터 법정 요율 한도금액 내에서 계약상대자가 실제 납부 한 금액으로 실적 정산토록 계약조건을 변경을 추진하고 있는 경우 타당성 여부
회 신	공사계약에서 「국가를 당사자로 하는 계약에 관한 법령」은 확정계약을 원칙으로 하고 있고, 정산은 같은 법 시행령 제70조의 개산계약 또는 관련 법령에서 정산 하도록 규정하고 있는 경우 등 예외적인 경우에만 할 수 있는 것이며, 계약금액 조정은 같은 법 시행령 제64조 내지 제66조에 따른 물가변동, 설계변경 및 기타 계약내용의 변경으로 인한 경우에 가능한 것이므로 임의로 계약금액을 조정할 수는 없는 바, 법률에 따라 의무적으로 가입이 요구되는 법정비용으로서 관련 법령에서 실제 사용된 비용으로 정산하도록 규정된 항목(퇴직공제부금비, 산업 안전보건관리비, 환경보전비 등)의 경우에는 그 이행을 계약상대자가 하며, 그 이행을 확실히 하기 위한 담보의 수단으로 관련 법규에서 정산토록 규정하고 있 으므로 이 경우에는 관련 법령의 규정에 따라 당해 항목의 계약금액 의 범위 내 에서 정산하여야할 것이나, 귀 질의의 산재보험료 등과 같이 관련 법령에서 정 산토록 규정하지 않은 비목은 개산계약, 사후원가검토조건부계약, 계약금액 조정 대상인 경우 등의 특별사정이 없는 한 정산할 수 없음.
조달청	법무지원팀-200, 2006. 01. 18

18	관련법령 적용 기준
제 목	**계약체결 후 분리발주에 따른 설계변경**
질 의	발주기관에서 설계서에 계약상대자가 영향평가대행자 선정과 환경영향평가를 하는 것으로 공사계약을 체결한 경우 환경영향평가를 계약조건대로 계약상대자 가 수행할 수 있는지, 아니면 발주기관에서 관계 법령에 따라 대상사업의 공사 에서 분리하여 별도로 발주하여야 하는지, 그리고 분리 발주하는 경우 이에 따 른 계약금액 조정방법은? 가. 산출내역서에 있는 계약금액만큼 계약금액을 감액 조정한다.

	※ 산출내역서에 사후환경영향평가비가 무대인 경우 모든 비용은 발주기관이 부담 나. 분리발주에 따른 모든 비용(예산)은 계약상대자가 부담한다. 애초부터 위법·부당한 계약이므로 계약금액은 감액하지 않는다.
회 신	관련 법령상 환경영향평가의 객관성 확보를 위하여 공사계약과 분리하여 계약하도록 규정되어 있으나 귀 질의와 같이 국가기관이 통합 발주하여 계약을 체결한 경우 동 환경영향평가 부분은 관련 법령에 따라 시공사의 계약내용에서 분리하여 발주기관이 별도로 발주하는 것이 타당하다고 보며, 이 경우 그 비용의 부담은 관련 법령의 취지, 입찰안내서의 내용 등을 고려하여 계약당사자 간에 협의·결정할 사항임.
조달청	인터넷 질의, 회계제도과—96('07. 01. 17)

19		관련법령 적용 기준

제 목	용역의 "제3자를 위한 단가계약" 대상 여부
질 의	서울시와 25개 자치구에서 도로물청소의 실시간 감독 및 효율적 관리를 위하여 "청소차량정보관리시스템"을 운영·관리하고 있는 바, 동 시스템의 안정적인 관리를 위해 유지보수용역을 발주함에 있어 동일한 장비에 대하여 공통으로 유지보수를 해야 할 필요성이 있어 "제3자를 위한 단가계약"으로 추진할 수 있는지 여부
회 신	「지방자치단체를 당사자로 하는 계약에 관한 법률시행령」 제80조 제1항에 의하여 시·도지사는 단가계약을 체결하고자 하는 경우 그의 관할구역 안에 있는 시·군·구에서 공통적으로 소요되는 물품의 계약상대자를 선정하며, 다만, 「조달사업에 관한 법률시행령」 제7조 제1항의 규정에 따라 조달청장이 이미 단가계약을 체결한 품목은 제외됩니다. 따라서, 질의의 정보시스템 유지보수 등 용역은 「지방계약법령」에 의한 제3자를 위한 단가계약 체결대상에는 해당되지 않음을 알려드립니다.
행자부	회계공기업과—2053, 2008. 10. 30

20		관련법령 적용 기준

제 목	회계연도 시작 전 계약 관련 질의
질 의	예산이 확정되어야만 계약에 관한 업무 진행을 할 수 있는 것인지, 아니면 예산 확정 전인 상태라 하여도 계약체결이 아닌 계약준비 단계인 입찰공고는 실질적 계약 상대가 없는 행위이므로 업무 진행을 할 수 있는지 여부
회 신	• 「지방계약법」 제23조에 따라 지방자치단체의 장 또는 계약담당자는 그 지방자치단체의 긴급한 재해복구계약 또는 임차·운송·보관 계약 등 그 성질상 중단할 수 없는 계약의 경우 회계연도 시작 전 또는 예산배정 전이라도 그 회계연도의 확정된 예산의 범위에서 미리 계약을 체결할 수 있는 바, – 이러한 경우 계약의 효력은 같은 법 시행령 제76조에 따라 회계연도 시작일 이후 또는 그 예산배정 이후에 발생하도록 하여야 함

- 질의하신 사안과 관련하여 위 규정의 문언 및 취지를 종합적으로 살펴보면, 긴급한 재해복구계약 또는 임차·운송·보관 계약 등 성질상 중단할 수 없는 계약의 경우에는 예산 확정 전이라도 계약체결의 사전절차인 입찰공고는 가능할 것으로 판단됨
- 아울러, 예산 확정 전인 입찰공고를 하는 경우 입찰공고문에 아직 예산이 확정되지 않아 추후 예정가격의 변경이 발생할 수 있음을 명시하고, 입찰공고 후 확정된 예산으로 인해 예정가격이 변경되는 경우가 발생하면 같은 법 시행령 제33조 제2항에 따라 원래의 입찰공고를 취소하고 다시 공고하거나 변경공고를 할 수도 있으므로 충분한 검토를 거쳐야 할 것임

행안부	재정관리과-670, 2014. 2. 24

21	관련법령 적용 기준

제 목	시설공사 중 석면 해체·제거 발주 방법
질 의	석면 함유면적 50제곱미터 이상을 철거하는 공사의 경우, 개별법령에 따른 분리발주 근거규정이 없으므로 통합 발주하여 하도급을 줄 수 있는 지, 아니면 「산업안전보건법」에 따른 자격요건으로 「건설산업기본법」에 따른 공사업종에 하도급을 줄 수 있는 공사가 아니므로 분리발주해야 하는지 여부?

회 신	• 「지방자치단체를 당사자로 하는 계약에 관한 법률 시행령」 제77조 제1항에 따라 지방자치단체의 장 또는 계약담당자는 행정자치부 장관이 정하는 동일 구조물공사 또는 단일공사로서 설계서 등에 따라 전체 사업내용이 확정된 공사는 이를 시기적으로 분할하거나 공사량을 분할하여 계약할 수 없음
	  - 다만, 다른 법령에 따라 다른 업종의 공사와 분리 발주할 수 있도록 규정된 공사 등 각 호(①법령규정, ②공구 분할의 효율성 ③공종 분리의 효율성)의 어느 하나에 해당하는 공사의 경우에는 그러하지 아니하다고 규정하고 있음
	• 질의와 관련하여 해당 공사의 목적·성질 상 필요한 경우에는 「산업안전보건법」 제38조의4 제1항에 따른 석면 해체·제거 공종이 포함된 공사에 대하여 「지방계약법」 제29조에 따른 공동도급을 허용하여 통합 발주를 할 수 있거나, 같은 법 시행령 제77조 제1항 각 호에 해당하는 경우 다른 법령에 따른 공사와 분리 발주를 할 수 있을 것임
	  - 이 경우 계약된 공사의 일부를 하도급하려는 경우에는 「지방자치단체 입찰 및 계약 집행기준」 제13장 공사계약 일반조건 제11절 "1-가"에 따라 「건설산업기본법」 등 관련법령에 정한 바에 따라야 한다고 규정하고 있는 바, 서로 다른 법령에 따른 공사에 대하여 하도급을 주는 것은 곤란할 것으로 판단되며,
	  - 통합 발주 또는 분리 발주 여부는 계약담당자가 해당 공사의 목적·성질, 규모, 설계서, 하자책임, 안전성, 공종 구분 및 관련법령 등을 종합적으로 고려하여 판단할 사항임

행안부	회계제도과-3889, 2016. 7. 27

22	관련법령 적용 기준
제 목	건설기술공모 발주공사의 계약 방법
질 의	「건설기술진흥법」 제36조*에 따라 건설공사를 건설기술공모 방식으로 발주한 경우, 선정된 대상자와 수의계약, 협상에 의한 계약 및 기타 방식으로 계약이 가능한지 여부? * 창의성·특수한 기술이 필요한 건설공사 또는 건설기술용역사업은 건설기술을 공모하여 발주 가능(공모된 건설기술 공사비가 총공사비의 50% 이상), 대형 공사·특정공사는 제외
회 신	• 지방자치단체의 장 또는 계약담당자는 「지방계약법」 제9조 제1항에 따라 계약을 체결하려는 경우에는 이를 공고하여 일반입찰에 부쳐야 함. 다만, 계약의 목적·성질·규모 및 지역특수성 등을 고려하여 필요하다고 인정되면 참가자를 지명하여 입찰에 부치거나 수의계약을 할 수 있음 - 또한, 같은 법 제13조 제2항에 따르면 지방자치단체 재정지출의 부담이 되는 입찰에서 낙찰자 결정은 ① 최저가격으로 입찰한 자(최저가격으로 입찰한 자 중 계약이행능력 또는 입찰금액의 적정성을 심사하여 낙찰자를 결정할 수 있음), ② 입찰가격, 품질, 기술력, 제안서 내용, 계약기간 등을 종합적으로 고려하여 해당 지방자치단체에 가장 유리하게 입찰한 자, ③ 상징성, 기념성, 예술성 등의 창의성이 요구되는 설계용역을 할 때에는 설계공모에 당선된 자, ④ 그 밖에 계약의 성질·규모 등을 고려하여 대통령령으로 기준을 정한 경우에는 그 기준에 가장 맞게 입찰한 자로 한다고 규정하고 있음 • 같은 법 시행령 제25조 제1항 제4호 자목에 따르면 관련법령에 따라 디자인 공모에 당선된 자와 설계용역 계약을 체결하는 경우에는 수의계약을 할 수 있는 바, 질의와 관련하여 발주기관이 건설기술 공모 당선자와 설계용역에 대한 수의계약을 체결하는 것이 가능하나, 건설공사에 대하여 건설기술 공모로 발주하여 사업자를 선정한 경우에는 그 사업자와 계약할 수 있는 근거가 지방계약법령에서 별도로 규정하고 있지 아니함
행자부	회계제도과-3763, 2016. 7. 20

23	관련법령 적용 기준
제 목	분할발주 판단 기준
질 의	지방자치단체가 지방하천 기능 보강 및 하천정비사업을 추진함에 있어, - 단일공사로 설계서가 작성되고 이를 근거로 국고보조금을 요청하여 승인을 받은 후에 사업 발주를 위한 집행계획을 수립하면서 현지 여건(상습적인 침수피해 및 민원 발생하는 하류구간의 우선 정비) 및 예산 확보·집행의 효율성(전 구간 추진 시 매년 도비 50억원 정도 추가 소요) 등을 고려하여 분할 발주('14. 12월)한 것이 법령 위배에 해당되는지 여부? - 분할 발주 및 계약 체결 후 1년 6개월이 지나도록 행정자치부장관에게 보고를 누락한 것이 법령 위배에 해당되는지 여부?
회 신	• 「지방계약법 시행령」 제77조 제1항에 따르면 지방자치단체에 장 또는 계약담

당자는 「지방자치단체 입찰 및 계약 집행기준」 제1장 제1절 "4-나"에서 정하는 동일 구조물공사 또는 단일공사로서 설계서 등에 따라 전체 사업내용이 확정된 공사는 이를 시기적으로 분할하거나 공사량을 분할하여 계약할 수 없다. 다만, 제1항 각 호에 해당하는 공사의 경우에는 그러하지 아니하다고 규정하고 있음

- 지방자치단체가 제1항 제2호(공사의 성질이나 규모 등에 비추어 공구나 구조물을 적정 규모로 분할 시공하는 것이 효율적인 공사)에 따라 분할계약을 체결하였을 때에는 같은 조 제4항에 따라 시·군·구는 시·도지사에게, 시·도지사는 행정자치부 장관에게 각각 보고하도록 규정하고 있음

● 질의와 관련하여 동일 구조물공사 또는 단일공사로서 설계서 등에 따라 전체 사업내용이 확정된 공사는 이를 시기적으로 분할하거나 공사량을 분할하여 계약할 수 없으며,

- 공구나 구조물을 적정 규모로 분할 시공하는 것이 예산절감, 조기집행, 품질향상, 긴급성(수해복구공사 등), 장기계속계약의 예산 확보의 불확실성 등으로 전체 사업을 발주할 수 없는 경우라면 단계별 또는 공구별로 사업량을 분할하여 계약이 가능하다고 판단되나, 이에 해당 여부는 발주기관에서 해당 사업의 목적, 성질, 규모, 긴급성 등을 종합적으로 검토하여 판단할 사항임

● 아울러, 시·도지사는 전체사업에 대하여 같은 시행령 제77조 제1항 제2호에 따른 분할계약을 체결한 경우에는 사업내용, 분할계약의 내용 및 타당성 등을 행정자치부 장관에게 보고하여야 함

| 행안부 | 회계제도과–3708, 2016. 7. 18 |

24	관련법령 적용 기준
제 목	설계공모 운영 방법
질 의	「지방자치단체 입찰 시 낙찰자 결정기준」 제7장 설계공모 운영요령에 따라 당선자에게 지급하기로 결정한 '설계비'를 입찰공고에 명시하는 것이 예정가격이 누설되지 아니하도록 한 「지방계약법 시행령」 제8조 제1항의 규정을 위반하는 것인지 여부? - 관련 규정 - <지방계약법 시행령> 제8조(예정가격의 작성 및 비치) ① 지방자치단체의 장 또는 계약담당자는 입찰이나 수의계약 등에 부칠 사항에 대하여 해당 규격서 및 설계서 등에 따라 예정가격을 작성하고 다음 각 호의 구분에 따라 이를 갖추어 두거나 입력하여야 하며 예정가격이 누설되지 아니하도록 하여야 한다. 다만, 공유재산의 매각 등 관련 법령에서 따로 정하는 경우는 그러하지 아니하다.
회 신	● 「지방계약법」 제13조 제2항 제3호에 따라 상징성, 기념성, 예술성 등의 창의성이 요구되는 설계용역은 설계공모에 당선된 자를 낙찰자로 하며, 「같은 법 시행령」 제42조의4 제4항에따라 공모 작품의 심사기준·심사방법·심사절차 등에 관하여 필요한 사항은 행정자치부 장관이 정하도록 규정하고 있음 ● 질의와 관련하여, 설계공모에 의한 낙찰자 결정방법은 입찰에 부칠 사항에 대

하여 해당 규격서 및 설계서 등을 입찰 전에 확정할 수 없어 시행령 제8조 제1항에 따라 예정가격을 미리 작성하지 아니하고,
- '설계공모 운영요령' 제2절 "1-마"에 따라 총 예정사업비를 기준으로 관련법령에 따라 설계금액을 산정하고 산정된 설계금액의 범위 안에서 설계비를 결정하여 입찰공고에 명시하도록한 것임

행안부	회계제도과-1982, 2016. 4. 25

25	관련법령 적용 기준
제 목	항공권 직접 구매 가능 여부
질 의	각급 학교에서 현장체험학습을 위하여 추정가격이 2천만 원을 초과하는 항공권을 구매함에 있어서 용역입찰에 부쳐 여행사를 선정하여 항공권을 구매하는 방식과 학생 개인별로 항공사에서 직접 구매하는 방식을 검토하고 있는 바, 두 가지 방식이 「지방계약법」에 따라 가능한지 여부?
회 신	• 「지방계약법」 제2조에 따르면 지방계약법은 지방자치단체가 계약상대자와 체결하는 수입 및 지출의 원인이 되는 계약에 관하여 적용하며, 계약담당자가 계약을 체결하려는 경우에는 지방계약법 제9조에 따라 원칙적으로 일반입찰에 부쳐야 하나, 계약의 목적·성질·규모 및 지역특수성 등에 비추어 필요하다고 인정될 때에는 참가자를 지명하여 입찰에 부치거나 수의계약에 의할 수 있다고 규정하고 있으므로, • 항공운임을 포함하여 현장체험학습 용역계약으로 발주하는 경우에는 입찰에 부쳐 낙찰자(여행사 등)를 선정하여 항공권을 구매하는 것이 가능하며, 　- 또한 개인별 항공권 직접 구매는 여비 집행에 따른 지출의 경우에 해당하므로 항공운임을 분리하여 항공권을 직접 구매하는 경우에는 계약담당자가 절차에 따라 개별 항공사에서 직접 구매하는 것도 가능할 것으로 판단됨 　- 따라서 구체적인 구매방법은 계약담당자가 해당 계약의 목적·성질, 규모 일정계획 및 관련규정 등을 종합적으로 고려하여 결정할 사항임
행자부	회계제도과-1321, 2016. 3. 23

26	관련법령 적용 기준
제 목	물품제조 시 지명입찰 가능 여부
질 의	1) 중소기업자 간 경쟁제품인 "빌딩자동제어"를 지명입찰을 통하여 업체를 선정하고나 할 경우 도내 업체로만 한정하여 입찰 진행이 가능한지 여부 2) 업체 지명 시 우수조달제품과 성능인증제품, 농공단지 입주업체를 섞어 지명할 수 있는지 여부 3) 물품 지명경쟁입찰 도내 대상자가 2인인 경우 2인 모두 지명할 수 있는지 여부
회 신	1) 「지방계약법」 제9조 제1항에 따르면 지방자치단체의 장 또는 계약담당자는 계약을 체결하려는 경우에는 이를 공고하여 일반입찰에 부쳐야 한다. 다만, 계약의 목적·성질·규모 및 지역특수성 등을 고려하여 필요하다고 인정되면 참가자

	를 지명하여 입찰에 부치거나 수의계약을 할 수 있다고 규정하고 있으며, - 같은 법 시행령 제23조 제1항에 따르면 지방자치단체의 장 또는 계약담당자는 제22조에 따라 지명입찰에 부치려는 경우에는 5인 이상의 입찰대상자를 지명하여 2인 이상의 입찰참가 신청을 받아야 한다. 다만, 지명대상자가 5인 미만일 때에는 대상자를 모두 지명하여야 한다고 규정하고 있으므로 도내 업체로만 한정하여 지명하는 것은 타당하지 아니할 것으로 사료됨 2) 같은 법 시행령 제22조에 따르면 지방자치단체의 장 또는 계약담당자는 같은 조 각 호의 어느 하나에 해당하는 경우에 법 제9조 제1항 단서에 따른 지명입찰에 부칠 수 있다고 규정하고 있는바, 지명입찰을 하려는 경우에는 같은 법 시행령 제22조 각 호에 해당하는 경우에 가능할 것임 - 따라서 질의의 우수조달제품과 성능인증제품, 농공단지 입주업체 생산품을 섞어서 지명하는 것에 대하여는 계약의 목적·성질·규모 및 관련규정 등을 확인하여 발주기관에서 해당 여부를 판단할 사항임 3) 같은 법 시행령 제23조 제1항에 따르면 지방자치단체의 장 또는 계약담당자는 제22조에 따라 지명입찰에 부치려는 경우에는 5인 이상의 입찰대상자를 지명하여 2인 이상의 입찰참가 신청을 받아야 한다. 다만, 지명대상자가 5인 미만일 때에는 대상자를 모두 지명하여야 한다고 규정하고 있는바, 지명대상자가 2인인 경우라면 2인 모두를 지명할 수 있을 것임
행안부	회계제도과-3413, 2015. 11. 2

27	관련법령 적용 기준
제 목	조달청 단가계약 물품 구입 시 적용 법령 가능 여부
질 의	1) 지방자치단체가 구매하는 수요물자가 「조달사업에 관한 법률 시행령」 제9조의3에 따른 단가계약에 해당하는 경우 「조달사업에 관한 법률」 제5조의2에 따라 "조달청장에게 계약체결을 요청하여야 한다"라고 규정 2) 지방자치단체에서 조달사업법령을 적용하지 않고 「지방계약법」 제9조에 따라 일반입찰에 부칠 경우 「조달사업에 관한 법률」 제5조의1 제1항을 위법하는 행위인지 여부
회 신	1) 「지방계약법」 제4조에 따르면 지방자치단체를 당사자로 하는 계약에 관하여는 다른 법률에 특별한 규정이 있는 경우 외에는 법에서 정하는 바에 따르도록 규정하고 있음 2) 따라서 「지방계약법」 외에 다른 법률에 특별한 규정이 있으면 그 규정에 따르고, 다른 법률에 특별한 규정이 존재하지 아니하면 지방계약법령이 적용됨 3) 참고로 「조달사업에 관한 법률」 제5조의2 제1항에 따르면 수요기관의 장은 수요물자 또는 공사 관련 계약을 체결함에 있어 계약 요청 금액 및 계약의 성격 등이 대통령령으로 정하는 기준에 해당하는 경우에는 조달청장에게 계약 체결을 요청하여야 하나, 4) 천재지변 등 부득이한 사유로 계약 체결을 요청할 수 없거나 국방 또는 국가기밀의 보호, 재해 또는 긴급 복구 및 기술의 특수성 등으로 계약 체결을 요청하는 것이 부적절한 경우 등 대통령령으로 정하는 경우에는 예외를 두고 있음
행자부	재정관리과-2014, 2015. 5. 21

28	관련법령 적용 기준
제 목	외국건축사의 설계공모 응모 가능 여부
질 의	「건축사법」*에 따라 외국건축사는 국내건축사와 공동으로 설계를 하도록 규정하고 있는데 「건설기술진흥법」, 「건축서비스산업진흥법」에 따른 건축설계 공모 시 외국건축사가 공모에 참여하는 경우 - 공모는 외국건축사 단독으로 참여하고 공모 당선된 후 국내건축사와 공동으로 참여하여 계약체결 가능한지 - 공모단계부터 국내건축사와 공동으로 참여 가능한지 여부 * 건축사법 제23조 제3항 : 설계공모 당선자가 외국의 건축사 면허 또는 자격을 가진 사람은 (국내)건축사사무소 개설자와 공동으로 설계·공사감리 업무를 수임하는 경우에만 건축사업 가능

회 신	● 「지방계약법」 제4조에 따르면 지방자치단체를 당사자로 하는 계약에 관하여는 다른 법령에 특별한 규정이 있는 경우를 제외하고는 이 법에서 정하는 바에 따르고,
	  - 같은 법 시행령 제25조 제1항 제4호 "자"목에 따라 관련 법령에 따라 디자인 공모에 당선된 자와 설계용역 계약 등을 체결하는 경우에는 수의계약이 가능하다고 규정하고 있음
	● 따라서, 외국건축사가 「건설기술진흥법」, 「건축서비스산업진흥법」에 따라 설계공모에 당선된 경우에는 해당 공모에 당선된 외국건축사와 설계용역 수의계약을 체결할 수 있음
	  - 다만, 건축사법 등 관련법령에서 외국의 건축사 면허를 가진 자는 국내 건축사사무소 개설자와 공동으로 설계 업무를 수임하는 경우에만 건축사업이 가능하도록 규정하고 있고
	  - 「건설기술진흥법」, 「건축서비스산업진흥법」에 따른 공모는 디자인이나 아이디어를 선정하는 과정으로 실제 설계행위가 아니므로 외국건축사 단독으로 공모에 대한 응모가 가능하다고 보여지므로
	  - 당선된 후 외국건축사가 국내건축사와 공동수급체를 구성하여 설계용역 수의계약을 체결할 수 있을 것으로 판단됨

행안부	재정관리과-682, 2015. 2. 17

29	관련법령 적용 기준
제 목	신기술(특허)공법 사용협약 적용 기준
질 의	지방자치단체에서 시행하는 공사에 있어서 신기술(특허)공법을 일부 포함하여 설계에 반영할 경우로서 발주부서와 신기술(특허) 보유자와 "신기술(특허) 사용협약서"를 체결함에 있어서, - 기술보유자가 아닌 전용실시권자 또는 통상실시권자 등도 협약을 체결할 수 있는지? - 해당 공법의 기술보유자가 공동개발자(2인 이상)일 경우 1인에게 위임하여 협약 체결이 가능한지?
회 신	● 지방자치단체가 체결하는 공사계약에 있어서 발주부서(사업부서)는 신기술·

특허공법 등을 공사 설계에 포함하려는 경우에는 「지방자치단체 입찰 및 계약집행기준」 제4장 '제한입찰운영요령' 제3절 "2-다-2)-다)-(1)"에 따라 기본설계 또는 실시설계 전에 기술보유자와 <별첨양식 1> 신기술·특허 사용협약서를 참조하여 사용협약을 체결하도록 규정하고 있음
- 질의와 관련하여 "신기술(특허) 사용협약서"를 체결함에 있어서는 기술보유자가 아닌 전용실시권자와는 협약이 가능할 것이나, 통상실시권자와는 협약체결이 가능하지 아니할 것이며,
  - 이 경우, 해당 공법의 기술보유자가 공동개발자(2인 이상)일 경우에는 1인에게 위임하여 협약체결이 가능할 것으로 판단됨

| 행안부 | 재정관리과-618, 2015. 2. 12 |

30	관련법령 적용 기준
제 목	시설공사 입찰 방법 심의 관련 지방계약법 준용 여부
질 의	「국가계약법」을 준용하는 한국환경공단이 「지방계약법」 제7조제1항에 따라 지방자치단체로부터 계약 사무를 위탁받은 경우로서 대형공사 입찰방법의 심의를 거쳐야 하는 경우 어느 위원회(중앙건설기술심의위원회 또는 지방건설기술심의위원회)로부터 심의를 받아야 하는 지?
회 신	• 지방자치단체의 장이 국가계약법의 적용을 받는 중앙행정기관의 장 또는 전문기관에 계약 사무를 위임 또는 위탁하는 경우에는 지방계약법 제7조 제2항 단서의 규정에 따라 이 법에서 정하는 바에 따라 계약 사무를 처리하도록 규정하고 있음 • 질의와 관련하여 지방자치단체로부터 계약 사무를 위탁받은 전문기관은 지방계약법 시행령 제96조 제1항에 따라 대형공사 입찰의 방법에 관하여 지방건설기술심의위원회의 심의를 거쳐야 할 것임
행자부	회계제도과-3497, 2015. 11. 4

31	관련법령 적용 기준
제 목	공사 중 발견된 매립폐기물 처리비용 적용 기준
질 의	설계·시공 일괄입찰방식으로 계약하여 추진 중인 공사에 대하여 공사 중 발견된 과거 매립폐기물 처리비용에 대하여 공사계약특수조건에 따라 공사계약일반조건에 우선하여 설계변경으로 인한 계약금액의 조정이 아닌 계약상대자의 부담으로 하여 계약 금액에서 공제할 수 있는 지? □ 공사계약특수조건 Ⅱ 제60조의 2(건설폐기물의 처리) - 입찰참가자는 지하에 매립쓰레기 등 환경폐기물 등의 존재 여부를 파악하여 각종 환경폐기물도 건설폐기물에 포함하여야 하며, 그 처리비용은 계약상대자의 부담으로 하여 계약 금액에서 공제한다.
회 신	• 지방자치단체와 체결한 공사계약에 있어서 설계변경은 당초 설계된 공사를 설계내용대로 추진하는 과정에서 예기치 못한 사정이 발생하여 설계내용을 일부 변경하는 것을 의미하며, 「지방자치단체 입찰 및 계약 집행기준」 제13

장 공사계약 일반조건 제7절 "2-가-2)"에 따라 「지방계약법 시행령」 제94조에 따른 일괄입찰과 대안입찰(대안이 채택된 공종에 한함)을 실시하여 체결된 공사계약 있어서는 설계변경으로 계약내용을 변경하는 경우에도 지방자치단체의 책임 있는 사유 또는 천재·지변 등 불가항력의 사유로 인한 경우를 제외하고는 그 계약금액을 증액할 수 없음

- 다만, 동 조건 제7절 "2-마"에 따른 지방자치단체의 책임 있는 사유나 불가항력의 사유에 해당되지 않는 경우로서 현장상태와 설계서의 상이 등으로 인하여 설계변경을 하는 경우에는 전체 공사에 대하여 증·감되는 금액을 합산하여 계약금액을 조정하되, 계약금액을 증액할 수 없음

● 또한, 「지방계약법」 제6조 제1항에 따라 계약은 상호 대등한 입장에서 당사자의 합의에 따라 체결되어야 하고, 당사자는 계약의 내용을 신의성실의 원칙에 따라 이행하여야 하며, 지방자치단체의 장 또는 계약 담당자는 이 법 및 관계법령에 규정된 계약상대자의 계약상 이익을 부당하게 제한하는 특약이나 조건을 정하여서는 아니 되며,

- 동 조건 제2절 "2-라"에 따라 계약담당자는 공사계약 특수조건에 「지방계약법령」, 공사관례법령 및 이 조건에 정한 계약상대자의 계약상 이익을 부당하게 제한하는 내용이 있는 경우 법 제6조에 따라 그 내용은 효력이 인정되지 아니한다고 규정하고 있음

● 질의와 관련하여 지방자치단체의 책임 있는 사유나 불가항력의 사유가 아닌 계약상대자의 사전조사 미비 등으로 인하여 추가로 매립폐기물이 발생된 경우라면 공사계약일반조건에 따라 전체공사에 대하여 증·감되는 금액을 합산하여 계약금액을 조정하되, 당초 계약금액을 증액할 수 없게 됨

행안부	회계제도과-3264, 2015. 10. 22

32	원가계산 및 예정가격
제 목	**예정가격이 과다 계상되었을 때 감액 조치할 수 있는지?**
질 의	이미 총액입찰방법으로 계약집행된 공사의 도급금액을 애초(발주전) ○○1공사 설계예산내역서상 일위대가표 계산 착오로 인하여 설계금액 일부가 과다하게 계상되어 있었다는 이유로 감액조치 할 수 있는지?
회 신	지방자치단체 등에서 시행하는 시설공사계약에서 당해 계약서상 별도의 특약이 없는 한 지방계약법시행령 제73조 내지 제75조의 규정에 따른 물가변동, 설계변경 등으로 인한 경우를 제외 하고는 계약금액을 증액 또는 감액할 수 없음. ≪대법원판례-'09. 11. 28. 90다카3659≫ 사업자의 책임에 속하는 원가계산상의 하자를 이유로 계약금액을 감액 환수하는 행위는 정상적인 거래관행에 비추어 사업자가 자기의 거래상의 우월한 지위를 이용하여 거래 상대방에게 부당하게 불이익을 주는 행위에 해당한다.
행자부	공통교재 2012

33	
제 목	**학교 우유급식 계약의 예정가격 결정 기준**
질 의	농림축산식품부에서 학교 우유급식사업을 추진함에 있어서 계약 주체인 학교의 우유 구매계약이 비정상적으로 낮은 단가에 낙찰되는 사례가 빈번함에 따라, - 안정적인 학교 우유급식과 낙농산업 안정화를 위하여 「지방계약법 시행령」 제10조, 같은 법 시행규칙 제5조 및 제9조에 따라 학교 계약담당자가 예정가격을 결정하는데 참고하도록 농림축산식품부가 우유 거래실례가격과 원가계산에 의한 가격을 '학교 우유급식사업 시행지침'에 명시하는 것이 가능한지 여부?
회 신	• 계약담당자가 물품계약의 예정가격을 결정할 때에는 「지방계약법 시행령」 제10조 및 같은 법 시행규칙 제5조·제10조에 따라 적정한 거래가 형성된 경우에는 조달청장이 조사하여 통보한 가격, 전문가격조사기관으로서 기획재정부 장관에게 등록한 기관이 조사하여 공표한 가격 또는 계약담당자가 2 이상의 사업자에 대하여 해당 물품의 거래실례를 직접 조사하여 확인한 가격에 따르고, • 계약의 특수성으로 적정한 거래실례가격이 없는 경우에는 원가계산에 의한 가격에 따르되, 거래실례가격 또는 통계작성지정기관이 조사하여 공표한 가격을 적용하여야 하며, 이러한 가격이 없는 경우에는 감정가격, 유사거래실례가격, 견적가격을 적용하여 예정가격을 결정하도록 규정하고 있음 • 또한 지방계약법 제11조 제2항에 계약담당자가 예정가격을 작성할 때에 계약수량·이행기간·수급상황·계약조건 등 모든 여건을 고려하여 적정하게 결정하도록 하고 있음 • 따라서 학교 우유급식사업의 소관부처에서 예정가격 산정과 관련한 학교 우유급식사업 시행지침을 통보하려 한다면 지방계약법령에서 정하는 예정가격 결정기준 등의 범위 내에서 가격을 정하는 것이 타당하다고 사료됨
행안부	회계제도과-1347, 2016. 3. 24

34	
제 목	**입찰공고 시 단가공개 가능 여부**
질 의	지정정보처리장치를 이용한 (총액)물품입찰 시 물량의 항목, 규격, 수량, 단위 등을 표기한 물량내역서를 게재하여 공고하고 있으나, 품목별 단가가 기재된 가격조사서를 공고문에 게재하여 업체의 산출내역서 작성 시 활용하도록 하는 것이 타당한지 여부
회 신	• 지방자치단체가 시행하는 총액입찰에서 입찰자는 발주기관이 공개한 기초금액과 물량내역서 등을 검토하여 자율적으로 입찰금액을 결정하여 입찰에 참여하는 것으로, 질의하신 바와 같이 발주기관에서 예정가격 작성의 기초자료인 가격조사서를 입찰공고 시 공개하는 것은 입찰금액의 변별력이 떨어뜨려 입찰자들의 선의의 경쟁을 저해할 우려가 있어 적절하지 않다고 판단됨
행안부	회계제도과-226, 2015. 6. 5

35	원가계산 및 예정가격
제 목	**단순노무용역의 노임단가 결정 기준**
질 의	「지방자치단체 입찰 및 계약 집행기준」(행정자치부 예규 제20호) 제2장 제5절 제5관에 단순용역에 대한 인건비의 기준단가는 "중소기업중앙회가 발표하는 제조부문 직종별 평균 조사노임 중 보통인부 노임으로" 한다고 규정하고 있으나, 단순용역 노임계산을 보통인부 노임보다 높게 원가계산 할 수 있는지 여부

회 신	• 지방자치단체에서 시행하는 입찰 및 계약에 있어 예정가격을 작성하는 경우 「지방계약법」 제11조 제2항의 규정에 의거 계약담당자는 계약수량·이행기간· 수급상황·계약조건 등을 고려하여 적정하게 예정가격을 결정하여야 하며,
	   - 원가계산에 의한 예정가격의 결정은 지방계약법 시행령 제10조 제1항 제2호의 규정에 의거 계약의 목적이 되는 공사 등을 구성하는 재료비·노무비·경비 등으로 계산하여야 하고,
	   - 원가계산 시 단위당 가격은 지방계약법 시행규칙 제7조 제1항의 규정에 의거 행정자치부 장관이 별도로 정한 경우 또는 행정자치부장관과 협의한 단위당 가격 등이 있는 경우를 제외하고는 통계작성지정기관이 조사하여 공표한 가격을 기준으로 작성하여야 함
	 • 따라서, 질의사항의 경우가 지방계약법 시행규칙 제7조 제1항에서 정한 단서 규정에 해당되지 않는 경우에는 원가계산에 의한 예정가격 작성 시 지방자치단체의 장이 지방계약법령에서 정한 단위당 가격과 다르게 노임단가를 적용할 수 없는 것임

행안부	회계제도과-169, 2015. 6. 3

36	원가계산 및 예정가격
제 목	**총액입찰공사의 설계 변경 가능 여부**
질 의	• 예정가격 작성 시 품셈 적용 오류가 발생하여 설계내역서에서 품셈 적용이 잘못된 부분을 2014년 건설공사 표준품셈으로 변경하는 설계변경이 가능한지 여부 • 계약내역서의 도장공사 신기술 품셈 뿜칠이 아닌 2014년 건설공사 표준품셈 롤로칠로 변경 가능 여부
회 신	• 설계변경이란 당초 설계된 공사를 설계내용대로 추진하는 과정에서 예기치 못한 사정이 발생하여 설계내용을 일부 변경하는 것을 의미하는 것으로, 「공사계약 일반조건」 제6절 "1-가"에 해당하는 경우에 설계변경이 가능하며, • 공사의 적절한 시공을 위하여 설계서를 변경할 경우 설계변경으로 인한 계약금액 조정이 가능하나, 설계서의 변경 없이 예정가격 산정의 기초자료인 표준품셈의 적용 오류 또는 예정가격 단가 및 산출내역서 계약단가의 과다·과소 사유로는 설계변경 및 계약금액 조정을 할 수 없으며, 롤로칠로 변경하는 문제는 계약 담당자가 계약 목적물의 특성, 현장상황, 설계서 등을 종합적으로 검토하여 판단할 사항임
행자부	재정관리과-2844, 2014. 8. 1

37	원가계산 및 예정가격
제 목	지자체 조례를 통한 생활임금 적용 가능 여부
질 의	조례안 제4조에서 도 위탁·용역기관에 대한 생활임금지급 행정지도와 제5조의 수탁기관 선정기준으로 생활임금을 고려할 수 있도록 한 사항이 지방계약법에 위반되는지?

회 신	• (조례안 4조 관련) 「지방계약법」 6조에 따라 계약은 상호 대등한 입장에서 당사자의 합의에 따라 체결하도록 규정하고 있음
	  - 근로자의 임금은 현행의 관련 법령(최저임금법 등)에서 규정하고 있으므로 이와 관련하여 따로 조례로 규정함은 적정하지 않다고 판단됨
	• (조례안 5조 관련) 지방계약법 제11조 및 같은 법 시행령 제10조에 따르면 예정가격 작성 시 계약수량·이행기간·수급상황·계약조건 등 모든 여건을 고려하여 적정하게 결정하여야 하고, 이의 결정기준으로 거래실례가격, 원가계산에 의한 가격(재료비·노무비·경비와 일반관리비 및 이윤으로 계산) 등으로 규정하고 있음
	  - 생활임금 지급 여부에 대해서 용역 계약의 상대방 선정기준의 하나로 고려하는 것은 소관법령에 기준이 있어야 할 사안으로 판단됨

행안부	재정관리과–813, 2014. 3. 6

38	원가계산 및 예정가격
제 목	학술연구용역 수행능력 기준
질 의	지자체의회에서 진행된 학술연구용역 중 책임연구원으로 용역을 수행하던 자가 소속 대학을 옮기면서 부교수에서 조교수로 직위가 변경됨에 따라 책임연구원으로 자격이 있는지 여부
회 신	• 행정안전부 예규 「입찰 및 계약집행기준」 제2장 예정가격 작성요령 제5절 제4관의 학술용역계약에서 책임연구원, 연구원, 연구보조원의 적격자 여부는 계약담당자가 해당 용역의 연구목적 달성을 위한 용역수행능력을 고려하여 판단하는 것으로 대학교에 한하는 것이 아니며, 책임연구원의 경우 대학 부교수 수준의 기능을 보유하고 있어야 한다고 규정하고 있으므로 계약담당자가 해당 용역의 기능 보유 여부를 확인하여 판단할 사항임 • 참고로, 계약담당자가 교수 수준 및 조교 정도의 자격기준을 판단할 때 교육부의 「대학교원 자격기준 등에 관한 규정」을 참고할 수 있을 것임
행안부	재정관리과–494. 2014. 2. 12

39	원가계산 및 예정가격
제 목	다품목 단가계약 계약체결 방법
질 의	국계법 시행령 제8조에 따라 다품목에 대한 단가계약의 경우 예정가격은 품목별 단가의 합으로 산정하고, 입찰금액은 단가 및 수량내역서를 첨부하고, 품목별 단가의 합으로 진행하려고 함. 다만, 계약서 작성 시 계약금액을 품목별 단가의 합으로 체결할지, 총액으로 체결할지 규정상 명확하지 않음. 이 경우 다품목 단가

	계약 체결 시 계약금액에 대하여 품목별 낙찰단가의 합 또는 총액(조달예정수량 ×품목별 낙찰단가의 합) 중 어떤 것으로 해야 하는지?
회 신	• 단가계약의 경우 각 품목별 단가총액으로 계약 방법을 결정한 후 계약체결 시 낙찰된 단가총액을 입찰공고에 명시한 단가풀이 방식으로 각 품목별로 단가풀이를 하면 되는 것임. 다만, 계약이행 과정에서 계약이행 물량의 변동이 발생할 경우 민법상 사정 변경의 원칙에 따라 계약조건에 반영된 물량 변경으로 처리하면 됨. 구체적인 사실관계 확인 및 처리는 계약목적물의 특성과 계약이행 상황, 관련 규정을 종합적으로 검토하여 계약담당공무원이 직접 판단할 사항임
조달청	인터넷 질의번호 2102080014, 2021. 2. 8

---

40   원가계산 및 예정가격

제 목	학술연구용역에서의 연구원 자격 결정 방법
질 의	예정가격 작성기준 기재부 계약예규 용어의 정의에 2. '책임연구원'이라 함은 당해 용역을 지휘·감독하며 결론을 도출하는 역할을 수행하는 자를 말하며, '대학 부교수 수준의 기능'을 보유하고 있어야 한다. 4. '연구보조원'이라 함은 통계 처리, 번역 등의 역할을 수행하는 자로서 당해 연구 분야에 대해 '조교 정도의 전문지식'을 가진 자를 말한다. 라고 규정하고 있음. 여기에서 말하는 책임연구원, 연구원, 연구보조원에 대한 명확한 기준이 없는 상태에서 규정은 자격을 단정하고 있어 실무에서의 기준 적용 방법에 대해 질의함.
회 신	• 국가기관이 당사자가 되는 학술연구용역계약에서 '책임연구원'은 계약예규 예정가격 작성기준에 정한 바와 같이 해당 용역 수행을 지휘·감독하여 결론을 도출하는 역할을 수행하는 자를 말하며 대학 부교수 수준의 기능을 보유하고 있어야 함. • 이 경우 '대학 부교수 수준의 기능'에 대해 국계법이나 관련 계약예규에서 구체적으로 정한 바는 없음. 연구소나 연구원 종사자를 책임연구원으로 선임하고자 하는 경우라면 계약담당공무원이 해당 학술연구용역의 목적이나 성질 등과 일반 대학교에서 부교수에게 요구하고 있는 자격과 경력을 참고하여 기준을 정할 수 있음. • '연구원'은 책임연구원을 보조하는 자로서 대학 조교수 수준의 기능을 보유하고 있어야 하고, '연구보조원'은 통계 처리·번역 등의 역할을 수행하는 자로서 해당 연구 분야에 대해 조교 정도의 전문지식을 가진 자를 말함. 따라서 대학에서 부교수가 아닌 교원도 학술연구용역에 참여가 가능함.
기재부	국민신문고(2015. 11. 30)

---

41   입찰참가자격

제 목	입찰 참가자격
질 의	□□사업소 건설사업의 입찰참가자격을 토목건축공사업 면허보유업체로 제한한 경우 토목공사업과 건축공사업의 면허를 함께 소지한 업체의 입찰참가 가능 여부

회 신	공사의 경쟁 입찰에서 계약담당공무원은 「국가를 당사자로 하는 계약에 관한 법률 시행령」 제12조 각항에 정한 요건을 갖춘 자에 한하여 경쟁 입찰에 참가하게 하여야 하는바, 건설업법령의 규정에 따른 토목건축공사업으로 참가자격을 제한한 경우 토목공사업 면허와 건축공사업 면허를 함께 보유한 자도 동 경쟁 입찰에 참가할 수 있는 것임.
조달청	법무지원팀-3101, 2007. 07. 31

42

입찰참가자격

제 목	다른 법령의 규정에 정한 등록인증서 제출
질 의	협상에 의한 계약방식으로 시행한 입찰에 참여하여 우선협상대상자로 선정되어 협상과정에 당해 입찰공고문 등에는 명시되어 있지 아니하나 발주기관에서 「전파법」제46조 및 제57조의 "무선설비의 기기를 제작 또는 수입하고자 하는 자는 정보통신부 장관이 행하는 형식검정을 받거나 형식등록을 하여야 한다."는 규정에 따라 협상기간 내 MIIC(전자파 적합등록) 인증서 제출을 요구할 경우 미제출 시 협상이 결렬된 것으로 보아야 하는지 여부 및 동 인증서를 협상기간 이후에 제출해도 되는지?
회 신	경쟁 입찰에서 입찰참가자는 「국가를 당사자로 하는 계약에 관한 법률 시행령」 제12조 및 같은 법 시행규칙 제14조에 의한 요건을 갖추어야 하며, 동 조건을 갖추지 못한 자의 입찰은 같은 법 시행규칙 제44조에 따라 무효인 입찰에 해당하는 것이나, 이 경우에 있어 다른 법령에 따라 갖추어야 하는 허가·인가·면허·등록·신고 등에 대한 사항은 당해 법령에서 정한 바에 따라 처리될 사항임.
조달청	법무지원팀-3027, 2007. 07. 26

43

입찰참가자격

제 목	대표자를 지정하여 입찰에 참가한 경우의 효력 및 성격
질 의	낙찰예정 업체(법인)가 3인의 대표이사를 대표자로 입찰참가 등록하고, 이중 1명을 대표 대표자로 지정하여 투찰하였을 경우, 지정된 대표 대표자가 투찰한 것은 그외 입찰등록한 대표자가 투찰한 것과 동일한 효력을 갖는 것인지? 당해 입찰참가 요건에 따라 해당하는 대표자를 대표 대표자로 지정해야 유효한지?
회 신	국가기관이 실시하는 입찰에서 입찰참가자가 법인인 경우 그 법인의 대표자는 관련 법령(민·상법·등기법 등)에서 정한 바에 따라 수인(여러 명)이 각자대표 또는 공동대표로 선임될 수 있는 것이며, 이 경우 정부의 경쟁 입찰 참가자격 등록업무의 효율성을 위해 국가종합전자조달시스템(나라장터)의 책임운영기관인 조달청에서는 대표자 제도를 운영하고 있는 것으로 알고 있습니다. 참고로, 법인의 대표자가 입찰에 참여한 행위는 당해 법인을 대리한 법률행위로서 그 법인이 입찰에 참여한 법률효과가 있는 것이므로 대표자 개인이 입찰 참가한 것이 아닙니다. 만약 2인의 각자 대표자 중 어느 한 대표자가 입찰에 참가하여 낙찰되었다면 결국 그 법인이 입찰에 참가한 것이므로 계약체결 시 다른 각자대표자가 그 법인을 대리하여 계약을 체결하여도 결국 그 법률효과는 당해 법인에게 있는 것이므로 무방한 것입니다. 다만, 각자대표자인 경우에 가능하며, 입찰참가 주체

	즉 당사자는 그 법인인 것입니다.
조달청	인터넷 질의(2006. 05. 30)

44	입찰참가자격
제 목	**지점의 입찰 참가자격 등록을 통한 입찰 참여 가능 여부**
질 의	저희 회사는 축산물(육류)을 주로 학교급식에 공급을 하고자 G2B를 통하여 입찰에 참가하는데 있어 본사 사업자등록번호에 인증을 받아 전국 학교 입찰에 참가하고 있지만, 일부 지역에서 입찰 자격을 해당 시에 소재한 업체로 제한하여 입찰 업체를 한정하고 있는데, 지점 사업자의 인증으로의 입찰참가가 가능한지요?
회 신	우리 청은 법인의 지사에게 입찰에 참가할 수 있도록 허용하여 입찰 및 계약이 가능하도록 현행 「국가종합전자조달시스템 입찰참가자격 등록규정」을 개정하여 2008. 11. 20부터 시행하고 있습니다. 지사는 하나의 법인격인 본사(법인)의 산하 기관에 불과하여 본사의 입찰참가등록증 내에 등록하는 것이며 별도의 독립된 입찰참가자격등록증은 발급하지 않습니다. 그리고 본사와 지사는 서로 다른 법인이 아닌 동일한 법인이므로 당연히 동시에 동일한 입찰에 참가하는 것은 불가능함. 또한 경쟁 입찰에서 입찰참가자격을 「국가를 당사자로 하는 계약에 관한 법률 시행령」 제21조 제1항 제6호에 의하여 그 주된 영업소의 소재지에 있는 자로 제한하는 경우 입찰참가자격은 법인등기부등본(개인사업자인 경우는 사업자등록증)상의 주된 영업소를 기준으로 판단하는 것인 바, 주된 영업소(본사)로 제한하는 지역제한 입찰에는 반드시 본사가 입찰 참가하여야 하므로 지사는 입찰 참가 할 수 없으며, 다만 지사(지점)도 입찰에 참가 가능하도록 공고한 소액수의 견적입찰이나 지역제한을 두지 않는 일반경쟁 입찰에는 참가하실 수 있음.
조달청	인터넷 질의

45	입찰참가자격
제 목	**옥외광고업 입찰자격 적격 여부 판단의뢰 관련 질의**
질 의	현재 경기도 김포시에 법인등기사항증명서상 본점을 두고 있는 법인이 과거 본점 소재지인 동시에 현재 사업자 및 옥외광고업 등록이 되어 있고 주된 업무를 하고 있는 서울특별시 및 관할 기초지자체에서 발주하는 입찰에 참가할 수 있는지 여부 ※ 본점은 생산 공장으로서의 역할만 하고 있으며, 모든 업무 및 영업행위는 서울지점에서 계속 수행 중
회 신	• 「지방계약법 시행령」 제20조 제1항 제6호 및 「지방자치단체 입찰 및 계약 집행기준」(행정자치부 예규) 제4장 '제한입찰운영요령' 제2절이 규정하고 있는 바에 따라 일정금액 미만 계약의 경우 공사현장·납품지 등을 관할하는 시·도 안에 주된 영업소를 둔 업체로 입찰참가자격을 제한할 수 있는 바, - 여기서 주된 영업소란, 입찰참가자가 법인인 경우 법인등기사항증명서상의 본사 소재지를 말함 • 질의와 관련하여, 법인의 등기사항증명서상 본사 소재지가 경기도인 경우 서

	울특별시 및 관할 기초지자체에서 발주하는 지역제한 입찰에 참여할 수 없음 - 다만, 전자견적에 의한 수의계약의 경우에는 위 예규 제5장 '수의계약 운영요령' 제3절 "나-4)"에 따라 발주기관이 지점의 참여가 필요하다고 인정하는 경우 지점의 견적서 제출도 가능할 것임
행안부	재정관리과-2657, 2014. 7. 22

46	입찰참가자격
제 목	공원 조성공사 입찰 참가자격 기준
질 의	「문화재 수리 등에 관한 법률」 제2조에 해당하지 아니하는 공식에 대하여 문화재 건설공사품셈을 적용한 경우 문화재수리업으로 입찰참가자격 제한 가능 여부 및 이 경우 과도한 제한에 해당하는지 여부?
회 신	• 「지방계약법 시행령」 제13조 제1항에 따르면 지방자치단체의 장 또는 계약담당자는 다른 법령에 따라 허가·인가·면허·등록·신고 등을 필요로 하거나 자격요건을 갖추어야 할 경우에는 해당 허가·인가·면허 등을 받았거나 등록·신고 등을 하였거나 해당 자격요건에 적합한 자만을 입찰에 참가하게 하여야 한다고 규정하고 있으며, • 행정자치부 예규 『지방자치단체 입찰 및 계약 집행기준』 제1장 입찰 및 계약 집행기준 제1절 "7"에 따라 계약담당자는 공사·용역·물품 등의 입찰·계약 집행과 관련하여 이 예규에 정한 바에 따라 업무를 처리해야 하며, 부당한 방법으로 입찰참가자격을 제한하거나 해당 계약이행에 불필요한 등록·면허·자격요건 등으로 입찰참가를 제한하는 사례 등은 입찰 및 계약 시 금지해야 할 사항으로 규정하고 있음 • 따라서 질의의 경우 문화재 공사가 아니라면 문화재 품셈을 적용하였다는 사유만으로 문화재 수리업으로 입찰참가 자격을 제한하는 것은 적정하지 않다고 사료되나 구체적인 것은 「문화재 수리 등에 관한 법률」 등 개별 법령에 따른 허가·인가·면허·등록 신고 및 공사업종별 업무에 관한 사항은 해당 법령 소관부처에 확인하여 입찰참가자격 요건 해당 여부를 판단할 사항임
행자부	회계제도과-2488, 2016. 5. 23

47	입찰참가자격
제 목	입찰 참가자격이 없는 자가 추첨한 예정가격의 효력 여부
질 의	지방자치단체에서 실시한 용역입찰에 있어서 입찰참가자격이 없는 자가 일부 참가하여 산정된 예정가격이 효력이 있는지? - 효력이 없는 경우라면, 입찰참가자격이 있는 자가 낙찰되어 계약을 체결한 이후 해당 계약을 해제·해지할 수 있는지?
회 신	• 적격심사에 따른 입찰의 예정가격 결정은 『지방자치단체 입찰 및 계약 집행기준』 제2장 예정가격 작성요령 제3정 "5"에 따라 계약담당자가 입찰을 실시한 후 참가자 중에서 4인(우편입찰 등으로 인하여 개찰장소에 출석한 입찰자가 없는 때에는 입찰사무에 관계없는 자 2인)을 선정하여 복수예비가격 중에

서 4개를 추첨토록 한 후 이들의 산술평균가격을 예정가격으로 확정하고,

- 추첨은 공정성과 투명성이 확보될 수 있는 방법으로 실시해야 하며, 예정가격 작성을 위하여 추첨된 4개의 예비가격과 이외의 예비가격은 개찰장소에서 입찰참가자들이 확인할 수 있어야 하며, 계약담당자는 입찰종료 후 복수예비가격 15개, 추첨된 복수예비 가격 4개와 예정가격을 입찰참가자에게 공개해야 한다고 규정하고 있음

● 또한, 「국가종합전자조달시스템 이용 약관」 제22조에 따라 복수예비가가 적용된 전자입찰의 예정가격은 입찰자가 입찰서 송신 시 추첨한 예비가격 추첨결과에 따라 결정되며, 무효인 입찰서를 제출한 입찰자가 추첨한 번호 또는 입찰 취소를 신청하여 승인 된 입찰자가 추첨한 번호도 예정가격 결정에 반영될 수 있다고 규정하고 있음

● 질의와 관련하여 예정가격 작성 시 복수예비가격 추첨은 입찰의 투명성·공정성을 확보하기 위하여 입찰에 참가한 자가 추첨하게 하는 방법으로, 입찰참가자격이 없는 자가 복수예비가격을 추첨하여 결정된 예정가격도 효력이 있는 바,

- 해당 입찰에서 결정된 예정가격에 따라 낙찰자를 선정하여 계약을 체결한 경우라면 해당 계약을 해제·해지할 수 없음

| 행자부 | 회계제도과-1824, 2016. 4. 18 |

| 48 | 입찰참가자격 |

제 목	물품과 용역이 혼재된 계약에서의 입찰 참가자격
질 의	연구용역을 준비하고 있고, 연구용역의 결과물로 소프트웨어와 그 구동을 위한 하드웨어를 지급하는 사업임. 질의1) 총원가 물품 비율이 1% 내외에 해당하는 '하드웨어'의 경우 일반재료비에 해당하여 연구용역으로 일괄발주가 가능한지? 질의2) 만약 '하드웨어'가 구매에 해당한다면, 연구용역은 완성된 기술이 아니라 '하드웨어'는 가분성이 낮고 소프트웨어 연구성과물의 미흡 발생 소지가 있어 혼합계약 일괄발주 검토확인서를 첨부하여 연구용역으로 일괄발주를 하였을 경우 법적인 문제 소지가 있는지?
회 신	● 답변1) 국가계약에서의 계약담당공무원은 계약예규 정부입찰·계약 집행기준 제2조의2 제1항에 의거 물품·용역·공사 등 각 목적물 유형별 독립성·가분성 여부를 검토하여 분리발주 여부를 검토하는 것이며, 독립성이나 가분성이 있는 사업에 대해서는 분리하여 발주를 해야 하는 것이며, 혼합하여 발주하는 경우에는 국계법 시행령 제12조 각호의 요건을 갖추어야 함. 물품·용역·공사의 혼합발주 여부에 대해서는 각 목적물 유형별 독립성·가분성 여부 및 각 목적물의 규모 등을 종합적으로 고려하여 계약담당공무원이 판단할 사안임. ● 답변2) 용역사업 수행상 노트북 등이 필요한 경우 노트북의 구매 규모가 작은 경우와 하드웨어와 소프트웨어의 가분성이 낮은 경우라면 노트북은 용역에 혼합하여 발주가 가능할 것으로 사료됨.
조달청	국민신문고(2019.10.7)

49	입찰참가자격
제 목	**차량 장기렌트 유권해석**
질 의	차량 장기렌트의 경우 용역과 물품 중 무엇이며, 적격심사를 해야 하는지? 한다면 그 기준은?
회 신	• 국가기관이 집행하는 계약에 있어서 물품계약은 계약 상대자로 하여금 특정 규격의 물품을 직접 제조하게 하거나 공급자가 직접 구매하여 납품하도록 하고 그 대가를 지급하는 계약을 말하고, 용역계약은 특정 물품이 계약목적물이 아니고 사업에 필요한 서비스(용역)을 제공받고 그 대가를 지급하는 계약을 뜻함. • 차량 임차의 경우는 특정 물품을 직접 구매하는 것이 아니고 특정 물품을 일정기간 렌트하는 서비스(용역)를 제공받고 그 대가를 지급하는 용역계약에 해당함. • 국고의 부담이 되는 경쟁입찰에 있어서는 국계법 시행령 제42조에 따라 예정가격 이하로서 최저가격으로 입찰한 자의 순으로 당해 계약이행능력을 심사하여 낙찰자를 결정해야 하며, 조달청의 경우 별도로 '조달청 임대차 적격심사 세부기준(지침)'을 마련하여 범용성 있는 물품을 임차하는 계약의 경우 심사기준으로 활용하고 있음.
조달청	인터넷 질의번호 179883, 2018. 3. 14.

50	입찰참가자격 제한기준
제 목	**부당하게 특정 규격 · 모델 · 상표 등을 지정하여 입찰에 부치는 경우에 해당하는지 여부**
질 의	특정 엔진을 먼저 선정한 후 계약심사 및 일상감사업무처리에 관한 규정에 의거 타당성을 인정받아, 특정 엔진모델로 입찰공고문을 작성하여 나라장터에 일반공개 입찰을 진행한 후 2회 유찰되어 해당 업체와 1인 수의계약을 체결한 경우 부당하게 특정 규격·모델·상표 등을 지정하여 입찰에 부치는 경우에 해당하는지 여부
회 신	• 행정자치부 예규 「지방자치단체 입찰 및 계약 집행기준」, 제1장 「입찰 및 계약 집행기준」 제1절 "7-나-7)"에 따르면 입찰공고나 설계서·규격서 등에 부당하게 특정 규격·모델·상표 등을 지정하여 입찰에 부치거나 계약을 하고 품질·성능 면에서 동등 이상의 물품을 납품하더라도 이를 인정하지 아니하는 경우를 입찰 및 계약 시 금지해야 할 사항으로 정하고 있음 • 따라서 질의의 경우 불가피한 경우를 제외하고는 특정 규격·모델 등을 지정하는 것은 타당하지 아니할 것이나, 특정 엔진만이 필요한 경우인지에 대한 판단은 계약의 목적·성질·특성, 입찰상황 및 동등 이상 물품 허용 여부 등을 고려하여 발주기관에서 판단할 사항임
행안부	회계제도과-185, 2016. 1. 13

51	입찰참가자격 제한기준
제 목	**제한입찰 적용 기준(특수한 기술이 요구되는 용역)**
질 의	1) ○○시(추정가격 5.1억 원)와 ○○구(추정가격 9.8억 원)가 2015년, 2016년에 각각 발주한 음식물류 폐기물 전용용기 세척용역 입찰을 「지방계약법」에 따른 제한입찰(전국)로 하면서 장비보유(임차가능) 대수와 실적제한(금액제한)으로 중복하여 제한할 수 있는지 여부? 2) 위 청소 용역이 특수한 기술이 요구되는 용역으로 실적제한 입찰 대상인지, 아니면 특수한 기술이 요구되는 용역이 아닌 경우 일반경쟁 입찰로 공고하여야 하는지 여부?
회 신	1) 지방자치단체가 체결하는 계약에 있어서 계약담당자는 「지방계약법」 제9조 제1항에 따라 계약을 체결하려는 경우에는 이를 공고하여 일반입찰에 부쳐야 함. 다만, 계약의 목적·성질·규모 및 지역특수성 등을 고려하여 필요하다고 인정되면 참가자를 지명하여 입찰에 부치거나 수의계약을 할 수 있으며, 일반입찰에 부치는 경우 같은 조 제2항에 따라 입찰참가자격을 사전 심사하여 적격자만을 입찰에 참가하게 하거나 시공능력, 실적, 기술보유상황, 주된 영업소의 소재지 등으로 입찰 참가자격을 제한하여 입찰에 부칠 수 있음 • 같은 법 시행규칙 제25조 제6항에 따르면 지방자치단체의 장 또는 계약 담당자는 영 제20조 제1항에 따라 제한입찰에 참가할 자의 자격을 제한하는 경우에는 같은 항 각호 간 또는 각호 내의 사항을 중복적으로 제한해서는 아니 됨. 다만, 영 제20조 제1항 제6호의 사항에 따라 제한하는 경우에는 같은 항 제2호의 사항과 중복하여 제한할 수 있고, 같은 항 제8호의 사항에 따라 제한하는 경우에는 같은 항 각 호의 사항과 중복하여 제한할 수 있다고 규정하고 있는 바, • 지방계약법령에서 정하고 있지 아니한 장비보유 사항과 실적 제한을 중복하여 입찰 참가자격을 제한할 수 없음 2) 같은 법 시행령 제20조 제1항 제5호에 따르면 특수한 기술이 요구되는 용역계약의 경우에는 해당 용역수행에 필요한 기술의 보유상황 또는 그 용역과 같은 종류의 용역수행실적으로 제한할 수 있다고 규정하고 있음 • 질의의 음식물류 폐기물 전용용기 세척용역의 경우에는 계약 성격상 특별한 전문성이나 특수한 기술이 요구되는 용역으로 보기 어려운 것으로 판단되므로 「지방계약법」 제9조 제1항에 따른 일반입찰에 부치는 것이 타당할 것으로 사료됨
행자부	회계제도과–3448, 2016. 7. 6

52	입찰참가자격 제한기준
제 목	**총액 물품계약 시 산출내역서 제한 기준**
질 의	지방자치단체와 체결한 물품계약에 있어서 물품입찰(총액) 시 물량의 항목, 규격, 수량, 단위 등을 표기한 물량내역서를 게재하여 공고하고, 낙찰자가 착수신고서 제출 시 낙찰금액에 대한 산출내역서를 발주기관에 제출하는 경우 발주처에서 제공한 품목별 가격조사서를 기준으로 품목당 일정 비율 이상의 금액으로 산출내역을 작성할 수 없도록 제한할 수 있는지?

회 신	• 지방자치단체와 체결한 물품계약에 있어서 계약문서는 「지방자치단체 입찰 및 계약집행기준」 제15장 물품계약일반조건 제2절 "1-가"에 따라 계약서, 규격서, 유의서, 물품구매 계약일반조건, 물품구매계약 특수조건, 산출내역서 등으로 구성함 - 다만, 산출내역서는 제6절 "1"과 "2"에 따른 수량조절·물가변동으로 인한 계약금액의 조정과 제8절 "3-라"에 따른 가납대금의 지급 시에 적용할 기준으로서 계약문서의 효력을 가짐 • 질의와 관련하여 산출내역서는 발주기관이 교부한 품목별 물량내역서에 입찰자 또는 계약상대자가 자율적으로 단가를 기재하여 제출한 내역서로 발주기관에서 입찰자 또는 계약 상대자에게 단가가 기재된 품목별 가격조사서를 제공하여 품목당 일정비율 이상의 금액으로 산출내역을 작성할 수 없도록 제한하는 것은 타당하지 아니함
행안부	회계제도과-2998, 2016. 10. 6

53	입찰참가자격 제한기준
제 목	**입찰 참가자격 제한 가능 여부**
질 의	지방자치단체에서 수중 골재채취 사업을 직영으로 영위함에 있어 골재채취업자를 대상으로 골재채취 대행자를 선정하는 입찰을 하고자 할 때에 「지방계약법 시행령」 제20조 제1항 제1호를 근거하여 「골재채취법」에 따른 골재채취능력을 입찰 참가자격으로 제한할 수 있는지 여부?
회 신	• 「지방계약법 시행령」 제20조 제1항 제1호 따라 「건설산업기본법」에 따른 종합공사로서 추정가격 30억 원(「건설산업기본법」에 따른 전문공사와 그 밖에 공사 관련 법령에 따른 공사의 경우에는 3억 원) 이상인 공사계약의 경우에는 시공능력 또는 해당 공사와 같은 종류의 공사실적으로 입찰 참가자의 자격을 제한할 수 있음 • 질의와 관련하여 「골재채취법」에 따른 골재채취능력이 시공능력에 해당되는 경우라면 골재 채취능력으로 입찰참가자의 자격을 제한할 수 있으나 - 다만, 「골재채취법」에 따른 골재채취능력이 공사의 시공능력에 해당되는지 여부는 주무부처인 국토교통부에 문의하여야 할 사항임
행안부	재정관리과-2010, 2015. 5. 21

54	입찰참가자격 제한기준
제 목	**입찰 시 지역 제한 기준**
질 의	현재 청사가 관할구역인 경상북도가 아닌 대구광역시에 소재하고 있는 경상북도교육청에서 지역제한 입찰을 하는 경우, 입찰참가자의 주된 영업소 소재지가 대구광역시에 있어야 하는지 아니면 경상북도에 있어야 하는지?
회 신	• 「지방계약법 시행령」 제20조 제1항 제6호는 추정가격이 행정자치부령으로 정하는 금액 미만인 경우 그 주된 영업소의 소재지로 입찰참가자의 자격을 제한할 수 있다고 규정하고 있으며, 같은 법 시행규칙 제25조 제2항은 주된 영업

소의 소재지로 제한입찰을 하는 경우에는 주된 영업소가 해당 공사 등의 현장, 납품지 등이 있는 특별시·광역시·도·특별자치도(이하 "시·도"라 함)의 관할구역에 안에 있는 자로 제한하여야 한다고 규정하고 있음

- 아울러 시행규칙 제25조 제3항 후단에서는 공사 등의 현장이 인접 시·도에 걸쳐 있는 경우, 인접 시·도의 관할구역 안에 사업의 납품지가 있거나 인접 시·도의 관할구역 안에 소재한 청사 등이 시설물을 유지·보수 및 관리하는 경우, 해당 지역의 사업 이행에 필요한 자격을 갖춘 자가 10인 미만인 경우에는 해당 공사 등의 현장, 납품지 등이 있는 시·도에 인접한 시·도의 관할구역 안에 있는 자를 포함하여 제한할 수 있다고 규정하고 있음
- 질의와 관련하여, 위 시행령 및 시행규칙 규정에 따라 지역제한 입찰의 경우 입찰참가자의 주된 영업소는 공사의 경우 공사현장, 물품 및 용역(최종결과물)의 경우에는 납품지가 소재하는 시·도에 있어야 하는 바, 경상북도교육청에서 발주한 지역제한입찰의 경우 그 공사현장 및 납품지가 대구광역시에 소재하고 있는 경우라면 입찰참가자의 주된 영업소는 대구광역시에 소재하고 있어야 할 것으로 판단됨

행안부	재정관리과–4305, 2014. 11. 4

55	입찰참가자격 제한기준
제 목	사전심사를 거친 가격입찰 유찰에 따른 재공고입찰 가능 여부
질 의	『지방계약법』 제9조 제2항에 의하여 입찰 참가자격을 사전심사(실시설계용역)(PQ) 하여 적격자(A, B사)를 대상으로 가격입찰을 실시하였으나 1개사만의 단독응찰로 인한 유찰이 되었을 경우 재공고를 진행할 수 있는지와 이에 따라 재공고를 진행할 수 있는 경우 사전심사단계와 가격입찰공고단계 중 어느 단계부터 진행해야 하는지 여부
회 신	• 『지방계약법』 시행령 제19조에 따라 입찰이 성립하지 아니하거나 낙찰자가 없는 경우에는 재입찰 또는 재공고 입찰에 부칠 수 있으며, • 귀 질의와 같이 최초 공고 시 사전심사 통과자 2개 업체 중 1개사만 가격입찰을 한 경우 사실상 유효한 경쟁이 어려울 것으로 사료됨에 따라 재공고시 사전심사부터 진행하는 것이 타당할 것으로 사료됨
행안부	재정관리과–3251, 2014. 8. 27

56	입찰참가자격 제한기준
제 목	특수한 성능을 일부 포함하는 물품계약
질 의	기재부 계약예규 정부 입찰·계약 집행기준 제5조의3 제2항 및 동 규정 별지 제3호에 따라 특수한 성능을 일부만 포함하는 물품의 구매 시 계약담당자는 물품공급협약 또는 기술지원협약을 입찰공고 전에 체결해야 함. 질의1) 이때 특수한 성능을 일부만 포함하는 물품(ex. 특허 설정된 부속자재가 포함된 물품A)의 경우, 별지 제3호 서식 '물품공급협약서상의 공급단가'가 입찰대상 물품(ex. 물품A)의 단가를 의미하는지, 특수한 성능 부분(ex. 특허 설정된 부속자재)의 단가만을 의미하는지?

	질의2) 협약 내용을 입찰물품의 규격서에 반드시 포함하여야 하는지, 운영상의 사유로 규격서가 아닌 기타 계약조건으로 제시할 수 있는지?
회 신	• 답변1) 물품구매에서 특수한 성능 등을 규격서(시방서) 반영하고자 하는 경우에 계약담당공무원은 입찰공고 전에 제조사 또는 기술지원사와 물품 공급 또는 기술지원 협약을 체결하여 공고에 명시하는 것임. 귀 질의 특수한 성능을 포함하는 물품이 구조상 특수한 성능 부분을 분리하여 유통 가능한 경우라면 '물품 공급협약서상의 공급단가'는 특수한 성능 부분 단가를 의미함. • 답변2) 협약 내용은 규격서(시방서)에 반영하는 것이 합당할 것이나 계약담당공무원이 판단하여 특별한 사정이 있는 경우 규격서(시방서)가 아닌 기타 계약조건으로 계약서에서 정할 수 있을 것임.
조달청	인터넷 질의번호 2004010053, 2020. 4. 1

57	입찰참가자격 제한기준
제 목	**협상에 의한 계약 제안서 평가기준 작성 시 지역업체 참여도 가점부여 가능 여부**
질 의	행정안전부 예규 지방자치단체 입찰 시 낙찰자 결정기준 제5장 협상에 의한 계약 체결기준과 관련하여 제안서 평가기준에 지역업체 배점 반영 가능 여부 및 시·도 조례에 지역업체 가점 배점 반영의 제·개정 가능 여부
회 신	• 협상에 의한 계약을 계약목적의 최고 가치를 달성하기 위해 다른 계약 방법과 달리 기술·가격 제안서를 종합평가한 후 협상 절차를 통하여 계약 상대자를 결정하는 계약 방법이고, 계약이행의 전문성·기술성·창의성 등을 제약하는 계약목적 달성과 관계없는 평가항목 또는 과도한 평가요소·가감점 항목 등을 정하여 평가하는 것은 협상에 의한 계약의 취지에 부합하지 아니하므로, 단순히 지역업체라는 이유로 특별한 이유 없이 평가에 유리하게 배점을 부여하는 것은 타당하지 않고, 시·도 조례에 반영하는 것 또한 타당하지 않음.
행안부	회계제도과-700, 2023. 1. 27

58	수의계약
제 목	**산림조합과 사방사업 수의계약 가능 여부**
질 의	사방사업에 대하여 경쟁하는 것이 비효율적이라고 판단되는 경우 산림조합과 수의계약 가능 여부
회 신	• 「지방계약법 시행령」 제25조 제1항 제8호 사목에 따르면 그 밖에 계약의 목적·성질 등에 비추어 경쟁에 따라 계약을 체결하는 것이 비효율적이라고 판단되는 경우로서 다른 법령에 따라 국가 또는 지방자치단체의 사업을 위탁받거나 대행할 수 있는 자와 해당 사업에 대한 계약을 하는 경우 수의계약에 의할 수 있다고 규정하고 있음 • 지방자치단체의 계약은 같은 법 제9조에 따라 일반입찰을 원칙으로 하고 예외적으로 같은 시행령 제25조 제1항 각 호에 열거된 사유에 한하여 수의계약에 의할 수 있도록 규정하고 있으므로, 다른 법령에 사방사업이 국가 또는 지방자치단체의 사무로 규정되어 있고 그 사무에 대하여 위탁 또는 대행 업무를 수행할 수

	있는 자가 명시되어 있는 경우로서 계약의 목적·성질 등에 비추어 경쟁에 의한 계약이 비효율적이라는 객관적으로 타당한 사유가 있는 경우에 수의계약이 가능하다고 판단되는바, - 계약 담당자가 계약의 목적·성질, 관련 법령 및 경쟁 계약이 비효율적이라는 객관적이고 구체적인 근거 등을 고려하여 수의계약 여부를 판단할 사항임
행안부	회계제도과-3796, 2015. 11. 24

59		수의계약

제 목	위탁·대행자 수의계약 사유 적용 여부
질 의	「자연공원법」 제81조에 따라 설립된 한국자연공원협회가 「지방계약법 시행령」 제25조 제1항 제8호 사목에 따라 지방자치단체와 수의계약 대상에 해당하는지 여부? 「자연공원법」 제81조(한국자연공원협회의 설립) ① 자연공원의 보전 및 이용에 관한 홍보·지도, 자원조사 및 그 밖에 환경부령으로 정하는 사업을 하기 위하여 한국자연공원협회(이하 "협회"라 한다)를 둔다. ② 협회는 법인으로 한다. ③ 환경부 장관은 제1항에 따라 협회가 수행하는 사업에 대하여 경비의 전부 또는 일부를 지원할 수 있다. ④ 협회에 관하여는 이 법에서 규정한 것을 제외하고는 「민법」 중 사단법인에 관한 규정을 준용한다. 「자연공원법 시행규칙」 제28조의2(한국자연공원협회의 사업) 법 제81조 제1항에 "환경부령으로 정하는 사업"이란 다음 각 호의 사업을 말한다. 1. 자연공원의 보전·이용에 관한 영상물의 제작, 학술연구, 전문도서의 발간 및 탐방관리 현황 등 관련 통계의 수집·관리 2. 공원관리청의 자연공원의 보호 및 단속 업무의 지원 3. 공원관리청과의 협약에 따른 용역, 청소 및 공원시설의 관리(이하 생략)
회 신	• 지방자치단체의 장 또는 계약담당자가 계약을 체결하려는 경우에는 「지방계약법」 제9조에 따라 원칙적으로 일반입찰에 부쳐야 하나, 계약의 목적·성질·규모 및 지역특수성 등에 비추어 필요하다고 인정될 때에는 참가자를 지명하여 입찰에 부치거나 수의계약에 의할 수 있으며, - 같은 법 시행령 제25조 제1항 제8호 사목 및 제30조 제1항 제1호에 따라 계약의 목적·성질 등에 비추어 불가피한 사유가 있는 경우로서 다른 법령에 따라 국가 또는 지방자치단체사업을 위탁받거나 대행할 수 있는 자와 해당 사업에 대한 계약을 하는 경우에는 1인으로부터 받은 견적서에 의하여 수의계약을 체결할 수 있는바, - 위의 규정에 의한 수의계약 대상이 되기 위해서는 다른 법령에서 위탁 또는 대행할 수 있는 국가 또는 지방자치단체 사업을 정하고 있으며, 해당 사업을 위탁 또는 대행할 수 있는 대상자가 법령에 구체적으로 정해져 있어야 할 것

	임. 따라서 다른 법령에서 위탁 또는 대행할 수 있는 사람과 그 대상자가 구체적으로 명시되지 아니한 사업은 위의 규정에 따른 수의계약 대상에 해당하지 아니함
행안부	회계제도과-2113, 2015. 8. 31

60	수의계약
제 목	**특허법상 통상 실시권자와의 수의계약 체결 가능 여부**
질 의	특허물품을 구입함에 있어서 통상실시권자와 「지방계약법 시행령」 제25조 제1항 제4호 사목에 따라 수의계약이 가능한지 여부?
회 신	• 지방자치단체의 장 또는 계약담당자는 계약을 체결하려는 경우에는 「지방계약법」 제9조에 따라 원칙적으로 일반입찰에 부쳐야 하나, 계약의 목적·성질·규모 및 지역특수성 등에 비추어 필요하다고 인정될 때에는 참가자를 지명하여 입찰에 부치거나 수의계약에 의할 수 있으며, - 같은 법 시행령 제25조 제1항 제4호 사목 및 제30조 제1항 제1호에 따라 특정인의 기술·용역 또는 특정한 위치·구조·품질·성능·효율 등으로 인하여 경쟁을 할 수 없는 경우로 특허를 받았거나 실용신안등록 또는 디자인등록이 된 물품을 제조하게 하거나 구매하는 경우로서 적절한 대용품이나 대체품이 없는 경우에는 1인으로부터 받은 견적서에 의하여 수의계약을 체결할 수 있는바, • 해당 계약의 목적·성질·규모 등에 비추어 해당 특허물품을 반드시 사용하여야만 계약목적 달성이 가능한 경우라면 상기 규정에 따라 수의계약이 가능할 것이나, - 유사한 성능의 특허 물품이 존재하고 이를 사용하더라도 계약목적 달성이 가능한 경우 또는 특허가 없는 물품을 사용하더라도 계약목적 달성이 가능한 경우에는 대체품이나 대용품이 있는 경우에 해당할 것이므로 입찰에 부쳐 계약상대자를 결정하는 것이 타당할 것임. 따라서 특허물품에 통상실시권이 부여된 경우, 해당 물품을 제조·판매하는 자가 다수인 경우에는 입찰에 부쳐 계약상대자를 결정하여야 할 것임
행안부	회계제도과-1300, 2015. 7. 24

61	수의계약
제 목	**도서정가제의 분할수의계약 가능 여부**
질 의	• 지자체에서 도서구매 시 판매자가 「출판문화산업진흥법」 제22조에 따라 경제상의 이익으로 상품권을 제공하는 경우 이에 대한 회계처리를 「지방자치단체 세출예산 집행기준」에 따라 할 수 있는지 여부? • 지자체에서 도서구매 시 지역서점 활성화 및 예산 절감을 목적으로 추정가격 2천만 원 수의계약으로 분할하여 구매하는 것이 가능한지 여부?
회 신	• 「지방자치단체 세출예산 집행기준」, "제4장-4."에 따르면 업무추진비로 현금에 준하는 상품권 또는 고가의 선물, 기념품, 특산품 등을 구매할 경우에는 사적으로 사용되지 않도록 사용용도와 물품명, 구입 및 지급일시, 수량, 수령자, 잔고 등이 기재된 물품수불부를 작성하고 결재를 받아 비치하여야 하며, '제5장-3.'에 따르

면 신용카드사나 금융기관 외에 대형할인점, 문구점 등에서 구매금액에 따라 적립해주는 인센티브로서 세입 조치가 불가능한 경우에는 사무용품 등의 구매나 불우이웃 돕기 등 행정용도로 사용하여야 한다고 규정하고 있는바,

- 세입조치가 곤란한 도서 마일리지에 관하여 별도의 규정은 없으나 상기 규정에 비추어 해당 마일리지는 도서구매 또는 기타 행정용도로 사용하여야 할 것이며 도서상품권으로 수령할 경우 물품수불부를 작성하고 결재를 받아 비치하는 것이 타당할 것으로 사료됨

- "도서구매계약 관련 안내사항 통보"(행정자치부 재정관리과-1174)에 따르면 신간 서적의 구매를 부당한 분할계약으로 볼 수 없으며, 도서구매의 경우에는 발주기관의 판단에 따라 시기적으로 나누어 구매가 가능토록 하고 있는 바,

- 단순히 예산 절감의 목적으로 수의계약을 위하여 분할계약하는 것은 적정하지 않다고 사료되며, 시기적으로 보관 장소의 협소 문제, 시의성 등 분할하는 것이 오히려 도서운영 전체적으로 효율적이라고 판단되는 경우라면 시기적으로 분할하여 구매가 가능할 것임

행안부	회계제도과-751, 2015. 6. 29

62		수의계약
제 목	수의계약 시 여성·장애인기업 제한 여부	
질 의	「지방계약법(이하 '지방계약법'이라 함) 시행령」 제30조 제1항 제2호에 따르면 '여성기업 및 장애인 기업'의 경우 추정가격 5천만 원 이하까지 1인 견적 수의계약이 가능하도록 규정하고 있는바, - 계약상대자 선정의 공정성을 기하기 위하여 5천만 원 이하 2인 수의계약 시 견적서 제출대상을 '여성기업' 또는 '장애인기업'으로 제한할 수 있는지 여부?	
회 신	- 「지방계약법 시행령」 제30조 제1항 제2호 단서규정에 따라 「여성기업 지원에 관한 법률」 제2조 제1호에 따른 여성기업 또는 「장애인기업 활동 촉진법」 제2조 제2호에 따른 장애인기업과 계약을 체결하는 경우에는 추정가격 5천만 원 이하인 공사, 물품의 제조·구매 및 용역의 경우에는 1인 견적서 제출 수의계약이 가능하므로, - 추정가격 5천만 원 이하의 범위에서 발주기관이 여성기업 또는 장애인기업으로 계약상대자를 제한하는 것이 계약목적 달성을 위해서 필요하다고 판단하는 경우에는 「지방자치단체 입찰 및 계약 집행기준」 제5장 수의계약 운영요령 '제3절-1.-나.-6)'에 따라 견적서 제출 대상자를 '여성기업' 또는 '장애인기업'으로 제한할 수 있을 것임	
행자부	회계제도과-338, 2015. 6. 11	

63		수의계약
제 목	지방계약시행령 제25조 제1항 제8호 사목의 '다른 법령'의 범위	
질 의	「지방계약법 시행령」 제25조 제1항 제8호 사목의 '다른 법령'의 범위에 자치단체 조례("인천발전연구원 설립과 운영에 관한 조례")가 포함되는 것으로 해석하여 조례의 조항에 따라 지방자치단체 출연 연구원과 수의계약을 체결할 수 있는지 여부?	

회 신	• 지방자치단체의 장 또는 계약담당자는 계약을 체결하려는 경우에는 「지방계약법」 제9조에 따르면 원칙적으로 일반입찰에 부쳐야 하나, 계약의 목적·성질·규모 및 지역특수성 등에 비추어 필요하다고 인정될 때에는 참가자를 지명하여 입찰에 부치거나 수의계약에 의할 수 있으며, • 동법 시행령 제25조 제1항 제8호 사목 및 제30조 제1항 제1호에 따르면 계약의 목적·성질 등에 비추어 불가피한 사유가 있는 경우로서 다른 법령에 따라 국가 또는 지방자치단체의 사업을 위탁받거나 대행할 수 있는 자와 해당 사업에 대한 계약을 하는 경우에는 1인으로부터 받은 견적서에 의하여 수의계약을 체결할 수 있는바, - 동 규정에 따르면 지방계약법 외의 법령에서 계약의 대상이 되는 사업이 국가 또는 지방자치단체의 사무로 규정되어 있고 그 사무에 대하여 위탁 또는 대행 업무를 수행할 수 있는 자가 명시되어 있는 경우에 그 사업에 대한 계약에 한하여 수의계약을 체결할 수 있을 것임 • 아울러, 자치단체 조례는 상기 규정의 법령에 해당하지 아니하므로 법령에서 국가 또는 지방자치단체의 사무 및 그 사무에 대한 위탁·대행 등의 규정을 조례 위임하고 있지 않는 이상 조례를 근거로 동법 시행령 제25조 제1항 제8호 사목에 따른 수의계약을 체결할 수는 없을 것임
행안부	재정관리과–3834, 2014. 10. 5

64	수의계약

제 목	**특허 등 수의계약과 관련한 대체 대용품 유무에 대한 유권해석 기준**
질 의	자치단체의 시설공사 자재(아스콘)구매 시 품목은 동일하나 사양과 성능이 상이한 특허가 존재하는 경우에 이를 「지방계약법(이하 '지방계약법'이라 함) 시행령」 제25조 제1항 제4호 사목에서 정한 대체·대용품으로 보아 수의계약 체결이 불가한지 아니면 각 특허물품의 고유 성능을 인정하여 수의계약을 체결할 수 있는지 여부?

회 신	• 지방자치단체의 장 또는 계약담당자는 계약을 체결하려는 경우에는 「지방계약법」 제9조에 의하면 원칙적으로 일반입찰에 부쳐야 하나, 계약의 목적·성질·규모 및 지역특수성 등에 비추어 필요하다고 인정될 때에는 참가자를 지명하여 입찰에 부치거나 수의계약에 의할 수 있으며,
	• 동법 시행령 제25조 제1항 제4호 사목 및 제30조 제1항 제1호에 따르면 특허를 받았거나 실용신안등록 또는 디자인등록이 된 물품을 제조하게 하거나 구매하는 경우로서 적절한 대용품이나 대체품이 없는 경우에는 1인으로부터 받은 견적서에 의하여 수의계약을 체결할 수 있음
	  - 질의의 경우 해당 계약의 목적·성질·규모 등에 비추어 해당 특허물품(H사의 제품)을 반드시 사용하여야만 계약목적 달성이 가능한 경우라면 상기 규정에 따라 수의계약이 가능할 것이나,
	  - 유사한 성능에 특허 물품이 존재하고 이를 사용하더라도 계약목적 달성이 가능한 경우라면 이는 대체품이나 대용품이 있는 것으로 보아 수의계약 대상에 해당되지 않는 것으로 사료되며, 입찰에 부쳐 계약상대자를 결정하여야 할 것임

행안부	재정관리과–2972, 2014. 8. 11

65		수의계약
제 목	중증장애인생산품(배전반) 구매 수의계약 여부	
질 의	「중증장애인생산품 우선구매 특별법」 제6조(중증장애인생산품 우선구매지원)에 따라 보건복지부 장관의 중증장애인생산품 우선구매 요구가 있는 경우, 자치단체에서 해당 물품 구매 시 의무적으로 수의계약에 의하여야 하는지 여부?	
회 신	• 지방자치단체의 장 또는 계약담당자는 계약을 체결하려는 경우에는 「지방계약법(이하 '지방계약법'이라 함)」 제9조에 의하면 원칙적으로 일반입찰에 부쳐야 하나, 계약의 목적·성질·규모 및 지역특수성 등에 비추어 필요하다고 인정될 때에는 참가자를 지명하여 입찰을 부치거나 수의계약에 의할 수 있으며, • 동법 시행령 제25조 제1항 제7호의2 나목 및 제30조 제1항 제1호에 따르면 「중증장애인생산품 우선구매 특별법」 제9조 제1항에 따라 지정받은 중증장애인생산품 생산시설이 직접 생산하는 물품의 제조·구매 계약을 하는 경우에는 1인으로부터 받은 견적서의 의하여 수의계약을 체결할 수 있음 - 다만, 수의계약이 가능한 경우에도 의무적으로 수의계약을 체결하여야 하는 것은 아니며, 발주기관의 판단에 따라 입찰에 부쳐 계약상대자를 결정할 수 있을 것임 • 아울러, 「지방계약법」 제4조에서 지방자치단체를 당사자로 하는 계약에 관하여는 다른 법률에 특별한 규정이 있는 경우 외에는 이 법에서 정하는 바에 따른다고 규정하는바, 중증장애인 생산품의 의무 구매의 범위에 관하여는 관련 법령을 검토 하여 계약을 진행하여야 할 것으로 사료됨	
행안부	재정관리과-2592, 2014. 7. 16	

66		수의계약
제 목	물품 기증자와의 수의계약 가능 여부	
질 의	지방자치단체가 해당 자치단체 관광지에 방치된 건물 4개 동을 리모델링하여 전시공간을 확보하고 특정인에게 수석 130여 점을 기증받기로 협의한 경우, 리모델링 공사(내부 인테리어 공사)를 추진함에 있어서 수석 기증자가 원하는 업체와의 수의계약이 가능한지 여부?	
회 신	• 지방자치단체의 장 또는 계약담당자는 계약을 체결하려는 경우에는 「지방계약법」 제9조에 따르면 원칙적으로 일반입찰에 부쳐야 하나, 계약의 목적·성질·규모 및 지역특수성 등에 비추어 필요하다고 인정될 때에는 참가자를 지명하여 입찰에 부치거나 수의계약에 의할 수 있으며, • 「지방계약법 시행령」 제25조 제1항 각호에서 수의계약 사유를 구체적으로 정하고 있는 바, 특정인에게 전시물을 기증받았다는 사유만으로 기증자의 의사에 따라 해당 전시공간의 공사 계약을 수의계약으로 추진할 수 있는 근거 규정이 없음	
행안부	재정관리과-1309, 2014. 4. 15	

	67	수의계약
제 목	소나무재선충병 긴급방제에 1인 견적 수의계약 적용 기준	
질 의	전국적인 소나무재선충병 피해가 급증함에 따라 산림청에서 「소나무재선충병 긴급방제 특별대책」을 수립하고 소나무재선충병 긴급방제(피해고사목 제거사업)사업을 추진함에 있어서 피해가 확산되는 우화기(5월~8월) 전까지 방제를 완료하기 위하여 「지방계약법(이하 "지방계약법"이라 함) 시행령」 제25조 제1항 제1호에 따라 수의계약에 의하여 긴급방제사업자 선정이 가능한지 여부?	
회 신	• 지방자치단체의 장 또는 계약담당자는 계약을 체결하려는 경우에는 「지방계약법」 제9조의 규정에 의하면 원칙적으로 일반입찰에 부쳐야 하나, 계약의 목적·성질·규모 및 지역특수성 등에 비추어 필요하다고 인정될 때에는 참가자를 지명하여 입찰에 부치거나 수의계약에 의할 수 있으며, • 「지방계약법 시행령」 제25조 제1항 제1호 및 제30조 제1항 제1호에 따라 천재지변, 작전상의 병력 이동, 긴급한 행사, 원자재의 가격 급등, 그 밖에 이에 준하는 경우로서 입찰에 부칠 여유가 없는 경우에는 1인으로부터 받은 견적서에 의하여 수의계약을 체결할 수 있는바, • 발주기관은 소나무재선충병의 피해 확산을 방지하기 위해서 우화기 이전까지 피해 고사목의 추가적인 방제가 시행되어야 하는 등 긴급방제사업의 시행에 있어서 입찰에 의할 경우 계약 목적 달성이 불가능한 경우에는 위의 규정에 따라 수의계약에 의하여 긴급방재사업자를 선정할 수 있을 것이나, 입찰에 부칠 여유가 없는지 여부는 현장상황 등을 고려하여 발주기관이 판단할 사항임	
행자부	재정관리과-1090, 2014. 3. 28	

	68	수의계약
제 목	수의계약 요청사유서의 작성 부서 판단 기준	
질 의	지방자치단체에서 「지방계약법」 제9조 및 같은 법 시행령 제25조 제1항 제7의2호 각목에 따라 수의계약을 체결하는 경우 금액의 제한이 있는지 여부 및 수의계약 시 수의계약 요청사유서는 사업부서와 계약부서 중 어느 부서에서 작성하는 것이 타당한지 여부?	
회 신	• 지방자치단체의 장 또는 계약 담당자는 계약을 체결하려는 경우에는 「지방계약법」 제9조에 따르면 원칙적으로 일반 입찰에 부쳐야 하고 계약의 목적·성질·규모 및 지역 특수성 등에 비추어 필요하다고 인정될 때에는 수의계약에 의할 수 있으며, • 같은 법 시행령 제25조 제1항 제7호의2호 및 제30조 제1항 제1호에 따라 　- 「국가유공자 등 단체설립에 관한 법률」 제1조에 따라 설립된 단체 중 상이를 입은 사람들로 구성된 단체가 직접 생산하는 물품의 제조·구매 또는 직접 수행하는 용역계약을 하거나 이들에게 직접 물품을 매각 또는 임대하는 경우, 　- 「중증장애인생산품 우선구매 특별법」 제9조 제1항에 따라 지정받은 중증장애인생산품 생산시설이 직접 생산하는 물품의 제조·구매 또는 직접 수행하는 용역계약을 하거나 이들에게 직접 물품을 매각 또	

는 임대하는 경우,

- 「사회복지사업법」에 따라 설립된 법인이 직접 생산하는 물품의 제조·구매 또는 직접 수행하는 용역계약을 하거나 이들에게 직접 물품을 매각 또는 임대하는 경우에는 1인으로부터 받은 견적서에 의하여 수의계약을 체결할 수 있음
- 위의 규정에 따라 수의계약을 체결하는 경우에는 별도의 금액 제한은 적용되지 아니하며, 구체적인 경우 입찰에 의할지 수의계약에 의할지 여부는 계약의 목적·성질·규모 및 경쟁의 성립 여부 등을 고려하여 발주기관에서 결정할 사안이며, 아울러, 수의계약이 가능한 경우에 수의계약 요청사유서는 사업부서에서 작성하는 것이 타당할 것으로 사료됨

| 행자부 | 재정관리과-918, 2014. 3. 16 |

69		수의계약
제 목	협상에 의한 계약 유찰 시 수의계약 가능 여부	
질 의	「지방계약법 시행령」 제43조에 따른 협상에 의한 계약이 2회 유찰된 경우 같은 시행령 제26조에 따라 수의계약이 가능한지 여부?	
회 신	• 「지방계약법 시행령」 제26조에 따르면 지방자치단체의 장 또는 계약담당자는 재공고입찰을 할 때 입찰이 성립하지 아니하거나 낙찰자가 없는 경우에는 수의계약에 의할 수 있으며, 이 경우 보증금과 기한을 제외하고는 최초의 입찰에 부칠 때에 정한 가격과 그 밖의 조건을 변경할 수 없다고 규정하고 있는바, • 같은 시행령 제43조에 따른 협상에 의한 계약은 계약이행의 전문성·기술성·창의성 등의 이유로 필요하다고 인정되는 경우에 적용하는 제도로, 지방자치단체에 가장 유리하다고 인정되는 자와 계약을 체결하기 위하여 제안서를 제출받아 평가한 후 기술·가격 협상 절차를 거쳐 계약상대자를 결정하는 방법이므로, 　- 계약의 목적·성질, 입찰 및 계약 절차의 특성, 가격과 그 밖의 조건 등 제도의 취지에 비추어 볼 때 불가피한 사유가 있는 경우에 한하여 재공고입찰의 유찰에 따른 수의계약을 진행하는 것이 바람직할 것으로 판단되며, 입찰공고문 및 제안요청서의 내용에 유찰의 원인이 있는지 등을 파악하여 재공고입찰 또는 새로운 입찰 등을 검토하는 것이 필요하다고 판단됨	
행안부	회계제도과-3592, 2016. 7. 12	

70		수의계약
제 목	건축물 해체 감리자와의 계약체결 방법	
질 의	건축물관리법에서 정하는 해체공사 감리자와의 계약체결 방법	
회 신	• 국계법 시행령 제26조 제1항 제5호 마목의 경우 다른 법령에 따라 국가사업을 위탁 또는 대행할 수 있는 자와 해당 사업에 대한 계약을 체결하는 경우 수의계약이 가능하다고 규정하고 있음. 해당 기관의 사업이 국가사업에 해당하고, 법령에서 구체적으로 기관과 사업 내용이 명시된 경우라면 수의계약이 가능함. 다만, 개별 계약이 수의계약의 대상이 되는지 이를 수의계약으로 체결할 것인지 여부	

	는 발주기관의 계약담당공무원이 관련 법령, 계약의 내용 등 제반 사항을 고려하여 직접 판단해야 할 것임.
조달청	인터넷 질의번호 2310180003, 2023. 10. 18

71	입찰공고

제 목	물량내역서 교부에 관하여
질 의	〈질의 1〉 추정가격이 1억 원 이상 100억 원 미만인 공사입찰에서 낙찰자에게는 설계서 및 물량 내역서를 교부하여야 하는 것이 발주기관의 의무사항인지? 〈질의 2〉 물량내역서에 단가 및 금액 을 기재하여 교부하지 않아도 된다면 낙찰자는 단가 및 금액의 타당성에 대한 검토가 어려운데 관련 법규에 단가 및 금액을 기재하여 교부하지 않아도 된다는 규정이 있는지?
회 신	질의 1에 대하여 공사를 입찰에 부치고자 할 때에는 계약 담당 공무원은 「국가를 당사자로 하는 계약에 관한 법률 시행령」 제14조 제1항에 의거 설계서, 공종별 목적물 물량내역서, 기타 입찰에 관한 서류를 작성·비치하고, 입찰공고일로부터 입찰등록 마감일까지 입찰에 참가하고자 하는 자의 요구가 있는 경우 이를 열람할 수 있도록 하여야 하며, 동조 제2항에 의하여 추정가격이 1억 원 이상 100 억 원 미만인 공사는 낙찰자에게 동조 제1항의 입찰관련 서류중 설계서 및 물량내역서를 교부하여야 하는 것임. 질의 2에 대하여 공사계약에서 '산출내역서'라 함은 계약예규 「공사계약 일반 조건」 제2조 제6호에 규정된 바와 같이 「국가를 당사자로 하는 계약에 관한 법률 시행령」 제14조 제6항 및 제7항에 의거 발주기관이 교부한 물량내역서에 입찰자 또는 계약상대자가 단가를 기재하여 제출한 내역서와 같은 법 시행령 제85조 제2항 내지 제4항에 의하여 제출한 내역서 및 수의계약으로 체결된 공사의 경우 착공신고서 제출 시까지 제출한 내역서를 말하는 것이며, '공종별 목적물 물량내역서'란 동 예규 제2조 제5호에 규정된 바와 같이 공종별 목적물을 구성하는 품목 또는 비목과 동 품목 또는 비목의 규격·수량·단위 등이 표시되고, 같은 법 시행령 제14조 제1항 및 제2항 에 의하여 입찰공고 후 또는 낙찰자 결정 후 입찰에 참가하고자 하는 자 또는 낙찰자에게 교부된 내역서(물량내역서라 함)를 말하는 것인바, 동 물량내역서는 단가가 기재되지 않은 상태의 내역서(이른바 공 내역서)로서 발주기관이 교부한 물량내역서에는 공종별 목적물에 대한 물량의 항목, 규격, 수량, 단위 등이 표시되고 입찰자 또는 낙찰자는 이러한 공종별 목적물 물량내역서에 단가 및 금액을 기재하여 산출내역서를 제출하는 것으로서, 귀 질의의 공종별 목적물에 대한 물량의 항목, 규격, 수량, 단위 등은 계약상대자가 이를 임의로 변경 작성할 수 없고, 다만, 단가 및 금액은 입찰자가 자율적으로 작성하여 제출하는 것임.
조달청	법무지원팀-213, 2006. 01. 10

72	입찰공고

제 목	g2b 입찰공고서 오류 입력
질 의	기술용역 사업수행능력평가(PQ) 자료를 기초로 심사를 진행한 후, 8개 업체를 대상으로 지명경쟁 입찰공고를 게시하였는 바 공고문(첨부물)의 내용에는 추정가격인 993,500,000원으로 명시하였으나(낙찰하한율은 기재되어 있지 않음), G2B입찰공고서의 낙찰자 선정 방법에는 담당자의 실수로 추정가격 30억 원 미만 10억 원 이상으로 착오 입력하여, 현재 개찰은 완료하였으나, 낙찰자 선정은 하지 않은 상태입니다. 〈질의〉 이런 경우 ① 중대한 하자로 보아 입찰 취소를 하고 새로운 입찰을 처리하는 것이 타당한지? ② 아니면 또다른 방법으로 낙찰자를 결정할 수 있는 방법이 있는지?
회 신	지방자치단체가 시행하는 입찰에서 자치단체를 당사자로 하는 계약에 관한 법률 시행령 제36조 규정에 따라 지정정보처리장치를 이용한 입찰공고에 있어 정보처리장치에 게시된 내용과 입찰공고문의 내용이 상이할 경우 입찰공고문의 내용이 우선하며, 다만, 정보처리장치 게시일과 입찰공고일이 다른 경우에는 정보처리장치 게시일을 우선으로 하고 있습니다. 귀 질의의 경우 지정 정보처리장치에 게시된 내용과 입찰공고문의 내용이 상이할 경우 입찰공고문의 내용이 우선하나, 이 경우 입찰 및 개찰상황 등을 종합적으로 고려하여 중대한 하자에 속하면 당해 입찰을 취소하고 새로운 입찰을 하여야 할 것으로 사료되며, 입찰 공고문에는 하자가 없으나 입찰담당자가 전산입력 시 착오 적용한 것은 발주청 하자에 속하므로 낙찰 하한율을 바르게 적용하여 순위를 정정하고 정당한 입찰자를 낙찰자로 결정하여야 할 것입니다.
행안부	재정관리과 10. 06. 23

73	입찰공고

제 목	공고와 달리 기재한 내역입찰의 입찰무효 여부
질 의	공고문과 함께 게시된 현장설명서에 "본 공사에 포함되는 미확정설계공종(P.S) 비용은 물량내역서에 제시하는 금액으로 반영하여야 한다. 추후 시공실적에 따라 정산코자 하는 P.S(Provisional Sum) 단가는 별도 제시(배부)한 붙임의 『P.S 단가내역』대로 입찰내역 계약금액으로 구성되어야 함"이라고 규정하고 있는 경우 입찰참가자가 이에 따르지 않고 다른 금액으로 내역서를 작성하여 입찰하였다면 이의 무효 여부 ※ 입찰공고문에서 입찰참가자 유의사항으로 "공사 입찰공고(첨부물 포함), 설계서 등 모든 사항을 숙지·준수하여야 하며, 이에 따르지 아니하여 발생하는 불이익에 대한 모든 책임은 입찰참가자에게 있음."이라고 규정
회 신	• 질의와 관련하여, 입찰참가자의 입찰이 무효가 되기 위해서는 『지방계약법 시행령』 제39조 제4항, 같은 법 시행규칙 제42조 각 호, 『지방자치단체 입찰 및 계약 집행기준』 제1장 제2절 "2. 입찰무효의 범위" 각 호, 제11장 제2절 "12. 입찰의 성립과 무효" 각 호에 해당하여야 할 것인바, - 입찰자가 제출한 『P.S 단가내역』의 금액이 발주기관이 제시한 금액과 다르다고 하여 이를 입찰무효로 규정하고 있지는 않음 • 다만, 입찰공고문, 현장설명서 등의 입찰에 관한 서류에서 입찰참가자가 여기

	포함되어 있는 사항을 숙지하지 못한 책임이 입찰참가자에게 있다고 규정하고 있고, 입찰에 관한 서류에서 해당 입찰을 무효라고 규정하고 있는 경우라면 발주청에서 법률전문가 등의 자문을 받아 최종 판단하여야 할 것으로 판단됨
행안부	재정관리과-1526, 2014. 4. 24

74	입찰공고
제 목	공고대로 자료 제출이 어려운 경우 입찰무효 여부
질 의	입찰공고서상 입찰 참가자격에 실적을 가진 자로 제한하였으나, 실적증명 제출방법을 따로 정하지 않고 참가자격에 "...이상의 실적을 제출할 수 있어야 함"으로 규정하여 입찰을 진행하였음. 전자입찰 개찰 시 실적증명서를 제출한 업체로 사전판정 후 미제출업체는 자격없음으로 처리 후 개찰을 진행하였는데, 낙찰자 결정 전에 미제출 업체로부터 '공고서상 실적증명을 제출하는 것이 아니고 제출할 수 있으면 되는 것인데 왜 부적격 업체로 판정했는지' 민원이 제기되었음. 입찰공고서상 참가자격에 실적 제한을 두었으나, 제출의 시기는 전자입찰공고서에만 표시된 경우 실적증명서 미제출을 이유로 자격 없음 결정 후 입찰을 진행하는 것이 적법한지? 만일 부적합하다면 이미 진행된 입찰에 대한 향후 처리방법 등 문의
회 신	• 국계법 시행규칙 제40조 제1항에 따라 각 중앙관서의 장 또는 계약담당공무원은 경쟁입찰에 부치고자 할 때에는 입찰자로 하여금 별지 제3호 서식의 입찰참가 신청서 및 입찰 참가자격을 증명하는 서류, 기타 입찰공고 또는 지명통지에서 요구한 서류를 입찰공고 또는 입찰참가 통지서에 기재된 입찰참가 신청 마감일까지 제출해야 함. • 이에 따라 입찰자는 관련 규정 및 공고에 정한 바와 같이 입찰참가 신청 시 신청서와 함께 입찰 참가자격 요건에 명시한 모든 자격을 갖추고, 입찰서 제출마감일 전일까지 자격을 유지하여야 하며, 전자적 공고에서 지정한 기간 내에 제출하여야 하는 바, 입찰공고서상에 실적증명원의 제출기한이 별도로 명시되지 않은 경우라 하더라도 입찰공고서상 입찰 참가자격 요건에 구체적인 납품실적 제한기준을 명시하였고, 이를 포함한 입찰서류 제출기한을 입찰에 부치는 사항란에 명확하게 명시하고 있으므로 귀 기관에서 입찰 참가자격 부적격자로 판명된 자의 이의 제기는 이유가 없는 것임.
조달청	인터넷 질의번호 1904290028, 2019. 4. 29

75	입찰공고
제 목	재공고와 새로운 공고의 판단 기준
질 의	지자체에서 4개의 용역계약 입찰(P.Q.)을 각각 동시에 공고하면서 1개 업체가 1개의 입찰에만 참가하는 조건을 명시한 경우, 하나의 입찰이 유찰되어 해당 입찰에 대하여 새로운 공고 또는 재공고를 검토함에 있어, - 당초 공고내용을 변경하지 아니하고 재공고를 하는 것이 타당한지 또는 1개

업체 참여 제한을 삭제하여 새로운 공고를 하는 것이 타당하니 여부?

회신	• 「지방계약법 시행령」 제19조에 따르면 입찰이 성립하지 아니하거나 낙찰자가 없는 경우 또는 낙찰자가 계약을 체결하지 아니한 경우에는 재공고입찰에 부칠 수 있으며, 재공고입찰 시에는 기한을 제외하고는 최초 입찰에 부칠 때에 정한 가격과 그 밖의 조건을 변경할 수 없음 - 한편, 「지방자치단체 입찰 및 계약 집행기준」 제1장 입찰 및 계약 집행기준 '제1절-7.-나.-3)'에 따르면 해당 계약이행에 불필요한 자격요건으로 제한하는 것을 입찰 시 금지해야 할 사항으로 규정하고 있음 • 입찰이 성립하지 아니하거나 유찰된 경우 재공고 또는 새로운 공고 여부는 발주기관이 계약의 목적·성질·특성 및 관련 법령 등을 고려하여 판단할 사항이나, 1개 업체가 1개의 입찰에만 참가하도록 입찰참가자격을 제한하는 것은 지방계약법령에 정하지 아니한 사항인 바, 조건을 변경하여 입찰에 부치는 경우에는 새로운 입찰공고를 하여야 할 것으로 사료됨
행자부	회계제도과-2586, 2015. 9. 18

---

76   입찰집행

제 목	입찰보증금 납부 방법에 대하여
질 의	입찰 시행 시 입찰보증금을 현금, 보증서, 보증보험증권 등으로 받지 않고 입찰보증금지급각서로 받아도 되는지의 여부
회신	입찰에서 「국가를 당사자로 하는 계약에 관한 법률 시행령」 제37조에 따라 같은 법 제9조에 따른 입찰보증금은 입찰금액(단가입찰인 경우에는 그 단가에 총입찰예정량을 곱한 금액)의 100분의 5 이상을 현금(체신관서 또는 「은행법」의 적용을 받는 금융기관이 발행한 자기앞수표를 포함) 또는 같은 법 시행령 제37조 제2항 각호의 1의 보증서 등으로 이를 납부하게 하여야 하나, 동 조 제3항 각호의 어느 하나에 해당하는 자는 입찰보증금의 전부 또는 일부의 납부를 면제할 수 있는바, 구체적일 때 입찰보증금의 전부 또는 일부의 납부를 면제할 수 있는 자에 해당하는 지는 입찰자의 현황, 관련규정 등을 검토하여 계약 담당 공무원이 판단, 결정하여야 할 것임.
조달청	인터넷 질의회신 2011. 07. 14

---

77   입찰집행

제 목	지정정보처리장치(g2b) 낙찰하한율 착오 적용 건 계약체결 가능 여부
질 의	• 입찰공고문의 낙찰하한율은 86.745%이나 계약담당자가 지정정보처리장치시스템(G2B)에 낙찰하한율을 87.745%로 잘못 입력하여 개찰을 완료한 경우 - 해당 입찰을 취소하고 재입찰에 붙여야 하는지 - 또는 개찰결과 낙찰예정자와 계약을 체결하여야 하는지 - 아니면 입찰공고문의 낙찰하한율을 적용한 낙찰예정자와 계약을 체결하여야 하는지 여부?
회신	• 지방자치단체가 실시하는 입찰에 있어서 계약담당자는 「지방계약법 시행령」

제33조 제1항에 따라 이 영에 특별한 규정이 있는 경우를 제외하고는 지정정보처리장치를 이용하여 공고해야 하며, 입찰공고를 한 후 사업내용, 예정가격, 입찰참가자격, 입찰 및 계약조건 등을 변경하려는 경우에는 원래의 공고를 취소하고 다시 공고해야 하며, 입찰공고 내용에 관련법령을 잘못 표기하는 등 경미한 하자가 있는 경우에는 정정공고를 하도록 규정하고 있음

- 아울러 입찰공고의 내용을 공고기간 중에 변경하거나 정정하지 아니한 경우는 시행규칙 제36조에 따라 지정정보처리장치를 이용한 입찰공고에서 지정정보처리장치에 게시된 내용과 입찰공고문의 내용이 다른 경우에는 입찰공고문의 내용이 우선한다고 규정하고 있으므로,
- 질의의 입찰에서 지정정보처리장치에 게시된 내용과 입찰공고문의 내용이 다른 경우라면 입찰공고문의 내용대로 입찰결과를 수작업으로 계산하여 낙찰자를 선정한 후 계약을 체결하는 것이 타당할 것으로 판단됨

행안부	재정관리과-709, 2014. 12. 30

78 　　　　　　　　　　　　　　　　　　　　　입찰집행

제 목	**재공고 입찰 가능 여부**
질 의	기술용역(문화재 감리, 추정가격 3.5억 원) 적격심사 시 당초 입찰공고에서는 기술능력 평가에 대한 별도의 평가방법을 정하지 않아 "0점"을 부여하여 평가한 결과 유찰이 발생되자 - 재공고 시에는 해당 항목을 "5점"을 적용하도록 변경하여 입찰 공고하는 것이 타당한지 여부
회 신	• 지방계약법 시행령 제19조 제1항에 따르면 입찰이 성립하지 아니하거나 낙찰자가 없는 경우에는 같은 장소에서 재입찰에 부칠 수 있도록 규정하고 있으며 • 같은 법 시행령 제19조 제3항에서는 재입찰 또는 재공고입찰 시에는 기한을 제외하고는 최초 입찰에 부칠 때에 정한 가격과 그 밖의 조건을 변경할 수 없도록 규정하고 있으므로, 귀 질의와 같이 계약 조건을 변경할 경우에는 새로운 입찰에 부치는 것이 타당하다고 판단됨
행안부	재정관리과-4198, 2014. 10. 26

79 　　　　　　　　　　　　　　　　　　　　　입찰보증금

제 목	**낙찰자가 계약이행 불가능 시 입찰보증금 귀속 여부**
질 의	실험체(Techspan) 공사를 위하여 일반 공개경쟁 입찰방식으로 낙찰자가 결정되었으나 동 시설물은 특허 등록된 시설물로서 낙찰자가 특허권자의 특허 사용 동의를 받지 못하여 계약체결을 할 수 없으며 또한 발주처에서 입찰공고 시 특허권에 관한 사항을 명시하지 않았다는 이유로 무효를 주장하면서 입찰보증금은 귀속시킬 수 없다고 하는 바 이러한 경우 입찰보증금 귀속 여부는?
회 신	공사입찰에서 낙찰자로 선정된 자가 정당한 이유 없이 계약을 체결하지 아니하는 경우 계약담당공무원은 「국가를 당사자로 하는 계약에 관한 법률」 제9조 제3항 및 동 시행령 제38조에 의하여 당해 입찰보증금을 국고에 귀속

시켜야 하며, 이 경우 당해 중앙관서의 장은 동 시행령 제76조 제1항 제6호에 의하여 부정당업자의 입찰참가자격 제한조치를 하여야 하는 바, 구체적일 때 입찰보증금 국고귀속 및 부정당업자 입찰참가자격 제한의 각 요건에 해당하는지는 계약담당공무원이 동 규정 및 계약을 체결하지 않은 사유 등을 고려하여 판단·처리할 사항임. 참고로, 공사의 원가계산에 의한 예정가격작성시 계약담당공무원은 계약예규 「예정가격 작성기준」 제19조 제3항에 의하여 특허권 사용료 및 기술료 등을 공사원가에 계상하여야 하나, 공사의 이행에 있어서 계약상대자는 계약예규 「공사계약 일반조건」 제3조의 계약문서에 지정한 특허권 기타 제3자의 권리의 대상으로 되어있는 시공방법을 사용할 경우 동 일반조건 제37조에 의하여 그 사용에 관한 일체의 책임을 지는 것이며, 이 경우 설계서상 특허에 대한 사항이 명시되었는지의 여부는 당해 설계서의 해석대상으로서 계약담당공무원이 사실 판단할 사항임.

조달청	인터넷 질의회신 2011. 11. 11

80	입찰보증금

제 목	입찰 유·무효와 입찰보증금의 국고귀속 여부
질 의	수입이 되는 입찰에서 「국가를 당사자로 하는 계약에 관한 법률 시행규칙」 제14조에 의거 입찰참가자격 요건의 구비와 관련하여 〈질의 1〉 사업자등록증 및 납세번호가 없는 개인의 입찰자격 유무? 〈질의 2〉 입찰자격이 없는 자가 낙찰되었을 경우 입찰의 무효 여부 〈질의 3〉 입찰이 무효일 경우 입찰보증금의 국고귀속 여부를 질의함
회 신	1. 귀 질의 1에 대하여 경쟁 입찰에서 계약담당공무원은 「국가를 당사자로 하는 계약에 관한 법률 시행령」 제12조의 요건을 갖춘 자로 하여금 입찰에 참여하게 하여야 하는 것이나, 수입의 원인이 되는 계약을 하면 같은 법 시행규칙 제18조 제2호에 의하여 입찰참가자격요건 등록 등에 관한 제14조 내지 제16조는 적용이 배제되며, 다만, 같은 법 시행령 제76조에 의한 입찰참가자격 제한 여부를 확인하여 입찰참가자격 유무를 판단하는 것인바, 수입의 원인되는 계약을 위한 입찰에 참가하는 자는 사업자등록증을 교부받거나 납세번호를 부여받을 필요는 없을 것이며, 이 경우 개별입찰에서 당해 입찰공고서에 달리 정한 바가 있다면 그에 따라야 할 것임. 2. 귀 질의 2에 대하여 입찰참가자격이 없는 자가 한 입찰은 같은 법 시행규칙 제44조 제1호의 규정에 따라 당해 입찰은 무효임. 3. 귀 질의 3에 대하여 입찰에서 입찰보증금의 국고귀속은 「국가를 당사자로 하는 계약에 관한 법률」 제9조 제3항에 따라 낙찰자가 계약을 체결하지 않는 경우에 하는 것임.
조달청	법무지원팀-2999, 2006. 09. 12

81	입찰의 유·무효

제 목	대표자 변경등록 관련 입찰 무효 여부
질 의	○○○○년 7월 10일 ○○도로포장공사 입찰공고를 하여, 7월 25일 개찰을 하고 1순위인 A사의 적격심사를 하던 중 A사는 7월 23일에 입찰서를 제출하였는데, 법인 등기부등본상의 대표자가 갑에서 을로 7월 22일자로 변경 기재되어 있음이

	확인되었다. 그리하여 이는 법인의 대표자가 7월 22일자로 변경되었음에도 변경 등록을 하지 않고 7월 23일자로 입찰서를 제출하였으므로 입찰무효 사유에 해당되어 이를 무효 통보하였더니, A사는 등기소에 법인 대표자 변경신청을 7월 22일 했는데 등기부등본이 7월 24일 발급되었고 대표자 변경일이 7월 22일로 소급 기재되어 있었다고 하는데 입찰을 무효로 처리함이 타당할까요?
회 신	입찰등록사항 중 상호 또는 법인의 명칭, 대표자의 성명 등이 변경되었음에도 입찰참가자격 등록사항에 변경등록을 하지 않고 입찰서를 제출한 경우에는 입찰무효에 해당하나 입찰 참가자가 입찰서를 제출할 당시 법인 등기부등본상 변경등기가 완료되지 않은 경우에는 입찰참가자격 등록사항의 변경등록이 불가능하므로 변경 전 명의로 투찰하였다면 입찰무효는 아님.
행안부	공통교재 2012

82	입찰의 유·무효
제 목	**면허 등에 의한 입찰 참가자격을 제한하여야 하나 자격을 제한하지 않은 입찰에서의 계약체결**
질 의	면허 등에 의한 입찰 참가자격을 제한하여야 하나 자격을 제한하지 않은 입찰에서 계약체결 후 그 관련법에 면허를 받은 업체가 수행하여야 하는 계약목적물에 대한 입찰에서 면허를 가진 업체로 입찰참가자격을 제한하지 않은 입찰공고조건에 따라 면허 미소지업체가 낙찰되어 계약을 체결하였을 경우 그 입찰계약이 원인 무효인지, 아니면 관련법에 위반되더라도 계약을 이행하여야 하는지?
회 신	경쟁 입찰에서 각 중앙관서의 장 또는 계약담당공무원은 「국가를 당사자로 하는 계약에 관한 법률 시행령」 제12조 및 같은 법 시행규칙 제14조에 정한 요건을 갖춘 자로 하여금 입찰에 참가하게 하여야 하며, 입찰공고 시 공고내용 등에 중대한 오류가 있는 경우라면 해당 입찰내용을 정정하거나 또는 취소하여 새로운 입찰을 실시할 수 있는 것임. 또한, 경쟁 입찰에서 발주기관이 입찰공고 시 제시한 입찰참가자격 요건에 적합하여 입찰에 참가하였고 낙찰되어 계약을 체결한 경우에는 해당 계약조건에 따라 계약을 이행하여야 하는 것인바, 이 경우 입찰 및 계약의 원인무효 여부는 해당 구매목적물의 자격요건에 관한 법령, 민법, 사업목적의 범위 및 규모, 계약이행 여부, 당해 계약조건 등을 검토하여 판단 결정할 사항임.
조달청	법무지원팀-3480, 2006. 10. 24

83	입찰의 유·무효
제 목	**법인 변경등기(주소변경) 관련 입찰 무효 해당 여부**
질 의	지역 제한 입찰에 있어서 입찰 참가자가 입찰공고일 전일 이전에 주소변경 등기를 신청하여 입찰공고일 당일에 주소변경 등기가 된 경우, 「지방계약법 시행규칙」 제42조에 따른 입찰 무효인지 여부? (수의계약의 경우에도 동일한 기준이 적용되는지 여부)

회신	• 「지방계약법 시행규칙」 제42조 제1호에 따르면 입찰참가자격이 없는 자가 한 입찰은 입찰무효로 규정하고 있으며, - 「지방자치단체 입찰 및 계약 집행기준」 제11장 입찰유의서 제2절 "2-가"에 따르면 입찰공고일 전일이 판단기준일이 되는 입찰참가자격의 경우, 입찰참가자는 입찰공고일 전일부터 입찰일(낙찰자는 계약체결일, 적격심사 대상자는 적격심사서류 제출일)까지 주된 영업소가 공사 현장 • 한편, 같은 집행기준 제5장 수의계약 운영요령 제3절 "1-나-8), 15)"에 따르면 수의계약 안내공고 및 계약의 집행에 관한 사항은 "제11장 입찰유의서"를 준용하고, 견적서 제출자의 무효에 관하여는 같은 법 시행규칙 제42조를 준용한다고 규정하고 있으므로, 지역 업체 해당 여부는 입찰과 동일한 기준으로 판단함 • 지역제한 입찰에 있어서 입찰참가자의 법인등기사항증명서상 소재지 변경 시점에 관하여는 등기 관련 법령에 따라 판단하여야 할 것이며, 입찰공고일 전일을 기준으로 입찰참가자의 법인등기사항증명서상 소재지가 변경되지 아니한 경우라면 위의 규정에 따라 해당 입찰참가자의 입찰은 무효에 해당할 것임
행안부	회계제도과-3893, 2016. 7. 27

84	적격심사

제 목	**동일한 종류의 공사실적이란?**
질 의	입찰공고일 기준 최근 10년 이내에 국가, 지방자치단체, 정부투자기관 및 출연기관에서 발주한 단일공사로서 하수관거, 우·오수관거 또는 차집관로공사(하수종말처리장사업과 연계된 복합공정의 경우 차집관로만 인정하고 구획정리, 농공 및 산업단지조성, 택지개발공사와 연계된 하수 및 우·오수관거는 제외)로서 관경 φ250mm 이상 연장 20km 이상 준공실적이 있는 업체상기와 같은 제한은 사실상 공사내용이 동일함에도 불구하고 특정한 명칭의 공사실적이 있는 자로 제한하여 유사한 종류의 공사실적이 있는 자의 입찰참가 기회를 제한하는 사례에 해당하는 것은 아닌지요?
회 신	• 지방자치단체를 당사자로 하는 계약에 관한 법률 시행령 제20조에 의거 경쟁참가자의 자격을 제한하고자 할 때에는 입찰공고에 그 제한사항과 제한기준을 명시하도록 규정되어 있으며, • 이 경우 "당해 공사와 동일한 종류의 공사실적"을 인정받도록 하고 있는바, 귀 질의와 같이 하수관거가 현재 발주하는 하수관거와 실질적으로 같은 실적에 해당하는지 여부(사실 확인)에 따라 실적인정 유·무를 판단해야 함. 예) 농공단지 및 산업단지와 연계된 하수관거가 현재 발주하는 하수관거와 동일하다면 실적인정이 가능함
행안부	공통교재 2012

85	적격심사
제 목	시공 중인 장기계속공사(계속비 공사)의 실적인정
질 의	• 지방자치단체에서 「인도교 가설공사」를 발주하면서 경간장 30m 및 3m 이상의 스틸박스교량 시공실적이 있는 자로 참가자격을 제한했는데, • 적격심사 해당업체에서 「도로 확·포장공사」의 3차분에 포함된 스틸박스 교량공사 실적을 제출했는데 동 공사는 장기계속공사로서 1차, 2차, 3차분까지는 준공이 되었고 현재 4차분 공사가 진행 중에 있으며, 2차분 및 3차분 공사의 공정을 보면 대교 공정이 있는 바, 동 공사는 연장이 300m로서 하부공(교대2기, 교각5기)은 기완료되었고, 상부공은 강교 제작, 강교 거치만 완료된 상태로서 슬러브, 난간 등은 현재 4차분 공사에서 시공 중에 있음. 이 업체에서 제출한 교량실적을 동일한 종류의 공사실적으로 인정할 수 있는지 여부
회 신	• 지방자치단체 시설공사 적격심사세부기준 <별표 1>의 규정에 따르면, 『장기계속공사의 실적인정 방법은 원칙적으로 전체 공사(총공사)가 준공되어야 실적으로 인정하되, 공사계약 일반조건(회계예 규)의 규정에 따라 발주기관에서 인수하여 사용 관리 중인 시설물에 대하여는 예외적으로 실적으로 인정한다』고 규정하고 있음.
행안부	공통교재 2012

86	적격심사
제 목	시설공사 적격심사에서 법인이 합병된 경우 적격심사 방법
질 의	질의 1) 합병된 업체가 상법상 법인등기 사항만으로 해당 면허에 대한 합병 신고 및 수리 없이 입찰에 참가할 수 있는지 여부 질의 2) 건설산업기본법령상 신고 및 수리가 되지 않은 업체가 면허, 실적, 경영상태 등의 승계가 이루어지지 않은 상태에서 관련협회에서 합병된 새로운 회사의 평가 자료가 발급되지 않는 바, 이 경우 적격심사 평가는 어떻게 이루어지는지
회 신	질의 1에 대하여) • 「지방계약법 시행령」 제13조 제1항 제1호에 따라 다른 법령에 따라 허가·인가·면허·등록·신고 등을 하였거나 해당 자격요건에 적합한 자는 입찰에 참가할 수 있으며, • 행정자치부 예규 「지방자치단체 입찰 및 계약집행기준」 제11장 입찰유의서에 따르면 입찰 전에 상호 또는 법인의 명칭, 대표자의 성명이 변경(법인은 법인등기부를 기준으로 한다)된 자는 그 사항을 변경등록하고 입찰에 참가하도록 규정하고 있음 • 따라서, 건설업자가 법인의 합병 등으로 등기부를 변경 등록한 경우에는 「건설산업기본법」에 따른 해당 건설업 면허가 신고 및 수리 중에 있더라도 「지방계약법 시행령」 제13조의 참가 자격을 갖추고 있는 자라면 입찰 참여가 가능함 질의 2에 대하여) 동 질의 경우는 기 답변한 바와 같이, 법인의 합병 시 면허, 실적, 경영상태 등

	의 확인은 관련법령에 따라 관계기관, 관련협의 등이 행한 문서 사본으로 확인하는 사항이라고 회신한 바 있음
행안부	재정관리과–2123, 2014. 6. 12

📝 적격심사

87	
제 목	**석면철거공사의 적격심사 기준**
질 의	석면해체 · 제거업만으로 발주한 "○○○○ 석면철거공사"의 적격심사를 「추정가격 10억 원 미만 3억 원 이상(그 밖의 다른 법령에 따른 공사는 3억 원 미만 1억 원 이상)인 입찰공사평가기준」으로 평가한다고 명시하여 "석면 해체 · 제거업 관련 협회가 없거나 관련협회에서 실적관리를 하지 않는 공사업종"으로 보아 경영상태평가를 종합평가방법으로 평가한 경우 적합한지 여부?
회 신	• 「지방자치단체 입찰 시 낙찰자 결정기준」 제2장 시설공사 적격심사 세부기준 <별표3> "Ⅰ-1"에 따르면 경영상태 평가는 공사규모별 경영상태평가표에 따르되, "재무비율 평가방법", "신용평가방법" 및 "종합평가방법(재무비율과 신용평가등급으로 각각 평가한 점수를 3:7의 비율로 합산하는 평가방법)" 중에서 적격심사 대상자(공동수급체는 각 구성원)가 선택한 방법으로 평가함. 다만, 추정가격이 100억 원 이상인 공사와 관련협회가 없거나 관련협회에서 실적관리를 하지 않는 공사업종의 경영 상태는 종합평가방법으로 평가하고, 비영리법인은 신용평가방법으로 평가한다고 규정하고 있음 • 따라서 공사에 해당하는 경우로서 평가대상 업종이 관련 법령에 따라 실적관리를 하는 관련협회가 있다 하더라도 관련협회에서 실적관리를 하지 아니하는 경우라면 해당 업종의 경영상태 평가는 종합평가방법으로 평가해야 함
행안부	회계제도과–3773, 2016. 7. 20

📝 적격심사

88	
제 목	**적격심사 신용평가방법**
질 의	지방자치단체에서 시행하는 공사입찰과 관련하여 시설공사 적격심사 대상자가 제출한 신용평가등급의 평가일이 입찰공고일 이후인 경우에 이를 근거로 적격심사를 할 수 있는지 여부?
회 신	• 지방자치단체가 실시하는 공사의 적격심사에 있어서 경영상태 평가 시 신용평가등급에 의하는 경우에는 「지방자치단체 입찰 시 낙찰자 결정기준」 제2장 시설공사 적격심사 세부기준 <별표 3> "Ⅲ-1"에 따라 「신용정보의 이용 및 보호에 관한 법률」 제4조 제1항 제1호 또는 「자본시장과 금융투자업에 관한 법률」 제9조 제26항의 업무를 영위하는 신용정보업자가 입찰공고일 전일기준 최근 1년 이내에 평가한 회사채 · 기업어음에 대한 신용평가등급이나 기업신용평가등급으로 유효기간 안에 있는 가장 최근의 신용평가등급으로 평가하도록 규정하고 있음

	• 질의와 관련하여 적격심사 대상자가 동 기준에 따라 행정자치부 장관이 지정한 신용정보업자로부터 입찰공고일 이후에 신용평가등급을 받아 신용평가등급확인서를 제출한 경우라면 적격심사서류로 인정할 수 없음
행안부	회계제도과–1981, 2016. 4. 25

89	적격심사

제 목	**시설공사 적격심사 시 실적인정 기준**
질 의	시설공사 입찰적격심사 시 1순위 업체가 5년간의 공사 실적을 협회 발급 실적과 협회 신고 누락(연도 내 일부 누락)된 실적을 발주기관 실적증명서로 제출한 경우 ※ 협회 발급실적 중 누락실적은 '11년 1건, '13년 1건 - 실적인정 시 협회 실적만 인정해야 하는지, 신고 누락된 발주기관 실적도 합산해서 인정해야 하는지?
회 신	• 지방계약 예규 지방자치단체 입찰 시 낙찰자 결정기준 제2장 시설공사 적격심사 세부기준 <별표 1>에 따르면 최근 3년간(5년간) 업종별 실적(누계금액) 인정 시 관련협회가 있으나 실적 신고를 하지 않은 경우, - 연도단위별로 관련협회 신고실적과 미신고실적이 혼재한 업체는 관련협회 증명서의 실적과 직접 발급받은 실적을 합산하도록 규정하고 있음 - 다만, 동 기준 단서에 따르면 1회계연도 내의 실적에 누락신고분이 있는 업체는 관련협회에서 발급하는 실적증명서만으로 평가토록 규정하고 있음 • 따라서, 입찰자가 제출한 실적 중 1회계연도 내 실적에 누락신고분이 있는 경우라면 발주기관에서 발급받은 실적을 합산하지 않고 관련협회에서 발급하는 실적증명서만으로 평가함
행안부	재정관리과–1267, 2015. 4. 1

90	적격심사

제 목	**주계약자 공동도급 적격심사 평가기준**
질 의	주계약자 관리 방식에 따른 공사 입찰과 관련하여 적격심사 시 「지방자치단체 입찰시 낙찰자 결정기준」 제2장 '시설공사 적격심사 세부기준' 제3절 "1-사-3)" 규정이 적용 가능한지 여부
회 신	• 「지방자치단체 입찰 및 계약 집행기준」 제8장 '주계약자 공동도급 운영요령' 제3절을 낙찰자 결정기준에 대해 규정하고 있는 바, "1-나"는 각 심사항목별 평가는 공동 수급체 구성원 각각의 점수에 시공비율을 곱하여 평가함을 원칙으로 한다고 규정하고 있고, "1-라"는 그밖의 낙찰자 결정기준에 관련하여 「지방자치단체 입찰 시 낙찰자 결정 기준」 제2장 '시설공사 적격심사 세부기준' 제4절부터 제10절까지를 준용하고 그 밖에 여기에서 정하지 아니한 사항에 대해서도 '시설공사 적격심사 세부기준'을 준용한다고 규정하고 있음

	• 질의와 관련하여, 주계약자 관리 방식 입찰의 경우 입찰공고에 명시된 각 구성원의 시공비율에 따라 평가하는 것이 원칙이나, 다만, 건설산업기본법령의 적용을 받는 추정가격 30억 원 이상의 종합공사의 경우라면 '시설공사 적격심사 세부기준' 제3절 "1-사-3)" 규정을 준용하여 각 구성원의 시공비율에 입찰금액(복합 업종은 평가대상 업종별로 입찰금액에 해당 공사 추정가격 대비 평가대상 업종별 추정가격의 비율을 곱한 금액)을 곱한 금액이 시공능력평가액을 초과하는 구성원의 시공비율은 시공능력평가액에 해당하는 시공비율만 인정하여 평가하고 잔여 시공비율은 다른 구성원에게 배분하지 아니하여야 할 것으로 판단됨 - 다만, 건설산업기본법령의 적용을 받는 건설공사로서 지역의무공동도급의 경우라면 지역업체(대표자 포함)의 시공비율은 '시설공사 적격심사 세부기준' 제3절 "1-사-3)" 규정을 준용하여 시공능력평가액의 3배의 범위 안에서 시공비율만큼 인정하여야 할 것으로 판단됨
행자부	재정관리과-4306, 2014. 11. 4

제 목	시설공사 적격심사 시 시공실적 평가 적용 기준
질 의	**사실관계** • 입찰 개요 - 입찰공고명 : 초남분구 하수관거 정비사업 - 입찰참가자격 : 최근 10년 이내 단일 건 공사로서 하수관거(오수관로 주관로), 차집관거공사(하수종말처리장 사업과 연계된 복합공정은 차집관거 물량만 인정)에서 총연장 4.2km(D150mm) 이상을 준공한 실적이 있는 업체 • 발주기관 의견 1순위 업체의 실적은 입찰참가자격에서 정한 4.2km의 실적을 상회하므로 인정 가능 ※ 1순위업체 실적 A민간업체 : 오수관로 6.1km / A민간업체 : 오수관로 4.9km / C자치단체 : 오수관로 3.5km + 오수연결관 2.5km = 6km • 2순위 등 후순위 업체 주장 하수관로의 실적을 '오수관로 주관로' 실적으로 인정한다고 공고하였으므로 오수연결관은 주관로에 해당되지 않아 부적격 처리하여야 함 ※ 후순위 업체가 위와 같이 주장하고 있는 바 시설공사 적격심사 시 공사실적(동일 실적) 인정범위에 대한 해석?
회 신	• 「지방자치단체 입찰 시 낙찰자 결정기준」 제2장 시설공사 적격심사 세부기준 <별지 1> 주1)에 따라 최근 10년간 해당 공사와 동일한 종류의 공사실적평가의 경우 '동일한 종류의 공사실적 인정범위'는 - 발주기관이 발주하는 공사와 공사내용이 실질적으로 동일한 종류의 실질적으로 준공이 완료된 공사실적(규모·양)을 말하며, - 실적인정 범위는 입찰공고에 구체적으로 명시하도록 규정하고 있음

- 또한 동 기준 〈별표 1〉 "Ⅰ"에서 정한 바와 같이 동일한 종류의 공사실적규모 인정은 1건의 동일한 용도의 단위구조물("계약집행기준" 제1장 제1절의 동일구조물을 말한다. 이하 같다)로서 해당 공사의 인정기준규모에 해당되는 경우에만 실적으로 인정하며, 이 경우 1건이란 시공실적 인정기준에 부합되는 동일구조물을 말한다고 규정하고 있음
- 따라서, 동일 실적 인정 여부는 발주기관이 입찰공고에서 명시한 실적 인정 범위에 따라 판단할 사항임

행자부	재정관리과–3047, 2014. 8. 18

92	적격심사
제 목	**적격심사 경영상태 평가 시 합병한 업체 판단근거**
질 의	시설공사 적격심사 기준에서 정한 경영상태 평가의 "합병한 업체 판단근거"를 「건설산업기본법」에 따른 신고 및 수리의 완료 여부로 볼 수 있는지
회 신	• 지방자치단체가 실시하는 시설공사 적격심사에 있어서 계약 담당자는 「지방계약법 시행령」 제42조 제2항에 따라 해당 입찰자의 재무상태 등을 행정자치부 장관이 정하는 심사기준에 따라 적격 여부를 심사하며, 신용평가는 「지방자치단체 입찰 시 낙찰자 결정기준」 제2장 시설공사 적격심사 세부기준 〈별표 3〉 "Ⅲ-1"에 따라 입찰공고일 기준 최근 1년 이내에 평가한 신용평가등급으로 유효기간 안에 있는 가장 최근의 신용평가등급으로 평가하고, 합병한 업체는 동 기준 〈별표 3〉 "Ⅲ-2"에 따라 합병 후 새로운 신용평가등급으로 평가하며, 그 전까지는 합병대상업체(합병으로 존속하거나 소멸하는 업체) 중 가장 낮은 업체의 신용평가등급을 적용한다고 재차 회신한 바 있음 • 또한, 경영상태 평가 시 '합병한 업체'의 판단은 법인등기사항증명서, 허가·면허·등록·신고 등의 확인은 관련법령에 따라 관계기관·관련협회 등이 행한 문서로 확인하는 사항이라고 기 답변한 사항임
행안부	재정관리과–1557, 2014. 4. 28

93	적격심사
제 목	**위탁관리용역 발주 시 유사용역 인정 범위**
질 의	공동구 유지관리용역 발주 시 터널 및 지하차도 유지관리용역 실적을 유사용역으로 인정할 수 있는지 여부? - 공동구 유지관리용역: 전력, 통신, 수도, 난방, 가스 등의 시설물을 지하의 일정 공간에 공동으로 수용하여 굴착 등의 도로시설 훼손 없이 유지 관리하는 용역 - 터널 유지관리용역: 차량 통행을 목적으로 조명 교체, 청소, 소규모 보수 등에 대하여 유지 관리하는 용역
회 신	• 지방자치단체가 시행하는 기술용역(엔지니어링산업 진흥법령, 건설기술관리법령, 건축사법, 전기·정보통신·소방 및 그밖의 다른 법령에 따른 기술

용역 등) 입찰에 있어서 낙찰자 결정은 「지방계약법 시행령」 제42조 제2항 및 「지방자치단체 입찰시 낙찰자 결정기준」 제3장 '기술용역 적격심사 세부기준'에 따르며,

- 이 경우 용역수행능력분야의 이행실적 평가는 사업수행능력평가(P.Q)를 하지 않는 기술용역으로서 추정가격 2억 원 이상 용역은 최근 10년간 동일 종류의 용역실적 인정 범위와 인정 규모에 해당하는 용역실적 합계로 평가하고, 추정가격 2억 원 미만 용역은 최근 3년간 동일한 평가대상 용역실적 금액의 합계로 평가하며, 사업수행능력평가(P.Q)를 하는 기술용역은 엔지니어링산업 진흥법령, 건설기술 진흥법령 등 관련법령에 따른 사업수행능력 평가점수를 환산 적용하고 있음
- 질의와 관련하여 발주하는 용역이 사업수행능력평가(P.Q)를 하지 않는 기술용역이라면 동일한 종류의 용역 이행실적으로 평가하고, 사업수행능력평가(P.Q)를 하는 기술용역의 실적 인정 범위는 해당 사업수행능력평가(P.Q) 관련법령의 소관부처에 문의하여야 함
- 참고적으로, 사업수행능력평가(P.Q)를 하지 않는 기술용역의 경력기술자를 평가함에 있어 경력기술자는 초급기술자 이상 기술자로서 해당 용역과 동일하거나 유사한 종류(준공금액 5천만 원 이상)의 기술용역에 3년 이상 종사한 기술자로 평가하며,
  - 이 경우 유사한 종류의 기술용역은 해당 입찰대상 용역과 동일한 종류의 용역으로서 규모, 난이도 등이 해당 계약목적물 미만인 용역으로 판단되며, 구체적이 유사용역 실적에 대한 인정 범위에 대하여는 발주기관에서 해당 용역의 시설물의 종류, 규모, 난이도, 과업 내용을 종합적으로 검토하여 판단할 사항임

| 행안부 | 회계제도과-1229, 2016. 3. 18 |

| 94 | 적격심사 |

제 목	추정가격 5억 원 미만인 P.Q 대상 기술용역 경영상태 평가 방법
질 의	기술 관련법령에 따라 사업수행능력평가(P.Q)를 하는 기술용역으로서 추정가격 2억 원 미만 기술용역의 경영상태 평가 방법은?
회 신	• 지방자치단체가 실시하는 기술용역 적격심사에 있어서 경영상태 평가방법은 「지방자치단체 입찰 시 낙찰자 결정기준」 제3장 '기술용역 적격심사 세부기준' <별지> "2-가"에 따라 용역 규모별 경영상태평가표에 따른 "종합평가방법"(재무비율과 신용평가등급으로 각각 평가하여 3:7의 비율로 합산하여 평가하는 방법을 말한다)으로 평가함 - 다만, 추정가격 2억 원 미만 기술용역과 사업수행능력평가(P.Q) 대상이 아닌 재난복구 기술용역은 입찰자(공동수급체는 각 구성원)가 선택한 방법으로 평가하고, 비영리법인은 신용평가법으로 평가하도록 규정하고 있음 • 질의와 관련하여 추정가격 2억 원 미만 사업수행능력평가(P.Q) 대상 기술용역의 경영상태 평가방법은 지역 중소업체의 입찰참가 확대를 위하여 입찰자(공동수급체는 각 구성원)가 선택한 방법으로 평가함
행안부	회계제도과-3583, 2015. 11. 10

95	적격심사

제 목	기술용역 적격심사 시 허위서류 판단 기준
질 의	사업수행능력 평가를 거쳐 가격입찰 공고 후 개찰 1순위 업체를 대상으로 적격심사 중 적격심사대상자가 사업수행능력 평가 시 제출한 서류 중 참여 기술자에 대한 업무중복도 관련 자료를 누락하였으나, 참여기술자의 업무중복도를 적용하여도 PQ 결과에 영향을 미치지 않는 경우에 심사서류 부정·허위 제출자에 해당되므로 낙찰자 결정대상에서 제외하여야 하는지? 대전광역시 건설기술용역업체 사업수행능력 세부평가기준 제5조(평가서류 확인) ⑤ 평가위원회 위원장은 제4항에 오류, 누락사항 등으로 평점에 영향을 줄 수 있는 사항을 보고받은 경우 해당 기술자(사업책임기술자 또는 분야별 책임기술자)의 업무중복도 평가점수를 0점 처리한다.
회 신	• 「지방자치단체 입찰 시 낙찰자 결정기준」 제3장 '기술용역 적격심사 세부기준' 제9절 "1-가"에 따라 적격심사서류와 "해당 용역 수행능력평가(감리용역은 책임감리전문회사 선정평가서)"에 필요한 제출서류를 부정하게 행사하거나 위조·변조·허위 작성된 서류가 포함된 것으로 판명된 자(공동수급체는 각 구성원을 말한다)는 계약체결 이전에는 낙찰자 결정대상에서 제외하거나 낙찰자 결정 통보를 취소하도록 규정한바, • 질의와 관련하여 적격심사 대상자가 적격심사서류와 해당 용역 수행능력평가에 필요한 서류를 사실과 다르게 작성하여 제출하였다면 사업수행능력평가 평점에 영향을 미치지 않는다 하더라도 심사서류의 부정·허위 제출자에 해당되어 낙찰자 결정대사에서 제외하는 것이 타당할 것이며, 사실관계는 해당용역 제출서류, 사업수행능력 평가내용 및 평가상황 등을 고려하여 확인할 사항임
행자부	회계제도과-3262, 2015. 10. 22

96	적격심사

제 목	적격심사 실적인정 시 부가가치세 포함 여부
질 의	지방자치단체에서 발주하는 추정가격이 2억 원 미만 1억 원 이상 기술용역 적격심사에서 이행실적을 평가하는 경우 업체의 이행실적에서 부가가치세를 제외한 공급가액으로만 평가해야 하는지 여부
회 신	• 「지방자치단체 입찰 시 낙찰자 결정기준」 제3장 기술용역 적격심사 세부기준 "<별표 2> [사업수행능력 평가(P.Q)를 하지 않는 기술용역] 4. 추정가격이 2억 원 미만 1억 원 이상인 기술용역이 평가기준"에서 "실적증명 방법이 관여하는 시설공사 적격심사 세부기준 1-2를 준용하고 관급·지급자재 금액을 제외한다."로 규정하고 있는 바, 업체의 이행실적은 부가가치세를 포함하여 평가함
행안부	회계제도과-432, 2015. 6. 15

97	적격심사

제 목	시설공사 적격심사 시 민간실적 인정 및 허위실적 해당 여부
질 의	**관련 사실관계** • 산림토목공사 입찰에서 1순위 업체("C")가 제출한 산림사업 수행실적 평가 관련 　- "A"가 주기장* 건설을 위하여 해당 관청에서 산지전용허가를 받아 일반건설업차 "B"와 "주기장 건설공사" 도급계약 체결, "B"는 산림토목업자 "C"와 산지복구공사 하도급 계약체결 　　* 건축법 시행령에 따른 "자동차 관련 시설" (건설기계를 세워두는 곳) 　- 산지복구 공사를 시행하고자 할 경우에는 산지관리법령*에 따라 산림훼손에 대한 복구 설계내역을 작성해서 해당 관청에 설계승인을 받아 시공하도록 규정하고 있으나, 　- "A", "B", "C" 모두 설계승인 및 복구 준공검사를 받지 않음 　　* 산지관리법 제39조, 제40조, 제42조, 같은 법 시행령 제48조, 같은 법 시행규칙 제43조 　　※ 적격심사 서류 제출 당시 "주기장 건설공사"는 시공 중인 상태 질의 1) 적격심사에서 "C"가 제출한 "산림사업수행 실적증명서"를 민간실적으로 인정할 수 있는지 여부 질의 2) 산지복구 설계승인 및 준공승인 절차 없이 하도급 업체 "C"가 원도급 업체 "B"로부터 발급받은 "시공실적증명서"는 허위에 해당되는지 여부
회 신	• 행정자치부 예규 지방자치단체 입찰 시 낙찰자 결정기준 제2장 시설공사 적격 심사 세부기준 "<별표 1> II-3-가"에서는 최근 3년간 업종별 실적(누계금액)으로 평가할 경우 산림토목공사 실적은 "관련협회가 없거나 협회가 있어도 실적관리를 하지 않는 경우"에 해당함 　- 이와 같은 경우에는 입찰공고일을 기준으로 최근 3년 이내에 준공이 완료된 동일 업종별 실적 누계금액으로 평가하며, 발주기관으로부터 직접 발급받은 실적으로 평가하도록 규정하고 있음 • 따라서 산지관리법령의 절차에 따라 산지전용허가를 받은 자는 복구 설계서 승인 및 복구 준공검사를 받도록 하고 있으나, 해당 절차를 거치지 않았다면 실적인정이 곤란함 • 또한, 준공검사를 받지 아니하고 받은 것처럼 실적증명서를 제출하였다면 허위실적에 해당하며, 산지관리법령의 절차에 따라 준공을 받지 않았는지 여부에 대해서는 제반서류 확인을 통하여 해당 관청에 확인할 사항임
행자부	재정관리과-854, 2014. 3. 11

98	적격심사

제 목	물품 적격심사 기준(경영상태 평가)
질 의	「지방자치단체 입찰 및 계약 집행기준」 제4장 물품 적격심사 세부기준에 따라 경영상태 평가를함에 있어 평가기준일을 등급평가일이 아닌 재무결산일로 볼

	수 있는지 여부?
회 신	• 「지방자치단체 입찰 및 계약 집행기준」 제4장 물품 적격심사 세부기준 <별표 1> "1-다"의 "주1)" 따르면 신용평가등급에 의한 경영상태 평가는 「신용정보의 이용 및 보호에 관한 법률」 제4조 제1항 제1호 또는 「자본시장과 금융투자업에 관한 법률」 제9조 제26항의 업무를 영위하는 신용정보업자가 입찰공고일 전일 기준 최근 1년 이내에 평가한 회사채·기업어음에 대한 신용평가등급이나 기업신용평가등급으로 유효기간 안에 있는 가장 최근의 신용평가등급으로 평가한다고 규정한바, - 신용평가등급 평가일이 입찰공고일 전일 기준 최근 1년 이내에 있어야 하며 유효기간이 만료되지 아니하여야 유효한 심사서류로 인정할 수 있을 것임
행안부	회계제도과-4224, 2016. 8. 12

99	적격심사
제 목	지방자치단체 「물품 적격심사 세부기준」 이행실적 평가 방법
질 의	△△자치단체와 물품계약을 체결하여 이행 중인 A업체(계약금액 297백만 원, 납품 진행 중)와 A업체에게 그 물품을 유통·공급한 B업체(계약금액 561백만 원, 납품 완료)가 동일한 입찰에 동시 참여하였으나, - A업체는 납품이 완료되지 아니하여 물품실적증명서를 발급받을 수 없는 경우에 B업체의 실적인정 금액은 A업체와 △△자치단체와의 계약금액 범위 내 이행금액인지, 아니면 B업체와 A업체 간의 민간거래 실적금액인지 여부?
회 신	• 물품 적격심사의 이행실적 평가는 「지방자치단체 입찰 시 낙찰자 결정기준」 제4장 물품 적격심사 세부기준 제2절 "3-가"에 따라 최근 3년 이내 이행실적(실적누계금액)으로 평가함을 원칙으로 하되, 최근 10년 이내 동일한 종류의 물품 이행실적으로 평가하는 경우에는 평가기준규모 대비 동일한 종류의 납품이 완료된 실적의 비율에 해당하는 등급으로 평가하며, - <별표 1> "1-가-주6)"에 따라 국내 소재업체 이행실적은 해당 물품을 공공기관에 이행한 실적증명서를 제출하여야 하나, 공공기관 이외의 이행실적은 원본이 확인된 해당 물품의 계약서, 세금계산서, 거래명세서, 검사·검수, 대금지급서류 사본 등 증빙자료를 실적증명서에 첨부해야 하며 실적 입증의 책임은 적격심사대상자에게 있다고 규정하고 있음 • 따라서 A업체는 납품이 완료되지 아니하여 납품실적으로 인정할 수 없는 것이나, B업체의 경우는 A업체와 계약하여 납품 완료된 금액을 민간거래 실적으로 인정할 수 있을 것임
행자부	회계제도과-3905, 2016. 7. 27

100	적격심사
제 목	물품 적격심사 세부기준 중 이행실적 판단 기준
질 의	지방자치단체에서 시행하는 물품입찰에 있어서 최종 계약이행자(C)는 입찰에

	참여하지 않았으나 중간 유통단계에 참여한 업체들(A, B)이 본 입찰에 참여하였을 경우 동일 실적에 대하여 A의 B에 대한 납품실적과 B의 C에 대한 납품실적을 모두 인정하여야 하는지, 아니면 B의 실적만 인정하여야 하는지 여부? - 만일, A의 납품실적을 인정하지 아니하여 적격심사에 통과하지 아니하여 차순위자인 B를 대상으로 적격심사를 하였으나 B가 제출한 실적이 A의 납품실적과 동일한 실적이 아닌 별개의 실적을 제출하였을 경우, 다시 A사의 실적을 인정하여 적격심사를 할 수 있는지 여부?
회 신	• 「지방자치단체 입찰 시 낙찰자 결정기준」 제4장 물품 적격심사 세부기준 <별표 1> "1-가"의 주5)에 따라 동일한 발주기관(발주자)에 납품·설치된 동일 물품의 실적에 대해서는 발주기관 등과 계약체결·이행한 자의 실적으로 보며 유통·공급 등을 한자와 중복하여 실적을 인정하지 아니함. 다만, 해당 입찰에 그 계약체결·이행한 자(계약 상대자)가 참여하지 아니한 경우로서 유통·공급 등을 한 자만 참여하였을 경우에는 유통·공급 등을 한 자의 실적도 인정함 • 질의와 관련하여 동일한 발주기관(발주자)에 납품·설치된 동일 물품의 실적에 있어서 발주기관 등과 계약체결·이행한 자는 입찰에 참여하지 아니하고 중간 유통단계에 참여한 업체들이 함께 입찰에 참여한 경우라면 유통단계에 납품한 자들의 민간실적으로 인정함
행자부	회계제도과-2238, 2016. 5. 10

101	📋 적격심사

제 목	공제조합에서 발급한 신용평가등급확인서 인정 기준
질 의	물품제조계약 적격심사 항목 중 경영상태 평가 시 적격심사 대상 업체가 제출한 서류 중 대한설비건설공제조합에서 발행한 신용평가등급확인서로 평가가 가능한지 여부?
회 신	• 지방자치단체 입찰 시 낙찰자결정기준 제4장 물품 적격심사 세부기준 제2절 "3-나"에 따라 경영상태 평가는 「신용정보의 이용 및 보호에 관한 법률」 제4조 제1항 제1호 또는 「자본시장과 금융투자업에 관한 법률」 제9조 제26항의 업무를 영위하는 정보업자가 입찰공고일 전일기준 최근 1년 이내에 평가한 회사채·기업어음에 대한 신용평가등급이나 기업신용평가등급으로 유효기간 안에 있는 가장 최근의 신용평가등급으로 평가하며, - 이 경우 "3-다"에 따라 행정자치부 장관이 지정하거나 등재한 신용정보업자가 발급하는 신용평가등급확인서 또는 관련협회 등에서 발급하는 확인서로 평가해야 함 • 질의와 관련하여 대한설비건설공제조합 등은 행정자치부 장관이 지정하거나 등재한 신용정보업자에 해당하지 아니하며 관련협회에도 해당하지 아니하므로 공제조합 등에서 발급하는 신용평가등급확인서로는 경영상태를 평가하지 아니함
행안부	회계제도과-2071, 2015. 8. 28

102	적격심사

제 목	물품 적격심사 실적 평가 기준
질 의	• 가스히트펌프(GHP) 냉난방기 구매를 위한 물품 적격심사에서 이행실적 평가 시 가스히트펌프(GHP) 냉난방기 납품실적을 유사실적으로 인정할 수 있는 지 여부 • 발주 내역서상 실내기, 실외기, 분배기 등 10여 종의 품목 중 20% 이상을 차지하는 것은 실외기뿐이나 업체가 제출한 납품실적은 실외기를 제외한 다른 품목의 실적만 있는 경우 실적으로 인정할 수 있는지 여부
회 신	• 「지방자치단체 입찰 시 낙찰자 결정기준」 제4장 「물품 적격심사 세부기준」 <별표 2> 1-가의 주1)과 주2)에 따라 유사물품이란 해당 입찰대상 물품과 동일한 종류로 성능·품질 등이 동등 미만인 물품을 말하며, 입찰공고·규격서 등에 명시한 성능·품질 등의 조건과 부합되는 경우에만 평가하는 바, 발주기관에서 입찰공고·규격서 등에 명시한 성능·품질 등의 조건을 종합적으로 검토하여 유사실적 인정 여부를 결정하여야 할 것임 • 또한, 상기의 기준에 따라 물품 납품이행능력은 계약목적물과 동등 이상 물품 이행실적과 계약목적물과 유사물품이 이행실적을 각각 평가하여 합산 적용하되 이행실적 배점한도를 초과할 수 없으며, 평가대상 품목이 많거나 규격별 비율이 낮아 평가가 곤란한 경우에는 주 품목 또는 평가대상 품목을 입찰공고에 명시하여 평가할 수 있고, 입찰공고에 평가대상을 명시하지 아니한 경우에는 비율이 20% 이상인 품목 3종으로, 없으면 높은 비율 순으로 5개 이내 품목으로 평가함 • 따라서, 질의의 경우 평가대상 품목을 입찰공고에 명시하지 않았고 비율이 20% 이상인 품목이 1개뿐인 경우라면 전체 품목 중 높은 비율 순으로 5개 이내에서 품목을 정하여 동등 이상 물품 이행실적과 유사물품이 이행실적을 각각 평가하여 합산한 후 다른 항목의 평가점수를 더해 적격통과 점수 이상이면 낙찰자로 선정할 수 있음
행안부	재정관리과-1948, 2015. 5. 15

103	적격심사

제 목	양도·수 계약 시 양수업체 실적 인정 범위
질 의	물품구매 입찰에서 적격심사 1순위 업체가 다른 업체의 사업을 양수했을 경우 양도업체에 물품이행 실적을 양수업체의 실적으로 인정할 수 있는지 여부
회 신	• 질의와 관련하여, 「지방자치단체 입찰 시 낙찰자 결정기준」 제4장 '물품 적격심사 세부기준'에서는 사업 양수·양도 시 실적의 승계에 관해 규정하고 있지 않으나, - 사업 양수·양도에 따라 양도업체의 관리·의무가 양수업체에 포괄적으로 승계된 경우라면 해당 사업과 관련한 양도업체의 실적을 양수업체의 실적으로 인정할 수 있을 것으로 판단됨
행안부	재정관리과-4474, 2014. 11. 12

104	적격심사
제 목	기술인력 보유 점수 적용 가능 여부
질 의	• '지방자치단체 입찰 시 낙찰자 결정기준의 물품 적격심사 세부기준에 기술능력 평가기준에 따른 정보통신기술자로 인정한 등급 및 학력·경력 등에 관한 증명서*를 보유한 경우에도 산업기사(기능사)에 준하여 기술인력 보유 점수를 적용할 수 있는지 여부 * 정보통신공사업법 시행령 제39조에 따른 정보통신기술자로 인정한 등급 및 경력에 관한 증명서("경력수첩"이라함) • 일반경력자로 적용하는 경우 그 인정 범위

회 신	• (질의1 답변) 지방자치단체가 실시하는 물품 적격심사에 있어서 기술인력 보유 평가기준은 「지방자치단체 입찰 시 낙찰자 결정기준」 제4장 물품 적격심사 세부기준 <별표 1> "1-나-주2)"에 따라 국가기술자격법에 따른 기술·기능분야의 기술사, 기능장, 기사, 산업기사, 기능사 및 일반경력자(3년 이상)에 대하여서만 평가하도록 규정하고 있음
	  ※ 기술사·기능장(1인당) : 2.0점, 기사·산업기사 : 1.5점, 기능사 1.0점, 일반 경력자 0.5점
	• (질의2 답변) 일반경력자는 국가기술자격법에 따른 기술자는 아니나 근무 회사에 관계없이 계약목적물의 제조·제작에 3년 이상 종사한 생산직 근로자에 대하여 점수(1인당 0.5점)를 부여하고 있음
	  - 참고로, 동 기준 <별표 1> "1-나-주3)"에 따라 일반경력자 경력증명서 및 4대 보험(고용보험·산재보험·국민건강보험·국민연금) 등 최근 6개월 이상 근무(고용) 사실을 입증하는 자료를 제출하도록 규정하고 있음

행자부	재정관리과-146, 2014. 1. 13

105	낙찰자 선정
제 목	협상계약에서 배점한도 적용 적법성 여부
질 의	"○○ 제조 구매"를 협상에 의한 계약으로 추진하면서 기획재정부 장관과 협의하지 아니하고 발주처 자체 임의대로 특정 항목의 배점한도를 10점을 초과하여 입찰 공고하여도 적법한지?
회 신	협상에 의한 계약으로 낙찰자를 결정함에 있어 계약예규 「협상에 의한 계약 체결기준」 제7조 제2항에 의하여 평가항목이 아닌 분야별로 기술능력평가(80점)와 입찰가격평가(20점)의 각 배점한도를 10점의 범위를 초과하여 가·감조정할 때 기획재정부 장관과 협의하여야 하는 것입니다. 이 경우 기술능력 분야의 평가항목에 대하여는 추가하거나 제외할 수 있는 것이며, 각 항목의 배점한도는 동 예규 [별표] '제안서의 평가항목 및 배점한도'의 비고란에 따라 30점을 초과하지 못하는 것입니다. 따라서 귀 질의의 발주처의 입찰공고에서 적시한 특정 항목의 배점한도는 30점을 초과하지 않으므로 관계규정에 부합한 것임.
조달청	규제개혁법무담당관-3816, 2010. 08. 12

106	낙찰자 선정
제 목	**계약체결 가능 여부**
질 의	물품구매입찰에서 참가업체가 입찰공고문상의 입찰참가자격을 모두 충족하지만 별첨의 규격서 파일에서 정한 내용을 충족하지 못하지만, 적격심사를 통과하였을 경우 최종낙찰자로 선정하고 계약을 체결해도 되는지? 상기 사유를 근거로 계약체결의 불가를 공지하고 차순위 업체를 적격 심사하여 계약체결해도 되는지?
회 신	국가기관이 「국가를 당사자로 하는 계약에 관한 법령」에 따라 물품제조(구매)입찰을 시행하면 입찰공고문상 입찰참가자격에 대한 사항은 물품의 제조 또는 구매 사양과 관련되는 기술 사항을 기재하는 규격서에 명시하는 것 보다는 「국가를 당사자로 하는 계약에 관한 법률 시행령」 제36조에 따라 공고문 본문 중의 "입찰참가자격란"에 구체적으로 명시하는 것이 타당할 것임. 따라서 이 경우 별첨 규격서상의 한국전기공업협동조합의 우수단체표준제품표시(EQ) 인증을 받는 것은 계약상대자가 계약이행 시 갖추어야 할 계약조건에 해당하므로 1순위 입찰자의 계약이행능력을 심사하여 낙찰자로 결정하고 계약을 체결할 수 있을 것이나, 동 입찰자가 납품기한까지 EQ 인증을 받을 수 없는 사실이 확정적이고 동 입찰자가 그러한 사실을 인정한다면 차순위 입찰자 순으로 계약이행능력을 심사하여 낙찰자로 결정할 수 있을 것임.
조달청	규제개혁법무담당관-6228('11. 12. 01)

107	낙찰자 선정
제 목	**사업수행능력 평가대상 설계용역의 낙찰자 결정**
질 의	○○실시설계용역을 입찰공고한 후 사업수행능력평가(PQ) 통과자를 대상으로 가격입찰에 부쳤으나 유찰되었고, 추가로 2회에 걸친 재입찰에서도 적격심사점수 미달로 인하여 유찰되었고, 사후 확인결과 나라장터시스템에 사업수행능력 평가점수를 잘못 입력하여 입찰참여 업체가 모두 적격점수 미달로 탈락처리 되었음을 발견이 경우 명백한 발주기관의 착오로 입찰집행을 잘못한 사안이므로 이를 바로잡아 첫 번째 입찰 시 낙찰될 업체와 계약을 체결하는 것이 타당한지 아니면 입찰집행과정상 중대한 하자가 있으므로 다시 입찰절차를 밟아 진행하여야 하는지 여부
회 신	단일입찰의 경우라면 입찰과정에서 발주기관의 착오로 인해 정당하게 낙찰될 업체가 적격점수 미달로 탈락 처리되었다면 해당 업체의 경우 아무런 귀책사유가 없음에도 불구하고 불이익을 받게 되는 문제가 있으므로 최초 입찰에 정확한 기준을 적용하여 정당하게 낙찰자를 선정하는 것이 타당하다고 사료됩니다. 다만, 질의의 경우 이미 3회에 걸쳐 재입찰이 진행된 상황이므로 발주기관에서 입찰의 공정성을 확보할 수 있는 방안을 강구하여 처리하시기 바랍니다.
행안부	회계공기업과-40호(2011. 1. 4)

108	낙찰자 선정
제 목	협상에 의한 계약 시 별도의 심의위원회 구성 가능 여부
질 의	협상에 의한 계약체결 시 제안서 평가위원회의 협상적격자 및 순위 결정 후 재검증을 위하여 별도 심의위원회 심의 후 최종 협상적격자 순위 결정 가능 여부
회 신	• 「지방계약법 시행령」 제43조 제1항에 따르면 지방자치단체의 장 또는 계약담당자는 물품·용역계약과 행정자치부령으로 정하는 공사의 계약을 체결할 때에 계약이행의 전문성·기술성·창의성·긴급성, 공공시설물의 안전성 등의 이유로 필요하다고 인정되는 경우에는 제42조에도 불구하고 제안서를 제출받아 평가한 후 협상 절차를 통하여 추정가격에 부가가치세를 더한 금액 이하로 입찰한 자 중에서 해당 지방자치단체에 가장 유리하다고 인정되는 자와 계약을 체결할 수 있고, 같은 조 제8항에 따라 계약이행능력의 심사는 행정자치부 장관이 정한 기준에 따라 지방자치단체의 장이 정한 세부심사기준 및 절차에 따르도록 규정하고 있음 • 따라서 질의의 경우 지방계약법령에서 정하는 기준에 따라 협상적격자 및 협상순위를 결정하고, 이를 재검증하기 위한 심의위원회를 별도로 구성한 후 재차 심의하여 협상적격자 및 협상순위를 최종 결정하려는 것은 타당하지 아니함
행자부	회계제도과-3893, 2015. 11. 26

109	낙찰자 선정
제 목	2단계(규격·가격) 동시입찰 시 유찰에 따른 재입찰 가능 여부
질 의	규격·가격 동시 입찰의 경우, 최초 입찰참가자 4인 중 2인이 규격입찰의 적격자로 선정된 후 1인이 가격입찰서를 제출하지 아니한 경우에 규격입찰 적격자 1인을 낙찰자로 선정할 수 있는지 여부?
회 신	• 「지방계약법 시행령」 제18조제3항에 따르면 계약의 특성 등에 따라 필요하다고 인정되는 경우에는 규격입찰과 가격입찰 또는 기술입찰과 가격입찰을 동시에 실시할 수 있고, 이 경우 규격입찰 또는 기술입찰의 개찰 결과 적격자로 확정된 자에게 한정하여 가격입찰을 개찰하도록 규정하고 있음 • 같은 법 시행규칙 제46조에 따르면 규격입찰과 가격입찰을 동시에 실시하거나 기술입찰과 가격입찰을 동시에 실시하는 경우 2인 이상의 유효한 입찰로 성립한 규격입찰 또는 기술입찰의 개찰 결과 규격적격자 또는 기술적격자로 확정된 자가 1인일 때에도 가격입찰서를 개봉할 수 있다고 규정하고 있는바, - 규격·가격 동시 입찰이 2인 이상의 유효한 입찰로 성립하여 규격(기술) 입찰 개찰 결과 적격자가 1인일 경우에도 가격입찰서를 개봉할 수 있으며 그 가격입찰이 입찰공고에서 정한 낙찰자 결정방법에 따라 유효한 경우라면 해당 입찰자를 낙찰자로 결정할 수 있는 것임
행안부	회계제도과-2995, 2015. 10. 6

	110	낙찰자 선정
제 목	계약체결 전 발생한 업체 실비보상 기준	
질 의	자치단체 홍보관 설치·운영 용역을 「지방계약법 시행령」 제43조에 따른 협상에 의한 계약에 의하여 협상적격자를 선정하고 협상 중에 발주기관의 사정으로 사업이 취소된 경우, 협상 진행 중 발생한 협상대상자의 비용을 「지방계약법 시행령」 제43조 제12항 또는 「지방자치단체 입찰 및 계약 집행기준」 제14장 용역계약 일반조건 제7절 "4. 사정변경에 따른 계약의 해제·해지" 규정을 근거로 보상할 수 있는지 여부?	
회 신	• 「지방계약법 시행령」 제43조 제12항에 따르면 지방자치단체의 장 또는 계약담당자는 공사의 경우 최종 계약 체결자로 결정되지 아니한 자 중 일부에 대해서는 예산의 범위에서 설계서 작성 비용의 일부를 보상할 수 있으나, 용역으로 발주한 질의의 사안에 해당 규정을 적용하여 협상 진행에 따른 발생 비용의 보상의 근거로 삼을 수는 없을 것으로 판단됨 • 한편 「지방자치단체 입찰 및 계약 집행기준」 제14장 용역계약 일반조건 제7절 "4.-다"에서 사정 변경에 따른 계약의 해제·해지의 경우 발주기관은 전체 용역의 완성을 위하여 계약의 해제·해지일 이전에 투입된 계약상대자의 인력, 자재 및 장비의 철수 비용을 계약상대자에게 지급해야 함을 규정하고 있으나, 계약이 체결되지 아니한 질의의 사안에 대하여 해당 규정을 적용하여 협상 진행에 따른 발생 비용의 근거로 삼을 수는 없을 것으로 판단됨	
행안부	재정관리과-3291, 2014. 9. 2	

	111	낙찰자 선정
제 목	입찰 관련 우선협상 대상업체 선정 취소 여부	
질 의	• [질의 1] 행사 사업자 선정을 위해 접수한 제안요청서의 편철 방식 보정 (상철 → 좌철[제안요청서 명시사항])이 발주처의 재량권을 넘어선 행사인지 여부 • [질의 2] 우선협상 대상업체인 (주)○○○(○○○○○(주)와 공동수급체 구성)가 입찰 방해로 벌금형을 선고받은 사실이 우선협상 대상업체 제외 사유에 해당하는지 여부 ※ 2순위 협상 대상업체에서는 (주) ○○○이 벌금형(500만원)을 선고받았기 때문에 입찰참가자격이 제한되어야 하며, 우선협상 대상업체에서 제외되어야 한다고 주장	
회 신	• [질의 1]과 관련하여 「지방자치단체 입찰 시 낙찰자 결정기준」(행정자치부 예규) 제5장 협상에 의한 계약체결기준 제3절 "4-마"는 제안서의 평가에 이어서 필요한 서류가 첨부되어 있지 않거나 제출된 서류가 불명확하여 인지할 수 없는 경우에는 제안서 내용의 변경이 없는 경미한 사항에 한하여 기한을 정하여 보완을 요구해야 한다고 규정하고 있는바, - 제안서 편철 방식 보완은 경미한 사항에 해당하는 것으로 사료되므로, 발주기관의 보완 요구는 재량 범위 내 포함된다고 보는 것이 타당할	

것으로 판단됨
- [질의 2]와 관련하여, 벌금형 선고 사실만으로는 입찰참가자격을 제한할 수는 없고 입찰 방해와 관련한 입찰참가자격 제한 처분이 있고 그 처분의 효력이 발생한 시점 이후부터 입찰참가자격 제한이 가능할 것인 바, 이러한 처분 자체가 없었다면 (주)○○○를 우선협상 대상업체에서 제외하는 것은 타당하지 않을 것으로 판단됨

행안부	재정관리과-1473, 2014. 4. 22

112	낙찰자 선정

제 목	예정가격 결정 시 입찰참가자격 선정방법 기준
질 의	시공실적으로 입찰참가자격을 제한한 공사입찰에서 입찰참가자격이 없는 자가 추첨하여 결정된 예정가격이 효력이 없어 해당 입찰을 취소하고 새로운 입찰에 부쳐야 하는지?
회 신	• 적격심사에 따른 입찰의 예정가격 결정은 「지방자치단체 입찰 및 계약 집행기준」 제2장 예정가격 작성요령 제3절 "5"에 따라 계약담당자는 입찰을 실시한 후 참가자 중에서 4인(우편입찰 등으로 인하여 개찰장소에 출석한 입찰자가 없는 때에는 입찰사무에 관계없는 자 2인)을 선정하여 복수예비가격 중에서 4개를 추첨토록 한 후 이들의 산술평균가격을 예정가격으로 확정하고, - 추첨은 공정성과 투명성이 확보될 수 있는 방법으로 실시해야 하며, 예정가격 작성을 위하여 추첨된 4개의 예비가격과 이외의 예비가격은 개찰장소에서 입찰참가자들이 확인할 수 있어야 하며, 계약담당자는 입찰종료 후 복수예비가격 15개, 추첨된 복수예비가격 4개와 예정가격을 입찰참가자에게 공개해야 한다고 규정하고 있음 • 질의와 관련하여, 예정가격 작성 시 복수예비가격 추첨은 입찰의 투명성·공정성을 확보하기 위하여 입찰에 참가한 자가 추첨하게 하는 방법으로, 입찰참가자격이 없는 자가 복수예비가격을 추첨하여 결정된 예정가격도 효력이 있는바, - 선순위 입찰자가 입찰 참가자격이 없는 경우라면 선순위 입찰자를 적격심사에서 제외하고 차순위 입찰자부터 순서대로 적격심사를 하여 낙찰자로 결정함
행자부	회계제도과-1367, 2016. 3. 25

113	낙찰자 선정

제 목	물품 리스입찰의 낙찰자 결정 방법
질 의	「국가계약법」 제4조 제1항에 따라 기획재정부 장관이 고시한 금액과 교육청 및 산하기관이 국제입찰 대상기관에 해당되는지 여부? - 「지방자치단체 입찰 시 낙찰자 결정기준」 제4장 물품을 적격심사 세부기준에는 물품의 제조·구매에 대한 낙찰자 결정기준에 대해서만 규정하고 있고 리스나 임차의 경우에는 별도의 낙찰자 선정기준이 없는데 이 경우 상기 기준을 준용하여 낙찰자를 선정이 가능한지?

회 신	• 「국가계약법」 제4조 제1항에 따라 기획재정부 장관이 고시한 금액은 추정가격 2.1억 원이며, 「지방계약법」 제5조 제1항 및 국제입찰에 의하는 지방자치단체의 공사 및 물품·용역의 범위에 관한 고시 <행정자치부 고시 제2014 - 8호>에 따라 적용 대상기관은 서울특별시 등 15개 시·도(울산·세종 제외)로 시·군·구 및 교육청 등은 적용 대상기관에 해당되지 아니함 • 또한, 물품의 리스(임차) 계약과 관련하여서는 물품구매계약을 준용하여 추정가격 2.1억 원 이상인 경우에는 「지방자치단체 입찰 시 낙찰자 결정기준」 제4장 물품 적격심사 세부기준에 따라 낙찰자를 결정하고, 추정가격 2.1억 원 미만인 경우에는 예정가격 이하로서 최저가격으로 입찰한 자를 낙찰자로 결정하는 것이 타당할 것으로 판단됨
행안부	회계제도과-3141, 2015. 10. 15

114	낙찰자 선정

제 목	**낙찰자의 계약이행보증 미이행에 따른 입찰제재 기준**
질 의	질의 1) 적격심사 실시 후 적격심사를 통과한 자를 낙찰자로 선정하여 낙찰 통보를 하였으나, 낙찰자가 낙찰통지를 받은 날로부터 10일이 지났음에도 계약이행보증을 하지 못하여 계약체결을 하지 않고 있는 경우 차순위자를 심사하는지 아니면 해당 입찰을 종료하고 새로운 입찰에 부칠 수 있는지 여부 (질의 2) 만일, 해당 낙찰을 취소해야 하는 경우라면 입찰보증금을 자치단체에 귀속시켜야 하는지 여부와 부정당업자 제재 처분을 하여야 하는 지 여부
회 신	(질의 1에 대하여) • 입찰유의서 제3절 "1-가"에 따르면 낙찰자는 발주기관으로부터 낙찰통지를 받은 날로부터 10일 이내에 표준계약서에 따라 계약을 체결하도록 규정하고 있으며, 같은 절 "1-라"에서 계약담당자는 낙찰자가 정당한 이유 없이 "가"에 따라 계약을 체결하지 아니할 때에는 낙찰을 취소할 수 있도록 규정하고 있음 • 또한 지방자치단체 입찰 시 낙찰자 결정기준 제2장 시설공사 적격심사 기준 제6절 "4-가"에서 선순위 낙찰자가 계약체결 이전에 부적격자(적격통과점수 미달된 자)로 판명되어 낙찰자 결정이 취소된 경우에는 차순위자부터 순서대로 적격심사하여 낙찰자를 결정하도록 규정하고 있음 • 따라서, 낙찰자가 정당한 이유 없이 계약을 체결하지 아니하는 경우라면 해당 낙찰을 취소할 수 있으며, 그 낙찰자가 부적격자 (적격통과점수 미달된 자)로 판명되지 않았다면 재공고입찰이나 새로운 입찰절차에 부치는 것이 타당하다고 판단됨 (질의2에 대하여) • 「지방계약법」 제12조 제3항에 따르면 지방자치단체의 장 또는 계약담당자는 낙찰자가 계약을 체결하지 아니한 경우에는 그 입찰보증금을 해당 지방자치단체에 귀속시켜야 하고, 다만 입찰보증금의 납부를 면제한 경우에는 대통령령으로 정하는 바에 따라 낙찰자로 하여금 입찰보증금에 해당하는 금액을 해당 지방자치단체에 내도록 규정하고 있음 • 아울러, 「지방계약법 시행령」 제92조 제1항 제6호에 따르면 정당한 이유 없이 낙찰된 후 계약을 체결하지 아니한 자 등에 대해서는 부정당업자로 입찰

참가 자격을 제한할 수 있도록 규정하고 있음

- 따라서, 정당한 사유 없이 낙찰자가 계약을 체결하지 않는 경우라면 입찰보증금 납부를 면제하였을 지라도 해당 지방자치단체에 귀속시키고, 부정당 제재 처분을 할 수 있음

| 행안부 | 재정관리과-267, 2015. 1. 20 |

115		낙찰자 선정

제 목	협상에 의한 계약에서 1인유찰 수의계약 시 제안서평가위원회 평가 여부
질 의	협상에 의한 계약에서 입찰자가 없어 유찰, 재공고하였으나 입찰자가 1인뿐인 경우로 해당 입찰자와 수의계약하는 경우 기술능력평가 85% 충족 여부를 반드시 제안서평가위원회 심의를 거쳐야 하는지?
회 신	• 국가계약법 시행령 제43조 제7항에는 '각 중앙관서의 장 또는 계약담당공무원은 제1항에 따라 협상에 의한 계약을 체결하려는 경우에는 해당 계약을 체결하려는 자의 이행실적, 기술능력, 사업수행계획, 재무상태 및 입찰가격 등을 종합적으로 고려하여 기획재정부장관이 정하는 계약체결기준에 따라 세부 기준을 정하고, 계약을 체결하려는 자가 그 기준을 열람할 수 있도록 하여야 한다.'라고 규정하고 있음. 따라서 협상에 의한 계약 입찰에서 재공고입찰 수의계약을 체결하려는 경우에 발주기관이 정한 세부 기준을 충족하는 자(기술능력평가 85% 이상)와 수의계약이 가능하며, 제안서평가위원회의 심의를 거쳐야 함.
조달청	인터넷 질의번호 2009100022, 2023. 8. 30

116		계약실적의 인정

제 목	계열사 간 실적승계 가능 여부
질 의	○○를 인적 분할하여 유통사업부문은 □□와 제작사업부문은 △△와 합병하고 ○○은 청산하기로 한 경우 ○○의 유통사업부문에서 수행하던 국가기관, 지방자치단체 및 공공기관과의 계약이행에 의한 사업실적이 ○○의 유통사업부문을 포괄적으로 승계를 받아 합병한 □□로 승계되는지? <분할합병계약서> 제☆조 (유통사업부문 및 권리의무의 승계) 분할합병기일 현재 ○○의 유통사업과 관련된 모든 권리, 의무는 □□에게 포괄적으로 승계된다.
회 신	계약에서 계약상대자인 법인이 합병, 분할, 사업 양수도되었을 때 상법 등 관련 법령에 따라 계약상대자의 권리·의무가 합병, 분할, 사업 양수도된 법인에 포괄적으로 승계된다면 「국가를 당사자로 하는 계약에 관한 법령」상의 계약상대자의 지위가 승계(실적인정 포함)된다고 봄. 따라서 이 경우 분할합병계약서에 포괄적으로 승계된다고 규정되었을 때라면 분할합병 전의 법인의 사업실적도 사업양수도된 법인에 포괄적으로 승계된다고 볼 것이나, 구체적일 때 사업실적의 승계 여부는 사업양수도의 권리의무의 포괄적 승계 여부, 관련 규정 등을 검토하여 판단·처리할 사항임.
조달청	규제개혁법무담당관-6934, 2009. 12. 28

117		계약보증금
제 목	**단가계약의 계약보증금**	
질 의	단가계약의 계약보증금 납부 관련	
회 신	국가기관이 물품구매를 단가계약에 의하는 경우로서 여러 차례로 분할하여 계약을 이행하게 하는 때에는 「국가를 당사자로 하는 계약에 관한 법률 시행령」 제50조 제2항에 따라 매회별 이행 예정량을 최대량에 계약단가를 곱한 금액의 10% 이상을 계약보증금으로 납부하게 하여야 하는바, 애초 매회별 이행 예정량을 최대량(15,000개)에 대한 계약보증금을 징구한 후, 계약이행 중 최대량을 초과하여 일시에 100,000개를 납품하는 경우라면, 이는 단가계약이 아닌 총액계약의 성격으로 보아 총액에 대한 계약보증금(100,000개×계약단가 ×10%)을 감한 금액을 추가 계약보증금으로 징수하여야 할 것으로 봄.	
조달청	인터넷 질의 2011. 01. 21	

118		계약보증금
제 목	**변경계약 시 계약보증금**	
질 의	물품구매계약의 변경계약 체결 시 계약보증금 관련하여 질의합니다. 지난 2007년도에 '10. 12. 30 납기로 계약체결한 건에 대하여 '11. 12. 30으로 납기변경계약을 하려고 합니다. 이에 따라 애초에 받은 계약이행증권의 기간을 연장(증권배서)하는 방법 이외에, 애초 계약이행증권과 별로 또 하나의 계약이행증권(보증금액은 계약금액의 10%이며, 보증기간은 변경계약일로부터 변경 납기까지)을 제출하는 방법도 유효한지?	
회 신	계약에서 계약보증금은 「국가를 당사자로 하는 계약에 관한 법률 시행령」 제50조 제7항의 규정에 따라 현금 또는 제37조 제2항 각 호에 규정한 보증서 등으로 이를 납부하게 할 수 있으며, 이 경우 계약보증금을 지급보증서·보증보험증권 또는 보증서(이하 "보증보험증권 등"이라 한다)로 납부하고자 할 때에는 같은 법 시행규칙 제55조 제1항 제3호 '나'목에 따라 계약보증금 보증기간의 초일은 계약기간 개시일을 보증기간의 만료일은 계약기간의 종료일 이후이어야 하는 것임.	
조달청	인터넷 질의 2011. 01. 10	

119		계약보증금
제 목	**정부보관금 이자율 계산은?**	
질 의	하자보수보증금을 현금으로 납부(2008. 3)하였고, 2011. 4 하자보수보증금 원금과 보관금 이자(연 0.5% 적용)를 반환 받았습니다. 상기 건 이전에 반환받은 보관금에 대한 이자율 적용은 동 발주처 및 타 기관으로 부터 연 2%의 이자율을 적용하여 반환받은 바 있습니다. 본 이자율 적용과 관련하여 현재 정부관금의 이자율 적용 기준은?	
회 신	공사계약에서 각 중앙관서의 장 또는 계약담당공무원은 입찰참가자 또는 계약	

상대자가 「국가를 당사자로 하는 계약에 관한 법률 시행규칙」 제43조, 제51조 및 제52조에 의한 보증금(입찰보증금, 계약보증금, 하자보수보증금)을 현금으로 납부할 때에는 제53조에 의하여 수입지출 외 현금출납공무원으로 하여금 「정부보관금취급규칙」에 의하여 수령하게 하여야 하는 바, 이 경우 출납공무원은 수납 받은 보증금(입찰보증금, 계약보증금, 하자보수보증금)을 「정부보관금 취급규칙」 제4조 제1항 및 제4조의2에 의하여 「국고금관리법 시행령」 제11조에 의한 금융기관에 예치하여 관리하여야 하며, 예치할 예금의 종류는 보관금의 성격 등을 고려하여 중앙관서의 장이 정하는 것으로, 금융기관에 예치한 보관금에서 발생한 이자는 동취급 규칙 제6조에 의하여 납부자별로 계산·관리 및 지급하여야 하는 것임. 또한, 각 중앙관서의 장 또는 계약담당공무원은 같은 법 시행령 제37조, 제50조 및 제62조에 의하여 납부된 보증금(입찰보증금, 계약보증금, 하자보수보증금)의 보증목적이 달성된 때에는 제63조 제1항 및 동 취급규칙 제12조에 의하여 계약상대자(보관금의 환급을 받을 권리를 가진 자)의 요청에 의하여 즉시 보관금 및 그 이자를 반환하여야 하는 것임.

조달청	인터넷 질의 2011. 05. 02

120		계약보증금
제 목	계약해지 업체의 계약보증금 환수 조치 방법	
질 의	• 박람회 운영규정에 의한 운영위원회 심의 결과에 따라 계약보증금 환수 여부를 결정함이 지방계약법령 규정에 어긋나지 않는지 여부 • 위원회는 박람회 계약업무를 추진함에 있어 지방계약법을 준용하였으므로 박람회 운영위원회 심의결과와 무관하게 계약법상 규정에 따라 계약보증금 환수 조치를 반드시 해야 하는지 여부 　* 대한민국 평생학습박람회 행사대행 용역계약을 체결한 계약상대자의 허위 입찰문서 제출로 계약 해지 조치	
회 신	• 「지방계약법 시행령」 제54조 제1항에 따르면 지방자치단체의 장 또는 계약담당자는 계약상대자가 정당한 이유 없이 계약상의 의무를 이행하지 아니하면 제51조에 따른 계약보증금을 법 제15조 제3항에 따라 지방자치단체에 세입 조치하여야 함 　- 여기서 '정당한 이유'란 천재지변 또는 예기치 못한 돌발사태 등을 포함하여 명백한 객관적인 사유로 인해 부득이 계약이행을 하지 못한 경우를 의미하는 것으로 판단됨 • 질의하신 사안과 관련하여, 위 시행령은 계약상대자가 정당한 이유 없이 계약상의 의무를 이행하지 아니하면 계약보증금을 세입 조치하여야 한다고 강행규정으로 규정하고 있는 바, 운영위원회에서 계약 관련 업무를 추진함에 있어 지방계약법령을 준용하고 있다면, 계약보증금 세입 조치 사유가 발생한 경우 이 법령에 따라 처리하여야 할 것으로 판단됨	
행안부	재정관리과-40, 2014. 1. 6	

121	계약보증금
제 목	**법정관리 시 공사이행보증 방법**
질 의 현 황	최저가 입찰을 실시하여 구성원이 지분별로 공사이행보증서를 각각 납부하고 체결한 공사를 수행 중에 공동수급체 구성원 중 대표사가 법정관리 상태에서 공사포기서를 제출하였음
질 의 요 지	• <질의 1> 대표사의 공사 포기로 잔존구성원만으로는 면허, 시공능력 및 실적 등을 계약이행에 필요한 조건을 갖추지 못할 경우 계약담당자는 잔존구성원에게 우선적으로 새로운 구성원을 추가하도록 하여야 하는 것인지 아니면 「지방자치단체 입찰 및 계약 집행기준」 제1장 제4절의 공사이행보증운용에 따라 잔존구성원이 면허, 시공능력평가액 등 해당 계약이행 요건을 갖추지 못한 경우에는 곧바로 보증기관에 보증채무의 이행을 청구해야 하는지 여부 • <질의 2> 대표사 탈퇴 시 이행 요건을 갖추지 못한 잔존구성원이 각자의 지분에 대한 계약이행 의사를 표시할 경우, 보증기관에 전체 계약이행을 청구하여야 하는지 아니면 대표사의 지분에 대해서 보증이행을 청구하여야 하는지 여부
회 신	• 질의 1의 경우, 행정자치부 예규 「지방자치단체 입찰 및 계약 집행기준」 제7장 제3절 "8-나-2)"에 따라 계약내용의 변경이나 공동수급체의 구성원 중 일부 구성원의 파산, 해산, 부도, 법정관리, 워크아웃, 중도 탈퇴의 사유로 인하여 잔존구성원만으로는 면허, 시공능력 및 실적 등 계약이행에 필요한 요건을 갖추지 못할 경우로서 공동수급체의 구성원의 연명으로 구성원의 추가를 요청한 경우에는 구성원을 추가할 수 있으나, • 동 예규 제1장 입찰 및 계약 집행기준 제4절 "1-가"에서 계약담당자는 시행령 제51조 제1항 제2호와 시행규칙 제64조에 따른 공사이행보증서의 제출 등에 관하여는 이 절에서 정한 바에 따라야 한다고 규정하고 있는바, - 동절 "5-나-1)"에 따라 공동이행방식으로 체결된 공동계약에 있어 일부 공동수급체 구성원 중 일부가 부도, 파산 또는 해산 등의 사유로 계약을 이행할 수 없어 잔존구성원이 면허, 시공능력평가액 등 해당 계약이행 요건을 갖추지 못한 경우라면 보증기관에 보증채무의 이행을 청구하는 것이 타당할 것임 • 질의 2의 경우, 구성원 각각이 지분대로 공사이행보증서를 납부하여 법정관리 등의 사유로 탈퇴하는 대표사 이외의 구성원이 자기 지분대로 계약을 이행하고자 한다면, 탈퇴하는 대표사의 출자비율에 대해서 보증기관에 보증채무의 이행을 청구하는 것이 타당할 것으로 판단됨
행안부	회계제도과-3916, 2015. 11. 29

122	감독, 검수 및 검사
제 목	**검사관 지정시기**
질 의	국가계약법 시행령 제55조(검사)에 의하여 검사(수)관 지정은 계약의 이행을 완료된 후에 지정이 되어야 하는지 아니면 계약체결 이후 계약이행 중에도 지정하여도 무방한지?
회 신	「국가를 당사자로 하는 계약에 관한 법률 시행령」 제55조에 의하여 검사는 계약상대자로부터 당해 계약의 이행을 완료한 사실을 통지받은 날부터 14일 이내에

완료하여야 하는 바, 중앙관서의 장 또는 계약담당공무원은 동 검사업무를 수행할 검사공무원의 그 지정(임명 등) 시기는 계약상대자로 부터 당해 계약의 이행을 완료한 사실을 통지받은 날부터 14일 이내에 완료할 수 있는 시기에 지정하여야 할 것이므로 당해 계약이 이행되기 전에 미리 지정(임명 등)하여도 될 것입니다.

| 조달청 | 인터넷 질의('11. 12. 01) |

| 123 | 감독, 검수 및 검사 |

제 목	건설공사에 있어 감독과 검사 공무원의 자격
질 의	지방계약법 제16조(감독) 및 제17조(검사)에 의하면 건설공사의 경우 감독 및 검사는 지방자치단체의 장 또는 계약담당자가 처리하거나 필요한 경우 소속공무원에게 위임하도록 되어 있어 본인의 경우 과거 건설과 근무 경력이 있고 간단한 설계는 확인이 가능하다고 판단되어 1천만 원 이하의 소규모 사업에 대하여는 본인(행정직)이 준공과 감독 공무원으로 임명받아 업무를 처리하고 있습니다. 지방계약법과 건설산업기본법상에 건설공사에 대하여 준공 또는 감독 공무원은 토목직 공무원이어야 된다는 규정이 없어 행정직 공무원인 제가 소규모 사업에 대하여는 직접 처리하고 있는데 법에 위반되는 사항인지?
회 신	지방자치단체가 체결하는 계약에서 계약 담당자는 지방자치단체를 당사자로 하는 계약에 관한 법률 제16조의 규정에 따라 계약서·설계서 기타 관계서류에 의하여 스스로 이를 감독하거나 소속 공무원 등에게 그 사무를 위임하여 필요한 감독을 할 수 있으므로 단순소액공사의 경우 계약 담당자 또는 소속공무원 중에서 감독관을 임명하는 것이 가능하고, 같은 법 시행령 제56조의 규정에 따른 건설기술관리법전력기술관리법상 책임감리 의무대상공사, 전문지식 또는 기술을 필요로 하거나 그 밖에 부득이한 사유가 있으면 전문기관을 따로 지정하여 필요한 감독을 할 수 있으며, 같은 법 시행규칙 제66조의 규정에 따라 당해 지방자치단체에서 감독에 관한 세부요령을 정하여 운용하도록 규정하고 있으니 자치법규 등을 확인해 보시기 바랍니다. 귀 질의의 경우 같은 법 시행령 제56조의 규정에 해당하지 아니하는 공사 등은 계약담당공무원 또는 소속공무원에게 위임하여 감독을 할 수 있는 바, 지방자치단체의 건설기술관리업무규정, 감독관복무규정, 검사규정 등(훈령)과 자체회계규정 등을 참조하시기 바라며, 검사의 경우 지방자치단체의 관계규정에 기술직공무원 또는 전문기관에 위탁하여 시행하도록 정하고 있으니 참고하시고, 감독과 검사의 직무는 원칙적으로 겸직할 수 없으나 같은 법 시행령 제66조 단서의 규정에 해당하면 겸직이 가능할 것입니다.
행안부	재정정책팀, 07. 11. 26

| 124 | 감독, 검수 및 검사 |

제 목	문서 접수일자 판단기준
질 의	○○센터와 물품구매계약을 체결하여 납품기한인 '06. 11. 27까지 납품완료하고 관련공문과 서류를 '06. 11. 27 17:00경에 계약부서인 회계과에 제출하였으나, 회계과에서 발주부서인 금융시스템과에 제출토록 안내하여 일부 붙임서류(설치확

	인서)를 보완하던 중 사무착오로 당일 접수하지 못하고 익일('06.11.28)자로 관련 문서를 접수한 경우 납품기한데 관련공문이 접수된 것으로 간주할 수 있는지?
회 신	국가기관이 체결한 물품구매계약에서 계약상대자는 계약예규 「물품구매(제조)계약 일반조건」 제12조 제1항에 의하여 계약서에 정한 납품기일까지 해당물품(검사에 필요한 서류 등을 포함한다)을 계약 담당 공무원이 지정한 장소에 납품하여야 하며, 공문서는 「사무관리규정」 제23조 제1항에 의하여 처리과에서 접수하여야 하는바, 귀 질의의 경우 당해 문서의 접수일자는 처리과에 동 문서가 접수된 날로 보는 것이 타당할 것입니다.
조달청	법무지원팀-4340, 2006. 12. 28

125 납품 및 준공

제 목	**납품은 하였으나 발주처가 인수를 하지 않는 경우 준공에 대하여**
질 의	계약 목적물 인수○○청에서 발주한 "무선중계기 1식" 계약에서 납품 인수도를 위한 국가공인기관의 시험 및 검사를 완료하였으나 발주기관이 목적물을 인수하지 않는 경우로서 〈질의 1〉 당해 계약조건에 정한대로 국가공인기관에서 시행한 시험 및 검사결과를 수요기관이 임의(상급기관의 지시)로 시험 및 검사결과를 변경할 수 있는지? 〈질의 2〉 발주기관이 계약목적물을 인수는 하지 않고 사용하고 있는 경우 계약목적물이 인수 또는 납품된 것으로 볼 수 있는지? 〈질의 3〉 계약 조건에서 정한 대로 시행한 시험 및 검사결과가 적합한 계약 목적물을 인수하지 않고 수요기관이 일방적으로 계약을 해지할 수 있는지?
회 신	질의 1에 대하여 : 물품구매계약에서 계약상대자는 계약서에 정한 납품기일까지 해당 물품을 계약예규 「물품구매계약 일반조건」(현행 물품구매(제조)계약 일반조건) 제12조에 의하여 납품하고, 계약이행을 완료한 때에는 동 예규 제19조에 의한 검사를 받아야 하는 바, 귀 질의의 경우 당해 계약물품의 시험 및 검사를 국가공인기관에서 받는 조건으로 계약되었을 때라면 동 국가공인기관의 시험 및 검사결과에 따라야 하며, 수요기관에서 이를 임의로 변경할 수 없는 것임. 질의 2에 대하여 : 체결한 물품구매계약에서 계약상대자는 동 예규 제12조 제1항에 의하여 계약서에 정한 납품기일까지 해당물품(검사에 필요한 서류 등을 포함한다)을 산업표준화법 제32조에 정한 바에 따라 규격을 준수하여 계약담당공무원이 지정한 장소에 납품하여야 하는바, 귀 질의의 경우 계약조건에 정한 대로 시험 및 검사를 마쳤음에도 발주기관이 인수하지 않으면 「민법」 제403조의 채권자지체가 발생할 수 있으나, 구체적일 때 납품 여부는 계약담당공무원이 동 규정, 계약서, 규격서, 계약이행상태 및 관련 법령 등을 고려하여 사실 판단할 사항임. 질의 3에 대하여: 국가기관이 체결한 물품계약에서 계약상대자의 책임 있는 사유로 인한 계약의 해제 또는 해지는 동 예규 제26조 제1항 각호의 어느 하나에 해당하는 경우에 당해 계약의 전부 또는 일부를 해제 또는 해지할 수 있는바, 귀 질의의 경우가 계약조건에서 정한 대로 국가공인기관에서 시행한 시험 및 검사결과가 적합한 계약목적물인 경우라면 당해 계약의 전부 또는 일부를 해제 또는 해지 할 수 없을 것입니다. 또한, 물품계약의 수행 중 계약당사자 간에 발생하

는 분쟁이나 다툼이 있을 경우에는 동 예규 제31조 제1항에 따라서 협의로 해결하되, 협의가 이루어지지 아니할 때에는 법원의 판결 또는 중재법에 의한 중재에 의하여 해결하여야 할 것임.

| 조달청 | 법무지원팀-1980, 2005. 12. 08 |

| 126 | 📝 납품 및 준공 |

제 목	건설폐기물처리용역 계약 상대자를 본점에서 지점으로의 변경 가능 여부, 지점의 계약이행 가능 여부
질 의	하나의 법인이 각각 다른 지역에서 건설폐기물 중간처리업 허가를 얻어 본점과 지점의 형태로 사업장을 운영하면서 지점에서 폐기물을 처리할 경우 용역계약의 당사자를 본점에서 지점으로 변경할 수 있는지? 국가기관이나 지자체 또는 공공기관이 발주하는 입찰에서 지점은 영업을 할 수 없는 것인지 및 위 공공기관을 상대로 영업행위를 할 수 있는 방법은?
회 신	국가기관이 국가를 당사자로 하는 계약에 관한 법령에 따라 법인과 체결한 계약에서 계약상대자는 법인의 본점이 아니라 법인 그 자체이므로 이 경우 계약상대자를 법인의 본점에서 동 지점으로 변경할 필요는 없다 할 것이며, 당해 계약의 이행은 계약상대자인 법인 자체가 행하는 것입니다. 다만, 건설폐기물 중간처리업체로 허가받은 법인의 용역계약의 내용이 본 처리시설(장소)에서 건설폐기물을 처리하는 것을 조건으로 한 경우에는 동 계약조건과 「건설폐기물의 재활용 촉진에 관한 법령」 등 관련규정에 따라 처리해야 할 것입니다.
조달청	규제개혁법무담당관-2658, '08. 09. 08

| 127 | 📝 선금 |

제 목	선금잔액 반환에 대한 약정이자 적용이율
질 의	〈질의 1〉 국가기관과 체결한 공사계약에서 미정산 선금잔액에 대한 약정이자 산출 시 적용이율과 관련하여 계약예규 「정부 입찰·계약 집행기준」제34조 제2항과 계약예규 「공사계약 일반조건」 제44조 제5항의 "약정이자상당액(사유발생시점의 금융기관대출평균금리(한국은행 통계월보상의 대출평균금리를 말함)에 의하여 산출한 금액"에서 사유발생시점이 동일시점을 의미하는지? 〈질의 2〉 동일시점을 의미한다면 미정산 선금잔액에 대한 약정이자 산출 시 적용이율은 채권확보 시의 보험기간에 해당하는 약정이자 산출 이율을 적용하는지 아니면 채권확보 시 한국은행 통계월보의 대출평균금리를 적용하는지? 〈질의 3〉 동일시점으로 해석하지 않는다면 미정산 선금잔액에 대한 약정이자 산출 시 이율(한국은행 통계월보상의 대출평균금리) 적용시점은?
회 신	국가기관을 당사자로 하는 계약에서 계약 상대자에게 선금을 지급한 후 계약예규 「정부입찰·계약집행기준」 제37조 제1항 각호의 사유에 해당하면 지체없이 계약 상대자에게 선금잔액에 대한 반환을 청구해야 하는 것이며, 계약상대자의 귀책 사유에 의한 반환의 경우에는 당해 선금잔액에 약정이자 상당액을 가산하여 반환을 청구하여야 하는 것입니다. 이 경우 약정이자 상당액이

	란 동 예규 제34조 제2항의 '사유 발생 시점의 금융기관대출평균금리(한국은행 통계월보상의 대출평균금리)에 의하여 산출한 금액'을 의미하는바, 계약예규 「공사계약 일반조건」 제44조제5항의 약정이자 상당액과 동일한 의미(적용이율 및 사유발생시점 등)임
조달청	회계제도과–1888, 2009. 11. 19

---

128   ✎ 선급금

제 목	**하도급대금(선금) 직접지급 가능 여부**
질 의	건설산업기본법 등에 따른 하도급직불합의(발주자, 원도급자, 하도급자간 합의)가 되었을 때라면 선금을 하도급자에게 직접 지급할 수 있는지 여부
회 신	지방자치단체가 체결한 계약에서 선금은 지방재정법 제73조 및 지방재정법 시행령 제96조, 「지방자치단체 입찰 및 계약 집행 기준」 제4장 선금 및 대가 지급요령에 따라 선금은 계약 상대자에게 지급하도록 규정하고 있으며, 동 요령 Ⅲ-5-나-4)의 규정에 따르면 예외적으로 선금을 지급받은 원도급자 또는 공동수급체 대표자가 정당한 사유없이 선금을 적정하게 배분하지 않은 경우에는 반환된 선금을 하수급자에게 직접 지급할 수 있으나, 단지 하도급직불 합의가 이루어진다는 사유만으로 선금을 하도급자에게 직접 지급할 수는 없다고 판단됩니다.
행안부	회계공기업과–2206, 2010. 4. 16

---

129   ✎ 선급금

제 목	**선금 및 기성금 지급 후 추가 선금 지급 가능 여부**
질 의	선금 및 기성금 지급 후 조기 집행 사유로 인하여 추가 선금 지급 가능 여부
회 신	• 행정자치부 예규 「지방자치단체 입찰 및 계약 집행기준」 제6장 「선금·대가 지급요령」 제2절-2-1)-다)에 따르면 선금지급대상은 공사·용역·물품(제조)계약으로서 시행령 제92조에 따라 입찰참가자격 제한을 받고 그 제한기간 중에 있지 아니한 자로서 선금지급일 기준 선금을 지급하려는 회계연도에 기성금을 지급한 사실이 없는 경우에 가능할 것이며, 단, 원자재 가격 급등 등 불가피한 사유로 인하여 선금을 지급하지 아니하면 계약이행이 곤란한 경우에는 제외한다고 규정하고 있으며, - 가격 급등 등 불가피한 사유에 조기 집행 목적으로 선금을 지급하는 경우도 해당됨을 행정자치부 회계제도과–1330(2016.3.23.)호로 통보 한바 있음 • 따라서 질의의 경우가 불가피한 사유로 인하여 선금을 지급하지 아니하면 계약이행이 곤란한 경우에 해당한다면 계약금액(공사의 경우 직접노무비 제외)의 100분의 70을 초과하지 아니하는 범위에서 선금 추가 지급이 가능할 것임
행자부	회계제도과–2874, 2016. 6. 8

130		대가지급
제 목	대가지급 시 세금계산서 및 납세완납증명서 제출	
질 의	채권양도양수 또는 법원의 전부명령 등에 따라 대가를 제3자에게 지급하여야 하는 경우에 양도 양수자, 채권자 또는 계약상대자 중 누가 세금계산서 및 납세완납증명서를 제출하여야 하는지 여부 공동계약 또는 하도급계약에 따라 대가를 공동 수급체 구성원 또는 하도급자에게 지급하는 경우에 공동 수급체 대표자, 구성원, 하도급자 또는 계약상대자 중 누가 세금계산서 및 납세완납증명서를 제출하여야 하는지?	
회 신	□ 국세징수법 시행령 제4조(납세증명서의 제출) 법 제5조 제1호에 규정하는 대금을 지급받는 자가 애초의 계약자 이외의 자인 경우에는 납세증명서의 제출은 다음 각 호에 의하여야 한다. 1. 채권양도로 인한 경우에는 양도인과 양수인 쌍방의 증명서를 제출한다. 2. 법원의 전부명령에 의한 경우에는 압류채권자의 증명서를 제출한다. 3. 「하도급거래 공정화에 관한 법률」 제14조 제1항 제1호에 따라 건설공사의 하도급대금을 직접 지급받는 경우에는 수급사업자의 납세증명서를 제출한다	
조달청	공통교재 2012	

131		대가지급
제 목	증축으로 인한 공사정지 시간에 발생한 간접비 지급 인정 기준	
질 의	○○○○청이 발주하여 공사 진행 중 △△시의 2개 층 증축계획으로 인하여 공사를 정지한 경우에 발생한 간접비용의 부담 주체는?	
회 신	• 「지방계약법 시행령」 제75조 제1항에 따르면 지방자치단체의 장 또는 계약담당자는 법 제22조에 따라 공사 등의 계약에서 제73조와 제74조에 따른 경우 외에 공사기간·운반거리의 변경 등 계약내용의 변경으로 계약금액을 조정하여야 할 필요가 있는 경우에는 그 변경된 내용에 따라 실비를 초과하지 아니하는 범위에서 조정한다고 규정하고 있으며, – 같은 법 시행규칙 제74조 제1항에 따르면 영 제75조에 따른 공사기간 및 운반거리의 변경 등 계약내용의 변경은 그 계약의 이행에 착수하기 전에 완료하여야 한다. 다만, 계약이행의 지연으로 품질 저하가 우려되는 등 긴급하게 계약을 이행하게 할 필요가 있는 경우에는 계약상대자와 협의하여 계약내용 변경의 시기 등을 명확히 정하고 계약내용을 변경하기 전에 우선 이행하게 할 수 있다고 규정하고 있음 • 따라서, 질의의 경우 계약 상대자의 책임 없는 사유로 인하여 공사기간이 정지된 경우라면 기간연장 및 계약금액의 조정대상이며, 공사정지 중 발생한 간접비의 부담주체에 대하여는 공사정지의 책임이 누구에게 있느냐에 따라 결정할 사항으로 계약 당사자가 계약이행상황 등의 내용에 따라 판단하여 결정할 사항임	
행자부	회계제도과-2490, 2016. 5. 23	

132	대가지급
제 목	국민연금보험료 사후정산 방법
질 의	계약기간이 월중에 끝나 국민연금보험료 1개월분을 납부한 경우 일할 정산하여야 하는지 아니면 1개월분을 모두 인정하여야 하는지 여부
회 신	• 보험료의 정산은 직접노무비 대상에 해당되고 계약목적물 시공(이행)에 직접 참여하는지 여부에 따라 정산대상 포함 여부를 판단하는 것이며, 근로자의 복지를 강화하기 위하여 보험료 납입금액을 계약상대자에게 지급하도록 시행한 제도임 • 따라서 질의의 국민연금보험료 정산과 관련하여 해당 근로자가 최종월 중간에 퇴사하여 1개월분 보험료를 납부한 경우에는 해당 사업장 단위로 기재된 납입확인서의 납입금액으로 정산하고, 해당 회사에 연속하여 고용된 상용근로자인 경우에는 계약이행 기간 대비 투입일수로 일할 정산할 수 있음
행안부	회계제도과-1685, 2016. 4. 12

133	대가지급
제 목	상용근로자에 대한 국민연금보험료 종료월의 사후정산 방법
질 의	상용직근로자에 대한 국민연금보험료 종료 월의 사후정산 시 해당 사업장에 실제 투입된 일자로 일할 계산하는지 아니면 한 달분으로 정산하는지?
회 신	• 행정자치부 예규 「지방자치단체 입찰 및 계약 집행기준」 제1장 「입찰 및 계약 집행기준」 제8절-2-다-2)에 따르면 상용근로자는 소속회사에서 납부한 납입확인서로 정산하되 현장 작업일지, 감독관 근무일지, 임금대장, 출근부 등 증빙서류를 첨부하여 해당 사업장 계약이행기간 대비 해당 사업장에 실제로 투입된 일자를 계산하여 보험료를 일할 정산한다고 규정하고 있음 • 따라서, 질의의 경우가 상용근로자가 직접 용역을 수행한 경우라면 사업장 계약이행기간 이월 중에 종료되었을 때 보험료의 사후정산은 소속회사에서 납부한 납입확인서로 정산하며, 해당 사업장에 실제로 투입된 일자를 계산하여 보험료를 일할 계산하여 정산하는 것이 타당할 것임
행안부	회계제도과-536, 2016. 2. 4

134	대가지급
제 목	계약기간 1년 미만 청소용역 근로자에 대한 퇴직금 지급 여부
질 의	출납폐쇄기한 단축에 따라 계약기간 1년 미만으로 고용승계 없이 계약 체결된 신규 청소용역 건에 반영된 퇴직충당금 지급 가능 여부? * 계약서에 예정가격 산출내역서에 반영된 퇴직충당금을 지급할 것을 명기함
회 신	• 「지방계약법」 제6조 제1항에 따라 계약은 상호 대등한 입장에서 당사자의 합의에 따라 체결되어야 하고, 당사자는 계약의 내용을 신의성실의 원칙에 따라 이행하여야 하며, 지방자치단체의 장 또는 계약 담당자는 이 법 및 관계 법령에 규정된 계약 상대자의 계약상 이익을 부당하게 제한하는 특약이나 조건을 정하여서는 아니 된다고 규정하고 있음

	• 질의와 관련하여 해당용역 계약기간이 1년 미만이나 예정가격 작성 시 퇴직충당금을 반영하고 근로자에게 지급하도록 계약조건에 명시한 경우라면 계약상대자는 근로자의 계속근로기간이 1년 미만이라도 산출내역서(도급내역서)상 퇴직충당금을 근로자에게 지급하여야 하는 것이 타당할 것이며, 또한 출납폐쇄기한 단축에 따른 예산집행지침(회계제도과-981, 7.7)에서도 계약기간 1년 미만 청소용역 근로자에 대한 퇴직금 지급이 가능하도록 계약 특수조건을 정하도록 하고 있음
행안부	회계제도과-2493, 2015. 9. 15

135 　　대가지급

제 목	회계연도 종료 후 대가지급 가능 여부
질 의	2007년 발주하여 2013. 8. 30.에 준공한 수해상습지 개선사업(장기계속공사)과 관련하여 채권자가 2012년도분 관급자재(레미콘) 납품 대가를 2014년 사고이월계산(2012년 예산)의 불용처리 후에 청구한바, 이는 회계연도 종료 전에 청구하지 아니한 채권자 귀책사유에 해당하므로 청구권 소멸로 보아 대가를 지급하지 아니하는 것이 정당한지 여부?
회 신	• 「지방계약법」 제18조 및 같은 법 시행령 제67조 제1항에 따르면 지방자치단체의 재정 부담이 되는 계약의 대가는 같은 시행령 제64조에 따른 검사를 완료한 후 계약 상대자의 청구를 받은 날부터 5일 이내에 지급하여야 한다고 규정하고 있음 • 따라서 질의의 경우 회계연도 종료 후 대가 청구에 대하여 지방계약법령에서 별도로 정하고 있지 아니하나, 이미 납품이 완료된 물품의 대가를 해당 사업 예산의 회계연도가 종료되었다 하여 지급하지 아니하는 것은 타당하지 아니한 것으로 사료됨
행안부	회계제도과-2375, 2015. 9. 10

136 　　대가지급

제 목	확정계약 시 용역비 정산 가능 여부
질 의	자치단체와 계약을 체결하여 생활폐기물 수집·운반 처리를 대행하는 용역에서 계약 일반조건이나 특수조건 등에 별도로 정산한다는 조건 없이 용역업체에서 경영상 필요에 의해 지출한 일반관리비(주차비, 차량유지비 등)에 대하여 정산을 요구할 수 있는 지 여부
회 신	• 「지방계약법」 제4조에 지방자치단체를 당사자로 하는 계약에 관하여는 다른 법률에 특별한 규정이 있는 경우 외에는 지방계약법에서 정하는 바에 따른다고 규정하고 있으며, • 입찰 전에 예정가격을 구성하는 일부 비목별 금액을 결정할 수 없는 경우로서 사후원가검토조건부 계약을 하는 경우에는 「지방계약법」 시행령 제89조의 규정에 의거 입찰 전에 사후 원가검토에 필요한 기준과 절차 등을 정하고, 계약의 이행이 완료된 후에 그 기준 등에 따라 원가검토를 하여 정산하여야 함

- 따라서 다른 법률에 따라 정산을 하도록 규정하고 있거나 사후원가검토조건부 계약에 의거 사후 원가검토에 필요한 기준과 절차 등을 정한 경우에 한하여 정산이 가능한 것임

행안부	회계제도과-1007, 2015. 7. 8

137	대가지급
제 목	공사이행기간의 변경에 따른 실비 산정 방법 기준
질 의	'12. 4. 2 이전에 계약 체결된 공사현장이 발주청의 예산 확보 지연으로 공사이행기간이 변경된 경우 인력투입계획에 대한 별도 협의 없이 공사기간만 연장되어 발주기관과 계약상대자 간에 이견 발생으로 인한 소송이 빈번하게 발생됨에 따라 소송억제 및 행정의 효율성 제고를 위하여 발주기관에서 별도의 간접비 지급 표준안을 마련하여 운영할 수 있는지 여부
회 신	• 지방자치단체에서 시행하는 계약에 있어 공사기간·운반거리의 변경 등 계약내용의 변경으로 계약금액을 조정하여야 할 필요가 있는 경우의 집행방법 등에 대하여는 「지방계약법」 제22조, 동법 시행령 제75조, 시행규칙 제74조 및 행정자치부 예규 「지방자치단체 입찰 및 계약집행기준」 제13장, 제7절, 실비산정에 구체적인 사항을 규정하고 있음 • 따라서, 질의사항과 같이 공사기간 연장에 따른 계약내용의 변경으로 계약금액을 조정하여야할 필요가 있는 경우에는 위의 규정에 의거 집행할 사항이며, 자치단체에서 별도의 기준을 정할 수 있는 사항이 아님 • 참고로, 공사기간 연장으로 인한 실비 산정과 관련하여 제도 개선을 추진 중에 있으며, 이와 관련하여 개선 의견이 있으신 경우 제출하여 주시기 바람
행안부	회계제도과-382, 2015. 6. 12

138	대가지급
제 목	잔여공사대금 지급 및 시공사의 부정당 업자 제재 철회 방법 여부
질 의	2011.5.27. 계약하여 2012.12.4.에 계약 상대자의 귀책사유로 계약 해지된 공사에 있어 2012.9월에 일부 기성대금을 청구하였으나 현재까지 지급받지 못한 대가의 지급 조치 및 지방계약법령의 부정당제재 사유에 해당되지 않았고 청문절차도 없이 자치단체에서 일방적으로 조치한 부정당업자 입찰참가자격 제한 등에 대한 구체적인 명예회복 조치방법 여부
회 신	• 지방자치단체의 재정지출이 부담이 되는 공사계약에 있어 기성부분에 대한 대가지급은 「지방계약법」 제18조 및 같은 법 시행령 제67조의 규정에 의거 계약담당자는 계약의 수량, 이행의 전망 및 이행기간 등을 고려하여 적어도 30일마다 지급하여야 하며, • 부정당 업자의 입찰 참가자격 제한은 「지방계약법」 제32조 및 같은 법 시행령 제92조에 계약심의위원회의 심의를 거쳐 1개월 이상 2년 이하의 범위에서 제한하도록 규정하고 있음

- 따라서, 질의사항의 경우는 과거에 행정행위 및 조치가 종결된 사항으로 계약당사자 간 협의를 통해 해결할 사항으로 판단되며, 발주기관에서 관련법령을 위반하여 부당한 조치를 한 행위에 대하여는 해당기관 또는 상급기관의 감사·조사부서에 감사요청 및 법원의 판결 등에 의해 처리할 사항임

행자부	재정관리과-65, 2015. 1. 7

139	대가지급

제 목	지연배상금 산정 기준
질 의	• [질의1] 하수도 설치공사와 관련하여, 계약기간 종료일('13.9.14) 이후 하수처리장 시운전이 시작('13.10.4)된 경우 계약기간 종료일 이전에 완료되어 기성검사를 거쳐 기성대가가 지급된 부분에 대해서는 발주기관이 이를 인수하지 않았더라도 사용한 것으로 보아 이에 상응하는 금액을 지연배상금 산정 시 제외 가능한지 여부 　＊ 하수처리장 시운전 기간(3개월)이 계약기간에 포함 • [질의2] 위 [질의1]에서 기성 부분에 대해 지연배상금 산정 제외가 가능하다면, 하수도 설치공사가 성질상 분할할 수 있는 공사인지 여부
회 신	• 「지방계약법 시행령」 제90조 제1항에 따라, 계약상대자가 정당한 사유없이 계약상 의무를 지체한 경우 계약금액에 행정자치부령으로 정하는 비율과 지체일수를 곱한 금액을 지연배상금으로 납부하여야 하며, 　- 같은 조 제2항에 따라 기성 부분에 대해 검사를 거쳐 이를 인수한 경우(인수하지 아니하고 관리·사용하고 있는 경우 포함)에는 이에 상응하는 금액을 계약금액에서 뺀 금액을 기준으로 지연배상금을 산정하여야 하나, 다만, 기성부분의 인수는 성질상 분할할 수 있는 공사에 대한 완성부분으로서 인수하는 것으로 한정됨 • 질의와 관련하여, 발주기관에서 기성부분에 대해 검사를 거쳐 기성부분을 인수하거나 관리·사용하고 있는 경우가 아니라면 이러한 기성부분에 상응하는 금액을 지연배상금 산정 시 제외하는 것은 타당하지 않을 것으로 판단됨
행안부	재정관리과-3422, 2014. 9. 12

140	대가지급

제 목	일괄입찰공사의 설계비 정산 기준
질 의	일괄입찰공사를 수의계약으로 진행 중 취소된 경우 설계비 정산 방법
회 신	• 행정자치부 예규 「지방자치단체 입찰 및 계약 집행기준」 제1장 「입찰 및 계약집행기준」 제9절-1-"가"에 따르면 시행령 제101조에 따라 설계비를 보상받을 수 있는 자는 시행령 제99조 제2항과 제100조에 따라 선정된 자 중 낙찰자로 결정되지 아니한 자와 발주기관의 귀책사유로 취소된 일괄입찰 또는 대안입찰에 참여한 자에 대하여 설계비를 보상할 수 있도록 규정하고 있으나, • 질의의 경우처럼 일괄입찰공사를 수의계약으로 진행 중 취소된 경우에는 설계비 보상과 설계비 정산에 대하여 지방계약법령에서 별도로 규정하고 있지

	아니하고 있음
행안부	재정관리과-1079, 2014. 3. 28

141	대가지급

제 목	산출내역서상 노무비대로 지급을 해야 하는지 여부
질 의	시설공사에서의 직접노무비는 원가계산 작성요령에 따라 통계자료를 기반으로 작성됨. 노무비구분관리제도는 노무자에게 직접 주는 것인지, 노무비 전체를 다 줘야 하는 건지 여부?
회 신	• 지방자치단체를 당사자로 하는 계약은 총액 확정계약이 원칙으로, 다른 법령에 특별한 규정이 있는 경우가 아니거나 개산계약·사후원가검토 조건부 계약으로 계약을 체결한 경우가 아니라면 계약체결 시 확정된 산출내역서상의 금액·단가를 임의로 변경, 정정할 수 없음. • 아울러, 노무비구분관리제 및 지급확인제는 직접노무비 대상의 모든 근로자에게 임금이 적정하게 지급되는 것을 권장하여 확인하는 제도로, 계약 상대자는 대상 근로자에게 발생된 노무량만큼 적정한 임금을 지급하면 되는 것이지, 실제 노무자에게 지급한 내역을 정산하거나 노무비를 대상 근로자에게 전부 지급해야 하는 것은 아님.
행안부	국민신문고(2023.5.12.)

142	대가지급

제 목	퇴직공제부금비 정산잔액으로 설계변경 가능 여부
질 의	물품계약에서 물품제조와 설치 부분으로 분리되어 있는데 물품설치내역의 경비 부분에 퇴직공제부금비가 반영되어 있음. 준공시점에서 사업시행자 측이 퇴직공제부금을 들지 않아 전액 정산할 예정인데, 사업시행자 측에서 감액분을 설치비 등 타 공종 계상을 요구하는 경우 설계변경 가능 여부
회 신	• 국가기관이 당사자가 되는 공사계약에서 계약담당공무원은 관계법령이나 계약조건에 따라 정산하도록 정한 정산대상 비목(퇴직공제부금비 등)의 금액 중 정산후 잔액은 설계변경이나 물가변동 등에 따라 증액되는 부분에 사용할 수 있을 것임. • 구체적으로 해당 사업비 예산의 사용, 전용 및 이용 등에 대하여는 국가재정법, 국고금관리법 등 예산 관련 법령이나 기재부 예산집행지침 등에 따라야 하므로, 발주기관의 계약담당공무원이 해당 법령이나 지침을 검토하여 판단하여야 함. ※ 지방계약법 적용기관의 경우 사후정산 보험료 감액분을 계약목적물 이행에 사용하거나, 다른 비목으로 변경 사용을 금지하고 있음.(행정안전부예규 제231호 신설 규정, 2022. 12. 23)
조달청	인터넷 질의번호 1906030004, 2019. 6. 3

143	하자처리

제 목	복합공종의 하자담보책임기간 산정을 위한 공종 분류에 대하여
질 의	토목 및 조경공사로 구성된 복합공종으로 발주한 "○○천 정비사업" 공사계약에서 동 공사에 포함된 교량의 하자담보책임기간을 산정함에 있어 공종 구분을 교량으로 분류하는 것이 정당한지 아니면 공원시설물로 분류하여야 하는지?
회 신	공사의 도급계약을 체결할 때에 계약 담당 공무원은 「국가를 당사자로 하는 계약에 관한 법률 시행령」 제60조에 의하여 그 목적물을 인수한 날과 준공검사를 완료한 날 중에서 먼저 도래한 날부터 같은 법 시행규칙 제70조 제1항 관련 별표1의 공종 구분에 따라 하자담보책임기간을 정하여야 합니다. 다만, 각 공종 간의 하자책임을 구분할 수 없는 복합공사인 경우에는 주된 공종을 기준으로 하여 하자담보책임기간을 정하여야 하는 것인 바, 구체적일 때 공종구분은 계약 담당 공무원 이동 규정, 당해 공사의 특성, 공종 간의 하자책임 구분 가능성 여부 및 관련 법령 등을 고려하여 사실 판단할 사항임.
조달청	법무지원팀-1769, 2005. 11. 22

144	하자처리

제 목	하자담보책임기간 이후의 하자보수책임 여부
질 의	"○○건물 증축공사"를 도급받아 준공한 후 하자담보책임기간 내에 하자보수요청이 있어 하자보수를 완료하였으나 하자담보책임기간 경과 후 하자보수한 부분에 집중호우로 인하여 다시 하자가 발생한 경우 시공자는 하자보수책임이 있는지 여부와 하자보수책임이 있다면 그 기한은?
회 신	공사계약에서 「국가를 당사자로 하는 계약에 관한 법률 시행규칙」 제70조및 계약예규 「공사계약 일반조건」 제33조에 의거 계약상대자는 하자담보책임기간 중 당해 공사의 하자보수를 보증하여야 하는 바, 하자담보책임기간 내에 발생한 하자에 대한 보수공사를 한 경우 동 보수공사 부분에 대한 하자가 애초 약정된 하자담보책임기간 이후에 발생한 경우에는 하자보수책임이 없다고 봄.
조달청	법무지원팀-3856, 2007. 09. 19

145	하자처리

제 목	하자보수 및 하자담보책임기간 해석 기준
질 의	• 계약 상대자의 책임으로 인하여 발생한 하자에 대해서 발주처가 하자담보 책임기간 내에서 일정기한을 정하여 하자보수를 요구하였으나 계약상대자가 하자담보 책임기간 만료 이전에만 하자보수를 이행하면 된다고 하여 발주청의 요구를 이행하지 않았을 때 계약상대자를 하자보수 불이행 사유로 부정당업체 제재처분을 할 수 있는지? • 하자담보책임기간 내에 하자보식된 수목의 경우 식재일로부터 다시 2년간 하자를 담보하는 하자보수보증서를 받아야 하는지?
회 신	• 지방자치단체와 체결한 공사계약에 있어서 지방자치단체의 장 또는 계약담

자는 「지방계약법」 제31조 제1항 및 같은 법 시행령 제92조 제1항 제6호에 따라 계약상대자가 정당한 이유없이 계약을 체결한 이후 계약이행을 하지 아니하거나 계약서에 정한 조건을 위반하여 이행한 자는 입찰참가자격 제한을 할 수 있음

- 같은 법 제20조 제1항 및 「지방자치단체 입찰 및 계약 집행기준」 제13장 공사계약일반조건 제10조 "1-가"에 따라 계약 상대자는 전체 목적물을 인수한 날과 시행령 제64조 제1항에 따른 검사를 완료한 날 중에서 먼저 도래한 날부터 시행령 제69조에 따라 계약서에 정한 기간(이하 "하자담보책임기간"이라 한다) 동안 공사 목적물의 하자(계약 상대자의 시공 잘못으로 인하여 발생한 하자에 한함)에 대한 보수책임이 있으며,
  - 또한 "1-라"에 따라 계약상대자는 하자보수 통지를 받은 때에는 즉시 보수작업을 해야 하며 해당 하자의 발생원인과 그 밖의 조치사항을 명시하여 발주기관에 제출하도록 규정하고 있음
- 질의와 관련하여 계약 상대자의 책임으로 인하여 발생한 하자에 대하여 하자보수 통지를 하였음에도 즉시 보수작업을 하지 아니한 경우에는 부정당 업자 입찰 참가자격 제한을 할 수 있으며, 법 제21조 제3항에 따라 하자보수보증금 중 하자보수에 필요한 금액을 해당 지방자치단체에 귀속시켜야 함
- 다만, 계약 상대자의 하자책임은 하자담보책임기간 동안 공사목적물의 하자에 대하여 보수책임이 있으므로 보수작업일로부터 다시 계약서에 정한 하자담보책임기간 동안 하자책임이 있는 것은 아님

행안부	재정관리과-224, 2015. 1. 16

146	하자보증금

제 목	하자보수보증금의 반환
질 의	대가지급 시 하자보수보증금 공제 가능 여부
회 신	지방자치단체가 시행하는 공사계약에서 계약 상대자의 하자보수보증금은 당해 공사의 대가를 지급할 때까지 납부하여야 하는 것이며, 부도 등의 사유로 하자보수보증금을 납부할 수 없는 경우 계약 담당 공무원은 하자보수보증금을 공제한 후 대가를 지급하여야 하는 것임.
행안부	공통교재 2012

147	하자보증금

제 목	현금 납부한 하자보수보증금의 보관금 이자율 계산은?
질 의	하자보증기간이 만료된 공사계약에서 기 현금 납부한 하자보증금에 대해서 보증금 및 보관이자를 지급하려고 합니다. [국가를 당사자로 하는 계약에 관한 법률시행규칙] 제53조에 의한 [정부 보관금 취급규칙]에 의해 보관이자를 산정하게 되는 경우에 이자율 계산은?
회 신	공사계약에서 계약상대자는 계약예규 「공사계약 일반조건」 제33조에 의하여 전체 목적물을 인수한 날과 준공검사를 완료한 날 중에서 먼저 도래한 날부터 「국

가를 당사자로 하는 계약에 관한 법률 시행령」 제60조에 의하여 계약서에 정한 하자담보책임기간 동안 공사목적물의 하자(계약상대자의 시공상의 잘못으로 인하여 발생한 하자에 한함)에 대한 보수책임이 있으며, 계약담당공무원은 동 예규 제35조 제2항에 의한 하자보수완료확인서의 발급일까지 하자보수보증금을 계약상대자에게 반환하여야 하는 바, 이 경우 현금으로 납부된 보증금은 「정부보관금 취급규칙」 제4조 제1항 및 제4조의2 제1항에 의하여 보관금의 성격 등을 고려하여 중앙관서의 장이 정한 예금으로 「국고금관리법 시행령」 제11조에 의한 금융기관에 예치하여 관리하여야 하며, 그 예금에서 생긴 이자는 동 규칙 제6조에 의하여 납부자별로 계산·관리 및 지급하여야 하는 것임.

| 조달청 | 인터넷 질의 2011. 09. 22 |

| **148** | 하자보증금 |

제 목	**하자보증금의 보증한도액 범위 내에서 계약 상대자의 하자보수 이행 여부**
질 의	공사의 하자담보기간 내 정기 하자검사 결과 하자보수에 필요한 금액이 하자보수보증금의 보증한도액을 초과한 경우, 하자보수보증금의 보증한도액 범위 내에서 계약 상대자가 하자보수 이행을 발주기관에 요구할 수 있는지 여부?
회 신	• 「지방계약법 시행령」 제71조의2에 따르면 지방자치단체의 장 또는 계약 담당자는 제69조에 따른 담보책임의 존속기간에 하자가 발생하면 즉시 계약상대자에게 하자보수기간을 정하여 하자보수를 통지하여야 하며, - 계약 상대자가 위의 하자보수기간에 하자보수를 이행하지 아니하거나 하자보수를 이행할 수 없는 경우엔 하자보수보증금 중 제71조의3에 따라 산정한 하자보수에 필요한 금액을 즉시 해당 지방자치단체에 귀속시켜야 함. 다만, 하자보수보증금을 보증서로 보관하는 경우에는 하자보수의무를 보증한 기관에 보증한도액 범위에서 하자보수를 이행하도록 요구할 수 있으며, - 같은 시행령 제72조에 따라 하자보수금을 해당 하자의 보수를 위하여 직접 사용하려는 경우에는 그 하자보수보증금을 세입으로 납입하지 아니하고 세입·세출 외로 구분하여 하자보수에 직접 사용할 수 있을 것임 • 따라서 하자보수보증기간 내에 발생한 하자보수에 필요한 금액이 하자보수보증금을 초과한 경우에도 발주기관은 계약 상대자에게 전체의 하자에 대하여 하자보수를 통지하여야 하며, 계약 상대자가 하자보수보증금의 보증한도액 내에서 발주기관에게 하자보수 이행을 요구하는 것은 타당하지 아니할 것임
행안부	회계제도과-3115, 2016. 6. 20

| **149** | 하자보증금 |

제 목	**하자보수 이행 주체 해석 기준**
질 의	• 계약 상대자(B)가 발주기관(A)의 공사계약을 체결하여 이행하던 중, B가 다른 업체(C)와 이행합의서*를 작성하고 C가 B가 시공하던 공정 중 일부를 재시공하였을 경우 재시공 부분의 하자 발생 시 누구에게 하자보수 이행을 요구하여야 하는지?

	* 이행합의서 내용: C가 재시공한 공정에 대한 하자 발생 시 C는 하자보수 기간과 관계없이 일체의 책임을 감수함
	* B는 A로부터 전체 공정에 대한 공사대금을 수령하고 전체 공정에 대한 하자보수보증서를 제출함
회 신	• 「지방계약법 시행령」 제71조의2 제1항은 지방자치단체의 장 또는 계약 담당자는 제69조에 따른 담보책임의 존속기간에 하자가 발생하면 즉시 계약상대자에게 하자보수기간을 정하여 하자보수를 이행하도록 통지하여야 한다고 규정하고 있음
	• 질의와 관련하여, 위 시행령 규정에 따라 하자보수 책임은 계약 상대자에게 있는 것인 바, 계약 상대자가 다른 업체와 이행합의서를 작성하였고 다른 업체가 시공한 부분에 하자가 발생한 경우라고 하더라도 발주기관은 계약 상대자에게 하자보수 이행을 요구하는 것이 타당할 것으로 판단됨
행안부	재정관리과-3603, 2014. 9. 23

150	지연배상금

제 목	**지체일수 산입 여부**
질 의	국가기관과 기자재 제작구매 설치에 대하여 계속비로 계약. 계약조건에는 성능검사가 포함되어, 계약기간까지 성능검사를 완료하지 못하여 지체 중인 상태에서 성능검사를 진행하던 중 발주자가 소유 및 관리하는 해수 공급 펌프의 고장으로 성능검사가 중단되었음.
	* 성능검사는 발주자가 해수를 공급하여야 검사 가능경우, 지체 중이라도 계약상대자의 책임없는 사유(발주자가 소유 및 관리하는 해수 공급 펌프의 고장으로 인해 해수 공급 중단)로 인해 성능시험을 할 수 없는 기간 동안(고장일부터 성능시험일까지)을 지체일수의 포함 여부
회 신	물품(제조)구매계약에서 이미 이행지체 중인 경우에는 계약상대자의 책임이 아닌 사유로 추가 지체되었더라도 지체일수에 포함하여야 하나, 귀 질의와 같이 이행 지체 중 발주기관의 책임 있는 사유로 인하여 추가 지체된 기간은 지체일수에 산입하지 않는 것이 타당할 것임.
조달청	규제개혁법무담당관-3419, '08. 10. 29

151	지연배상금

제 목	**공사지연배상금 부과 관련 적용 기준**
질 의	• [질의1] 시공업체의 시운전, 운영기술 전수·습득을 위한 교육 및 합동근무로 수돗물을 생산·공급한 사실이 인수하지 아니하고 관리·사용한 것에 해당하는지 여부
	• [질의2] 수돗물 생산을 위한 시설물 개량공사 및 공사의 마무리 부분인 조경, 포장, 인테리어, 가로등 공사 등으로 구분하는 것이 공사의 성질상 분할할 수 있는 공사에 해당하는지 여부
회 신	• 「지방계약법 시행령」 제90조 제1항에 따라, 계약 상대자가 계약상 의무를 지

체한 경우 계약금액에 행정자치부령으로 정하는 비율과 지체일수를 곱한 금액을 지연배상금으로 납부하여야 하며,

- 같은 조 제2항에 따라 기성부분에 대해 검사를 거쳐 이를 인수한 경우(인수하지 아니하고 관리·사용하고 있는 경우 포함)에는 이에 상응하는 금액을 계약금액에서 뺀 금액을 기준으로 지연배상금을 계산하여야 하는 바, 다만, 기성부분의 인수는 성질상 분할할 수 있는 공사에 대한 완성부분으로서 인수하는 것으로 한정됨

• 질의의 경우는 구체적인 사실관계에 대한 판단이 필요한 사안인바, 이는 발주기관에서 해당 공사의 특성 계약의 내용·조건 및 관련 사실관계를 종합적으로 확인하여 판단하여야 할 것으로 사료됨

행안부	재정관리과-2569, 2014. 7. 14

152 — 지연배상금

제 목	계약의 해지에 따른 지연배상금 상계처리 가능 여부
질 의	공사 미준공에 따른 계약 해지 후 선급금 반환청구 시, 타절 기성금액에서 지체상금 상계처리 후 남은 타절 기성금액을 선급금에서 공제 후 보증사에 선급금 반환청구가 가능한지?
회 신	• 지방자치단체가 체결하는 계약에 있어서 지방자치단체의 장 또는 계약담당자는 「지방계약법시행령」 제54조 제1항에 따라 계약상대자가 정당한 이유 없이 계약상의 의무를 이행하지 아니하면 제51조에 따른 계약보증금을 법 제15조 제3항에 따라 지방자치단체에 세입 조치하여야 하고, • 지연배상금은 같은 법 제30조 및 같은 법 시행령 제90조에 따라 계약상대자가 계약상의 의무를 지체하여 이행한 경우에 납부하게 하는 것으로 계약이행이 준공기한을 경과하여 완료(준공)되는 경우에 청구하는 것이며, 계약이행을 완료(준공)하지 않고 해지된 경우라면 계약보증금을 세입 조치하여야 할 사항인 것으로 사료됨 • 또한, 선금 반환과 관련하여 「지방자치단체 입찰 및 계약 집행기준」 제6장 선금·대가 지급요령 제2절 "5-나"의 "3)"에 따른 선금 반환청구 시 기성부분에 대한 미지급액이 있는 경우에는 선금잔액을 그 미지급액에 우선적으로 충당해야 하며, 반환할 선금액이 부족한 경우에는 보증기관에 청구해야 할 것으로 사료됨
행안부	회계제도과-4330, 2016. 8. 22

153 — 지연배상금

제 목	장기계속공사 지연배상금 부과 기준
질 의	장기계속공사에서 시공 완료 후 시운전 중 사고로 인하여 준공이 지연된 경우 사고 책임이 없는 분담사에 대한 지연배상금 부과 여부?
회 신	• 「지방계약법 시행령」 제90조 제1항에 따르면 지방자치단체의 장은 법 제30조 제1항에 따라 계약 상대자가 계약상 의무를 지체하였을 때에는 지연배상금으

로서 계약금액(장기계속계약의 경우에는 연차별 계약금액)에 행정자치부령으로 정하는 비율과 지체일수를 곱한 금액을 계약 상대자로 하여금 현금으로 납부하게 하여야 하며, 이 경우 계약상대자의 책임 없는 사유로 계약이행이 지체되었다고 인정될 때에는 그 해당 일수를 지체일수에 포함하지 아니하며,

- 「지방자치단체 입찰 및 계약 집행기준」 제7장 공동계약 운영요령 제3절 "5"에 따라 공동이행방식의 경우에는 공동수급체의 구성원이 계약상의 의무이행에 대해 연대하여 책임을 지고, 분담이행방식의 경우에는 공동수급체의 구성원이 각자 자신이 분담한 부분만 책임을 진다고 규정하고 있음

- 따라서 질의의 경우 공동도급으로 참여한 계약 상대자가 계약상 의무를 지체하였으나 분담이행방식으로 참여한 구성원에게 지체 책임이 없는 경우라면 지체 사유를 야기한 구성원에게 지연배상금을 부과하는 것이 타당하다고 사료됨

행안부	회계제도과-3892, 2016. 7. 27

	154	지연배상금

제 목	용역(종합계약) 준공 후 지연배상금 부과 여부
질 의	• [질의1] 여러 지자체가 참여한 종합계약(광역버스정보시스템 구축사업, 공동집행방식)에 있어 지연배상금 부과 사유가 발생한 경우 지연배상금 산정 시, 해당 사유가 발생한 지자체가 분담하는 계약금액을 기준으로 하는지 아니면 전체 계약금액을 기준으로 하는지 • [질의2] 지연배상금 부과 시 기성금을 인정 여부
회 신	• 「지방계약법 시행령」 제90조 제1항에 따라, 계약상대자가 계약상 의무를 지체한 경우 계약금액에 행정자치부령으로 정하는 비율과 지체일수를 곱한 금액을 지연배상금으로 납부하여야 하며, 　- 같은 조 제2항에 따라 기성부분에 대해 검사를 거쳐 이를 인수한 경우(인수하지 아니하고 관리·사용하고 있는 경우 포함)에는 이에 상응하는 금액을 계약금액에서 뺀 금액을 기준으로 지연배상금을 계산하여야 하는 바, 다만, 기성부분의 인수는 성질상 분할할 수 있는 용역에 대한 완성부분으로서 인수하는 것으로 한정됨 • [질의1]과 관련하여, 공동집행방식으로 종합계약을 함께 발주한 여러 지자체 중 1개 지자체에서 지연배상금 부과 사유가 발생하였더라도 지연배상금은 전체 계약금액을 기준으로 산정하는 것이 타당할 것으로 판단됨 • [질의2]와 관련하여, 기성대가를 지급하였더라도 성질상 분할할 수 있는 용역의 완성된 부분으로서 발주기관에서 인수 또는 관리사용하고 있는 경우가 아니라면 지연배상금 산정 시 이에 상응하는 금액을 제외할 수 있는 것은 아님
행자부	재정관리과-4394, 2014. 11. 7

155	지연배상금

제 목	전면책임감리용역 지연배상금 부과 가능 여부
질 의	• [질의1] 시공업체의 공사 지연으로 전면책임감리용역이 지연된 경우, 계약상 대자의 책임없는 사유에 해당하는지 여부 • [질의2] 감리용역은 일정에 따라 감리원의 투입으로 과업이 소진되는 용역인 바, 이러한 용역이 성질상 분할할 수 있는 용역인지 여부
회 신	• 「지방계약법 시행령」 제90조 제1항에 따라, 계약상대자가 자신의 책임있는 사유로 계약상 의무를 지체한 경우 계약금액에 행정자치부령으로 정하는 비율과 지체일수를 곱한 금액을 지연배상금으로 납부하여야 하며, 　- 같은 조 제2항에 따라 기성부분에 대해 검사를 거쳐 이를 인수한 경우(인수하지 아니하고 관리·사용하고 있는 경우 포함)에는 이에 상응하는 금액을 계약금액에서 뺀 금액을 기준으로 지연배상금을 계산하여야 하는 바, 다만, 기성 부분의 인수는 성질상 분할할 수 있는 공사에 대한 완성부분으로서 인수하는 것으로 한정됨 • [질의1]과 관련하여, 계약상대자(책임감리업체)의 책임에 속하지 않는 시공업체의 책임있는 사유로 인해 해당 용역계약의 이행이 지연된 경우라며 지연배상금을 부과하는 것은 타당하지 않을 것으로 사료되며, 구체적인 것은 발주기관에서 사실관계를 확인하여 판단하여야 할 사안임 • [질의2]와 관련하여, 책임감리용역이 성질상 분할 가능한 용역인지 여부는 발주기관에서 책임감리 관련 법령·지침의 규정 및 해당 용역의 특성 등을 고려하여 판단하여야 할 사안임
행자부	재정관리과-2597, 2014. 7. 16

156	지연배상금

제 목	주계약자 공동도급 계약에 있어서 지연배상금 부과대상 인정 범위
질 의	지방자치단체와 체결한 주계약자 공동도급에 의한 공사계약에 있어서 주계약자 공사부분(건축공사)이 지연되어 부계약자 분담부분(기계설비공사)공사가 불가피하게 지연되었을 경우 지연배상금 부과대상 및 산정 기준은?
회 신	• 지방자치단체와 체결한 공사계약에 있어서 「지방자치단체 입찰 및 계약 집행기준」 제13장 공사계약 일반조건 제8절 "1-가"에 따라 계약상대자는 계약서에 정한 준공기한(계약서상 준공신고서 제출기일을 말한다) 안에 공사를 완성하지 아니한 때에는 매 지체일수마다 계약서에 정한 지연배상금률을 계약금액(장기계속공사 계약은 연차별 계약금액)에 곱하여 산출한 금액(이하 "지연배상금"이라 한다)을 현금으로 납부하도록 하여야 하며, • 「지방자치단체 입찰 및 계약 집행기준」 제8장 주계약자 공동도급 운영 요령 제2절 "3-나"에 따라 주계약자는 종합 조정·관리 및 건설산업기본법령에 따라 자신의 분담부분은 직접 시공하거나 하도급을 할 수 있고, 부계약자 중 전문건설업자는 해당 구성원이 분담한 부분에 대하여 직접 시공을 해야 하며, "3-다"에 따라 구성원 자신이 시공한 부분에 대하여 각각 하자의 책임을 지도록 규정하고 있음

- 따라서, 주계약자 공동도급에 의한 공사계약에 있어서 일부 구성원의 분담 부분이 지연되어 다른 구성원의 분담부분의 공사가 불가피하게 지연된 경우 라면 해당 공사의 지체를 직접 야기한 구성원에 대하여 지연배상금을 부과 하여야 할 것이며,
  - 이 경우 지연배상금 부과대상 금액은 해당 공사의 지체를 직접 야기한 구 성원의 분담부분 금액을 기준으로 산정함

행안부	회계제도과-2997, 2015. 10. 6

157	계약해제·해지

제 목	계약 상대자의 부도에 따른 계약의 해제·해지 여부
질 의	물품납품업체와 계약을 체결하여 계약 상대자가 계약이행 중에 부도가 발생한 건으로 부도가 난 상태에서는 계약이행을 기대할 수 없다고 보아 계약을 해제 또는 해지하여야 할 것인지, 또는 이미 계약된 사항을 업체가 이행한다면 유효 한 것으로 보아 계약이 유효한 것인지, 또한 계약이 유효하다고 할 때 연대보증 인이 없는 경우에 계약업체에서 물품 납품을 이행하지 않을 경우의 처리방법
회 신	부도 등의 이유만으로는 계약을 해제 또는 해지할 수 없을 것이므로 애초 계약 을 유효한 것으로 인정. 다만, 정당한 이유 없이 계약을 이행하지 아니하는 경우 라면 부정당 업자로 입찰 참가자격을 제한하고 연대보증인이 없는 경우에는 수 의계약을 체결할 수 있음.
행안부	공통교재 2012

158	계약해제·해지

제 목	공사이행 중 계약 상대자가 폐업한 경우 계약해지 가능 여부
질 의	1) 공사계약 이행 중 계약 상대자가 폐업한 경우 계약해지 가능 여부 2) 계약해지 사유로 인한 경우 보증사에 공사 이행을 청구할 수 있는지 여부
회 신	1) 행정자치부 예규 「지방자치단체 입찰 및 계약 집행기준」 제13장 공사계약 일 반조건 제8절 "3-가-6)"에 따르면 계약 상대자의 부도, 파산, 해산, 영업정지, 사업 또는 영업에 관한 등록·인가·허가 등의 취소, 그 밖의 사유로 계약이행 이 곤란하다고 인정되는 경우에는 계약상대자의 책임 있는 사유로 인한 계약 의 해제·해지 사유가 된다고 규정하고 있음 - 따라서, 질의의 경우 공사 이행 중 계약 상대자의 폐업으로 인하여 계약 이행이 곤란하다고 인정되는 경우에는 계약해지가 가능함 2) 아울러 제8절 "8-가"에 따르면 계약담당자는 계약상대자가 제8절 "3-가"(종 전 행정자치부 예규 제253호, 지방자치단체 공사계약 일반조건 Ⅷ-3-가)의 어느 하나에 해당하는 경우에는 제4절 "3"에 따른 보증기관(종전 연대보증인 또는 보증기관)에 대하여 공사를 완성할 것을 청구하여야 한다. 다만, "3-가, 나"에 의해 계약을 해제 또는 해지한 경우에는 보증이행을 청구할 수 없다고 규정하고 있음
행안부	회계제도과-3378, 2015. 10. 30

159	부정당 업자 제재
제 목	**2개의 면허 보유 시 부정당 제재 효력**
질 의	2개의 면허를 보유한 업체의 경우 부정당 업자 제재의 효력
회 신	부정당 업자 제재는 법인인 경우에는 그 법인과 대표자에 대하여 제재 기간 동안 입찰 참가자격을 제한하는 것으로 2개 이상의 면허를 보유하고 있는 법인인 경우 여타 면허에도 제재 효과가 미치게 되는 것임.
행안부	공통교재 2012

160	부정당 업자 제재
제 목	**법인 합병 시 부정당 업자 승계 여부**
질 의	법인 합병 시 부정당 업자 승계 여부
회 신	지방자치단체로부터 부정당 업자 제재를 받은 법인을 합병하는 경우 합병된 후의 법인의 부정당 업자 제재를 받은 법인의 면허번호, 등록번호 및 법인등록번호 등과 각각 동일한 사항이 있어 동질성이 인정된다고 판단될 경우에는 입찰 참가자격이 제한되는 것임.
행안부	공통교재 2012

161	부정당 업자 제재
제 목	**특별사면 관련 부정당 업자 제재 기준**
질 의	중앙행정기관이 「국가계약법 시행령」 제27조 및 동법 시행령 제76조 제1항 제6호(정당한 이유 없이 계약을 이행하지 아니한 자)에 따라 A업체의 입찰 참가자격을 3개월간 제한하였으나, 　- 부정당 업자 제재 기간 중에 A업체가 "광복 70주년 특별사면 및 특별감면조치"에 따라 부정당 업자 제재처분이 해제된 경우 입찰 참가자격 제한 기간 종료 후 6개월간 A업체가 수의계약 결격사유에 해당되는지 여부?
회 신	• 「지방자치단체 입찰 및 계약 집행기준」 제5장 수의계약 운영요령 〈별표1〉 수의계약 결격사유 "③"에 따르면 견적서 제출 마감일을 기준으로 「지방계약법 시행령」 제92조 또는 다른 법령에 따라 1) 부실이행, 2) 담합행위, 3) 입찰·계약 서류의 허위·위조 제출, 4) 입찰·낙찰·계약이행 관련 뇌물 제공으로 부정당 업자 제재 처분을 받고 그 종료일로부터 6개월이 지나지 아니한 자를 수의계약 결격 대상자로 규정하고 있는바, 　- 정당한 이유 없이 계약을 이행하지 아니한 사유로 부정당 업자 제재 처분을 받은 경우는 이에 해당하지 아니함
행안부	회계제도과-3992, 2016. 8. 2

162	부정당 업자 제재
제 목	**지방계약심의위원회 심의결과 수용 가능 여부**
질 의	자체 특별감사 결과 관련규정 위반으로 부정당 업자 입찰 참가자격 제한사항에 대하여 계약심의위원회가 무혐의 처분 의결을 한 경우 처분권자가 수용하여야 하는지 여부?
회 신	• 지방자치단체의 장은 「지방계약법」 제31조에 따라 부정당 업자에 대해 계약심의위원회의 심의를 거쳐 입찰 참가자격을 제한하여야 하고, 같은 법 제32조에 따라 계약심의위원회는 부정당 업자의 입찰 참가자격 제한에 관한 사항 등의 적절성과 적법성을 심의하며, 지방자치단체의 장은 특별한 사유가 없으면 그 심의결과를 부정당 업자의 입찰 참가자격 제한에 반영하도록 규정하고 있으나, – 계약심의위원회는 의결기구가 아니라 심의기구이므로 처분에 대한 최종적인 결정은 지방자치단체의 장이 하는 것임 • 따라서 질의의 경우 계약심의위원회의 심의결과에 대하여 지방자치단체의 장은 특별한 사유가 없으면 그 심의결과를 반영하여야 할 것이나, 심의결과가 지방계약법령의 취지와 반하거나 적절성과 적법성을 벗어나는 등 특별한 사유에 해당하는 경우에 해당된다면, 계약심의위원회의 심의결과를 반영하지 아니하고 지방자치단체의 장 판단에 따라 제재 처분을 할 수 있을 것임
행자부	회계제도과–2920, 2016. 6. 9

163	부정당 업자 제재
제 목	**하도급계약 허위 통보에 대한 부정당 업자 입찰 참가자격 제한 여부**
질 의	하도급 계약을 허위로 통보한 경우 부정당 업자 입찰 참가자격 제한 가능 여부 및 과징금 부과 대체 가능 여부?
회 신	• 「지방계약법」 제31조 및 같은 법 시행령 제92조 제1항에 따르면 지방자치단체의 장은 계약상대자, 입찰자 등이 경쟁의 공정한 집행, 계약의 적정한 이행을 해칠 우려 등이 있을 경우에 대하여 2년 이내의 범위에서 입찰참가자격을 제한하도록 규정하고 있으며, – 같은 항 제2호에 따라 「건설산업기본법」, 「전기공사업법」, 「정보통신공사업법」, 그 밖의 다른 법령에 따른 하도급의 제한규정을 위반하여 하도급한 자, 거짓으로 하도급 통보를 한 자 등은 입찰 참가자격의 제한 대상에 해당됨 • 또한, 지방자치단체의 장은 「지방계약법」 제31조의2 제1항에 따라 부정당 업자 입찰참가자격의 제한을 하여야 하는 경우로서 같은 항 제1호·제2호 및 같은 법 시행령 제92조의2 제1항(천재지변, 급격한 경제여건 변화, 발주자 책임, 공동계약자나 하수급인 등과의 공동책임, 재발할 위험성이 낮다고 인정되는 경우)·제2항(입찰자가 2인 미만이 될 것으로 예상되는 경우)의 어느 하나에 해당하는 경우에 부정당업자의 신청에 따라 같은 법 제31조의2 제1항 각 호의 구분에 따른 금액 이하의 과징금을 부과할 수 있음 • 따라서, 질의의 경우 하도급 계약을 거짓으로 통보한 경우라면 부정당업자 입찰참가자격의 제한 대상이며, 과징금 부과 여부는 지방계약법 시행령 제92

	조의2 제1항이나 제2항의 사유에 해당하는 지를 판단하여 결정할 사항임
행안부	회계제도과–2491, 2016. 5. 23

164 　　　　　　　　　　　　　　　　　　　　📋 부정당 업자 제재

제 목	**부정당 업자 제재 가능 여부에 관한 유권해석 기준**
질 의	• □□시와 가로등 교체공사 계약을 체결한 전기공사업자인 ○○(주)가 □□시로부터 도급 받은 공사를 무등록업체인 (주)△△에 하도급한 사실이 확인되었는데 전기공사업자인 ○○(주)에 대한 부정당업자 제재 가능 여부 • 「지방계약법 시행규칙」 제76조 [별표 2] '부정당업자의 입찰참가자격 제한기준' 제4호의 다목과 같이 전기공사업 미등록자 등 여타 공사업 미등록자에 대한 경우와 달리 유독 건설업 미등록자에게 하도급한 자에 대해서만 입찰참가자격을 제한하도록 한 취지

회 신	• 「지방계약법 시행령」 제92조 제1항 제2호에 따르면 「건설산업기본법」, 「전기공사업법」, 「정보통신공사업법」, 그 밖의 다른 법령에 따른 하도급의 제한규정을 위반하여 하도급한 자, 거짓으로 하도급 통보를 한 자, 발주관서의 승인 없이 하도급한 자 및 발주관서의 승인을 받은 하도급 조건을 변경한 자에 대하여 입찰참가자격을 제한하도록 규정하고 있고,
	  – 이에 대한 구체적인 제한기준을 규정하고 있는 「지방계약법 시행규칙」 [별표 2] 제2호 다목에서는 건설업미등록자에 하도급한 자에 대하여 입찰참가자격을 제한하도록 규정하고 있음
	• 질의와 관련하여 부정당업자 입찰참가자격 제한과 같은 침익적 행정처분에 대해서는 엄격하게 해석하고 있으므로
	  – 전기공사업 미등록하지 아니한 자에 대한 하도급 행위에 대하여 명시적인 규정이 없으므로 부정당 제재처분을 하기는 어려울 것으로 판단됨
	• 향후 「지방계약법 시행규칙」을 개정하여 건설업뿐만 아니라 여타 공사업 미등록자도 제재대상에 포함하도록 할 계획임

행안부	회계제도과–1876, 2016. 4. 20

165 　　　　　　　　　　　　　　　　　　　　📋 부정당 업자 제재

제 목	**조달청에 의뢰한 계약 건에 대한 부정당업자 입찰참가자격 제재 처분권 인정 범위**
질 의	조달청에 의뢰한 계약 건에 대하여 부정당업자의 입찰참가자격을 제한하는 경우 그 처분 주체는?
회 신	• 「지방계약법」 제7조에 따르면 계약 사무를 위임 또는 위탁받는 기관의 계약 담당자는 다른 법률에 특별한 규정이 없으면 이 법에서 정하는 바에 따라 계약 사무를 처리해야 하며, • 같은 법 제31조 제1항 및 같은 법 시행령 제92조 제11항과 제12항의 규정에 지방자치단체가 조달청에 계약을 위반하는 경우 중앙행정기관의 장(조달청장) 또는 지방자치단체의 장이 부정당업자의 입찰참가자격 제재처분의 주체가 될 수 있도록 규정하고 있음 • 따라서, 질의의 경우 조달청에 계약을 의뢰하며 조달청에게 처분을 요청하지

	아니한 경우라면 지방자치단체의 장이 부정당업자의 입찰참가자격을 제한하는 것이 타당할 것임
행안부	회계제도과–498, 2016. 2. 2

	부정당 업자 제재
166	
제 목	시공감리상 부정당 업자 입찰 참가자격 제한 가능 여부
질 의	• 「건설기술진흥법」 제23조의2, 「시공감리 현장참여자 업무지침서」 제40조 및 「감리용역과업지시서」 등에 따라 설계 도서를 사전에 기술검토하고 그 결과를 발주기관에 보고하도록 규정하고 있음, – 그런데도 감리업체는 지반조사의 필요성을 알고 있었고 더욱이 지반조사를 실시하라는 검토의견을 보강설계업체에 제시하고도 이를 확인하지 않고 설계결과 보고서를 적정한 것으로 검토한 후 발주기관에 실정 보고한 결과로 터널이 붕괴되는 사고가 발생한 경우 • 감리업체에 대하여 「지방계약법」 제31조, 같은 법 시행령 제92조 및 같은 법 시행규칙 제76조의 규정에 따라 부정당업자의 입찰참가자격 제한을 할 수 있는지와 그 사유는?
회 신	• 지방자치단체가 체결하는 계약에 있어서 계약상대자 또는 입찰자가 「지방계약법」 시행령 제92조 제1항 각 호에 해당하는 경우 처분권자인 지방자치단체의 장이 관련법령 및 계약내용 등을 확인하여 부정당업자 입찰참가자격 제한 여부를 판단 결정하여야 하는 사항으로 위 질의내용에 따른 해당 조항을 보면, – 같은 항 제1호는 계약을 이행할 때 부실하게 하거나 조잡하게 하거나 부당하게 하거나 부정한 행위를 한 자, 제6호는 정당한 이유 없이 계약서에 정한 조건을 위반하여 이행한 자로 규정하고 있음 • 따라서 질의내용으로 보면 같은 시행령 제92조 제1항 제1호 및 제6호에 해당할 수 있는 것으로 사료되며, 구체적인 제재처분 여부는 처분권자인 지방자치단체의 장이 해당 계약내용 및 이행상황, 관련법령 및 위반사항, 부정당업자의 입찰참가자격 제한기준 등을 종합적으로 고려하여 결정할 사항임
행안부	회계제도과–4274, 2015. 12. 18

	부정당 업자 제재
167	
제 목	부정당 업자 제재 중 계약심의위원회 심의절차 기준
질 의	부정당업자 입찰참가자격 제한 진행 절차에서 청문과 계약심의위원회심의 중 먼저 수행해야 하는 절차는?
회 신	• 「지방계약법」 시행령 제92조 제1항에 따르면 지방자치단체의 장은 다음 각 호의 어느 하나에 해당하는 계약상대자, 입찰자 또는 견적서 제출자에 대해서는 같은 법 제31조에 따라 해당 사실이 있은 후 지체 없이 같은 법 제32조에 따른 계약심의위원회의 심의를 거쳐 1개월 이상 2년 이하의 범위에서 입찰참가자격을 제한하여야 한다고 규정하고 있으며, • 같은 법 시행규칙 제76조의2에 따르면 지방자치단체의 장은 같은 법 제31조 제1항에 따라 입찰참가자격을 제한하는 경우에는 청문을 하여야 한다고 규정

하고 있음

- 따라서, 지방계약법령에서 청문 절차와 계약심의위원회 심의 중 어느 절차를 먼저 수행해야 한다는 규정을 별도로 두고 있지는 아니하나, 입찰 참가자격의 제한 절차상으로 보아 청문은 사전에 의견을 수렴하는 과정이고, 계약심의위원회의 심의는 제재 여부 등을 최종적으로 심의한 후 심의내용에 따라 지방자치단체의 장이 최종 결정하는 사항으로 보았을 때 청문 절차를 우선으로 하는 것이 타당할 것으로 사료됨

행안부	회계제도과-2729, 2015. 9. 23

168	부정당 업자 제재

제 목	공동도급과 관련한 부정당 업자의 입찰 참가자격 제한 기준
질 의	• 공동도급사 중 대표사(A)의 부도로 공사를 추진하지 못하고 있다가 다른 도급사의 동의를 구하여 A사가 공사포기서를 제출하면 부정당업자의 입찰참가자격 제한 여부? • 지방자치단체에서 조달청에 계약 의뢰한 공사계약인 경우 지방계약법 제31조(부정당업자의 입찰참가자격 제한)에 근거하여 제재 주체가 조달청이 아닌 경남도가 되는 것이 맞는지?
회 신	-질의 1관련- • 「지방계약법」 제31조 제1항 및 시행령 제92조 제1항 6호에 따라 지방자치단체의 장은 정당한 이유 없이 낙찰된 후 계약을 체결하지 아니한 자 또는 계약을 체결한 이후 계약이행(제42조 제2항에 따른 계약이행능력 심사를 위하여 제출한 하도급관리계획, 「건설산업기본법」 제31조의2에 따른 하도급계획 및 외주근로자 근로조건 이행계획에 관한 사항과 제88조에 따른 공동계약에 관한 사항의 이행을 포함한다)을 하지 아니하거나 계약서에 정한 조건을 위반하여 이행한 자는 부정당업자의 입찰참가자격을 제한하도록 규정하고 있음 • 질의와 관련하여 공동수급체의 일부 구성원이 부도 등으로 해당 공사를 추진하지 못하고 공사포기서를 제출하였다면 지방자치단체의 장은 당초 협정서의 내용대로 계약이행을 하지 아니한 해당 구성원에 대하여 부정당업자의 입찰참가자격을 제한하여야 할 것임 -질의 2관련- • 「지방계약법」 제31조 제1항에 따르면 지방자치단체의 장(지방자치단체의 장이 제7조 제1항에 따라 중앙행정기관의 장 또는 다른 지방자치단체의 장에게 계약사무를 위임하거나 위탁하여 처리하는 경우에는 그 위임 또는 위탁을 받은 중앙행정기관의 장 또는 지방자치단체의 장을 포함한다. 이하 (제31조의2 제1항 및 제5항에서 같다)은 경쟁의 공정한 집행 또는 계약의 적정한 이행을 해칠 우려가 있는 자 등에 대하여는 대통령령으로 정하는 바에 따라 2년 이내의 범위에서 입찰참가자격을 제한하도록 규정하고 있음 위 규정은 부칙 제3조(부정당업자의 입찰 참가자격 제한에 관한 적용례)에 따라 이 법 시행(2014.2.7.) 후 최초로 입찰공고를 하거나 수의계약을 체결하는 경우부터 적용하는 바, 질의와 관련하여 해당 공사의 최초 입찰공고일이 2014.2.7. 전(前)이라면 구 지방자치단체를 당사자로 하는 계약에 관한 법령에 따라 지방자치단

	체가 조달청에 계약을 의뢰하는 경우에도 지방자치단체의 장이 제재처분권자가 됨
행자부	회계제도과–526, 2015. 6. 18

169	부정당업자 제재
제 목	**지방자치단체 시행 사업의 위탁 시 적용 근거법령 여부**
질 의	(질의 1) 한국농어촌공사가 농어촌정비법에 따라 지방자치단체로부터 생활환경 정비사업 등을 위탁받은 경우 계약사무 처리 시 적용법령 및 그 사유 (질의 2) 지방계약법령을 적용해야 한다면 부정당업자 제재처분의 행정주체
회 신	1) 질의 1에 대하여 • 「지방계약법」 제7조 제1항에 따르면 지방자치단체의 장은 다른 법령에서 정한 경우 외에는 그 소관 계약사무를 처리하기 위하여 필요하다고 인정되면 그 사무의 전부 또는 일부를 「지방재정법」에 따른 회계관계공무원, 중앙행정기관의 장, 다른 지방자치단체의 장 또는 대통령령으로 정하는 전문기관에 위임하거나 위탁하여 처리하게 할 수 있도록 규정하고 있으며, 　- 같은 법 제7조 제2항에 따르면 계약사무를 위임 또는 위탁받는 기관의 계약담당자는 다른 법률에 특별한 규정이 없으면 지방계약법에서 정하는 바에 따라 계약사무를 처리하도록 규정하고 있음 　- 또한, 동 규정 단서에서는 「국가계약법」의 적용을 받는 중앙행정기관의 장 또는 전문기관에 위임 또는 위탁하는 경우에는 지방계약법에서 정하는 바에 따라 계약사무를 처리하도록 규정하고 있음 • 따라서, 지방자치단체가 「농어촌정비법」에 따라 한국농어촌공사에 "생활환경정비사업"을 위탁하는 것은 행정사무에 대한 위탁이나, 그 행정사무에 계약사무를 포함하고 있을 경우 계약사무에 대해서는 지방계약법령을 적용을 하여야 할 것으로 판단됨 2) 질의 2에 대하여 • 지방계약법 제31조 제1항에 따르면 지방자치단체의 장(지방자치단체의 장이 제7조 제1항에 따라 중앙행정기관의 장 또는 다른 지방자치단체의 장에게 계약사무를 위임하거나 위탁하여 처리하는 경우에는 그 위임 또는 위탁을 받은 중앙행정기관의 장 또는 지방자치단체의 장을 포함한다)은 경쟁의 공정한 집행 또는 계약의 적정한 이행을 해칠 우려가 있는 자에 대해서는 2년 이내의 범위에서 입찰참가자격을 제한하여야 하도록 규정하고 있으므로 　- 지방계약법령의 부정당업자 제재 처분권은 지방자치단체의 장에게 있고, 중앙행정기관의 장, 다른 지방자치단체의 장외에는 행정처분권의 명시적 위임 또는 위탁이 없음 • 따라서, 「농어촌정비법」에 따른 "생활환경정비사업"의 시행 주체는 지방자치단체의 장이고, 지방자치단체의 장이 한국농어촌공사에 계약 사무를 위탁했다 할지라도 부정당업자 제재처분까지 위탁한 사항은 아니므로 행정처분권의 주체는 지방자치단체의 장이 되어야 할 것으로 판단됨 　- 다만, 귀 기관에서 질의하신 바와 같이 계약법령의 적용 범위에 대해서는 귀 기관이 발주하는 사업에 대한 위·수탁 조건, 관련법령, 입찰공고문 등

	을 고려하여 판단할 사항임
행안부	재정관리과-1477, 2015. 4. 13

170	부정당업자 제재

제 목	부정당 업자 입찰 참가자격 제한 처분 기준
질 의	지방자치단체와 체결한 물품계약에 있어서 계약상대자의 부도(기업회생절차 개시결정), 파산, 해산, 영업정지 등으로 해당 계약을 이행할 수 없어(계약포기서 제출 포함) 계약을 해지하는 경우 계약상대자의 '정당한 이유'로 보아 「지방계약법」 시행령 제92조 제1항 제6호에 따른 부정당업자 제재 처분을 아니할 수 있는지 여부?
회 신	• 지방자치단체와 체결한 물품계약에 있어서 지방자치단체의 장 또는 계약 담당자는 「지방계약법」 제31조 제1항 및 시행령 제92조 제1항 제6호에 따라 계약상대자가 정당한 이유 없이 계약을 체결한 이후 계약이행을 하지 아니하거나 계약서에 정한 조건을 위반하여 이행한 자는 입찰참가자격 제한을 할 수 있음 - 이 경우 '정당한 이유'란 발주기관의 책임 있는 사유 또는 태풍·홍수, 그밖에 악천후, 전쟁 또는 사변, 지진, 화재, 전염병, 폭동 그밖에 계약당사자의 통제 범위를 초월하는 사태의 발생 등 불가항력의 사유로 인하여 계약당사자 누구의 책임에도 속하지 아니하는 경우를 말함 • 질의와 관련하여 계약상대자의 책임 있는 사유로 발생한 부도(기업회생절차 개시결정), 파산, 해산, 영업정지 등으로 해당 계약을 이행할 수 없어(계약포기서 제출 포함) 계약을 해지하는 경우에는 '정당한 이유'에 해당되지 아니하므로 부정당업자 입찰참가자격 제한 조치를 해야 할 것으로 판단됨
행자부	재정관리과-392, 2015. 1. 28

171	부정당업자 제재

제 목	공립학교 과징금 부과의 계약심의위원회 심의대상 여부
질 의	「지방계약법」 제32조의2 등에 따를 때에도 교육지원청 및 공립학교의 과징금부과사항이 계약심의위원회 심의대상일 수 있는지 여부
회 신	• 「지방계약법」 제3조에 교육·과학 및 체육에 관한 사항에 관하여 "지방자치단체의 장" 또는 "특별시장·광역시장·도지사"는 "교육감"으로 "행정자치부장관"은 "교육부장관"으로, "행정자치부"는 "교육부"로 각각 본다고 규정하고 있고, • 동 법 제31조의2 제1항과 제2항에는 지방자치단체의 장은 입찰참가자격 제한을 갈음하여 과징금을 부과할 수 있고, 시장·군수 또는 구청장 및 시장·군수 또는 구청장으로부터 계약사무를 위탁받은 중앙행정기관의 장 또는 지방자치단체의 장이 과징금을 부과하려면 특별시·광역시·도에 설치된 계약심의위원회의 심의를 거치도록 하고 있으며, - 「지방자치단체 입찰 및 계약 집행기준」(행정자치부 예규) 제16장 제4절 "2"에는 교육에 관한 사항의 경우 교육지원청과 공립학교의 과징금 부과 사항은 시·도 교육청의 계약심의위원회에 과징금 부과 여부 및 과징금

	금액의 적정성 등에 관한 심의를 요청하도록 규정하고 있음 • 따라서, 질의사항인 「지방계약법」 제32조의2 등에 의한 교육지원청 및 공립학교의 과징금 부과사항은 시·도교육청의 계약 심의위원회 심의 대상임
행안부	재정관리과-3539, 2014. 9. 18

172		📋 **부정당업자 제재**
제 목	용역근로자 근로조건 보호지침의 고용승계 인정 여부	
질 의	발주기관은 인천지방조달청, 수요기관은 ○○도 인재개발원, 용역업체는 (유)△△산업으로 용역근로자 근로조건 보호지침에서 규정하고 있는 고용승계가 이루어지지 아니한 공공비정규직노동조합 소속 근로자 5명이 인재개발원 앞에서 농성투쟁 중인 사항에 대하여 1) 용역근로자 근로조건 보호지침에 따른 고용을 승계하지 아니한 경우 발주기관의 관리·감독 위반 여부 2) 용역근로자 근로조건 보호지침을 위반한 경우 발주기관에서 수요기관에 대하여 행정지도 및 시정조치 요구 가능 여부 3) 고용승계 위반 시 해당 용역업체에 대한 발주기관의 부정당업자 입찰참가자격 제한 가능 여부	
회 신	1) 용역근로자 근로조건 보호지침에 따라 계약을 체결하는 경우 특별한 사정이 없는 한 고용을 승계하도록 계약서에 명시하여 용역계약을 체결하도록 규정하고 있는 바, 질의의 경우가 고용승계를 위반하였는지에 대한 판단은 계약내용과 현장상황 등을 고려하여 발주기관에서 판단할 사항임 2) 용역근로자 근로조건 보호지침에 따르면 외주근로자 근로조건 보호관련 항목과 고용승계 등의 내용을 계약서에 명시하여 계약을 체결하도록 규정하고 있는 바, 질의 경우 계약내용에 포함하고 있는 내용의 행정지도 및 시정조치 요구 등은 가능할 것으로 사료되나, 구체적인 판단은 관련규정 및 계약내용 등을 확인하여 발주기관에서 하셔야 할 것임 3) 발주기관의 부정당업자 입찰참가자격 제한은 지방계약법 시행령 제92조 제1항에 따르면 지방자치단체의 장(지방자치단체의 장이 제7조 제1항에 따라 중앙행정기관의 장 또는 다른 지방자치단체의 장에게 계약 사무를 위임하거나 위탁하여 처리하는 경우에는 그 위임 또는 위탁을 받은 중앙행정기관의 장 또는 지방자치단체의 장을 포함한다. 이하 제31조의2 제1항 및 제5항에서 같다)은 경쟁의 공정한 집행 또는 계약의 적정한 이행을 해칠 우려가 있는 자나 제6조의2에 따른 청렴서약서의 내용을 위반한 자, 그밖에 입찰에 참가시키는 것이 부적합하다고 인정되는 자에 대하여는 대통령령으로 정하는 바에 따라 2년 이내의 범위에서 입찰참가자격을 제한하도록 규정하고 있으며, - 부칙 제3조에 따르면 제31조의 개정규정은 이 법 시행 후 최초로 입찰공고를 하거나 수의계약을 체결하는 경우부터 적용하도록 한 바, 질의의 발주기관인 중앙행정기관의 장이 용역업체에 대하여 부정당업자 입찰참가자격을 제한하려는 경우에는 2014년 2월 7일 입찰공고부터 적용하여야 할 것임	
행자부	재정관리과-1925, 2014. 5. 28	

173	부정당 업자 제재
제 목	**부정당 업자 입찰 참가자격 제한 대상 기준**
질 의	• [질의 1] 계약상대자가 어떤 사안(전자입찰 해킹)으로 인하여 여러 발주기관으로부터 부정당업자 입찰참가자격 제한을 받을 상황에서 각 기관마다 제한을 할 경우 입찰참가 제한기간이 길어져 행정 소송이 우려되는 바, 발주기관 중 한 기관에서 제한기간을 확정한 경우 다른 기관에서 갈음할 수 있는 지 여부 • [질의 2] 부정당업자 입찰참가자격 제한 사유 발생 시점과 처분 시점의 법인 대표자가 다른 경우, 입찰참가자격 제한 대상은 누구인지
회 신	• [질의 1]과 관련하여, 「지방계약법」 제31조 및 같은 법 시행령 제92조 제1항에서는 지방자치단체의 장은 계약상대자, 입찰자 등이 입찰참가자격 제한 사유에 해당하는 경우 해당 사실이 있은 후 지체 없이 법 제32조에 따른 계약심의위원회의 심의를 거쳐 입찰참가자격을 제한하도록 규정하고 있으므로 - 발주기관은 계약상대자가 입찰참가자격 제한 사유가 있다는 사실을 인지하면 지체 없이 입찰참가자격을 제한하여야 함. 즉 다른 기관에서 입찰참가자격 제한을 하였다고 하여 이를 해당 기관의 입찰참가자격 제한으로 갈음할 수는 없는 것으로 판단됨 • [질의 2]와 관련하여, 같은 법 시행령 제92조 제4항에서는 입찰참가자격 제한을 받은 자가 법인일 경우 그 대표자에 대하여도 입찰참가자격을 제한하도록 규정하고 있는 바, 이 경우, 입찰참가자격 제한은 그 사유가 발생한 시점의 대표자를 대상으로 하여야 할 것으로 판단됨
행안부	재정관리과-1022, 2014. 3. 25

174	물가변동으로 인한 계약금액의 조정
제 목	**물가변동 당시 가격의 산정**
질 의	"□□모델 개발 및 시스템 통합"용역의 수행 중 한국엔지니어링진흥협회가 공표한 임금실태조사 결과에 따라 물가변동으로 인한 계약금액 조정을 함에 있어 등락률 산정산식에 적용할 물가변동당시가격의 기술료는 발주처가 입찰공고 시 게시한 용역설계서상의(인건비＋제경비)×20%와 계약상대자가 제출한 용역 산출내역서상의(인건비＋제경비)×11% 중 어느 것을 적용하는지?
회 신	물가변동으로 인한 계약금액 조정 시 물가변동당시가격을 산정함에 있어서는 같은 법 시행규칙 제74조 제7항에 따라 입찰당시가격을 산정한 때에 적용한 기준과 방법을 동일하게 적용하여야 하는 것임을 알려드리며, 이 경우 기술료는(인건비＋제경비)×20%를 적용하여 등락률을 산정하는 것이 타당할 것임.
조달청	인터넷 질의 2011. 06. 10

175	물가변동으로 인한 계약금액의 조정
제 목	**물가변동으로 인한 계약금액 조정 소급적용 가능 여부**
질 의	계약상대자는 물가변동으로 인한 계약금액 조정을 기준일이 경과한 후에 신청하였고, 1차 및 2차 계약금액 조정을 동시에 요구한 경우(선금은 지급하고 대가는 지급하지 않았음) 계약 상대자가 물가변동에 의한 계약 금액조정 신청을 한 날 이전에 이미 이행되어야 할 부분까지 물가변동으로 인한 계약금액 조정(1차 및 2차 조정)을 해 주는지?
회 신	물품계약에서 물가변동으로 인한 계약금액 조정을 하는 경우 계약상대자는 계약예규 「물품구매(제조)계약 일반조건」 제11조에 따라 제22조의 규정에 따른 완납대가 수령 전까지 조정 신청을 하여야 조정금액을 지급 받을 수 있으며, 그 조정금액은 「국가를 당사자로 하는 계약에 관한 법률 시행규칙」 제74조 제5항에 따라 계약금액 중 조정기준일 이후에 이행되는 부분의 대가에 품목조정률 또는 지수조정률을 곱하여 산출하되, 계약상 조정기준일 전에 이행이 완료되어야 할 부분은 제외함.
조달청	인터넷 질의, 회계제도과-436('08. 5. 26)

176	물가변동으로 인한 계약금액의 조정
제 목	**공사공정예정표와 실제 공정이 상이한 경우 물가변동적용대가 산정**
질 의	공사계약에서 물가변동으로 인한 계약금액을 조정할 경우 다음 어느 공정률을 적용해야 하는지? ㉠ 예정공정표상 조정기준일의 예정공정률 : 5% ㉡ 기성수령율+조정기준일 이전 이행이 완료되어야 할 부분의 공정률 : 6% ㉢ 발주처에 제출한 월간공정보고서의 실행공정률 : 7%
회 신	국가기관이 체결한 공사계약에서 「국가를 당사자로 하는 계약에 관한 법률시행령」 제64조에 의하여 물가변동으로 인한 계약금액 산정은 애초 계약체결 시 계약담당공무원에게 제출하여 승인된 공사공정예정표를 기준으로 하나, 조정기준일 전에 설계변경, 기타 계약내용의 변경으로 계약이행 기간이 변경되었을 때에는 변경된 공사공정예정표를 기준으로 하며, 공사공종예정표상 조정기준일 전에 수행되어야 할 부분이 계약상대자의 책임 있는 사유로 지연되거나 앞서 시공한 경우에도 실적공정이 아닌 공사공정예정표에 의거 물가변동적용대가를 산정함을 알려드립니다.
조달청	법무지원팀-3029, 2007. 07. 26

177	물가변동으로 인한 계약금액의 조정
제 목	**여러 차례 물가 상승분을 한 번에 걸쳐 조정할 수 있는지 여부**
질 의	조정 방법은 지수조정률에 의하도록 되어 있어 계약조건에 따라 물가변동으로 인한 계약금액 조정 여부를 검토한 결과, 1차, 2차 및 3차에 걸쳐 증액조정 사유가 발생한 경우 1차에서 3차까지 순차적으로 계약금액을 조정하는 것이 아니라 계약 시점의 지수와 최종 물가변동으로 인한 계약금액 조정 시점인 3차 시점의

	지수를 비교하여 물가변동으로 인한 계약금액 조정을 할 수 있는지 여부
회 신	국가기관이 체결한 물품구매계약에서 물가변동에 의한 계약금액 조정은 「국가를 당사자로 하는 계약에 관한 법률 시행령」 제64조와 같은 법 시행규칙 제74조에 따라 계약을 체결한 날부터 90일 이상 경과하고 입찰일(수의계약의 경우에는 계약 체결일, 2차 이후의 계약금액 조정에 있어서는 직전 조정기준일을 말한다)을 기준일로 하여 지수조정률 또는 품목조정률이 100분의 3 이상 증감되었을 때 조정하는 것이며, 이 경우 물가변동에 의한 계약금액 조정은 동 기간 요건 및 조정률 요건이 동시에 충족되는 경우마다 순차적으로 하여야 하며, 계약상대자가 2회 이상의 계약금액 조정을 동시에 신청한 경우에도 순차적으로 1차 계약금액 조정 후 2차 계약금액 조정을 하여야 하는 것임.
조달청	법무지원팀-2297, 2007. 06. 07

178	물가변동으로 인한 계약금액의 조정
제 목	철거공사 시 발생하는 고재(고물)의 ES 가능 여부
질 의	〈질의 1〉 철거 및 부대공사와 관련 계약내역서상 재료비 항목인 고재(고물)에 대하여 특정 품목으로 취급하여 단품 ES를 통한 계약금액 조정이 가능한지? 〈질의 2〉 상기 질의와 관련 단품 ES가 가능하다면 「지방자치단체를 당사자로 하는 계약에 관한 법률 시행령」 제73조 제5항의 규정을 적용하여 90일 이내에도 계약금액 조정이 가능한지?
회 신	〈질의 1에 대하여〉 「지방자치단체를 당사자로 하는 계약에 관한 법률」 제73조 제6항은 특정 규격의 자재가격이 입찰당시에 비해 15% 이상 증감 시에 계약금액을 조정하도록 규정하고 있는 바, 이 경우 특정 규격의 자재란 시공의 경우 설계서상 시공하는데 필요하여 도급자가 구입하여 설치하는 자재(사급자재라 함)를 의미하나, 귀 질의와 같이 철거공사의 경우 철거과정에서 발생하는 고재는 발주자가 관련 법령에 따라 매각 처리하여 세입 조치하는 것이 타당하다고 판단되나 귀 질의의 경우와 같이 산출내역서상에 자재로 처리하였다면 물가변동에 의한 계약금액 조정대상으로 보아야 할 것입니다. 〈질의 2에 대하여〉 「지방자치단체를 당사자로 하는 계약에 관한 법률 시행령」 제73조 제5항에서는 천재·지변 또는 원자재의 가격 급등으로 인하여 당해 조정제한 기간 내에 계약금액을 조정하지 아니하고는 계약이행이 곤란하다고 인정되는 경우에는 90일 이내 계약금액을 조정할 수 있도록 규정하고 있는 바 위 사유로 귀 질의가 계약금액 조정 사유에 해당하는지는 당해 지방자치단체에서 판단할 사항입니다.
행안부	회계공기업과-935(2009. 2. 17)

179	물가변동으로 인한 계약금액의 조정
제 목	1식단가의 물가변동으로 인한 계약금액 조정 가능 여부
질 의	물품 제작구매·설치계약에서 계약서에 조정방법이 명시되지 않았고 예정가격을 견적서를 통해 1식단가(세부적인 산출내역이 없음)로 작성한 경우 물가변동으로

	인한 계약금액 조정이 가능한지 여부
회 신	「지방자치단체를 당사자로 하는 계약에 관한 법률시행령」 제73조 제2항에 계약을 체결할 때 계약상대자가 지수조정률 방법을 원하는 경우 외에는 품목조정률 방법을 명시하여야 한다라고 규정하고 있는 바, 계약체결 시에 구체적인 조정 방법을 명시하지 않은 경우에는 품목조정율 방법을 적용하여야 할 것입니다. 같은 법 시행규칙 제72조 제7항에 물가변동당시가격은 입찰당시가격을 산정한 경우에 적용한 기준과 방법을 동일하게 적용하여 산정하되, 천재지변 또는 원자재 가격 급등 등 불가피한 사유가 있으면 입찰당시가격을 산정할 때 적용한 방법과 달리할 수 있는바, 입찰당시가격을 1식단가의 견적가격으로 산정하였으면 동일업체의 견적가격을 적용하여야 할 것이나, 불가피한 사유가 있으면 같은 법 시행령 제10조의 예정가격 결정기준에 해당하는 다른 기준을 적용하여 물가변동으로 인한 계약금액 조정이 가능함을 알려 드립니다.
행안부	재정관리과-1471, 2011. 6. 7

180	지수조정률에 의한 계약금액 조정
제 목	**물가변동 시 정기안전점검비 등 경비성 비목의 적용대가 제외 여부**
질 의	일괄입찰을 실시하여 체결한 지하철공사계약에서 물가변동에 의한 계약금액 조정을 지수조정률에 의할 경우에 정기안전점검비, 폐기물처리비, 건물 및 부지임대료의 비목을 계약금액 조정 대상에서 제외할 수 있는지?
회 신	국가기관이 체결한 공사계약에서 「국가를 당사자로 하는 계약에 관한 법률 시행령」 제64조 및 같은 법 시행규칙 제74조에 의한 물가변동으로 인한 계약금액 조정은 조정기준일 이후에 이행되어야 할 부분 전체를 대상으로 하는 것이므로 계약금액조정 시 일부 품목 또는 비목을 제외할 수는 없는 것임을 알려 드립니다.
조달청	법무지원팀-3408, 2006. 10. 16

181	지수조정률에 의한 계약금액 조정
제 목	**조정률을 잘못 산정하여 계약금액을 조정한 경우 재조정이 가능한지?**
질 의	1. 물가변동으로 인한 계약금액을 조정함에 있어 지수조정률 산출 시 비교시점의 생산자물가지수를 잘못 적용하여 이를 근거로 계약금액을 조정하여 변경계약을 체결하고 계약이행 중에 있는 공사계약에서 잘못 적용한 비교시점의 생산자물가지수를 바로 잡아 지수조정률을 다시 산출하고 이를 근거로 계약금액을 재조정하여 계약금액을 증액 또는 감액하여 변경계약을 할 수 있는지? 2. 계약금액을 재조정할 경우 물가변동적용대가는 애초 물가변동 조정 시 적용한 물가변동적용대가를 적용하여야 하는지 아니면 계약금액 조정을 재신청하는 시점(또는 생산지물가지수를 잘못 적용한 것을 알게 된 시점) 이후에 이행되는 대가를 산출하여 물가변동적용대가로 하여야 하는지?
회 신	국가기관이 체결한 계약에서 물가변동으로 인한 계약금액의 조정은 「국가를 당사자로 하는 계약에 관한 법률시행령」 제64조 및 같은 법 시행규칙 제74조 등관

	련 규정에서 정한 바에 따라서 처리하여야 하는 것인 바, 동 계약금액 조정 시 조정기준일의 설정 및 조정률 산정 등에 오류가 있으면 계약금액 조정이 완료된 후에라도 관련 법령에 적합하게 계약당사자 간에 협의하여 이를 재조정할 수 있을 것이며, 계약금액 재조정 시의 물가변동적용대가는 같은 법 시행규칙 제74조 제5항에 의하여 계약금액 중 공사예정공정표상 재조정하여 새로이 산정된 조정기준일 이후에 이행되는 부분에 대한 대가를 기준으로 하여야 할 것입니다.
조달청	법무지원팀-4328, 2006. 12. 28

182   품목조정률에 의한 계약금액 조정

제 목	**물가변동 감액 조정**
질 의	국가를 당사자로 하는 계약에 관한 법률 시행령(이하 "시행령") 제64조 제6항은 '공사계약의 경우 특정 규격의 자재별 가격변동으로 인하여 입찰일을 기준일로 하여 산정한 해당 자재의 가격 증감률이 100분의 15 이상인 때에는 그 자재에 한하여 계약금액을 조정'하는 것으로 되어 있으나, 계약 예규 「정부 입찰·계약 집행기준(이하 "집행기준")」 제70조의5 제3항은 '직전 계약금액 조정 시에 단품증액 조정을 한 경우에는 단품감액 조정요건이 충족되면 원칙적으로 단품감액 조정'을 하는 것으로 규정하고 있는바, 〈질의 1〉 계약체결 후 단품증액 조정이 없었던 경우에도 시행령 제64조 제6항의 요건을 충족하면 단품감액 조정을 하여야 하는지, 아니면 직전 단품증액 조정이 없었다면 집행기준 제70조의5 제3항의 요건에 해당되지 아니하므로 단품감액 조정을 하지 않는 것인지? 〈질의 2〉 직전 계약금액 조정을 할 때에 시행령 제64조 제6항의 단품증액 요건에 해당되었으나 동시에 같은 조 제1항의 요건을 충족하여 별도로 단품증액 조정을 하지 않고 총액으로 계약금액 증액 조정을 한 경우에 같은 조 제6항의 요건을 충족하면 단품감액 조정을 하여야 하는지? 〈질의 3〉 시행령 제64조 제6항의 규정은 물품 제조·구매계약 또는 용역계약에도 적용할 수 있는지?
회 신	1. 「정부입찰계약집행기준」 제70조의5 제3항은 직전 계약금액 조정 시 단품증액 조정을 한 경우에는 단품감액 조정요건이 충족되면 원칙적으로 단품감액 조정을 하되, 당해 단품감액 조정으로 인해 조기에 추가적인 계약금액 총액 조정이 예상되는 경우 단품감액 조정을 생략하도록 한 것이며, 직전 계약금액 조정 시 단품증액 조정을 한 경우에 한해 단품감액 조정을 하도록 한 것은 아닙니다. 2. 「정부입찰계약집행기준」 제70조의5 제4항에 따르면 직전 계약금액 조정 시에 단품증액 조건에 해당하였으나 동시에 총액증액 요건을 충족하여 별도로 단품증액 조정 없이 총액증액 조정만을 하였다면 그 이후 단품감액 요건에 해당되더라도 단품감액 조정을 적용하지 않습니다. 3. 「국가를 당사자로 하는 계약에 관한 법률 시행령」 제64조 제6항에서는 공사계약에 한해 자재(단품)에 대한 계약금액 조정을 하도록 하고 있으므로 용역 및 물품구매·제조계약에서 일부 항목의 물가변동은 동 시행령 제64조 제1항에 따른 계약금액(총액) 조정을 통해 처리하는 것이 적정한 것으로 판단됩니다.
조달청	인터넷 질의, 회계제도과-1111, 2010. 07. 19

183	품목조정률에 의한 계약금액 조정
제 목	**물가변동 반영**
질 의	계약 상대자가 발주기관의 건축허가 및 설계변경 확정 지연으로 12개월간 공사기간이 연장되어 이로 인한 물가변경으로 인한 계약금액 조정을 요청하려 하였으나 발주기관에서는 계약서상 "물가변동 반영은 없는 것으로 한다"라는 조항이 있어 물가변동은 곤란하다고 할 경우 계약 상대자는 물가변동분을 반영받을 수 없는 것인지?
회 신	공사계약에서 애초 계약기간이 연장됨으로 인하여 동 기간 내에 물가변동으로 인한 계약금액 조정 요건이 충족하였다면 「국가를 당사자로 하는 계약에 관한 법률 시행령」 제64조 및 같은 법 시행규칙 제74조에 의하여 물가변동으로 인한 계약금액의 조정이 가능한 것입니다. 그리고 국가계약법령상 물가변동으로 인한 계약금액의 조정은 의무사항으로서 계약당사자 간에 동 계약금액 조정을 배제하는 특약 등을 규정하는 것은 동 법령에 위배되는 것임.
조달청	규제개혁법무담당관-2053, 2008. 07. 31

184	기타 사유에 의한 계약금액 조정
제 목	**원자재 급등으로 인한 계약금액 조정**
질 의	국계법시행령 제64조 제5항에 의한 원·부자재의 급등으로 90일 이내 계약금액을 조정할 경우 동 시행규칙 제74조 제7항 적용을 배제하고 단축 조사하여 반영할 수 있는지와 계약체결 후 90일 이 경과하고 품목조정률이 100분의 3 이상 증감되어야 하는 2가지 조건을 동시에 충족되는 날에 대한 의미는?
회 신	1. 〈질의 1에 대하여〉계약에서 물가변동으로 인한 계약금액 조정을 국가를 당사자로 하는 계약에 관한 법률 시행령 제64조에 의한 품목조정률에 의하는 경우로서 물가변동 당시가격을 산정함에 있어서는 같은 법 시행규칙 제74조 제7항에 의하여 입찰당시 가격을 산정한 때에 적용한 기준과 방법을 동일하게 적용하여야 하므로 원자재 급등으로 인하여 계약이행이 곤란하다고 인정되어 계약금액을 조정하는 경우에도 같은 법 시행규칙 제75조 제7항은 적용되는 것입니다. 2. 〈질의 2에 대하여〉물가변동으로 인한 계약금액을 조정할 경우 조정기준일은 계약체결일로부터 90일 이상 경과하고 계약체결당시와 물가변동당시의 가격을 비교하여 산출한 품목조정률이 3% 이상 증감되는 두 가지 요건이 동시에 충족되는 날을 의미합니다. 다만, 원자재의 가격 급등으로 인하여 당해 조정 제한기간 내에 계약금액을 조정하지 아니하고는 계약이행이 곤란하다고 인정되는 경우 계약담당공무원은 계약체결일로부터 90일 이내에 계약금액을 조정할 수 있음.
조달청	인터넷 질의, 회계제도과-164('08. 02. 13)

185	기타 사유에 의한 계약금액 조정
제 목	**물품구매 단가계약에서 적용대가 산정 방법**
질 의	1. 물품제조구매를 위한 연간 단가계약을 체결 [계약서에는 규격별 단가와 연간

추정물량이 명시되어 있고, 실수량과 납품기한은 실사용 물량을 납품 요구하는 별도의 주문서(납품요구통지서)에 의한다] 하였음

2. 발주기관은 실사용 물량에 대하여 수시로, 구체적인 수량과 납품기한을 명시하여 별도의 주문서(납품요구통지서)를 발행하여 계약자에게 통지하여 납품 받고 있음

3. 연간 단가계약 기간의 종료 즈음에 발행된 주문서의 납품기한은 계약기간 이후로 지정되고 있음이 경우 상기 3에서와 같이 단가계약 기간 중에 주문된 물량(납품기한은 계약기간 이후)에 대하여 단가계약 기간 이후 조정요건이 충족(90일, 3%)되었을 경우 계약기간 종료에 불구하고 물가변동에 의한 계약금액을 조정할 수 있는 지의 여부 및 구매기간의 지정 납기일을 초과하여 조정기준일 이후 지연 납품한 물량에 대하여도 물가변동에 의한 계약금액 조정 요건이 충족될 경우 조정할 수 있는지의 여부

회 신	국가기관에서 시행하는 물품구매 단가계약에서 물가변동으로 인한 계약금액 조정은 「국가를 당사자로 하는 계약에 관한 법률 시행령」 제64조 및 같은 법 시행규칙 제74조에 의하여 조정기준일(계약체결 후 90일 이상 경과하고 품목조정률 또는 지수조정률이 100분의 3 이상이 되는 날)이후의 납품요구분에 대하여 조정하는 것이며, 동 물가변동으로 인한 계약금액의 조정은 완납(최종)대가 지급 전까지 가능한 것입니다. 또한, 발주기관의 요구에 의하여 조정기준일 전에 이행이 완료되어야 할 부분은 같은 법 시행규칙 제74조 제5항에 의거 물가변동적용대가에서 제외합니다.
조달청	규제개혁법무담당관-1428, 2008. 06. 24

186　　　기타 사유에 의한 계약금액 조정

제 목	예산부족 시 물가변동으로 인한 계약금액조정
질 의	1. 물가변동 조정요건이 충족되어도 예산부족 시 및 공사량의 조정이 곤란한 경우에는 계약금액의 조정이 불가능한 것인지? 조정 가능하다면 그 근거 및 조정방법은? 2. 환율변동에 따른 물가변동률 산출 방법은?
회 신	**〈질의 1에 대하여〉** 국가기관이 체결한 공사계약에서 「국가를 당사자로 하는 계약에 관한 법률시행령」 제64조에 의한 물가변동으로 인한 계약금액 조정 시 물가변동으로 인한 계약금액 조정요건이 충족되어 계약 상대자가 계약금액조정내역서를 첨부하여 그 조정 신청을 한 경우에 계약 담당 공무원은 같은 법 시행규칙 제74조 제9항에 의하여 계약상대자의 청구를 받은 날부터 30일 이내에 계약금액을 조정하여야 하나, 만약, 예산배정의 지연 등 불가피한 경우에는 계약상대자와 협의하여 그 조정기한을 연장할 수 있으며, 계약금액을 증액할 수 있는 예산이 없는 때에는 공사량 등을 조정하여 그 대가를 지급할 수 있는 것입니다. 따라서 계약 담당 공무원은 물가변동으로 인한 계약금액 증액신청금액 전액에 대하여 지급할 의무가 있는 것이므로 당해연도의 예산이 부족한 경우에는 공사량 등을 조정하던지, 아니면 다음연도 예산 확보 등 예산 사정 등을 고려하여 그 조정 시기의 분할 또는 연기 등을 계약 상대자와 구체적으로 협의하여 처리하여야 할 것입니다. **〈질의 2에 대하여〉** 국가기관이 체결한 계약에서 같은 법 시행규칙 제74조 제1항에 의하여 물가변동

	으로 인한 계약금액 조정을 위한 등락률을 산정함에 있어 수입물품의 등락률은 입찰당시의 환율을 적용한 가격과 통관시점의 환율을 적용한 물가변동 당시가격을 비교하여 산출하는 것입니다.
조달청	규제개혁법무담당관-3764, 2008. 11. 18

187	기타 사유에 의한 계약금액 조정
제 목	발주처의 사유로 공사가 지연되었을 때 물가변동 적용
질 의	아파트건설공사에 있어 공사착공계 제출 시 예정공정표를 제출하지 아니한 상태에서 발주기관의 사정으로 공사 중단 지시를 하였으며, 현재까지 공사 중단 중인 경우로서 이 경우 물가변동으로 인한 계약금액 조정이 가능한지 여부
회 신	국가기관이 체결한 공사계약에서 물가변동으로 인한 계약금액 조정은 「국가를 당사자로 하는 계약에 관한 법률 시행령」 제64조에 정한 요건(계약을 체결한후 90일 이상이 경과하고 계약서에서 정한 조정률이 100분의 3 이상인 경우)이 성립되었을 때에 계약금액을 조정하는 것인 바, 이 경우 정부의 책임 있는 사유로 공사가 중단되었을 때에도 같은 법 시행령 제64조에서 규정하는 요건이 충족되는 경우에는 계약금액 조정이 가능한 것임을 알려드립니다.
조달청	규제개혁법무담당관-2808, 2008. 09. 18

188	설계변경 기준
제 목	설계변경 후 계약금액 재조정 가능 여부
질 의	공사계약에서 발주기관과 협의하여 실정보고 후 승인을 받아 설계 변경된 사항에 대하여 시공 완료 및 기성대가 지급 이후 계약금액 재조정 가능 여부
회 신	국가기관이 체결한 공사계약에서 설계서의 내용이 불분명하거나 설계서에 누락·오류 또는 상호 모순되는 점이 있을 경우 등 계약예규 「공사계약 일반조건」 제19조 제1항 각호의 어느 하나의 사유에 해당하면 설계변경 및 그로인한 계약금액 조정이 가능한 것이나, 이러한 사유에 해당됨이 없이 애초 설계변경에 의한 계약금액 조정을 한 후 동 조정금액에 대하여 다시 계약금액 조정을 할 수는 없을 것입니다. 다만, 애초 설계변경 및 그로 인한 계약금액 조정 과정에서 물량 또는 단가산정에 명백한 착오 또는 오류가 발생한 경우라면 계약당사자 간에 협의하여 이를 바르게 재조정할 수 있을 것이나, 이 경우에도 원칙적으로 당해 계약이 이행 중에 있는 경우라야 가능할 것이며, 당해 계약이 준공(장기계속공사는 차수별 준공을 말함)되어 종결되었을 때라면 임의로 계약금액 조정을 할 수 없을 것인 바, 구체적일 때 설계변경 및 단가 재조정 사유에 해당하는지의 여부는 계약담당공무원이 동 규정, 설계서, 그 사실관계 및 애초 설계변경 당시의 정황 등을 고려하여 조치할 사항입니다.
조달청	법무지원팀-2242, 2005. 12. 27

189	설계변경 기준
제 목	1 식단가 설계변경 시 단가변경 가능 여부
질 의	'자동수문유압시스템 설치비 1식'으로 되어 있는 구조물공의 한 항목을 설계변경하면서 '자동수문유압시스템 설치비 1식'에서 재료비를 분리하여 사급자재대로 전환하였을 경우에 1식단가를 변경할 수 있는지 여부 및 재료비를 분리할 수 있는지 여부
회 신	국가기관이 체결한 공사계약에서 설계변경으로 인한 계약금액 조정 시 일부 공종의 단가가 세부 공종별로 분류되어 작성되지 아니하고 총계방식으로 작성(1식단가)되어 있는 경우로서 설계도면 또는 공사시방서가 변경되어 1식단가의 구성내용이 변경되는 때에는 계약예규 「공사계약 일반조건」 제20조 제6항에 의하여 계약금액을 조정하여야 하는 것이며, 동 규정에 따른 계약금액 조정은 1식으로 구성된 단가 중 변경되는 세부품목 또는 비목에 대하여 적용하는 것인바, 이 경우 계약상대자가 제출한 단가산출서상의 당해 공종의 구성비목에 변경내용의 구성비목을 비교하되, 동 산출서가 제출되어 있지 않은 경우에는 예정가격 산정 시 당해 공종에 대한 발주기관의 단가산출서 또는 일위대가표의 구성비목으로 비교하여 산정할 수 있을 것이며, 계약금액 조정 시 증감된 공사량 및 신규 비목에 대한 단가적용은 설계변경 사유 및 계약상대자의 귀책 여부에 따라 동 예규 제20조 각 항에 규정한 바에 의하는 것입니다. 구체적일 때 설계변경 여부 및 계약금액 조정은 계약담당공무원이 동 규정, 설계서, 애초 산출내역서 및 관련 법령 등을 검토하여 사실 판단할 사항입니다.
조달청	법무지원팀-1411, 2005. 10. 27

190	설계변경 기준
제 목	장기계속공사의 설계변경으로 인한 계약금액의 조정
질 의	내역입찰로 발주한 "○○국도 확장공사"에 있어 2차 공사의 설계도면의 계약목적물인 교각(교대)을 완공하고 해당 차수의 준공대가가 지급되었을 때로서 3차 시공중발주기관으로부터 2차 공사의 대가지급에서 누락된 교각부분의 터파기 되메우기 등을 설계변경으로 처리하여 계약금액을 조정할 수 있는지?
회 신	국가기관이 체결한 공사계약에서 계약예규 「공사계약 일반조건」 제19조 내지 제20조에 의한 설계변경 및 이로 인한 계약금액의 조정은 당해 설계변경이 필요한 부분에 대한 계약상대자의 이행이 이루어지기 전에 하여야 하는 것이며, 불가피한 사유가 있는 경우라도 준공대가(장기계속공사 계약인 경우에는 당해 차수 준공대가) 지급신청 전까지 계약금액의 조정 신청을 하여야 하는 것인바, 장기계속공사계약인 경우 당해 차수 준공대가가 지급되어 계약이 종료되었을 때에는 설계변경 등으로 인한 계약금액을 조정할 수 없음을 알려드립니다.
조달청	법무지원팀-340, 2008. 01. 28

191	설계변경 기준
제 목	예정가격 작성의 기초자료가 잘못 책정되었을 때의 계약금액 조정 가능 여부
질 의	설계용역입찰에서 설계용역비의 예정가격 산정의 기초가 된 설계대상 목적물에 대한 추정 공사비 산정의 잘못으로 예정가격이 현저히 낮게 책정되었을 때 낙찰 및 계약 체결된 이후에 이를 반영할 수 있는지?
회 신	국가기관이 체결한 용역계약에서 계약금액의 조정은 「국가를 당사자로 하는 계약에 관한 법률 시행령」 제64조 내지 제66조 및 계약예규 「기술용역계약 일반조건」(현행 「용역계약 일반조건」) 제15조 내지 제17조에 의한 사유가 발생되었을 때 가능하나, 귀 질의의 경우와 같이 예정가격 작성의 기초가 되는 가격자료(설계용역 대상목적물의 추정 공사비) 작성의 오류, 또는 예정가격조서상의 일부품목의 단가가 과다·과소 계상되었다는 사유만으로는 설계변경을 할 수 없는 것임을 알려드립니다.
조달청	법무지원팀-12, 2005. 07. 07

192	설계변경 기준
제 목	발주기관 승인을 받아 우선시공한 경우 납기 후 설계변경 가능 여부
질 의	1. 계약현황단체수의계약으로 체결한 물품구매계약에서 애초 납품일자는 2007. 6. 9일 이었으나, 2007. 3. 19일 설계변경 사유가 발생하여 발주기관에 설계변경을 요청하여 2007. 5. 25일 설계변경에 대한 서면 승인통보시 선시공 후 설계변경 처리를 하라는 지시를 받아 설계변경 승인내용대로 2007. 6. 13일 납품을 완료하고 같은 날짜로 납품검사가 완료된 상태이나, 발주기관 사업부서에서 납품기한이 지난 2007. 6. 12일 계약부서로 설계변경을 요청하였으나, 계약부서 담당자는 납품기한이 지나고 설계변경에 의한 계약금액 조정이 이루어지지 않은 상태에서 선시공하였다는 사유로 아직까지 설계변경에 의한 계약금액 조정을 하지 못하고 있는 상황입니다. 2. 질의 내용 ① 상기 내용으로 볼 때 설계변경에 의한 계약금액 조정이 가능한지? ② 설계변경이 불가할 경우 책임 소재는 누구에게 있는지? ③ 지체상금부과 대상이 되는지 여부
회 신	국가기관이 체결한 물품구매계약에서 설계변경은 「국가를 당사자로 하는 계약에 관한 법률 시행규칙」 제74조의2 제1항에 따라 그 설계변경이 필요한 부분의 시공 전에 완료하여야 하는 것이나, 다만, 계약담당공무원은 공정이행의 지연으로 품질 저하가 우려되는 등 긴급하게 공사를 수행하게 할 필요가 있는 때에는 계약상대자와 협의하여 설계변경의 시기 등을 명확히 정하고, 설계변경을 완료하기 전에 우선 시공을 하게 할 수 있는 것인 바, 귀 질의의 경우 발주기관에서 우선 시공을 승인한 경우라면 계약상대자의 설계변경 전 시공은 정당하다 할 것이며, 계약상대자의 설계변경에의 한 계약금액 조정 청구는 계약예규 「물품구매(제조) 계약 일반조건」 제22조에 의한 대가(장기계속계약의 경우에는 각 차수별 준공대가) 수령 전까지 하면 조정금액을 지급받을 수 있는 것임을 알려드리며, 계약상 대자는 계약서에서 정한 납품기한 내에 물품을 납품하지 아니한 때에는 매 지체 일수마다 계약서에서 정한 지체상금률을 계약금액(장기계속계약의 경우에는 연차별 계약금액)에 곱하여 산출한 금액을 현금으로 납부하여야 하는 것이나, 계약

상대자의 책임에 속하지 않은 사유로 인하여 지체되었을 때 등 동 예규 제24조 제3항 각호의 어느 하나에 해당되어 납품이 지체되었다고 인정할 때에는 그 해당일수를 지체일수에 산입하지 아니하는 것이며, 이 경우에는 동 예규 제25조에 따라 계약상대자의 청구에 의하여 계약기간을 연장하는 것이 타당할 것입니다.

조달청	법무지원팀-2777, 2007. 07. 10

193	설계변경 기준

제 목	설계변경 시 제비율 적용 방법
질 의	2002. 4 계약체결한 장기계속공사에 있어서 5차수까지는 애초 내역서 요율을 적용하여 계약금액을 조정받아 왔으나, 발주처에서 5차까지 및 현재 6차분의 설계변경 금액에 대하여 설계변경 당시 법정요율을 적용하여 재정산을 요구받았는 바, 이런 경우 최초 내역서 요율대로 적용하여 금액 조정을 받았으면 문제가 없는 것인지 아니면 기조정된 부분까지 소급 적용하여 정산을 해야 하는지 또는 금차분만 금년도 요율대로 적용을 해야 하는지?
회 신	국가기관과 체결한 공사계약에 있어 설계변경으로 인한 계약금액조정은 「국가를 당사자로 하는 계약에 관한 법률 시행령」 제65조와 계약예규 「공사계약 일반조건」 제20조에 따라 조정하는 것이고, 계약금액의 조정청구는 동 예규 제20조 제9항에 따라 준공대가(장기계속공사의 경우에는 각 차수별 준공대가) 수령전까지 하여야 조정이 가능한 것인바, 계약금액 증감분에 대한 간접노무비, 산재보험료 및 산업안전보건관리비 등 승률비용과 일반관리비 및 이윤은 같은 법 시행령 제65조 제4항과 동 예규 제20조 제4항에 따라 산출내역서상의 간접노무비, 산재보험료 및 산업안전보건관리비 등 승률비용과 일반관리비율과 이윤율에 의하되 설계변경당시의 관계법령 및 재경부장관이 정한 율을 초과할 수 없는 것이며, 준공대가를 수령한 각 차수별 계약분에 대하여는 계약금액을 조정할 수 없는 것입니다.
조달청	법무지원팀-27, 2008. 01. 03

194	설계변경 기준

제 목	설계변경에 따른 사급자재의 제경비 계상 여부
질 의	설계변경분에 대한 변경계약을 완료하고 준공이 임박한 시점에 발주처에서 아래와 같이 정산을 요구한 바, 이에 대한 답변을 부탁합니다. 1) 설계변경 당시 관급자재의 증가분을 사급자재로 전환함에 있어 발주기관에서는 원가계산 시 해당 사급자재에 대한 제경비는 계상하지 않는다 하는 바, 이에 대한 타당성 여부 2) 설계변경당시 원가계산서상의 제경비(산재보험, 안전관리비 등)의 계산 착오로 적게 계약된 부분을 정산을 통해 보상이 가능한지 여부
회 신	국가기관이 체결한 공사계약에서 설계변경으로 인한 계약금액의 조정은 계약예규 「공사계약 일반조건」 제20조에 정한 바에 따라서 처리하여야 하며, 계약금액 조정시 관련 규정을 잘못 적용하거나 단가산정에 오류가 있으면 당해 공사의 준공 전이라면 계약당사자 간에 협의하여 정정할 수 있을 것입니다. 참고로, 계약예규 "예정가

	격작성기준" 제17조에 의한 재료비(사급자재비 포함)에 대하여는 동 예규 및 관련 법령에 따라 일반관리비 등의 비용을 계상하는 것이 원칙임을 알려드립니다.
조달청	법무지원팀-364, 2007. 01. 25

---

195 설계변경 기준

제 목	설계변경 과정에서 단가적용 오류 시 정정 가능 여부
질 의	국가기관의 사정으로 추가공사가 발생하였고 선시공 지시를 받아 시공 중에 설계변경이 완료되었습니다. 그러나 설계변경 과정에서 특정 공종의 누락과 단가 적용에 있어 설계사의 실적단가적용 해석 오류로 잘못된 단가로 변경계약이 완료되었을 때에 정당한 단가로 계약금액 조정이 가능한지?
회 신	국가기관을 당사자로 하여 체결한 공사계약에서 계약예규 「공사계약 일반조건」 제2조 제4호에서 정한 설계서에 동 예규 제19조의 사유가 발생하면 설계변경을 하고 설계변경을 발생하게 한 귀책사유에 따라 동 예규 제20조 제1항 내지 제2항에 의하여 계약금액을 조정하는 것이며, 이러한 사유에 해당됨이 없이 애초 설계 변경에 의한 계약금액 조정을 한 후 동 조정금액에 대하여 다시 계약 금액조정을 할 수는 없는 것입니다. 다만, 애초 설계변경 및 그로 인한 계약금액 조정 과정에서 물량 또는 단가산정에 명백한 착오 또는 오류가 발생한 경우라면 계약당사자 간에 협의하여 이를 바르게 재조정할 수 있을 것이나, 이 경우에도 원칙적으로 당해 계약이 이행 중에 있는 경우라야 가능 할 것이며, 해당 계약이 준공되어 종결되었을 때라면 임의로 계약금액 조정을 할 수 없는 것임을 알려드립니다
조달청	규제개혁법무담당관-3808 2011. 07. 26

---

196 설계변경 기준

제 목	공사계약 시 설계변경 인정 기준
질 의	이동식 강관말비계를 강관틀비계나 내부수평비계로 설계변경 가능 여부
회 신	• 「지방계약법 시행령」 제74조 제1항에 따르면 공사계약에서 설계변경으로 인하여 공사량의 증감이 발생하였을 때에는 법 제22조에 따라 해당 계약금액을 조정한다고 규정하고 있음 • 따라서 질의의 경우 설계변경은 행정자치부 예규 「지방자치단체 입찰 및 계약 집행기준」 제13장 「공사계약 일반조건」 제6절 공사설계의 변경 "1"에 따라 설계서(공사설계설명서, 설계도면, 현장설명서 및 공종별 목적물 물량내역서)의 내용이 불분명하거나 누락·오류 또는 상호 모순되는 경우와 지질, 용수 등 공사현장의 상태가 설계서와 다른 경우 및 발주기관이 설계서를 변경할 필요가 있다고 인정한 경우 등에 해당하는 경우에는 설계변경에 의한 계약금액의 조정이 가능할 것임, 구체적인 사실관계는 설계서, 공사현장 상황 및 관련법령 등을 고려하여 발주기관에서 판단할 사항임
행자부	회계제도과-4331, 2016. 8. 22

197	설계변경 기준

제 목	조사설계용역계약 시 설계변경 방법
질 의	지방공기업이 체결한 조사 설계 용역계약에서 발주기관의 책임 있는 사유로 설계변경을 하면서 신규비목 단가를 계약 당시 낙찰률보다 낮게 협의·산정하여 계약금액을 조정한 경우 지방계약법에 위배되는지 여부? 용역계약의 경우에도 지방계약법 시행령 제74조를 준수하여 변경계약을 체결하여야 하는지?
회 신	• 「지방계약법 시행령」 제74조 제9항에 따라 제조 용역 등의 계약서에서 계약금액을 조정하는 경우에는 제1항부터 제8항까지의 규정을 준용할 수 있고, - 같은 조 제4항 제3호에 따르면 지방자치단체가 설계변경을 요구한 경우(계약상대자에게 책임이 없는 사유로 인한 경우를 포함)에는 제1호와 제2호에도 불구하고 신규비목의 단가는 설계변경 당시를 기준으로 하여 산정한 단가와 그 단가에 낙찰률을 곱한 금액의 범위에서 계약당사자 간에 협의하여 결정하고, 계약당사자 간에 협의가 이루어지지 아니하는 경우에는 [설계변경 당시를 기준으로 하여 산정한 단가 + (설계변경 당시를 기준으로 하여 산정한 단가 × 낙찰률)] × 50/100으로 계산한 금액으로 한다고 규정하고 있음 • 따라서 계약담당자는 용역계약의 과업내용 변경 시 설계서의 변경에 따라 증감되는 재료비·노무비·경비 등이 있는 경우에는 같은 시행령 제74조를 준용하여 계약금액을 조정할 수 있으며, - 계약상대자의 책임 없는 사유로 설계변경을 하고 그에 따라 계약금액의 조정을 하면서 계약상대자의 의사에 반하여 신규비목의 단가를 낙찰률 보다 낮게 결정하는 경우라면 「지방계약법」 제6조에 따라 계약 상대자의 계약상 이익을 부당하게 제한하는 사항에 해당되는 것으로 판단됨
행자부	회계제도과-3556, 2016. 7. 11

198	설계변경 기준

제 목	턴키공사(일괄입찰)에서 설계서의 누락·오류 등에 따른 계약금액 조정 가능 여부
질 의	턴키공사(일괄입찰)에서 설계서에 누락·오류가 있는 경우 계약금액 조정 가능 여부?
회 신	• 「지방계약법 시행령」 제103조 및 행정자치부 「지방자치단체 입찰 및 계약 집행기준」 제13장 「공사계약 일반조건」 제7절 "2-가"에 따르면 「지방계약법 시행령」 제94조에 따른 일괄입찰을 실시하여 체결된 공사계약에 있어서 설계변경으로 계약내용을 변경하는 경우에는 지방자치단체의 책임 있는 사유 또는 천재·지변 등 불가항력의 사유로 인한 경우를 제외하고는 그 계약금액을 증액할 수 없다고 규정하고 있음 • 따라서 설계서의 누락·오류 등으로 인하여 설계변경을 하는 경우라면 전체공사에 대하여 증·감되는 금액을 합산하여 계약금액을 조정할 수 있되 계약금액을 증액할 수 없을 것임
행안부	회계제도과-3087, 2016. 6. 20

199	
제 목	**장기계속공사의 미발주 차수분에 대한 계약체결 가능 여부**
질 의	지방자치단체와 체결한 장기계속공사에 있어서 2차수 공사 준공 이후 택지예산 미확보 등 발주기관의 사정으로 잔여 차수 공사에 대하여는 발주하지 아니하고 계약 상대자에게 계약 중단 등 별다른 조치 없이 5년이 경과한 현재 잔여 차수분 공사를 발주하는 경우 당초 계약 상대자와 잔여 차수분 계약을 진행 또는 수의계약이 가능한지 아니면 별도로 입찰 등에 의하여 발주하여야 하는지 여부? - 당초 장기계속공사로 계약을 진행하는 경우 물가변동 사유가 발생된 경우 계약금액 조정이 가능한지 여부?
회 신	• 지방자치단체가 체결하는 계약에 있어서 장기계속계약은 「지방계약법」 제24조 제1항에 따라 이행에 수년이 걸리는 공사·제조 또는 용역 등의 계약에 대하여 총액으로 입찰하여 각 회계연도 예산의 범위에서 낙찰된 금액의 일부를 연차별로 계약을 체결하는 방법으로, 　- 같은 법 시행령 제78조 제2항에 따라 낙찰 등에 의하여 결정된 총 공사금액을 부기하고 해당연도 예산의 범위에서 제1차 공사를 이행하도록 계약을 체결하되, 제2차 공사 이후의 계약은 부기한 총 공사금액에서 이미 계약된 금액을 공제한 금액의 범위에서 체결할 것을 부관으로 약정하는 계약방식으로 장기계속계약은 총 공사를 분할하여 연차별로 이행할 것을 약정한 계약임 • 질의와 관련하여 장기계속공사로 체결한 공사계약으로 예산 미확보 등 발주기관의 사정으로 잔여차수분 공사에 대하여 발주할 수 없는 경우에는 예산 확보 계획등을 검토한 후 잔여차수분 계약에 대한 중단 또는 향후 발주할지에 대하여 계약상대자에게 통지하여야 하나, 　- 별다른 조치 없이 방치한 후 현재 차수분 공사에 대하여 발주하는 경우라면 당초 계약상대자와 수의계약이 아닌 장기계속공사 계약으로 잔여 차수분 공사에 대하여 계약을 체결하는 것이 타당할 것이며, 이 경우 시행령 제73조에 따른 물가변동으로 인한 계약금액 조정 사유가 발생되는 경우라면 물가변동으로 인한 계약금액 조정이 가능함
행자부	회계제도과–2058, 2016. 4. 29

200	
제 목	**공사계약의 설계변경 인정 기준**
질 의	해당공사의 일부 공종에 대하여 1식단가로 공종별물량내역서에 명시되어 있으나 설계도면 및 시방서가 누락되어 있는 경우로서 설계 누락사항(도면, 시방서, 구조계산서)에 대하여 설계자에게 보완 설계를 받아서 계약 상대자에게 통보한 때에 설계변경으로 인한 계약금액 조정이 가능한지 여부?
회 신	• 지방자치단체와 체결한 공사 계약에 있어 설계변경은 당초 설계된 공사를 설계내용대로 추진하는 과정에서 예기치 못한 사정이 발생하여 설계내용을 일부 변경하는 것을 의미하며, 「지방자치단체 입찰 및 계약 집행기준」 제13장 공사계약 일반조건 제6절 "1-가-1)"에 따라 설계서의 내용이 불분명하거나 누락·오류 또는 상호 모순되는 점이 있을 경우에는 설계변경이 가능함

- 계약상대자는 공사계약의 이행 중 설계서의 내용이 불분명하거나 설계서에 누락·오류가 있는 사실을 발견한 때에는 제7절 "2-가"에 따라 설계변경이 필요한 부분의 이행 전에 해당사항을 분명히 한 서류를 작성하여 계약담당자와 공사감독관에게 동시에 이를 통지해야 하며, 계약담당자는 제6절 "2-나"에 따라 통지를 받은 즉시 공사가 적절히 이행될 수 있도록 그 사실을 조사 확인하고 계약목적물의 기능과 안전을 확보할 수 있도록 설계서를 보완하여야 함
- 또한, "1식 단가"는 제7절 '1사'에 따라 일부 공종의 단가가 세부 공종별로 분류되어 작성되지 아니하고 총계방식으로 작성된 단가를 말하며, 설계도면이나 공사설계설명서가 변경되어 1식단가의 구성내용이 변경되는 경우에는 설계변경으로 인한 계약금액 조정이 가능함
- 따라서 해당공사의 일부 공종에 대하여 1식단가로 공종별물량내역서에 명시되어 있으나 설계도면 및 공사설계설명서(시방서)가 누락되어 있어 시공이 곤란한 경우라면 발주기관이 수량산출서·단가산출서, 일위대가표 등을 참고하여 1식단가의 구성내용을 확인하고 설계도면 및 공사설계설명서(시방서)를 확정한 후 공종별물량내역서를 일치시켜 변경되는 내용에 따라 계약금액을 조정하여야 할 것으로 사료됨

행안부	회계제도과-368, 2016. 1. 25

201 ··· 설계변경 기준

제 목	물품 제조(제작) 설치 계약서에 변경계약 가능 여부
질 의	지방자치단체와 체결한 물품제조·설치계약에 있어서 사업 추진 중 지역주민 민원에 의하여 해당 물품(제진기)의 설치가 취소됨에 따라 일부 제작되고 선금이 지급된 물품에 대하여 사업계획 변경으로 해당 물품을 필요로 하는 다른 사업장에 일부 규격변경 및 수량 조절하는 설계변경이 가능한지 여부?
회 신	• 지방자치단체와 체결하는 물품제조계약에 있어서 설계변경으로 인한 계약금액의 조정은 「지방계약법 시행령」 제9항에 따라 제조·용역 등의 계약에서 계약금액을 조정하는 경우에는 제1항부터 제8항까지의 규정(공사의 설계변경으로 인한 계약금액의 조정)을 준용할 수 있다고 규정하고 있음 • 공사 계약에 있어서 설계변경은 당초 설계된 공사를 설계내용대로 추진하는 과정에서 예기치 못한 사정이 발생하여 설계내용을 일부 변경하는 것을 의미하며, - 「지방자치단체 입찰 및 계약 집행기준」 제13장 공사계약 일반조건 제6절 "1-가"에 따라 계약담당자는 설계서의 내용이 불분명하거나 누락·오류 또는 상호 모순되는 점이 있을 경우, 지질, 용수 등 공사현장의 상태가 설계서와 다를 경우, 새로운 기술·공법 사용으로 공사비의 절감과 시공기간의 단축 등의 효과가 현저할 경우, 그 밖에 발주기관이 설계서를 변경할 필요가 있다고 인정할 경우에는 설계변경이 가능함 • 질의와 관련하여 물품제조계약에 있어서 해당 물품의 선금이 지급되고 일부 물품이 제작되어 해당 계약을 해지하는 경우 예산 낭비 및 발주처 귀책사유에 따른 재정상 손해가 예상되는 등 발주기관의 불가피한 사정이 있는 경우로서 사업목적·본질을 벗어나지 않는 범위에서 당초 해당

	물품의 일부 규격 변경 및 수량 조절을 계약 상대자에게 지시한 경우에는 설계변경이 가능함
행안부	회계제도과-2999, 2015. 10. 6

202 ◢ 설계변경 기준

제 목	물품 제조(제작) 설치 계약서에 변경계약 가능 여부

202 ◢ 설계변경 기준

제 목	물품 제조(제작) 설치 계약서에 변경계약 가능 여부
질 의	지방자치단체와 체결한 물품제조·설치계약에 있어서 사업 추진 중 지역주민 민원에 의하여 해당 물품(제진기)의 설치가 취소됨에 따라 일부 제작되고 선금이 지급된 물품에 대하여 사업계획 변경으로 해당 물품을 필요로 하는 다른 사업장에 일부 규격변경 및 수량 조절하는 설계변경이 가능한지 여부?
회 신	• 지방자치단체와 체결하는 물품제조계약에 있어서 설계변경으로 인한 계약금액의 조정은 「지방계약법 시행령」 제9항에 따라 제조·용역 등의 계약에서 계약금액을 조정하는 경우에는 제1항부터 제8항까지의 규정(공사의 설계변경으로 인한 계약금액의 조정)을 준용할 수 있다고 규정하고 있음 • 공사 계약에 있어서 설계변경은 당초 설계된 공사를 설계내용대로 추진하는 과정에서 예기치 못한 사정이 발생하여 설계내용을 일부 변경하는 것을 의미하며, – 「지방자치단체 입찰 및 계약 집행기준」 제13장 공사계약 일반조건 제6절 "1-가"에 따라 계약담당자는 설계서의 내용이 불분명하거나 누락·오류 또는 상호 모순되는 점이 있을 경우, 지질, 용수 등 공사현장의 상태가 설계서와 다를 경우, 새로운 기술·공법 사용으로 공사비의 절감과 시공기간의 단축 등의 효과가 현저할 경우, 그 밖에 발주기관이 설계서를 변경할 필요가 있다고 인정할 경우에는 설계변경이 가능함 • 질의와 관련하여 물품제조계약에 있어서 해당 물품의 선금이 지급되고 일부 물품이 제작되어 해당 계약을 해지하는 경우 예산 낭비 및 발주처 귀책사유에 따른 재정상 손해가 예상되는 등 발주기관의 불가피한 사정이 있는 경우로서 사업목적·본질을 벗어나지 않는 범위에서 당초 해당 물품의 일부 규격 변경 및 수량 조절을 계약 상대자에게 지시한 경우에는 설계변경이 가능함

203 ◢ 설계변경 기준

제 목	청소근로자 임금인상 물가변동기준 적용 여부
질 의	• 2013년 청소용역 원가 노무비(기본급)를 '13년 제조부문 "단순노무종사원노임"이 아닌 ○○시 정책에 따라 "청소직무급"을 노무비 원가로 산정하여 용역계약을 체결하였는 바, 14년에 ○○시 청소직무급(기본급) 2.84% 인상을 사유로 「지방계약법 시행령」 제75조 그 밖에 계약내용 변경으로 인한 계약금액의 조정 제1항에 따른 계약금액 조정이 가능한지 여부 • 2013.4.1. 청소용역 장기계속계약(2013.4.1.~2015.12.31.) 체결 당시 노무비 산정을 ○○시 정책에 따라 "청소직무급"으로 하였는데 13년 "청소직무급"을 제

	조부분 보통인부 단가로 환산하여 물가변동으로 인한 계약금액 조정이 가능한지 여부
회 신	• '계약내용의 변경으로 인한 계약금액의 조정'은 「지방계약법 시행령」 제75조에 따라 계약서에서 정한 내용이 변경되어 계약금액을 조정할 필요가 있는 경우 적용하는 것으로 ○○시 청소직무급 단가가 변경되었다는 사유만으로는 계약내용 변경으로 인한 계약금액 조정은 타당하지 않을 것으로 사료되나, 구체적인 사항은 계약담당자가 계약내용 변경사항을 확인하여 사실 판단하여 처리할 사항임 • 아울러, '물가변동으로 인한 계약금액의 조정'은 「지방계약법 시행규칙」 제72조 제7항에 따라 물가변동 당시 가격은 입찰당시가격을 산정한 경우에 적용한 기준과 방법을 동일하게 적용하여 산정하도록 규정되어 있는바, 불가피한 사유가 없을 경우에는 입찰당시 산정한 방법과 동일한 방법으로 산정하여 계약체결일로부터 90일이 지나고 입찰일로부터 조정률(품목 또는 지수)이 100분의 3이상 증감이 발생할 경우에 물가변동으로 인한 계약금액 조정이 가능함
행안부	재정관리과-2121, 2014. 6. 12

204

설계변경 기준

제 목	**과업 추가 지시의 경우 설계변경 인정 여부**
질 의	당초 해조류 육종·융합연구센터 건립공사는 1단계(종묘연구센터, 종묘배양동)와 2단계(해조류융합센터)로 나누어서 진행할 계획으로 추진하면서 1단계 사업자를 선정하여 과업을 시행하였으나, 사업의 효율성을 위해 2단계 사업을 기존 설계업체에 과업을 추가 지시하여 기존 설계업체와 변경계약을 하는 것이 타당한지 여부
회 신	• 설계변경(과업내용의 변경)은 설계 당시에 예기치 못했던 상황이 계약 이행 중에 발생하거나 계획 변경 등으로 인하여 당초 설계내용(과업내용)을 변경하는 것으로서 성질상 당초 계약의 목적이나 본질을 바꾸지 아니하는 범위 안에서 변경하는 것을 말하므로, • 당초 예측이 가능했거나 계획되었던 부분은 설계변경(과업내용의 변경) 대상에 포함하지 아니하며, 당초 설계내용(과업내용)을 바꾸지 아니하고 증가(추가)되는 부분을 별도로 이행할 수 있는 추가 부분은 별개의 계약 대상으로 보고 있음 • 따라서, 설계변경(과업내용의 변경)은 당초 별도 이행이 계획된 경우라면 설계변경(과업내용의 변경)은 타당하지 않을 것으로 사료되나, 구체적인 사항은 계약 담당자가 설계 내용, 용역이행 상황, 관련규정 및 용역예산 등을 종합적으로 고려하여 구체적으로 설계변경(과업내용의 변경)에 해당되는지, 아니면 분리 가능한 추가 용역에 해당되는지 여부 등을 판단하여 결정할 사항인 것으로 사료됨
행안부	재정관리과-1843, 2014. 5. 22

205	설계변경 기준
제 목	**감리용역의 경우 계약금액 조정 기준**
질 의	• □□군에서 발주한 체육관 공사의 감리용역과 관련하여 계약금액 조정 시 「지방계약법」 시행령 제74조는 최초 계약부터 적법하게 발주한 건축물의 감리용역에만 적용하는지? 발주자가 관련법령 등에 위반하여 발주한 감리용역에도 적용하는지 여부 • 최초 계약 시 적용한 일반관리비율과 이윤율 등을 잘못 적용한 경우, 설계변경 시에 「공공발주사업에 대한 건축사의 업무범위와 대가기준」에 따라 적법한 요율을 적용하여야 하는지 여부
회 신	• 지방계약법의 설계변경이나 과업내용의 변경은 최초 계약 시 관련법령 위반 여부에 따라 달라지는 것은 아니며, 공사의 적절한 시공을 위하여 발주기관이 교부한 설계서 또는 과업지시서를 변경할 필요가 있을 경우 설계변경 또는 과업내용 변경으로 인한 계약금액 조정이 가능하며, • 예정가격 작성 시 해당 기준에 따라 예정가격을 결정할 수 있으나, 과업 내용 변경 시에는 지방계약법 시행령 제74조 제7항에 따라 계약금액의 증감분에 대한 일반관리비 및 이윤 등은 제15조 제6항 또는 제7항에 따라 제출한 산출내역서상의 일반관리비율 및 이윤율 등에 의하여 산출하되 행정자치부령으로 정하는 비율을 초과할 수 없음
행자부	재정관리과-1454, 2014. 4. 22

206	설계변경 기준
제 목	**계약 상대자의 이익을 부당하게 제한하는 특약·조건 해당 여부**
질 의	내역입찰 공사계약에 있어 발주기관이 제공한 물량내역서에 누락된 관급자개 가공비용에 대해 발주기관이 현장설명서 규정 내용을 근거로 설계변경 및 계약금액 조정을 제한하고 있는 것이, 지방계약법 제6조 제1호 규정에 의한 계약 상대자의 계약상 이익을 부당하게 제한하는 것에 해당하는지 여부 * 발주기관에서 제공한 물량내역서에 관급자재인 화강석 자재의 가공비용 누락 * 현장설명서 규정 내용 | 구분	내용	비고
---	---	---
현장설명서 특기사항	◦ 본 공사 시공에 있어서 다음 각 항에 필요한 비용은 도급자가 부담한다.	
항목	◦ 관급자재 시공 시 관급자재 인수 후 마감 시공에 필요한 가공비용 등 ex) 석재 시공 시 모서리 가공 및 계단 디딤판 논슬립 줄눈 커팅 등	관급자재 인수 장소는 시공현장	
회 신	• 「지방자치단체 입찰 및 계약 집행기준」(행정자치부 예규) 제13장 제6절 "1-가-1)"은 설계서의 내용이 불분명하거나 누락·오류 또는 상호 모순되는 점이 있을 경우 설계변경을 할 수 있다고 규정하고 있고, 제7절 "1-가"는 계약담당자는 설계변경으로 시공방법의 변경, 투입자재의 변경 등 공사량의 증감이

발생하는 경우에는 계약금액을 조정해야 한다고 규정하고 있음

- 질의와 관련하여 물량내역서는 시방서, 현장설명서 등과 함께 설계서의 일종 인바, 이러한 물량내역서에 관급자재인 화강석의 가공비용이 계상되어 있지 않고 다른 관련 비목에도 계상되어 있지 않은 경우라면 설계서의 내용 누락 으로 보아 설계변경 및 계약금액 조정이 가능할 것으로 판단됨

- 아울러, 현장설명서상 관급자재 인수 후 마감시공에 필요한 가공비용이 도급 자 부담으로 규정되어 있다 하더라도, 설계서의 내용 불분명이나 누락·오류 등에 기인한 설계변경 및 계약금액 조정 가능성을 일체 배제하는 것은 「지방 계약법」 제6조 제1항에서 규정하고 있는 계약 상대자의 계약상 이익을 부당 하게 제한할 소지가 있다고 판단됨

행안부	재정관리과-1257, 2014. 4. 10

	설계변경 기준
207	
제 목	**운반거리 변경에 따른 설계변경 인정 범위**
질 의	<ul><li>"낙동강살리기 36공구사업"과 관련하여 2009년 12월 8일 계약을 체결하여 설계상 오류로 인하여 운반거리 변경으로 인한 계약금액을 「지방자치단체 입찰 및 계약 집행기준」에 따라 협의단가를 적용하여 2010년 12월 24일 계약을 체결하였으나,</li><li>특별시방서에서 사토처리 운반로 및 운반거리 변경으로 발생되는 단가적용은 "국가계약법 및 동법 시행령"을 따른다, 다만, 명기된 낙찰율 적용건에 대한 논란이 있어 현재 조달청에 유권해석 중에 있어 조달청의 회신 결과에 따라 전체낙찰률 적용이 타당하거나 협의율 적용의 타당성이 명확하지 않을 경우 당초 설계서의 시방서에 명기된 사항과 같이 전체 낙찰률을 곱하여 산정한다고 수요기관의 요구에 따라 부기하였으며,</li><li>지방계약법 제6조 제1항에서는 불공정하고 계약 상대자의 이익을 부당하게 제한하는 특약이나 조건을 정하여서는 안 된다고 규정하고 있으며, 당사는 지방 계약법에 명시된 관련 항목을 준수하여 설계변경을 협의 단가로 진행하였으나, 경상북도에서는 지방계약법의 내용과 배치되는 상기 특별시방서에 부기한 사항 및 조달청 질의 회신 시 특수시방서가 유효하다는 자료를 근거로 하여 재설계변경을 요구할 수 있는지 여부</li></ul>
회 신	<ul><li>지방계약법령에 따른 계약에서 운반거리 변경으로 인하여 계약금액 조정 시에는 「지방자치단체 입찰 및 계약 집행기준」 제1장 제7절 "3"에서 변경 당시 품셈을 기준으로 산정한 단가와 그 단가에 낙찰률을 곱한 단가의 범위에서 협의하여 결정할 수 있으며, 협의 단가를 결정함에 있어 계약당사자 간의 협의가 이루어지지 아니하는 경우에는 그 중간 금액으로 한다고 규정되어 있음</li><li>지방계약법 제6조 제1항에 따라 계약은 상호 대등한 입장에서 당사자의 합의에 따라 체결되어야 하고, 당사자는 계약의 내용을 신의성실의 원칙에 따라 이행하여야 하며, 지방자치단체의 장 또는 계약 담당자는 이 법 및 관계 법령에 규정된 계약상대자의 계약상 이익을 부당하게 제한하는 특약이나 조건을 정하여서는 아니되며, 「공사계약 일반조건」 제2절 "2-라"에서 계약담당자는 "다"에 따라 정한 공사계약 특수조건에 「지방계약법령」, 공사 관계 법령 및 이 조건에 정한 계약상대자의 계약상 이익을 부당하게 제한하는 내용이 있는 경우 법 제</li></ul>

	6조에 따라 그 내용은 효력이 인정되지 아니한다고 규정하고 있으나, 구체적인 사항은 계약당사자가 계약목적물의 특성, 계약내용, 계약상황, 사실관계 등을 종합적으로 고려하여 판단할 사항임
행안부	재정관리과–956, 2014. 3. 19

208   📝 설계변경 기준

제 목	**책임감리용역의 경우 기간 단축에 따른 계약금액 조정 여부**
질 의	정보통신공사 책임감리용역 기간 단축에 따른 계약금액 조정 여부
회 신	• 「지방자치단체 입찰 및 계약 집행기준」 제14장 공사계약 일반조건 제6절에 따라 과업내용의 변경, 물가변동, 그 밖에 계약내용의 변경(계약기간의 변경 등)이 있는 경우에 계약금액의 조정이 가능할 것이며, 동 예규 제6절 "1-가"에 따르면 계약담당자는 계약의 목적상 필요하다고 인정될 경우에는 1) 추가업무 및 특별업무의 수행, 2) 용역공정계획의 변경, 3) 특정용역 항목의 삭제 또는 감소의 과업내용을 계약 상대자에게 지시할 수 있다고 규정하고 있는바, – 질의의 책임감리용역 기간이 단축되어 과업내용이 변경되는 경우 계약금액의 조정이 가능할 것으로 사료되나, 구체적인 기간산정 등에 대한 사실관계는 계약내용 및 관련 규정 등을 확인하여 발주기관에서 판단하셔야 할 것이며, 책임감리원 배치기준에 대하여는 해당 법령 소관부처로 문의하시기 바람
행자부	재정관리과–572, 2014. 2. 17

209   📝 설계변경 기준

제 목	**계약 후 설계감액 가능 여부**
질 의	• 시·군 종합 감사 시 용역회사에서 안전관리비, 시험검사비, 운반비 등을 설계에 반영하면서 「지방자치단체 원가계산 및 예정가격 작성요령」에 맞지 않게 경비목으로 계상하지 아니하여 제경비가 과다하게 계상된 설계도서를 작성하여 제출하였고, 계약 담당자는 납품된 설계도서를 근거로 예정가격을 결정하고 낙찰 업체가 제출한 산출내역서에 따라 계약하였으며, • 시공업체에서 공사기간 중에 공사금액을 증액하는 설계변경을 하면서 경비목으로 산정할 항목을 재료비, 노무비, 경비로 산출내역서를 작성하여 노무비, 재료비 계상에 따른 제경비가 과다하게 계상된 설계내역서를 제출하여 계약담당자가 제출된 설계내역서를 근거로 증액계약 체결 후 공사를 완료하여 대금 지급이 완료된 경우 설계변경으로 인한 감액이 가능한지 여부
회 신	• 지방자치단체가 체결한 공사계약에서 계약금액은 행정자치부 예규 「지방자치단체 입찰 및 계약 집행기준」 제13장 제7절 "1-차" 및 "3-다", "40-마"에 따라 준공대가(장기계속공사의 경우에는 각 차수별 준공대가) 수령 전까지 해야 조정금액을 지급받을 수 있으며, 발주기관의 계약금액 감액 청구 또한 준공대가 수령 전까지 계약상대자에게 청구해야 가능함 • 다만, 지방자치단체를 당사자로 하는 계약에서 다른 법률에 특별한 규정이 있는 경우에는 「지방계약법」 제4조에 따라 그 법률에서 정한 바에 따르도록 되

	어 있음. 따라서 질의한 내용과 관련하여 구체적인 사항은 계약목적물의 특성, 계약내용, 현장상황, 근거규정, 감사관련 법령을 종합적으로 검토하여 판단할 사안임
행안부	재정관리과–538, 2014. 2. 14

설계변경 기준

210	
제 목	설계변경 계약 심사대상 공사의 계약금액 적용 기준
질 의	설계변경 대상 공사의 1차 설계변경심사 이후 설계변경심사의 경우 1차 설계변경 심사 완료금액을 기준으로 하여 누적 10% 이상 증가한 경우 심사대상이 되는지, 아니면 최초계약금액기준 대비 누적 10% 이상 증가한 경우 계속적인 설계변경 심사대상이 되는지 여부
회 신	• 행정자치부 예규 「지방자치단체 입찰 및 계약 집행기준」 제3장 계약심사 운영 요령 제5절 설계변경심사 "1-다" 설계변경 심사대상은 계약금액(설계변경 전의 계약금액)이 시·도는 20억 원(시·군구는 5억 원) 이상인 공사 중에서 설계변경 금액(2회 이후 설계변경의 경우 누적금액)이 계약금액의 10% 이상 증가하는 경우로 한다고 규정되어 있음 • 위 질의의 2회 이후 설계변경의 설계변경 심사대상의 경우 누적금액으로 규정하고 있으므로 계약금액 10% 이상 설계변경되어 설계변경 심사대상이 된 이후 증가하는 경우는 계속하여 설계변경 심사대상이 됨
행안부	재정관리과–43, 2014. 1. 6

설계변경 기준

211	
제 목	준공예정일 이후 설계변경 및 실정보고 가능 여부
질 의	공사계약 준공일이 지난 후 설계변경 및 실정보고에 따른 계약금액 조정이 가능한지?
회 신	• 지계법 제73조 제1항에서 지계령 제74조에 따른 '설계변경은 그 설계변경이 필요한 부분의 시공 전에 완료하여야 한다. 다만 공정이행의 지연으로 품질 저하가 우려되는 등 긴급하게 공사를 수행하게 할 필요가 있는 경우에는 계약 상대자와 협의하여 설계변경의 시기 등을 명확히 정하고, 설계변경을 완료하기 전에 우선 시공하게 할 수 있다.'라고 규정하고 있으며, • 지방자치단체 입찰 및 계약 집행기준 제9장 계약일반조건 제7절 "1-다-3"에서 "1)" 전단에 따른 계약 상대자의 계약금액 조정 청구는 제9절 "5"에 따른 준공대가 및 완료대가 수령 전까지 해야 조정금액을 지급받을 수 있다고 정하고 있음. • 따라서 계약 상대자는 설계변경에 따른 계약금액의 조정 청구를 준공대가(장기계속공사의 경우 각 차수별 준공대가) 수령 전까지 해야 조정금액을 지급받을 수 있을 것임.
행안부	국민신문고(2023. 8. 30)

212	설계서의 불분명, 누락, 오류 및 상호모순
제 목	**물량내역서 누락 공종의 설계변경으로 인한 계약금액조정단가**
질 의	국가기관으로부터 최저가 낙찰제(내역입찰) 방식으로 낙찰받아 시공 중인 ○○도 로건설공사의 포장공 쇄석골재생산 및 운반공종이 물량내역서상 누락되어 발주자에게 실정보고를 통하여 설계변경으로 인한 계약금액 조정의 단가 적용 방법은? 〈갑설〉 물량내역서는 설계서에 해당되고, 계약상대자의 책임없는 사유로 인한 설계변경의 경우 계약예규「공사계약 일반조건」제20조 제2항이 작용되므로 협의단가를 적용함 〈을설〉 산출내역서에 없는 품목 또는 비목의 단가이므로 설계변경 당시를 기준으로 산정한 단가에 낙찰률을 곱한 금액 적용
회 신	국가기관을 당사자로 하여 체결한 공사계약에서 귀 질의와 같이 물량내역서에 누락된 공종에 대하여 계약예규「공사계약 일반조건」제19조의2에 의거 설계변경을 하는 경우 증가한 물량 또는 신규 비목의 단가는 동 예규 제20조 제2항에 따라 설계변경당시 단가(A)와 동 단가에 낙찰률을 곱한 금액(B)의 범위 안에서 발주처와 계약상대자가 서로 주장하는 각각의 단가기준에 대한 근거자료 제 시 등을 통해 성실히 협의하여 결정하되, 협의 불성립 시에는 중간금액[(A+B)/2]으로 하는 것임을 알려 드립니다.
조달청	규제개혁법무담당관-2278 2011. 05. 11

213	설계서의 불분명, 누락, 오류 및 상호모순
제 목	**설계도면상 물품의 도면, 시방서 및 견적서 상이**
질 의	인공조형물을 시공 중 1식으로 잡혀져 있는 F.R.P 조형물이 도면과 내역서에는 F.R.P 조형물로 표기만 되어 있고 상세 도면이 없어 동 조형물의 시방서와 견적서를 확인하니 E.P.S와 우레탄 코팅으로 하는 조형물을 근거로 작성되어 있습니다. 이런 경우 어떤 것에 따라서 시공하여야 하는지?
회 신	공사계약에서 계약상대자는 공사계약의 이행 중에 설계서의 내용이 불분명하거나 누락·오류 등이 있는 사실을 발견하였을 때에는 계약예규「공사계약 일반조건」제19조의2에 따라 그 설계변경이 필요한 부분의 이행 전에 당해 사항을 분명히 한 서류를 계약담당공무원에게 통지하여야 하고, 계약담당공무원은 당해 공사가 적절히 이행될 수 있도록 설계변경 등의 필요한 조치를 하여야 하는바, 귀 질의의 경우와 같이 설계서의 내용이 불분명한 경우(설계서만으로는 시공방법, 투입자재 등을 확정할 수 없는 경우)에는 설계자의 의견 및 발주기관이 작성한 단가산출서 또는 수량산출서 등의 검토를 통하여 애초 설계서에 의한 시공방법 투입자재 등을 확인하고 이를 기준으로 설계변경 여부를 결정하여야 할 것임.
조달청	법무지원팀-79, 2005. 07. 19

214	설계서의 불분명, 누락, 오류 및 상호모순
제 목	계약체결 시 단가표기 오류인 경우 설계변경 가능 여부
질 의	발주처가 제공한 내역서 특정 항목의 단위가 ㎡이어야 하나 PCS로 잘못 표기된 상태로 입찰 및 계약체결이 이루어진 바, 계약내역서 단위로 수량을 산출하면 계약수량보다 상당히 많은 수량이 변경되며, 설계 시 수량산출서 검토결과 단위표기 오류인 것을 확인하였음. 이 경우 설계변경이 가능한지, 수량산출서를 근거로 수정 시공을 요구할 수 있는지?
회 신	설계서 간 상이는 설계도면과 시방서의 상이라면 최선의 공사 시공을 위하여 우선되어야 할 내용으로 설계도면과 시방서를 확정한 후 그 확정된 내용에 따라 물량내역서를 일치시키는 변경이 가능한 것이므로 이에 따라 변경할 수 있고, 단위 변경으로 인해 계약금액 조정을 한다면 계약금액 또한 조정이 가능함. 그러나 계약담당공무원은 설계서에 속하지 아니하는 예정가격조서나 산출내역서 상의 비목이나 품목의 단가에 대한 과다나 과소 계상 혹은 누락, 예정가격(입찰금액) 작성의 참고자료인 품셈 등의 변경, 발주기관이나 계약 상대자가 예정가격이나 입찰금액을 산정하기 위하여 작성하는 일위대가표, 수량산출서, 단가산출서의 누락이나 오류로는 설계변경과 그에 따른 계약금액을 조정할 수 없음.
조달청	인터넷 질의번호 2001030027, 2020. 1. 3

215	현장상태와 설계서의 상이로 인한 경우
제 목	설계서와 현장 상태가 상이한 경우의 설계변경
질 의	〈질의 1〉 ○○공사와 체결한 공사계약에서 애초 설계서상으로는 저수지 축조에 따른 이설도로공사와 저수지의 제당 축조공사를 병행하여 시공토록 설계되었으나, 발주처 사정으로 예산 확보가 되지 않음에 따라 연도별 예산 확보 범위 내에서 시공의 우선순위를 정하여 저수지 축조에 따른 이설도로공사를 우선적으로 시공하고 이 과정에서 발생하는 토석은 병행 시공토록 설계된 저수지의 제당 축조공사에 바로 유용하지 못하고 가적치를 한 후에 저수지의 제당공사에 유용하고 있는 경우 현장상태와 설계서 상이에 따른 설계변경이 가능한지 여부 〈질의 2〉 이설도로공사에서 발생한 토석을 저수지의 제당 축조공사에 일정한 규격으로 유용, 시공토록 설계서(시방서 포함)에 명기하고 있으나, 현장에서 발생하는 토석의 규격을 유용이 가능한 규격으로 만들기 위한 소할 등의 비용이 설계서에 누락되었을 때 설계변경으로 계약금액을 조정할 수 있는지?
회 신	공사계약에서 설계서(설계도면, 공사시방서, 현장설명서 및 공종별 목적물 물량내역서)의 내용이 불분명하거나 누락·오류 또는 상호 모순되는 점이 있을 경우 및 현장상태와 설계서가 상이한 경우에는 계약예규 「공사계약 일반조건」 제19조의2 내지 제19조의3의 규정에 따라 설계변경이 가능하고, 설계변경을 하게 한 귀책사유에 따라 동 예규 제20조 제1항 내지 제2항에 따라 계약금액을 조정하는 것임.
조달청	법무지원팀-4924, 2007. 12. 10

216	신기술, 신공법에 의한 설계변경
제 목	신기술에 의한 설계변경 가능 여부
질 의	시공업체가 공사를 80% 진행하는 과정에서 수산부산물의 특성에 따라 설계보다 더 높은 정압이 필요함으로 현재 설계된 투입구의 특허기술 및 제품보다 동등 이상의 우수한 새로운 기술 및 제품으로 설계변경하여 기존의 특허기술 및 제품의 결함을 방지하고 안정적인 목적을 수행하기 위해서 설계변경을 요구하고 있습니다. - 「국가계약법 시행령」 제65조 제4항의 새로운 기술, 공법은 "정부설계와 동등 이상의 기능, 효과를 가진 기술, 공법, 기재 등을 포함한다."라고 규정하고 있는바, 이는 국내외에서 새롭게 개발되었거나, 개량된 새로운 기술 외에도 보편적으로 사용되고 있는 공법, 기자재 등이라도 정부설계의 동등 이상의 기능과 효과를 가진 모든 기술이 포함된다고 하며, 설계변경을 요구 하고 있는바, 건설기술관리법 제38조의7에 의거 발주청에서 설계자문위원회를 구성 및 개최하여 설계변경이 가능한지?
회 신	공사계약에서 계약담당공무원은 계약상대자가 새로운 기술·공법 등(새로운 기술·공법 등이 아니더라도 정부설계와 동등 이상의 기능·효과를 가진 기술·공법·기자재 등을 포함)을 사용함으로써 공사비의 절감, 시공기간의 단축 등에 효과가 현저할 것으로 인정되어 계약상대자의 요청에 의하여 필요한 설계변경을 한 때에는 「국가를 당사자로 하는 계약에 관한 법률 시행령」 제65조제4항에 따라 계약금액의 조정에 있어 당해 절감액의 100분의 30에 해당하는 금액을 감액하는 것인 바, 귀 질의의 경우가 이에 해당하는지는 계약담당공무원이 동 규정, 설계변경 사유 및 신기술 에 해당하는지 등을 고려하여 판단할 사항임. ※ 참고사항 ※ 신기술 및 신공법에 따른 설계변경의 실무적인 사항은 같은 법 시행령 제65조제5항 내지 제6항 및 계약예규 「공사계약 일반조건」 제19조의4를 참조하시기 바람.
조달청	인터넷 질의 2011. 08. 10

217	신기술, 신공법에 의한 설계변경
제 목	당해 절감액의 의미
질 의	새로운 기술을 사용함으로써 터널이나 교량의 품질이 향상되어 유지관리비가 현저하게 절감되거나, 발전소의 효율 향상으로 연료비가 현저하게 절감되어 이에 따른 "절감금액"이 구분되어 산출이 가능하고 이를 발주자가 인정할 경우로서 이때의 "절감금액"이 국가계약법 시행령 제65조 제4항의 규정에 의거 설계변경으로 인한 계약금액의 조정에 있어서 "당해 절감액"(100분의 30에 해당하는 금액을 감액한다)으로 보는지?
회 신	국가기관을 당사자로 하여 체결한 공사계약에서 계약담당공무원은 계약상대자가 새로운 기술·공법 등을 사용함으로써 공사비의 절감, 시공기간의 단축 등에 효과가 현저할 것으로 인정되어 계약상대자의 요청에 의하여 필요한 설계변경을 한때에는 「국가를 당사자로 하는 계약에 관한 법률 시행령」 제65조제4항에 의하여 계약금액의 조정에 있어서 당해 절감액의 100분의 30에 해당하는 금액을 감액하는

것입니다. 이 경우 "당해 절감액"이라 함은 당해 공사 계약금액의 절감액을 의미하는 것으로 준공 후의 유지관리비 또는 연료비 절감은 이에 해당되지 아니한다고 보는 것이 타당할 것이나, 구체적일 때가 이에 해당하는 지의 여부는 설계서 등 계약문서, 관련기준 및 제반여건 등을 고려하여 처리할 사항입니다

조달청	규제개혁법무담당관-○○○○(2010. 12. 10)

218	신기술, 신공법에 의한 설계변경
제 목	**설계변경 및 동절기 공기연장 가능 여부**
질 의	"관사 신축공사"에 있어 다음 사유로 인한 공기연장이 가능한지 여부 1. 설계변경에 따른 공기연장 2. 건물부지 내 지하매설물 이설 지연에 따른 공기연장 3. 동절기로 인한 공기연장
회 신	공사계약에서 계약예규 「공사계약 일반조건」 제19조에 의한 설계변경으로 인하여 준공기한 내에 계약을 이행할 수 없을 경우 또는 기타 계약상대자의 책임에 속하지 아니하는 사유로 인하여 지체되었을 때 등 동 예규 제25조 제3항 각호의 어느 하나의 사유가 계약기간 내에 발생한 경우 계약상대자는 동 예규 제26조에 의거 지체 없이 수정공정표를 첨부하여 공사감독관을 경유 계약담당공무원 에게 계약기간의 연장을 청구하여야 하며, 계약담당공무원은 즉시 그 사실을 조사 확인하고 공사가 적절히 이행될 수 있도록 계약기간의 연장 등 필요한 조치를 하여야 하는 것인 바, 이러한 계약기간의 연장승인 여부 및 연장기간의 산정은 계약담당공무원이 동 규정, 계약기간 연장의 불가피성, 발생된 사유 및 사업목적 달성 가능성 등 제반 상황을 종합 검토하여 사실 판단할 사항입니다.
조달청	법무지원팀-508, 2005. 08. 24

219	계약기간 연장
제 목	**하도급계약에서 공기연장에 따른 간접노무비 산정**
질 의	하수급인이 계약 상대자를 대신하여 수행한 간접노무량을 공사기간 연장에 따른 실비산정의 간접 노무량에 포함하여 산정할 수 있는지?
회 신	공사계약에서 「국가를 당사자로 하는 계약에 관한 법률 시행령」 제66조 및 계약예규 「정부 입찰·계약 집행기준」 제73조에 따라 공기연장에 따른 간접노무비(간접노무비 × 해당직종 단가)의 조정은 원칙적으로 계약상대자에 대하여 적용하는 것으로서 하도급자에 대하여는 적용되지 않는 것이나, 간접노무업무 중 일부를 하도급자가 계약상대자를 대신하여 수행한 경우에는 이를 포함하여 간접노무량을 산출할 수 있을 것입니다.
조달청	법무지원팀-2214, 2005. 12. 22

220	계약기간 연장
제 목	관급자재 납품지연에 따른 공사기간 연장 인정 여부
질 의	일부 공종의 관급자재 납품지연으로 인하여 공사가 지연된 경우 공기연장 사유 해당 유무?
회 신	• 행정자치부 예규 「지방자치단체 입찰 및 계약 집행기준」 제13장 지방자치단체 공사계약 일반조건 제8절 "2-가"에 따르면 계약상대자는 "1-다"의 어느 하나의 사유가 계약기간 안에 발생한 경우에는 지체 없이 제5절 "5-가-2)"에 대한 수정공정표를 첨부하여 공사감독관을 거쳐 계약담당자에게 서면으로 계약기간의 연장을 청구해야 한다. 다만, 연장사유가 계약기간 안에 발생하여 계약기간을 지나서 종료된 경우에는 그 사유가 종료된 후 즉시 계약기간의 연장을 청구해야 한다고 규정하고 있음 • 따라서, 질의의 경우가 지방자치단체 공사계약 일반조건 제8절 "1-다"각 호에 따라 대체 사용할 수 없는 중요 관급자재 등의 공급지연으로 공사 진행이 불가능하거나 원자재 수급불균형으로 인한 관급자재 조달지연 등 계약상대자의 책임에 속하지 아니하는 사유로 인하여 공사가 지체된 경우에 해당하는 경우라면 계약기간의 연장이 가능하다고 사료되는 바, 구체적인 판단은 계약담당자가 해당 계약의 목적·성질, 공사이행 및 자재공급상황, 공사현장여건, 관련법령·규정 등을 종합적으로 고려하여 계약기간의 연장 여부를 판단할 사항임
행안부	회계제도과-3367, 2015. 10. 29

221	계약기간 연장
제 목	우수급식 식자재 납품업체 계약연장 가능 여부
질 의	매월 소액 수의견적(예정가격: 4,500만 원 정도)을 통해 급식 식자재를 납품받고 있는 것을 각급 학교와 급식업체간의 신뢰 구축을 위해 교육청 자체평가를 통해 상위 30%의 우수 납품업체에 계약 연장(1회에 한해 3개월까지) 인센티브를 부여하는 것이 지방계약법령에 저촉되는지 여부
회 신	• 「지방계약법 시행령」 제9조 제1항에 따라 지방자치단체의 장 또는 계약담당자는 계약을 체결하려는 경우에는 이를 공고하여 일반 입찰에 부쳐야 하나, 계약의 목적·성질·규모 및 지역특수성 등을 고려하여 필요하다고 인정되면 참가자를 지명하여 입찰에 부치거나 수의계약을 할 수 있는바, - 같은 법 시행령 제25조에서는 수의계약에 의할 수 있는 경우를 천재지변, 작전상의 병력이동, 긴급한 행사, 원자재의 가격 급등, 그 밖에 이에 준하는 경우로서 입찰에 부칠 여유가 없는 경우나 입찰에 부칠 여유가 없는 긴급 복구가 필요한 재난 등 행정자치부령에 따른 재난복구 등의 경우 등으로 한정하고 있음 • 질의하신 사안과 관련하여 계약의 연장이란 계약목적물의 이행이 지연되는 경우 그 이행의 완료를 위해 당초 계약기간을 늘리는 것을 의미하는 바, 질의하신 사안의 경우는 계약의 연장이라기보다는 새로운 계약의 체결로 보는 것이 타당하므로

	– 위 법률 및 시행령 규정에 따라 일반입찰에 부치시거나 계약의 목적·성질·규모 및 지역특수성 등을 고려하여 필요한 경우에는 지명입찰이나 수의계약으로 계약을 추진하여야 할 것으로 판단됨 • 만약 귀 청에서 질의하신 사안과 같은 인센티브 부여 제도를 시행할 경우, 이는 계약의 공정성 및 투명성을 확보하기 위한 제도적 장치인 「지방계약법」 및 같은 법 시행령·시행규칙의 근본적인 취지를 훼손시키는 결과를 초래할 가능성이 크다고 판단됨
행안부	재정관리과-280, 2014. 1. 23

222	🖊️ 운반거리 변경
제 목	**계약 후 사토장의 위치 확정에 따른 계약금액 조정 방법**
질 의	○○도로개설공사의 현장설명 시 교부받은 물량내역서에 "공종명 : 사토, a. 토사 L=2km, b. 리핑암 L=2km 2,903m³, c. 발파암 L=2km 39,809m³"으로 표기되었으며, 단가산출서에는 "운반 : L=2km … V=35km/Hr"으로, 설계도면중 유토곡선도에는 사토 발생지점만 ○로 표기됨. 위 종합보고서가 설계서에 포함되는지 설계도면과 물량내역서 사토 발생지점, 운반거리 및 운반속도는 표기되어 있지만 사토장과 운반경로가 표기되지 않은 경우 현장에서 주변 도로 여건을 감안한 사토장의 변경에 따른 설계변경 후 계약금액 조정 방법은?
회 신	애초 설계서에 정한 운반거리가 증감되는 경우에는 운반거리가 남아 있는 정도에 따라 계약예규 「공사계약 일반조건」 제23조 및 계약예규 「정부 입찰·계약집행기준」 제74조 제2항 각 호의 기준에 의하여 계약금액을 조정하는 것인 바, 설계서에 사토장의 위치가 확정되지 않은 경우로서 계약 후 사토장이 확정되었을 때라면 확정된 위치에 따라 결정된 운반로 및 운반거리에 따르되 운반로 전부가 변경되는 경우로 보아 동 집행기준 제74조 제2항 제3호에 의하여 계약금액을 조정하는 것임.
조달청	인터넷 질의 2009. 09. 02

223	🖊️ 운반거리 변경
제 목	**설계변경(운반로 변경에 따른 평균주행속도 변경) 관련**
질 의	애초 설계서에 정한 토취장이 변경되어 계약금액을 조정하여야 하는 바 애초 운반로 일부가 남아있는 경우로서 운반거리가 변경되는 경우 계약금액 조정은 대체된 운반거리를 변경 당시 품셈을 기준으로 산정한 단가로 규정하고 있는 바, 이 기준에 의하여 운반단가를 산출하기 위한 원가 요소 중 대체된 운반로에 대해서 평균주행속도(운반속도)는 변경 당시의 운반로 상태를 감안하여 건설공사 표준품셈 기준으로 적용하여 재산정하는 것이 타당한지, 아니면 애초 운반로를 기준으로 설계운반속도와 동일하게 적용하는 것이 타당한지의 여부
회 신	공사계약에서 토사채취, 사토처리 등과 관련하여 애초 설계서에 정한 운반거리가 증감되는 경우에는 애초 운반거리가 남아 있는 정도에 따라 계약예규 「정부 입찰·계약 집행기준」 제74조 제2항 각 호의 어느 하나에 의하여 계약금액을 조정하는 것인 바, 귀 질의의 경우가 애초 설계서에 정한 토취장은 변경이 되나

애초 운반로 일부가 남아있는 경우로서 운반거리가 변경되는 경우라면 동 예 규 제74조 제2항 제2호의 기준에 따라 계약금액을 조정하여야 할 것이며, 이때 대체된 운반거리를 변경 당시 품셈을 기준으로 산정한 단가를 산출함에 있어서는 변경된 운반로 조건에 맞는 운반속도 등을 적용하여야 할 것임.

조달청	법무심사팀-112, 2005. 05. 02

---

224 운반거리 변경

제 목	턴키공사에서 사토장 운반거리 조정에 따른 계약금액 조정 가능 여부
질 의	설계·시공 일괄입찰 방식에 따라 체결한 공사계약에 있어서 공사 이행 중 사토장 운반거리 단축에 따른 계약금액의 감액이 가능한지(산출내역서만 운반거리 명시) 여부
회 신	• 「지방계약법 시행령」 제103조 제1항에 따르면 대안입찰 또는 일괄입찰에 대한 설계변경으로 대형공사의 계약내용을 변경하는 경우에는 지방자치단체의 책임 있는 사유 또는 천재지변 등 불가항력적인 사유를 제외하고는 그 계약금액을 증액할 수 없다고 규정하고 있고, • 일괄입찰 공사의 산출내역서는 「지방자치단체 입찰 및 계약 집행기준」 제6절 "1-나"에 따라 설계서에 포함하지 아니하므로 산출내역서의 내용변경만으로 계약금액의 조정은 타당하지 아니할 것이나, 　- 당초 계약내용(설계도면, 시방서, 현장설명서 포함)의 변경으로 운반거리가 변경되는 경우에는 같은 시행령 제75조에 따른 계약금액의 조정을 할 수 있을 것이므로, 변경계약이 가능한지 여부를 발주자가 적의 판단할 사항임
행안부	회계제도과-1717, 2016. 4. 12

---

225 운반거리 변경

제 목	골재원 변경(운반거리 전부 변경)에 따른 단가 적용 가능 여부
질 의	골재원 변경(운반거리 전부 변경)에 따른 단가 적용 방법은?
회 신	• 지방자치단체가 체결하는 공사계약에 있어서 운반거리가 증·감되는 경우로서 운반거리가 전부 변경되는 경우의 계약금액 조정은 「지방자치단체 입찰 및 계약 집행기준」 제1장 제7절 "3-나-3")에 따라 "(계약단가 + 변경된 운반거리를 변경 당시 품셈을 기준으로 산정한 단가와 그 단가에 낙찰률을 곱한 단가의 범위 안에서 계약당사자 간에 협의하여 결정한 단가) 　- 계약단가"의 산식에 따라 조정금액을 산출하여야 하며, 협의 단가를 결정함에 있어 계약 당사자 간의 협의가 이루어지지 아니하는 경우에는 그 중간금액으로 하도록 규정하고 있음
행안부	회계제도과-4275, 2015. 12. 18

226	기타 계약내용 변경

제 목	장기계속공사에서의 법정경비 정산 방법
질 의	장기계속계약으로 체결된 공사에서 도급내역서상의 지급수수료(건설근로자퇴직공제부금비, 국민건강보험료, 노인장기요양보험료, 국민연금보험료, 안전관리비, 공사이행보증서발급수수료, 하도급보증수수료, 환경관리비) 정산 관련입니다. 〈질의 1〉 장기계속공사 진행 시 상기의 지급수수료는 차수별로 정산하여야 하는지, 아니면 전체 계약금액으로 마지막 준공 시 정산하여야 하는지? 〈질의 2〉 만약, 차수별로 정산할 경우 1차분에 미집행이 발생하고, 그 후 초과집행분이 발생될 경우 이에 대한 정산 방법은? 〈질의 3〉 위 지급수수료 중 미집행분이 발생할 경우 설계변경을 통한 감액계약후 준공처리가 되는지, 또는 계약서는 그대로 두고 미집행분만 정산 후 준공되는지?
회 신	「국가를 당사자로 하는 계약에 관한 법률」 제21조에 의하면 장기계속계약은 이행에 수년이 소요되는 계약으로서 각 회계연도의 예산 범위 내에서 계약을 체결하는 것이므로 보험료의 정산은 연차 계약별로 처리하는 것이 적정한 것으로 판단됨. 물가변동 등에 따른 계약금액 조정과 달리 보험료는 계약이행 완료 시에 실비를 정산(사후정산)하는 것이므로 계약서를 수정하거나 새로이 작성할 필요는 없는 것으로 판단됨. 다만, 하도급대금지급보증수수료, 환경보전비, 안전관리비 및 건설근로자퇴직공제부금은 건설산업기본법 등 개별법에서 규정되어 있으므로 동 비용의 정산에 대하여는 해당 법률에서 정한 바에 따라 처리될 사항이라고 봄.
조달청	인터넷 질의, 회계제도과–223, 2010. 02. 05

227	기타 계약내용 변경

제 목	작업부산물(고재) 공제
질 의	○○○환경자원화시설 조성공사의 최저가 내역입찰로 계약하여 시공 중 건설공사표준품셈 제1장 1-13 발생재의 처리에 대하여 "시공 중 발생한 철근 할증량 만큼은 작업부산물에 해당되므로 표준품셈에 의거하여 공제금액 반영"하는 것인지 아니면 "고재대 공제는 철근이라든가 PHC 파일이 아닌 철거공사 등에 대한 고재이므로 철근 할증량은 고재대 공제에 해당되지 않는 것인지?
회 신	국가기관이 일괄입찰 및 대안입찰(대안이 채택된 공종에 한함)을 실시하여 체결된 공사계약에서 산출내역서는 계약예규 「공사계약 일반조건」에서 규정하는 계약금액의 조정 및 기성 부분에 대한 대가의 지급 시에 적용할 기준으로서 계약문서의 효력을 가지는 것입니다. 그러나 산출내역서는 설계서에 해당되지 않으므로 동 산출내역서상의 물량이 설계도면과 상이하다는 사유로는 계약금액을 조정할 수 없는 것이며, 계약 상대자는 설계도면 및 공사시방서에서 정한 바에 따라서 시공하여야 하는 것입니다. 발주기관이 제시한 기본계획서·입찰안내서 또는 기본설계서에 따라 실시 설계서를 작성하여 계약을 체결한 후 도면상의 물량을 변경하는 설계변경의 경우가 아니라면 산출내역서의 물량을 변경하거나 계약금액을 조정할 수 없는 것입니다. 따라서 계약 상대자가 투입한 특정의 사

	급자재에서 작업설(屑物)이 발생하였을 경우 산출내역서에 신규 비목(부산물)을 설정(계약 상대자가 산출내역서 작성 시에 기반영한 부분은 제외)하여 계약금액을 조정하여야 하는 것은 아닙니다. 이 경우 작업설물은 계약 상대자가 처분할 수 있는 것입니다
조달청	인터넷 질의 2010. 11. 22

228	기타 계약내용 변경
제 목	**계약체결 이후 법령 개정으로 인한 설계변경 및 계약금액 조정 여부**
질 의	외국물품을 조달함에 있어 구매대상 물품이 입찰공고 및 계약 시에는 관세 및 부가가치세 면세대상이었으나, 계약체결 이후 관련 법령 개정으로 관세 및 부가가치세 과세 대상물품으로 변경되어 수입통관 시 비용(세금)이 추가로 발생되었을 경우 계약금액 조정 가능 여부
회 신	물품구매계약에서 물가변동 또는 설계변경 이외의 기타 계약내용변경으로 계약금액을 조정하여야 할 필요가 있는 경우「국가를 당사자로 하는 계약에 관한 법률 시행령」제66조에 의하여 그 변경된 내용에 따라 실비를 초과하지 아니하는 범위 안에서 계약금액을 조정할 수 있습니다. 귀 질의의 경우 계약체결 시 구매물품이 면세대상이었으나 계약체결 후 관련 법령이 개정되어 과세대상으로 변경되었을 때 같은 법 시행령 제66조에 의한 기타 계약내용의 변경으로 계약금액을 조정할 수 있는 바, 구체적일 때가 이에 해당하는지 여부는 입찰공고내용, 관련 법령의 개정시기 등을 고려하여 처리할 사항임.
조달청	인터넷 질의, 회계제도과-480, 2008. 12. 05

229	수급자재의 변경
제 목	**관급자재인지의 판단 여부**
질 의	당 현장의 관급자재인 특정 품목 A는 수요기관에서 현장설명 시 배포한 설계서(관급자재내역서)에 관급자재로 명시되어 있었으며, 수요기관에서 조달청에 최초 계약요청한 설계서에도 동일한 내용입니다. 이러한 상황에서 계약체결 후 발주기관에서는 설계변경 시 관급자재인 특정 품목 A에 대하여 계약상대자에게 아무런 통보 없이 삭제하였습니다. 이러한 경우 현장설명 시 발주처에서 배포한 설계서(건축내역서-관급)에 관급자재로 명시되어 있고 도급계약 물량내역서에는 언급이 없는 경우 특정 품목 A는 관급자재인지요?
회 신	공사계약에서 발주처는 계약예규「공사계약 일반조건」제13조 제1항에 의하여 공사의 수행에 필요한 특정 자재 또는 기계·기구 등을 계약상대자에게 공급하거나 대여할 수 있으며, 이 경우 관급자재 등(관급자재 및 대여품을 말한다)은 설계서에 명시하여야 하는바, 귀 질의 경우 당해 물품이 관급자재인지의 여부는 당해 설계서로 판단하여야 할 것이나, 현장설명 시 배포한 설계서에 특정 자재를 관급자재라고 명시하였다면 발주기관은 계약 상대자에게 공사수행에 지장이 없도록 특정 자재(관급자재)를 공급하여야 할 것임.
조달청	법무지원팀-528, 2007. 02. 07

230	수급자재의 변경
제 목	관급자재의 여분이 발생한 경우 처리 방법
질 의	지방자치단체가 공사에 소요되는 자재(철근)에 대하여 조달청을 통해 직접 구입하여 계약 상대자에게 지급(관급자재)한 경우로서 해당 공사 설계 시 설계기준에 따라 관급자재를 약 3% 범위 내에서 할증 반영하였으나, 공사완료 후 관급자재로 지급한 철근 중 여분(공장에서 생산된 상태의 원 철근)이 발생되었을 경우 그 처리 방법은?
회 신	• 지방자치단체와 체결한 공사계약에 있어서 "관급자재"는 공사에 소요되는 자재를 발주기관이 구매하여 계약상대자(시공사)에게 지급하는 자재를 말하고, "사급자재"는 공사에 소요되는 자재를 계약상대자가 직접 구매하는 자재를 말하며, - 계약목적물의 시공 중에 발생되는 작업설, 부산품, 연산품 등은 「지방자치단체 입찰 및 계약집행기준」 제2장 예정가격 작성요령 제5절 제3관 "4-라"에 따라 그 매각액이나 이용가치를 추산하여 재료비에서 공제하도록 규정하고 있으며, 고재 등은 발주기관이 그 특성 등을 고려하여 별도 매각절차 등을 통하여 세입조치를 할 수 있음 • 「지방자치단체 입찰 및 계약 집행기준」 제13장 공사계약 일반조건 제5절 "3-다"에 따라 관급자재 등의 소유권은 발주기관에 있고, 잉여분이 있을 경우 계약상대자는 이를 발주기관에 통지하여 계약담당자의 지시에 따라 반환하도록 규정하고 있으므로, 발주기관이 지급한 자재 중 잉여분이 발생된 경우라면 발주기관에 반환하여 처리할 사항인 것으로 판단됨
행안부	회계제도과-2448, 2016. 5. 19

231	용역 계약금액의 조정
제 목	시공사 책임하에 미술장식품 설치 가능 여부
질 의	미술장식품(내·외부 조형물 70% 전·후, 회화 및 판화 30% 전·후) 구매, 설치비용이 건설공사 계약금액에 반영되어 있을 경우 미술장식품 구매 및 설치에 따른 작품 선정을 사전 발주처 승인을 받아 건설회사 책임하에 수행하는 것이 가능한지? 동 설치비가 도급내역서에 반영되어 있으면 별도의 공무 등을 통하여 작품을 선정하는지? 또는 어떤 규정을 적용하는지?
회 신	국립대학교병원이 체결한 계약에 대해서는 「국립대학병원설치법」 및 관련 법령, 당해 병원의 자체 회계규정 및 계약서류에 따라 처리되어야 할 것입니다. 참고로, 국가기관을 당사자로 하여 체결한 공사계약도 민법상 도급계약과 동일하게 계약 상대자가 공사를 완성할 것을 약정하고 국가기관에서 공사 결과에 대하여 대가를 지급하는 것인바, 계약 상대자는 계약예규 「공사계약 일반조건」 제1조에 따라 계약서, 설계서 등의 계약문서에 포함된 계약내용을 이행하여야 할 것입니다. 귀 질의의 경우 계약상대자가 미술장식품 구매 및 설치를 수행해야 하는지는 계약문서를 검토하여 당해 사항이 계약내용에 포함되는지에 따라 처리되어야 할 것이며, 「문화예술진흥법령」 등 관련 법령을 감안하여야 할 것으로 보임.

조달청	인터넷 질의, 회계제도과–900, 2008. 08. 08

232	용역 계약금액의 조정
제 목	공사비용 변동계약에 따른 감리용역비용의 조정 및 재계약 여부
질 의	감리용역계약에서 애초 감리용역을 발주하면서 공사비 13억 원에 대한 감리용역비를 산정, 예정가격을 결정(119,559,000원)하고 입찰후 계약(105,714,820원)을 체결하였으나, 애초 공사비(입찰 전)는 13억 원이었으나 입찰 후 공사계약금액은 12억 원이고, 발주기관은 애초 공사비 13억 원이 12억 원으로 계약되었음으로 감리용역계약 금액도 설계 변경하여 감액시켜야 한다고 주장하는데 이러한 경우 감리용역 계약금액을 낮추어 재계약하여야 하는지?
회 신	감리용역계약에서 계약금액 조정은 「국가를 당사자로 하는 계약에 관한 법률 시행령」 제64조 내지 제66조 및 계약예규 「용역계약일반조건」 제15조 내지 제17조에 의한 사유가 발생되었을 때에는 가능한 것인바, 계약 내용에 달리 정한 특약이 없는 경우 예정가격 산정의 기준으로 적용한 관련 공사비 금액보다 실제 체결된 공사계약금액이 작아졌다는 사유만으로는 감리용역의 계약금액을 조정할 수 없을 것임.
조달청	규제개혁법무담당관–08-134, 2008. 08. 19

233	공동계약
제 목	공동계약의 경우 보증금 납부방법
질 의	공동도급 계약체결한 건으로서 변경계약(공사비 증액) 시 계약이행보증서를 주관사가 일괄로 공사비 증액분에 대해 계약이행보증서를 발행해도 되는지, 아니면 지분율에 맞게 모든 공동도급사가 계약이행보증서를 발행해야 하는지? 만약, 두 가지 방법 모두 가능하다면 법적인 근거를 함께 제시해 주시기 바랍니다.
회 신	국가기관이 공동이행방식으로 계약을 체결한 경우 보증금 납부는 계약예규 「공동계약 운용요령」 제10조에 따라 각종 보증금의 납부는 공동 수급체 구성원이 공동수급협정서에서 정한 구성원의 출자비율 또는 분담 내용에 따라 분할 납부하여야 합니다. 다만, 공동이행방식 또는 주계약자 관리방식에 의한 공동계약일 경우에는 공동 수급체 대표자 또는 공동 수급체 구성원 중 1인으로 하여금 일괄 납부하게 할 수 있음을 알려드립니다.
조달청	인터넷 질의 2011. 05. 25

234	공동계약
제 목	『참여지분율 0%인 구성원 탈퇴 및 실비정산 방법』
질 의	분담이행방식으로 체결한 증축공사(A사 건축, B사 기계소방)에서 기존 건물의 안전성 확보를 위하여 기계소방공정을 전액 삭감하는 설계변경을 한 경우 참여지분율이 0인 B사를 공동수급체에서 탈퇴시켜야 하는지 및 발주기관의 사유로 인해 사업계획이 축소된 것이므로 계약체결 및 이행과정에서 발생된 계약이행보증서

	발행, 각종 인쇄비 등 실비를 보상해주어야 하는지 여부
회 신	「공동계약 운영요령」에 따라 구성원별 계약 참여 최소지분율이 5% 이상이 되어야 하고, 실제 참여지분이 0인 업체가 계약이 종료될 때까지 공동수급체 구성원의 자격을 유지하여야 한다면 계약에 따른 권리가 없는 상태에서 의무만을 지우는 결과가 되므로 발주기관과 구성원 전원의 동의로 탈퇴 처리함이 타당할 것으로 사료됩니다. 발주기관의 사유로 공동수급체 구성원의 일부를 중도 탈퇴시키는 경우 「지방자치단체 입찰 및 계약 집행기준」에 의하여 소요된 경비를 실비의 범위 내에서 계약서, 요금고지서, 영수증 등 객관적인 자료에 의하여 정산할 수 있으므로 구체적인 보상 여부에 대하여는 발주기관이 판단하여 처리할 사항입니다.
행안부	회계공기업과–4978, 2010. 8. 19

235	공동계약
제 목	**주계약자 공동도급에서 계열회사 판정방법**
질 의	"주계약자 공동도급 운영요령"에 따르면 주계약자와 부계약자의 관계가 「독점규제 및 공정거래에 관한 법률」에 따른 계열회사가 아닌 자라고 규정되어 있는바, 주계약자(개인)와 부계약자(법인)의 주소지가 같고 주계약자의 대표자가 부계약자의 사내이사로 되어 있으면 사내이사의 지분율까지 파악하여 두 업체를 계열회사로 보아야 하는지 여부
회 신	지방자치단체가 주계약자 공동도급으로 실시하는 입찰에서 주계약자와 부계약자의 관계가 「독점규제 및 공정거래에 관한 법률」에 따른 계열회사에 해당하면 "지방자치단체 입찰 및 계약집행기준" 제9장 주계약자 공동도급 운영요령 제2절에 정한바와 따라 공동수급체의 구성이 제한됩니다. 이 규정은 「독점규제 및 공정거래에 관한 법률」을 준용하는 것이 아니라 그 법률에 해당하는 자는 공동수급체의 구성을 제한한다는 의미이므로 소관 부처인 공정거래위원회가 해당 조항의 적용대상 및 기준 등에 따라 계열회사로 지정하거나 판단한 회사는 주계약자 공동도급 시 공동수급체 구성의 제한 대상에 해당됨을 알려드립니다.
행자부	재정관리과–3545, 2011. 10. 17

236	공동계약
제 목	**공동계약의 이행 방법을 위반한 입찰의 경우 입찰무효 해당 여부**
질 의	1) 분담이행방식으로 공동도급을 허용한 입찰공고에서 분담이행방식 이외의 방식으로 공동수급협정을 체결하여 입찰한 경우 입찰무효 해당 여부? 2) 3개의 자격이 필요한 용역에서 1개사가 2개의 자격을 충족하고, 다른 1개의 자격에 2개사가 지분으로 참여한 경우 분담이행방식으로 볼 수 있는지 여부?
회 신	1) 지방자치단체가 실시하는 입찰에 있어서 입찰 참가자가 입찰공고에 명시된 공동계약의 이행방식을 위반한 입찰은 「지방계약법 시행규칙」 제42조 제11호에 따라 입찰무효에 해당됨 2) 분담이행방식은 계약이행을 공동수급체의 구성원별로 분담하여 수행하는 공동계

약으로 구성원 각자가 분담부분의 이행에 필요한 면허 등 자격요건을 갖추면 됨. 따라서 질의의 공동계약 이행방식은 분담이행방식과 공동이행방식이 혼합된 혼합방식에 해당됨

행안부	회계제도과-3042, 2016. 6. 16

237			**공동계약**

제 목	주계약자 공동도급 적격심사 시 여성기업 특별신인도 적용 가능 여부
질 의	주계약자 공동도급방식에 따른 공사입찰에 있어서 적격심사 시 「지방자치단체 입찰 시 낙찰자결정기준」 제2장 시설공사 적격심사 세부기준 <별지5> 3억 원 미만 1억원 이상의 전문공사평가기준을 준용하여 특별신인도(한국여성경제인협회에서 인정·확인하는 여성기업은 +1점)를 분담비율(10.05%)만큼 적용하여 가산 평가할 수 있는지(추정가격이 13억 원에 상당하는 주계약자 방식으로 분담가격이 1억 3천만 원인 부계약자 평가) 여부?
회 신	• 주계약자 공동도급방식에 따른 낙찰자 결정은 「지방자치단체 입찰 및 계약 집행기준」 제8장 주계약자 공동도급 운영요령 제3절 "1-다"에 따라 최저가 입찰자 순으로 심사하여 심사결과 적격통과점수 이상인 자를 낙찰자로 결정하며, 적격통과점수는 95점 이상으로 함 - 이 경우 추정가격 30억원 미만 10억 원 이상인 공사의 평가기준은 <별지3>에 따라 시공경험평가(15점), 경영상태평가(15점), 입찰가격(70점), 결격 여부(△10점)로 평가하도록 규정하고 있음 • 질의와 관련하여 주계약자 공동도급방식에 따른 적격심사에 있어서는 여성기업 특별신인도 평가항목에 대한 명시가 없으므로 시설공사 적격심사 세부기준에 따른 특별신인도를 적용하여 평가할 수 없음
행자부	회계제도과-2237, 2016. 5. 10

238			**공동계약**

제 목	공동계약의 최소지분율 위반의 경우 입찰무효 해당 여부
질 의	업종이 복합된 공사로서 혼합방식(공동이행+분담이행방식)을 허용한 공사입찰에 있어서 공동이행방식으로 참여한 구성원 중 구성원별 계약참여 최소지분율이 전체금액의 5% 미만인 경우에 최소지분율 위반으로 입찰무효 사유에 해당하는지? 입찰무효인 경우라면 해당 입찰 전체를 무효로 하는지 아니면 유효한 입찰로 보아 잔존구성원의 지분율을 새로이 조정하여 평가할 수 있는지 여부? - 1순위업체 협정 내용 - | 업체명	협정종류	출자비율 (분담비율)	전체지분율	업종
---	---	---	---	---
A	분담	100%	19.73%	건축공사업
B	분담	100%	0.53%	전문소방시설공사업
	분담	100%	47.16%	조경공사업
C	공동	90%	29.322%	토목공사업	

D	공동	10%	3.258%	토목공사업

회신	• 지방자치단체가 시행하는 공사입찰에 있어서 「지방자치단체 입찰 및 계약 집행기준」 제11장 '입찰유의서' 제2절 "12-다-10)-다)"에 따라 공동수급체가 구성원별 계약참여 최소지분율을 5% 미만(최소지분율을 변경한 경우 변경된 최소지분율)으로 구성한 입찰은 무효로 함. 다만, 분담이행방식과 서로 다른 법령에 따른 업종 간 공동수급체를 구성하는 경우에는 예외로 하고 있음 • 질의와 관련하여 혼합방식(공동이행+분담이행방식)으로 입찰에 참가한 공동수급체 구성원 중 공동이행방식으로 참여한 구성원의 계약참여 지분율이 업종 출자비율(전체지분율이 아닌)의 5% 이상이라면 입찰무효에 해당하지 아니함
행안부	회계제도과-1249, 2016. 3. 21

---

239 공동계약

제 목	주계약자 공동도급 시 시공비율 인정 기준
질 의	「지방자치단체 입찰 및 계약 집행기준」 제8장 주계약자 공동도급 운영요령 <별지 1> 추정가격 100억 원 미만 50억 원 이상 시공경험평가 항목의 "시공비율"은 「지방자치단체 입찰 시 낙찰자결정기준」 제2장 시설공사 적격심사 세부기준(이하 "세부기준") 제3절 "공동수급체 평가방법" '1-사-3)'에 의한 "시공능력평가액에 따른 시공비율"을 적용하는지 혹은 "입찰공고에서 명시한 업종별 비율"을 적용해야 하는지 여부?
회신	• 「지방자치단체 입찰 및 계약 집행기준」 제8장 '주계약자 공동도급 운영요령' 제3절 "1-나"에 따라 각 심사항목별 평가는 공동수급체 구성원 각각의 점수에 시공비율을 곱하여 평가함을 원칙으로 하고, "1-라"에 따르면 그 밖의 낙찰자 결정기준과 관련하여 「지방자치단체 입찰 시 낙찰자 결정기준」 제2장 '시설공사 적격심사 세부기준'의 제4절부터 제10절까지를 준용하고 그 밖에 여기에서 정하지 아니한 사항은 '시설공사 적격심사 세부기준'을 준용한다고 규정하고 있으며, • 「지방자치단체 입찰 시 낙찰자 결정기준」 제2장 '시설공사 적격심사 세부기준' 제3절(공동수급체 평가) "1-사-3)"에 따라 건설산업기본법령의 적용을 받는 종합공사로서 추정가격이 30억 원(전문·그 밖의 공사는 3억 원) 이상인 경우 각 구성원의 시공비율에 입찰금액(복합 업종은 평가대상 업종별로 입찰금액에 해당공사 추정가격 대비 평가대상 업종별 추정가격의 비율을 곱한 금액을 말한다)을 곱한 금액이 시공능력평가액을 초과하는 구성원의 시공비율은 시공능력평가액에 해당하는 시공비율만 인정하여 평가하고 잔여 시공비율은 다른 구성원에게 배분하지 않는다고 규정하고 있음 • 따라서, 주계약자 공동도급 운영요령 <별지 1> 추정가격 100억 원 미만 50억 원 이상 시공경험평가 항목의 "시공비율"은 "세부기준" 제3절 "공동수급체 평가방법" '1-사-3)'에 의한 "시공능력평가액에 따른 시공비율"을 적용하되, 분담가격이 100억 원 미만 50억 원 이상 등급별 점수의 실적계수 산정 시 시공비율과 50억 원 미만 평가비율 산정 시 시공비율은 입찰공고에 명시한 분

	담(업종)별 비율을 적용하여 평가하여야 할 것으로 판단됨
행자부	회계제도과–2498, 2015. 9. 15

240	공동계약

제 목	**물품제조계약의 공동계약 적용 여부**
질 의	• 물품 제조별 단계를 분담하는 형태가 아닌 단순히 완성품에 대한 업체별 납품비율만을 정하여 입찰에 참여하도록 하는 분담이행방식에 의한 공동계약이 가능한지? • 전체적인 디자인은 동일하나 교복 라벨 등 상세 사양이 다른 각 업체의 제품으로 공동이행방식에 의한 공동수급체를 구성하여 입찰에 참여 가능한 지?

회 신	• 지방자치단체를 당사자로 하는 계약에 있어서 공동계약은 「지방자치단체 입찰 및 계약 집행기준」 제7장 공동계약 운영요령 제1절 "2"에 따라 공사·제조·그 밖의 계약에 있어서 발주기관(지방자치단체와 그 계약 사무를 위탁받은 기관을 말함)과 공동수급체가 체결하는 계약을 말함
	  - 공동도급의 유형 중 공동이행방식은 계약이행에 필요한 자금·인력 등을 공동수급체의 구성원이 공동으로 출자하거나 파견하여 계약을 수행하고 이에 따른 이익·손실을 각 구성원의 출자비율에 따라 배당하거나 분담하는 공동계약을 말하며,
	  - 분담이행방식은 계약이행을 공동수급체의 구성원별로 분담하여 수행하는 공동 계약을 말함
	• 질의와 관련하여 동일한 제품에 대하여 공동수급체 구성원 간 납품비율로 분담하여, 수행하게 하는 경우에는 공동이행방식에 의한 공동계약으로, 공동수급체 구성원 각각의 제품으로 공동수급체를 구성하여 입찰에 참가하는 경우에는 분담이행방식에 의한 공동계약으로 계약을 체결하는 것이 타당할 것으로 판단됨

행안부	회계제도과–603, 2015. 6. 22

241	공동계약

제 목	**지역의무공동도급 공사 적용 기준**
질 의	• 「지방자치단체 입찰 및 계약 집행기준」 제7장 「공동계약운영요령」 제3절 "1-마-3)" 규정(지방자치단체의 장은 1), 2)에도 불구하고 지역여건 등을 고려하여 지역업체 최소시공참여비율을 조정할 수 있다.)은 전체 업체 수와 상관없이 최소시공참여비율 이상에 해당되는 시공능력평가액을 갖춘 업체수가 10인 미만인 경우에도 지역의무공동도급으로 발주할 수 있는지 여부? • 입찰공고문에 입찰참가자격을 건축공사업 및 보수단청업을 모두 보유한 업체로 명시하였을 경우로서 해당 시·도에 소재한 업체 중 건축공사업을 보유한 업체는 10인 이상이고 보수단청업을 보유한 업체는 10인 미만일 경우 지역의무공동도급으로 발주할 수 있는지 여부?
회 신	- 질의 1관련-

- 「지방계약법」제29조 제2항에 따라 건설업 등의 균형발전을 위하여 공사현장을 관할하는 시·도에 주된 영업소가 있는 자 중 1인 이상을 공동수급체의 구성원으로 하는 지역의무공동도급에 있어서 해당 공사의 지역 업체 최소시공참여비율 이상에 해당하는 시공능력평가액을 갖춘 지역 업체가 입찰공고일 전일 기준 10인 미만인 경우에는 「지방자치단체 입찰 및 계약집행기준」제7장 「공동계약운영요령」제3절 "1-마-1"에 따라 지역의무공동도급으로 발주할 수 없음
  - 다만, "1-마-3"에 따라 계약담당자가 지역여건 등을 고려하여 지역업체 최소시공참여비율을 40% 이하로 조정할 경우 시공능력평가액을 갖춘 지역 업체가 10인 이상이 될 경우에는 지역의무공동도급으로 발주할 수 있음
- 그러나, 질의의 경우와 같이 지역업체 최소시공참여비율을 40% 이하로 조정하더라도 시공능력평가액을 갖춘 지역 업체가 10인 미만일 경우에는 지역의무공동도급으로 발주할 수 없음
- 질의 2관련-
- 지방자치단체를 당사자로 하는 계약에 있어서 공동도급의 유형 중 공동이행방식은 「지방자치단체 입찰 및 계약 집행기준」제7장 공동계약 운영요령 제1절 "3-가"에 따라 계약이행에 필요한 자금·인력 등을 공동수급체의 구성원이 공동으로 출자하거나 파견하여 계약을 수행하고 이에 따른 이익·손실을 각 구성원의 출자비율에 따라 배당하거나 분담하는 공동계약을 말하는 것으로 제2절 "1-가-1"에 따라 공동수급체 구성원은 공동으로 계약을 이행하는 데 필요한 면허·허가·신고·등록 등의 자격요건을 모두 갖추어야 함
- 질의와 관련하여 해당 공사를 이행하는 데 필요한 면허·허가·신고·등록 등의 자격 요건이 2개 업종 이상인 경우로서 일부 업종이라도 해당 시·도에 소재한 지역 업체 중 10인 미만인 경우에는 지역의무공동도급으로 발주할 수 없음

행안부	재정관리과-1856, 2015. 5. 8

공동계약

242	
제 목	공동이행방식의 경우 출자비율 이전 가능 여부
질 의	공동이행방식에 의한 공동계약을 체결한 후 공동수급체 구성원 중 일부가 계약이행을 할 수 없어 중도 탈퇴한 경우 잔존구성원이 모두 동의한 경우 일부 구성원에게 출자비율을 전부 이전할 수 있는지 여부?
회 신	- 지방자치단체와 체결한 공사계약에 있어 계약담당자는 「지방자치단체 입찰 및 계약 집행기준」제7장 「공동계약운영요령」제3절 "8-가"에 따라 공동계약을 체결한 후 공동수급체 구성원의 출자비율·분담내용을 원칙적으로 변경하게 할 수 없으나, - 설계변경, 물가변동, 그 밖의 계약내용의 변경이나 파산, 해산, 부도, 법정관리, 워크아웃(기업구조조정촉진법에 따라 채권단이 구조조정 대상으로 결정하여 구조조정 중인 업체), 중도 탈퇴의 사유로 인하여 당초 협정서의 내용대로 계약이행이 곤란한 구성원이 발생하여 공동수급체 구성원의 연명으로 출자비율·분담내용의 변경을 요청한 경우에는 출자비율·분담내용을 변경하게 할 수 있음 - 이 경우, 계약 담당자는 공동수급체 구성원의 출자비율·분담내용의 변경을

	승인함에 있어 구성원 각각의 출자비율·분담내용 전부를 다른 구성원에게 이전하게 해서는 아니 됨
행자부	재정관리과-953, 2015. 3. 11

243	공동계약
제 목	**타 업종 간 공동계약 가능 여부**
질 의	공사의 입찰참가에 필요한 복수의 업종 중 하나의 업종에만 등록하여도 입찰 참가자격을 부여하는 공사의 경우 서로 다른 업종을 보유한 자 간에 공동이행 방식에 의한 공동계약이 가능한지의 여부?
회 신	• 「지방계약법」 제29조 제1항 및 시행령 제88조 제2항에 따라 지방자치단체의 장 또는 계약담당자는 필요하다고 인정하면 계약상대자를 2명 이상으로 하는 공동계약을 체결할 수 있으며, 입찰에 의하여 계약을 체결하려는 경우에는 계약의 목적과 성질상 공동계약으로 하는 것이, 부적절하다고 인정되는 경우를 제외하고는 공동계약으로 할 수 있도록 규정하고 있음 • 질의와 관련하여 해당 공사의 입찰참가에 필요한 복수의 업종 중 하나만 등록해도 입찰참가자격을 주는 공사의 경우라도 서로 다른 업종을 보유한 자가 공동이행 방식에 의한 공동계약이 가능할 것으로 판단됨 - 다만, 건설산업기본법 등에 의한 공사로서 동일 법령 안의 서로 다른 업종을 보유한 자 간 공동이행 방식에 의한 공동계약은 가능하지 아니함
행안부	재정관리과-521, 2015. 2. 6

244	공동계약
제 목	**공동도급 지분 변경 및 부정당 업자 제재 기준**
질 의	부도 업체의 채권가압류 경합이 되어 있는 상태이고 구성원의 부도로 인하여 탈퇴를 하지 않은 상태에서 지분 변경이 가능한지 여부? - 구성원(부도난 업체)이 공동수급체에서 탈퇴하지 아니하고 지분 변경하여 계약을 이행한다면 부정당 업자의 입찰 참가자격 제재처분을 하여야 하는지 여부?
회 신	• 「지방자치단체 입찰 및 계약 집행기준」 제7장 '공동계약 운영요령' 제3절 "8-가"에 따라 계약담당자는 공동계약을 체결한 후 공동수급체 구성원의 출자비율·분담내용을 원칙적으로 변경하게 할 수 없음 - 다만, 「지방계약법 시행령」 제73조부터 제75조까지의 계약내용 변경이나 파산, 해산, 부도, 법정관리, 워크아웃(기업구조조정촉진법에 따라 채권단이 구조조정 대상으로 결정하여 구조조정 중인 업체), 중도 탈퇴의 사유로 인해 당초 협정서의 내용대로 계약이행이 곤란한 구성원이 발생하여 공동수급체 구성원의 연명으로 출자비율·분담내용의 변경을 요청한 경우에는 출자비율·분담내용을 변경하게 할 수 있다고 규정하고 있음 • 질의와 관련하여 공동수급체 구성원 중 일부가 부도 등 사유로 인하여 당초 협정서의 내용대로 계약이행이 곤란하여 공동수급체 구성원의 연명으로 출자비율·분담내용의 변경을 요청한 경우라면 출자비율·분담내용을 변경하게 할

	수 있을 것이며, • 공동수급체의 구성원이 출자 비율이나 분담내용과 다르게 계약을 이행하거나 중도 탈퇴하여 해당 계약을 이행하지 않는 경우라면 해당 구성원의 입찰 참가자격을 제한하는 것이 타당할 것이나, 공동수급업체에서 탈퇴하지 않고 변경된 출자 비율이나 분담내용대로 계약을 이행하는 경우라면 입찰 참가자격을 제한하는 것은 타당하지 않을 것임
행자부	재정관리과-391, 2015. 1. 28

245

공동계약

제 목	지역의무공동도급 시 지역업체 최소 시공참여비율 기준
질 의	지역의무공동도급에 있어 지역여건 등을 고려하여 지역업체 최소시공참여비율을 조정한 상황에서, 시공능력평가액을 갖춘 업체(또는 면허, 등록 등 자격을 갖춘 지역업체)가 10인 미만인 경우 지역의무공동도급으로 발주할 수 있는지 여부
회 신	• 「지방자치단체 입찰 및 계약 집행기준」 (행정자치부 예규) 제7장 제3절 "1-마"에 해당 공사의 지역업체 최소시공참여비율 이상에 해당하는 시공능력평가액을 갖춘 지역 업체가 입찰공고일 전일 기준 10인 미만인 경우나 40%이상 지역 업체로 제한할 경우 입찰참가자격에 필요한 면허·등록 등 자격을 갖춘 지역 업체가 입찰공고일 전일 기준 10인 미만에 해당하는 경우에는 지역의무공동도급으로 발주할 수 없다고 규정하고 있음 　- 또한, "1-마-3)"은 지방자치단체의 장은 지역여건 등을 고려하여 지역업체 최소시공참여비율을 조정할 수 있다고 규정하고 있음 • 질의와 관련하여, 지방자치단체의 장이 지역업체 최소시공참여비율을 조정한 경우에도 시공능력평가액이나 면허·등록 등 자격을 갖춘 업체가 10인 미만이라면 해당 입찰은 지역의무공동도급으로 발주할 수 없을 것으로 판단됨
행안부	재정관리과-3115, 2014. 8. 21

246

공동계약

제 목	주계약자 공동도급의 적용범위 인정 기준
질 의	「서울특별시 지역건설사업 활성화 조례」를 개정하여 '주계약자 관리방식의 공동도급이 가능한 공사의 범위를 2억 원 이상 200억 원 미만 종합공사'로 하는 규정을 신설하려고 하는데, 해당 규정이 행정자치부 예규인 「지방자치단체 입찰 및 계약 집행기준」 제8장에 위반되므로 조례로 규정할 수 없는 것인지 여부
회 신	• 행정규칙은 원칙적으로 대내적 구속력만 있으나, 다만, 법령의 규정이 특정 행정기관에 그 법령 내용의 구체적 사항을 정할 수 있는 권한을 부여하면서 그 권한 행사의 절차나 방법을 특정하고 있지 않아 수임 행정기관이 행정규칙의 형식으로 그 법령의 내용이 될 사항을 구체적으로 정하고 있는 경우 위임 한계를 벗어나지 않는 한 그와 결합하여 대외적으로 구속력이 있는 법규명령으로서의 효력을 가질 수 있음 * [참고] 대법원 판결 2001다33604, 2007두4841

- 「지방자치단체 입찰 및 계약 집행기준」(행정자치부 예규)은 지방자치단체를 당사자로 하는 계약에 있어 계약관계를 공정하고 합리적·효율적으로 처리할 수 있도록 관계 공무원이 지켜야 할 계약사무 처리에 관해 필요한 사항을 규정한 행정규칙인바,
  - 제8장 '주계약자 공동도급 운영요령'의 경우 「지방계약법 시행령」 제88조 제1항 규정에 따라 그 위임의 범위 내에서 공동계약에 필요한 세부사항을 구체적으로 정하고 있으므로 위, 시행령 규정과 결합하여 대외적으로 구속력이 있는 법규명령으로서의 효력이 있다고 판단됨
- * 국민의 세금으로 이루어진 지자체 예산의 공정하고 효율적인 집행과 전국적인 형평성이 필요하고, 특히 건설업체 간(종합건설과 전문건설업체 등) 이해관계가 첨예하게 대립하는 입찰제도의 경우 신중한 추진을 위해 법령 위임을 통해 행정규칙으로 규정
- 질의와 관련하여, 지방자치단체는 「지방자치법」 제22조의 규정에 따라 계약 사무에 관한 조례를 정할 수는 있으나 이러한 조례 규정은 법령의 범위 내여야 하는 바, 지방자치단체에서 조례로서 법규명령으로서의 효력을 가진 위 예규상의 규정을 벗어난 범위로 주계약자 공동도급 적용대상 공사 범위를 정하는 것은 적합하지 않을 것으로 판단됨

행자부	재정관리과-2151, 2014. 6. 13

247 　　　　　　　　　　　　　　　　　　　　　　✎ **공동계약**

제 목	**지역의무공동도급 의무도급 비율 기준**
질 의	「건설기술진흥법」 제21조에 따른 추정금액 20억 원 이상 30억 원 미만의 기술용역 대상사업의 사업수행능력평가를 위해 공동도급(공동이행방식)으로 참여하는 경우 「지방계약법」 제29조와 같은 법 시행령 제88조, 「지방자치단체 입찰 및 계약 집행기준(행정자치부 예규)」 및 「지역건설산업 활성화 지원 조례」에 따라 용역 집행계획 및 사업수행능력평가서 제출 공고 시 지역업체의무도급 비율을 49% 이상으로 정하여 공고할 수 있는지 여부
회 신	● 「지방계약법」 제4조에 따라 지방자치단체를 당사자로 하는 계약에 관하여는 다른 법률에 특별한 규정이 있는 경우 외에는 이 법에서 정하는 바에 따르게 되어 있음 ● 질의하신 사안의 경우, 지방계약법이 아니라 「건설기술진흥법」에 따른 건설기술용역사업이므로, 「건설기술진흥법」에서 규정하고 있는 바에 따라 발주기관에서 공고 사항을 정해야 할 것으로 판단됨 ● 참고적으로, 지방계약법 제29조 제2항에서는 지방자치단체의 장 또는 계약 담당자는 공동계약의 경우 입찰 참가자격으로 지역을 제한하지 아니하는 입찰로서 건설업 등의 균형 발전을 위하여 필요하다고 인정할 때에는 공사현장을 관할하는 특별시·광역시·특별자치시·도 및 특별자치도에 주된 영업소가 있는 자 중 1인 이상을 공동수급체의 구성원으로 하여야 한다고 규정하고 있는바, 　- 위 지역의무공동도급제도는 공사 입찰의 경우에 적용되는 것이며, 물품 및 용역 입찰의 경우에는 적용되지 않음
행안부	재정관리과-446, 2014. 2. 7

248

제 목	지역의무공동도급에 따른 공동수급 시 입찰무효 해당 여부
질 의	○○도 지역의무공동도급 입찰건에서 아래 표와 같이 A, B, C 3개사가 혼합방식으로 공동수급체를 구성(A, B사는 공동이행, C사는 분담이행)하여 입찰에 참여하였고 B사와 C사는 계열사인 경우, - 「지방계약법」 시행령 제88조 제5항 및 같은 법 시행규칙 제42조 제11호에 따라 해당 입찰을 무효로 볼 수 있는지 여부

업체명	업체소재지	업종명	지분율	비고
A사(대표사)	경기도	토목	49.9377%	해당 지역업체
B사	인천광역시	토목	12.39%	그 외 지역업체
C사	충청남도	조경	37.6723%	그 외 지역업체

회 신	• 「지방계약법」 시행령 제88조 제5항에 따르면, 법 제29조 제2항 본문에 따른 공동계약(지역의무공동도급)의 경우 공동수급체의 구성원 중 해당 지역의 업체와 그 외 지역의 업체 간에는 「독점규제 및 공정거래에 관한 법률」에 따라 계열회사가 아니어야 하고, - 같은 법 시행규칙 제42조 제11호는 법 제29조 제2항 및 영 제88조 제1항, 제3항부터 제5항까지에 따른 공동계약의 방법을 위반한 입찰은 무효라고 규정하고 있음 * 「독점규제 및 공정거래에 관한 법률」에서 "계열회사"란, 2 이상의 회사가 동일한 기업집단에 속하는 경우에 이들 회사는 서로 상대방의 계열회사라 함 • 질의하신 사안과 관련하여, 위 시행령 제88조 제5항 및 시행규칙 제42조 제11호는 계열회사 관계에 있는 해당 지역 업체와 그 외 지역의 업체가 공동수급체를 구성하여 입찰에 참여하는 경우를 무효라고 하는 것으로서, - 그 외 지역 업체들이 계열회사 관계에 있는 경우에는 해당 입찰을 무효라고 보기에는 어려울 것으로 판단됨
행안부	재정관리과-243, 2014. 1. 21

249

제 목	분담이행방식의 공동계약
질 의	1건 공사에 있어서 주된 공사 이외의 다른 공사를 분담이행방식으로 할 경우 **〈질의 1〉** 분담이행 부분을 2개 이상의 업체가 공동으로 구성할 수 있는지? 예) - 입찰 참가자격 : 건축공사업, 전문소방 시설공사업 　　- 구성업체 : A사(건축공사업), B사, C사(전문소방시설공사업) 　　- 분담내용 : A사 ➡ 건축공사업(100%) 　　　　　　　　B사 ➡ 전문소방시설공사업(70%) 　　　　　　　　C사 ➡ 전문소방시설공사업(30%) **〈질의 2〉** 질의 1)에서 분담이행방식에 의한 공동수급체 각각의 시공능력공시액의 합산 여부 예) ○ 입찰금액 : 10,000,000,000원

	– 건축공사업 : 9,000,000,000원 – 전문소방시설공사업 : 1,000,000,000원 ○ 시공능력 : A사 ➡ 10,000,000,000원 　　　　　　 B사 ➡ 600,000,000원 / C사 ➡ 500,000,000원
회 신	공사계약에서 경쟁계약에 의하여 계약을 체결하고자 할 경우에는 계약의 목적 및 성질상 공동계약에 의하는 것이 부적절하다고 인정되는 경우를 제외하고는 가능한 한 공동계약에 의하는바, **〈질의 1에 대한 답변〉** 입찰공고 등에서 달리 규정하지 않는 한 분담이행방식의 공동도급에 있어 각각의 분담공사에 대해 구성원의 출자비율에 의한 복수의 공동수급체를 구성할 수 있으며, **〈질의 2에 대한 답변〉** 공동도급으로 입찰에 참여한 경우 계약예규「공동계약」운용요령」제9조 제2항에 따라「건설산업기본법」등 관련법령에서 규정하고 있는 면허가 동일한 경우에는 공동수급체 구성원 모두의 것을 합산하여 적용함.
조달청	법무지원팀-378, 2005. 08. 12

250	분담이행방식
제 목	**건설업자와 일반사업자와 공동도급(분담이행방식) 가능 여부**
질 의	〈질의 1〉 공동도급계약에서 공동수급체 구성원의 면허, 허가 등록 등의 요건이라 함은 건설산업기본법에 의한 동일한 면허, 허가, 등록이어야 하는지 또는 일반사업등록(공장등록) 특허업체와 일반공사업 등록자와 공동도급에 의한 분담이행방식으로 수급체 구성원은 가능한지 여부 〈질의 2〉 재공고 2회 이상 입찰결과 낙찰자가 없어 2회 입찰 시 등록된 3개 업체 중 가장 건실한 업체와 수의계약 대상자를 선정하는 것이 부당한지 아니면 재입찰을 하여 2인 이상 견적을 받아야 하는지 여부
회 신	〈질의 1〉에 대한 답변 공동계약에서 계약 담당 공무원은 계약예규「공동도급계약 운용요령」제9조 제1항에 의하여 공동수급체 구성원으로 하여금 각각 또는 공동으로 당해 계약을 이행하는데 필요한 면허·허가·등록 등의 요건을 갖추게 하여야 하며, 분담 이행방식은 공동수급체의 각 구성원이 계약 목적물을 분할하여 각자 그 분담 부분에 대하여서만 자기의 책임으로 계약을 이행하는 방법인바, 귀 질의의 대상이 건설공사인 경우라면「건설산업기본법」에 의한 면허 등 자격을 갖추어야 할 것이므로 "건설업자"와 "일반사업자"(공장등록)와의 공동도급계약(분담이행방식)은 할 수 없다 할 것임. 〈질의 2〉에 대한 답변 경쟁 입찰에서 입찰자나 낙찰자가 없거나 낙찰자가 계약을 체결하지 아니하여「국가를 당사자로 하는 계약에 관한 법률 시행령」제27조 제1항 제2호에 의거 재공고 입찰에 부쳤으나, 이 경우에도 입찰자 또는 낙찰자가 없어 동 시행령 제27조 제1항 제2호에 의한 수의계약을 체결하고자 하면 같은 법 시행규칙 제32조에 따라 국가에 가장 유리한 가격을 제시한 자를 계약 상대지로 결정하여야 하는바, 이 경우 가장 유리한 가격을 제시한 자라 함은 당해

입찰에 참여하였는지 또는 1, 2차의 입찰을 통하여 최저가격을 제시한 자 등의 여부와 관계없이 수의계약을 체결하는 시점에서 가장 유리한 가격을 제시한 자로 보아야 할 것임.

| 조달청 | 법무지원팀-1873, 2005. 11. 23 |

| 251 | | 출자지분변경 |

제 목	공동도급사 부도로 인한 지분율 변경
질 의	"○○지구(산업단지조성)개발사업" 시행 중 공동수급체 구성원(3개사) 중 일부 구성원이 탈퇴하는 경우 지분율 배분에 대하여 다음 어느 설이 타당한지? 〈갑사〉「공동계약 운용요령」, [별첨 1] 공동수급표준협정서(공동이행방식) 제12조에 의거 잔존구성원의 출자비율에 따라 분할하여 애초 출자비율에 가산한다. 〈을사〉「공동계약 운용요령」, [별첨 1] 공동수급표준협정서(공동이행방식) 제9조에 의거 부도 등의 사유로 애초 협정서 내용대로 계약이행이 곤란한 경우에 해당하므로 잔여공사에 대하여 잔존구성원들의 협의로 지분율을 배분한다.
회 신	「국가를 당사자로 하는 계약에 관한 법률 시행령」 제72조에 의거 공동도급계약(공동이행방식)으로 체결한 공사계약에서 계약담당공무원은 공동수급체 구성원 중 파산, 해산, 부도 등의 사유로 애초 협정서의 내용대로 계약이행이 곤란한 구성원이 발생하여 공동수급체 구성원 연명으로 출자비율의 변경을 요청한 경우에는 계약예규 「공동계약 운용요령」, [별첨 1] 공동수급표준협정서(공동이행방식) 제9조 제2항 제2호에 의하여 동 출자비율을 변경하게 할 수 있는바, 공동수급체의 구성원중 일부가 중도 탈퇴하면 동 협정서(공동이행방식) 제12조 제3항에 의거 중도 탈퇴자의 출자비율을 잔존구성원의 출자비율에 따라 분할하여 가산하는 것이나 일부 구성원이 출자지분을 타 구성원에게 이전하는 경우로서 부도발생 등의 업체가 공동수급체 구성원으로 존재하고 또한 구성원 전원의 합의에 의하여 변경하면 이전하는 구성원의 잔여 지분 전체를 일부 구성원에게 모두 이전하거나 또는 타 구성원에게 일부씩 이전도 가능한 것임.
조달청	법무지원팀-4985, 2007. 12. 13

| 252 | | 출자지분변경 |

제 목	가압류로 인한 공동수급체 대표회사의 탈퇴와 지분율의 변경
질 의	A사와 B사가 50 : 50 비율로 ○○처리시설공사의 공동계약을 체결한 후 대표사인 A사가 채권자들로부터의 공사대금 채권압류로 인하여 공정에 따른 공사비용 출자가 불가하고 계획된 공정에 크게 미달하였습니다. 〈질의 1〉 B사가 A사의 지분을 위험을 감수하면서 먼저 투입할 수 없는 실정이기에 B사와 발주처의 합의로 A사의 채권압류로 인하여 시공이 불가능한 경우 탈퇴시킬 수 있는지와 탈퇴시킬 경우 발주처가 취할 수 있는 제재조치는? 〈질의 2〉 B사와 발주처의 합의로 공동수급체의 지분을 변경할 수 있는지와 그 변경에 따른 제재조치는?

회 신	공동이행방식의 시설공사 도급계약에서 공동수급체 구성원은 계약예규 「공동계약 운용요령」 제12조에 따라 공동계약을 체결한 후 출자비율을 변경할 수 없는 것이 원칙임. 다만, 파산, 해산, 부도 등의 사유로 인하여 애초 협정서의 내용대로 계약이행이 곤란한 구성원이 발생하여 공동수급체 구성원 연명으로 출자비율의 변경을 요청한 경우에는 동 예규 제12조 및 **[별첨 1]** 공동수급표준협정서(공동이행방식) 제9조 제2항에 따라 계약담당공무원의 승인을 얻어 출자비율을 변경할 수 있는 것이며, 동 규정에 해당되어 출자비율을 변경한 경우에는 부정당업자 입찰참가자격 제한사유에 해당되지 않음. 한편, 공동수급체 구성원 중 정당한 이유 없이 당해 계약을 이행하지 아니하는 구성원에 대하여는 동 예규 제13조에 따라 「국가를 당사자로 하는 계약에 관한 법률 시행령」 제76조에 의한 입찰참가자격 제한조치를 하여야 하고, 위 협정서 제12조 제1항 각호의 1에 해당하는 구성원은 공동수급체의 구성원에서 탈퇴 조치를 취할 수 있는 것임.
조달청	규제개혁법무담당관-1841, 2008. 07. 18

	253	출자지분변경
제 목	**하수급 예정자 변경**	
질 의	○○공사 하도급 관리계획서상 기계설비 및 소방시설공사의 하수급 예정자 저층부(A), 고층부(B)로 되어 A사의 경우 기계설비는 B사보다 시공능력평가액이 높고 소방설비는 B사보다 낮은 경우, B사가 포기각서를 제출하였을 경우 A사가 단독으로 B사 공사까지 공사수행하는 것이 가능한지 여부	
회 신	공사계약에서 계약상대자는 계약예규 「공사계약 일반조건」 제53조에 의하여 적격 심사 당시 제출한 하도급관리계획서상의 내용대로 계약을 철저히 이행하여야 하나 하수급 예정자가 정당한 이유 없이 하도급계약 체결에 응하지 않거나, 부도발생, 면허취소 등 하도급계약을 체결할 수 없는 객관적인 사유가 있으면 애초 적격심사 당시 제출한 조건과 동등 이상의 조건으로 새로운 하수급인을 선정하여 계약담당공무원에게 하도급 계약내용의 변경승인을 요청할 수 있을 것이며, 하도급계약의 승인 여부는 계약담당공무원이 애초의 입찰공고 내용, 산출내역서의 기재사항 및 건설산업기본법 등 하도급 관계 법령에 정한 하도급 금액 비율 등을 고려하여 판단, 결정하여야 할 것임.	
조달청	법무지원팀-822, 2005. 09. 15	

	254	하도급 일반
제 목	**하도급업체 변경 가능 여부**	
질 의	"○○택지개발사업 조성공사" 시공에 있어 적격심사 시 제출한 하도급관리계획서상의 애초 하도급 비율(시행비율, 금액비율 및 당해공사 지역 하수급업체 계약비율) 이상의 조건이 충족되는 경우 복수업체와의 하도급업체 변경 가능 여부	
회 신	「국가를 당사자로 하는 계약에 관한 법률 시행령」 제42조에 의거 적격심사를 거쳐 공사계약을 체결한 경우 계약상대자는 계약예규 「공사계약 일반조건」 제53조	

	에 의하여 적격심사 당시 제출한 하도급관리계획서상의 내용대로 하수급 예정자와 계약을 체결할 수 없거나, 또는 하수급인의 변경이 불가피한 경우에는 애초 적격심사 당시 제출한 하도급관리계획서상의 하수급인과 동등 이상의 자격을 갖춘 하수급인과 계약을 체결할 수 있을 것인바, 변경 하수급인의 적정성 여부(변경 하수급인의 수를 포함)에 대한 판단은 계약담당공무원이 위 규정 및 「건설산업기본법령」을 토대로 당해 계약내용, 당해 공사의 시공기술상의 특성, 기타 하수급인의 시공능력 등을 종합 고려하여 판단 · 결정할 사항임
조달청	법무지원팀-340, 2005. 08. 10

255 　　　　　　　　　　　　　　　　　　　　🖊 하도급 일반

제 목	하도급계약에서 지체상금 면제의 법적 근거
질 의	하도급 공사계약으로서 지체상금을 징수하면 공사비가 없으니 지체상금을 면제하여 주기로 한 경우 지체상금을 징수하지 아니하는 법적 근거는?
회 신	국가를 당사자로 하는 계약에 관한 법령 및 관계 계약예규는 국가기관이 일방 당사자가 되는 경우에 적용되는 법규이므로 국가기관이 아닌 사인 간에 체결한 하도급계약은 원칙적으로 원도급자와 하도급자 간에 체결한 계약조건, 「건설산업기본법」(국토해양부), 「하도급 공정화에 관한 법률」(공정거래위원회), 민법 및 상법에 따라 처리되어야 할 사항임. 참고로, 국가기관이 체결한 공사계약에서 지체상금의 면제는 계약예규 「공사계약 일반조건」 제25조 제3항 각호의 어느 하나의 사유에 해당될 때 가능한 것이며, 계약 상대자의 계약상의 이익을 부당하게 제한하지 아니하는 경우로서 당사자 간에 지체상금의 면제에 대한 특약 또는 조건이 있으면 그 내용에 따라 인정될 수도 있을 것임.
조달청	규제개혁법무담당관-112, 2008. 03. 21

256 　　　　　　　　　　　　　　　　　　　　🖊 하도급 일반

제 목	발주기관의 승인 없는 하도급과 부정당 업자 제재처분
질 의	우리 기관의 교육센터 교육 운영과정에서 위탁업체가 사업수행의 일부 영역 중Help Desk(전화 · 게시판 상담 등) 업무를 다른 업체의 인력을 투입하여 운영하고 있는데 이를 하도급으로 보아야 하는지 여부에 대하여 다음 어느 의견이 타당한지? ※ 위탁업체와 계약한 근거법령은 「소프트웨어 산업진흥법」에 근거하여 입찰되고 「용역계약 일반조건」(계약 예규 2200.04-161-4. 2007.10.21)과 「일반용역계약 특수조건」이 붙임 서류로 계약되어 있음. 〈갑설〉 「소프트웨어산업진흥법」 제20조의 3(하도급의 승인)에 의하면 사전에 하도급 승인을 받도록 되어 있으나 이 조항은 2007.12.21로 신설되고 시행일이 2008.06.22부터이므로 본 건은 하도급 승인대상의 적용을 받지 않는다. 〈을설〉 「소프트웨어산업진흥법」 시행과 관계없이 「용역계약 일반조건」 제60조(하도급관리 등)의 규정에 따라 소프트웨어 사업의 일부를 제3자에게 하도급하면 「하도급거래 공정화에 관한 법률」 제3조의2에 의한 소프트웨어사업표준 하도급계약서에 의거 발주기관의 승인을 받아야 된다. 병설)

	만약 을설의 경우를 적용한다 해도 발주기관의 교육센터 운영사업 중 일부인(일반운영) Help Desk(전화·게시판 상담 등)는 단순 업무이며 제안서상에 하도급에 대한 언급이 없었다면 하도급 승인대상이 아닌 「사업의 보조 이행자」로 보아야 한다. 발주처 의견 : 「소프트웨어산업진흥법」이 개정 공포(2007.12.21)되고 시행일이 2008.06. 22로 규정되어 있으며, 정부시책이 소프트웨어진흥정책과 이 사업이 발주기관의 교육센터운영사업의 일부인 단순 업무 인정과 제안서의 하도급 명시된 부분이 없다면 하도급 승인이 아닌 「사업의 보조 이행자」로 보아야 한다는 설이 타당함(병설)
회 신	계약에서 발주처의 승인 없이 하도급을 한 자에 대해서는 「국가를 당사자로 하는 계약에 관한 법률 시행령」 제76조 제1항 제2호 후단의 규정에 따라 부정당 업자 입찰 참가자격을 제한해야 합니다. 상기 규정은 당해 계약에 대한 관련 법령이 없는 경우라도 적용되며 또한 계약문서에 하도급 관련 내용의 유무에 불구하고 발주처의 승인 없이 사업의 전부 또는 주요 부분을 하도급한 경우에 적용됨.
조달청	인터넷 질의, 회계제도과-710, 2008.07.04

257	하도급 일반
제 목	하수급업체 변경 시 지역업체 및 하도급 비율의 준수
질 의	당사는 건설산업기본법 제29조에 의거 발주처인 A공사의 승낙으로 계약 상대자(B사)와 하도급계약을 체결하여 시공하였으며, B사는 발주처의 승인을 받아 당사와 변경계약도 체결한 사실이 있습니다. 그러나 당사가 공사입찰에 참여하고자 필요한 시공실적증명을 B사가 도산하여 하도급 시공내역을 확인받을 수 없는 경우 A공사로부터 실적증명을 발급받을 수 있는지?
회 신	공사계약에서 당해 계약을 이행한 계약 상대자 및 발주기관에 통보 또는 승인을 받은 하수급인이 발주기관에 실적증명서 발급을 요청한 경우 발주기관은 이를 확인하여 실적증명서를 발급하여야 할 것임.
조달청	법무지원팀-5181, 2007. 12. 28

258	하도급 대가지급
제 목	하도급사에 선금을 지급하여야 하는지?
질 의	원도급사인 당사는 하도급계약 체결 당시 발주처에 선금을 신청할 계획이 있어 하도급계약서에 선금액을 명시하였으나 당사의 사정으로 인해 발주처에 선금을 신청하지 못하게 되었습니다. 이런 경우에도 하도급계약서의 명시된 선금액을 하도급업체에 지급해야 하는지 여부(참고로 하도급업체에서는 선금 미지급 시 공사 수행이 어렵다 하여 선금보증서와 함께 선금지급 요청을 해온 상태입니다.)
회 신	공사계약에서 계약 상대자는 발주기관으로부터 선금을 받은 경우에는 「건설산업기본법」 제34조 제4항 및 「하도급거래 공정화에 관한 법률」 제6조 제1항에 의하여 지급받은 선금의 내용과 비율에 따라 선금을 지급받은 날(제조

등의 위탁을 하기 전에 선금을 받은 경우에는 제조 등의 위탁을 한 날)로부터 15일 이내에 하도급자에게 선금을 지급하여야 하며, 동 기한을 초과하여 지급하면 「하도급거래 공정화에 관한 법률」 제6조 제2항에 의하여 그 초과 기간에 대하여 연 100분의 40 이내의 범위에서 은행법에 의한 금융기관이 적용하는 연체금리 등 경제 사정을 고려하여 공정거래위원회가 정하여 고시하는 이율에 의한 이자를 지급하여야 하는 것이며, 귀 질의의 경우 발주처로부터 선금을 지급받지 않은 경우라면 하도급자에게 선금을 지급할 의무는 없다고 할 것임. 구체적일 때 「건설산업기본법」 및 「하도급거래 공정화에 관한 법률」에 대한 유권해석은 소관 부서인 국토해양부, 공정거래위원회로 문의하시기 바람.

조달청	인터넷 질의 2011. 08. 25

259	하도급 대가지급
제 목	**3자 합의(발주자, 원사업자, 수급사업자)와 압류 등의 우선순위**
질 의	○○시에서 도로 확 · 포장 공사를 발주하였는데, 2008. 6. 27일자로 발주자, 원사업자, 수급사업자가 하도급 직불 합의를 하였습니다. 그런데 2008. 8. 26일자로 발주자에게 채권가압류가 송달되었고, 2008. 10.1일자로 공사가 준공된 후, 2008. 10. 9일자로 하도급대금 직불을 신청하였는데 지급이 가능한지?
회 신	하도급법 제14조 제1항에서 발주자는 발주자가 하도급대금을 직접 수급사업자에게 지급하기로 발주자 · 원사업자 및 수급사업자 간에 합의한 때('07.10.20. 법개정 시행으로 '07.10.20. 이후의 합의건만 해당)에는 수급사업자가 제조 · 수리 · 시공 또는 용역수행한 분에 상당하는 하도급대금을 해당 수급사업자에게 직접 지급하여야 한다고 규정하고 있음. 따라서 내용상 2008. 6. 27자로 하도급법 제14조 제1항 제2호에 의거 발주자 · 원사업자 · 수급사업자 간에 직불에 합의한 경우로, 발주자 · 원사업자 · 수급사업자의 3자 합의가 가압류보다 먼저 발생한 경우라면 가압류 이전까지의 기성분에 대하여는 발주자는 가압류 등과 관계없이 하도급대금을 수급사업자에게 직접 지급
행안부	공통교재 2012

260	하도급 대가지급
제 목	**채권압류가 있는 경우의 하도급대금 지급**
질 의	공사계약(계약금액: 2억 원)에서 계약 상대자의 산재 · 고용보험료 체납액 7,000만 원과 국세 5,000만 원이 체납되어 발주기관에 압류가 통보되었을 때 계약 상대자와 하도급대금 직접 지불조건으로 체결한 하도급계약(계약금액: 1.2억 원)의 대금을 하수급인이 전액 지급받을 수 있는지?
회 신	공사계약에서 계약 담당 공무원은 계약 상대자가 계약예규 「공사계약 일반조건」 제43조 제1항 각호의 1에 해당하면 「건설산업기본법령」 등 관련 법령의 규정에 따라 체결한 하도급계약 중 하수급인이 시공한 부분에 상당하는 금액에 대하여는 계약 상대자가 하수급인에게 동 예규 제39조 및 제40조에 의한 대가지급을

의뢰한 것으로 보아 당해 하수급인에게 직접 지급하여야 하나, 동 공사금액에 대하여 채권 압류 등이 있으면 국세기본법, 민사집행법 등 관련 법령에 따라 우선지급 여부가 결정되는 것임.

조달청	법무지원팀-83, 2007. 01. 09

261	하도급 대가지급
제 목	하도급계약자의 세금계산서 발행 주체
질 의	하도급자가 제공한 용역 대가를 발주처로부터 지급받는 경우 세금계산서 교부 여부
회 신	공사용역 제공에 따른 세금계산서를 거래 시기에 원도급자에게 교부하였으나, 하도급공사대금을 지급받지 못하여 발주처로부터 당해 공사대금을 직접 지급받는 경우에도 하도급자는 발주처를 공급받는 자로 하여 세금계산서를 교부할 수 없음. 관련예규) 서면·인터넷·방문상담3팀-331, 2005.03.09 건설업을 영위하는 갑사업자가 발주자로부터 조경공사를 도급받아 공사용역을 제공함에 있어 당해 공사의 일부를 계약에 의하여 을사업자에게 하도급을 주고 그 대금은 발주자가 하도급자에게 직접 지급하더라도 당해 하도급공사대금에 대하여는 하도급자인 을사업자가 원도급자인 갑사업자에게 세금계산서를 교부하고, 원도급자인 갑사업자는 당해 조경공사 전체대금에 대하여 발주자에게 각각 세금계산서를 교부하여야 하는 것임.
국세청	부가가치세과-1822, 2008. 7. 7

262	대형공사 공통기준
제 목	설계용역업자의 대안입찰 참여 가능 여부
질 의	설계용역업과 건설업 등록을 겸유한 업체가 설계용역을 완료한 공사가 대안입찰로 공고되었을 때 동 대안입찰에 참여하여 낙찰이 된다면 국가계약법령상 적법한 것인지?
회 신	일괄입찰에 의한 공사계약에서 계약 담당 공무원은 「국가를 당사자로 하는 계약에 관한 법률 시행령」 제84조에 정한 요건을 갖춘 자에 한하여 일괄입찰에 참여하게 하여야 하며, 대안설계를 제출하는 입찰참가자의 경우에도 또한 동 규정에 따라야 하는 것임. 또한, 대안입찰은 같은 법 시행령 제79조 제1항 제3호에 규정한 바와 같이 정부가 작성한 설계서상의 공종 중에서 대체가 가능한 공종에 대하여 정부 설계와 동등 이상의 기능이나 효과를 가진 대체방안을 원안입찰과 함께 따로 입찰자의 의사에 따라 제출할 수 있는 입찰제도임을 감안할 때 동 제도의 취지상 애초 원안설계를 작성한 설계업체가 또다시 동일 계약목적물에 대한 동등 이상의 대안설계를 작성하여 대안입찰에 참가하는 것은 곤란할 것이며, 다만, 원안설계를 수행한 업체가 건설업 등록을 겸유한 경우 동일한 건의 대안입찰에 대안설계 없이 원안설계만으로 공사입찰에 참가하는 것은 가능하다고 봄.
조달청	법무지원팀-991, 2005. 09. 23

263	대형공사 공통기준
제 목	대형공사 및 특정 공사의 입찰 방법 심의
질 의	지방자치단체의 경우 대형공사 및 특정 공사의 입찰 방법 심의는 어떻게 이루어져야 하는지 여부
회 신	지방계약법 시행령 제96조의 규정에 따라 지방건설기술심의위원회에서 대형 공사 및 특정 공사의 입찰 방법을 심의해야 하는 것임.
행안부	공통교재 2012

264	대형공사 공통기준
제 목	대형공사에 있어 사후환경영향평가의 분리발주 여부
질 의	일괄입찰공사의 사후환경영향평가는 관계 법령에 의거 발주자가 대상 사업의 공사와 별도로 분리 발주하여야 하나 입찰안내서상 계약 상대자로 되어 있습니다. 이러한 경우 사후환경영향평가는 발주자가 하여야 하는지, 아니면 계약 상대자가 하여야 하는지 여부
회 신	일괄입찰 공사계약에서 관련 법령상 환경영향평가의 객관성 확보를 위하여 공사계약과 분리하여 계약하도록 규정되어 있으나 귀 질의와 같이 국가기관이 통합 발주하여 계약을 체결한 경우 동 환경영향평가 부분은 관련 법령에 따라 시공사의 계약 내용에서 분리하여 발주기관이 별도로 발주하는 것이 타당하다고 봄.
조달청	법무지원팀-232, 2007. 01. 18

265	대형공사 공통기준
제 목	대형공사계약의 설계변경 시 오류 사항 정정 가능 여부
질 의	설계시공일괄입찰방식으로 체결된 공사계약에서 발주처의 책임 있는 사유로 인한 설계변경 과정에 설계변경 대상이 아닌 품목의 수량을 애초 수량(설계변경 전 해당 산출내역서상의 수량)과 다르게 누락시킨 사실을 사후에 발견한 경우 동 설계변경 과정상의 오류 내용을 바르게 조정할 수 있는지?
회 신	일괄입찰을 실시하여 체결한 공사계약에서 설계변경으로 인한 계약금액 조정과정에 조정금액 산출오류 등으로 인하여 일부 공종이 누락되거나, 과다ㆍ과소 계상되었을 때로서 현재 계약을 이행 중에 있으면 계약당사자 간의 협의에 따라 이를 재조정할 수 있을 것임.
조달청	법무지원팀-4472, 2007. 11. 07

266	대형공사 공통기준
제 목	대안공사의 설계변경 시 안전관리비 계상기준
질 의	대안입찰로 계약한 "○○신항 남컨테이너부두 축조공사"의 시공 중 발주처의 요

	구로 수량 변경 등에 의한 설계변경 시 안전관리비는 애초 산출내역서상의 승률 비율을 적용하는지 아니면 노동부 고시에 의한 계상기준을 적용하는지?
회 신	일괄입찰 또는 대안입찰(대안이 채택된 공종에 한함)을 실시하여 체결한 공사계약에서 설계변경으로 인한 계약금액의 증가분에 대한 간접노무비, 산재보험료 및 안전관리비 등 승률비용과 일반관리비 및 이윤은 「국가를 당사자로 하는 계약에 관한 법률 시행령」 제65조 제6항과 계약예규 「공사계약 일반조건」 제20조 제4항에 따라 산출내역서상 간접노무비, 산재보험료 및 안전관리비 등의 승률비율과 일반관리비율 및 이윤율에 의하되 설계변경 당시의 관계 법령 및 계약예규 「예정가격 작성 기준」에서 정한 율을 초과할 수 없는 것임.
조달청	규제개혁법무담당관-507, 2008. 04. 18

267	대형공사 공통기준

제 목	**기본설계기술제안입찰의 입찰참가 자격제한**
질 의	1. 공공기관이 국가계약법령 제8장을 적용한 "기본설계기술제안입찰"에서 기본설계를 한 자는 실시설계자 선정을 위한 입찰의 참여를 배제할 수 있는 근거 규정이 있는지? 2. 공공기관 입찰에서 같은 법령 제21조 및 같은 법 시행규칙 제25조에 규정되지 아니한 경우라도 입찰참가자격을 제한할(가능) 수 있는지? 3. 제한규정에 없는 경우라도 관계기관의 유권해석이 있다면 제한할 수 있는지?
회 신	1. 국가기관(국가계약법을 적용하는 공공기관 포함)이 "국가를 당사자로 하는 계약에 관한 법률 시행령"(이하 "영"이라 함) 제97조의 규정에 따른 기본설계기술제안입찰 시 입찰 참가자격은 영 제84조 제1항의 규정에 정한 요건을 갖춘 자에게 입찰을 허용하여야 하므로 이외 다른 조건을 정해 입찰 참가자격을 제한해서는 아니될 것입니다.(강행 규정) ※ 동 입찰에 의한 "실시설계적격자" 결정 방법은 영 제106조의 규정에 따라 결정됨 2. 국가기관이 제한경쟁 입찰을 실시하면 영 제21조 및 규칙 제25조에 규정에 정한 "제한기준"에 따라야 하므로 위 조항에 없는 기준으로 제한해서는 아니될 것임을 알려드립니다. ※ 국가계약법령 제21조의 제한 규정 이외에 발주기관의 사정 등에 의해 제한할 수 없도록 제한 규정을 구체적으로 명시함 3. 계약 담당 공무원은 입찰 및 계약업무를 함에 있어서 구속력이 있는 해당 법령(규정) 등에 따라야 하고 이를 벗어난 유권해석을 근거로 제한하여서는 아니 될 것임을 알려드립니다.
조달청	규제개혁법무담당관-2757('11. 06. 02)

268

제 목	대형공사 설계보상비 지급 기준
질 의	설계·시공 일괄입찰(턴키) 공사의 실시설계 적격자로 선정되지 못한 낙찰 탈락자에 대하여 설계보상비를 지급하는 경우로 공동수급체 대표사가 현재 법정관리상태로 회생절차를 진행 중인 경우 설계 부문 분담 이행자에게 설계보상비 전액(분담이행 지분율 100%)을 직접 지급할 수 있는지?
회 신	• 「지방계약법 시행령」 제101조 제1항에 따라 지방자치단체의 장 또는 계약 담당자는 제99조 제2항과 제100조에 따라 선정된 자 중 낙찰자로 결정되지 아니한 자, 발주기관의 귀책사유로 취소된 대안입찰 및 일괄입찰에 참여한 자의 전부 또는 일부에 대해서는 예산의 범위에서 설계비의 일부를 보상할 수 있으며, • 「지방자치단체 입찰 및 계약 집행기준」 제1장 '입찰 및 계약 집행기준' 제9절 "2-라"에 따라 계약담당자는 2인 이상이 공동으로 입찰하여 낙찰탈락자가 된 경우에는 공동입찰의 대표자에게 지급해야 한다고 규정하고 있음 • 질의와 관련하여 설계·시공 일괄입찰 공사에 공동수급체를 구성하여 입찰에 참가하고 실시설계적격자로 선정되지 못한 경우 설계비 등의 보상은 공동수급체 대표자에게 지급하여야 할 것임 - 다만, 부도 등의 사유가 발생하여 채권이 양도되었거나 공동수급체의 대표자가 설계비 보상을 지급받을 수 없는 불가피한 사유가 있는 경우라면 발주기관에서 민사관련 법령 등을 종합적으로 검토하여 판단할 사항임
행안부	회계제도과-785, 2016. 2. 22

269

제 목	공사이행보증금 청구 기준
질 의	공동수급체 구성원 중 대표사가 법정관리 상태에서 공사포기서를 제출하는 경우 잔존 구성원이 면허, 시공능력평가액 등 해당 계약이행 요건을 갖추지 못하여 보증기관에 공사이행보증 청구 시 잔존 구성원(49%) 출자비율을 제외한 공동수급체 대표자(51%)의 지분에 대하여만 공사이행보증금을 청구하여야 하는지 여부
회 신	• 행정자치부 예규 「지방자치단체 입찰 및 계약 집행기준」 제7장 공동계약 운영요령 제3절 "8-나-2)"에 따르면 계약 담당자는 계약 내용의 변경이나 공동수급체의 구성원 중 일부 구성원의 파산, 해산, 부도, 법정관리, 워크아웃, 중도탈퇴의 사유로 인하여 잔존 구성원만으로는 면허, 시공능력 및 실적 등 계약이행에 필요한 요건을 갖추지 못한 경우로서 공동수급체 구성원의 연명으로 구성원의 추가를 요청한 경우에는 구성원을 추가할 수 있다고 규정하고 있음 • 질의의 경우 구성원 각자가 지분대로 공사이행보증서를 납부하고 계약이행 중에 법정관리 등의 사유로 공동수급체 대표자가 탈퇴하는 경우 공동수급체 대표자 이외의 구성원이 자기 지분대로 계약을 이행하고자 한다면, 「지방자치단체 입찰 및 계약 집행기준」 제1장 입찰 및 계약집행기준 제4절 "5-나

	-1)"에 따라 탈퇴하는 공동수급체 대표자의 출자비율에 대하여 보증기관에 보증채무의 이행을 청구하는 것이 타당할 것으로 사료됨
행안부	회계제도과-189, 2016. 1. 13

270	대형공사 설계비 보상
제 목	대형공사 수량 정산
질 의	대안입찰방식으로 발주한 공사계약을 수행함에 있어 설계도면과 수량산출서의 수량은 일치하나 산출내역서상의 수량이 이중으로 계상되었을 경우 〈갑설〉 산출내역서상의 이중 적용된 수량을 공제하여야 한다. 〈을설〉 대안입찰공사에서는 산출내역서가 설계서에 포함되지 않음으로 설계서를 기준으로 수량을 정산하여야 한다.
회 신	국가기관이 대안입찰(대안공종이 채택된 공종에 한함)로 체결한 공사계약에서 계약상 대자가 제출한 산출내역서는 설계서에 해당되지 않는바, 설계서(설계도면, 공사시방서 및 현장설명서)의 변경이 없는 산출내역서상의 오류 등의 사유만으로는 계약금액을 조정할 수 없는 것임을 알려드립니다.
조달청	법무지원팀-3934, 2007. 9. 28

271	대형공사 설계변경으로 인한 계약금액 조정
제 목	대형공사 인허가기관 요구사항 수용 시의 설계변경
질 의	국가기관과 대안입찰로 체결한 공사계약에서 대안구간에서 신설도로와 기존도로(군도) 접합부 시공을 위한 교통우회가도 조성 시 발주기관 외에 해당 공사와 관련된 인허가기관(○○지방경찰청) 등의 요구가 있어 이를 발주기관이 수용하여 교통안전시설을 변경하는 경우 계약금액 조정이 가능한지?
회 신	국가기관이 일괄입찰 및 대안입찰(대안이 채택된 공종에 한함)을 실시하여 체결한 공사계약에서서 설계변경으로 계약 내용을 변경하는 경우에도 정부에 책임 있는 사유 또는 천재·지변 등 불가항력의 사유로 인한 경우를 제외하고는 계약예규 「공사계약 일반조건」 제21조 제1항의 규정에 따라 그 계약금액을 증액할 수 없는 것임. 다만, 설계 시 공사관련 법령 등에 정한 바에 따라 설계서가 작성되었으나, 발주기관 외에 당해 공사와 관련된 인허가기관 등의 요구가 있어 이를 발주기관이 수용하여 설계 변경하면 동 일반조건 제21조 제4항 제2호의 규정에 따라 계약금액을 증·감 조정할 수 있음
조달청	법무지원팀-4724, 2007. 11. 26

272	대형공사 설계변경으로 인한 계약금액 조정
제 목	추가 시설물의 설치 요구에 따른 계약금액 조정 가능 여부
질 의	일괄입찰로 계약한 "△△건설공사"의 현장에서 입찰일 이후에 ○○구청에서 요구하는 추가 시설의 설치비는 계약금액 조정의 대상인지 여부

회 신	설계·시공 일괄입찰로 체결한 공사계약에서 공사 관련 법령, 입찰안내서 등에 정한 바에 따라 설계서가 작성되고, 낙찰자 결정 후 심의 확정된 설계서를 당해 공사와 관련된 인허가기관 등의 요구가 있어 이를 발주기관이 수용하여 설계 변경되었을 때에는 「국가를 당사자로 하는 계약에 관한 법률 시행령」 제91조 및 계약예규 「공사계약 일반조건」 제21조 제4항 제2호에 의하여 계약금액을 증·감 조정할 수 있는 것임.
조달청	규제개혁법무담당관-2072, '08. 07. 31

273		📓 대형공사 설계변경으로 인한 계약금액 조정
제 목	부분대안공사의 인허가 기관 요구 수용과 위치 변경	
질 의	부분대안공사의 오수차집관로에 대하여 원안설계의 관경 500mm와 동일하게 대안(관경 500mm)을 작성하여 입찰 계약하여 시공 중입니다. 인허가 기관이 발주자에게 오수차집관로의 관경을 기존 청학처리분구와 동일하게 700mm로 변경하여 줄것을 요청하고, 발주처가 이를 수용하여 계약 상대자에게 설계변경을 요구하였는데 발주처는 당사가 오수차집관로의 관경에 대하여 인허가 기관과 사전에 협의를 진행하지 아니하고 대안을 제시하였다고 하여 계약금액 조정에 난색을 표하고 있습니다. 이 경우 설계변경에 따라 계약금액 조정이 가능한지?	
회 신	대안입찰(대안이 채택된 공종에 한함)을 실시하여 체결한 공사계약에서 설계변경으로 계약 내용을 변경하는 경우에도 정부에 책임 있는 사유 또는 천재·지변 등 불가항력의 사유로 인한 경우를 제외하고는 계약예규 「공사계약 일반조건」 제21조 제1항에 따라 그 계약금액을 증액할 수 없는 것이나, 설계시 공사관련 법령 등에 정한 바에 따라 설계서가 작성되었으나, 발주기관 외에 당해 공사와 관련된 인허가 기관 등의 요구가 있어 이를 발주기관이 수용하여 설계 변경하면 동 예규 제21조 제4항 제2호에 따라 계약금액을 증감 조정할 수 있는 것임.	
조달청	인터넷 질의 2009. 11. 18	

274		📓 대형공사 설계변경으로 인한 계약금액 조정
제 목	대안입찰에서 원안 설계 부분의 설계변경 가능 여부	
질 의	대안입찰에서 원안으로 계약 체결된 공종의 설계서(물량내역서)에 누락(설계서에 명시되지 아니함을 이렇게 표현함)된 사토가 발생하게 되었으며 대안설계로 계약 체결된 공종의 설계서(공사 시방서, 설계도면 및 현장설명서)에도 원안구간에서 발생한 사토를 유용 또는 사토하는 항목은 누락되었으며 계약문서에도 원안 채택 공종공사의 설계서 내용을 대안채택 공종공사에 반영해야 한다는 명시가 없는 경우, 원안 채택 공종공사에 있어 발생한 사토에 대하여 설계변경 및 계약금액 조정이 가능한지?	
회 신	공사계약의 설계변경 및 계약금액 조정은 계약예규 「공사계약 일반조건」 제2조 제4호의 설계서에 동 예규 제19조 제1항 각호의 사유가 발생하는 경우 가능한 것인바, 귀 질의의 대안입찰로 체결된 공사계약의 경우에도 대안설계가 아닌 원안 설계가 채택된 부분의 공종에서 발생하는 사토(암)에 대하여 발주기관이 작	

	성, 계약 상대자에게 교부한 설계서에 사토물량, 처리방법 등이 명시되지 아니하였다면 동 예규 제19조의 2에 의한 설계변경을 하고 동 예규 제20조에 따라 계약금액 조정이 가능하다 할 것이나 구체적일 때의 설계변경 및 계약금액의 조정은 발주기관의 계약 담당 공무원이 입찰안내서, 원안 및 대안설계서, 계약조건, 현장상태 등을 종합 고려하여 사실 판단하여야 하는 사항임
조달청	법무지원팀-368, 2006. 01

275	대형공사 설계변경으로 인한 계약금액 조정
제 목	**턴키공사의 현장 상태와 설계서 상이 시 설계변경 가능 여부**
질 의	일괄입찰방식에 의한 공사에 있어 현장 설명 당시 발주처가 제공한 자료로는 파악이 불가능하였으며, 실시설계 단계에서 조사 및 예측이 불가능한 지하구조물을 시공 중 발견하였을 경우 설계변경 가능 여부
회 신	일괄입찰을 실시하여 체결한 공사계약에서도 설계서의 오류 등 계약예규 「공사계약 일반조건」 제19조 제1항 각호의 1에 해당하면 설계변경이 가능한 것이며, 설계변경으로 인한 계약금액 조정 시 발주기관 또는 공사 관련기관이 교부한 지하매설 지장물 도면과 현장 상태가 상이하거나 계약 이후 신규로 매설된 지장물에 의한 경우 등 동 예규 제21조 제3항 제5호에 해당하면 동 예규 제21조 제2항 각호의 기준에 의하여 계약금액을 조정하는 것인바, 귀 질의의 경우 지하 구조물의 존치에 대해 계약 상대자가 사전인지를 할 수 있었는지의 여부는 발주기관에서 교부한 입찰 안내서, 설계지침, 지하매설 지장물 도면, 현장 상태 및 계약 상대자의 귀책 여부 등을 종합 검토하여 계약 담당 공무원이 사실 판단할 사항임.
조달청	법무지원팀-1043, 2005. 09. 30

276	대형공사 기타사유로 인한 계약금액 조정
제 목	**기술제안입찰의 계약금액 조정**
질 의	① 국계법시행령 103조의 기술제안입찰과 105조의 설계공모 기술제안입찰의 경우에도 동 시행령 제14조 제6항 제3호의 단서조항이 규정을 적용받는지 여부 ② 기술제안입찰의 경우 국계법시행령 제103조 제1항 제5호와 관련하여 발주기관이 교부하는 설계서의 범위는? ③ 기술제안입찰에서 기술제안사항을 반영하여 계약자가 제출한 설계서의 변경은 없으나 산출내역서의 물량 일부가 누락되었거나 수량 산출 착오에 의하여 적게 산정되었을 때에도 설계 변경하여 증액이 가능한지? ④ 기술제안입찰에서 기술제안의 범위는 공사 전체를 대상으로 하고 있는바 "기술제안이 채택된 부분"의 범위는?
회 신	1. "질의 1"과 관련하여 「국가를 당사자로 하는 계약에 관한 법률 시행령」 제14조 제6항 제3호에서 말하는 공사는 계약예규 「최저가낙찰제의 입찰금액 적정성 심사기준」 제3조 제2항에 따라 최저가 낙찰제 대상공사로서 추정가격이 1,500억 원 이상인 공사 중 새로운 기술·공법 등에 의한 절감 사유 제안을

	인정할 필요가 있다고 인정되는 공사를 말함.
	2. "질의 2, 3"과 관련하여 기술제안입찰에서 설계서는 계약예규 「공사계약 일반조건」 제2조 제4호에 따라 공사시방서, 설계도면, 현장설명서를 말하는바, 설계서가 아닌 산출내역서의 물량에 오류나 누락 등이 확인되었다는 이유만으로는 설계변경을 할 수 없으며, 계약금액 조정도 가능하지 않음.
	3. "질의 4"와 관련하여 기술제안 입찰에서 기술제안은 「국가를 당사자로 하는 계약에 관한 법률 시행령」 제98조에 따라 발주기관에서 교부한 실시설계서를 검토하여 공사비 절감방안, 공기단축방안, 공사관리방안 등을 제안하는 것을 말하며, 당해 기술제안이 채택되어 낙찰이 되었을 때에는 기술제안 내용을 반영하여 설계서의 관련 부분을 수정하는 것임.
조달청	인터넷 질의, 회계제도과-1431, 2008. 11. 13

277	대형공사 기타사유로 인한 계약금액 조정
제 목	기술제안으로 일부 증가되는 관급자재의 구입비용 부담 주체
질 의	당사는 ○○공사가 입찰공고한 "□□ 공동주택 건설공사"의 기술제안입찰에 참여하여 낙찰자로 결정되어 도급계약을 체결하고 현재 토공사 및 지정공사를 수행하고 있습니다. 그러나 기술제안입찰에서 당사가 제안한 항목(item) 중 원안설계에서 지하 2층으로 계획되었던 지하주차장을 Transper Plate 구조 시스템을 적용하여 지하 1층으로 제안, 지급자재비 총액을 약 4.3억 원을 절감하였습니다. 또한, 당사가 제시한 기술제안 사항은 기술위원심의에서 설계적격으로 심사되었으며, 당사가 제시한 입찰내역서로 도급계약을 체결하였으나, 발주처는 입찰안내서의 입찰 유의사항 중 ○항을 근거로 지급자재인 PHC PILE 자재비용을 계약 상대자에게 부담하라는 주장하여 분쟁이 발생한 상황입니다. 따라서 이 경우 기술제안으로 전체 관급자재 비용은 절감되었으나 추가로 소요되는 일부 관급자재의 비용부담 주체에 대한 귀청의 의견은?
회 신	국가기관을 당사자로 하여 체결한 공사계약에서 발주처는 계약예규 「공사계약 일반조건」 제13조에 따라 공사의 수행에 필요한 특정자재 또는 기계·기구 등 관급자재는 설계서에 명시하여야 하고, 공사공정예정표에 따라 적기에 공급(계약 상대자에게 제공)되어야 하며, 인도일시 및 장소는 계약 당사자 간에 협의하여 결정하여야 하는 것입니다. 따라서 이 경우 해당 설계서에 발주처가 직접 구매 하여 계약 상대자에게 제공하여야 하는 관급자재는 발주처의 부담으로 구매, 제공하여야 할 것입니다.
조달청	규제개혁법무담당관-2242, 2011. 05. 09

278	국제입찰
제 목	국제입찰 대상 여부
질 의	국제입찰에 의하는 정부기관과 물품·공사 및 용역의 범위는 우리공사는 □□공사의 자회사인 ○○개발공사입니다. 이번에 시행하는 공사건의 추정금액이

	488억 원입니다. 국가기관 및 지방자치단체가 아닌 당 공사 같은 경우에 국제입찰 대상이 되는지?
회 신	「국가를 당사자로 하는 계약에 관한 법률」 제4조 제2항 및 「특정 조달을 위한 국가를 당사자로 하는 계약에 관한 법률 시행령 특례규정」 제3조 제3항의 규정에 따라 동 특례규정 별표 1 및 별표 2에 따르는 바, 이 경우 "○○개발공사"는 정부조달협정문(AGREEMENT ON GOVERNMENT PROCUREMENT) 한국양허표부속서(ANNEX)3에서 정한 국제입찰대상 조달기관이 아니며, 따라서 조달 요청 금액에 불문하고 국제입찰 대상에서 제외됨.
조달청	인터넷 질의 2011. 07. 28

279 국제입찰

제 목	**정부조달협정 규정에 의거 국제입찰 여부**
질 의	GPA 규정상 회원국들 간의 국제입찰은 가능하고 회원국들과 비회원국들 간의 국제입찰은 불가능하다고 알고 있는데 GPA협정문 제7조 3항 '가'조에 보면 '공개입찰 절차는 모든 관심 있는 공급자가 입찰서를 제출할 수 있는 절차이다'라고 나와 있습니다. 여기에서 '관심 있는 공급자'란 '비회원국'도 포함되는지 상기 조항에 의하면 비회원국도 국제공개입찰에 입찰할 수 있는지, 아니면 조달 기관의 특별한 공고가 나와야지만 국제입찰에 응할 수 있는지, 그리고 국제입찰 중 공개입찰 및 지명입찰의 정의 및 차이점은?
회 신	귀하의 질의는 국가계약법규에 의한 질의내용이 아닌 정부조달협정에 관한 사항으로서 우리 청의 유권해석의 대상이 아님. 「국가를 당사자로 하는 계약에 관한 법률」 제4조 제1항 및 제2항에 의한 국제입찰은 「특정 조달을 위한 국가를 당사자로 하는 계약에 관한 법률 시행령 특례규정」 제3조 제3항에 정한 범위 내에서 정부조달협정가입국에 대하여 적용하는 것이며, 협정 비회원국에 대하여 별도의 국제입찰 개방을 위한 조치를 한 바 없으며, 다만 같은 법 제4조 제3항에 의한 국제입찰의 경우에는 정부조달협정가입국 이외의 국가를 대상으로 하여 국제입찰에 부칠 수 있는 것이며, 국가 기관이 발주하는 공사를 동 특례규정에 따라 국제입찰에 부치는 경우에 있어서 일반경쟁입찰과 지명경쟁입찰 용어의 정의는 동 특례규정 제2조에 의하는 것이며, 각 중앙관서의 장 또는 계약 담당 공무원은 동 특례규정 제18조에 의하여 직접 정한 자격 및 지명기준에 따라 지명경쟁에 의할 수 있으나, 지명경쟁입찰을 실시하기 위하여 정하는 지명기준 등은 동 특례규정 제4조에 정한 특정 조달계약의 원칙에 위배되어서는 아니됨.
조달청	인터넷 질의 2011. 05. 11

280 국제입찰

제 목	**국제입찰 대상**
질 의	국제입찰 대상 금액 및 중소기업제품을 제조·구매하는 경우에도 국제입찰대상 금액에 해당되면 국제입찰에 의하여야 하는지?

회 신	• 광역지방자치단체가 체결하는 계약에서 공사는 추정가격 229억 원 이상 물품· 용역은 38억 원 이상은 국제입찰에 의하여 계약 상대자를 선정토록 하고 있음 • 다만 중소기업제품구매촉진법 에 의한 중소기업제품을 제조·구매하면 국제 입찰 대상에서 제외됨
조달청	공통교재 2012

281	국제입찰

제 목	국제입찰과 지역의무공동계약
질 의	국제입찰(물품) 재경부 고시금액이 6억 7천만 원으로 되어 있는데 6억 7천만 원이 넘는 국제입찰(물품)을 협상에 의한 계약체결 방식으로 진행할 때 지역업체 의무 공동도급을 할 수 있나요? 제안서 평가조항에 지역업체와 공동도급을 할 경우 가산점을 줄 수 있나요?
회 신	국제입찰을 실시함에 있어서는 「특정 조달을 위한 국가를 당사로 하는 계약에 관한 법률시행령 특례 규정」 제39조에 정한 바와 같이 동령에 특별히 정하지 않은 사항에 대하여는 「국가를 당사자로 하는 계약에 관한 법률 시행령」의 규정을 적용하며, 다만 같은 법 시행령 제21조와 제22조에 따른 제한경쟁입찰, 제72조 제3항에 따른 지역의무공동계약의 규정은 특정조달계약에 관한 사무에는 이를 적용하지 아니함.
조달청	인터넷 질의 2011. 03. 30

282	국제입찰

제 목	외국기업 참여 시 불이익 해당 여부
질 의	국내 관급입찰에서 입찰공고, 입찰평가 및 낙찰을 심사하는 기관이 조달청인지? 외국기업이 국내입찰에 참여 시 입찰평가에 대한 불이익 조항이 있는지?
회 신	개별적으로 발주되는 국내입찰에서의 입찰공고·적격심사·낙찰자 선정은 입찰 목적물의 특성·목적·개별 법령에서 요구하는 관련규정 등 제반사항을 고려하여 해당 발주처의 계약 담당 공무원이 판단·결정하고 있습니다. 다만, 발주처에서「조달사업에 관한 법령」에 따라 "조달요청"을 한 경우에는 조달청이 입찰공고. 적격심사 및 낙찰자 선정을 하고 있음을 알려드립니다.
조달청	규제개혁법무담당관-4173, 2011. 08. 17

283	국제입찰

제 목	국제입찰 진행 방법 관련
질 의	WTO 회원국을 대상으로 하는 국제입찰의 진행 방법을 2단계 입찰로 실시하여 기술성, 상업성을 종합평가하여 가장 유리한 입찰자를 우선협상 대상자로 선정하여 협상을 진행하여도 법규상 가능한지 알고 싶습니다. 국가계약법상에는 2단계 경쟁 후 예정가격 이하의 입찰자를 낙찰자로 결정하라고 되어 있는데, 예가

회 신	를 불비치하고 입찰을 진행하는 경우 협상을 진행해도 무방한지?
회 신	재입찰을 실시함에 있어서는 「특정 조달을 위한 국가를 당사자로 하는 계약에 관한 법률시행령 특례규정」 제39조에 정한 바와 같이 동령에 특별히 정하지 않은 사항에 대하여는 「국가를 당사자로 하는 계약에 관한 법률 시행령」의 규정을 적용하므로 「국가를 당사자로 하는 계약에 관한 법률 시행령」 제18조에 따른 2단계 경쟁 입찰을 실시하여 계약을 체결할 수 있으며, 계약 담당 공무원은 물품 및 용역에 대한 특정 조달계약에서 제작자의 설계에 따라서 가격차가 심한 경우 등 「특정 조달을 위한 국가를 당사자로 하는 계약에 관한 법률 시행 특례 규칙」 제2조 각호의 1에 해당하는 경우에는 예정가격을 작성하지 아니할 수 있음
조달청	인터넷 질의 2011. 10. 24

284 국제입찰

제 목	외국기업 평가
질 의	외국기업의 국내 관급입찰 참여 시 국내기업과 동일하게 입찰평가를 하는지?
회 신	국가기관이 「국가를 당사자로 하는 계약에 관한 법률」 제4조 제3항에 따라 국제입찰에 의하여 조달하는 경우 입찰에 참여하는 국내기업과 외국기업을 차별적으로 취급하는 조항은 국가계약법령이나 「특정 조달을 위한 국가를 당사자로 하는 계약에 관한 법률 시행령 특례규정」에서 규정하고 있지 않음을 알려드립니다.
조달청	규제개혁법무담당관-4173, 2011. 08. 17

285 기타

제 목	일괄입찰공사 설계비 보상기준
질 의	「지방자치단체 입찰 및 계약집행기준」에 따르면 낙찰 탈락자에게 당해 공사예산의 20/1000의 설계비 보상예산을 확보하고 그 확보된 예산 범위 내에서 지급하도록 규정하고 있는바, 당해 공사 예산이란 부가가치세를 제외한 순수공사비(추정가격)인지 아니면 부가가치세를 포함한 금액(추정금액)인지 여부
회 신	「지방자치단체 입찰 및 계약집행기준」에 의하면 대형공사 낙찰 탈락자에게 설계비를 보상하기 위하여 당해 공사 예산의 20/1000의 설계비 보상예산을 확보하고 그 확보예산 범위 내에서 설계보상비를 지급하도록 규정하고 있는바, 설계보상비가 "부가가치세법"에 따른 부가 가치세의 부과 대상이라고 한다면 설계보상비 외에 부가가치세액을 별도로 지급하여야 할 것인바, 구체적인 과세 여부에 대하여는 소관 부처인 국세청에 문의하시기 바랍니다.
행안부	재정관리과-4266, 2011. 12. 19

286

제 목	물품 구매계약 인지세 과세 여부
질 의	「인지세법」 제3조 제1항 제3호에 인지세를 납부하여야 할 문서는 "도급 또는 위임에 관한 증서 중 법률에 따라 작성하는 문서로서 대통령령으로 정하는 것"으로 되어 있고, 「인지세법 시행령」 제2조의 3 제4호에 지방자치단체를 당사자로 하는 계약에 관한 법률 제14조(계약서의 작성 및 계약의 성립)에 따라 작성하는 도급문서를 인지세 과세 문서로 규정하고 있음, 그렇다면 지방자치단체가 입찰을 통하여 도소매업자로부터 물품을 구매하면서 작성하는 물품구매계약서가 인지세 과세 대상 문서인지 여부
회 신	규격물품 구매계약서는 인지세 과세 대상이 아니나, 대체성이 있는 규격 물품이더라도 시중 유통 방지를 위하여 국가기관 등의 물품임을 표시하여 납품하거나, 유통 중인 규격물품과 다른 사양의 물품을 제작·구매하기로 약정하는 증서는 과세 대상이 됨을 알려드리니 참고하시기 바랍니다.
국세청	국세청 소비세과–363, 2012. 10. 31

【 참고문헌 】

- 감사원, 「감사원결정례집」, 2004~2010.
- 감사원, 심사·재심의결정례, http://www.bai.go.kr
- 감사원, 「공공계약 실무가이드」 2019
- 강인옥, "계약관련법규", 「회계전문과정 계약반 직무교육교재」, 감사교육원, 2012., 강인옥, 「공공계약법규 및 실무」, 감사교육원 사이버 강의 및 교재, 2011., 강인옥, "국가계약체결상의 과실책임에 관한 연구", 「연구논문집」, 감사교육원, 2004., 강인옥, "부정당업자제재 제도의 문제점과 개선방안에 관한 연구", 「연구논문집」, 감사교육원, 2010., 강인옥, 「국가재정의 이해」, 감사교육원 사이버 강의 및 교재, 2013., 강인옥, "회계관계직원과 민사상 손해배상청구", 「감사」, 2008봄호 통권 제98호, 강인옥, 「회계관계직원의 책임」, 광문각, 2010.
- 곽윤직, 「채권각론」, 박영사, 2003.
- 기획재정부, 예규·유권해석, http://www.mosf.go.kr/law03b.jsp
- 김동희, 「행정법 I」, 박영사, 2006.
- 김주수, 「민법개론」, 삼영사, 2008.
- 김태완, "지방계약법상 부정당업자제재 제도의 개선방안", 지방재정 및 지방계약법제의 선진화: 한국지방자치학회·한국지방계약학회 공동학술대회 발표문, 2010. 9.
- 대법원, 종합법률정보시스템, https://glaw.scourt.go.kr/wsjo/intesrch/sjo022.do
- 두산백과사전, EnCyber & EnCyber.com
- 박균성, 「행정법기본강의」, 박영사, 2012.
- 박윤흔, 「최신 행정법강의」, 박영사, 2009.
- 박정훈, "부정당업자의 입찰참가자격제한의 법적 문제", 「국방조달계약 연구논집」, 국방부 조달본부, 2005.
- 법원도서관, 법고을 DVD, 2012.
- 법제처, 국가법령정보센타, https://www.law.go.kr/
- 서울시, 「2012 일반계약 가이드라인」, 2012. 12.
- 서울시, 「2011 계약업무 매뉴얼」, 2011. 10
- 이동수, "국가계약법제에 관한 행정법상 문제점", 「토지공법연구」 13집, 2001.
- 이원우, "정부투자기관의 부정당업자에 대한 입찰참가제한조치의 법적 성질 −공기업의 행정주체성을 중심으로−", 「한국공법이론의 새로운 전개」, 삼지원, 2005.
- 이종선, "부정당업자의 입찰참가자격제한 처분에 대한 소고", 「공군법률논집」 7집, 공군본부 공군법무감실, 2003.
- 이충선, 「국가계약법상의 수의계약에 대한 검토」
- 이형석, 「회계실무」, 지방행정연수원, 2012.
- 정원, "부정당업자에 대한 입찰참가자격제한의 내용과 문제점", 「국방 조달계약 연구논집」, 국방부 조달본부, 2005.
- 지원림, 「민법강의」, 홍문사, 2008.
- 최기웅, "G2B 나라장터 이용방법 및 사례연구", 감사교육원, 2021. 3.
- 강인옥외2, "예산회계실무", 광문각, 2020. 9.
- 최기웅, 예산회계실무, http://cafe.naver.com.gangseogu,

- 최두선, 「회계실무」, 지방행정연수원, 2003-2011.
- 최두선, "계약실무", 「회계전문과정 계약반 직무교육교재」, 감사교육원, 2012.
- 명인제 「공탁실무」 2014
- 김정호 「민사집행법강의」 2015
- 행정안전부, 온라인민원, https://crm.mopas.go.kr/home/indexMain.jsp
- 조달청, "국가를당사자로하는계약에관한법규의" 「조달청 유권해석사례집」, 2010-2011. 12.
- 홍정선, 「행정법원론(상)」, 박영사, 2008.
- 서울복지재단 사회복지시설 기능보강사업 계약업무매뉴얼.2021.
- 서울사회복지협의회 사회복지법인 및 사회복지시설 재무·회계매뉴얼.2018.
- KANG(In-Ok). "La responsabilité administrative en droit coréen et en droit français", Thèses, Univ. de Paris 2, 1993. 11.
- Noel Keyes, 「Government Contracts in A Nutshell」, 3ed., WIPG, 2000.
- MOREAU(J.). 「La responsabilité administrative」, puf, 1995.
- Stèphane Braconnier, 「Droit des marchés publics」, Paris, 2002.
- 건설계약관리연구소, http://www.concm.net/
- 고용노동부, http://www.moel.go.kr/index.jsp
- 공감코리아, http://www.korea.kr/main.do
- 공공구매종합정보 http://www.smpp.go.kr/web/Main.jsp
- 교육행정전문사이트 http://upow.org/
- 국가재정정보 https://www.digitalbrain.go.kr/kor/view/index.jsp
- 국민신문고 http://www.epeople.go.kr/jsp/user/UserMain.jsp
- 국세청, 질의응답 http://call.nts.go.kr/index.jsp
- 대학재정안테나 http://cafe.naver.com/universityfin/1299
- 대한민국법령검색, http://law.go.kr/
- 대한법률구조공단, http://www.klac.or.kr/content/list.do?code=19
- 물품관리시스템 http://rfid.g2b.go.kr/main.jsp
- 알리오, 공공기관 정보 http://www.alio.go.kr/alio/public/p_org_list.jsp
- 인천광역교육청, 업무편람 http://www.ice.go.kr/admini/Upmu001.asp 행정정보
- 인포21c, http://www.info21c.net/bidassist/g2b_nanlevel.html
- 지방재정365, http://lofin.mopas.go.kr/
- 정부민원콜센터, http://m.110.go.kr/
- 조달청 http://www.pps.go.kr/
- 조달교육원 https://www.pps.go.kr/hrd/index.do
- 지방자치법규 검색, http://www.elis.go.kr/newlaib/index.jsp
- 지방행정연수원, 공통교재 http://www.logodi.go.kr/
- 찾기쉬운생활법령, https://www.easylaw.go.kr/CSP/Main.laf
- 행안부, 지방계약,회계예규 http://www.mopas.go.kr/ 업무안내/지방재정경제실
- 환경부, 고시/훈련/예규http://www.me.go.kr/web/71/me/gosi/gosiUserList.do

【ㄱ】

【ㅊ】

【ㅌ】

【저자 소개】

강인옥(姜寅沃)

현) 감사행정연구원 원장
현) 예산회계실무 네이버 카페 고문
현) 공공계약법규 및 실무 Cyber 강좌 강의
감사원 감사교육원 교수, 한국공법학회 부회장 역임
프랑스 Paris 2대학교에서 박사학위 취득(법학박사)

[저서]

- 『예산회계실무』(공저), 광문각
- 『변상과 징계의 이론과 사례』, 광문각
- 『회계관계직원의 책임』, 광문각
- 『재정관리제도와 변상책임』, 광문각
- 『행정행위와 감사』, 책과공간
- 『세계의 감사원』(공저), 조명문화사
- 『La responsabilité administrative en droit coréen et en droit français』, 프랑스 ANRT 외 다수

최두선(崔斗瑄)

현) 공공재정연구원 원장
현) 전국지방계약원가관리협회 회장
현) 예산회계실무 네이버 카페 고문
현) 행정안전부 계약제도 개선 T/F 위원
현) 행정안전부 지방자치단체 행정의 달인 심사위원, 적극행정 심의 위원
연세대학교 대학원 졸업(법학석사)

[주요 이력]

- 충청남도감사위원회 위원장, 대전광역시 감사관
- 행정안전부 재정관리 과장, 회계제도 과장

[저서]

- 『예산회계실무』(공저), 광문각
- 『지방계약법조문별해설』, 로엔비

최기웅(崔起雄)

현) 예산회계실무 네이버 대표카페 매니저(홈지기)
현) 예산회계실무서울연구원 원장
현) 감사교육원, 법원공무원교육원, 경찰청인재개발원 출강
현) 지방자치인재개발원, 지자체인재개발원 출강
현) 전국 지자체, 공공기관, 사회복지기관 등 초빙교육
현) 지방재정공제회 계약컨설턴트
현) 지방재정공제회 예산·지출회계 과정 온라인 강좌

[주요 이력]

- 지방행정의 달인 인증(2014)
- 대한민국지방자치발전대상(2020)
- 경남인재개발원 베스트강사(2012)
- 한국사회복지협의회 최우수교수(2014)
- 행안부 사업예산(e-호조)T/F(2006~2007)

[저서]

- 『예산회계실무』(공저), 광문각

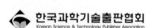
한국과학기술출판협회
Korean Science & Technology Publisher Association

[최신개정5판] 국가·지방자치단체 및 공공기관의

공공계약 법규 및 실무

2013년	3월 11일	1판 1쇄	발 행
2017년	2월 24일	2판 1쇄	발 행
2019년	8월 15일	3판 1쇄	발 행
2021년	6월 10일	4판 1쇄	발 행
2024년	3월 3일	5판 1쇄	발 행

지은이 : 강인옥·최두선·최기웅

펴낸이 : 박 정 태

펴낸곳 : **광 문 각**

10881
파주시 파주출판문화도시 광인사길 161
광문각 B/D 4층
등   록 : 1991. 5. 31 제12-484호
전화(代) : 031) 955-8787
팩   스 : 031) 955-3730
E-mail : kwangmk7@hanmail.net
홈페이지 : www.kwangmoonkag.co.kr

- ISBN : 978-89-7093-029-9   93360

값 49,500원